地方競馬の戦後史

始まりは闇・富山を中心に

立川健治

競馬の社会史・別巻1

世織書房

はじめに

闇市にちなんだヤミ競馬という言葉がある。敗戦後、昭和二一（一九四六）年一一月二〇日、地方競馬法が施行されるまでの間、まったくの無法状態で馬券が発売されて開催されていたといったものが、それが喚起するイメージになる。実際にも、昭和二〇年秋から翌年春にかけて、埼玉、茨木、神奈川、静岡、愛知、岐阜、大分などで何の法的根拠ももたないで馬券を発売した競馬が行われていた（第2章）。とはいっても、当時、そういった呼称が存在したわけではなく、後にそのように呼ばれるようになったものだった。

振り返ってみれば、昭和二〇年九月二日、日本が連合国軍最高司令官総司令部（以下、「ＧＨＱ」と記す）の統治、軍政下に置かれて以降、馬券が発売できる競馬開催を根拠づける法律が二つ存在していた。日本競馬会に馬券発売を伴う開催の専有権を付与した競馬法（大正一二年制定、その後たびたび改正）と、各都道府県の畜産組合、昭和一八年からは各都道府県馬匹組合連合会（県単一の馬匹組合を含む。以下、「各県馬連」と記す）に鍛錬馬競走の開催権を付与した軍馬資源保護法（昭和一四年制定）だった(1)。

日本競馬会は、現ＪＲＡ（日本中央競馬会）の前身、昭和一一年に設立され、全国の一一の民間競馬倶楽部を翌年までには統合、出走馬をサラブレッド、アラブの軽種馬に限定、馬匹改良の原々種の種牡馬選定をその役割とし、その開催する競馬は、地方競馬に対して公認競馬と称された。一方畜産組合は、軍馬資源保護法制定までは、地方競馬規則（農林省令、昭和二年制定）に基づいて、アングロノルマンなど中間種に主力をおいて開催を続けてきた。この地方競馬が、昭和一二年以降、日中戦争が長期化、全面化していくなかで、国家総動員法を受けて昭和一四年公布施行された軍馬資源保護法に基づいて、軽種馬を排除して地方の馬匹の特性に応じた中間種を主とする軍用候補馬の選定、改良にその役割を明確化、それに応じて出走も騸馬《せんば》と牝馬に限定し、鍛錬馬競走とその名称を変えた。ちなみに富山の馬匹改良は、「（その馬匹の）型格斉一を欠き体幅骨量に乏しく四肢軟弱のものを混うるを以て低尺にして体積に富み肢蹄堅牢なる中間種種牡馬を供用し実用馬（小格輓馬）の生産を期すべし」、と命じられていた(2)。公認競馬に対していわば不当に差別されてきた地方競馬が、このとき初めて、根拠法をもって優等馬票という名の「馬券」の発売が可能となった(3)。地方競馬が戦前、法的に根拠をもって「馬券発売」ができたのは、この軍馬資源保護法下の昭和一五年から昭和一九年の鍛錬馬競走時代だけであった。それ以前の地方競馬規則に基づく地方競馬の「馬券」は、現在のパチンコの換金のような仕組み（優勝馬投票に依り景品券を発行、換金）であった。なお日本競馬会が、馬券発売の特権を享受できた根拠は、明治三九（一九〇六）年一一月から明治四一年一〇月までのいわゆる馬券黙許時代に馬券発売を黙許された一六の民間倶楽部がその前身であり、かつその倶楽部が馬券禁止後に一一に整理統合され明治四三年から大正一二（一九二三）年競馬法成立までの期間、政府から補助金を受けて競馬を開催してきたという以外にはなかった。

軍馬資源保護法により、日本競馬会と鍛錬馬競走（地方競馬）の役割がより明確に分離、固定化され、結果的にみれば、日本の競馬の公認（中央）、地方という二重（多重）構造がさらに強化された。

昭和二〇年一一月二〇日、ポツダム勅令による国家総動員法の廃止に伴い、軍馬資源保護法が消滅、戦前の地方競馬を実質的に引き継いでいた鍛錬馬競走の法的根拠がなくなった。地方競馬法の帝国議会上程は昭和二一年八月二九日、施行は一一月二〇日、つまり一年三ヶ月間、地方競馬に関しては根拠法が存在しない状態となった。一方、競馬法はそのまま生きていた。したがって敗戦後も日本競馬会であれば、合法的に馬券を発売しての開催は可能だった。

だがその日本競馬会は、馬も施設の面からもすぐに開催できる状況にはなかった。戦時中の馬政計画により、サラブレッド、アラブの軽種馬生産数が大きく後退、また競馬場も昭和一九年以降の競馬開催中止を受けて軍用施設に転用、あるいは「農地化」されていたからである(4)。

これに対して、根拠法がないとはいえ、鍛錬馬競走を実質的に担っていた各県馬連は、開催に向けてのフットワークが軽かった。

かつての鍛錬馬競走（地方競馬）の主力であったアングロノルマンを中心とした中間種は、戦争の影響で数を減らしてはいたが、敗戦後民間に払い下げられた軍用馬も含めて農用馬、輓馬（荷馬車用）としてかなりの数が存在していた。当時の食糧難は人間だけでなく、馬も同様であり、多くの馬は痩せ細ってはいたが、それでも健気に働いていた。もっとも食べられてしまった馬たちも多く、これも問題だった。ちなみに富山では、昭和二一年に密殺された馬は二〇〇〇頭と推測され(5)、昭和二一年初頭、馬買いが農家から一頭、五〇〇〇あるいは七〇〇〇円で購入、「一頭殺せば」一万円になったという(6)。戦前の地方競馬は駈歩と速歩（騎乗）で行われていたが、ヤミ競馬も含めて戦後の地方競馬もそれを引き継いだ。駈歩が、私たちが普通に思う、馬が全速力で競うレースで、速歩は、人間でいえば競歩に相当、ダク足で、必ず脚を一本は地上につけた形で速さを競うものだった。「軍用馬の筋骨、特に飛節、後躯の改良に重要な役割を果たす」という軍部の意向を受けて戦前の地方競馬に導入されたものだった(7)。速歩馬の走法を身に着けるには相当な調教が必要だったが、とにかく早く歩ければというレベルであれば、どのような馬でも「競走馬」になることができたので農用馬、輓馬（荷馬車用）も集められた。「不正」が入り込む余地が大きかったが、てっとり早くレース数を維持するためにも数多く実施された。馬匹の状況を受けて、各県のレース数は異なっており、たとえば富山はほぼ駈歩、速歩半数ずつであったが、神奈川戸塚競馬場での開催は駈歩一一、速歩一だった（第2章）。その他青森では、馬が重量のある橇を引くレースである輓馬競走が行われていた。また地方競馬の騎手は、専業ではなく「腕自慢」の農民などが多くその確保も容易だった。極端にいえば、騎乗できれば誰でもよかった。それに日本競馬会所属の騎手は、同会以外の開催への騎乗が禁止されていたが、その罰則など適用できるはずもなく、同会所属騎手のヤミ競馬参加も可能だった。昭和二一年九月帝国議会での地方競馬法の審議の際、地方競馬の特色は、地域密着で地域の特徴に応じた農用馬、輓馬などの実用馬の能力検定にあると強調され、また地方競馬にはアマチュアの騎手こそが望ましいと明言されるが、それはこのような実情を反映したものでもあった（第3章）。

馬場も、当然芝コースは必要もなく、適当な広さがある土地で間に合わせの馬場を作ればよかった。かつての鍛錬馬場（地方競馬場）の多くは農作物が植えられて畑地化していたが、元々農地などを地均ししたものが多かったから、簡単な修復で使用することも可能だった。

そして各県馬連は、戦前の地方競馬、鍛錬馬競走での馬券発売の経験も蓄積していた。馬券を発売するための現実問題として、紙不足のなかでいかにして馬券用紙を入手し、印刷するかということがあったが、これも金さえ出せば闇で解決できた(8)。

またこれも重大な問題であったが、馬券を発売するとなると、賭博であるから縄張りがあり、その土地の「ボス（暴力団）」の了承を取りつける必要があった(9)。警察の力が緩んでいた時期であったから、「秩序」を維持するためには逆に彼らの力が必要ともされていた。したがってそれなりの金額でなければ、縄張りのボスを抑えることはできなかった。たとえば静岡では、主催者が「無断」でヤミ競馬を開催したら、静岡市の有力な暴力団に競馬施行団体の幹部が脅され、利益が吹き飛ぶほどの仁義料を巻き上げられてしまっていたという(10)。富山だけが例外であったとは考えられない。地方によっては、馬を集めるのにもボスの力が不可欠だった(11)。そこには戦前、戦中の地方競馬、鍛錬馬競走時代の関係が生きていたに違いなかった。

したがって敗戦後しばらくすると、日本競馬会とは異なってフットワーク軽く、各地で馬券を発売するヤミ競馬が開催されていくことになった。

そして昭和二一年七月以降、県知事（地方長官）が認可権をもつ条例が制定されるなどして県レベルでのヤミ競馬の「合法化」が各地で行われていった。記録に残るほとんどすべてのヤミ競馬は、この「合法化」を受けて開催されたものだった（第2章）。本書では以後、この「合法」のヤミ競馬を闇競馬と記すこととする。政府も、押さえ込むのではなく、地方競馬法施行までの間、この闇競馬の「合法化」を「公認」する方針をとり、内務省、農林省が、その「公認」の指針を各都道府県に示していたのは確実であった（第3章）。

条例制定は、静岡の五月が最も早かったが、七月の愛知（九日）、神奈川（一一日）、岐阜（一三日）を皮切りにして全国的な広がりを見せていった。ちなみに神奈川の場合、一〇月には、ほぼ連日、県内各地で闇競馬が開催されていた。とんでもないエネルギーだったが、おそらく条例が制定される前から、こういった状態が続いていたことがあって、それを条例で秩序化したという可能性が高かった。

敗戦直後、国が統制、あるいは関与する余力をもたない領域は、人々あるいは地方の自治に任せられていたが、闇競馬もそういった事柄に属していた。議員たちが地方競馬法の制定を急ぎ、政府（農林省）が議員の要求を飲まされる形でそれを認めたのも、闇競馬の国家レベルでの合法化ということが大きな理由となっていた（第3章）。地方競馬法は、九月二三日帝国議会を通過、施行は一一月二〇日だったが、この二ヶ月足らずの時間を待たずに新たに闇競馬を開催し始めた都府県も多かった。

闇競馬の主催団体（ほとんどは各県馬連）は、違法性の阻却のためであろう、収益を馬事振興に振り向けるだけでなく、競馬場所在地の市町村や県への納付金、または海外引揚者、戦災者等、社会事業への寄附を行うことを義務付けられていた。たとえば神奈川県や岐阜県などは、その条例で、自治体への納付金の割合をそれぞれ売上高の五％、三％と規定していた（第2章）。

ＧＨＱの各地の軍政部も、このような闇競馬を「認可」していたに違いなかった。占領の基本方針からいっても、何によらず国家統制からの解放は、非軍事化、民主化として望ましいものであった。札幌、函館、室蘭では進駐軍を主催者とする競馬（進駐軍競馬）までもが開催されていた（第2章）。北海道に限らず、進駐軍将兵は、馬券を楽しん

図1　富山県馬匹組合連合会主催
第一回闇競馬開催広告

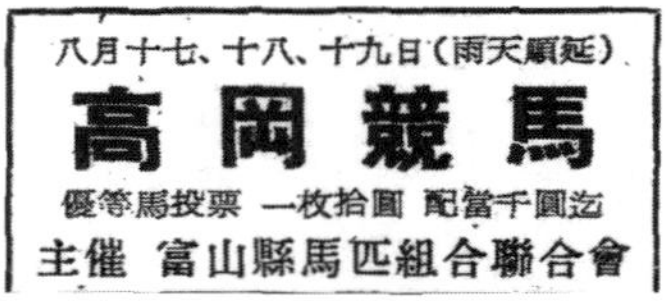

（『北陸夕刊』昭21・8・9）

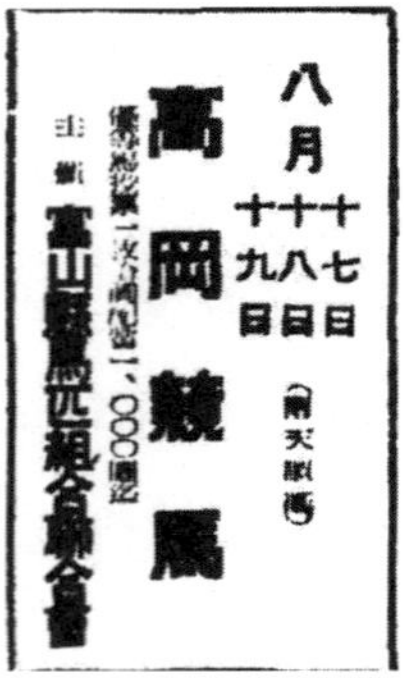

（『北日本新聞』昭21・8・10）

だだけでなく、騎乗したり、馬を出走させたりもしていた。

沖縄を除く四六都道府県のなかで、この「公認」の闇競馬を開催しなかったのは、山形県、和歌山県、鳥取県、島根県、岡山県、徳島県、福岡県、長崎県、宮崎県の九県だけだった。この内、岡山県、九州三県は、地方競馬法施行を待って一二月に開催していた。競馬場がなく物理的に開催できなかったのが山形、和歌山、鳥取、島根、徳島の五県。

県レベルで「合法化」するといった、このような対応は、大正一二（一九二三）年競馬法制定後、そして引き続く昭和二（一九二七）年から昭和一三年までの地方競馬規則時代、地方長官が許認可権をもっていた前例を踏襲したものだったと思われる(12)。先にふれたように、その地方競馬は馬券発売を許されず、的中者に換金を前提に景品券を配当するという形態だったが、闇競馬では、その時代とは異なり、鍛錬馬競走時代に手に入れていた馬券の「公式発売」を手放していなかった。この意味で地方競馬は闇競馬を通じて、戦前、戦中の特権をそのまま維持、いや、拡大して戦後に滑り込もうとしていた。

富山も例外ではなかった。条例の確認はできないが、九月の第二回開催に知事が来場、また県、高岡市への納入金を収めていたことから考えても（第1章）、何らかの「合法化」の手続きが行われて、八月一七日（土）、一八日（日）、一九日（月）から三日間、富山県馬連が主催して、闇競馬が開催された(13)。馬事文化に関していえば決して盛んといえる土地柄ではなかったが、開催の時系列でいえば、五月の静岡、七月の北海道、愛知、石川の開催に続くもので、全国のなかでも早かった。しかも計七回という通算開催数、さらには驚くことに高岡市が主催、また富山市が後援したものもそのなかに加わっていた（第1章）。全国的にもあまり例のないことだった。富山の闇競馬熱は高かった。

図２　高岡市市街地と高岡競馬場

左上隅斜め千保川、その下に長楕円形の高岡競馬場が見える。コース内が畑であることもわかる（昭和21年11月16日米極東空軍撮影・国土地理院蔵）。

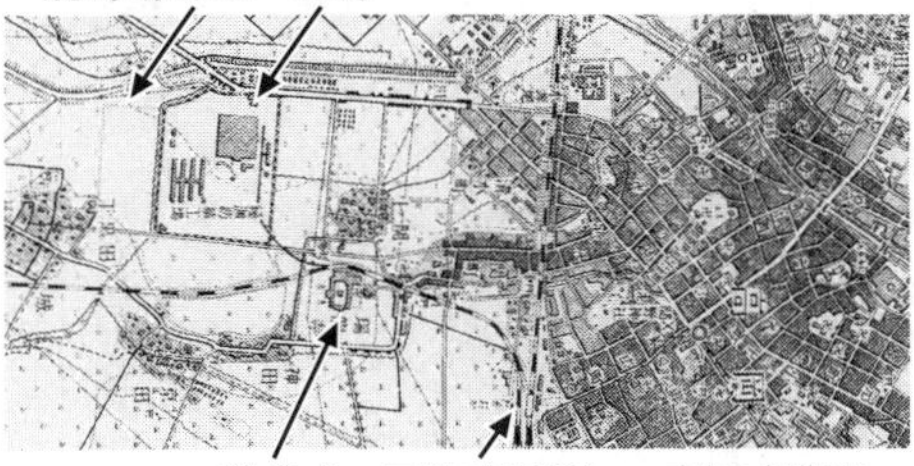

２万５千分１地形図・高岡・昭和32年３月刊（国土地理院）。

前年一一月にも、二つの旗競馬の開催が記録に残されており、その頃には昭和二一年春からの地方競馬の復活も考えられていた[14]。

競馬場は、昭和一二年に設置された高岡市の二塚競馬場（以下、「高岡競馬場」と記す）。県馬連が開催して馬券（優等馬票）を発売する形態としては、昭和一九年七月二七日〜三〇日、八月三一日〜九月三日の高岡競馬場での鍛錬馬競走以来のことだった。ちなみに最後の開催の売上は一四万三六〇〇〇円と推定され、戦前の最高額を記録していた[15]。戦前、戦中から続く富山県唯一の「公認賭博」の再開だった。

初日八月一七日、快晴、北東の微風、炎天下、一万五〇〇〇人の観衆が詰め掛けた。午前一〇時半から午後六時半までの速歩七、駆歩五の計一二レース。なお後の二日のレース編成も二日目速歩六、駆歩五、三日目速歩七、駆歩五だったが、このように駆歩が少なかったのは、「競走馬」が不足していたからだった。なお次回からは半数ずつとなる。戦時中の鍛錬馬競走は、軍馬改良という国策遂行の一環であったが、その看板がはずされた。もちろん陸軍や馬政官の介入、統制もなく

図３　炎天下駈ける駿馬と押し寄せた人波

（『富山新聞』昭21・８・18）

なった。また戦前の競馬の特徴であった一人一枚という馬券の購入枚数制限もなくなり、配当上限も一〇倍から一〇〇倍まで引き上げられ（九月の第二回からは撤廃）、さらに控除率も鍛錬馬競走時代の約三一・五％から二〇％へ引き下げられていた[16]。この控除率に関していえば、地方競馬時代は一五％相当だったが、まず日中戦争の長期化、全面的展開を受けて昭和一三年に一八％に引き上げられ、そして太平洋戦争の開戦を受けて昭和一七年に馬券税が課税された結果、三一・五％と二倍以上になったものだった。この点から考えると闇競馬の二〇％も、本来は一五％に引き戻すのが筋であったが、それでもファンにとっては、昭和一七年以降の戦時下での三一・五％よりはその分だけ闇競馬がもたらした恩恵となっていた。なお地方競馬法では、控除率は三一・五％の戦時下に復することになる。

図４　疾風の駿馬と観衆

熱気ぶりが伝わってくる（『北陸夕刊』昭21・８・18）。

当時の公務員の給与ベースが月六〇〇円、八月富山でのヤミ値米一升三五円、卵一個六円、化粧石鹸一個一五円、醤油一升五〇円[17]、当時の娯楽の花形であった映画料金は不明だが、昭和二二年を迎える頃でも四円五〇銭だったことを考えれば[18]、馬券一枚一〇円は決して安いものではなかった。それでも、初日の売上は、予想の三〇数万を上回る五二万円。馬券売場の戸板がこわれ、発売が一時中止になるほどの熱狂ぶりであった。観衆一万五〇〇〇人とすれば、一人当たりの平均購買額は約三五円。翌昭和二二年一月二、三、四日、富山を代表する百貨店の高岡大和《だいわ》の売上高はレコードを記録したが、その額が四五万一〇〇〇円だったことと比べても(19)、この五二万円の凄さがうかがえた。二日目には、二万人が訪れて売上も五五万八七四〇円と初日を上回り、さらに三日目は六二万円と伸びた。三日間ともに天候に恵まれたこともあって、この第一回目の総売上は、予想を上回る一七二万八五八〇円に達した。配当金を支払った後の粗収入三四万五七〇〇円余、賞金、牽付(出走)手当をあわせて約三万円、馬場改修費、借地料、印刷費を二〇万円と高く見積もっても、一〇万円以上の収益をあげていたことになった。

富山と同じ八月一七日から開催した神奈川県の戸塚競馬、開催日数は高岡の二倍の六日間だったが、売上は富山の約一七倍の二九二五万円と驚異的なものだった(第2章)。もっともこれは日本一といってよい数字で、七月二六、二七、二八日の石川県の小松競馬は三日間開催で一一四万八七六〇円だった(同)。

富山の競馬も、その背丈からいえば、大成功だった。この三日間の旧盆の開催で、競馬、あるいは公然と馬券を買えることが、富山の人々にとっても大きな魅力であることが明らかとなった。富山でも、競馬は金を産む打ち出の小槌だった。

今から考えれば、当時の富山の人々の生活環境は、常識的には競馬どころではなかったはずであった。

富山は農業県、米の移出県ではあったが、全国と同じように、この昭和二一年五月頃には、富山市、高岡市の都市部を中心に、食糧危機に直面、「一人の死者も出すな」と、県下あげてその対策に取り組まなければならないほどになっていた(20)。高岡市では、三月、市役所内に「餓死対策本部」が設置され、また県は四月には、食べられるものは何でも食べようと山野草など未利用可食資源の採取と活用運動の展開を決定、学校のグランド、道路の肩、庭と少しでも空地があれば何か食料になるもの(大豆、さつまいも、じゃがいも、さといもなど)が栽培され菜園化されていた。もちろん高岡競馬場もそうであり、闇競馬に向けてコースが設置された後も、コース内は、畑のままだった(21)。富山県は、この夏、河川堤防、道路敷を利用しての増産対策を指示していたほどだった。

高岡市では五月二二日、富山市では六月六日から配給の遅配が始まり、それは五日間から七日間に及ぶようになった(22)。六月一七日には、高岡市の主婦たちが改善を求めて、食糧営団、市役所、警察署に押しかけ(23)、六月、滑川のある町内では一日一食を抜く「食わず日」を設けることを申し合わせてもいた(24)。富山県へは関西方面から買い出しに訪れる人も多かったが、県内の富山・高岡両市の人々も、タケノコ生活が続いていた。参加者の数は多くなかったが、五月一九日の東京にならった共産党主導の食糧人民大会（メーデー）も、高岡市が六月一九日、富山市が七月二〇日に開催されていた(25)。富山県内の食糧危機のピークは七月から八月だったが、新米の供出が始まり、九月に入るとようやく一段落ついた。

そして富山市は、昭和二〇年八月二日未明の空襲で、死亡者二二七五人、重軽傷者七九〇〇人、焼失区域は旧市街の九八%に及ぶという壊滅的な打撃を受けており、復興が進んでいるといってもバラックが多く、住宅難もそこに加わっていた(26)。富山県は豊富な電力を背景に昭和一九年の工業生産が全国六位と推定されるように、多くの軍需工場が存在（軍需工場の指定数八九）していたが(27)、当時二〇歳の吉本隆明が徴用動員を受けて働いていたのも、日本カーバイド魚津工場であった(28)。なお高岡市は空襲を受けていなかった。

それにこの開催中、競馬場がある高岡市はコレラ騒ぎの真只中であった(29)。八月三日同市で患者が発生、その後海岸沿いに滑川、魚津に拡大、罹病者八四人、死者三一人に及び、一ヶ月にわたって漁労が差し止められ、集結宣言が出されたのは九月六日だった。八月九日には、アイスキャンデー、氷水の販売禁止、高岡市の料理店、飲食店は一時休業に入り、八月一九日には、高岡市がコレラ地域に指定されて、同市への進駐軍一般将兵の立入禁止が宣言され、またちょうど富山県を巡業していた大相撲の高岡興行も九月二日に延期されたほどだった。

そして当時の富山の交通事情を考えると、富山市から高岡市まで出かけることはそう簡単ではなかった。全国各地でも同様だったが、国鉄富山―高岡間は、石炭不足もあって、七月段階で一日上下一〇本ずつと運行本数は少なく(30)、その列車にも乗車制限もあって、どの列車もすし詰めの超満員(31)、他に富山―高岡間のバスもあったが、少なくとも昭和二一年一二月段階で一時間に一本と(32)、こちらも同様であった。当時の新聞は、八月二五日、富山駅午前九時三三分発（上野始発）、金沢行きの混雑振りをつぎのように報じていた(33)。

ふぐの腹のようにふくらんだリュックサックや風呂敷包が窓から外へ、つぎからつぎとほうりだされる、あちこちの窓から足がとびだす、窓から飛び込むもの、押しあい、ひしあいの酷い地獄絵巻がしばし展開される、文字どおり満員のこの列車に、記者はよろよろして身をゆだねた。

こういった事情を考えれば、県内各地から、競馬場に出かけようとする多くの人々にとって、確実な方法は徒歩だった。だが遠路はるばる歩いてきても、高岡の旅館などは営業していたとはいえ、当時の宿泊は闇米代の支払い、あるいは食糧持参が条件であったから、三日間とも高岡に滞在することは困難だった。

このように食糧難、コレラ騒ぎ、交通難という環境にあっても、人々は競馬の何かに引き付けられて集まってきていた。当時の富山県の人口は昭和二一年四月二六日段階で九三万二四六九人、一二月末で九七万六五二〇人(34)、この数字に鑑みて一日一万五〇〇〇～二万という競馬の集客力は相当なものだった。ちなみに当時の人口は富山市が一一万余、高岡市が一二万余(35)。人々はこの闇競馬でも敗戦後の社会の訪れを実感していたに違いなかった。

もちろん、その機会は競馬だけに限られていたわけではなかった。昭和二一年には、たとえば映画（含む実演）、スポーツ、祭礼など、様々なものが存在するようになっていた。

空襲を受けなかった高岡では四つの常設映画館が残っていたが、上映作品が不足するなかでも、確認できるところでは、敗戦後二週間目の八月三〇日から興行を開始、一〇月に入ると本格的に上映されるようになり、一一月からは昼夜四回上映となっていた(36)。一〇月水島道太郎、一一月曾我廼家五郎、一二月東海林太郎といった全国区のスターたちも高岡を訪れ、実演を行っていた(37)。富山市でも一一月以降、不二越会館、富山大和百貨店ホールでの上映が始まり(38)、昭和二二年二月までには四つの常設映画館(39)、六月までにはさらに四つが加わり、富山市、高岡市ではアメリカ映画専門館もできた(40)。昭和二一年中に富山県内で実演興行した当時の全国区のスターたちには、五月田中絹代、高田浩吉、沢村国太郎・沢村貞子、六月田端義夫、廣澤寅造、七月横山エンタツ、宮城千賀子、佐野周二、上原謙、新国劇（辰巳柳太郎、島田正吾）、八月水の江瀧子、山田五十鈴、ディック・ミネ、沢村宗十郎、九月市川猿之助、一一月水谷八重子・守田勘弥、霧島昇らがいた(41)。

料理飲食業も昭和二〇年末から急速に復活、県内で五〇〇以上の業者が営業していたという(42)。

スポーツも野球を筆頭に昭和二一年には盛んになっていた。野球でまず県内の注目をあびたのは、四月二八日、富山新聞社が発刊記念行事の目玉として、高岡工業専門学校グランド（現・高岡高校）で開催し五万人の観衆を集めた全早大対全慶大の試合だった(43)。この直前の二一日、都市対抗野球にそなえて二月に復活したオール富山野球クラブの紅白試合も五〇〇〇人の観客を集めていた(44)。ついで富山新聞社は、富山県軟式野球大会も主催、五月二一日から呉東（富山市だけで四二チームも参加）、呉西（チーム数不明）という二地区に分けて予選を行い六月二日に決勝戦を行った(45)。そして七月以降、北日本新聞、富山新聞、北陸夕刊の地元各新聞社が主催、また富山県あるいは富山市や高岡市の野球連盟と共催する全県や地区対抗レベルの大会も、毎週末には必ず開催されるといってよいほどの活況を呈していた。たとえば、官庁対抗軟式野球大会が七月七、一三日、三四チームが参加した県下労組軟式野球大会が八月五、六、七日、ついで一〇月一八日から三〇日の期間で県下労組野球リーグ戦、また県下中等学校軟式野球大会が八月一三、一四、一五日、小杉区域軟式野球大会が七月二六、二七、二八日、新湊少年軟式野球大会が八月八、九日、六四チームが参加した呉西軟式野球大会が八月一〇、一一、一二、一三日、新湊軟式野球大会が八月二四、二五日、氷見郡軟式野球大会が八月二八、二九、三〇日などだった(46)。このなかで、オール富山野球クラブが、東京の本大会では一回戦で敗退するが七月二一日松本で開催された全国都市対抗信越予選で優勝(47)、七月二九日にはこの年再開された全国中等学校野球大会の富山予選が四校の参加ではあったが実施され(48)、学童野球大会も高岡市では主催高岡市、後援北日本新聞社で一〇月一七、一八日に、富山市では北日本新聞社、富山市共催で新憲法発布記念の一環として一一月五日～七日と開催されていた(49)。北日本新聞社が、このような学童野球、実業団の野球大会開催の計画に入ったのは二月のことだった(50)。七月一五日、同社が主催したプロ野球四チームのリーグ戦も多くの観客を集めていた(51)。

また相撲だった。土俵があればということもあっただろうが、すでに昭和二〇年一一月四日には県下学童相撲大会、一〇日には県下青年相撲大会が開かれ、それに向けてのそれぞれ県下各地区予選が一〇月中旬から繰り広げられていた(52)。この昭和二一年県下レベルの大会に限っても、八月一七日県下郡市別青年団相撲大会（二市八郡総当り戦、この大会に向けては各地区で予選が行われていた）、九月二二日県下労組対抗、九月二九日読売新聞社主催の県下学童相撲大会、一〇月一三日には北日本新聞社と富山市の共催で富山市民相撲大会、一〇月一七日には高岡相撲協会主催、北日本新聞社後援の県下壮年相撲大会といったように次々と開催されていた(53)。ちなみに、闇競馬第一回開催の初日でもあった八月一七日の青年団大会の観衆は約二万、この相撲大会では判定をめぐって暴力沙汰も起こっていた(54)。富山は、明治時代に梅ヶ谷、太刀山の両横綱を生んでいたように相撲が盛んだったが、その相撲熱も戦後いち早く復活していた。

そしてバレーボール、サッカー、競泳、陸上競技、卓球、軟式庭球も県下レベルの大会を開催するなど復活していた。たとえばバレーボールが、六月二三日県下中等学校、八月四日には県下男女中学校と一般、八月二五日には産業人の各大会が(55)、サッカーが六月二三日に県下蹴球大会、一一月一二、一三日には富山新聞社主催で北陸蹴球選手権大会(56)、また競泳が七月二八日県水泳選手権大会に続いて八月四日女子中等学校水泳大会(57)、そして陸上競技が六月一六日に男子校一六、女子校一七が参加した中等学校陸上競技大会、九月一日には各地の予選を経たうえで各郡市対抗県下男女青年団陸上競技大会と開かれていた(58)。駅伝も、一一月二三日、富山新聞社と高岡陸上競技協議会との共催で、高岡で実施されていた(59)。軟式庭球も九月一五日選手権大会、一〇月二〇日県下対抗庭球大会(60)、卓球が九月一五日県下労働団体対抗大会、一〇月六日県下選手権大会、一〇月一三日県下女子選手権大会、一一月一日県下高専リーグ戦大会、一一月八日呉羽山以東以西（呉東・呉西）対抗大会という具合だった(61)。九月二二日からは、第一回国民体育大会（一一月一、二、三日、京都を中心として近畿各県で開催）に向けて、これら各種競技の県予選が開かれていった(62)。

要するに、この昭和二一年、野球を筆頭に、スポーツは復興、そして日常化しつつあった。

祭礼も、四月出町の歌舞伎曳山祭り、八尾の曳山祭りが復活したのを皮切りに、五月には、氷見の唐島弁天祭、城端の曳山祭り、六月一日からの富山市の日枝神社の山王祭りなどが盛大に行われ、その後も夏、秋祭りが続いていった(63)。空襲の被害者の鎮魂もかねた八月一日からの第一回富山市復興祭も多くの人を集め、二日にはその一環として復興盆踊り大会が北日本新聞社主催で行われ、会場の富山市役所前は人々で埋めつくされていたが、県下各地での盆踊り大会も再開され、多くの男女が踊っていた(64)。

運動会も復活、六月四日富山市の一七の国民学校（小学校）が連合運動会を、そして一〇月には県下の小学校、中学校、工場が続々と開いていった(65)。高岡市では、一一月三日新憲法発布を記念する市民体育祭も開かれた(66)。

海水浴も、七月五日に海開き、富山の代表的な海水浴場である富山市の岩瀬浜には二〇数軒の海の家が並び、七月二一日の日曜日には二万人が訪れていた(67)。

各種の文化団体の結成も昭和二〇年に八団体、二一年には三五団体に上り、また富山、高岡両市では、東京から文化人、音楽家を招いて講演会、音楽会が開かれたが、いつも満員の盛況だった(68)。四月、八月、一〇月、一二月と四つの自立劇団が旗揚げ公演を行い、第一回富山県総合美術展も、高岡市、富山市でそれぞれ五月二七日、六月一四日から五日間開かれていた(69)。

このように昭和二一年に入ると、富山の人々は空腹に追われながらも、娯楽、スポーツ、祭礼、文化活動などを日常化させていっていた。闇競馬も、その一つに加わり、大成功をおさめていた。

だがこれらの娯楽などと闇競馬との決定的な違いは、闇競馬が公然たる賭博（ギャンブル）ということだった。そしてその闇競馬は、県馬連の三回の開催だけでも、一日一万五〇〇〇〜二万、少なくとも計一〇万以上の人々を集める力をもっていた。先にもふれたように当時の富山県の人口は九〇万人台、その一／一〇近くという集客力は相当なものだった。ちなみに現在、富山で最大の集客力をもっているおわら風の盆が復活したのも、この昭和二一年九月一、二日、訪れた人々は三万人だったという(70)。競馬を別として、この年一日で最も観客を集めたのは、先にもふれた富山新聞社の発刊記念行事として高岡で行われた全早大対全慶大の野球試合の五万人、ついで八月一七日旧高岡城址で行われた県下青年団対抗相撲大会の二万、そして六月五日旧富山城址で行われたピストン堀口一行のボクシングの興行の約一万人だった(71)。

戦後博奕（鉄火）場を経験し、地方競馬も含めて競馬に造詣が深かった直木賞作家山口瞳は、昭和二一、二二年頃、神奈川県の地方競馬（戸塚）に出かけた際のことをつぎのように述べている(72)。第一回だとすると昭和二一年八月一七、一八、一九、二三、二四、二五日の六日間のことになる。

……たまたま父と、鎌倉の叔父とその仲間二、三人で戸塚（神奈川県）の競馬場へ行ったんですけど、昭和二十一、二年ころじゃないですかね。子供のときから博奕が好きでね。強かったんですよ。戦争中マージャンやったり、防空壕の中でコイコイ引いたり、それが天下晴れて青空の下で、みんなで公認の博奕が打てるっていうのは嬉しくて仕方がなかった。これが平和だなってことをしみじみ感じたわけですよ。もっと言えば、少年の感じ方ですけど、世の中信じられない、数字だけが信じられるって感じも若干ありましたね。要するに僕は博奕から入ったんですね。

「天下晴れて青空の下で、みんなで公認の博奕が打てるっていうのは嬉しくて仕方がなかった」というのは、全国のそして富山の競馬場に姿を現した人々のある気分を代弁するものでもあっただろう。戦後の政治、社会体制が形を整えていくとともに、このような解放感が薄らいでいき、私たちの記憶からは失われてはしまったが、競馬も平和、復興を実感させるものだった。

昭和五二（一九七七）年六月、レバノン内戦が休戦となり、ベイルート競馬が一年九ヶ月ぶりに再開された記事を読んだ感想として、戦前日本競馬会に入り、戦後日本中央競馬会の役員をつとめるとともに、膨大な『競馬研究ノート』シリーズを残した佐藤正人はつぎのようにコメントしている(73)。

戦争がおわり、平和になって、むかえる競馬再開、世のなかでこれほど楽しくむかえられるものはないであろう。

戦争が終わって競馬が再開されたことに関する感慨、喜びが的確に表現されていると思う。

富山の競馬も、このような感慨、喜びを伴いながら、まず闇競馬として再開され、そして多くの人々を集めていたに違いなかった。

＊

本書の主な目的は、闇競馬から県営競馬終焉までの富山の戦後の競馬の歩みを中心にしながら、全国各地の闇競馬、そして地方競馬法、競馬法の審議をあわせて取り上げて、地方競馬の戦後史をたどることにある。

そこで本書は、以下のような構成をとっている。

第1章では、昭和二一年八月に始まり、一一月二〇日の地方競馬法施行までに、七回の開催を重ねた富山の闇競馬の様子をみていく。そのなかには、高岡市が主催、また富山市が後援したものも含まれていた。富山は昭和二五年八月の開催を最後に、全国で三番目に早く公営競馬が開催されない県となってしまうが、闇競馬はエネルギーに満ちていた。

富山では昭和二一年六月以降、地元紙は、『北日本新聞』、『富山新聞』、『北陸夕刊』の三紙体制となっていたが、その活発さに対応するかのように、三紙ともに闇競馬を詳しく、それも好意的に報道した。そしてまた三紙ともに闇競馬の後援団体となってもいた。実際には、敗戦後の荒んだ、殺伐とした気分が競馬場内に充満していただろうが、それでも三紙ともに闇競馬を戦後の新たな生活、社会の始まりの証の一つであるかのように報じていた。しかもその詳細さは、全国でも上位に入るものであった。

第2章では、北海道の進駐軍競馬も含めて、地方競馬法施行までの全国各地の闇競馬を網羅的に概観していく。闇競馬には、全国共通、また各地域別の開催の指針が存在していたことが明らかになるであろう。たとえば関東地方では、各県馬連会長が協議、一致して闇競馬の条例制定を求めていた。また富山も含めて、石川、岐阜、三重、岩手、神奈川、滋賀、奈良がそうであったように、県馬連主催の開催の上限は三回という指針があったようで、県内四ヶ所で開催した埼玉を除いて、県馬連単独で、四回以上の開催を行ったところはなかった。そして戦前一人一枚という発売制限を撤廃し、一〇倍という配当上限も一〇〇倍に引き上げられていた。富山は二回目からだったが、当初からこの一〇〇倍という制限を外した県もいくつかあった。近畿、四国は、地方競馬法の衆議院通過後の九月中旬から、東北、九州、中国は成立後の一〇月に入ってから開始していた。さらに北海道、とりわけ札幌の進駐軍競馬は、独自の道を歩んでいた。見果てぬ夢に終わったが、戦後の新たな競馬のあり方を指し示そうとしていた。

第3章では、昭和二一年九月帝国議会での地方競馬法の審議を通して、戦前の軍馬育成という理念を失った戦後の地方競馬がどこに存在理由を見出そうとしていたのかを概観していく。全国の馬匹組合の中央組織である中央馬事会など地方競馬側が、食糧増産、戦後復興に不可欠な実役馬の育成、自主財源での馬事振興、浮動購買力の吸収、といった理念で、政府、農林省を押さえ込んで同法を制定、収益は畜産振興ではなく馬匹改良費、馬産奨励費を最優先とするなど大きな権益を手に入れていたこと、それとともに地方競馬の存在意義を打ち出すために、戦前以来の公認と地方という二重（多重）構造を自ら強化していこうとしていたことが明らかになるであろう。そして中央馬事会は、国に代わって戦後の馬政を担おうともしていた。

第4章では、地方競馬法下（昭和二一年一一月二〇日～昭和二三年七月一八日）での富山県馬連の主催時代を概観する。富山県馬連にとっては必ずしもそうではなかったが、中央馬事会やいくつかの県馬連にとってわが世の春であるといってもよい黄金時代であった。だがその時間は一年八ヶ月と長く続かず、GHQの圧力により、中央馬事会、各県馬連は解体され、地方競馬は公営化されることになる。この公営化に対して、中央馬事会、各県馬連は、可能な限りの開催を積み重ねるなど抵抗を繰り広げていたが、農林省にとっては、大きな権益を独占し、独立王国を形成し始めていた中央馬事会等の存在を破壊するという意味では、公営化は渡りに船だった。そして富山では、石川や福井などとは異なり、県馬連と県側との協力関係、あるいは公営化後の競馬の後援組織が形成されなかったが、その存在の有無の相違が、その後の各県の競馬の歩みを大きく左右することになった。

第5章では、戦災都市富山が、昭和二一年段階で、復興財源にあてるべくその実現に強い意欲を示していた宝くじ発売と競馬開催をめぐる動向を取り上げる。宝くじの発売に関しては県の委託という形をとって昭和二二年六月に実現するが、競馬に関しては、熱望していた新競馬場建設が政治問題にもなって行き悩み、時間を要するなかで、富山市は競馬よりもコストも安く大きな収益が確実に見込める戦後の新興ギャンブル競輪を選択していった。全国でも、いくつかの競馬場が、競輪の隆盛の前に廃止、あるいは競輪場へと転換されていたが、この章では、その事例として山梨、茨城取手、奈良、滋賀草津、福島会津の各競馬場の運命も紹介する。

第6章では、GHQに日本競馬会、中央馬事会及び馬匹組合の解体を強制された結果の産物として、昭和二三年七月制定された日本競馬会を国営化、地方競馬を公営化する競馬法の審議過程を中心に概観していく。この競馬法の大きな目的が、戦時中軍部の庇護、癒着のなかで築かれ、敗戦後拡大された中央馬事会、各県馬連の権益を徹底的に解体し、その収益を地方自治体の一般財源化とするためであったことが明らかになるであろう。控除率は引き上げられ、地方競馬はそれまでの平均約三一％から約三六％（国営は約三四％から約三八％）という異常な高さとなる。ちなみに日露戦後の馬券黙許時代は一〇%であった。そして翌昭和二四年、競馬法が改正された結果、畜産振興が、事実上、戦後の競馬の目的として掲げられ、収益金の一定割合（一／三）をそこに振り向けていくことが競馬法に規定された。このことは、戦後の競馬のあり方を規定する決定的な意味をもつことになった。またこの章では、競馬の空白、消滅につながると、日本競馬会、地方競馬側がその適用を回避するために国営化、公営化を受け入れたといってもよい閉鎖機関令を、実際に適用された千葉県馬連の事例も取り上げる。それによって千葉の地方競馬が消滅することはなかった。

第7章から第8章は富山の県営競馬の廃止への過程をたどっていく。第7章では、県営化移管に際しては、財源としての大きな夢が語られていたが、現在に至るまでの多くの公営事業がそうであるように、それは、高コスト体質を棚上げにした甘い収益見込のうえに立っていたものに過ぎなかった。昭和二三年一一月の県営第一回開催は、全国でも下位の売上高で、赤字に終わり、県は早くも及び腰になっていた。第8章では、ドッジ・ラインによる不況のなか、昭和二四年の県営競馬がさらに苦境に陥り、昭和二五年八月の開催が最後となってしまう過程を概観していく。県営競馬は、振興策にも取り組んでいたが、その間の激しいインフレが進行していたにもかかわらず、結局、闇競馬並みの売上高に終わっていた。高コスト体質も強まっていて、さらに赤字の幅が広がり、財源としての競馬の夢がもろくも崩れ去るなかで終焉を迎えた。富山は、地方競馬が開催されなくなった全国で三番目の県であったが、正式に競馬条例を廃止の手続を踏んだという意味では全国最初の県となった。今から考えれば、富山は戦後の多くの地方競馬がたどる廃止という運命をあらかじめ見せてくれてもいた。また規模としては富山と似通っていた鳥取、島根の県営競馬の廃止の経緯もここで取り上げた。

繰り返せば、本書が、富山の競馬を中心として、地方競馬の戦後史、そして戦後の日本競馬の位相の一端を明らかにするものになっていればと思う。

地方競馬の戦後史

始まりは闇・富山を中心に

目　　次

はじめに

はじめに …… i

1 富山の闇競馬 …… 3

1 富山の闇競馬 3
2 高岡市も富山市も闇競馬 12

2 全国の闇競馬――競馬の復活、競馬熱 …… 23

1 全国の闇競馬概観 23
2 各地の闇競馬 32
1 東海 32
2 北陸 49
3 関東甲信 55
4 関西 91
5 四国 113

6 東北 119
7 九州 139
8 中国 151
9 北海道の進駐軍競馬 165
1 主催アメリカ空挺第11師団、賛助北海道レースクラブ 165
2 函館の進駐軍競馬 191
3 室蘭の進駐軍競馬 201

3 地方競馬法の制定 209

1 議員主導、大きな権益 209
2 衆議院地方競馬法案委員会 230
3 貴族院地方競馬法案特別委員会 245
4 地方競馬法の改正——競馬場の倍増 280
5 戦災都市へ地方競馬の開催権を 290

4 富山県馬匹組合連合会主催……295
1 第一回開催 299
2 第二回開催 304
3 競馬が報道されなくなった 309
4 地方競馬の公営化 317
5 解体への抵抗 324
6 競馬協会 330
7 天晴れ少年騎手 337
5 富山市と宝くじ、競馬から競輪へ……347
1 富山市と宝くじ、県復興宝くじ 348
2 練兵場跡地問題——競馬から競輪へ 355
3 山梨の競馬と競輪 369
4 茨城取手、奈良、滋賀草津、福島会津の各競馬場の廃止と競輪 373

6 競馬法の制定……401

1 競馬法の審議 404

1 七月二日、衆議院農林委員会、審議初日：田口助太郎の質疑 404

2 七月三日、衆議院農林委員会、審議二日目 421

3 七月四日、衆議院農林委員会、審議三日目：戦災都市に地方競馬の開催権を 432

4 七月五日、参議院農林委員会 442

2 閉鎖機関令の適用——千葉県馬連 455

3 昭和二四年の競馬法改正 462

1 収益の三分の一を畜産振興に 462

2 四大都市の開催日数の増加など 476

4 昭和二五年一二月——控除率の引き下げ 477

7 県営移管……487

1 富山県地方競馬施行条例 487

2　競馬事業歳入歳出予算　492
3　借地料　498
4　放談会、県営競馬について　501
5　県営競馬第一回開催　508
6　第二回県宝くじ　516

8　廃止、富山における競馬の終焉……519

1　継続の是非、昭和二四年の開催　519
2　鳥取県、戦後二番目の廃止　539
3　島根県、県営競馬の廃止　542
4　廃止、富山における競馬の終焉　546

註　571
資料・参考文献一覧　679
あとがき　699

凡例

一、年号表記について

年号表記に関しては、原則として各章の初出のみ昭和二一（一九四六）年と元号、西暦を併記し、以下は元号で表記する。ただし平成元年以降は、西暦で表記。

二、資料の引用について

旧字体は原則として常用漢字に替え、送り仮名についても改め、句読点を付け加えたところもある。明らかな誤字等については訂正した。そして数字については、原文が算用数字であっても、原則として漢数字に改め、カタカナ混じり文は、ひらがな混じり文に替えた。中略等は「…」で示した。なお引用文中のかっこ内は、特に記さない限り、立川が記したもの。なお馬の年齢については、当時の資料通り数えで表記した。

また、予算案などの統計資料については、計算上、数値の誤りが散見されるが、原資料として、訂正せずに掲載している。

三、新聞、雑誌資料等の発行日付、各新聞地方版の表記について

図版、表等の典拠として示す場合は、昭和二一年九月二六日→昭21・9・26、註の場合は昭和二一年九月二六日→昭二一・九・二六と表記する。また各新聞の地方版は、たとえば『読売新聞　富山地方版』→『読売新聞　富山版』と表記する。図版は不鮮明なものが多いが、それは敗戦直後とあって原資料の状態が悪いことによる。

四、国会の本会議、委員会の議事録について

帝国議会、国会の本会議、各委員会すべての会議録は、「帝国議会会議録検索システム」http://teikokugikai-i.ndl.go.jp/、及び「国会会議録検索システム」http://kokkai.ndl.go.jp/cgi-bin/KENSAKU/swk_srch.cgi?SESSION=29377

&MODE=2、を利用した。この本会議、委員会の会議録を典拠、あるいは引用した場合は、発言者名、年月、議院・委員会名で示し、個別のURL名を略す。たとえば昭和二一年九月二日衆議院地方競馬法案委員会、小笠原八十美の答弁あるいは質問は、小笠原八十美、昭二一・九・二、衆議院地方競馬法案委員会と表記する。ただし日付も委員会も発言者も自明の場合は、原則として註は略す。

五、資料の略記について

つぎの資料の表記については、初出も含めて前掲を略して、以下のように略記する。

日本中央競馬会総務部調査課編纂『日本競馬史』巻五、日本中央競馬会、一九七〇年→『日本競馬史』巻五

日本中央競馬会総務部調査課編纂『日本競馬史』巻六、日本中央競馬会、一九七二年→『日本競馬史』巻六

日本中央競馬会総務部調査課編纂『日本競馬史』巻七、日本中央競馬会、一九七五年→『日本競馬史』巻七

地方競馬全国協会編纂『地方競馬史』第一巻、全国地方競馬全国協会、一九七二年→『地方競馬史』第一巻

地方競馬全国協会編纂『地方競馬史』第二巻、全国地方競馬全国協会、一九七四年→『地方競馬史』第二巻

地方競馬全国協会編纂『地方競馬史』第三巻、全国地方競馬全国協会、一九七二年→『地方競馬史』第三巻

中央競馬ピーアール・センター編集『近代競馬の軌跡——昭和史の歩みとともに——』日本中央競馬会、一九八八年→『近代競馬の軌跡』

『馬事会だより』中央馬事会（JRA図書室蔵）→『馬事会だより』

中央競馬ピーアール・センター編『競馬法の変遷30年史』中央競馬振興会、一九九二年→『競馬法の変遷30年史』

富山県編『富山県史』通史編Ⅶ現代、富山県、一九八三年→『県史現代』

『富山県地方競馬参考資料』昭和二五年（富山県立図書館蔵）→『富山県地方競馬参考資料』

道新スポーツ編『北の蹄音　ホッカイドウ競馬四十年史』道新スポーツ、一九八九年→『北の蹄音』

またメールマガジン『もきち倶楽部』http://www.bunkamura.ne.jp/mokichi-club/ 所収の拙稿「富山の競馬（戦後編）」を典拠とする場合は、たとえば「富山の競馬（戦後編）」第一六二回、No. 952. 二〇〇九・二・四、というように、回数、号数、発行年月日で示し、個別のURL名は略す。

六、富山県議会資料について

富山県議会速記録及び各委員会会議録は富山県議会図書館蔵であるが、註では富山県議会図書館蔵の表記を略す。

地方競馬の戦後史

始まりは闇・富山を中心に

競馬の社会史・別巻 1

1 富山の闇競馬

1 富山の闇競馬

富山県馬匹組合連合会（以下、「県馬連」と記す）が、昭和二一（一九四六）年八月一七日（土）から三日間の第一回闇競馬の開催を決定したのは七月中旬(1)。各地での「合法化」の動きと開催準備との兼ね合いもあっただろうが、旧盆の時期に設定したのは、戦前、戦中から富山の競馬を支えていた農民の「休暇」にあたっていたからであった。観客だけでなく、馬主、騎手も農民が多かった。この後一一月二〇日施行されることになる地方競馬法によれば、開催の上限は年四回、それを受けた昭和二二年の富山では、その日程は、春耕時期にはあたるとはいえ田植え前の農作業が一息つく四月初旬〜中旬、農作業が比較的暇になる新盆、旧盆の七月、八月、それと稲の収穫の終わった後の一〇月下旬から一一月上旬と、農作業のスケジュールをにらんでのものとなる。

そしてこの日程と同時にレース番組も公表された。初日と二日目が予選とされ、賞金は、一着が一五〇円から三〇〇円まで、二着が一〇〇円、三着が五〇円、三日目の優勝戦は、当初、一着五〇〇円、二着二〇〇円、三着一〇〇円だったが、一着一〇〇〇円のレースも設定され、賞金総額は一万二〇〇〇円となっていた(2)。出走馬には一頭一五〇円の牽付（出走）手当を交付、この金は、馬体検査の時に厩舎手当と一緒に渡すものだったという(3)。各県馬連が主催した闇競馬としては、判明分の中では全国で一番低い賞金総額。レース編成は、実態は別として、第一回から体系だっていた。

大会の名称は富山県馬匹能力競技会、目的として馬匹の能力向上、馬事思想の普及が謳われた(4)。関東地方を始めとして県レベルで「合法化」を行った闇競馬は、能力検定競技会を謳うところが多かったが、それに準じていたことをうかがわせる名称であった。

戦時中の鍛錬馬競走は、国策遂行の一環であり、「軍用保護馬の鍛錬に資し、併せて軍用馬の資質に関する正当なる認識を普及徹底するため」だった(5)。その理念を失った戦後の地方競馬は、食糧増産、及び農用馬、輓馬といった実用馬の育成、馬事振興、浮動購買力の吸収、大衆娯楽の提供などをその新たな存在理由として掲げ、折から開会中の帝国議会で、地方競馬法制定に動いていた（第3章）。また全国各地の闇競馬では、戦災復興、復員軍人援護、引揚者救援、畜産振興への寄与といったことが謳われることが多かった（第2章）。それらに比較すると、戦前、戦中を引きずる形で馬事に限定的だったことが、富山の特徴だった。

馬券に関しては、先にもふれたように、単複一枚一〇円、控除率二〇％、発売枚数は無制限、配当制限も一〇〇倍とされた。ただし九月の第二回開催からは配当が無制限となる(6)。当初から配当制限を設けていなかったのは北海道の札幌、函館、室蘭の進駐軍競馬と石川、そして富山のように二回目からだったのが岐阜、滋賀（第2章）。一〇〇倍以上の場合には上限としてカットされた金額が主催者側の収入となったことを考えれば、これらの県は、その意味においてファン重視の姿勢を見せていた。その他の大部分の都府県が一〇〇倍であったのは、折から衆議院で審議されていた地方競馬法案に一〇〇倍の配当制限が盛り込まれており、それに準拠するのが全国の闇競馬の指針となっていた可能性をうかがわせていた。

図1　戦前の馬見所（昭和13年頃）

戦後もこれと同じような施設だった（『全国地方競馬場写真帖』帝国馬匹協会）。

〈戦後のコース〉

雑草がかなり伸びている（『富山県議会四ヶ年の回顧　1947年—1950年』富山県議会、昭和27年）。

富山の場合は、県レベルでの闇競馬を「合法化」する条例は確認できないが、高岡市へ売上高の五％が納入されⅶ、また県にも一定の寄付金が納付されていたことⅷを考えれば、県馬連と高岡市や県との間で、少なくともそういった内容を盛り込んだ協定が存在していたはずであった。九月の第二回開催に知事が来場するが、そのことも県レベルでの「合法化」を明らかにしていた。

七月二四日、県馬連は、開催に向けて現地調査に入り、事務所の復旧、畑となっているコースの整地など競馬場の整備に着手したⅸ。戦中、戦後の食糧難から、高岡競馬場はカボチャやその他の野菜が植えられて畑地化し、大風で倒壊したままの事務所などの施設は放置されて荒廃していた。とはいっても、元々農地を地均しして固めたものだったから、簡単な修復で使用することが可能だった。走路は土、雑草が生えている状態で、排水設備もなく、ちょっとした雨が降ればひどい泥濘になり、中止を余儀なくされるようなものだったⅹ。馬主も騎手も多くが農民で、自分の家で飼養して、調教し（当時の地方競馬には専業の調教師はいなかった）、開催時に競馬場に集まり、付近の農家等に分宿するのが常で、競馬場付属の常設の厩舎はなかった。施設に関しても、開催までの時間、当時の物資の状況のことを考えても、本格的なものは、土台無理だったし、その必要もなかった。間に合わせ以下でも充分だった。戦前、戦中には存在した木造のスタンドも復旧されていなかった。だがこの時点では、そんなことは問題ではなかった。また借地契約は昭和一五年に締結されていたが、いくら敗戦後でも地権者に無断、あるいはそ

のままというわけにいかなかったので、借地料引き上げで地権者との交渉ひとまず決着を見ていた(11)。

出馬登録が八月八日、騎手登録が八月一五日まで、馬体検査は四日から八日の間に県下各地で実施という日程だった(12)。地方競馬の騎手は、戦前から専業ではなく「腕自慢」の農民などが主流だったから技量の差は大きかったが、その確保は容易だった。地方競馬法制定にあたっては、地方競馬にはこのようなアマチュアの騎手こそが望ましいと明言される（第3章）。富山ではその可能性は皆無だったが、もちろん日本競馬会の専業の騎手でも構わなかった。地方競馬法施行を受けて、各地では騎手試験が実施されたが、県内限定と全国免許の二種類があった(13)。日本競馬会は正式な登録証明書がなければ出走を認めなかったが、頭数をそろえるのに四苦八苦の地方の闇競馬は馬籍謄本で登録証明書の代用を認めていた(14)。馬籍謄本は、市町村や農業団体が発行した。もとは馬籍原簿があり、それなりの信用度があったが、北海道では戦災や戦後のどさくさで原簿を紛失、馬所有者の申告のみで作成したことで登録証と異なる馬籍謄本が存在していたともいう。

登録は一〇〇頭余、三割が戦中の既出走組（鍛錬馬競走は騸馬と牝馬限定）、七割が新顔、そのなかには旧軍用馬の払下げ馬も含まれ、三日間の全出走馬は八五頭、新潟、石川、福井からの遠征も伝えられていたが、実際には石川からの一頭にとどまった(15)。その品種は中間種がほとんどで、サラブレッド、アラブの軽種馬は稀だった。

闇競馬の実施も、このようにかなりの準備と組織力、実務の運営能力が必要だった。そして八月一七日（土）から三日間、県馬連主催の闇競馬第一回が開催され、大成功をおさめた。

この第一回開催をめぐって、余談だが、当時の食糧不足の世相とこの闇競馬が絡んでしまったことを伝えるエピソードが残されている。県馬連が開催を前に、県食糧課に対して従業員一二〇名分として主食二斗（米一斗二升代用食八升）の特配を申請、拒絶されていたが、その後も繰り返し強く要求、県馬連会長の池内佐次県議の圧力の前に屈し、配給してしまったというものである(16)。池内は、婦負郡宮川村、戦前からの畜産組合、競馬の実力者、担当課長の上京中の出来事だった。特配というのは、公に必要な労働に対して特別に配給を割り当てるといった意味だが、少なくとも主催者側は、闇競馬をそういう要求を県庁や高岡警察署に突きつけることができるものとして考えていたことを、この事例は示していた。担当課長と高岡署経済主任は、この件に関してそれぞれつぎのように語っていた。

再三の申出に対し断乎拒絶していたが、私の上京留守中にあんなことなってしまったのは課員に私の意思が徹底しなかったもので深く陳謝します。

少しでも配給してほしいと毎日警察や市役所の食糧対策本部に泣いて訴えて来る人を見るにつけ言語道断だと思う。

型通りのコメントといってよいが、戦時中からこのようなことは日常茶飯事であり、配給が公平に行われているなど誰も信じていなかった。軍需物資など隠匿物資の横流しなどに比べれば、取るに足らなかった。このゴリ押しが、別段闇競馬の批判を呼び起こすことにはならなかったのも時代だった。

ともあれこの第一回目の大成功を受けて、県馬連は間髪を入れずに九月七日（土）、八日（日）、九日（月）の三日間の日程で、第二回開催を決定、この開催から一〇〇倍という配当の制限を外した(17)。売上増が目的であったろうが、指針の遵守よりも配当金の増額というファン重視の姿勢でもあった。隣県の石川では七月下旬の第一回開催から制限が外されていた。レース数は前回と比して一日駈歩一増、速歩一減の駈歩六、速歩六の計一二となり、最高賞金レースは駈歩優勝戦の一八〇〇円、全三六レースの賞金総計三万九八二〇円。第一回の一万二〇〇〇円から三倍以上の増額だった。出場予定馬駈歩馬六〇頭、速歩八〇頭、うち新出場馬七〇頭、実際の出走馬一三六頭、これも第一回目よりも増加、駆歩のレース増、速歩のレース減につながっていた。出場馬の馬体検査は同競馬場で五日午前九時か

図2　富山県馬連主催第二回闇競馬開催広告

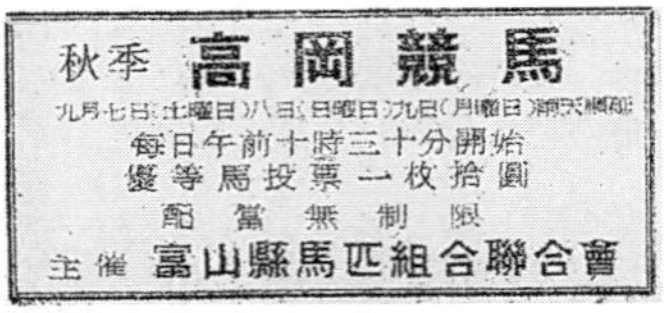

(『北陸夕刊』昭21・9・1)

配当金無制限が謳われている。

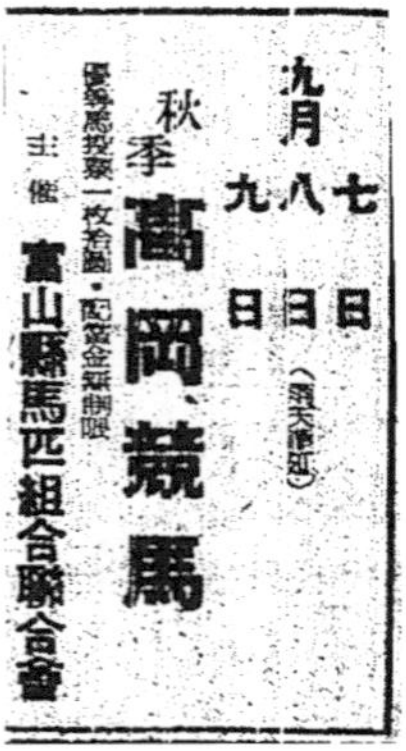

(『富山新聞』昭21・8・31)

図3　県馬連主催第二回闇競馬「泣き笑ひの競馬風景」

(「高岡競馬第一日のスナップ」『富山新聞』昭21・9・9)

……写眞は上から……
1走れ走れわがおウマ
2「どれがよい馬か、ワシヤチヤンと知つとるよ」と頑張る“當り屋”へ殺到する
3「アツあたつたワ、このイキこのイキ」
4「ナアーンダイ、わしやカナワンヨ」
5「今度もダメよ」「さあ腹が減つてはドモならん」
6「あなた當らなかつたノ」「お前もイケナイか」「今月の払いどうしませう」「買出しの金も使つちまつたネ」
7「エーイ、最後の一戦だ」と惜しそうに百圓札

ら行われた。

この第二回目の開催の熱気が、初回をさらに上回るものだった(18)。初日、押し寄せた観衆を四万人と報じた新聞もあったが(19)、それが誇大に過ぎるにしても、競馬人気がすさまじかったのは確かだった。馬券売上は、初日六八

万九八六〇円、二日目七二万六六三〇円、三日目八六万九二七〇円と日を追って上昇、その総売上は第一回目を五〇万円も上回る二二八万五七六〇円。配当金を除いた粗収入は四五万七〇〇〇円、賞金開催運営費に三〇万円を要したとして一五万円の収益だった。なお配当制限が外されていたが、最高配当額は三六六円、一〇〇倍以上の波乱は起こっていなかった。だがそれでも充分だった。

この第二回開催の様子を伝えている図3の写真から、場内には、殺伐とした風景だけでなく明るさも漂っていたことがうかがえると思う。

全国の地方競馬には、場立ちの予想屋が存在していたが、図3、図6の写真にも見られるように、富山のような小さい規模の競馬でも例外ではなかった。この開催の予想料金は不明だが、一一月の富山市の復興競馬では二円(20)、昭和二四年県営競馬時代には予想屋が二、三〇人いて、予想料は一日全レースで五〇円、一レース一〇円だった(21)。

図4　初日のレース「白熱戦の競馬」風景

右の観衆越しに丸太で急造された「スタンド」が見える（『北日本新聞』昭21・9・8）。

そして注目されるのが三日目、石丸敬次知事（第三四代、在任期間は昭和二一年七月九日から昭和二二年二月八日）が来場したことだった。富山の競馬も、初日駈歩古馬、新馬、速歩古馬、新馬などの各ジャンルの予選、二日目が敗者復活戦、三日目が優勝戦と、先にもふれたようにレース編成は体系だてられていた。またこのような各ジャンル別の競走成績の総計で順位を競う各地区馬匹組合対抗戦の形がとられており、この開催で優勝したのが高岡・射水馬匹組合だった。この日の石丸知事来場は、その優勝旗等の授与に臨むのが名目だったが、それとともに、この競馬が、県レベルでの「合法的」な開催であることを示すものにもなっていた。先にもふれたが、富山では、神奈川、栃木、岐阜、愛知などのような条例制定を確認できないが、何らかの協定が結ばれており、その「合法化」がなければ警察、治安を管轄する内務省任命の官選地方長官（知事）が姿を現すことなどありえなかった。それを示すかのように、富山県馬連は一〇月七日、それまで

図5　県馬連第三回闇競馬広告

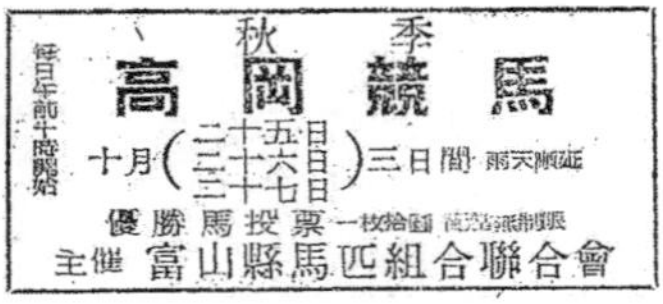

（『北陸夕刊』昭21・10・19）

の二開催の利益のなかから三万円を県に寄付した(22)。

九月は農繁期、また富山の農民たちは、一年の農作業を終えた後は長逗留で湯治に出かけるのを常としていたので、一〇月から一一月にかけての期間の開催で売上を期待することは難しかった。だが雪のことを考えれば、そう先に延ばせず、第三回目の開催は一〇月二五日（金）、二六日（土）、二七日（実際は雨天順延で二八日）となった(23)。

その第三回目の開催。賞金総額は第二回より若干増額された四万円余。売上は、初日五五万七〇二五円、二日目六四万四七六〇円、三日目は雨天順延になった上に当日も小雨模様ということで三六万五二三五円となり、計一五六万七〇二〇円と前二回より落ちてしまっていた。弁当忘れても傘忘れるな、といわれるほど富山の秋には雨が多いが、それに祟られていた。開催されるかどうか、競馬場に来て見なければわからない、開催があったらあったでコースだけでなく場内もぬかるんでいて、雨がふればそれを避けて観戦できるスタンドもない。雨は富山の競馬にとっても天敵で、売上は減少するのが常だった。ほかの地方競馬でも似たり寄ったりで、関係者の念願は晴天となることだった(24)。また買い出しなどで新円を手に入れていた農民たちは、一年の農作業の疲れを癒す長湯治に出かける余裕ができて、それで客足が落ちた影響もあったようである。

図6

「直線とそれを見る観客」（『富山新聞』昭21・10・26）。

「速歩競走」と「馬券売場の雑踏（予想屋）」（『北陸夕刊』昭21・10・27）。

だがそれでも粗収入三一万三四〇〇円、賞金、開催運営費を二〇万円としても一一万円の収益だった。この開催では、初日一三九五円、二日目一一四三円と一〇〇倍の配当制限撤廃の恩恵を初めて受ける大穴の払い戻しがあった。なお初日の大穴馬券の的中者は九名、ただし馬主は買っていなかったという。各地区馬匹組合対抗では、今回は、上新川郡市馬匹組合が優勝した。

この開催で、県馬連が昭和二一年内に主催した競馬は終わった。その三回の総売上は、五五八万一三六〇円、配当金支払い後の粗収入約一一一万六二七二円、各開催運営費を計八〇万円とすれば、収益は約三〇万円。高岡市へは売上高の五%を支払うという協定だったから、二七万九〇六八円が高岡市の収入になっていたことになる。公認競馬や大都市圏などの闇競馬と比較にはならない額とはいえ、予期した以上の額だった。敗戦後のギャンブル、それに観客の主力であった農民が、この年は豊かになっていたことを反映した数字だったろう。富山県の米作は前年の凶作から一変して平年作に近い作柄にもどり、富山、高岡両市の近郊農村が果実蔬菜で大きな収入をあげて、貯蓄が一戸当たり平均八万九〇〇〇円にのぼっていたという[25]。そこに買い出しによる「収入」も加わっていた。農民、農村は活気に満ちていた。

石川県の小松競馬も同じ三回で終了していたので、比較のために、双方の昭和二一年闇競馬の総売上等をあげておく。表1のようにこの時点では、小松競馬との差はほとんどなかった。

富山県馬連は、この闇開催の成功を受けて、能力の高い競走馬の導入にも着手、第三回の開催から馬産地であ

表1　昭和二一年の高岡競馬・小松競馬の総売上

〈高岡競馬〉

（単位：円）

開催月日	8月17、18、19日	9月7、8、9日	10月25、26、28日	計
総売上	1,728,580	2,285,760	1,567,020	5,581,360
一日平均	576,193	761,920	522,340	620,151
粗収入	345,716	457,152	313,404	1,116,272

註：粗収入は売上金より配当金支払分を差し引いた金額（以下同）。

（『北陸夕刊』昭21・8・20、『北日本新聞』昭21・9・11、10・29）

〈小松競馬〉

（単位：円）

開催月日	7月26、27、28日	8月23、24、25日	10月18、19、20日	計
総売上	1,148,760	2,312,780	2,359,430	5,820,970
一日平均	382,920	770,927	786,477	646,774
粗収入	229,752	462,556	471,886	1,164,194

（『北国毎日新聞』昭21・7・29、8・27、10・21）

る岩手などから馬匹を購入、一頭五〇〇〇円の補助金を交付して希望者に抽せん、配布、その馬たちを対象とする競走を新設した(26)。戦前にもこの抽せん馬制度が導入されていたが、そのルートが活用されていたのだろう。県馬連が、この時点で将来をにらみ、富山の競馬の基盤を固め、質の高いレースをめざそうとしていたことを示すものだった。

図７　雄山競馬広告

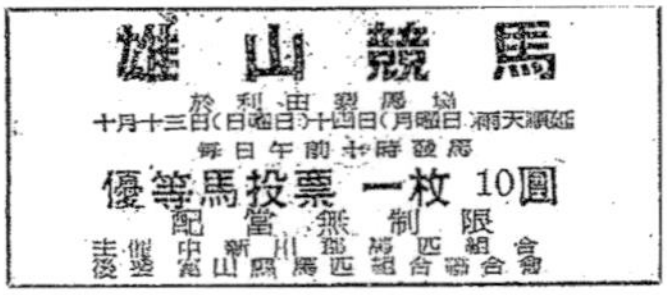

(『北陸夕刊』昭21・10・7)

2　高岡市も富山市も闇競馬

富山県馬連が開催する闇競馬が三回で終わったのは、単なる偶然ではなかった。岐阜の競馬条例は、県馬連の開催回数の上限を三回と定めていたが、実際の開催も三回までとなり、岐阜の隣の三重の闇競馬も同様に三回であった。また富山の隣の石川も、その他岩手、神奈川、滋賀、奈良、京都も通算三回、県内四ヶ所で開催された埼玉を除いて、全国で県馬連単独で、四回以上の開催を行ったところはなかった。これを見ると、県馬連の開催の上限を三回とするような全国的な統一指針があり、富山県馬連もそれに従ったことをうかがわせていた。ただその上限は、県馬連主催ということであり、地区の馬匹組合、あるいはその他の組織は、それに拘束されないとも解釈できるようなものだったようである。ただそうはいっても実際に、県の中央組織である馬連以外に、地区の馬匹組合が地方競馬法施行までに開催を重ねたケースは、全国的にそれほど多くはなかった。地域によって開催数、規模など差があったが、そういった開催が確認できるのは神奈川、岐阜、静岡、鹿児島、長野、そして石川だけであった。富山も数少ないその中に入っており、県馬連以外に四回の開催を行っていた。

まず一〇月一三日(日)、一四日(月)、利田村競馬場(富山地方鉄道越中三郷駅下車徒歩二〇分、常願寺川、現・中新川郡立山町利田付近)での雄山競馬だった。利田村競馬場は常願寺川沿いに昭和六、七年頃草競馬用に造成され、鍛錬馬場としても使用されていたが(27)、その跡地が活用されたのであろう。そして利田は、早くから旗競馬が行われた地でもあった。旗競馬とは、馬自慢の人々が集まって大会を開き、優勝者が大旗や賞品を獲得するもので、勝てば近隣の人々に大判振る舞いしてドンチャン騒ぎをするのが常であり、夢中になって身代を傾ける者もいた(28)。

前年の一一月四日にも、ここ利田村競馬場では競馬が開催されていた。雄山区域騎道会が主催、北日本新聞社（この時点では県下唯一の地元紙）が後援して「馬産奨励、良馬育成」を謳い、総賞金約八〇〇円（副賞優勝旗）で開催されていた(29)。同社の後援は、敗戦後という新たな時代に相応しい娯楽という判断の上に立ってのものだったろう。

一〇月二八日、アメリカ軍の富山進駐部隊の本隊がやってきていたが、その直後のことだった。ついで一一月一一日には、総賞金一〇〇〇円（副賞優勝旗）、馬産奨励を謳って婦負郡馬匹組合が、速星の婦中町競馬場で主催していた(30)。戦前、戦中の地方競馬、鍛錬馬競走に関わっていた人たちが中心となって、即席のコースを作って開催したものだろう。双方ともに賞金の他に、全出場馬に牽付（出走）手当が支給され、合計すると多額の支出であることに鑑みて、何らかの形で馬券が発売された可能性もなくはなかった。その場合には、ここを縄張りとする「親分」に話をつけていたか、あるいはその「親分」が仕切っていただろう。敗戦後三ヶ月もたたない時間のなかで、おそらく警察に取り締まる力はなかった。

昭和二一年一〇月の開催は、公然と馬券発売を掲げ、中新川郡馬匹組合が主催、県馬連が後援した(31)。高岡の県馬連の競馬と同様に、馬券は一枚一〇円、発売枚数、配当無制限。利田村競馬場までの交通が不便だったことで、観客の利便も図られ、富山地方鉄道五百石、越中三郷、両駅から競馬場迄の自動車の便が準備された(32)。このサービスは、高岡競馬場の県馬連の開催にはなかったものだった。出走頭数は県馬連のものよりも少ないが八〇頭、収益は郡内の海外引揚者の援護基金に寄付することが謳われた。この利田村競馬場の開催には、進駐軍の兵士が「ニコニコと入場」していたことが、つぎのように記録されている(33)。

中新川郡馬匹組合主催の第一回雄山競馬は利田村競馬場で昨日一一日午前一一時半開始、近村部落より押しよ

図９　雄山競馬速歩競走

（『北日本新聞』昭21・10・14）

図８　利田競馬場周辺

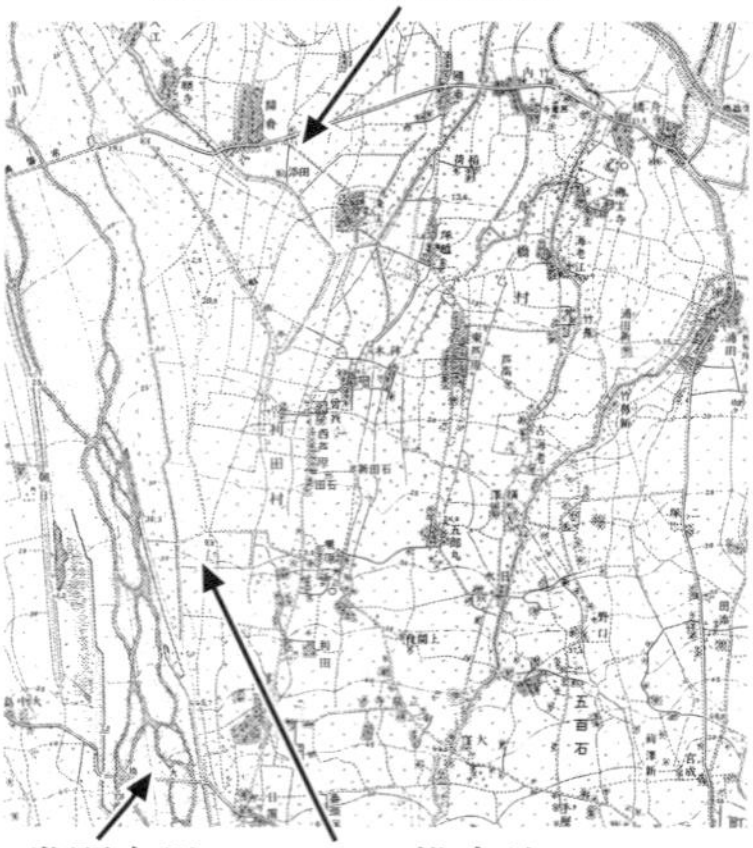

（２万５千分１地形図・上市・昭和22年12月刊・国土地理院）

図10　雄山競馬第二回開催広告

（『北陸夕刊』昭21・11・７）

せた五千の観衆は久方ぶりの地方競馬に声援ものすごく、一枚一〇円あわよくば千金の夢をおって向う鉢巻のオッサン達は馬券売場の窓口にウロウロしている、折から進駐軍の兵隊さんも乗馬で場内へニコニコと入場、雨後のためコンディション悪かったが夕方ようやく第一日目を終了した。

戦後の競馬の再開には、北海道を始めとして進駐軍が深く関わり、また主催者も進駐軍の名を利用する場合もあった。富山において進駐軍が競馬に関与したかどうかは不明だが、軍政部が許可したのは確実であり、このように兵士も観客として来場していた。

中新川郡馬匹組合は、再び県馬連の後援をえて、この後もう一度、「突如挙行」と銘打って、一一月九日（土）、一〇日（日）に開催を行った(34)。賞金二万円、手当一万五〇〇〇円というから、高岡競馬場の県馬連の規模からもそう劣っていなかった。控除率、配当も同一だった。馬体検査が八日というように、地方競馬法施行前の文字通りの突如、駆け込みの開催だった。一五日からは富山市後援の競馬も控えていた。

二回ともに収益は郡内の海外引揚者の援護基金に寄付することが謳われたが、中新川郡馬匹組合の資金を確保することも目的だったに違いなかった。繰り返せば、このように地区の馬匹組合が、地方競馬法施行までに独立した開催を行い、資金を得ていたケースは全国的にはそれほど多くはなかった。

そして一一月二〇日の地方競馬法施行までに、富山で闇競馬を開催したのは県馬連、地区馬匹組合だけではなかった。富山の闇競馬の特徴は、富山の二大都市である高岡市、富山市もそのなかに加わっていたことだった。全国でも公然と自治体が闇競馬を開催したことが確認できるのは、北海道で前面に進駐軍を押し出して胆振馬匹組合と進駐軍競馬を共催した室蘭市を除けば（第2章）、この高岡市と富山市だけだった。県レベルで「合法」でなければ、このような開催はありえなかった。

図11　県内三紙の高岡市新憲法公布記念競馬大会広告

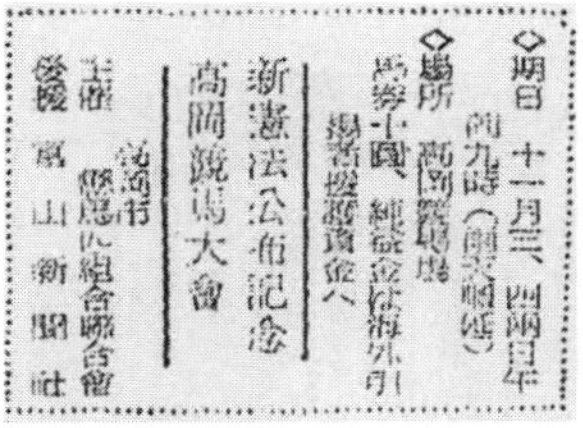

（『富山新聞』昭21・10・31）

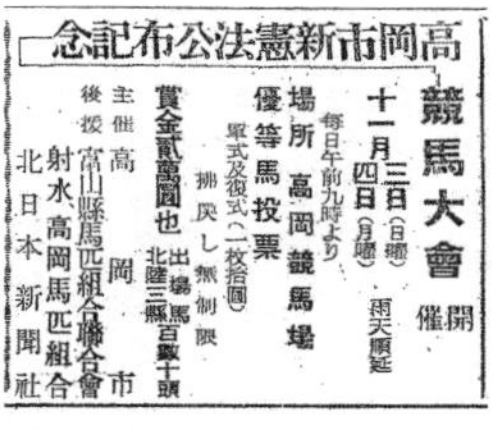

（『北日本新聞』昭21・11・1）

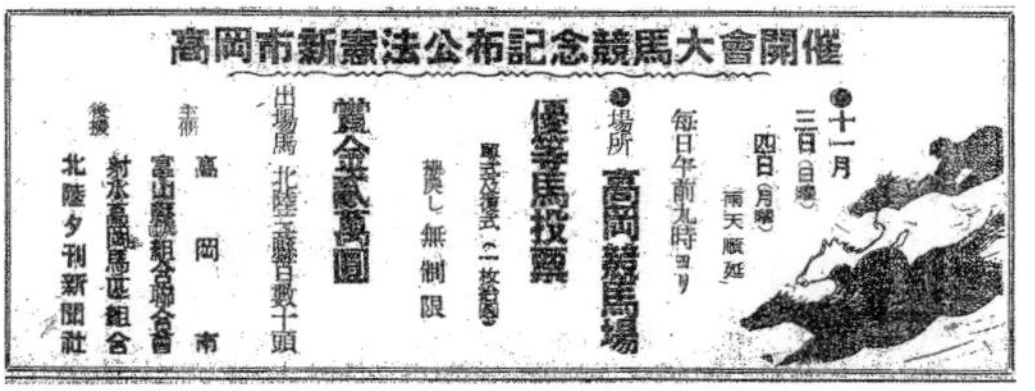

雄山競馬とイラストが同じ（『北陸夕刊』昭21・11・2）。

まず高岡市だった。県馬連、射水・高岡馬匹組合、富山新聞社、北日本新聞社、北陸夕刊社が後援した(35)。一一月三日から二日間の日程で、新憲法発布祝賀祭の一環として開催され、純益を海外引揚者、戦災者援護資金とすることが謳われた(36)。賞金二万円、出場馬は石川、福井からの遠征馬も含めて百数十頭だった(37)。

戦争放棄を謳う新憲法発布は、人々のもう二度と戦争はこりごりだという心情と、新たな時代の象徴を求める気分などが一致して、国民からは圧倒的に歓迎されていた。全国で、憲法発布祝賀の気運が漲り、一一月三日当日は国、県、市町村の公式行事だけでなく、民間レベルでも様々な歓迎行事が繰り広げられていたが、富山県もその例外ではなかった。

たとえば高岡市では、市の公式祝賀会とともに、市民体育祭、軽音楽の無料演奏会、中学校硬・軟両野球大会など繰り広げられ、

図12　北日本新聞、富山新聞が主催あるいは後援する新憲法公布記念の催しの告知

(『富山新聞』昭21・11・2)

(『北日本新聞』昭21・10・31)

獅子舞、山車も出て、便乗の結婚式までも行われた。戦後初の賑わいというのが、当日の高岡市の祝賀の様子を伝えた記事のまとめだった[38]。新聞各紙には三日から連日、各会社、商店、同業組合などの祝賀広告が満載されていた。さらに当日以外にもこの一一月中には、富山新聞社の主催、後援で県下優良乳幼児選彰会、金沢・高岡・富山三市対抗野球大会、県下中等野球大会、県下男女中等学校卓球大会、駅伝マラソン大会、県下中等音楽祭、高岡市民の歌の募集[39]、北日本新聞と富山市共催では富山市学童野球大会、秋の芸術祭、県下柔道選手権大会[40]などといった歓迎行事が繰り広げられた。

この祝賀ムードに乗って、高岡市の公式行事としての競馬開催だった。高岡市が主催といっても、実質的な開催執務、運営は県馬連が行い、収益金の一定割合を高岡市の取り分とするなどの方法がとられていたただろう。その比率は、県馬連の闇競馬では売上高の五%が高岡市に納付されていたから、それを上回っていたはずであった。新憲法祝賀、海外引揚者、戦災者援護という公益を掲げて、高岡市も、地方競馬法施行までの法の空白期を活用して、財源を確保しようとしていた。富山県関係者で、終戦時に海外に派遣、在住していた者は軍人・軍属が四万七七〇〇人、一般人が三万人弱、昭和二〇年中の引揚者が一般人三七八一人、この昭和二一年には二万二六五八人、軍人・軍属は三万四五一一人に及んでいた[41]。県が、外地在留邦人の引揚者に対しても援護の手を差し伸べるべきことを訴え、受け

入れ態勢を整備するよう、各市町村長に通知したのは昭和二〇年一一月二八日だった(42)。

売上は、初日の三日は五七万円余であったが、四日は雨天で順延、五日は平日だったこともあって三五万五九一〇円、二日間計九二万六四一〇円と、県馬連の第三回目並みに終わった(43)。憲法祝賀の気分が馬券売上増に結びついてはいなかった。ここも農民の長湯治の上に雨も響いていたのだろう。それに県馬連の開催からも一週間足らずであった。だがそれでも、翌昭和二二年一月二、三、四日の富山を代表する百貨店の高岡大和が記録した売上レコード四五万一〇〇〇円(44)を二倍も上回り、売上金から配当金支払いを引いた二割の粗収入は一八万五二八〇円、賞金開催費一〇万円とすると収益は八万五〇〇〇円、意義ある記念大会というのが地元紙の評価だった(45)。ちなみに全国で憲法祝賀を銘打った開催は、確認できるところでは函館（入場者にも記念品を贈呈）、岩手盛岡、群馬前橋、千葉香取郡、京都（実施は中旬）、兵庫園田（実施は一二月）の五ヶ所があった（第2章）。

図13　復興富山競馬開催広告

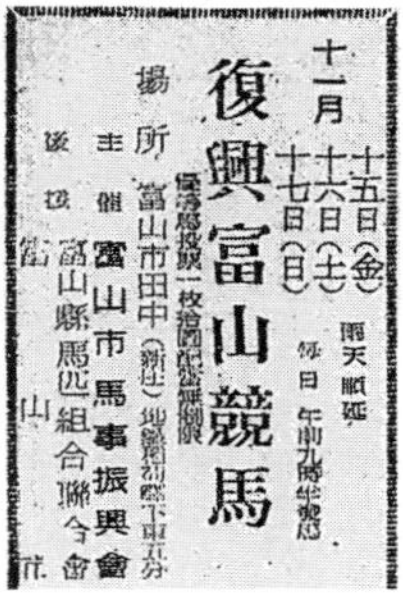

（『北日本新聞』昭21・11・6）

図14　田中町周辺

（２万５千分１地形図・富山・昭和23年５月刊・国土地理院）

そして富山市後援の闇競馬だった。富山市は、先にもふれたように昭和二〇年八月二日未明の空襲で、死亡者二二七五人、重軽傷者七九〇〇人、焼失区域は旧市街の九八％に及ぶという壊滅的な打撃を受けていた。その復興資金の慢性的不足に悩む富山市は、昭和二一年、その対応策の一つとして、宝くじの発売と競馬の開催を計画していた。まず七月、宝くじ発売に取り組むことを公表したが、県に委託という形をとって大蔵省の内認可が下りたのは、翌昭和二二年二月（第4章）。これに対して、闇競馬はすぐに実現した。

一一月に入った段階で、その復興競馬と銘打った開催が、一五日（金）、一六日（土）、一七日（日）、富山市新庄町田中（現・富山市田中町一丁目、二

図15　復興富山競馬初日第二レース

（『北陸夕刊』昭21・11・17）

丁目）に臨時競馬場を設けて実施されることが公表された(46)。地方競馬法施行までの残りの時間も少なくなっていた。なおここ田中町は、昭和三（一九二八）年など、戦前に競馬が開催されたことのある場所だった(47)。復興競馬の主催は富山市馬事振興会、後援が県馬連、そして富山市だった。だが実際の主催者が富山市だったことは確実であった。というのは富山市が、「一五〇万円売れたら市民住宅を作ります」というように収益を市の復興資金に充当すると公言し(48)、また出馬申込所が富山市役所でもあったからである。それに馬券発売に富山市立の富山女子商業の学生が従事していたことも、その傍証となるだろう。戦時中の鍛錬馬競走が国策であったことの延長線上にあっただろうが、この競馬が市の「公式行事」であったことを示すものでもあった。県馬連主催、公営時代になると、富山も含めて全国各地でこういった女子学生の「雇用」が見られた（第2章）。馬事振興会は戦時中、馬匹組合、在郷軍人及び市町村で構成された組織だったが、おそらく富山市が主導して振興会を活用、運営、馬券発売のノウハウをもつ県馬連の協力をえて開催、収益金を富山市と県馬連、振興会に分配する形をとったと思われる。後援に名を出すから同じとも思えるが、富山市が主催者にならなかったのは、「違法」であったことに対するいくらかなりともの配慮が働いていたのだろう。とはいえこの開催も、高岡市や中新川郡馬匹組合の例とあわせて、富山県レベルでは「合法」であった。

総賞金は五万円、牽付（出走）手当三万円、双方ともにこの昭和二一年、富山県で開かれた闇競馬最高の額であった。出馬申込期限一一月一二日、登録料一〇円、資格は明三歳以上の新馬と古馬、馬体検査と騎手登録（登録料一人二〇円）が一四日、馬券は一枚一〇円、配当は無制限だった。ここでもレースは駈歩、速歩半数ずつ。

初日の様子が、つぎのように報じられている(49)。

一五日久しぶりに幕をあけた富山競馬はいやがうえにもファンの血を湧かせ定刻一〇時にはすでに万を突破する観衆が一攫千金を夢みて山とつまれた馬券は飛ぶように売れてゆき富山女子商業の生徒さんたちが悲鳴をあげる始末、ゴールに入った瞬間「アー」とため息をつくもの「ニヤリ」と笑を洩らしてサテ配当はいくらかナと皮算用するもの新馬予想を料金二円で伝授する立売おっさんのドラ声、競馬場特有の悲喜こもごものナンセンスは場内を興奮の坩堝と化した、第二レースの複式で早くも一七二円の穴をあけた第一日目はひきつづき第六レースの単式二五七円、第八レース単式一一七円、第九レース単式一二七円と矢継ぎばやの大穴に明暗二重奏を呈する一大パノラマを描き暮色迫る五時盛会裡に幕を閉じた。

三日間とも、天候に恵まれた。二日目には「大穴の配当にファンはますます興奮しスリルを楽しむ人々で場内は充満」(50)、三日目日曜日の一八日には七三万円を売り上げた。総売上は一八一万円、純益は四五万円だったという。控除率二割だとすると、その額は三六万円二〇〇〇円となり、ここから開催費用、賞金等を引くとさらに減ることになるから、控除率は二〇日施行の地方競馬法に則り約三一%としたようである。そうだとすれば粗収入が約五六万となり、経費を引けば四五万円前後になり辻褄が合う。

県馬連の九月の第二回開催には及ばないものの、この昭和二一年富山の闇競馬における第二位の売上高だった。しかも戦前からの富山における競馬では、先にもふれたように農民が長湯治に出かける一一月の開催の売上が伸びないのが常であるなかでの数字だった。純益は目標の一五〇万円の一/三を下回るものではあったが、この富山市の復興競馬は成功だった。

そして富山市は、常設競馬場の新設と開催権獲得に強い意欲をもっていた。この復興競馬はそれに向けての歩みでもあった。候補地は旧五福練兵場跡地（現・五福運動公園）、かつて大正一三（一九二四）年から昭和二（一九二七）年まで優勝馬投票計五回、同年八月地方競馬規則を受けて昭和二年から昭和四年まで毎年一回計三回、第三五連隊の支

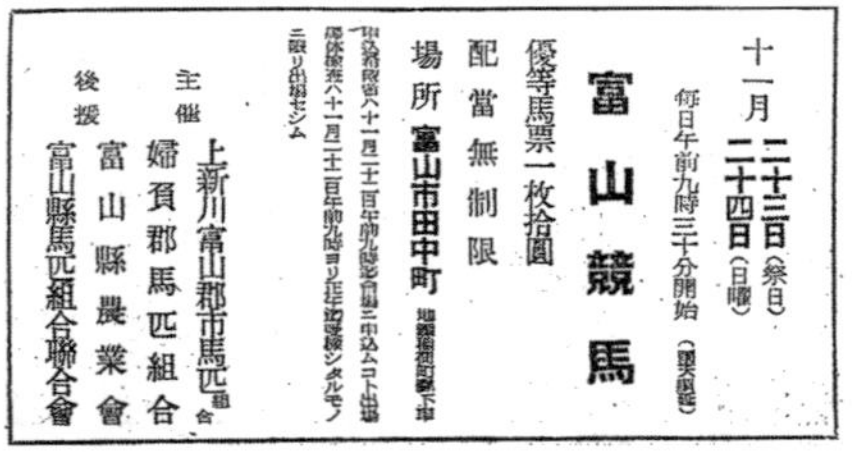

十一月二十三日（祭日）二十四日（日曜）
毎日午前九時三十分開始（雨天順延）
富山競馬
優等馬票一枚拾圓
配當無制限
場所 富山市田中町
主催 上新川富山郡市馬匹組合
婦負郡馬匹組合
後援 富山縣農業會
富山縣馬匹組合聯合會

（『北日本新聞』昭21・11・21）

援を受けて県畜産組合が、「馬券」を発売して競馬を開催していた場所であった(51)。昭和二一年一一月の復興競馬も、将来をにらんでこの練兵場跡地での開催を計画していたが、入植者が入っていたことで、田中町で実施することになったのであろう。開催権獲得も、九〇余の戦災都市で結成された全国戦災都市連盟の一員として、翌昭和二二年一月以降、帝国議会に働きかけていくことになる（第5章）。富山市は、この復興競馬開催前には競馬からの収入を昭和二二年度予算案に計上しようとしていたほどであった(52)。県馬連も、富山市への新競馬場設置を支持していた(53)。

なお田中の競馬場では、富山市の復興競馬が行われた直後の昭和二一年一一月二三、二四日、上新川郡富山郡市馬匹組合、婦負郡馬匹組合が主催、富山県農業会、県馬連が後援する開催の準備が進められていた(54)。出馬申込期限と馬体検査が二二日であったことからみて復興競馬の成功を受けて、急遽開催を計画したものだったと思われる。だが二二日付で、地方競馬法公布を理由に突然中止が告知された(55)。

地方競馬法の施行後に実際に施行という事実の前に、さすがに警察、司法の指導が行われ、断念を余儀なくされたのだと思われる。競馬の「無法状態」、戦後の束の間の自由の時代が終わりつつあったことを端的に示す事例だった。

図16

來ル二十三日二十四日兩日ノ
富山競馬ハ
今般競馬法公布ノ爲メ中止致シマス
主催 上新川富山郡市馬匹組合
婦負郡馬匹組合
後援 富山縣農業會
富山縣馬匹組合聯合會

（『北陸夕刊』昭21・11・22）

その他同じように開催を予定していて中止に追い込まれた全国的な例としては京都府馬連一一月一八、一九日に続く二一、二二日の開催があった（以下地方競馬法施行後の闇競馬に関しては第2章）。また福島県原町では原町競馬会が主催、相雙馬匹組合が協賛して一二月七、八、九、一〇日、ついで二二日から四日間を断行しようとしたが、地方競馬法の前に断念を余儀なくされていた。地方競馬法施行後、闇競馬を開催したのは一一月二四、二五日、函館競馬倶楽部及び室蘭レースクラブの各進駐軍競馬があったが、こちらは進駐軍の後ろ盾を受けたいわば治外法権だったので可能になったものだった。室蘭では一一月二九日から一二月一日も開催する。また山口の下関競馬クラブという組織も一一月二〇、二一日開催したようだが、こちらは純然たるヤミ競馬だったと思われる。ちなみに、このような文字通りのヤミ競馬が、地方競馬施行後も、各地で開催されていた可能性は高い。

開催権をもっている京都府馬連のケースは、ケアレス・ミスに属するものだが、一一月二〇日地方競馬法施行後は、各県馬連は、当然その下での開催に転じていった。ファンにとっては、二〇%から約三一・五%へという控除率の引き上げ、一〇〇倍の配当制限の設定など、条件の悪化だった。年四回（一～一二月）が法に規定された上限であり、法的には昭和二一年にもそれが適用されたから、降雪などの自然条件で無理な富山などを除いて、各地域では日程調整を行いながら年内に開催を重ねていった。早くも一一月中にその第一回開催に踏み切ったのは、一一月二一日から四日間の鹿児島南薩、一一月二二日から四日間の長野上諏訪、二三日から四日間の愛知岡崎、二六日から六日間の東京八王子、一一月三〇日から四日間の滋賀草津、一一月三〇日から六日間の高知長浜であった（第2章）。

県によっては必ずしも開催権を専有できたわけではなかった闇競馬時代とは異なって、地方競馬法によって各県馬連は開催権の専有が保証された。愛知では、九月の闇競馬を最後として、地方競馬施行までつぎの開催を待つことになるが、それは県馬連とその他の組織の対立の中での開催より、県馬連が開催権をもつことを規定した地方競馬法施行をまって開催した方が賢明だったからに違いなかった（第2章）。

地方競馬法の下での富山県馬連第一回開催は昭和二二年四月一〇日（木）からのことになる。

2 全国の闇競馬――競馬の復活、競馬熱

1 全国の闇競馬概観

本章では、各地方の闇競馬の様子を、ほぼ開催の時系列にそって、東海、北陸（新潟を含む）、関東（山梨、長野を含む）、関西、四国、東北、九州、中国という順番で紹介していく。北海道の札幌、函館、室蘭の各進駐軍競馬は、開催は七月（ただし室蘭は九月）と早いが、他地区の闇競馬と性格を異にするので、この章の最後に取り上げる。本論に入る前に、その見通しをよくするために、まず各地方の闇競馬を概観しておく。

昭和二〇（一九四五）年秋、ヤミ競馬が始まり、軍馬資源保護法が廃止になった時点で、少なくとも農林省には地方競馬の法的根拠を作らなければならない、という課題が念頭に浮かんだはずだった。農林省は、遅くとも昭和二一（一九四六）年三月には、その制定に向けての準備を開始していた(1)。これより先から中央馬事会、各都道府県馬匹組合連合会（県下単一の馬匹組合を含む。以下、「各県馬連」と記す）などの「民間」もその制定を要望していたが(2)、この農林省の動きに呼応してその声は強まっていた。たとえば五月三〇、三一日には、関東一都八県（山梨、

長野を含む）の馬連会長が参加して千葉市で馬事協議会を開き、地方競馬法の制定促進を当局へ陳情することを決議していた(3)。農林省は、省令改正での規則制定を準備し、三月、「地方競馬実施条例案」を各県馬連に送付、意見の聴取に入り、六月七日から一四日にわたって各県馬連などの責任者を東京に集めて研究会を開催、地方競馬の合法的な再開をめざしていた(4)。だが農林省は、六月二〇日開会の帝国議会に提出された第二次農地改革関連二法案をかかえ、またこの年ピークを迎えていた食糧危機対策にも追われていたこともあって、地方競馬にとどまらず馬政そのものの優先順位は低かった。さらに競馬法との整合性、その改正の問題もあって地方競馬法の成案にいたるまでには時間を要することが確実だった。

このように農林省の動きが鈍いのを受けて、かつての地方競馬、鍛錬馬競走の中心的人物も含めて、地方競馬関係国会議員、各県馬連の全国組織である中央馬事会が主導して地方競馬法案を作成、議員立法として提出する準備が進められ、七月中旬までには、その法案の骨格が全国各紙にも報じられるようになっていた(5)。だがこの地方競馬法の制定、施行までにもそれなりの時間がかかる。

とすれば、それまでの間、農林省が準備していた条例案に準じて、県レベルでの条例の制定、あるいは何らかの協定を結ぶなどの「合法化」をはかって、いってみれば地方独自の「競馬法」を制定して闇競馬を開催する。先行していた非合法のヤミ競馬は、不問に付す。先の六月の研究会を利用して、各都道府県の地方競馬の責任者たちは、そういった協議を行い、条例案を作成、その「認可」を農林省へ要望、政府もこれに同意、もしくは少なくとも黙認することに合意していたに違いなかった。馬券の控除率は国税の馬券税分を除いた二〇％、県などへ売上高の一定割合（たとえば五％）を納付することなども決められていた可能性が高かった。その結果、地方競馬法施行までの間、各地では闇競馬の開催が行われていくことになった。

このような推論を裏付けているのが、以下の愛知県の動きだった。

農林省の研究会より先の五月二日、愛知県は、競馬関係者（馬匹組合）が提唱、警察、県の畜産当局がそれを受けて、競馬を統括する農林省に対して、「法規により一定の施行基準を設けて競馬を公認すべし」と具申したが、結局、農林省の回答は、「軍馬資源保護法の廃止により投票券の発売を伴う競馬の開催は法律上認められない」というものだった(6)。これに愛知県は、「政府の立法措置によって競馬の開催が認められるまで現状を放置する場合は、射幸性による弊害のみならず各種不正行為の発生、多数集合による治安上の危険性もある」として、「政府の立法措置がとられるまでの暫定措置として県令によって施行基準を設け、許可制を採用して公正に行われるものと認められる場合にのみ開催を認める方針を立て」、「愛知県地方競馬規則」を制定、七月九日公布施行した。

この愛知の動きを見ると、農林省の「認められない」という回答は、まだ条例が検討されている段階であったこともあって、あくまでも建前で、実際は、県レベルでの「合法化」の黙認を示唆、あるいはそういった対応を「指導」した可能性が高かった。すでに静岡では遅くとも五月には県令(7)、また岐阜県も七月一三日、政府に交渉して地方長官(県知事)の権限で開催する形態をとった「馬匹能力検定競技会実施要綱」を制定していた(8)。東海地区は、このように闇競馬をリードしており、三重も八月には開催することになる。

また関東地区でも、東京都を除く六県の馬連会長が協議、共同歩調をとって県の条例の制定を求めており(9)、七月一一日施行の神奈川県「家畜能力検定競励会施行要項」を先鞭として(10)、各県でも同様の条例が制定されていっていた。そして八月の神奈川を皮切りに、九月以降つぎつぎと闇競馬が開催されていく。当時、この競馬は競励会競馬と呼ばれていた。

政府も、九月帝国議会での地方競馬法案審議の際、国法上の根拠を欠いているが、地方長官の認可で開催していることを確認する答弁、つまり容認していることを度々表明していた。たとえば、九月一七日、貴族院地方競馬法案特別委員会、「そう致しまするに法律上の根拠なくして馬券を売った、それはまあ地方長官の認可があると云う御話でございまするが、何か法律上の根拠なくして、通説に依る賭博と認めるものを公認したような恰好になりますが、そう云うことになりますでしょうか」という議員(渡辺信)の問いに対して、農林政務次官大石倫治はつぎのように答えていた。

此の点ははっきり茲で御答え申し兼ねるのでありますが、此の類似競馬も地方長官、所謂知事が認可を与えて行うものでありまして、全然開催者が何等の法規其の他を無視してやって居ると云うようなものでもないのであります、開催届を致し、それに対して地方長官が認可を致す、又所に依りましては売上金の中から百分の五程度位の、名前はどうなって居りますか、寄附金と云うことになって居りますか、課税と云うことになって居りますか、兎に角収入を得て居ると云う所もあるようでございます。

このような帝国議会での答弁と相前後して、たとえば茨城県では知事が闇競馬を「正式認可」したと報じられていた(11)。新聞も、県レベルでの「合法化」によって、国法レベルでの違法が棚上げ、あるいは県レベルでの「合法化」があれば正式認可と認識していたこと示す事例であった。なおこれらの条例が公認する主催者は、必ずしも各県馬連に限定されず、知事が認可する組織（栃木、愛知）、各地区馬匹組合と農業会（神奈川県）という場合もあった。

北陸ではこのような条例の確認はできないが、何らかの「合法化」の手続きが行われて、七月二六日の石川を皮切りとして開催されていった。八月一七日の富山に先立つこと二〇日、全国的な時系列で見ても、五月の静岡、七月上旬の北海道、高知、愛知に続く五番目の早さだった。福井は北陸三県のなかでは遅れて一〇月下旬となる。

独自の道を歩んだのが、アメリカ第一一空挺師団を主催者として、七月から開催された札幌、函館、室蘭の進駐軍競馬、いってみれば超法規の競馬だった。空挺師団が主催といっても、出走馬、騎手の手配、番組編成、馬券発売など実際の開催運営は、札幌が北海道レースクラブ、函館が、当初渡島馬匹組合、のちに函館競馬倶楽部、室蘭が室蘭レースクラブと、各クラブがそのすべてを担っていた。三つのクラブの性格は異なり、北海道レースクラブが北海道馬連や日本競馬会からまったく独立した組織、函館は結局、戦前の民間競馬倶楽部時代の中心人物たちが主導権を握り、そして室蘭は地域の胆振馬匹組合と室蘭市が共同運営していた。

以上のものは、地方競馬法上程前の開催だった。議員が地方競馬法の制定を急ぎ、政府（農林省）が議員の要求を飲まされる形で同法を認めたのも、このような闇競馬の国家レベルでの「合法化」ということが大きな理由となっていた（第3章）。地方競馬法は、八月二九日衆議院に上程、九月五日衆議院通過、九月二三日貴族院通過、施行は一一月二〇日だった。

この地方競馬法の審議、通過のタイミングにあわせるかのように闇競馬を開始していったのが、近畿、四国地方であった（ただし高知は七月にも開催）。近畿では、各県馬連が協議、日程調整を行って、九月中旬の京都を皮切りに、滋賀、奈良と闇競馬を開始、大阪も一〇月にこのなかに加わった。和歌山では競馬場が確保できず開催できなかった。なお兵庫では、地区馬匹組合を中心として一一月淡路島で開催されるが、県単位での開催は地方競馬法施行後の一二月のことだった。

四国では、徳島を除く三県で闇競馬が行われた。高知が七月、一〇月の二回、香川が九月、愛媛が一〇月の各一回、主催は各県馬連。これより先、「合法化」の手続を経ないで開催された愛媛や香川のヤミ競馬が取締りを受けていた。いいかえれば四国の取締りは厳しく、違法性を阻却する公共性が求められていた。それが高知や愛媛では「引揚者救護」、おそらく香川も同様だった。馬券は単複が発売されていたが、注目されるのは愛媛で日本初のフォーカス（連勝単式）の馬券が発売されたことだった。

地方競馬法成立後の一〇月に入って開始していったのが東北、九州、中国。施行まで二ヶ月の時間も残されていないなかでの開催だった。

東北各県では、山形のものが確認できないが、その他の五県では開催され、秋田を除く四県は、進駐軍慰安ということを前面に打ち出していた。おそらく北海道の進駐軍競馬の影響を受けていたのだろうが、それが闇競馬開催の条件となっていた可能性が高かった。

表1　各県闇競馬第一回開催表

開催日	主催	競馬場	開催日数	通算開催数	賞金	売上・備考
5月26日	静岡県馬匹組合	三島競馬場	3日間	3回	不明	193万9760円 他に少なくとも地区馬事会が2回開催
7月4日	アメリカ第11空挺師団、賛助北海道馬匹組合連合会	札幌競馬場	2日間	2回	10万円	219万2040円 北海道レースクラブの賛助で13回
7月5日	高知県馬匹組合	長浜競馬場	3日間	2回	不明	第1回不明、第2回約300万円
7月19日	愛知県馬匹組合連合会	岡崎競馬場	3日間	2回	不明	191万400円 第2回は東海民主競馬同盟会、岡崎競馬後援会が後援
7月26日	石川県馬匹組合連合会	小松競馬場	3日間	3回	約1万円（推定）	114万8760円 他に地区馬匹組合が1回
7月27日	アメリカ第11空挺師団、賛助渡島馬匹組合、函館競馬倶楽部	函館競馬場	2日間	2回	13万円	430万4690円 函館競馬倶楽部の単独賛助で11回 賞金は15万円という記録もある
8月1日	岐阜県馬匹組合連合会	笠松競馬場	4日間	3回	不明、第2回20万円	572万7820円 他に地区馬匹組合が9回
8月10日	英印岡山進駐軍	原尾島競馬場	1日間	3回	不明	不明
8月17日	神奈川県馬匹組合連合会	戸塚競馬場	6日間	3回	12万4350円	2925万2710円 他に少なくとも地区馬匹組合が9回 県初の開催は8月3、4日の鎌倉馬匹組合主催
8月17日	富山県馬匹組合連合会	高岡競馬場	3日間	3回	1万2000円	172万8580円 他に地区馬匹組合、高岡市などが4回
8月24日	三重県馬匹組合	霞ヶ浦競馬場	4日間	3回	不明、第2回15万5000円	約780万円
8月24日	新潟県馬匹組合連合会	三条競馬場	4日間	2回	2万2570円	237万780円
9月13日	埼玉県馬匹組合連合会	春日部競馬場	4日間	4回	5万円	約840万円 川越、浦和、熊谷の各競馬場で開催

9月13日	山梨県馬匹組合連合会	富士吉田競馬場	6日間	2回	不明	初日約25万円 第2回は玉幡競馬場
9月14日	京都府馬匹組合連合会	長岡競馬場	4日間	2回	不明	1243万3300円
9月20日	茨城県馬匹組合	取手競馬場	4日間	2回	不明	520万5640円
9月21日	滋賀県馬匹組合連合会	草津競馬場	4日間	2回	10万850円	581万9730円
9月21日	香川県馬匹組合	元・愛国飛行場	2日間	1回	不明	初日約20万円
9月26日	奈良県馬匹組合	奈良競馬場	4日間	3回	20万円	1404万8830円
9月28日	アメリカ第11空挺師団、賛助室蘭レースクラブ	東室蘭競馬場	2日間	9回	15万円	約154万円
9月28日	八戸馬匹組合（青森県）	大平牧場	2日間	2回	不明	第1回不明、第2回45万9000円 他に主催青森競馬倶楽部、後援青森進駐軍で元・油川飛行場で10月5日から5日間開催、4日目までの売上147万円
10月3日	愛媛県馬匹組合	三津浜競馬場	4日間	1回	不明	159万円（3日間判明分）
10月4日	東京都馬匹組合連合会	八王子競馬場	6日間	2回	不明	不明
10月5日	盛岡振興競馬倶楽部	黄金競馬場	2日間	3回	7万数千円	約60万5000円
10月10日	熊本県馬匹組合連合会	荒尾競馬場	4日間	1回	不明	不明
10月11日	群馬県馬匹組合連合会	高崎競馬場	6日間	3回	不明	683万円6440円 第2回前橋市外上泉、第3回前橋市で開催
10月12日	長生郡馬匹組合（千葉県）	元・茂原飛行場	3日間	1回	不明	不明 他に地区馬匹組合が10回（確認分）、地区馬匹組合のみの開催 10月18日から3日間の両総馬匹組合主催は賞金5万円、売上122万1120円

10月17日	栃木県馬匹組合連合会	足利競馬場	6日間	1回	15万円	977万9860円
10月17日	佐賀県馬匹組合連合会	神野競馬場	4日間	1回	10万円	約545万円
10月17日	鹿児島県馬匹組合連合会	鹿屋競馬場	4日間	1回	不明	220万1350円 他に地区馬匹組合が4回 11月10日から3日間の肝属馬匹組合主催は賞金4万5000円
10月19日	広島県馬匹組合・広島競馬会	五日市競馬場	4日間	1回	12万円	375万3540円
10月24日	大阪府馬匹組合連合会	春木競馬場	6日間	2回	25万円	おそらく3000万円以上 賞金は出馬奨励金
10月26日	福井県馬匹組合連合会	大野競馬場	4日間	1回	不明	最大限に見積もって150万円
10月31日	大分県馬匹組合連合会	別府競馬場	4日間	1回	5万円	約390万円
11月1日	主催大上競馬倶楽部・後援平鹿馬匹組合(秋田県)	大上競馬場	3日間	1回	不明	約30万円
11月2日	長野県馬匹組合連合会	上諏訪競馬場	4日間	1回	4万円	約280万円 他に地区馬匹組合が1回
11月2日	若松競馬協賛会・会津馬匹組合(福島県)	会津競馬場	4日間	1回	不明	210万9090円
11月9日	山口県馬匹組合	小月競馬場	5日間	1回	10万円	不明 他に下関競馬倶楽部が旧大畠練兵場で1回
11月16日	仙台競馬倶楽部	長町競馬場	4日間	1回	不明	約181万円
11月16日	兵庫県淡路(主催者不明)	淡路競馬場	不明	1回	不明	初日約27万円

註：通算開催数は第1回主催者の通算。

(第2章の各註参照)

九州各県は、一〇月初旬、一一月二〇日の同法施行後の各県の開催日程を調整したうえで、一〇月中旬の佐賀を皮切りに、福岡、宮崎、長崎を除く各県で闇競馬を開催していった。その三県も、一二月中には開催することになるから、開催自体が不可能ということではなかった。県内における各種組織の利害調整がつかないなどの事情から、地方競馬法の施行を待たざるえなかったのだろう。

中国地方での開催は、広島と山口の二県にとどまっていたが、山口では、県馬連以外のクラブが開催してもいたようである。また岡山では、英連邦軍が日本人にも馬券を発売する進駐軍競馬を開催していたが、北海道とは異なり、日本側が賛助するという形態をとってはいなかった。この三県は鍛錬馬競走が昭和一五年から昭和一九年実施されていたが、鍛錬競走を実施していなかった鳥取、島根は昭和二二年の開催が戦後の復活競馬となった。

以上のように、沖縄を除いて全国で闇競馬が開催されなかったのは、山形、和歌山、鳥取、島根、岡山、徳島、福岡、長崎、宮崎の九県であった。全国各地で闇競馬に注がれたエネルギーは文字通り厖大だった。

そしてこの闇競馬開催の全国的な統一指針の存在をうかがわせるものに、第1章でもふれたように、県馬連主催の開催の上限が三回ということがあった。富山も含めて、石川、岐阜、三重、岩手、神奈川、滋賀、奈良が三回であり、四ヶ所で開催した埼玉を除いて、県馬連単独で四回以上の開催を行ったところはなかった。岐阜の競馬条例は、県馬連の開催回数の上限を三回と定めていた。ただその上限は、県馬連主催ということであり、富山もそうであったように、地区の馬匹組合、あるいはその他の組織は、それに拘束されずに開催している県も存在した。また配当制限が一〇〇倍というのも共通していた。なおこの配当制限に関しても例外があり、当初から北海道の札幌、函館、室蘭の進駐軍競馬と石川は制限を設けておらず、また富山のように、岐阜、滋賀も二回目から撤廃した。

以下、冒頭にふれたように、ほぼ開催の時系列にしたがって各地方の闇競馬を紹介していく。典拠資料は、主として各県地元紙、それに加えて県史、市町村史の類も閲覧したが、これらは闇競馬に関して言及されていない場合が多く、また言及されている場合でも地元紙以上に参考になったものはほとんどなかった。したがって開催に至るまでの経緯、及びその開催の様子などの記述に濃淡があるのは、各地元紙が報道した闇競馬の内容に比例している。なお闇競馬が開催されなかった県については、戦後初めての地方競馬の開催についてふれておいた。

2　各地の闇競馬

1・東海

【静岡】

文字通り非合法に馬券を発売して開催した競馬をヤミ競馬と呼ぶならば、そのヤミ競馬に関しても、またその県レベルでの「合法化」に関しても、東海地方は、全国の先陣を切っていた。ヤミ競馬の濫觴は、昭和二〇年秋頃、浜松近辺で開催されたものといわれているが、愛知、岐阜もそれに続いていた(12)。このヤミ競馬を放置するのでなく、県レベルで法の網をかける、この課題に先鞭をつけたのも静岡だった。

昭和二一年に入っての静岡のヤミ競馬は、二月、地元紙『静岡新聞』に残されているだけでも、志太郡（同郡愛馬会主催、同郡農業会後援）、浜名郡、静岡市（静岡市畜産組合主催）と三ヶ所で開催されていた(13)。静岡県では、これ以外にも開催されていたのであろう、このようなヤミ競馬への対処として、遅くとも五月には競馬に関する県令を制定(14)、ヤミ競馬を「合法化」した。もっとも常設の競馬場での開催という条項が盛り込まれていた以外の内容は不明だが、岐阜、神奈川のものから推測すると届出様式（主催団体の許認可）、馬券の控除率、収支報告書、収益金の使途などが規定されていたと思われる。他県での制定が七月以降であったことを考えれば、そのモデル例となっていた可能性が高い。静岡県馬匹組合は、五月二六日から三日間、その「合法化」された第一回開催を「家畜能力検定競励会」と銘打って、戦時中、鍛錬馬場であった三島競馬場で行った(15)。その初日の様子がつぎのように報じられてい

図1

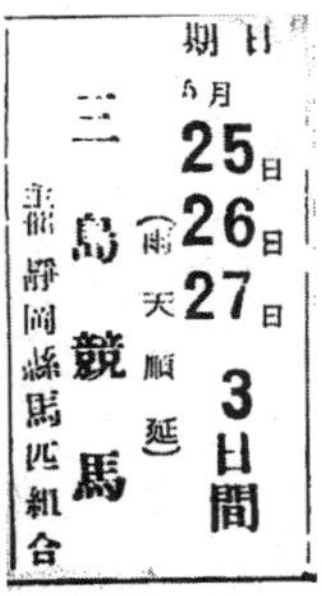

(『静岡新聞』昭21・5・25)

た(16)。

県令に基づく県馬匹組合の三島競馬は二六日から三日間の予定で開催された、満州競馬式に馬券の無制限発行が競馬ファンの人気を呼んで新円生活窮屈の声など蹴飛ばし、初日に単の売上は二三万一四一〇円、複が二一万二八五〇円計四四万四二六〇円で従来複の多いのが今回は単の売上の多いのも異色であった、単の第四レースに九〇円の穴があり人気を呼んだが、三日間には一二〇万円の売上が予想される。

図2

三島競馬大人氣

【三島発】縣令に基く縣馬匹組合主催の三島競馬は廿六日から三日間の豫定で開催された、滿洲競馬式に馬券の無制限發行が競馬ファンの人気を呼んで新円生活窮屈の声など蹴飛ばし、初日に單の賣上は廿三万一千四百十円、複が廿一万二千八百五十円計四十四萬四千二百六十円で從來複の多いのが今回は單の賣上の多いのも異色であつた、單の第四レースに九十円の穴があり人気を呼んだが、三日間には百廿萬円の賣上が豫想さる

大穴續出 志太競馬

【藤枝発】志太郡愛馬会主催第二回競馬大会は去る廿四日より相川村西島地先の大井川河原で開催、出場馬は東海各縣より優秀馬約七十頭出場し、初日の二十四日は馬券賣上げ五萬六千四百三十円で大穴續出、意外の番狂せを演じ、二日目の廿六日も午前中に大穴續出し、賣上げ總額は八萬九百五十円

三島競馬が「県令」に基づく開催であると報じている。また志太競馬も馬券が発売されていること(配当)が報じられている(『静岡新聞』昭21・5・28)。

実際の売上は、二日目七〇万一二〇〇円、三日目七九万四三〇〇円と日を追って伸びを見せ、総売上は、ここでの予想一二〇万円を一・五倍以上も上回る一九三万九七六〇円に上った(17)。

図3

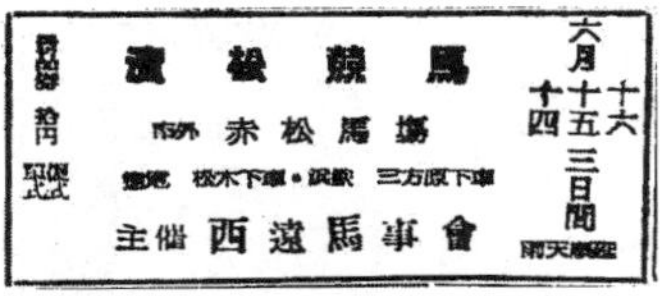

単、複の発売予定も告知されている(『静岡新聞』昭21・6・13)。

これより先の五月二四日から三日間志太郡愛馬会が相川村西島地先の大井川河原(旧藤枝競馬場付近)で開催、東海各県からの遠征馬も含めて約七〇頭が出走していたという(18)。また浜松馬事協会が六月一四日から三日間市内貴志村、そして西遠馬事会が六月一五日から三日間赤松馬場で開催(19)、県令に基づくものかどうかは不明だが馬券は発売されていた。

つぎの記録は時間が空き、県馬匹組合が、三島競馬場で九月二一日から四日間、参加予定馬は約二五〇頭(20)、ついで同組合が一〇月一六日からの四日間、静岡市近隣の與一エ門新田馬場で開催というものになる(21)。地方競馬法施行後は一ヶ所に限定されるが、闇競馬時代は、この静岡のように複数の競馬場で開催されていた。

記録に残されているのは以上であり、県馬匹組合としての開催は、全国の指針の数字三回と適合していたが、三ヶ月以上も時間が空いていることを考えただけでも、組合あるいは地区の馬事関係団体がこれ以外にも開催した可能性が高いと思う。

図4

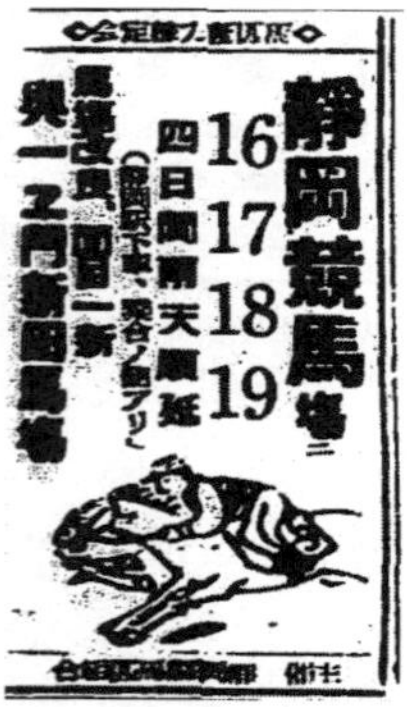

馬匹能力検定会としての開催（『静岡新聞』昭21・10・16）。

静岡県は、明治期から競馬が盛んで、大正七（一九一八）年馬券黙許時代に設置認可を受けた藤枝競馬倶楽部の権利は福島県の倶楽部に譲渡してしまったが、大正一二年競馬法制定を機に、非合法で勝馬投票券を発売する地方競馬を開催して、内務、農商務、司法省から「差支えない」との見解を引き出し、昭和二（一九二七）年地方競馬規則制定に道を開いていた[22]。その歴史にふさわしいというべきか第二次大戦後も、ヤミ競馬、闇競馬の興隆に大きな役割を果たしていた。

地方競馬法下、静岡県馬匹組合主催第一回は三島競馬場で一二月二〇、二一、二二、二三日の日程で開催され、三〇六万二六一〇円を売り上げた[23]。

昭和二二年三月の地方競馬法改正を受けて、また昭和二三年七月の県営化後も、熱海市、静岡市、清水市、浜松市などが競馬場誘致運動を熱心に展開していくが[24]、実現には至らなかった。

【愛知】

そして、愛知県のヤミ競馬も早かった。浜松近辺のヤミ競馬に刺激を受けた愛知の馬匹関係者は、その実情視察を行った上で、大府に急造の競馬場を造って、それにならい昭和二〇年一二月から翌年五月まで、一回三日間の日程で三回にわたって馬券を発売して開催を行っていたという[25]。

またかつて鍛錬馬競走が実施されていた岡崎競馬場（現・岡崎市羽根町）では、昭和二一年四月七、八日、東海民主競馬同盟会なる団体が馬券を発売してヤミ競馬を開催していた(26)。同盟会は、これより先の一月、馬主、競馬愛好者の有志が、競馬再開後の主催者をめざして組織したものだったというから、戦前の地方競馬、鍛錬馬競走の開催権を専有していた愛知県馬匹組合連合会(以下、「愛知県馬連」と記す)からその権益を奪取しようとしていたと考えられる。なお同盟会は、地方競馬法施行を受けて東海馬主会となる。同盟会は続く四月一三、一四日も開催したが、一四日には岡崎警察署が多数の警官を派遣して、馬券の発売を許さなかった。この他、五、六月頃、豊明市間米地鳴海野球場(現・中京競馬場)において一回二日間、また豊明市内勅使池付近でも祭典競馬と称して馬券を発売する競馬が二回開催されていたという。

先にもふれたように、競馬関係者の要請もあって愛知県は、五月二日、このようなヤミ競馬の「合法化」を農林省に具申、回答は却下だったが、それを受けて愛知県は、放置すれば射倖性による弊害、各種不正行為の発生、多数集合による治安上の危険性もあると、政府の立法までの暫定措置として「愛知県地方競馬規則」を制定、県レベルでの「合法化」の手続を定め、七月九日公布施行した。静岡がこれより先の遅くとも五月、岐阜が、愛知の直後の七月一三日に同様の条例(馬匹能力検定競技会実施要綱)を制定した。

愛知の規則の全容は不明だが、隣の岐阜県が開催権を明確に県馬連に限定していたのに対して、愛知の場合は、知事の許可を受けた組織が開催できる規定だった(27)。ちなみに神奈川県は開催権を県馬連、地区馬匹組合、農業会に与え、群馬は愛知と同様に知事が許可した組織に与えていた(後述)。したがって愛知県馬連の他に、名古屋馬匹組合、岡崎競馬後援会、東海民主競馬同盟会が闇競馬開催許可申請を行っていた。県は、愛知県馬連に開催権を付与、名古屋馬匹組合は申請を取り下げたが、岡崎競馬後援会、東海民主競馬同盟会は、その後も代議士を顧問に迎えるなどして、開催許可を求め続けた。

愛知県地方競馬規則のもとでの闇競馬第一回開催は、七月一九、二〇、二一日の三日間の日程で行われた。条例公布が七月九日であることを考えれば、知事の認可からほとんど間がなかった。

表２　岡崎競馬場の闇競馬第一回、第二回開催

開催年月日	出走頭数	騎手	入場人員	馬票発行金(円)	収益金(円)
昭21年７月19、20、21日	132	46	30,000	1,910,400	214,382
昭21年９月12、13、14、15日	218	48	95,000	8,735,900	1,082,277

（『地方競馬史』第２巻、411頁）

図５

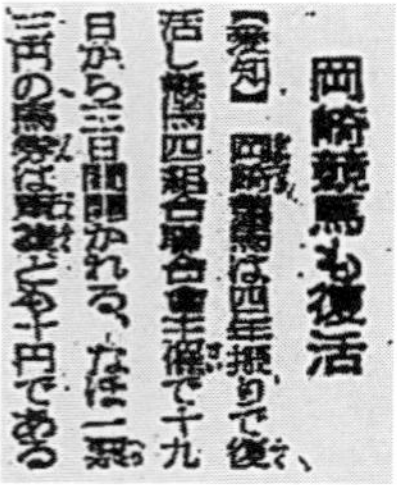

７月19日からの開催であることが報じられている（『読売新聞中京版』昭21・７・５）。

図６　闇競馬第二回開催

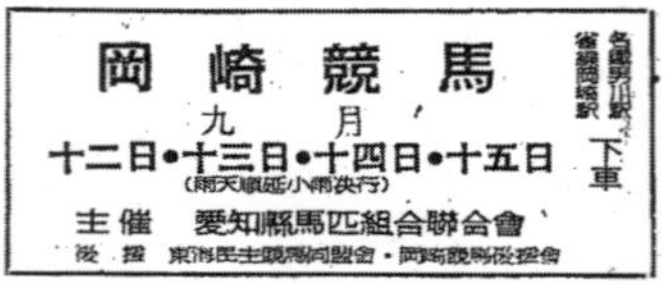

（『中部日本新聞』昭21・９・４）

図７　地方競馬法下第一回開催

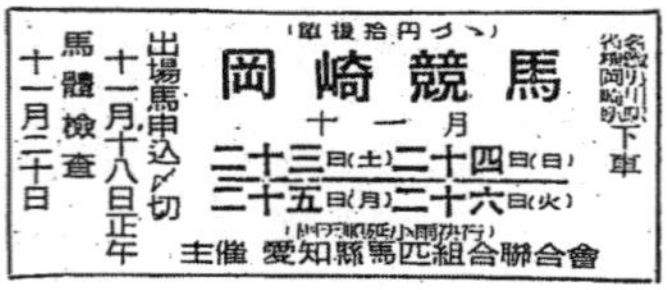

（『中部日本新聞』昭21・11・14）

売上は一九一万四〇〇円、収益二一万四三八二円。愛知より一日多い四日間開催だったとはいえ、八月一日からの岐阜県笠松競馬が総売上五七二万七八二〇円（後述）、また八月一七日から三日間開催の富山県でさえ一七二万円を売り上げていたことを考えれば、名古屋市から遠い岡崎市での開催ということを割り引いても、非常に少ない額だった。開催権をめぐる対立が、そこに大きく影響していたに違いなかった。

おそらくこの低迷を受けて、愛知県馬連と東海民主競馬同盟会、岡崎競馬後援会の三者間で協議が進められ、その結果、主催は愛知県馬連とするが、あとの二つの組織が後援という形態をとる、そして収益金を三等分するという内容での妥協が成立したのだと思われる。

こうして九月一二、一三、一四、一五日、闇競馬第二回が開催された。売上八七三万五九〇〇円、収益一〇八万二二七七円と、ともに第一回を大幅に上回った。三者の協調がなったことが功を奏した格好だった。だが、愛知の闇競馬は、この九月が最後となった。

岐阜や三重、あるいは富山や石川が一一月二〇日までの地方競馬法施行までに三回の開催を重ねたことを考えれば、おそらく愛知県馬連、東海民主競馬同盟会、岡崎競馬後援会三者の対立が再燃して、愛知の場合は、あと一回の開催を断念せざるをえなかったのだろう。対立のなかでの

開催よりも、県馬連が開催独占権をもつことを規定した、一一月二〇日の地方競馬法施行を待っての開催の方が賢明だったからである。

実際愛知県馬連は、一一月二三、二四、二五、二六日、そして一二月一九日から四日間と、年内二回の開催を行い、それぞれ九五四万三二二〇円、六二七万四三九〇円を売り上げることになる(28)。

【岐阜】

馬券発売の有無は不明だが、岐阜の競馬大会の再開は早かった。昭和二〇年一一月、笠松町陸上小運搬支部が笠松競馬場で開催、進駐軍将校も観戦に訪れていた(29)。その後も一二月揖斐郡の鷺、西郡、清水の三ヶ村馬匹組合が鷺村鍛錬馬場(30)、翌昭和二一年一月には下中島で同地区愛馬倶楽部(戦前の軍用候補馬鍛錬班を引継ぐもの)が(31)、三月には笠松(馬匹組合と愛馬倶楽部共催)と相次いで行われていた(32)。おそらくこの競馬のいくつか、あるいは他のヤミ競馬が馬券を発売していたことがあってのことだろう、内務省が六、七月より前に調査した「地方競馬類似競馬施行調」によれば、岐阜県では九ヶ所のヤミ競馬が行われていた(33)。昭和二一年七月一三日、岐阜県は、軍馬資源保護法に代るものとしてつぎのような内容からなる「馬匹能力検定競技会実施要綱」を制定した(34)。

(一) 主催団体は県馬匹組合連合会
(二) 馬券(名称は奨励札)一枚一〇円
(三) 控除率二割
(四) 収益の一部は畜産事業資金に振り向ける
(五) 県馬匹組合連合会は売上の三%相当額を県へ納付する

図8

（『岐阜タイムス』昭21・7・29）

岐阜県の要綱制定は、県が政府に交渉して地方長官（知事）の権限で開催する形態にしたという(35)。繰り返せば、県レベルでのヤミ競馬の「合法化」であり、このような地方独自の「競馬法」を、岐阜よりも前に、静岡県が遅くとも五月、愛知県が七月九日、神奈川県が一一日に定めていた。

この実施要綱を受けて、岐阜県馬匹組合連合会（以下、「岐阜県馬連」と記す）が主催する闇競馬第一回が、八月一日から四日間、笠松競馬場で開催された(36)。各日の売上の推移等が、つぎのように報じられていた(37)。

県馬匹連主催でさる一日から四日間笠松競馬場で催した第一回馬匹能力検定競技会は久しぶりの地方競馬復活とてファンを熱狂させ、一枚一〇円の奨励札（馬券）も飛ぶように売れ、第一日一二一万四三七〇円、第二日一二四万七一一〇円、第三日一一六万一四〇〇円、第四日一〇九万三四〇〇円、総額五七二万七八二〇円と同競馬場開設以来の新記録を樹立し、この売上金は？　売上高の三％、一七万二〇〇〇円は県当局へ納金され、二〇％、約一一四万円のうち開催経費を差引いた五一万五〇〇〇円が県馬匹連の純益となるわけだが、その三分の二は馬生産、育成、幼駒奨励施設、馬育成実地指導地区助成費など県連自体の馬事奨励施設に放出、残る三分の一は各郡市馬匹組合振興資金に交付される、この驚異的な馬券売上高は地方競馬としては全国でも稀な好成績で早くも第二回開催が期待される。

年三回の開催で総額二〇〇万円の売上が見込まれていたが(38)、この第一回売上の五七二万円だけでもその額をはるかに上回った。

三日間と四日間という違いはあったが、七月下旬の石川県小松競馬が一一四万円、八月中旬の富山県高岡競馬が一七二万円であったことから考えれば、この五七二万円という売上は、それこそ驚異的な額だった。

　多くの人口をかかえる東海地区という立地条件が大きかったが、戦前から蓄積されていた岐阜の「競馬文化」が、敗戦直後の状況のなかで花開いた観があった。たとえば富山や石川が競走馬不足から速歩と駈歩のレースが半々であったのに対して、岐阜では速歩三、駆歩九という編成ができたことにも、そのことが示されていた。

　収益金の一部は、実施要項では畜産振興資金にも振り向ける規定だったが、引用した記事によると、すべてが馬事振興に回される予定となっていた。国会での審議の場で明らかにされるが、地方競馬法がその目的として謳った馬事振興（第一条）は、畜産振興を求める農林省を押し切って地方競馬側が獲得したものだった（第3章）。そして収益金も主に馬事振興費に振り向けることが、同様に国会の場で確認されていたが、この岐阜県馬連の動向も、それに呼応するものだった。なお第一回の収益金は約四四万円、このうちの約一五万円を各郡市一八の馬匹組合へ県馬連独自の助成金として分配、残額を今後の競走馬購買その他にあてたという(39)。

　岐阜県馬連は、第一回の成功を受けて、早速第二回開催の準備に移った。九月二一、二二、二三、二四日と行われたその開催の売上は一〇〇〇万円を超えることになるが、その前に県馬連は揺さぶりをかけられていた。大きな収益を県馬連だけに独占させることを良しとせず、そこに食い込み、あわよくば自らのものにしようとする動きだった。表面化したのは、八月下旬、笠松町と競馬場地主が県馬連に貸与拒否の姿勢を示したことだった(40)。

　第一回の開催後、戦前からの慣例であった笠松町への寄付が遅れ、且つ額も低かったことへの不満が発端だった。鍛錬馬競走時代、畜産組合連合会からの寄附は収益金の二％という契約だったが、第一回闇競馬に関しては納付されたのが開催三週間後の八月二四日頃、それも七六〇〇円という低額だったからである。

　県馬連側の言い分は、畜産組合とは別組織になったとして戦前の契約は履行義務がないというものだった。これに笠松町側は町会を開催、強硬な抗議を申し入れたが、県馬連は役員会での決定という態度を崩さなかった。二九日、笠松町側は再度町会を開き、契約の一切無効、開催への非協力を決議、県馬連へ内容証明を送りつけた。また競馬場の地主たちも、三〇日、かねての契約の解約、県馬連への貸与の拒否を決定、早速野菜を植え始めるなどの実力行動に出た。

岐阜県四市一八郡の馬主たちも、岐阜県馬主連盟を結成、笠松町と歩調を合せて県馬連側を追い詰めていった。戦前、馬主は地方競馬、鍛錬馬競走時代を通じて搾取され続けてきたと、これを機にその解消をめざそうというものだった。戦前、軍馬育成という国策の前に、陸軍、そして陸軍の後ろ盾を背景とした畜産組合連合会、県馬連の方針を強制され、利益を制限されていた馬主の不満に火がついた格好だった。

九月二日、馬主連盟の結成大会が開かれ、会長には前笠松町長が就任、出場、牽付両手当、賞金、レース中の馬への傷害手当の大幅アップなどが決議された。これが認められない限り、馬を一頭も出走させないという態度だった。県が調停、というより県馬連の説得に乗り出した。町の顔役（ボス）も、馬主連盟、笠松町側に立っていた。

連日の協議を受けて、結局県馬連側が降伏、笠松町の三万五〇〇〇円の寄付金等の要求、そしてつぎのような馬主連盟の要求も全面的に受け入れた(41)。

(一) 形式的な主催者は県馬連だが実権は馬主連盟がもつこと
(二) 従来六万円であった賞金を二〇万円とすること
(三) 牽付手当は一頭につき五〇〇円（但し馬主連盟に加盟せざるものは一五〇円）とすること
(四) 出場手当を一回一〇〇円（四日間四〇〇円）とすること
(五) 騎手手当を三〇円とすること
(六) 一般入場券一人五円（小人半額）とすること

九月一〇日の馬主連盟大会では、この全面勝利の決着を報告、あわせて騎手手当一万円を交付する、払戻金は無制限とする、両替屋は一定の場所に限定する、予想屋は場外で営業させることも決められた。開催の実権を掌握した岐阜県馬主連盟は、九月二一日からの四日間開催に向けて、出場資格馬を三歳から一五歳までとしたうえで、つぎのような手順で準備を進めた(42)。

●騎手試験一七日午前一〇時より
●馬体検査一八日午前八時より、但し京都競馬(「闇競馬」の長岡競馬場)出場馬は一九日に延期
●能力検定一八日午後二時より
●馬主及び騎手集合(主催者側より注意事項)一八日午後四時より
●番組編成一九日午前九時より

図9　笠松競馬場内外を埋めた5万の観衆

(『岐阜タイムス』昭21・9・22)

戦前からの開催のノウハウが生かされ、体制が少なくとも形式的にはかなり整えられつつあった。

収益は全部引揚同胞援護基金に寄付するというのが謳い文句だったが、どこまで履行されるのかは怪しかった。

こうして迎えた第二回開催初日、九月二一日(土)、朝早くから人が押寄せ、第一レース開始時には用意された八〇〇〇枚の入場券が売り切れ、結局入場者数は二万に上った(43)。この日の写真が残されているが、その人数も過大ではないと思われるほどの人の姿が写されている(図9)。木曽川の土手など場外も含めると、この日の人出は五万を数えたという。

この勢いは四日間ともに続き、総売上は一〇九二万円に達した。第一回の

図10　笠松、関の闇競馬の広告

（『岐阜タイムス』昭21・10・6）

五七二万円の二倍に迫ろうとする驚異的な額であり、この時点で東海北陸地区のレコードだった。開催経費は、賞金二〇万円、出場馬二〇〇頭の出場手当が一頭当たり九〇〇円として計一八万円、執務員約二五〇人の人件費が約一〇万円、馬券の印刷費一二万円、競馬諸設備費一〇万円、四〇人の騎手手当が計一万円など合計七一万円、県への納付金三二万円、この他に笠松町への寄付金などを差引いても県馬連の純利益は大体一〇〇万円前後に上るものと推測された。

そして九月以降、岐阜県各地に闇競馬が広がっていた。岐阜県馬連主催と銘打ち、地域の同胞援護会支部や馬主連盟の後援という形態をとるものがほとんどだったが、実態は様々な地域の有力者たちが関与していた。売上は交通便利な笠松競馬には遠く及ばなかったが、それでも競馬は金になったからである。

九月二日古川競馬が一二万円、同七、八両日の関競馬が四九万円、同一〇、一一両日の黒野（揖斐）競馬が五一万円、同一五、一六両日の北方競馬が一〇〇万円(44)、九月二八、二九日には、千疋村（現・山県市）で第一回山県競馬と銘打って開催され五五万円を売り上げた(45)。また黒野が一〇月五、六日、北方が一五、一六日、関が一八、一九、二〇日とそれぞれ第二回開催を行い、黒野は六三万を売り上げていた(46)。この六ヶ所の他に、あと三ヶ所（場所不明）、計九ヶ所で闇競馬が開催されていた(47)。

笠松競馬の実権を掌握していた県馬主連盟は、当初第三回開催を一〇月一二、一三日の二日間と内定していたが、この競馬熱を受けて一一日からの四日間と変更した(48)。馬主連盟、あるいは県馬連は、地方競馬法施行前に、できるだけの収益をあげておこうとしていた。なおこの時点で第二回開催での全部の収益を海外同胞援護基金として寄付するという約束はまだ履行されていなかった。

一〇月一一日、「馬匹能力検定競技会実施要綱」に基づく第三回の笠松競馬が開催された(49)。名目上の主催者は県馬連だったが、繰り返せば、実権は馬主連盟が握っていた。その初日、速歩の第五レースをめぐって大騒動が起こった。

騎乗速歩レースは、戦前、軍馬の筋骨、特に飛節、後躯の発達をもたらすといった理由で軍部の強い圧力を受けて実施され、戦後も輓馬、農用馬などの能力検定という名目で継続されていたが、実際は軽種の競走馬不足に悩む各主催者が、中間種をかき集めて手っ取り早くレース数を増加させるために実施していたといってよかった（はじめに）。戦後の地方競馬での八百長騒動は、走法が規定されているというそのレース形態からこの速歩レースで起こることが多かった。この第三回笠松競馬初日での騒ぎもそうであった。

人気馬が着外になったことがきっかけだった。追い込もうとする馬を騎手が無理に抑えていたように見えたという。その真偽は別として、レース終了後、「八百長だ、八百長だ」と叫び声があがったのを契機として、観衆が騒ぎ始めて審判席になだれ込み、審判や主催者をつるし上げ、そのなかで石も飛び交い、入院五名、その他十数名の負傷者が出るといった騒動となった。警備にあたっていた警官たちはなす術もなく、あるいは取り締まる姿勢を見せず、ただ見守るだけだったという。この騒ぎが続くなかで主催者が第六レースを強行、これが火に油を注ぐ結果となり、一部の観衆がコースになだれ込んでレースの継続が不可能な状態となった。結局、はずれた馬券も全額払い戻すという条件でこの騒ぎは収まった。

開催後の決算で四〇万円の使途不明金があることが明らかとなるが(50)、この八百長騒ぎの「解決金」である可能性が濃厚だった。

開催は雨にもたたられ、日程が二日間延期ともなった。当時の地方競馬では、雨天順延になると開催の売上が減ってしまうことが通例で、雨は地方競馬の文字通りの天敵だった。各主催者は、開催中、雨が降らないことを祈り続けたという（第1章）。雨に加えて、農繁期で農民の来場が減ったこともあって、この第三回開催の売上は伸びず、結局第二回の約四分の三の七七一万円に終わった。

この予想を下回る売上の挽回、あるいは八百長騒ぎの「解決金」の穴埋めという事情も加わったのだろう、「馬匹能力検定競技会実施要綱」によれば三回と決められていたにもかかわらず、一〇月二五日から四日間の日程で第四回笠松競馬の開催を決定したことを、一〇月一九日付で公表した(51)。しかしその直後の一〇月二二日付で開催中止が「謹告」された(52)。

その中止の事情はつぎのようなものだった(53)。

今月二五日から四日間開催予定だった笠松競馬が、過日議会を通過した地方競馬法が近々公布の見込みだが、中央馬事会から通知があり、農林省畜産局からも同法の公布をまって同法にしたがって開催するようにと各地方長官あて通牒があったので急に中止となった、なお同法の詳細はまだ不明だが競馬場は各府県一ヶ所、年四回以内、期間は六日以内開催でき投票券は一〇円、主催は馬匹関係畜産団体にのみ許される見込み。

図11

謹告
本月二十五日ヨリ開催ノ笠松競馬ハ當局ノ通牒ニヨリ中止トナリマシタカラ御了承願ヒマス
岐阜縣馬匹組合聯合會

(『岐阜タイムス』昭21・10・22)

この記事は、私が調べた範囲では、農林省が各地方長官（知事）宛に「地方競馬法の公布をまって同法にしたがって開催するようにと」の通牒を行ったことを示す唯一の資料である。

実際に岐阜県下では、これ以後闇競馬が開催されなくなった。

戦前の地方競馬を管轄していたのは農林省と内務省であった。この通牒は、その戦前の体制にならって出されたものと考えられるが、必ずしも遵守されたわけではなかった。戦前のような全国一律の統制よりも各地方の判断が優先された。たとえば笠松競馬が開催を取り止められた後でも、富山も含めて数多くの県で開催されていた。また各県馬連主催の闇競馬の開催にあたっては、岐阜のように開催回数の規定が存在し、それが農林省通牒よりも優先されたと思われる。したがって規定の回数を終了していた岐阜では開催が中止され、終了していない富山では開催された。ただしそうはいっても県馬連以外の開催は、各地区馬匹組合、高岡市や富山市のように通牒にしばられることなく可能であった。

だがこのような地方競馬法施行までの法の空白が活用された戦後の競馬の自由な時間も、一一月二〇日の地方競馬法施行でもって終わりを迎えることになった。

ともあれ岐阜県下の闇競馬は、笠松競馬第三回に引き続いて一〇月一九、二〇日に開催された第二回関競馬会で終わった。開催数は笠松競馬の三回を含めて計一二回、総売上は約二九〇〇万に上った(54)。なお年末を迎えても、笠松競馬第二回開催で謳われた全収益の海外同胞援護基金への寄付は履行されていなかった(55)。

【三重県】

三重県の闇競馬第一回は、昭和二一年八月二四日から四日間の日程で開催された(56)。主催は三重県馬匹組合。競馬場は、昭和四(一九二九)年に開場し、昭和一九年まで鍛錬馬競走が実施されていた四日市の霞ヶ浦競馬場(現・四日市競輪場)(57)。資料は残されていないが、三重県でも、他の東海三県と同じように、条例で県レベルでの「合法化」が行われていたはずであった。

出走に向けて、県内五〇頭余、その他愛知、岐阜から各三〇頭、静岡、奈良から各一〇頭などが集まってきて、入厩馬は一三三頭(速歩二四頭、駈歩一〇九頭)に及び、そのなかには、先の七月の愛知の岡崎競馬場での優勝馬五頭も含まれていた。東海四県のなかで、時間的には最も遅れた第一回開催だったが、それでも全国的に見れば速い部類に属していた。

馬券一枚一〇円、戦前の一人一枚の発売制限は撤廃され、初日、二日を視察した日本競馬会職員の「復命書」によれば、一〇〇倍の配当制限も一〇〇倍以上は特別配当という形式で引き上げられており、控除率は二五%だったという(58)。なお闇競馬の控除率は、他の東海各県、そして全国的にも二〇%が通例だった。

図12

（『伊勢新聞』昭21・8・19）

図13　霞ヶ浦競馬場の初日の観客

（『伊勢新聞』昭21・8・26）

八月二四日の初日、二日目の様子が、「六〇〇〇万両の大砂塵　札ビラ乱れ飛ぶ霞ヶ浦競馬場」の見出しのもとに、つぎのように報じられた(59)。

まる二年ぶりに開かれた霞ヶ浦競馬場は新円インフレの波にのり、初日早くも一九七万円という驚異的な馬券売上高を示したが、第二日の二五日は快晴と日曜日で物凄い賑わいを呈し一二レース中八レースまでで既に一三二万円を超え、四日間の期間中には六〇〇〇万円の突破は確実というすばらしい太鼓判が押されている。

初日の写真からその熱狂ぶりが伝わってくるが（図13）、初日、二日と二万人近い観客が集まっていたようである。四日間の売上は、ここでの予想六〇〇〇万円を上回る七八〇〇万円に上った(60)。七月一九、二〇、二一日の三日間の愛知岡崎競馬が一九一万四〇〇〇円、八月一日から四日間の日程だった岐阜笠松競馬が五七二万七八二〇円であったことを考えれば、東海地区の闇競馬の売上レコードを記録していた。

先にふれた日本競馬会職員が、「復命書」のなかで馬券の発売態勢に関してもふれているので紹介しておく(61)。

●投票所内総人員＝男子一六〇名、女子六〇名、計二二〇名。

●投票所従事員給料＝男子最低二五円、女子最低一五円、計算係など特殊なる場所は男子八〇円、女子五〇円、右従業員は概して付近のものを集め、遠来のものには旅費宿泊料を主催者より負担している、想像以上に売上があるので、人員も少なく多忙を極め可哀想だから一人一日当り五円～一〇円程度増額せねば、来季には募集困難になるかも知れぬと主催者は考えている。

●事務関係＝発売窓口、単勝式二六、複勝式三八、計六四にて、平均一レース一窓二六〇枚の能率ではあるが、一〇〇円札にても窓口で取扱い、一人二〇〇〇円あるいは三〇〇〇円と購買するものもあるので、無理なしにやって行けているのと、一レース一時間もの時間を費やしている（売り切るため時間を延ばしているものとうかがえる）。

●大体の事務は思ったより杜撰で、発売票数の誤報告が後ほど判明してもそのままにし、発売金額、支払金額も窓口で検査しない。厳重な事務方法では、とても一万五〇〇〇名のファンを扱い切れないと思う。

この報告からも、予測した以上のファンが押しかけ、札ビラが乱れ飛び、主催者が混乱している様子が浮かび上がってくる。三重の闇競馬もエネルギーに満ちていた。

第二回開催は、一〇月五、六、七、八日、賞金総額一五万五〇〇〇円、第四日の速歩優勝一等七〇〇〇円、二等四〇〇〇円、三等二〇〇〇円、駈歩優勝一等一万円、二等六〇〇〇円、三等三〇〇〇円が速歩、駈歩それぞれの最高賞金レースだった(62)。

二日目六日は日曜、名古屋より東海北陸司令官以下多数の進駐軍将兵もジープを駆って観戦に訪れ、司令官もレース毎に馬券を購入して、よく的中させていたという。三日目以降が雨天順延で八、九日となったが、総売上は、第一回を一〇〇万円以上も上回る九〇〇万円に上っていた。

九月一二日からの第二回愛知県岡崎競馬が八七三万五九〇〇円、九月二一日から四日間の第二回岐阜県笠松競馬が一〇九二万円、一〇月一一日からの第三回が七七一万円だったから、第二回霞ヶ浦競馬の売上高はそれらに匹敵していた。

第三回霞ヶ浦競馬は、一〇月一七、一八、一九、二〇日(63)。第二回とは中七日をおいただけの開催となった。先にもふれたように、これより少し後、岐阜県笠松競馬は一〇月二五日から予定されていた開催の中止を、一〇月二二日付で公告することになる。一一月二〇日の地方競馬法の施行をひかえて、農林省は地方長官（知事）宛に行った「地方競馬法の公布をまって同法に従って開催するようにと」の通牒に従っての決定だった。

岐阜や富山、石川などの県馬連の闇競馬と同じように、三重県も三回の開催が許されていたと思われるが、おそらく三重県知事に対しても農林省から同様の通牒があり、禁止される可能性があったので、それで三重県馬匹組合は開催を急いだのだろう。残念ながらこの第三回に関する記録は残されていない。

三重県も地方競馬法施行後、一二月二五、二六、二七、二八日と昭和二一年中に開催を行い、四三九万一四四〇円を売り上げた(64)。

繰り返せば、闇競馬時代の三重霞ヶ浦競馬の売上は、愛知岡崎競馬や岐阜笠松競馬とそれほど差がなかった。だが時間が下るにつれて、名古屋競馬（昭和二四年開場）や笠松競馬に押されていった。この両競馬に対抗するためには、賞金等を高水準にしなければならなかったが、それに見合う売上が達成されず収益は悪化、また昭和二四年以降、東海地区には豊橋（昭和二四年七月）、岐阜（昭和二四年九月）、名古屋（昭和二四年一〇月）、松阪（昭和二五年五月）、一宮（昭和二六年一一月）と競輪場が相次いで開設され、それにも追いつめられていった。

霞ヶ浦競馬場は、昭和二六年八月の開催を最後として競輪場の併置を決定、工費四〇〇〇万円で昭和二七年一月竣工、同月第一回開催を迎え六日間で四一三二万四六〇〇円を売り上げた(65)。この競輪の成功を前に、同場での競馬開催は放棄されることになった。この霞ヶ浦より先に、取手、奈良、草津の各地方競馬場が、同じような運命をたどっていた（第5章）。

2 北陸

【石川】

七月二六、二七、二八日、北陸三県で一番早く、闇競馬を開催したのは石川県だった(66)。主催は石川県馬匹組合連合会（以下、「石川県馬連」と記す）、小松競馬場（現・小松市末広町、昭和一二年設置）だった。富山に先立つこと二〇日、全国的な時系列で見ても、五月の静岡、七月の北海道、高知、愛知に続く五番目の早さだった。

昭和一四年軍馬資源保護法制定時、石川県には金沢競馬場（現・金沢市入江町、旧石川郡戸板村、昭和六年設置）、小松競馬場が存在していたが、鍛錬馬場に指定されたのは小松の方だった(67)。全国的に、鍛錬馬場は、人里離れた所に設置するというのが原則とされたのを受けてのものだった。これに伴い金沢競馬場は廃止された。小松競馬場も、昭和一八年の鍛錬馬競走の開催を最後として、畑地となり作物が植えられていたが、元々農地を地均ししただけのものだったから、簡単な修復で使用することが可能だった。

他の闇競馬と同様に、馬券一枚一〇円、戦前の一人一枚という購入枚数制限及び一〇倍までという配当制限を撤廃、控除率も二割と戦前の約三一％から国税の馬券税分相当が引き下げられていた。配当制限に関しては、富山を含む他県が一〇〇倍を設定していたのに対して、石川はこの第一回からその制限を撤廃していた。「法の空白」がファンに利益をもたらしていた。配当無制限は、札幌の進駐軍競馬に続くものだったが、この競馬が闇競馬とは性格の異なるものだったことを考えれば、石川県の先鋭さが目立っていた。繰り返せば、富山も第二回開催から配当制限を撤廃する。

図14　小松競馬初日

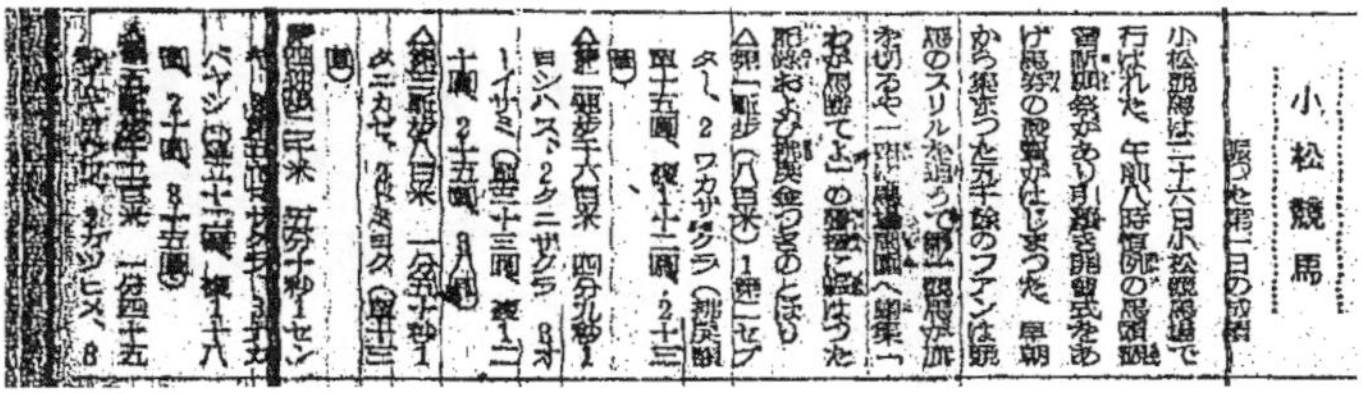

（『北国毎日新聞』昭21・7・27）

図15

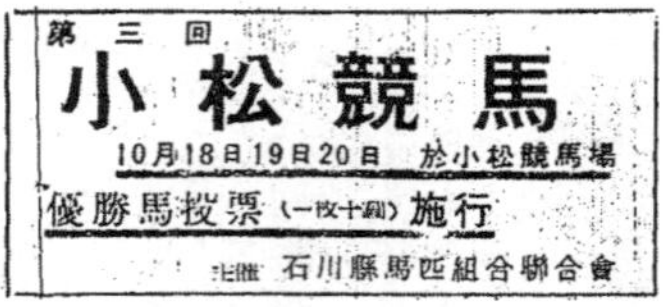
第三回
小松競馬
10月18日19日20日 於小松競馬場
優勝馬投票（一枚十圓）施行
主催 石川縣馬匹組合聯合會

（『北国毎日新聞』昭21・10・1）

三日目二八日は日曜日でもあり、入場者が一万を超え、第五レースで一二六倍という万馬券（一〇〇倍を越える馬券の通称）も出て、「人気を沸騰」させ「窓口によせつけぬため買求め得ぬという状況を呈し」たという。

初日二五万、二日目三八万、三日目五一万と売上を伸ばし、総売上は一一四万八七六〇円に上った。後の富山の第一回開催の一七二万八五八〇円と比べると約六〇万円近く少なかったが、小松という立地を考えると上々の滑り出しだった。

県馬連は、すぐに八月二三、二四、二五日の第二回開催を決定、富山、福井、新潟、関東、関西からの遠征馬の誘致、牽付手当三倍、賞金二倍半、総額四万円などの積極的な拡大策に取り組んだ(68)。

当時の交通事情を考えると、馬の輸送は非常な困難を伴っていたが、県馬連は、遠征馬の誘致に成功していた。牽付手当、賞金の引き上げは、この誘致策の一環でもあっただろう。県内の競走馬の資源には限りがあり、レースが面白くなければ、いくら戦後のどさくさとはいえ、すぐに行き詰ってしまうことが見通されていた。県営の時代になっても、石川県ではこの遠征馬誘致に力を入れることになるが、この時点でも戦前からの人脈等が活かされていた。

そしてもうひとつ注目されるのは、知事がこの闇競馬に賞品を寄贈していたことであった。富山と異なって知事の来場はなかったが、ともかくも警察、治安を管轄する内務省任命の官選地方長官が賞品を寄贈する。条例の制定は確認できないが、何らかの「合法化」の手続きが先に行われており、賞品の寄贈はそれを受けてこの競馬が県の公認であることを示すものだった。

こうして小松競馬場での第二回開催が、八月二三日（雨で第六レース以降延期）、二四日（初日の残り）、二五日、二六日と結果的に計四日間行われた。総売上二三一万二七八〇円。第一回の二倍以上、県馬連の積極策が功を奏した格好となった。

第三回開催は一〇月一八、一九、二〇日(69)。総売上は一三五万九四三〇円。第二回からの微増にとどまったが、農民たちが農作業を終えて湯治に出かけてしまう、一〇月、一一月の北陸の競馬の売上は落ち込むのが通例だったことを考えれば、この数字は健闘の部類に属していた。

この他能美郡馬匹組合主催の競馬が、地方競馬法施行直前の一一月一八、一九日と小松競馬場で行われた(70)。売上は数十万のものだったが、小松市が含まれる同郡馬匹組合の資金集めとしては十分だったろう。

図16

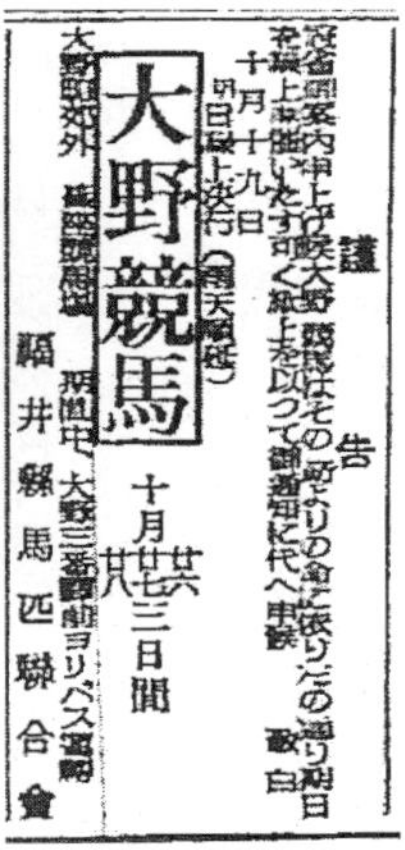

謹告

大野競馬

十月廿六 廿七 廿八 三日間

福井縣馬匹聯合會

（『福井新聞』昭21・10・20）

図17　開催初日（26日）

（『福井新聞』昭21・10・27）

石川も、富山よりは数は少なく自治体の関与もなかったが、県馬連とともに地区馬匹組合が闇競馬を開催した県の一つとなった。

石川も、県馬連が開催した闇競馬の回数は三回だった。

第1章でもふれたように、この昭和二一年の石川県の三回の闇競馬の総売上五八二万九七〇円は、富山の五五八万一三六〇円とほぼ同じ規模だった。ここで紹介した第二回の牽付手当と賞金の総額が計四万だったが、これは富山の第二回開催が賞金だけで約四万円だったことと比較しても安かった。だが富山と石川両県のその後の歩みは異なっていく。

【福井】

石川、富山に比較すると、福井県の闇競馬は遅れ、大野競馬場で福井県馬匹組合連合会（以下、「福井県馬連」と記す）が開催できたのは一〇月二六日のことになった(71)。日程は、富山、石川と同じ三日間。すでに石川（小松競馬場）では同月二〇日で三回目の開催を終え、富山（高岡競馬場）でもこの二六日に三回目の開催の二日目を迎えていた。

戦前の福井県では、地方競馬規則に基づいて福井競馬場（福井市下北野町、現・福井市城東、昭和六年設置）と大野競馬場（大野町篠座、現・大野市篠座町、大正一四年設置）の二ヶ所で地方競馬が開催されていた(72)。昭和一四年軍馬資源保護法による鍛錬馬場に指定されたのは売上高が低かった大野競馬場で、これにともない福井競馬場は廃場となった。福井も、人里離れたところという原則が守られた。大野競馬場での鍛錬馬競走は昭和一九年まで実施された。

戦前の福井の競馬熱は、富山よりも高く、また石川にも劣らないものがあり、開催の準備は、富山、石川両県とほぼ同時期の七月には進められていた(73)。このあたりは、北陸三県が共同歩調をとっていたことをうかがわせている。だが両県に遅れをとってしまったのは、大野競馬場の再開をめぐって走路内で蔬菜などを作付していた農民と県馬連側が対立し、作付農民への補償、借地料の引き上げなどの交渉が長引いたためであった(74)。

この開催の総売上高は不明だが、ここで予測されている初日二〇数万円の売上を三〇万円とし、二日目、三日目と初日の二倍の売上をあげたと仮定すると一五〇万円程度になるが、おそらくその金額までは達していなかっただろう。この時点では、他の北陸二県の一開催平均売上、富山一八六万円、石川一九四万円に比較すると、一番低い額であった。福井の闇競馬の開催はこの一回だけに終わった。

北陸三県の戦後の競馬は、このようにして始まった。昭和二一年段階では、売上で富山が遅れをとっていたわけではなかった。それどころか、高岡市や富山市、地区馬匹組合も開催するなど、他の二県よりは活発で、その売上も加えれば、この年は、北陸一の総売上高を誇っていた。だが翌年から富山と石川、福井両県との差が拡大していくことになる。この時点で富山高岡競馬場にも石川小松競馬場にも、福井大野競馬場にも、売上増を目的としてそれぞれ県下最大の都市富山市、金沢市、福井市への移転構想があったが、金沢、福井が実現したのに対して、富山だけが実現しなかったことがその大きな要因となっていた。

【新潟】

新潟県馬匹組合連合会（以下、「新潟県馬連」と記す）が、進駐軍慰安も謳って、信濃川の河川敷の三条競馬場（現・三条市上須頃）で闇競馬を開催したのは、昭和二一年八月二四日から四日間だった(75)。富山からは一週間遅れていたが、全国的に見れば早い時期に属していた。

この三条競馬場は昭和三年に設置され、同年六月に第一回開催が行われていた(76)。戦前、新潟の地方競馬は他に柏崎競馬場で昭和六年以降開催されていたが、軍馬資源保護法（昭和一四年施行）に基づいて、鍛錬馬競走の指定競馬場となり昭和一五年から昭和一九年八月まで開催されていたのが三条だった。初代三条競馬場は、南蒲原郡大島村に大正一三（一九二四）年設置されたが、昭和三年に信濃川の河川敷に移転したものだった。

各地の闇競馬に刺激されて、新潟県馬連が三条の地元の南蒲原郡馬匹組合をはじめ関係者と協議、当時の県馬連会長岡田正平の出張先の佐渡まで出向いて、その決済を得て、開催にこぎつけたものだったという(77)。岡田は、昭和二二年四月に実施された初の知事選で当選、県知事として新潟の地方競馬の発展に力を尽くすことになる。

その開催の予定がつぎのように報じられていた(78)。

戦争中軍馬保護馬鍛錬馬競走の名の下に行われた三条競馬は昨二〇年中止され今年も大会予算の捻出難や

図18

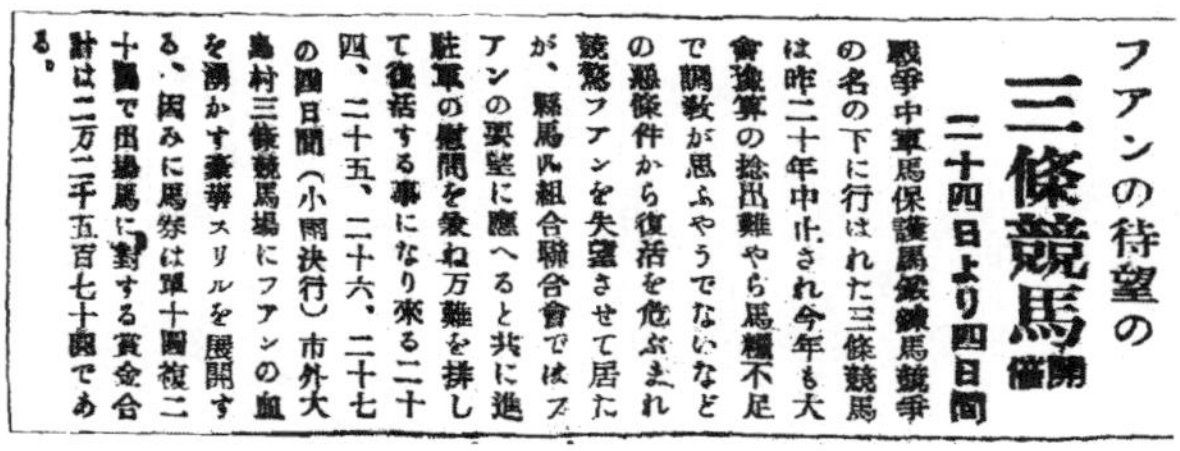

ファンの待望の
三條競馬 開催
二十四日より四日間

戰爭中軍馬保護馬鍛錬馬競爭の名の下に行はれた三條競馬は昨二十年中止され今年も大會豫算の捻出難やら馬糧不足で調教が思ふやうでないなどの惡條件から復活を危ぶまれ競馬ファンを失望させて居たが、縣馬匹組合聯合會ではズファンの要望に應へると共に進駐軍の慰問を兼ね万難を排して復活する事になり來る二十四、二十五、二十六、二十七の四日間（小雨決行）市外大島村三條競馬場にファンの血を湧かす豪華スリルを展開する、因みに馬券は單十圓複二十圓で出場馬に對する賞金合計は二万二千五百七十圓である。

（『三条新聞』昭21・8・11）

図19

（『毎日新聞　新潟版』昭21・8・29）

図20

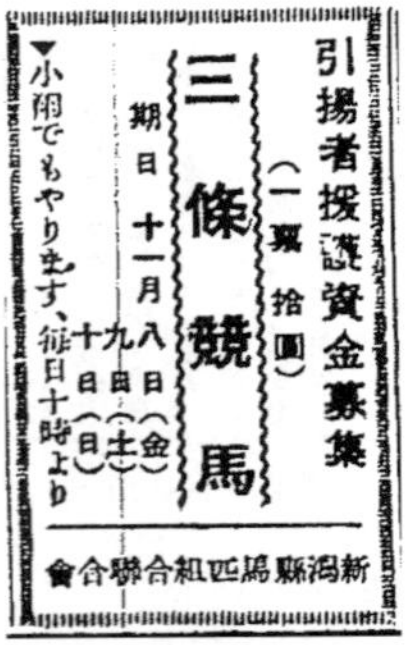

（『新潟日報』昭21・11・6）

ら馬糧不足で調教が思うようでないなどの悪条件から復活を危ぶまれ競馬ファンを失望させて居たが、県馬匹組合連合会ではファンの要望に応えると共に進駐軍の慰問を兼ね万難を排して復活する事になり来る二四、二五、二六、二七の四日間（小雨決行）市外大島村三条競馬場にファンの血を湧かす豪華スリルを展開する、因みに馬券は単一〇円複二〇円で出場馬に対する賞金合計は二万二五七〇円である。

四日間の馬券の総売上は二三七万七八〇〇円、人出は一〇万人余(79)。三日間で一七二万円だった富山の第一回開催の売上とほぼ同じ額だった。これで三〇万円の純益があったという。

なお『地方競馬史』第二巻（二九三頁）は、第一回闇競馬を一〇月開催としているが、実際は、このように八月に開催されていた。

第二回の開催は時間があき、一一月八日からの三日間となった(80)。賞金は一五万円と八月の六倍近くとなり、富山や石川をはるかに上回り、東北地方を加えても第一位の額だった。

今回は目的として、明確に「引揚者援護資金募集」（越冬対策資金）を謳い、県馬連と戦災引揚者更生同盟共済の形がとられた。県内選出の代議士の関与があったようでもある(81)。

また戦前、三条競馬を支援していた三条競馬倶楽部が戦後復活し、この第二回は主として同倶楽部員の南蒲原郡畜産組合の有志が、出資金を募って開催にこぎつけたものであったという証言も残されている(82)。

売上は三〇〇万円を超えたようだが、全国的には中位以下とはいえ、東北、北陸地区に限定すれば、賞金とともに第一位の額だった。この開催でも三〇万円の収益があり、三条競馬倶楽部時代の銀行からの借入金五万円を返済し出資額に応じて各人に配分したという。

富山、石川の県馬連は計三回の開催を行っていたが、新潟はこの二回に終わっていた。

この新潟の地方競馬の売上が急激にアップしたのは、かつての日本競馬会（当時は国営）の新潟競馬場（現在の新潟競馬場ではなく関屋競馬場、現・新潟市文京町、信濃町等一帯）での開催を行うようになった昭和二四年七月以降のことだった(83)。参考までに昭和二四年の新潟、三条両競馬場の数字をあげておく。

三条が計三回一二日間、有料総入場者数一万五五六〇人、総売上一三三五万二四〇円、一開催平均四四五万八〇円、新潟が計四回一八日間、有料総入場者数六万七〇一三人、総売上九三二四万二五二〇円、一開催平均二三三一万六三〇円、このように売上高の格差は約一対六であった。

人口が多くて、交通便利、その上に本格的施設、観客動員、売上が伸びても当然だった。富山の競馬にとってもモデルケースではあったが、それを実行する力はなかった。

3・関東甲信

関東六県の馬匹組合連合会長が「数次にわたって復活の協議を進めた結果、いろいろ機構を整えて、能力検定競技会という名目」で闇競馬を開催することに合意(84)、八月以降にそれが実現していくことになるが、その「根拠法」となったのが各県の条例だった。後の各県の開催条件から見ると、条例制定に向けては、以下のような共通した方針で、各県当局との協議が進められていたようである。

開催の名称は、能力検定競励会といったものとする。開催権は知事が認可した団体も含むが、原則として各県馬連及び地域の馬匹組合とする、収益は馬事・畜産振興に振り向ける、自治体へは売上高の一定額（神奈川県は五％）を寄付する、また戦災復興、引揚者支援などにも振り向ける。馬券は一枚一〇円、一〇〇円も可能として、戦前の一人一枚という発売制限を撤廃、払戻制限も戦前の一〇倍から一〇〇倍に引き上げる、控除率は昭和一七年以降の馬券税分の約一一・五％を引き下げた二〇％とする。

これらの条例は栃木を除いて競励会といった名称を含んでおり、関東地方の地方競馬の関係者たちはこの競馬を、それにちなんで競励会競馬と呼んでいた。なお当時あるいは後に共励会と記される場合もあった。

こうして関東地方では、八月一七日からの神奈川県戸塚競馬の六日間開催を嚆矢として、県レベルでの条例制定を受けた闇競馬が開催されていった。各県の第一回開催は、埼玉春日部競馬が九月一三日から四日間、茨城取手競馬が九月二〇日から四日間、東京八王子競馬が一〇月四日から六日間、群馬高崎競馬が一〇月一一日から六日間、千葉長生競馬が一〇月一二日から三日間、栃木足利競馬が一〇月一七日から六日間という日程だった。

また山梨は九月、長野は一一月に闇競馬を開催するが、これより先の五月三〇、三一日、山梨、長野、関東の一都八県の馬連会長が千葉に集まり、地方競馬法の制定など馬事の振興策を協議、その要望を当局に陳情していた(85)。また昭和二三年、地方競馬の公営化後、山梨は、長野、関東の各県とともに一都八県で関東地方競馬組合を形成することになる(86)。戦前も、山梨、長野の地方競馬は、関東地方との関係を持ちながら開催されていたが、このような動きから見れば、闇競馬もそれを引き継ぎ、関東の各馬連と相互に連絡、協議をもって開催準備を進めていたことが確実であった。

【神奈川】

関東地方でヤミ競馬の「合法化」の先陣を切ったのが神奈川県であった。神奈川県は、昭和二一年七月一一日付で、つぎのような「家畜能力検定競励会施行要綱」を制定した(87)。

第一　家畜の資質及能力の向上を図る為め牛馬耕搾乳、輓曳、駄載、速度等の能力検定競励会（以下競励会と称す）を実施する時は本要綱に依らねばならぬ

第二　競励会は農業会、馬匹組合連合会又は馬匹組合でなければ出来ない
第三　競励会の目的達成上必要あるときは能力優良家畜竝に能力鑑定成績優良な者に対し、景品を交付することが出来る
第四　競励会を開催するには左に掲げる事項を具して知事の承認を受くることを要する、承認を受けた後其の内容を変更しようとするときも同様である
一、名称及目的
二、開催の場所及開催の日時
三、競励会実施に関する規定
四、競励会開催に関する収支予算
五、競励会実施者は開催後二週間以内に左に掲げる事項を知事に報告するを要する、実施の概況或は収支決算
六、本要綱に依って提出する願書及報告書は所轄警察署を経由せねばならぬ

同日付で、警察部長、経済部長連名で、三市長（横浜、川崎、鎌倉と思われる）、事務所長、警察署長宛につぎの通知を送っていた。

家畜能力検定競励会施行要綱に関する件
昭和二一年七月一一日神奈川県告示第二六九号を以て家畜能力検定競励会施行要綱が定められたが、開催願の提出ありたるときは左に依り処置せられたい
一、願書の進達に当っては交通、食糧事情等を勘案し、開催地事務所長又は三市長と協議の上内容を十分審査

し意見を附すること
二、開催中は指導竝に取締に遺漏なきを期し、必要あるときは中止を命じたり開催をせしめないこと
三、能力予想票を発売せんとする場合は、額面一〇円で的中者に対する払戻金額は能力予想票発売金額の百倍を超えてはいけない

図21

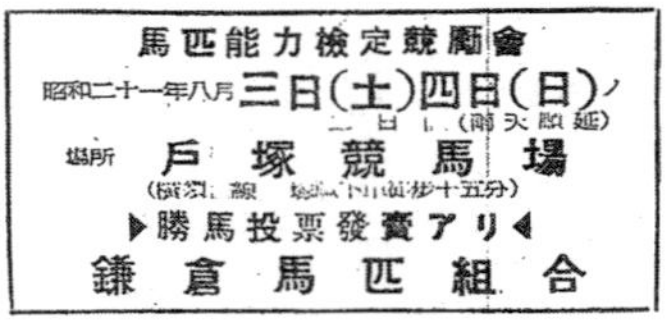

(『神奈川新聞』昭21・7・31)

関東各県では文字通りの非合法で馬券を発売するヤミ競馬が開催されていた。神奈川県でもこれより先の五月五、六日の両日、藤沢で元航空隊跡地を利用して開催されていたようであり(88)、また馬券発売の有無は別として一月に戸塚競馬場で「春の開催」が実施されていた可能性が高かった(89)。

この「家畜能力検定競励会施行要綱」は、家畜を謳っているが、いうまでもなく競馬が対象だった。

この要綱を受けて、まず鎌倉馬匹組合が、八月三、四日、戸塚競馬場での開催を決定した(90)。先の要綱では、「農業会、馬匹組合連合会又は馬匹組合」に開催権が与えられており、「合法」だった。鎌倉馬匹組合は、鎌倉市、大船町、片瀬町、深沢村で構成され、組合長は小串清一(91)。小串は、神奈川県馬匹組合連合会（以下、「神奈川県馬連」と記す）会長でもあり中央馬事会の理事（後に副会長）でもあった。神奈川で競励会が先行したのも、小串の存在を抜きにしてはありえなかった。

なおこの戸塚競馬場は、昭和一七年に戸塚区汲沢町に設置されたもので、一周一〇〇〇メートル、幅員二五メートル、昭和一九年まで鍛錬馬競走が実施されていた(92)。これより先の昭和六年、横須賀線戸塚駅前の鎌倉郡戸塚町吉田（昭和一四年に同町は横浜市に合併、現・横浜市戸塚区吉田町）に一周一六〇〇メートル、幅員三〇メートルの初代戸塚競馬場が設置されていたが、昭和一六年、軍事工場用地として徴用されて日本光学戸塚工場となり廃止された。初代は戸塚駅前といってよい立地であったが、二代目は駅から二キロ以上離れてしまっていた。この不便さが、後に川

崎競馬場の設置、戸塚競馬場の廃止につながることになる。

鎌倉馬匹組合の開催は、一日速歩三、駈歩九の一二レース、一着賞金二〇〇円から五〇〇円。売上は、初日三六万二九四〇円、二日目七九万四五〇円、計一一五万三三九〇万円、後から考えればささやかな額だった。

鎌倉に続いて、足柄下郡（小田原）と横須賀の各馬匹組合が、六、七日と七、八日に馬券を発売する競馬を開催していった(93)。小田原のものに関しては、「いよいよ公認」となってと報じられた(94)。その他、開催日は不明だが大磯町、津久井郡でも開催されていた(95)。

そして神奈川県馬連が、このような各地域の「足馴らし」の本番という格好で、戸塚競馬場で八月一七、一八、一九、二三、二四、二五日の六日間の日程で開催を行った(96)。神奈川県にとどまらず、関東地区における本格的な闇競馬開催の第一号となった。待ちに待ったという感じで続々とファンが集まってきた。

図22　熱狂する大観衆（18日）

（『東京新聞』昭21・8・19）

この戸塚競馬には、賞金の高さもあって、神奈川県外からも強豪馬たちが集まってきていた。騎手も、いわゆる公認競馬の日本競馬会所属の騎手も参加していた。おそらく日本競馬会所属、あるいは今後所属予定のサラブレッドやアラブも出走していた。そしてその多くの競走馬の出走で、一日全一二レースの編成は、速歩一、駈歩一一となっていた。

戸塚競馬は、賞金額、出走馬の質、騎手の技術などすべてにわたって当時の最高水準の競馬が展開された。しばらくは戸塚競馬が、関東の地方競馬の王座をしめ、神奈川県馬連がその主導権を握ることになる。

この闇競馬では、横浜市長賞、県知事賞も実施された。競馬が国策であった戦前からの慣例を引き継いだものだったが、県レベルでの「合法化」を明らかにする意味もそこに加わっていた。

横浜市長賞は三日目第九レース、戸塚特別勝入、二二〇〇メートル、一着四二〇〇円、二着一二〇〇円、三着六〇〇円、四着四五〇円、五着二五〇円、県知事賞は五日目第九レース、神奈川特別駈歩、二二〇〇メートル、一着三〇〇〇円、二着一三〇〇円、三着八〇〇円、四着五〇〇円、五着三〇〇円、その他馬匹組合連合会長賞が四日目第一一レース、五、六歳特別、一着三三〇〇円、二着一〇〇〇円、三着六〇〇円、四着五〇〇円、五着三〇〇円という高額賞金で行われていたが、この三つが開催のメインレースであった。

競馬場へ行くための戸塚駅の降客数は、初日三万一〇〇四人、二日目二万四七〇七人、三日目二万一五八四人、四日目二万八一九四人、五日目二万八〇四四人、最終日二万一三二二人で六日間を通じて一五万四八五五人だったという。

六日間の総売上も二九二五万二七一〇円。八月三、四日の鎌倉馬匹組合が一一五万円だったことを考えれば、驚異的な額だった。ちなみに八月一七、一八、一九日の富山の闇競馬第一回の売上は一七二万八五八〇円。神奈川県馬連の配当金支払い後の粗収益五八五万三〇六円、県への寄付金一四六万円、諸経費一四〇万円だった。

神奈川県馬連は、一一月二〇日の地方競馬法施行までに、一〇月五～七日、一一～一三日の六日間の日程で馬速力競励会、一一月七～一〇日の四日間、引揚同胞援護馬能力競励会と銘打って、計二回の開催を重ねた(97)。前者は、前半三日間で一六八八万一六七〇円、後者は四日間で二四三二万五六八〇円を売り上げた。第一回に続く驚異的な数字だった。

ここまで繰り返してきたように、地方競馬法施行までに三回闇競馬を開催するというのは、富山、石川、新潟、岐阜などと共通し、そういう指針があったことをうかがわせていた。

また神奈川県では、一〇月一、二日に中郡畜産組合が伊勢原競馬場で一八九万二二四〇円を売り上げ(98)、一〇月二五、二六日川崎馬匹組合が二子橋上流の特設馬場で開催していた(99)。そしてこの他、一〇月一七、一八日に小田原、一九、二〇日に相模原、二〇、二一日に大口、二二、二三日に厚木と連日開催されてもいた(100)。さらに第一回と第二回の戸塚競馬の間にも川崎、相模原（ともに場所不明）で開催されていた(101)。

神奈川県では、このようにして地区の馬匹組合と県馬連が数多くの開催を繰り広げていた。これに関東各地の開催も加わっていたことを考えれば、馬や騎手が各地を転戦してこそ可能となる数だった。いずれにせよ稼げる間に稼いでおくという姿勢が伝わってくる開催回数であり、とてつもないエネルギーであった。繰り返せば、これらの競馬は、県レベルでは「合法」だった。

地方競馬法施行後、関東一都六県は昭和二一年内に最低一回開催することに合意して、日程調整を行っていたようだが、神奈川県は一二月一八、一九、二一、二二、二四、二五日に開催、その売上は二三八六万三六六〇円、一一月の開催を六日間分に換算して比較すると約三分の一の減収、その原因は「歳末で多忙なためと競馬ファンの懐ぐあいが悪くなって来たものと見られている」と報じられていた(102)。

【埼玉】

内務省が昭和二一年六、七月より以前に調査したと思われる「地方競馬類似競馬施行調」によれば、埼玉で馬券が発売されたヤミ競馬の開催は、三ヶ所だった(103)。

この「調」と同一の場所であるかは別として、地元紙『埼玉新聞』でも、五月に入ると各地での競馬が報じられるようになっていた。たとえば五月一一、一二日川越市・入間郡馬匹組合が後援した霞ヶ関競馬会、一八、一九日川口小運搬業組合主催、埼玉県馬匹組合連合会（以下、「埼玉県馬連」と記す）、北足立郡馬匹組合が後援した川口競馬（荒川沿岸船戸ヶ原）(104)。また埼玉県馬連が海外引揚同胞救済資金募集を目的として主催した二五、二六日の大宮での開催計画だった(105)。入間馬匹組合も、九月二一、二二、二三日に開催を予定していた(106)。

埼玉県馬連が進めていた公認の闇競馬開催の準備も、七月に入る頃には具体的なものとなっていた(107)。戦前、鍛錬馬競走が実施されていた春日部競馬場（現・春日部市小渕）で、馬券一枚一〇円、発売制限なしで開催するという

図23

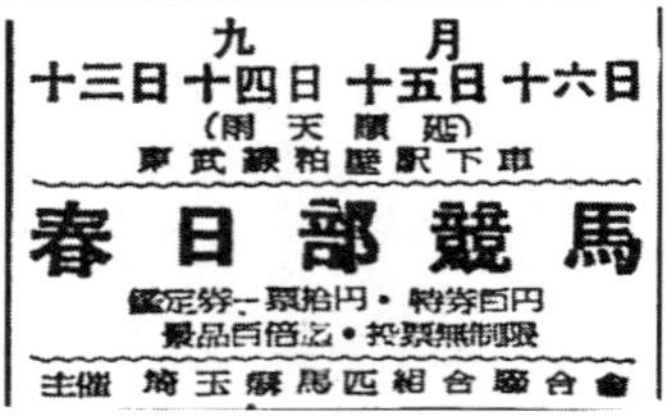

（『埼玉新聞』昭21・9・12）

計画だった。埼玉県当局との協議も進み、八月に入ると条例制定についての合意もなった。八月中旬には、九月一三日から四日間、畜産能力検定競励大会の名称の下に開催されることが公にされた。

この段階で、すでに春日部だけでなく、川越、熊谷での開催も準備されていた(108)。九月に入り、この三都市に浦和が加わるが、これで埼玉の四つの地域性を代表する都市でそれぞれ開催されることになった。神奈川県が、県馬連と各地区の馬匹組合が別に開催していったのに対して、埼玉県では馬匹組合が各地区で開催していく方式がとられたのが特徴だった。地域対立に加えて、地方競馬法施行後には、県、地元、馬連、地区組合への収益分配が無理となってしまうことが背景にあった。その結果埼玉は、全国で県馬連が闇競馬を四回開催した唯一の県となった。

なお戦前の埼玉では、地方競馬規則の下で秩父（昭和二〜四年、現・秩父市大野原）、熊谷（昭和三〜八年、熊谷市荒川河畔）、川越（昭和四〜六年は現・川越市今成町、昭和八〜一二年は現・川越市新宿町・旭町）、大宮（昭和六〜一三年、現・さいたま市加茂宮）、軍馬資源保護法の下では春日部（昭和一五〜一九年）で競馬が開催されていた(109)。

春日部競馬場での最後の開催は昭和一九年であり、敗戦後はいたるところに作物が植えられ畑地化していたが、その穫り入れ、地均しも八月中に終えられた(110)。投票所その他施設に関しては資材統制があって仮建築もままならず、旧陸軍から放出された大型天幕を張って対応されることになった(111)。

こうして埼玉県馬連は、春日部競馬場で九月一三日から四日間の日程で、畜産（馬）能力検定競励大会の名称の下、闇競馬を開催した(112)。関東地方における県馬連単位での開催としては、神奈川県について二番目だった。

観客は、初日三万五〇〇〇人、二日目五万人、四日間計一五万人と報じられた。開催前の一〇日の馬体検査、一一日の能力検定にもファンが押しかけてきたという。馬券発売、払戻の不慣れ、騒ぎへの対応のまずさなどがあって、初日は第一一、一二レースが日没で中止、三日目も第四レース、第一二レースが取り止めとなるなど開催運営の不手際が目立ったが、売上は当初予想の二・五倍以上となる八四〇万円余に上った。

二日目の一四日には、進駐軍幹部を案内して知事も来場、レース毎に馬券を購入していたという。警察を管轄する内務省任命の地方長官の馬券購入、これ以上に、この開催が県の公認であることを端的に示す事例はなかった。また県は、馬連の収益の九割の寄付を受け、それを種畜場の改築費にあてる予定だったという。

先に岐阜のケースを紹介したように、県によっては戦前から地方競馬の権益を専有する馬連に対して、非組合員あるいは非主流派の馬主たちが不満を募らせ、双方の対立が明らかになる場合もあったが、埼玉県もその例にもれなかった。

この春日部での開催中、三日目一五日、馬主側は、埼玉県馬連に対して、賞金の倍増（五万円から一〇万円）、一日四〇円の負馬手当の一〇〇円への引き上げ、出馬手当六〇〇円の一五〇〇円への引き上げ要求を突きつけた(113)。「出場馬一頭につき四日間で六〇〇円では飼料代にもならない、物価高の折から倍額して欲しいと要求したのですが、予定収入より倍も実収があったことを考え、また馬産奨励の上からも馬主をかくの如く泣かせては今後に影響する重大問題だと思っています、やり方が官僚的で独善行為が多くレースも明るさがなく復興第一の競馬としては失敗」であり、番組は馬連、馬主、騎手の三者で編成しよう、というのが馬主側の主張だった。この要求に対して、純益の九割を県に納付するために経費をできるだけ節減したものであり、儲けようという考えは毛頭ない、というのが県馬連側の言い分だった。これに県は、寄付を強要するつもりはないと表明した。結局、馬が人質にとられた格好だったので、県馬連側は、今後の全面的な協力を条件に馬主側の要求を飲んだが、その後も対立は続いた。鍛錬馬競走時代の考え方を一方も抜け出ない県馬連の封建的体質が物議の因とする向きもあった。

一一月上旬、馬主会は県馬連に対して、二度にわたってつぎのような要求を突きつけていた(114)。

図24

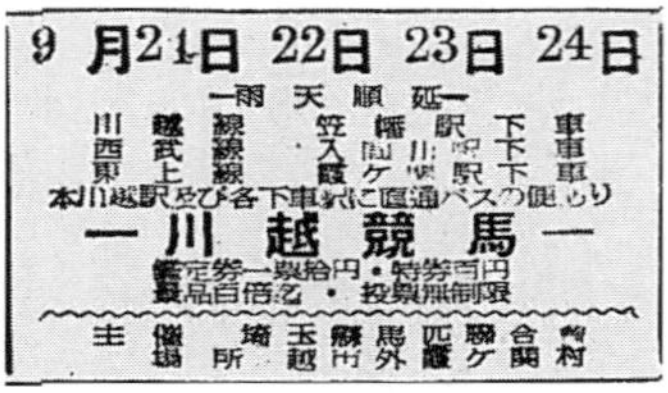

（『埼玉新聞』昭21・9・18）

一、馬連会長以下役員の総退陣
二、開催毎の利益金二割の分配
三、故障馬補償並びに傷害馬手当の履行
四、騎乗者資格審査と登録
五、馬主の待遇改善
六、索付手当の改正
(イ) 競馬開催日数四日の場合は一五〇〇円
(ロ) 六日の場合は二三〇〇円

七、引揚同胞並びに要援護者義捐競馬の開催

六(イ)を見ると、先の九月春日部開催の際の要求と同じであり、県馬連は、そのときの確約を履行していなかったようである。七に関しては、馬主会主催での開催許可願を知事宛に提出していたが、一一月二〇日地方競馬法が施行となったこともあって実現しなかった。

また馬主会は、地方競馬法施行後の一二月には、中央馬事会への各県売上高に応じてスライドする納付金制度が（第3章）、「農林省古手官吏や退職軍人等の収容所のような存在で」ある中央馬事会の「役員を養うための単なる封建的搾取」の仕組みだとして、全国馬主会にも檄を飛ばすことにもなる(115)。戦前からの不満があったところに、戦後もその「天下り」が引き継がれたことで、「民主化」の風潮に乗って、強硬な姿勢を示したのであろう。

このように馬主会との対立を抱え込んではいたが、埼玉県馬連は、春日部開催から中四日の九月二一日、第二回闇競馬、川越での開催の初日を迎えた(116)。だが四日間の予定だったものが、雨を理由に三日目で打ち切りとなった。実際は、二日目、三日目と全額払戻しで損失を出した騒ぎが相次いで起こり、そこに浦和競馬の日程が迫っていたことも加わって、継続が無理と判断されたものだった。

この騒ぎの原因は不明だが、鎮静化するために全額払戻しの対応がなされているので、八百長騒ぎであったようである。当時、ちょっとしたことで、あるいは何もなくても八百長だといった声をあげるプロの騒ぎ屋が存在、その煽動による騒ぎが多かった。たとえばスタートを大きく出遅れた馬、それも本命馬が敗退した際に、レースの不成立、やり直しを主張、それができないなら馬券の払戻しを求めるといったものだった。当時のスタートは、バリアー式でもなく、スターターが出走馬の呼吸を見計らって旗を振り下ろすものであったからトラブルの種であった。施設も急ごしらえであったが、スターターも慣れていなかった。いうまでもなく騒ぎ屋の目的は、主催者から和解金、手数料などいろいろな名目で金を手に入れることだった。春日部競馬では、「競馬ゴロ」が騎手や馬主を脅迫しての八百長が横行していたというから(117)、その他のところでも似たり寄ったりであっただろう。

この騒ぎもあってか、川越開催の三日間の売上は三七七万五二四〇円、春日部の半分以下と大きく落ち込んだ。また最寄り駅から徒歩二〇分ということで、有料バスが運行されたが、バス会社は、運賃総額の二割を県馬連に納入する契約であったことから高いバス代をとり、ファンの不評を買っていた。なお川越でも、春日部に続いて進駐軍兵士の姿がかなり見られたが、これは県馬連側、あるいは県知事の来場の働きかけがあってのものだったという。

ついで浦和市総合グランド（現・浦和競馬場所在地）だった(118)。当初九月二八、二九、三〇日の予定だったが、雨が降り続いたことで一〇月二、三、四日と延期された。戦時中海軍の資材置場となっていた総合グランドは、場内には大きな沼が各所にあり、雨が降れば一面湿地化して、なかなか水が引かなかったからである。初日は、五万と伝えられるファンが訪れ、売上も二四〇万円近かったが、二日目は九六万円余と大幅減となった。そこで県と交渉して知事の許可を得て、五日までと日程が一日延長され、所期の目標に達する五一六万五〇〇〇円を売り上げたが、結局、その二日間で二〇〇万弱であるから売上はそれほど伸びていなかった。一一月に入り、県馬連は、この開催の収益の中から一〇万円を、市営グランド修理補強を名目として浦和市に寄付した(119)。

つぎの熊谷の開催は、結局、一〇月八、九、一〇、一二、一三、一四、一六、一七日の八日間の日程となった(120)。馬場は、アメリカ軍に接収されていた元熊谷飛行学校三ヶ尻滑空場跡地（現・熊谷市三ヶ尻、航空自衛隊熊谷基地）に設置、したがってアメリカ軍の承認、協力を得ての実施だった。それにしては英語のプログラムが準備されていなかったという。

一二日以降の後半の開催は、熊谷市戦災復興資金の募集競馬と銘打たれ、同市会も、市議全員が実行委員となって協力していた。熊谷が空襲を受けたのは、「終戦前日」の昭和二〇年八月一四日深夜、市街地の七割以上が焼失し、死者二六六人、負傷者三〇〇〇人以上にのぼり、埼玉唯一の戦災都市に指定されていた(121)。その戦災復興資金募集ということで、他の二倍の開催日数が認められていた。なお窓口には市役所の女事務員とともに近所の農家の子女一五〇名が雇用されていたが、その子女の日給は二〇円の高給だったという。

この熊谷競馬で注目されるのは、日本勧業銀行が、競馬くじを発売したことだった(122)。直前の八王子競馬に続くものだった。この競馬くじは闇競馬と異なり、国の法律に基づくものであった。入場者を対象に、一枚二円、一日三レースの出走馬の番号のくじを売出し、優勝馬の番号のなかから抽せんする方法で、一等四〇〇円、二等五〇円、三

図25

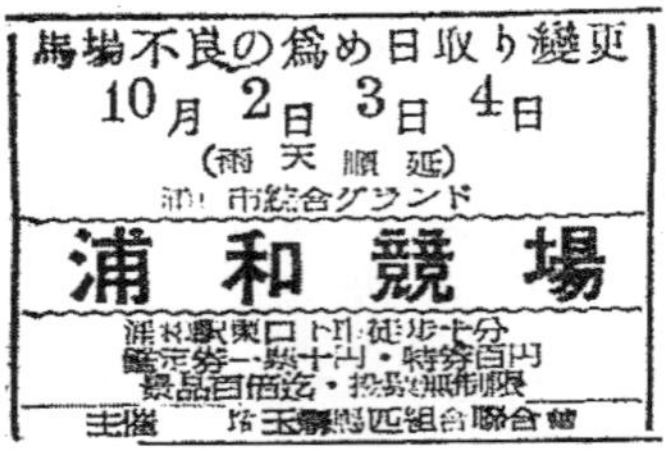

（『埼玉新聞』昭21・10・2）

図26　浦和競馬初日

（『埼玉新聞』昭21・10・3）

図27

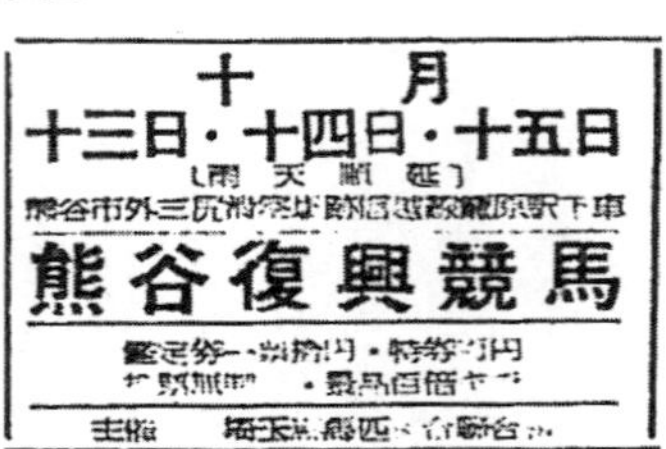

（『埼玉新聞』昭21・10・13）

等四円という賞金だった。ただし初日一組一〇〇〇本しか売れず、期待はずれの結果に終わってしまってはいた。この競馬くじの発売は、熊谷競馬が、関東の他の闇競馬と日程が重なったことでその影響を小さくし、復興競馬の熱を盛り上げるためであったという。ちなみに群馬高崎競馬が一〇月一一日から六日間、栃木足利競馬が一〇月一七日から四日間、第二回神奈川戸塚競馬が五、六、七日、一一、一二、一三日、第一回東京八王子競馬が四、五、六日、一一、一二、一三日という開催日程だった。なお、当時、競馬くじのほかに、劇場くじ、野球くじ、相撲くじが発売されたが、売上は伸びず、短期間で中止された(123)。

一〇日までの三日間の売上は三一〇万九八九〇円とあまり伸びていなかったが、「募集競馬」に入っての後半四日間で熊谷市側の熱心な協力もあって四八〇万六七〇〇円、計七九一万六五九〇円となった。「募集競馬」の売上の二割から経費を差し引いた約五〇万円が県馬連から熊谷市へ提供されるはずだった(124)。だが県馬連は、その五〇万円の寄付を行おうとはしなかった。二日目の誤配当で一〇数万の損失を計上したというのが、その理由とされていたという。

しびれをきらした熊谷市側は、県馬連側と交渉を重ねていったが埒があかなかった。後半の収益金を四〇万円とする市側に対して、県馬連は一七万三〇〇〇円と譲らなかったことで平行線をたどっていたからだった。開催一ヶ月後の一一月一四日、ようやく西村実造知事、荒船清十郎衆議院議員の斡旋で、三〇万の寄付で一件落着したという。荒船（一九〇七～一九八〇）が、三九歳という若いときからこのような場面に登場し政治力を発揮していたのを知って、昭和四一年運輸大臣の時、地元深谷駅を急行停車駅に指定して、大臣辞任に追い込まれたエピソードを思い出してしまった。

春日部、浦和、川越、熊谷の四ヶ所で計一九日間開催した埼玉の闇競馬の総売上は二六九三万八八九〇円(125)。八月の神奈川の戸塚競馬一開催分（六日間）の売上二九二五万円には及ばないものであり、戦前の大宮競馬が、東京羽田、神奈川戸塚に続く売上高を誇っていたことから考えれば(126)、期待はずれの数字であった。

図28

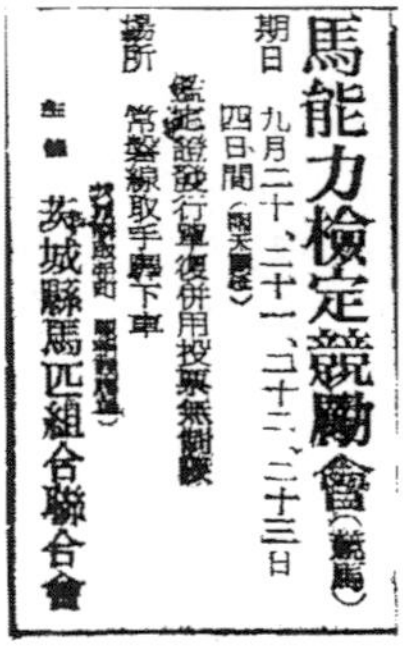
馬能力検定競勵會（競馬）
期日 九月二十、二十一、二十二、二十三日
四日間（雨天順延）
能力證發行單復併用投票無制限
場所 常磐線取手驛下車
主催 茨城縣馬匹組合聯合會

（『茨城新聞』昭21・9・17）

地方競馬法施行後は、競馬場を一ヶ所に限定する必要があり、春日部、浦和、川越、熊谷の四市と大宮市は、それぞれ誘致合戦を繰り広げていたが、競馬場の規模、施設、闇競馬の実績をふまえて、一一月一五日頃には、県馬連は、指定競馬場として春日部を農林省へ申請していた(127)。

そして地方競馬法施行後、他の関東一都五県と同様に埼玉県馬連も、年内の開催を急いだ。

まず第一回は一二月一一日からの六日間開催、五七七万七一三〇円を売り上げ(128)、ついで第二回を二六日からの四日間の日程で開催したが、売上は、九月の第一回の闇競馬の四分の一に過ぎない一二二万三三三〇円と低迷した(129)。「春日部競馬場は交通にめぐまれず、場内には競馬ゴロが大勢横行して騎手や馬主を絶えず脅かし八百長レースが頻繁であるため不評判だったことが最大の原因で」あった(130)。この春日部の状況に対して、馬主会は、一二月二八日の代表者会議で、大宮移転を決議、受け入れられない場合は、出場中止を通告する予定だったという(131)。その後、現所在地に浦和競馬場を建設することに決定し、昭和二二年九月着工、昭和二三年四月第一回開催を行った(132)。この移転は大成功となり、浦和競馬場は売上日本一を誇って、わが世の春の時代を迎えることになる。

【茨城】

茨城県馬匹組合連合会（以下、「茨城県馬連」と記す）が、九月二〇日（金）から四日間、取手競馬場（現・取手市白山、取手競輪場所在地）での開催を公表したのは八月下旬(133)、馬能力検定競励会と銘打ち、配当上限一〇〇倍、鑑定証（馬券）一枚一〇円を枚数制限なしで発売と、神奈川と埼玉と同様のものだった。知事による開催の「正式認可」は九月六日付だった(134)。

取手競馬場は、昭和六年設置の結城競馬場を移転する手続をとって昭和一一年設置された競馬場(135)。東京方面と交通機関（常磐線）で直接結ばれていて売上増を期待されてのものだった。昭和一四年軍馬資源保護法に基づいて茨城県の鍛錬馬場と指定され、昭和一五年から昭和一九年まで鍛錬馬競走が実施された。昭和一三年時点では、取手のほかに古河競馬場（水戸競馬場を移転して昭和一三年第一回開催、現・古河市桜町）、荒川沖競馬場（昭和三年第一回開催、現・土浦市荒川沖）があったが、一県一ヶ所という軍馬資源保護法の規定により両場とも廃止になっていた。

取手競馬は、予定通り九月二〇日に初日を迎えた(136)。全出走頭数は一一〇頭、全一〇レースは速歩六、駈歩四という割合だった。当時、駆歩は中間種、軽種、速歩は農用馬、輓用馬が主に出走していた。戦後の馬不足で、駆歩では競走馬と呼べるような馬をそろえることが困難だったので、速歩であらゆる馬がかき集められていた。茨城のレース編成の割合は全国的に見れば平均的なものだったが、神奈川が駈歩一一、速歩一であったことと比べると、茨城の競走馬の質を自ずと明らかにする数字だった。

それでも初日一万人をはるかに超える観客が押しかけ、一三四万三五六〇円を売り上げた。二日目は、判定をめぐる騒ぎもあって一〇三万一六三〇円と少し落ち込んだが、三日目は一三九万四四七〇円と持ち直し、雨で一日順延となった四日目も一四三万五九八〇円、総計五二〇万五六四〇円に上った。

図29

２日目（21日）駈歩（『毎日新聞　茨城版』昭21・９・24）。

図30

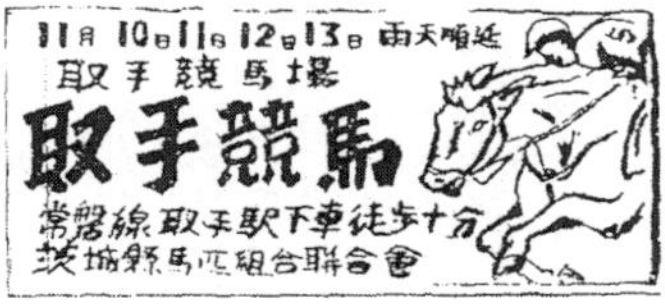

（『茨城新聞』昭21・11・８）

五二〇万円という売上は、八月一七日から六日間の神奈川戸塚競馬の二九二五万二七一〇円、九月一三日から四日間の埼玉春日部競馬の八四〇万円、またその後開催された一〇月一一日から六日間の群馬高崎競馬の六八三万六四四〇円、一〇月一七日から六日間の栃木足利競馬の九七七万九八六〇円には及ばなかったが、茨城の競馬としては相当な額だった。「馬券の売場は文字通りごった返す人の波」で、「農村の景気を反映して月給取りには出来ない芸当が演じ」られていたという(137)。

第二回の開催は、時間をおいて、当初一一月一六日から六日間の予定だったが、それでは地方競馬法施行日の二〇日を越えてしまうので一旦、一五日からの四日間に変更、そして実際は一一月一〇日からの四日間となった(138)。またこの前後には、第三回の戸塚競馬が一一月七日から四日間、第二回東京八王子競馬が一一月八日及び一四日からそれぞれ三日間、また群馬前橋競馬が一一月三日及び八日からそれぞれ三日間という日程と競合し、取手競馬への影響が懸念されたが、第一回を三七万円上回る五五七万二八八〇円を売り上げた。

闇競馬であるここまでは、茨城の競馬も順調だった。だが地方競馬法施行後がいけなかった。

一二月二日及び八日からそれぞれ三日間、計六日間の日程で開催したが、五四一万五一五〇円の売上に終わった(139)。開催日数が二日間増えたのに、延びていなかった。しかも八日からの三日間は、それぞれ八九万八六三〇円、六〇万五二六〇円、六七万五〇七〇円と、戦後の復活競馬で初めて一日一〇〇万を割ってしまっていた。茨城県馬連は、開催前一〇〇〇万円の売上を見込んでいたというからかなりの落差だった。

この開催を終えて、地元紙『茨城新聞』は、取手競馬に対するファンの要望として八百長をやらぬこと、スタートを改善すること、欠馬(出走取消)をなるべく出さないことなどをあげていた(140)。要するに、ファンの支持を受けて売上を伸ばすには、適切、公正な運営を行わなければならないということだったが、それに特効薬があるわけではなかった。茨城県だけでなく、どんなにデタラメでいかがわしいものであっても多くの人がやってきて馬券が売れるといった時期は、闇競馬の消滅とともに終わろうとしていた。なお取手競馬場は、競輪ブームの到来とともに、昭和二四年一一月競輪場へと用途変更され、全国で最も早く競輪場へ転換した競馬場となる(第5章)。


【東京】

東京の闇競馬に関しては、この事情は大阪にも該当するが、「地元紙」の『東京新聞』をはじめとして朝日、読売、毎日の各全国新聞にも記載がほとんどなく、またその他の資料も乏しく、その経緯を追っていくことが非常に難しい。

当時の関係者の回顧によれば、東京都の「合法化」は、関東の他県と異なって新たな条例を制定したものではなかった[141]。都馬匹組合連合会（以下、「都馬連」と記す）が、興行取締規則（昭和一五年制定）によって警視庁に許可願を提出、警視庁はその可否を東京都の判断に委ね、都畜産課が許可を決定したという。これが事実だとすると、この規則は映画、演劇、演芸などの興行を対象としており、かなり強引な適用だったといえる。この関係者は、神奈川県も同県の興行取締規則に基いて開催したと回想しているから、東京に関しても同様の誤解をしている可能性が高い。都馬連も、他の関東各県の馬連と協議を進めており、二回実施された闇競馬が馬能力検定競励会と銘打たれていたことに鑑みると[142]、関東の他県と同様に条例が制定されていたと考えられる。

ともかく東京都の闇競馬第一回は一〇月四、五、六、一一、一二、一三日の六日間開催、出場予定馬一六〇頭、そのなかには日本競馬会の東京、中山の開催でかつて活躍した「公認下り馬」、あるいは山梨、静岡、茨城、千葉方面からの遠征馬も加わっていた[143]。初日、一六三頭が出走、一日一一レース、八王子という遠隔地、前日来の雨のなかでも観客二万と伝えられたが、売上は低調だった。この日、日本勧業銀行本店は競馬くじ一万枚を発売、自動車宣伝隊をも繰り出して、販売につとめたが、これも期待はずれの結果だったという。二日目は、雨にたたられたうえに、第七レースではスタートをめぐっての紛糾を生じていた。昭和一五年以降、鍛錬馬競走

図31　闇競馬第一回開催を報じる記事

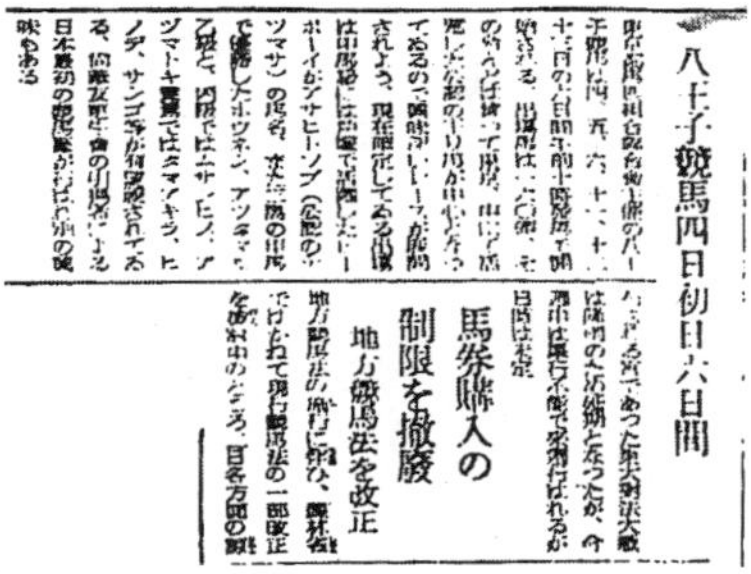

八王子競馬四日初日六日間

馬券購入の制限を撤廃

地方競馬法を改正

地方競馬法施行を受けての競馬法の改正も報じられている。見出しの「地方競馬法を改正」は競馬法の誤り（『東京新聞』昭21・10・4）。

図32　第二回八王子競馬予想

八王子競馬予想

日本初として「ホーカス（連勝単式）」発売が報じられている。これより先に愛媛で発売されているので、日本初は誤り（『東京新聞』昭21・11・9）。

は、各県一ヶ所の鍛錬馬場で開催されたが、その指定の原則は都会地を離れた場所ということであった。八王子もそれに従ったものだったが、それがここでの売上に響いた格好だった。

第二回は、一一月八、九、一〇、一四、一五、一六日(144)。登録馬、駆歩一三〇頭、速歩五〇頭。この開催で注目されるのは、連勝単式のフォーカス式（六枠制）の馬券が導入されたことであった。頭数不足を補うだけでなく、少頭数でも高配当が期待できることで、売上増に結び付けようというものだった。なおフォーカス式の馬券に関しては、この闇競馬第二回開催が日本最初の発売と都馬連も導入にあたって自負(145)、また競馬史上でもそう位置付けられてきたが(146)、これより先に愛媛が一〇月三日からの開催で導入していた（後述）。

残念ながら第一回、第二回開催ともに、レース模様、売上高などを伝える記録が残されていない。

地方競馬法施行後、東京都馬連は、一一月二六、二七、二九、三〇日、一二月二、三日、第二回一二月九、一〇、一二、一三、一六、一七日、第三回一二月二二、二三、二五、二六、二八、二九日の各六日間、計三回の開催を実施するが、それぞれの売上は一五九二万六八八〇円、一〇〇五万七五七〇円、八六七万二四三〇円(147)。神奈川の戸塚競馬が、八月一七日からの六日間開催で二九二五万二七一〇円、一二月一八日からの六日間開催で二三八六万三六六〇円を売り上げたことに比較すれば非常に低調だった。八王子から都心への移転が浮上するのも時間の問題だった。

【群馬】

群馬県は、九月に入り、馬匹能力検定競励会（当初地元紙『上毛新聞』は共励会と表記した）に関する規則を制定することを決定、地方競馬法公布、制定前に「県馬匹連をして競馬復興を行わしめる」ためだった(148)。

高崎競馬場（現・高崎市岩押町）の歴史は大正一三（一九二四）年まで遡り、昭和九（一九三四）年には、それまでの一周八〇〇メートルから一二〇〇メートルの馬場に拡張されていた(149)。戦前の群馬には、高崎の他に昭和五年から開催を続けていた伊勢崎競馬場（現・伊勢崎市新栄町茂呂島住宅一帯）、昭和八年からの館林競馬場（現・館林市新宿・緑町一帯）があった。これら群馬三場の売上は、館林が第一位、ついで伊勢崎だったが、軍馬資源保護法により、昭和一四年軍馬鍛錬馬場に高崎競馬場が指定され、伊勢崎、館林両場が廃止となった。

図33

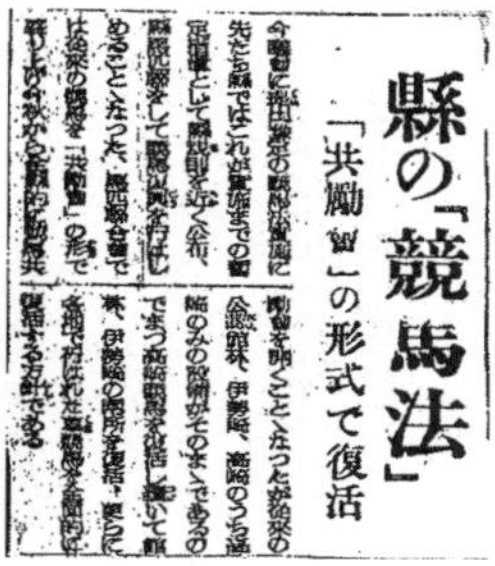
縣の「競馬法」
「共勵會」の形式で復活

県の「競馬法」、「共励会」の名称が確認できる（『上毛新聞』昭21・9・6）。

図34　第一回群馬県馬匹能力検定競励会

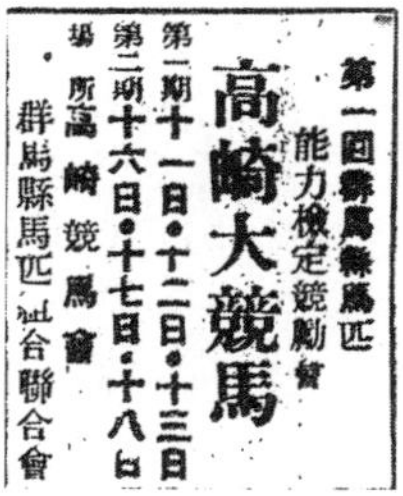
第一回群馬縣馬匹能力檢定競勵會
高崎大競馬
第一期十一日・十二日・十三日
第二期十六日・十七日・十八日
場所高崎競馬場
群馬縣馬匹組合聯合會

共励会が競励会と改められている（『上毛新聞』昭21・10・3）。

その高崎競馬場で、群馬県の第一回馬匹能力検定競励会開催に向けての準備が進められていった。九月中には、戦時中から作物が植えられて畑地化したコースや柵等の整備を終える目途が立ち、群馬県馬匹組合連合会（以下、「群馬県馬連」と記す）は、九月一四日に一旦、一〇月二七、二八、二九日、一一月一、二、三日の開催を決定した[150]。だが群馬県では、この頃、地方競馬法の施行は一〇月下旬だとの噂が流れ始めていた[151]。虚報に過ぎなかったが、これに影響されて、群馬県馬連は、施行前に開催するために日程を前倒しした。

一〇月一一日初日を迎えた群馬の闇競馬は[152]、関東一都六県のなかで、時系列でいえば、八月一七日からの神奈川、九月一三日からの埼玉、九月二〇日からの茨城、一〇月四日からの東京に続いて五番目のものとなった。一二、一三日と雨に降られたが、ファンの出足もよく、六日間で三万人に上っていた。うち女性が一割強、戦前の芸妓衆などとは異なり素人の若い娘の姿が多く、また子どもたちが馬券を買う姿も目立っていたという。

図35　高崎競馬初日

（『上毛新聞』昭21・10・12）

売上は六日間で六八三万六四四〇円。インフレを別にして、戦前の地方競馬時代の一二、一三万円、鍛錬馬時代の五、六万円程度と単純に比較すれば五、六〇倍から一〇〇倍以上の伸びだった。控除率の二割を差し引いた県馬連の粗収入は一三六万七〇〇〇円余。また開催を前にして群馬県馬連は、毎日第五レースを同胞援護寄付レースとして、収益を基金とすると公表していたが、その計六レースの総売上は計六六万七九三〇円に上っていた。二割の控除金の内、その半分の一割が諸経費だとすれば、六万六八〇〇円が基金に振り向けられるはずであった。県レベルでの条例制定とともに、闇競馬は引揚者、戦災者援護を掲げることが多かったが、群馬もその例に漏れなかった。ただし必ずしも、その約束が履行されるとは限らなかったが。

図36

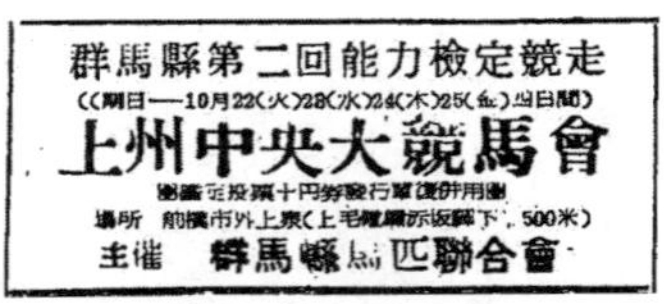

（『上毛新聞』昭21・10・20）

図37

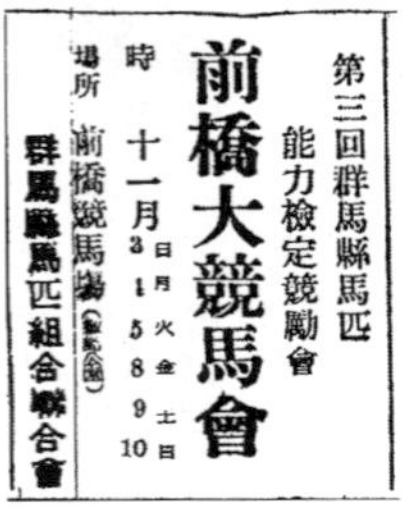

（『上毛新聞』昭21・10・26）

開催のメインは、五日目一七日第一〇レースの知事賞。駈歩二二〇〇メートル、本命の六歳馬が順当に勝利、賞金五〇〇〇円と付加賞二〇〇円を獲得、騎手には馬連会長賞状と賞金五〇〇円が授与された。勝タイム二分四〇秒。

この開催の場内の警備等は地元高崎市内の親分たちに依頼していたが、地方競馬法時代に入ってもその状態が続いた。必ずしもこの親分たちが当事者だったというわけでもないが、八百長（不正競走）が仕込まれることも多く、暴力沙汰になることもあった。たとえば、明けて昭和二二年の群馬県馬連主催の第一回開催最終日の二月三日、不正競走をめぐる地元やくざと「ヨソ者」の対立のなかで、騎手と馬が日本刀で切り付けられて傷を負わせられるといった事件も起こっていた（後述）。八百長レースの結果が必ずしも高配当というわけではなく、仮に「勝馬」にかなりの金を注ぎ込めば逆に低配当となっていた。

全国各地の闇競馬の配当は、一〇倍以内に収まるものが多く、戦前の配当制限一〇倍を越えるとアナという感覚であった。群馬県の闇競馬の第一回であったこの高崎競馬も例外でなく、知事賞の単勝配当も一・五倍の一五円だった。開催を通じての最高の配当が四九・三倍、「平均して人気馬が着へ来て払戻しが少ないのは堅実さを示しているのか？　それ故儲けは多くはない、一日一〇〇円程度の損なら観覧税と思って我慢どころとはマニアの言い分、御尤もです、この調子なら競馬でインフレ克服と行くか」、というのが、地元紙『上毛新聞』の配当に関する論評であった(153)。なおこの開催で窓口業務にあたった女子事務員は二〇〇名、日給一五円だったという。

先にふれたように一〇月下旬に地方競馬法施行という噂が流れていた。栃木県馬連は、一一月八日から一一日まで予定していた宇都宮競馬を中止していたが（後述）、群馬県では、それが虚報であることを把握し、この高崎に続いて、二三日から四日間、勢多郡桂萱村（現・前橋市上泉町）で第二回能力検定競走を行った(154)。競馬場は、新設というより急造したものだった。売上減にもつながる郊外で、急遽開催したのは、地区の馬匹組合へ資金を供与することが目的だったからだろう。ここを縄張りとする親分の要求もあったかも知れない。

群馬県では、この他に前橋市での第三回能力検定競励会の実施も急がれ、一一月三、四、五、八、九、一〇日、前橋競馬場（現・前橋市敷島公園）で開催された(155)。富山の高岡市が主催したものをはじめとして、各地の闇競馬でも同様の例が多く見られたが、この開催でも憲法発布祝賀が謳われていた。

前橋競馬場の建設は、八月には浮上、九月八日、鍬入れ式を行い、第一期工事が始められていた(156)。建設資金一〇〇万円、前橋市の馬事振興会を中心に、前橋市も市として推進を決定、最終的な完成は翌年三月の予定だった。なお馬事振興会は、戦時中、馬匹関係団体から結成された組織だったが、このあとすぐに前橋競馬会と改称したようである。

一〇月下旬、勝馬投票所、審判所、事務所等、そして利根川の「河原の面影を全く払拭して新土搬入とローラーによる地固め作業で」、一〇〇〇メートルの走路も整備された。「敷島公園の自然の風光と調和して快適な馬場を構成」していたという。投票窓口二〇〇余、観覧席はコース内側にも建設され、トンネル二本で本スタンド側と結ばれた。直線は三〇〇メートル。資材の割当も非常に制約があるなかでの突貫工事。前橋市の後押しがあってこそ実現したものだった。馬場内側に設けられた観覧席は、ケンタッキー、シドニーの国際馬場にならった近代施設と喧伝された。

地方競馬法案によれば、公認競馬場は、県内一ヶ所であるから、前橋側は、高崎と争ってその認定を勝ち取ることをめざしていた。

またこの前橋の開催では、出走馬牽付手当一〇〇〇円、負馬手当二〇〇円とそれぞれ高崎のものから倍額となり、また賞金も全面的に増額された。単なる誘致策ではなく、手当や賞金が安くて馬主たちが馬券で資金稼ぎを行い、ファンの不評を買っているので(157)、その「県内競馬に対する兎角の不評を一掃し」て、「ファンの血を沸かせる好レース」を続出させるためでもあったという(158)。

競馬場までの足として、二〇分毎の市内循環バスのほかに、国鉄前橋駅及び上毛電鉄中央前橋駅からは電車の到着時間にあわせて競馬場行きの臨時バスが準備されていた。

各日の売上は、初日九三万五五三〇円、二日目四四万五〇二〇円、三日目七〇万四四二〇円、四日目七〇万八一五〇円、五日目五七万九一一〇円、六日目一〇五万九三〇〇円と推移して、総売上は四四三万一五三〇円に上ったが、先の高崎競馬の六八三万六四四〇円の三分の二に終わっていた。この数字がダメ押しとなったのだろう、地方競馬法に規定された県一ヶ所の指定競馬場は、あっさりと高崎に決定した。なお一一月二〇日地方競馬法施行直後の二三日付で一二月一日からの高崎競馬開催が広告されているので(159)、前橋競馬場の新設はあったが、早い段階で指定競馬場は高崎と決定していたと思われる。前橋競馬場は、折角のスピード工事も水の泡となり、日本競馬会の公認競馬場をめざすということも伝えられたが、実現の見込が具体的にあるわけではなかった(160)。

指定競馬場の選定問題が紛糾しなかったことで、群馬県馬連も関東の他の県と同様に、地方競馬法に基づく年内開催が可能となった。一二月一日から八日までの六日間（四、五日が休み）の日程だった(161)。闇競馬時代の控除率二〇%が約三一・六%と跳ね上がり、二日目が雨天順延となっていたが、総売上は八〇〇万二五六〇円と一〇月の開催よりも伸びていた(162)。幸先よい出足だった。ちなみに初日の一二月一日の有料入場者六四九〇人、売上一六一万二七七〇円。この開催のメイン・レースも、三回に及んだ闇競馬時代に引き続いて知事賞だった。賞金は一万円及び花瓶、騎手賞も一〇〇〇円とそれぞれ倍額となっていた。最終日の八日第九レース、駈歩二〇〇〇メートル、七頭立。ここで優勝したのが、第一回闇競馬の同賞の勝馬だった。配当は第一回の一五円に対して八四円と、今回は本命を他馬に譲っていたが、その本命馬を差し切っての勝利だった。

明けて昭和二二年、その第一回開催は一月二六日から二月二日までの六日間の日程で行われた（二九、三〇日が休み）。ここも八九三万三〇五〇円と売上を伸ばした(163)。

この開催の最終日、二月三日、先に簡単にふれた事件が起こっていた。高崎競馬場で語り継がれ、また全国でも有名になったものだったという。

地元紙『上毛新聞』は、この事件をつぎのように報じていた(164)。

第三レース終了後同馬場投票所に於て、レースを終えて下馬せんとする騎手の右腕上部を日本刀で斬り付け、全治一五日間を要する傷を負わせ、競走馬シンシンの左腹部にも全治二〇日間の傷を負わせ、高崎署へ自首して出た。原因につき右シンシン号が初日以来優勝しないで楽日となって一着となり払戻五四一円の大穴をあけたのはインチキだと憤慨した結果と自供している。

この記事では、八百長に怒った犯人が人馬に切り付けということになっているが、当時あるいはその後の高崎競馬関係者であったと思われる人物の回想によると事情はもっと深刻で根が深かった(165)。一触即発だった地元やくざと「ヨソ者」がどうなったのか、八百長を仕組んで切り付けたのが「ヨソ者」だったのか、それとも地元やくざだったのかなどはっきりしない部分もあるが、当時の地方（高崎）競馬の雰囲気を伝える参考資料として、長文にわたるがそのまま紹介しておく。

昭和二二年二月中旬馬匹組合連合会が開催する競馬の或る日のことであった。その頃は、終戦直後の競馬開催であり、世情も人心も極めて不安定な昏迷時代であった。勿論主催者側も人手不足のため警備等については、地元高崎市内の親分衆にこれを依頼して開催せねばならぬような状況であった。ときたま東京方面より来るファンの中に、騎手をおどし、不正競走をたくらみ、甘い汁を吸って居る者があるとの風聞を地元親分が察知したことが、問題の発端となった。部外者（ヨソ者）に不正競走をされては土地者の顔がたたないと言う事で、A親分は地元高崎市を中心に周辺よりやくざ者を数十人かき集めた。これらやくざに中にはヨソ者の侵害者を排除するためには、上州にもこんな男気の者もいるのだと続々と競馬場へ馳せ参じて来た。

丁度その日は朝から上州名物の空っ風が吹きまくり、競馬にとってはまことに悪い日和であった。第二競走が終わったころより風雲急を告げるようにな空気が場内にみなぎって来た。風体人相の悪い与太者風の若い者が、場内を肩いからし腰には何か長い物を持ち、あるいは白刃を抜いて横行する者などがあらわれて、場内は異常な空気が漂い主催者は勿論のこと、ファンは何か物騒なことが怒《ママ》るのではないかと不安げな顔をしている者が多く見受けられた。

そのうち場内の一隅に安置されている馬頭観世音堂の腰板や、警備員質の板塀をはがし、付近にあった古材等をかき集めて、火を燃やし、その周囲を取り巻き気勢をあげはじめた。

空模様とカラッ風の吹きすさぶその日の天候は、場内の雰囲気を一層険悪にするかのように赤城・榛名山方面に真っ黒い雪雲が浮かんだと思う間もなく、一天俄かにかき曇り吹雪模様となった。そして不安なムードのうちに第三競走が開始された。

六頭の出走馬は一斉にスタートを切り順調にレースは展開され、白熱のレースが期待されたが、先頭のT騎手は四コーナーから直線で控制し、続くH騎手はスタンド前で起立控制したためファンの一部より罵声があがった。その時決勝戦を間近にしてO騎手の騎乗するシンシン号は外方より一気に前走馬を追い抜いて一着となり、そのほかの馬は一団となってゴールインした。スタンドでは八百長八百長と騒ぐ者が多くなった。O騎手騎乗のシンシン号が意気ようようと検量所前の着順枠に入ろうとしたとき、再び観客は総立ちとなり八百長競馬と騒ぎ出して審判台に向ってファンが殺到し、口々に怒声をはり上げ、中には投石する者などがあって非常な混乱状態となった。

その時一人の暴徒が引き返して来て呼吸の荒いシンシン号につかつかと近づき、長刀をふりかざして「よくも我々を裏切ったな」と云いすてるやO騎手の右肩部から腕にかけて切りつけた。返す太刀でシンシン号の右臀部めがけてまた一太刀を浴びせて切りつけた。

シンシン号の切創は深さ一〇センチ、長さ三〇センチに及んで一直線にひび割れ、切口からは鮮血が怒涛の様にふき出し、あたりはみるみるうちに鮮血に彩られた。警察官は観客の静止につとめると共に、犯人をその場で直ちに逮捕した。同じレースに騎乗した騎手達は馬を馬丁に渡すや否や、蜘蛛の子を散らすようにある者は厩舎の馬丁室の押入れの中にかくれ、H騎手は向正面の走路をめがけて遁走し畑の中をはうようにして逃げ、漸く外厩舎にたどりつく者など命からがら飛散した。

投票所の中にも与太者の一人が侵入して来てマイクロフォンを取り上げようとしたが、投票委員はこのマイクを渡さず放送をさせなかった。このときの投票委員の勇気は後日関係者から賞賛と喝采を浴びたことはいうまでもないことであった。

このような騒動の中で主催者の馬連会長T氏は少しも動ぜず、事件の首謀者と協議談判をして事件を鎮めると共に、刃傷者の処置を警察署に依頼した。

かくして約二時間後逃げ散った馬と騎手を呼び戻し、競馬は続行され当日は二競走を中止しただけで残りの競走は全部行なわれた。

この人馬刃傷事件は忽ち全国各地に伝えられ、高崎競馬の人馬刃傷事件として一大汚点を残したが、古い競馬

愛好者の中には今でも当時の物語をする者がある。（以下略）

【千葉】

千葉県でも一〇月四日、県令第四〇九号「馬匹能力検査競励会施行要項」を制定、他県と同様に能力検定投票（馬券）一枚一〇円を枚数制限なしで発売、配当上限も一〇〇倍、開催の手続きは、地元警察署を通じて知事に開催申請書を提出して許可を得るというものだった(166)。この県令施行の時点で、すでに各地区の馬匹組合の主催で、千葉市千城鍛錬馬場、市原郡戸田村、長生郡茂原飛行場跡、印旛郡八街飛行場跡での開催が内定していた(167)。千葉県馬匹組合連合会（以下、「千葉県馬連」と記す）の開催が困難であったのは、戦前からの県馬連の主導権争い、各地区馬匹組合間の対立に火が付いており、また地方競馬法施行後の競馬場の選定争いも絡んでいたからだった。したがって千葉県の闇競馬は、地区の馬匹組合のものだけが開催されていった。

なお昭和二一年九月より前、千葉県（おそらく千葉県馬連の依頼を受けていた）が、地方競馬開催のため中山競馬場の「借用方申出」を行っていた(168)。日本競馬会は、同会の競馬場内で公正でない競馬が行われることを懸念、また中山競馬場を千葉県地方競馬に貸与すれば、各競馬場所在地の地方競馬の前例となって、同会の競馬施行に支障を来たすと判断、これを強く拒否した。中山競馬場開設、開催が早まったのも、この申出のためだったという。千葉の闇競馬が各地区での開催となったのは、この日本競馬会による申出拒否もその要因になっていた。

まず長生郡馬匹組合が、茂原飛行場跡（現・茂原市上林）で一〇月一二日から開催、一三、一五日の三日間の予定だったが、最終日は一九日にまで持ち越されていた(169)。これより先、四月一八、一九日に開催したとの記録もあり(170)、この飛行場跡に総合グランドを建設し常設競馬場を併設しようとする計画も立てられていた(171)。

ついで両総（印旛、山武両郡）馬匹組合が一〇月一八、一九、二〇日の三日間の日程で開催(172)。競馬場は八街飛行場跡（現・八街市朝日一帯）、戦後農地に転用されていたものを臨時に整備したものだった。賞金総額五万円、出走手当が不明だが負馬手当は三日間出場に対し四〇〇円。賞金は別として、負馬手当に関していえば、九月一三日からの埼玉県馬連主催の春日部競馬が一日四〇円（四日間出場で一六〇円、出馬手当六〇〇円）、一〇月一一日からの群馬県馬連の高崎競馬が二〇〇円（出走手当五〇〇円）と比較しても見劣ってはいなかった。また賞金も、富山県馬連の第一回闇競馬の三万円を上回っていた。この八街競馬の馬券の売上は、初日三九万二二八〇円、二日目三五万二九四〇円、三日目四六万三二〇〇円、計一二〇万八四二〇円（総売上一二三万一一二〇円）だった。

戦前の千葉県の地方競馬の中心で、鍛錬馬競走が実施されていたのは昭和三年に創設された柏競馬場（現・柏市豊四季台団地一帯）(173)。一周一六〇〇メートル、幅員三〇メートルなど地方競馬有数の競馬場であり、売上も創設当初から全国の上位を占めていたが、昭和一八年、日本光学株式会社（現・ニコン）が軍需工場建設のために買収して廃場となっていた。

その戦前の柏競馬、また隣県埼玉の春日部競馬四日間の八四〇万円余から考えれば、この八街競馬の一二〇万円余という売上は低いものだったが、八街という地理的条件、地域単独の馬匹組合主催ということから考えれば「好成績」だった。

図38　八街大競馬広告

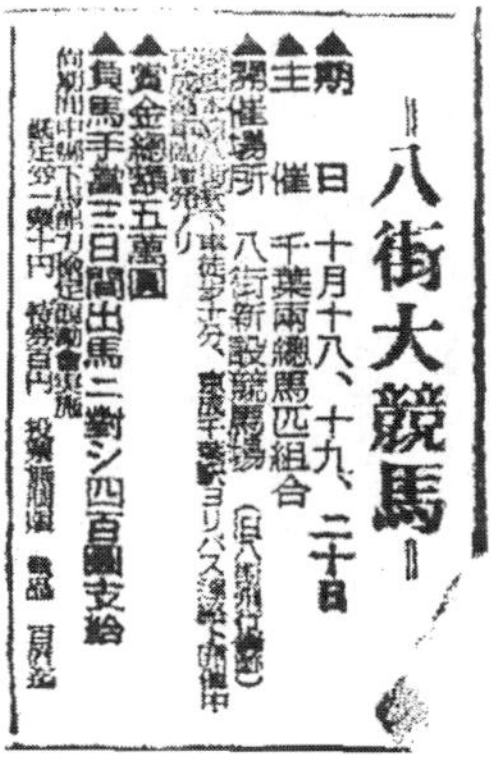

（『千葉新聞』昭21・10・16）

そして館山市洲崎航空場跡（現・波左間・洲崎一帯）をコースとして、安房馬匹組合主催、館山市後援の第一回が一〇月一九日から、第二回が二五日からそれぞれ三日間開催された(174)。第三回も一一月一七日から三日間開催されて六二万円を売り上げ、主催側も競馬熱の高さに「きもをつぶした」という(175)。

さらに香取郡馬匹組合が一〇月二五、二六、二七日、九美上元競馬場（現・香取市九美上）で県の許可を得て馬匹能力検定競励会を開催した(176)。同競馬場は、昭和六年市川競馬場に移転する形がとられていたが(177)、敷地は残されており、それが活用されたものだった。香取郡馬匹組合は、一一月一九、二〇、二一日にも、憲法発布祝賀競馬会と銘打って開催を計画していた(178)。地方競馬法施行が二〇日だったことを考えれば、少なくとも二〇、二一日は法律違反となることもあって中止を余儀なくされたと考えられるが、そのことも含めて実施したかどうかは不明。

その他、県令に基づいた闇競馬は、千葉市馬匹組合が元鍛錬馬場のあった金親（千城台）、市原郡馬匹組合が戸田、海上郡馬匹組合が鶴巻でそれぞれ開催していたようである(179)。また廃場となっていた旧柏競馬場でも、地元紙の『千葉新聞』にはその記事を見つけることができないが、『茨城新聞』が一一月一六日から予定されていた取手競馬が柏競馬と鉢合わせになると日程変更したと報じ(180)、また当時の競馬関係者が、県の取締規則に基づいて地元の有力者が千葉の闇競馬の起点として始めたと記しているので(181)、開催されていた可能性が高い。

闇競馬ではこのように地域別に開催できたが、地方競馬法施行となれば、指定競馬場一ヶ所を決定し、県馬連が主催しなければ開催は不可能だった。地方競馬法施行後、千葉を除く関東一都五県では、すべて昭和二一年内に第一回の開催が行われていた。だが千葉県馬連は、用地選定に時間を要して大きく立ち遅れ、その第一回開催を迎えることができたのは、昭和二二年一一月（第6章）。

そして昭和二三年八月一〇日、千葉県馬連は、全国の競馬関係諸団体のなかで唯一、閉鎖機関令（ポツダム勅令第七四号）の適用を受けることになる（同）。

【栃木】

昭和二一年九月二〇日、栃木県令第四〇号として、つぎのような「栃木県馬匹能力検定競技会実施要綱」が公布、施行された(182)。

第一　馬匹の資質向上を図るため馬匹能力検定競技会（以下単に競技会と云う。）を実施するときはこの要綱に依らなければならない。

第二　競技会は馬匹組合連合会又は知事の適当と認める団体でなければ実施出来ない。

第三　競技会の目的達成上必要あるときは能力優秀な馬匹並びに能力検定成績優秀な者に対して景品を交付することが出来る。

能力検定券の額面は金額拾円とし検定成績優秀な者に対する褒賞金能力検定券額面金額の百倍を超えることが出来ない。

第四　競技会を実施するには申請書に次の事項を記載した書類を添付して知事に提出し知事の承認を受けなければならない。

一　名称及目的

二　実施の場所及日時

三　競技会実施規程

四　競技会実施計画

五　競技会実施に要する収支予算

六　競技会の実施に依って生じた剰余金の処分方法

第五　競技会実施者は実施後二週間以内に次の書類を添付した報告者を知事に提出しなければならない。

一　実施の概況

二　能力検定券発行数、発行に因って得た金額及景品に要した費用の総額

三　収支決算

四　剰余金処分の明細及其の証書書類の写

第六　この要綱に依って提出する書類は所轄警察署を経由しなければならない。

図39

宇都宮競馬は中止された（『下野新聞』昭21・10・8）。

図40　足利競馬初日

（『下野新聞』昭21・10・19）

第七　この県令は公布の日から、これを施行する。

馬券一枚一〇円、発売枚数制限なし、配当制限一〇〇倍というのは他の関東各県と同じであったが、開催権を与えられるのが馬匹組合連合会に限定されず知事の認可を受けた団体も含むというのが、栃木の特徴だった。

地元紙『下野新聞』は、この県令の公布、施行をつぎのように報じた(183)。

栃木県では、馬匹の資質向上と馬事智識の向上を図る為、今度馬匹能力検定競技会実施要綱を制定し、主催者として馬匹組合連合会その他知事の適当と認める団体を認可することになったので、県馬匹組合連合会では早速同要綱に基いて来る一〇月一七日から四日間足利競馬場、一一月八日から四日間宇都宮競馬場で馬匹能力検定競技会を開催することになった。

終戦後初めての競馬会で検定券は一〇円券を無制限に発売が許され投票的中者には百倍まで景品(184)が出ることになっている。なお出走馬の申し込みは足利競馬は一〇月一〇日、宇都宮競馬は一一月二日までに各競馬事務所へ申し込むことになって居るが、出走馬は約一五〇頭の優駿が揃う筈で、優等馬の賞品も一五万円が予定されて居る、県馬匹組合連合会では同競技会の収益金の大部分は県畜産振興施設費とその他公共施設費へ寄付する計画である。

ここに記されている宇都宮競馬場は、昭和八年一〇月、河内郡姿川村川田（現・宇都宮市西川田町）に竣工、昭和一四年、栃木県の鍛錬馬場として指定され、昭和一九年まで鍛錬馬競走が実施されていた[185]。この宇都宮競馬場ではなく、まず足利となったのは、同地の愛馬会が九月開催を目標に競馬場建設、整備など態勢を整えていたからだったという[186]。この足利競馬場は、昭和五年から昭和一三年まで地方競馬が開催されていた足利市山辺町のものではなく、敗戦後あらためて市内伊勢町十念寺地区に設置されたいわば第二次足利競馬場だった。その後、足利競馬場は、昭和四六年渡良瀬川沿いの足利市五十部町に移転する。

一〇月一七日、栃木県馬匹組合連合会（以下、「栃木県馬連」と記す）主催、馬匹能力検定競技会と銘打った足利競馬開催初日を迎えた[187]。この日、予想の八〇万円を上回る一一三万六四五〇円となったのをはじめとして、一九日一七四万七三三〇円、二〇日二一四万八二三〇円と日を重ねるごとに売上が伸びていった。これに主催者は、急遽日程を二二日まで二日間延長、地方競馬法施行を二五日からと見込んでの判断も加わっていたという。闇競馬の自在さがここでも活用されていた。雨にたたられ、六日目が開催できたのは二五日になったが、総売上は九七七万九八六〇円に上った。戸塚や八王子には及ばなかったが、埼玉春日部競馬（九月一三日から四日間）の八四〇万円、茨城取手競馬（九月二〇日から四日間）の五二〇万、群馬高崎競馬（一〇月一一日から六日間）の六八三万六四四〇円を上回る売上であり、大成功だった。

次の一一月八日からの宇都宮競馬も期待できたはずであった。だが栃木県馬連は、足利競馬開催中の二一日前後、その宇都宮開催の取り止めを決定してしまった[188]。ここも地方競馬法の施行を一〇月二五日頃と見込んでの判断だったという。地方競馬法は、九月二三日貴族院を通過、施行は一一月二〇日と明記されていたから、栃木県馬連の単なる誤解であった。あるいは中央馬事会からの通知、農林省が各地方長官（知事）宛に行った「地方競馬法の公布をまって同法にしたがって開催するようにと」の通牒[189]の意を受けた県からの圧力がかかって、その判断を下した可能性がなくもなかった。先にふれたように一〇月二五日からの開催を予定していた岐阜の笠松競馬が、その通知、通牒に従っての中止を二二日付で公表していた。だが中央馬事会の通知も形だけのものであり、また農林省の通牒も開催権の剥奪などの強制力を持っていたわけではなく、栃木以外の関東の他県では、その後も闇競馬の開催が続けられようとしていた。栃木でも、すぐにこの事情を把握できたようであり、足利の関係者が一一月八日からの足利での開催を県と栃木県馬連に交渉していった(190)。なお実際に開催されたかどうかは不明。

栃木でも一一月二〇日の地方競馬法施行に伴って、開催競馬場を一ヶ所選定する必要があった。いいかえれば有力な競馬場、あるいはその候補地を二ヶ所以上かかえる県にとって、地方競馬法が規定する一県一ヶ所という競馬場数の規定はやっかいな問題だった。栃木でも、宇都宮と足利の間で激しい綱引きが行われていたが、県馬連は、一一月一〇日過ぎに宇都宮と決定、一二月に入って農林省へ正式申請した(191)。地理的条件、競馬場の諸設備、また競馬場が県馬連の「直轄」であることなどが決め手となっていた。

この時点で、予測できたわけではないが、一県二ヶ所に倍増できる翌年三月の地方競馬法の改正は栃木県にとっても望まれたことだった。

地方競馬法下の第一回宇都宮競馬は、一二月二〇、二一、二二、二四、二五、二六日という六日間の日程で、群馬、茨城、埼玉からの出走馬も迎えて、駈歩七五頭、速歩五〇頭、一日九レースで実施、売上は三〇七万五六六〇円(192)。足利の闇競馬の三分の一を下回っていた。

【山梨】

山梨県馬匹組合連合会（以下、「山梨県馬連」と記す）の闇競馬は、九月一三日から一五日、二〇日から二二日という六日間の日程で開催された(193)。馬場は、富士山麓鉄道（現・富士急）の富士吉田駅から徒歩一五分、富士浅間神社裏手の明治大学グランドに設置されていた。関東各県と同様に、名称は馬匹能力検定競励会、馬券一枚一〇円、発売枚数無制限、配当制限一〇〇倍だった。この開催に向けて行われた八月二二日の協議には県の担当課長も参画、この協議の段階では三日間開催の予定だったが、その後倍増された。初日一三日の馬券売上は約二五万円、見物人は農民が多く数万に達していたという。開催を伝える新聞記事がないので、残念ながらそれ以上のことはわからない。

戦前の地方競馬規則時代、山梨県では二つの競馬場が存在していた。

一つが昭和六年八月から昭和一〇年秋まで開催されていた富士競馬場（南都留郡忍野村）、富士山麓土地株式会社所有だった[194]。当時、富士山麓鉄道に乗って大月から富士吉田駅まで五〇分を要していたが、競馬場は、その富士吉田駅からも、旧鎌倉往還（現・国道一三八号線）を山中湖方面に七キロ以上行ったところにあった。近くに忍野温泉があり、また富士山麓土地株式会社が国際的なリゾート地をめざして競馬場周辺及び山中湖周辺を高原別荘地やゴルフ場、また諸大学のグランド用地として開発しており、競馬場もその計画の一環であった。とはいえ全国でもこのような人里離れたところに設置されたのも珍しかった。

もう一つが、昭和三年秋から昭和一二年秋まで開催されていた玉幡競馬場（現・甲斐市竜王町西八幡）だった[195]。昭和六年の満州事変勃発後、全国では軍用機献納運動が起っていたが、山梨県では、そのなかで飛行場建設も現実化していっていた。昭和七年、募金で集められた資金によって玉幡競馬場及び周辺用地が買収されて玉幡飛行場が設置され、競馬場はそのなかに組み込まれた。当時、競馬場が飛行場として、あるいは逆に飛行場のなかに競馬場が存在するケースもあったが、玉幡競馬場もその一つとなった。競馬が開催されたのは昭和一二年までで、戦後、同飛行場は進駐軍に一旦接収されたあとで解除され、開拓地となっていた。

図41

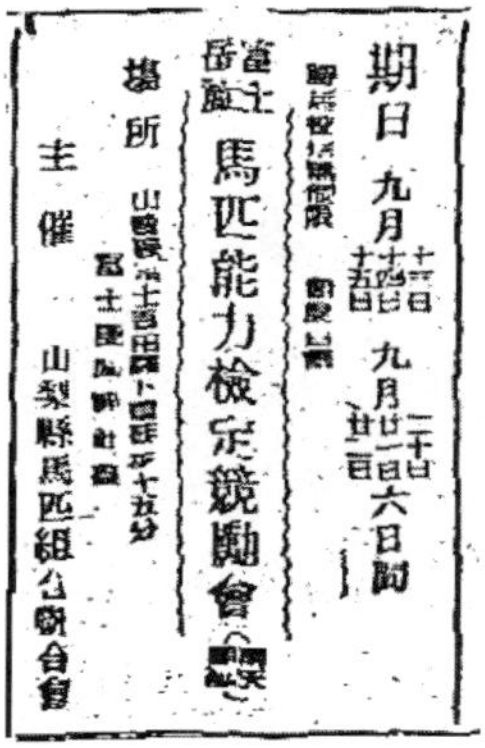
期日　九月二十三日 二十四日　九月廿一日 廿二日　六日間
馬匹能力検定競勵會
場所
主催　山梨縣馬匹組合聯合會

（『山梨日日新聞』昭21・9・14）

このいずれでもなかった富士吉田での開催となった理由については不明だが、南都留郡馬匹組合の主導権が発揮されたのだろう。だがアクセスに不便な富士吉田よりも、人口の多い甲府市近くでの開催の方が売上増を望めるのは明らかだった。県馬連は、富士吉田の開催の準備中から、その開催を追求する旨を表明していた[196]。そして県馬連

図42　玉幡競馬第三日目速歩レース

（『山梨日日新聞』昭21・10・20）

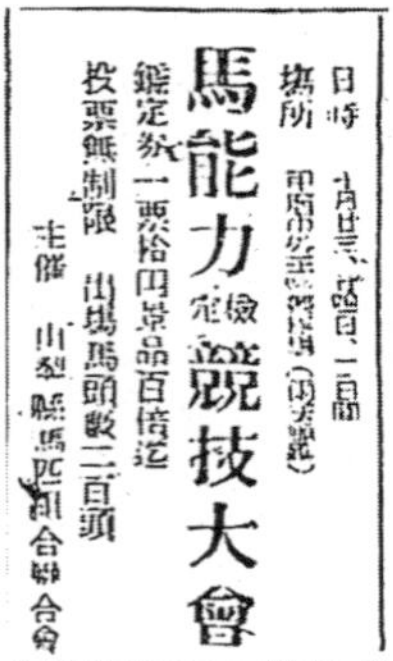

図43　玉幡競馬後半開催告知

（『山梨日日新聞』昭21・10・22）

は、開拓地となっていた元玉幡競馬場での開催を準備、一〇月一七、一八、一九、二〇日、中二日の休みをはさんで二三、二四日という六日間の日程だった(197)。闇競馬では、戦前と異なり、このように自己決定ができた。闇競馬のよさは、ここにもあった。

その様子がつぎのように報じられている(198)。

七年ぶり（実際は昭和一二年以来九年ぶり）で復活した玉幡競馬は馬能力検定大会の名のもとに県馬匹組合主催で一七日から元玉幡競馬場でその幕を開いた、出場馬数は一五〇頭で、静岡から出場の三頭を除いた外全部が県下から馳せ参じた優秀馬で、どの馬を見ても飼料難は何処だといわぬばかりの馬格リュウリュウたるものだ、初日から快晴に恵まれて各地から押し寄せた観衆でごった返し、第一日の一七日の人では約一五万人、第二日の一八日は一〇万人、三日目の一九日は一二万人を数えているが、馬券の売上も物凄く一日目五三万円、二日目七三万円、三日目約九〇万円の売上があり六日間で五〇〇万円の見込みというからこのままの新円旋風は物凄く荒い、数年振りのことで予想を裏切って思わぬ馬が勝を抜いて優勝となり大穴をあけ、一枚の配当金二五〇円を受け歓声を上げる者、数十枚のはずれ券をビリビリと破いて悔しがる者、悲喜交々の風景を演じている、なお後半競馬は二〇日、二三日、二四日と行われる。

交通に恵まれた神奈川県の戸塚競馬でも、六日間の総計で戸塚駅の乗降客一五万四八五五人（一日平均二万五八〇九人）だったから、連日一〇万人以上という観客数は誇大に過ぎるが、全国各地と同じく、山梨の闇競馬の人気も凄かったことは確かであった。売上も、千葉を除く関東一都五県には及ばなかったが、三日目までの約二一〇万円から判断すると、隣県の長野の上諏訪の闇競馬四日間二八〇万円（後述）、あるいは富山の三日間で一七二万円とほぼ同等か、またそれを上回っていただろう。ちなみに開催四日目の二〇日には、縄張り争いなのか、ピストル、日本刀での暴力団同士の乱闘が競馬場内で起っていた。

一一月二〇日の地方競馬法施行を受けて、山梨県馬連が公認競馬場と決定したのは玉幡競馬場、一一月三〇日、一二月一、三、四日の日程で、千葉を除く関東各県、長野と同じく、昭和二一年内に第一回開催を行い、二一三万二七〇円を売り上げていた(199)。昭和二二年第一回も玉幡競馬場で、四月一〇日からの六日間の日程で実施されたが売上高は不明(200)。以後はコースが富士吉田競馬場に移され、第二回は八月一〇〜一四日の五日間の日程で実施、売上は二四五万六一三〇円(201)、第三回は九月三〇日からの六日間開催で売上一六八万二三〇円だった(202)。富士吉田競馬場は、第一回の闇競馬を行った馬場を整備したものであり、その土地、施設ともに富士振興会社の所有だったが、遅くとも昭和二三年に入る頃までには、それを山梨県馬連が五〇万円で買収していた(203)。ここまでの四回開催ではそれほど差がなかったとはいえ、売上という面から見れば、富士吉田よりも玉幡だったが、玉幡は元飛行場で開墾地となっており、常設の競馬場設置が困難で、富士吉田への移転を余儀なくされたのであろう。

そして山梨県は、戦後、全国で最初に地方競馬が開催されない県となる。昭和二三年七月新競馬法施行を受けて一〇月に開催された県営競馬第一回が、その最初で最後のものとなった。旧軍用地への競馬場移転問題がこじれて、結局その消滅につながっていた（第5章）。

【長野】

長野の闇競馬は、時系列でいえば、関東甲信地方のなかでは最後のものとなった。

図44　二日目馬券売場へつめかけたファン

(『信濃毎日新聞』昭21・11・4)

当初一一月一日から四日間の予定だったが実際の開催は、雨の影響で二、三、五、六日となった(204)。関東各県、山梨と同じく能力検定競励会と銘打たれた。馬券単複一枚一〇円、発売制限なし、配当制限一〇〇倍、これも関東地区と同一だった。指針に則ったものに違いなかった。

コースは上諏訪競馬場(現・諏訪市清水町)。同場は、観光振興策の一環として諏訪町が富士見町の競馬場を誘致して、昭和九年五月竣工、第一回を開催、以後、昭和一三年まで春秋二回の開催が続けられ、昭和一四年軍馬資源保護法施行を受けて鍛錬馬競走が昭和一五年一〇月から昭和一九年九月まで開催されていた(205)。上諏訪温泉競馬、あるいは単に温泉競馬と呼ばれ、町の観光振興のねらいにも応えていた。その復活だった。

図45

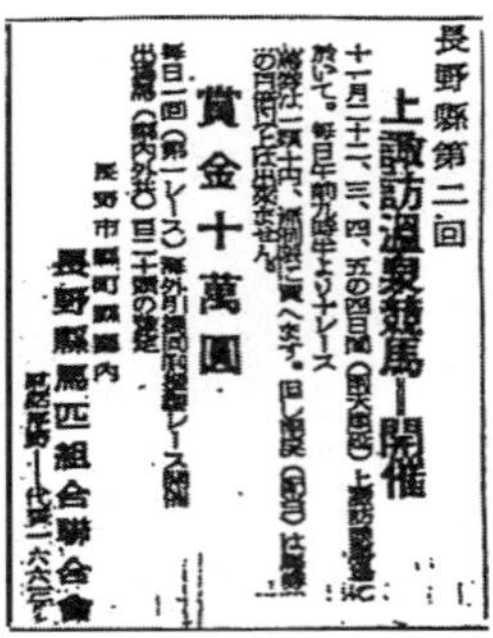

長野縣第二回

上諏訪温泉競馬開催

賞金十萬圓

長野縣馬匹組合聯合會

法的には第1回だが、闇競馬を第1回とし第2回としている(『信濃毎日新聞』昭21・11・19)。

長野の条例制定に関しても不明とはいえ、能力検定競励会の名称がそういったものの存在をうかがわせていた。実際にも他県の「合法化」された闇競馬と同じように、四日目には市長賞、知事賞が実施されていた。賞金四万円、同時期の富山県馬連の第三回開催とほぼ同額(ただし富山は三日間開催)、出走手当一頭三〇〇円、負馬手当三〇円だった。

一一月二、三日は好天に恵まれた。三日は憲法発布の祝賀気分も加わって入場者三万余、二日間で売上は二〇〇万円を超えたという。だが後半の二日間は雨にたたられ、三五〇万円と見込まれた売上も、実際には二八〇万円に終わった。この金額は、同時期の新潟三条競馬の三日間で三〇〇万円を下回ってはいたが、富山、石川、山梨の玉幡とほぼ同じ額であった。それでも、開催前の予想を上回る売上だったことは、この開催中に、賞金総額を二倍半の一〇万円に一気に引き上げ、一一月二二日から四日間の日程で「第二回」を開催することが公表されていたことにも示されていた(206)。

その二二日からの開催は、地方競馬法施行二日後であり、地方競馬法下という意味では第一回の開催であった(207)。だが当初から第二回と銘打たれ、新聞もそのように報じていたように、実際には、県馬連も新聞も、第一回と第二回の法的な差異を問題としていなかった。

そして二二日からの開催は、地方競馬法下でのものであり、控除率が闇競馬の二〇%から約三一%に引き上げられていたが、初日の雨を除けば、天候に恵まれ、三二五万七九二〇円と売上を伸ばしていた。ただし予想は三五〇万だったから、それは下回っていた。なおこの開催では、毎日第一レースが海外引揚者援護のために実施され、その純益が関係団体に寄付されていた。

長野県ではその他、一一月九、一〇日、上小(上田小諸)優良馬共励会が第一回競馬会を開催していたが(208)、馬券が発売されたかどうかは不明。

4・関西

競馬の復活が昭和二三年二月となった和歌山を除いて、関西の闇競馬が開始されたのは九月中旬だった。

主催は兵庫を除いて府県の馬匹組合連合会、先行した関東などと同じく能力検定競励会をその名称として掲げ、馬券一枚一〇円、発売無制限、控除率は二五%(209)、配当制限一〇〇倍、一開催四日間、開催数最大で三回。福井を含めて、開催に向けての協議をもち、九月一〇日頃には各地の日程を決定していた(210)。実際の開催も、一〇月中旬と予定されていた兵庫園田が開催されなかったのを除いて、ほぼそれにそったものとなり、京都長岡競馬九月一四、一五、一六、一七日、滋賀草津競馬九月二一、二二、二三、二四日、奈良競馬九月二六、二七、二八、二九日、再度奈良競馬一〇月三、四、五、七、八日、京都長岡競馬一〇月一〇、一一、一二、一三日、滋賀草津競馬一〇月一八、一九、二〇、二一日、大阪春木競馬一〇月二三、二四、二五、二六日、追加二八、二九日、奈良競馬一一月四、五、六、七日、大阪春木競馬一一月一〇、一一、一二、一三日、追加一四日、兵庫青木競馬一一月一六日（以後不明）、京都長岡競馬一一月一八、一九日（当初予定の二一、二二日は中止）、と開催されていった（後述）。日本競馬会の京都競馬開催（当初は一〇月五日からと伝えられた）は、「春季開催」が一〇月一七、一八、二七日、一一月二、三日、「秋季開催」が一六、一七、二三、二四日、一二月一、八、一五日(211)、と闇競馬と日程が調整されていた。関西の闇競馬も、関東と同じように、九月一四日以降は、ほぼ連日開催の様相を呈していた。大阪の二回を若干少なく見積って五〇〇〇万円とすれば、一億四四〇〇万円以上となり（後述）、売上高、観客動員数からいえば、非合法の闇競馬が合法の日本競馬会の、春季五日間四〇〇一万七七四〇円、秋季七日間八三三八万二九四〇円、計一億二三四〇万六八〇〇円(212)を上回っていたのは確実だった。

しかし関西地方では、残念ながら、地元紙が総じて闇競馬を詳しくは報道しなかった。またその他の資料も乏しく、開催の経緯やその内容などを追っていくことが難しく、いずれもその開催日、売上といった概略しか判明しない。なお奈良の昭和二一年分に関しては、地元紙『奈良日日新聞』、『大和タイムス』両紙そのものが現存していない。だが報道されなかったということと、活発でなかったということは別の問題であり、関西の闇競馬は、関東に続く第二位の売上高を誇り、八百長、騒擾等についても猥雑なエネルギーにも満ちていた。

たとえばつぎのような批判が展開されていたことが、逆にそのことを明らかにしていた。戦後の競馬は、役人のものでも特権階級のものでもなく、あくまでも大衆のものであることをめざさなければならないといった趣旨を主張した、『神戸新聞』の昭和二一年一二月二九日号の社説「競馬の在り方」のなかの一説である。

……とくに京都、奈良、大阪では、改正地方競馬法の実施を待たずして開催された関係上、ややもすると良心は抹殺され、秩序は混乱し、公正ならざる競馬という社会の指弾を浴びるところとなった。ここに競馬が大衆スポーツとして新興娯楽機関として再出発するうえに根本的に検討されるべき時期に直面しているのである。まず公認競馬界においては兵器廠ともいうべき存在であった日本競馬会を解散して、開催権を昔の民間人に還せと、いわゆる競馬の民主化運動が京阪神有力馬主間におこり、すでに中央に対しても働きかけているという。これは当然のことであって、第一政府が、役人が競馬をやるということ自体が民主主義理念にも相反すると思う。競馬が幾万という大衆を相手にしたものである限り、その技術的な困難さを克服しても競馬の民主化は一日も早く解決されるべき問題である。

更に地方競馬においては、問題は一層多く重大である。本県では幸い改正地方競馬法の実施の線に沿って開催されたが、他府県においてはそれ以前に開催され「草競馬はしたいことをしている」という非難を受けたのである。また改正地方競馬法が実施されたというものの、それはただ一〇円の入場料をとり、馬券を一円から一〇円にはね上げ配当を一〇倍から百倍にしたまででその機構、施行方法などは旧態依然たるものがある、人気馬が着外となるとそれ八百長だと大衆の非難を浴び、負馬にまで馬券の払戻しをするに至っては、どこに主催者の権威があるというのか、秩序もなく、公正さもなく、これでは地方競馬は衰退するよりほかはあるまい、競馬場をめぐるボスたちの反省を求めるか、もしくは追放の断を下さない限り地方競馬の信用は保持できない。要は地方競馬法施行規則を公認競馬のそれの線に沿って、根本的に改革する必要がある。またもし競走に不都合があって何ら反省しないときは、監督官庁は当然競馬を中止させるの強硬措置に出るも致し方はあるまい。

競馬は役人のものでもなければ特権階級のものでもない。競馬はあくまでも大衆のものである。大衆の信用をかち得ない不都合な公正ならざる競馬は、単にトバク的な意味しか持たない。そこにスポーツとして、また娯楽としての価値、使命は毛頭考えられないのである。

また地方競馬の腐敗を強く批判した同紙昭和二二年一月六日号掲載の投書「地方競馬に寄す」だった。

自分は一競馬ファンである、民主主義の波にのって再開された競馬を見てがっかりした、本当にがっかりした、とくに地方競馬はがっかりというより無茶だ、あきれてものがいえない、…恐らくこのままでは地方競馬は衰微の一途をたどるであろう、その実態に改善のメスをいれないかぎり、地方競馬の明朗化、公正化は絶対に望めぬことを断言する

競馬の主催者は地方馬匹組合である、しかしこの主催者は馬場を提供し、形ばかりの馬体検査を行い、宣伝しファンを集めるだけである、競走の実権は馬主に握られているのだ、出走馬の資格（馬籍）にしても極めてあいまいだ、今季からは馬名登録が実施されるそうであるが、しかし春木、長岡、園田と転々するうちに馬名を変えてファンをだますというような非良心的な馬主が存在している、これら馬主の反省がない限り公正な競馬は決して行われないだろう

騎手にも責任はある、このほど関西地方競馬ジョッキークラブが結成され、一編の声明書を出しているが、単にこれだけのことでファンの騎手に対する信用は勝ち得られるであろうか、競走にいざござが起きたとき警察署長の声を借りねば解決しないという競馬のどこに主催者の権威、裁定委員の権威があるというのだろう、八百長競馬は地方競馬の代名詞とまでなっているといえる、どん尻を走った馬が一着にきて、僅かの配当しかつかぬ競馬、最後の数分で人気となった馬が必ず勝つという競馬、勝馬の払戻しまでしながら、更に負けた馬の馬券まで買い戻しする競馬、馬力馬が走る競馬、こんなことで競馬がファンから愛されるであろうか、主催者ばかりでなく、馬主も騎手も反省しない限り八百長競馬は間もなく壊滅するであろう、要は機構を根本から改変し、主権者と馬主と騎手のそれぞれの人格を確立し、秩序を保持しない限り地方競馬の興隆は望むべくもない。

繰り返せば、関西の闇競馬もこのように厳しく批判されているが、そのことを逆にいえば、八百長、騒擾等についても猥雑なエネルギーにも満ちていたということだった。

【京都】

関西地方の闇競馬の先陣を切ったのは京都だった。主催は京都府馬匹組合連合会（以下、「京都府馬連」と記す）、日程は予定通りの九月一四日からの四日間、コースは長岡競馬場（現・長岡京市友岡）(213)。同場は昭和四年開設、昭和一五年～一九年は鍛錬馬競走が実施されていた(214)。なおこの昭和二一年一一月一日から開催された第一回国民体育大会の馬術競技は、闇競馬開催の合間を縫うように、この長岡競馬場で実施された。

新聞紙上では、地方競馬だけでなく日本競馬会も含めて、関西地方の競馬再開の魁という位置づけだった(215)。繰り返せば、国法レベルでの合法、非合法の問題はまったく意識されていなかった。

初日の様子がつぎのように報じられていた(216)。

図46

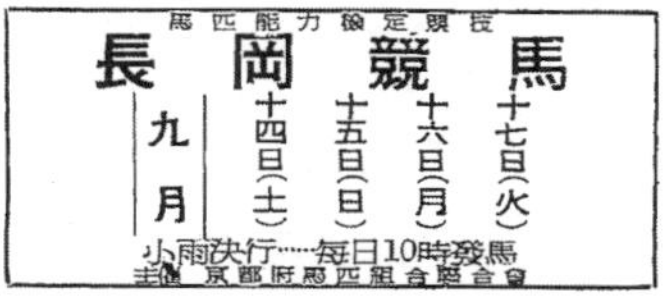
馬匹能力検定競技
長岡競馬
九月
十四日（土）
十五日（日）
十六日（月）
十七日（火）
小雨決行……毎日10時發馬
主催 京都府馬匹組合聯合會

（『夕刊京都』昭21・9・12）

図47　初日（９月14日）雨中のレース

（『京都新聞』昭21・9・15）

> 関西での地方競馬のトップを切って京都府長岡競馬は一四日から始まった、雨天とはいえ配当百倍の大穴を狙うファン一万余、ぬかるむ中を駈けめぐり久しぶりに競馬の興奮を見せたが第五レースに一三六円の中穴が出たにとどまり一一二万三三〇〇円で中止前の一日平

均三〇万円の五倍以上、インフレ競馬のすさまじい出足であった。

出走馬約一〇〇頭、一日一〇レース、速歩、駈歩が半数ずつ、初日雨にたたられたにもかかわらず一二四三万三三〇〇円を売り上げた。六日間開催の神奈川の戸塚競馬の二九二五万二七〇〇円には及ばなかったが、この時点で、全国二位の売上高だった。

その後、第二回を一〇月一〇、一一、一二、一三日に開催、一七一〇万二二〇〇円を売り上げた[217]。第一回より一・三八倍の伸びだった。

第三回は、奉祝新憲法公布記念と銘打たれていたが、その開催予定は一一月一八、一九、二一、二二日[218]。ちなみに一一月三日新憲法の公布日、富山、函館、盛岡、前橋などでその記念の闇競馬が開催されていた。この第三回は一六、一七日、二三、二四日の日本競馬会の合間をぬった日程だった。

図48　奉祝新憲法公布記念

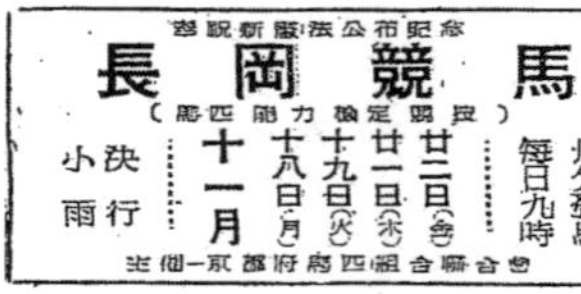

(『夕刊京都』昭21・11・15)

だが地方競馬法の施行は二〇日であり、その日以降の闇競馬は非合法だった。地方競馬法に基づく施行許可を受ければ、合法の開催が可能であったことを考えれば、ミスというより、京都府馬連があえて闇競馬を選択していた可能性が高かった。闇競馬で開催した方が、地方競馬法に規定されている馬券税の負担も中央馬事会への納付金の義務もなく、そしておそらく府などへの納付金も低率であり、京都府馬連の収益率が高かったからである。各県馬連の闇競馬の開催の上限を三回とするような全国的な統一指針が存在していたはずだったが、京都府馬連は、この指針を地方競馬法よりも優位に考えて、三回開催の権利があると考えていたのかも知れない。それにファンにとっても、控除率が地方競馬法下では三一%を超えてしまうので、二五%かあるいは二〇%の闇競馬の方が得だった。

だが「競馬法公布のため新手続きが時間内に間に合わない」という理由で、直前になって、後半二日間の中止を表明した[219]。闇競馬開催が可能であると判断していたが、京都府、京都府警などからの強い圧力がかかったからに違いなかった。その結果、前半の二日間の開催となってしまったが、それでも一〇二七万二三四〇円を売り上げた。

この「行き違い」の影響もあってか、合法の第一回は、年明けの昭和二二年一月五、六、七、九、一〇、一一日となったが、売上は三六三九万二〇四〇円と、闇競馬よりも伸びをみせていた[220]。

【滋賀】

ついで九月二一、二二、二三、二四日の滋賀[221]。予定通りの日程だった。主催滋賀県馬匹組合、草津競馬場（現・草津市西渋川、ショッピングモールA・SQUARE一帯）、同場は、地元の地域振興の情熱を受けて、昭和六年開設、昭和一四年春まで地方競馬を開催、昭和一五年から昭和一九年は鍛錬馬競走を実施していた[222]。賞金一〇万八五〇円、全国的に見て高額の部類だった。一日一〇レース（速歩四、駆歩六）、出走予定、県内一〇〇頭、県外五五頭、計一五五頭、控除率二五％、県への寄付金三％だった。

初日、正午過ぎには一万を超え、草津駅の乗降客は前日の約二倍、その内の七割までが京都、大阪方面からの客、馬券売場は大混雑だったという。浜大津港から山田港までの汽船も利用された。二日目、柴野和喜夫知事、警察部長が臨場、多くの警察官も場内警備にあたっていた。この警官の警備からも闇競馬が公認だったことを明らかにしてくれていた。競馬場内の「闇市」では、梨、柿、栗、リンゴなどの色々の果実が一個一〇円、栗が一〇個一〇円、柿が六個一〇円、蜜豆五〇粒程が五円、一合あるかなしの酒が三〇円、また白米の飯もハンカチに包んで売られていたという。売上五八一万九七三〇円、京都長岡の半分以下だったが、戦前、昭和一三年、京都長岡が一〇五万七五円、滋賀草津が二三万円とその四分の一だったことを考えれば[223]、売上は伸びていた。配当金支払い後の滋賀県馬匹組合の粗収入は一二七万八〇〇〇円余、県への寄付金は売上高の三％の一七万四〇〇〇円、賞金その他の開催経費を四〇～五〇万円としても、純益は八〇～九〇万に及んでいたはずであった。

図49

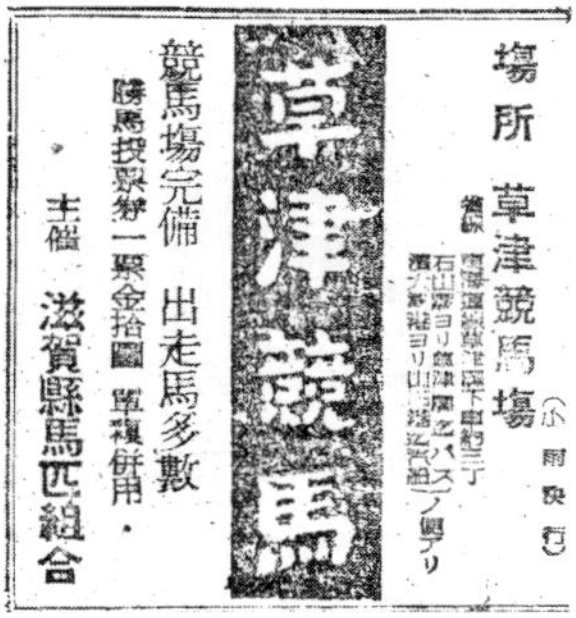

（『滋賀新聞』昭21・9・17）

第二回開催は一〇月一八、一九、二〇、二一日、賞金は一五万円と引き上げられ、配当制限が撤廃された(224)。関西で配当制限撤廃が確認できる唯一の県だった。そしてこの開催最終日第一〇レース、二頭のスタートの出遅れをめぐって、騒擾が起こっていた(225)。レース終了後、ファンが審判所前の馬場内に雪崩を打って殺到し、審判員に対し罵詈雑言を浴びせかけながら、土砂などを投げつけていたが、その群衆のなかに次のレースのために馬場に出ようとする馬の内の一、二頭が突っ込んだ格好となって負傷者が出てさらに騒ぎが大きくなってしまった。

図50

（『滋賀新聞』昭21・11・25）

この騒ぎを収拾するために当該レースの全額払い戻しを行ったが、騒ぎの影響で、残りの二レースの売上が減ったことも含めて約二五万円の損失になってしまったという。滋賀に限らず、全国的に見ても、後の地方競馬、公営競馬時代も含めて、このような騒ぎが起こると払い戻しに応じるケースが多く、いずれは断ち切らなければならない問題となっていた。それでも、この開催の売上は八二八万七六八〇円、と前回より一・四倍の伸びを見せていた。配当制限撤廃も購買意欲を増大させていたに違いなかった。滋賀の競馬が、次にこの売上を上回るのは、昭和二三年一月の開催のことになる。

九月一四日の京都以来、滋賀、奈良、京都と連日のように闇競馬は開催され、また再開された京都競馬場の日本競馬会の「春季開催」、一〇月一七、一八日、二七日、一一月二、三日という日程とも一日重なっていたが、滋賀でもこの時点では競馬離れは起こっていないといえる数字だった。しかしそれでも、関西地方のなかでは最下位であることも事実だった。売上を伸ばすためには、京都、大阪から多くの観客が来場することが必要だったが、当時の交通事情もあって、草津までは、そう簡単に行けなかった。

滋賀の闇競馬はこの二開催で終わった。地方競馬法施行までの他府県の日程を見ると、滋賀は当初から二回の予定だったようである。それもあってのことだろう京都とは異なり、地方競馬法施行直後の開催準備を進め、一一月三〇日、一二月一、二、三日にその第一回開催を行った(226)。県馬匹組合は闇競馬二回の収益を背景に、この第一回開催に向けて、「将来県の代表馬とする目的で新たに県外から移入し一頭あたり一万一〇〇〇円の助成金を」支出、「郡市に割り当て飼養調教中の若駒二〇頭が各レースに初登場」、ファンの注目をあびていたという(227)。だが賞金は一五万円と据え置かれていた。地方競馬法を受けて、控除率が約三一・五%となり、それによる売上減が避けられないこと、また新たに中央馬事会への納付金等を課されて収益が縮小することを見込んでのものだったろう。なお出走手当は一頭一〇〇〇円だった。そして実際にも売上は四六九万七九二〇円と伸びなかった。それでも賞金、出走手当以外の開催経費を四〇〜五〇万円と高く見積もっても、収益は四〇万近くに上っていたはずだった。ちなみに県馬匹組合が、一二月一三日、大津税務署に納入した馬券税は三六万四九五〇円四三銭、中央馬事会納付金は一三万六八七五円二〇銭だった(228)。

しかし売上が、闇競馬第二回から四割以上も減少していたことは深刻な事態であった。一一月二三、二四日、一二月一、八、一五日という京都競馬場の日本競馬会の秋季開催と、日程が一日重なっていたが、この事情は闇競馬第二回と同じであった。また年内の関西の地方競馬も、兵庫園田競馬が一二月五日から三日間、ついで第二回を一二月一二、一三、一四、一七、一八、一九日の六日間開催するだけであったから、そこは闇競馬時代より恵まれていた。したがって、配当制限が他府県と同じになったことも少しはあっただろうが、闇競馬第二回最終日の騒擾事件に示されていたように、場内の雰囲気がドル箱である京都、大阪のファンの足を遠のかさせてしまうようなものがあったことが大幅な売上減の要因となっていたに違いなかった。

年が明けた一月一四、一五、一六日、一八、一九、二〇日の六日間、地方競馬法下の第二回開催が行われたが、売上はやはり伸びず六一二万八四四〇円に終わっていた(229)。

滋賀は、日本競馬会(国営競馬)の京都、地方競馬としては全国でも五本指に入る大阪春木、兵庫園田、そして京都長岡、また奈良という競争相手を周囲にかかえ、時とともに集客力が鈍り、収益は落ちていった。そして昭和二五年には大津びわこ競輪が開催、翌年からは琵琶湖競艇開催に向けての準備が開始されていくなかで（昭和二七年七月第一回開催）、昭和二六年三月の開催を最後として、赤字を理由に、滋賀県は草津競馬の廃止を決断することになる（第5章）。

【奈良】

そして関西第三陣が奈良だった。奈良県馬匹組合が、九月二六、二七、二八、二九日、秋篠競馬場（現・奈良市秋篠町、奈良競輪場を含む一帯）で開催したものだった(230)。同場は、昭和一四年竣工、翌年から昭和一九年まで鍛錬馬競走が実施されていた(231)。開催前の調教を観戦に訪れるファンもおり、出走予定頭数一三〇頭、助成賞金二〇万円、馬券発売無制限、配当制限一〇〇倍、売上目標は京都、滋賀の好調さもあって一五〇〇万円、近鉄西大寺駅には臨時乗車口が設けられた。初日、日没で二レースが未実施となり、二日目、四日目は雨にたたられたが、各日の売上は二九六万一四二〇円、三〇一万二九九〇円、三一八万八六二〇円、四七五万一七九〇円と推移、総売上は目標に近い一四〇四万八八三〇円に上った。最終日の二九日には四万人のファンが押しかけたこともあって、総入場者数は一〇万人に及んだという。この時点で、売上は京都を抜いて関西のレコードだった。

戦前の昭和一三年、当時の奈良の競馬場は尼辻横領（現・奈良市尼辻）だったが、奈良、京都、滋賀の地方競馬の春秋開催の売上が、それぞれ五九万五一五〇円、一〇五万七五円、二三万円であったことを考えると(232)、奈良の伸びは著しかった。

そして第一回開催前から第二回の日程も、一〇月三、四、五、七日と決定していたが、この好調さもあってだろう八日が追加され五日間開催となった(233)。

初日、第五レース、配当上限一〇〇倍の大穴となっていたが、スタートが不正と、「ファン」がレースの取り消し、馬券の払い戻しを要求、主催者が応じるといった騒擾が起こっていた。それでも初日の売上は三二五万九六八〇円、二日目は雨にたたられた格好で一五八万九八六〇円、四日目までで一二二六万四二〇円と前回を下回ったが、五日間総計一五三三万八〇四〇円となった。少し落ちてはいたが、まだ西日本一だった。だがこのトップの状態もすぐに終わり、この後に続く京都第二回、大阪第一回に抜かれてしまう。

図51

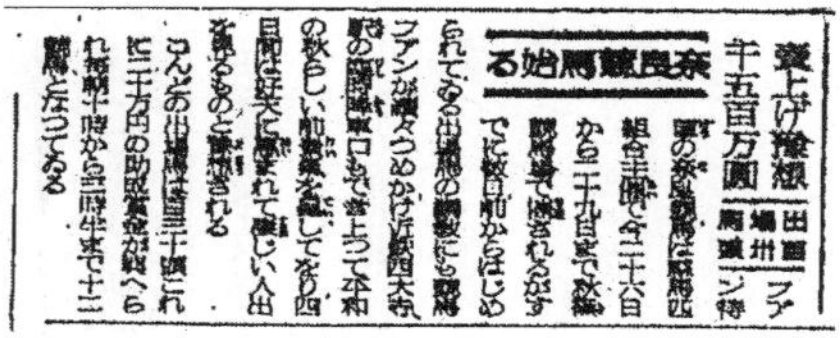

奈良競馬始る

千五百万圓

（『朝日新聞　奈良版』昭21・9・26）

図52　第二回開催広告

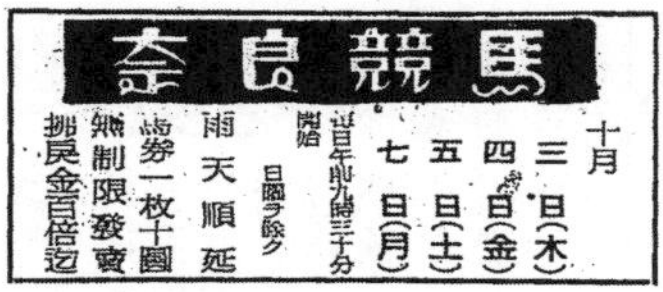

奈良競馬

十月

三日(木)

四日(金)

五日(土)

七日(月)

午前九時三十分

開始

日曜ヲ除ク

雨天順延

入場券一枚十圓

馬券無制限發賣

払戻金百倍迄

（『夕刊京都』昭21・10・1）

　そして迎えた第三回は一一月四、五、六、七日、各日の売上は、初日豪雨にたたられて二七三万七四九〇円、二日目三二六万六八二〇円、三日目も雨の影響で入場者四〇〇〇人で一九〇万五一六〇円、四日目三八四万七四九〇円と推移して、計一一七五万六九六〇円に終わっていた(234)。

　地方競馬法下第一回は、一二月二三、二四、二五、二八、二九日の五日間開催されたが、ここも一〇八九万四九六〇円と売上をさらに下げていた(235)。

　奈良は、日本競馬会（国営競馬）の京都、地方競馬としては全国でも五本指に入る大阪春木、兵庫園田、また京都長岡という競争相手を周囲にかかえていたが、ここ二回の売上減は、その影響が出てしまっていた。だがそれでも昭和二二年に入ると奈良は巻返しに成功、漸減傾向に歯止めをかけて、昭和二二年第一回二月九日からの六日間開催（以下同）が一九五八万一六七〇円、第二回四月一七日からが二二〇二万八〇五〇円、第三回九月二四日からが三四一一万五八九〇円と上昇に転じ、昭和二三年第一回一月一五日からが三四六八万八四〇〇円、そして馬匹組合主催最後の三月二八日からが三七一六万四四〇〇円と、全国でも上位の売上を誇るようになっていた(236)。しかし近隣の地方競馬、国営競馬を前に、ファンを呼べるような有力馬を集めようとすると高い賞金を必要とするなど奈良の開催コストは高かった。

　昭和二三年一〇月、県営競馬第一回が開催されるが、時間が下るにつれて、思ったような収益があがらなくなり、奈良県は開催意欲を喪失していった。昭和二五年五月、競馬場内に設置

図53

春木競馬復活

馬匹能力検定競技会と銘打つて府馬匹組合聯合会主催の下に春木競馬が終戦後始めて復活 来る二十三日から六日間[illegible]の同競馬場で行はれる、馬券は一枚十円、出馬奨励金は総額二十五万円で馬券売上高は一千万円を予想されてゐる

「終戦後始めて復活」と記されている（『朝日新聞　奈良版』昭21・10・20）。

された競輪場で県営競輪第一回が開催されたが、それを機とするかのように県営競馬開催中止に向かっていく。低コストで高収益、奈良も競馬よりも新興ギャンブル競輪を選択した。昭和二五年一二月が最後となった奈良は、山梨、鳥取、富山に次いで、全国で四番目に競馬を廃止した県となる（第5章）。

【大阪】

そして一〇月二三、二四、二五、二六日の大阪だった(237)。大阪府馬匹組合連合会（以下、「大阪府馬連」と記す）主催、馬匹能力検定競技会と銘打たれ、春木競馬場での開催、出馬奨励金（賞金、出走手当を含むということだろう）二五万円だった。予定通りの開催とはいえ、関西の闇競馬はすでに京都、滋賀、奈良が二回の開催を終えており、大阪は出遅れていた。春木競馬場の整備が遅れたことが原因だった。同場は昭和三年開設、昭和一三年まで

図54

（『朝日新聞　大阪版』昭21・10・23）

地方競馬を開催、昭和一五年から昭和一九年まで鍛錬馬競走が実施されていた(238)。その後、敗戦までは学徒訓練用のグライダー滑走路に転用され、また残りは農耕地として開墾され(239)、開催のためには相当な整備が必要だった。府馬連は、「資金難のため大阪府馬商組合より借財し、競走に必要な諸施設を重点的に改築」したという(240)。

快晴に恵まれて入場者は連日一万二、三〇〇〇人に及び、馬券売上は二三日三八五万、二四日五〇七万円、二五日六〇七万円、と右肩上りに上昇、二六日は七〇〇万円を超え、総売上は二二〇〇万円を突破、二六日までの予定であったが、二八、二九日と二日間延長された。山梨でもそうであったように、このあたりも闇競馬の自由さだった。おそらく六日間の総売上は三〇〇〇万円を超えていただろう。京都を抜き、この時点で関西一、そしておそらく全国でも第一位の売上高だった。

第二回は、一一月一〇、一一、一二、一三日、ここも一四日が追加されて五日間開催となった(241)。この開催の売上も相当な額に上り、二開催ともに、あるいはいずれかの売上は約四〇〇〇万円に達していたようである(242)。

大阪の闇競馬に関する新聞記事は数少なく、以上のようなことしか判明しないが、その他に、後の時代のものになるが、春木競馬場でもっと早い持期から数多くの闇競馬が開催されていたという二つの証言が残されている。

一つは、それぞれ四日間の日程で、七月二八日から一〇月までに計七回、一日一二レース、速歩五、駈歩七、騎手は鍛錬馬競走施行時代参加した者約二〇人を集め、審判委員、馬場取締委員その他各委員も鍛錬馬競走当時の経験者及び府下畜産組合の職員を充てて施行、一開催七〇〇万円から一〇〇〇万円を売り上げ、収益七〜八〇万円をあげた、というものである(243)。もう一つは八月から一一月まで連続六回、一開催平均二〇〇〇万円を売り上げ、その収益からの三五〇万円で春木競馬場の土地、施設を南海鉄道株式会社から買収したというものである(244)。開催までの経緯は、北海道など各地で闇競馬が開催されているのを聞いて、府内の馬商組合の有志ならびに馬の愛好者たち、あるいは馬商組合、乗馬倶楽部及び馬匹組合等馬匹関係の団体が発起人となって競馬再開の動きを見せた、と二つはほぼ似通っているが、後者は大阪府馬連が大阪府及び農林省の了解を得て、開催を主催したと明記している(245)。

しかし一〇月二三日からの開催に関しては、九月に関西地方で協議されて決定されたものであり、また当時の新聞は明確に大阪府馬連主催、春木競馬場の第一回と報じているところからみて、少なくともそれ以前に府馬連が「公認」を得た開催を行ったとは考えにくい。それに、ここまで紹介してきたように、関西地方では九月一三日の京都以降、ほぼ連続して開催されていたから、当時の競走馬不足の状況に鑑みて大阪が単独でそれと衝突する形で開催することは不可能だった。ただ単なる記憶違いで、ここまで日程、数字を具体的にあげることもできないと考えられるので、当時の新聞に報じられた二回とは別に、開催されていた可能性も否定はできない。だがそれでも、その時期は七月下旬から九月中旬までの間だっただろう。

翌昭和二二年、大阪春木競馬の年間売上高は東京八王子に続く全国第二位の一億七六五六万一七三〇円を誇ることになる[246]。

【兵庫】

兵庫の闇競馬は、かつて昭和四年地方競馬が開催されていた三原郡市村青木の淡路競馬場跡地（現・南あわじ市市青木）で、一一月一六日から開催（開催日数は不明）された[247]。

これより先の九月一〇日頃、関西地方の日程が協議されたとき、兵庫県の闇競馬も、園田競馬場で一〇月中旬頃開催と内定していた[248]。青木競馬を許可したところからみて、県もこれを「公認」する準備はあったようである。園田競馬場は、戦前の青木の淡路競馬場が移転した形をとって昭和五年一二月第一回開催、昭和一五年から昭和一九年の間は鍛錬馬競走が実施されていた[249]。だが、「戦争中競馬場が軍の専用によって著しく荒らされたことと、厩舎の大半が失火焼失の厄」にあっていたことで[250]、修復が間に合わず、兵庫県馬匹組合は闇競馬の開催を断念していた。ちなみに年内に一二月五日から三日間、第二回一二月一二、一三、一四、一七、一八、一九日の六日間の日程で二回開催されたが、第一回が憲法公布記念競馬と銘打たれていたところを見ると、間に合わなかった闇競馬の代替ともいえなくもなかった[251]。その第一回の売上は一三八八万八〇八〇円、第二回が二四八二万九六七〇円[252]。一一月三〇日、一二月一、二、三日の滋賀が四六九万七九二〇円、一二月二三、二四、二五、二八、二九日の奈良が一〇八九万四九六〇円だったことと比較すれば、圧倒的な売上高だった。園田は、その後も関西地方では、大阪春木に続く売上を誇ることになる。

話を青木での闇競馬にもどすと、その闇競馬は一一月二〇日までに園田での開催がないことを活用したものだった。

図55

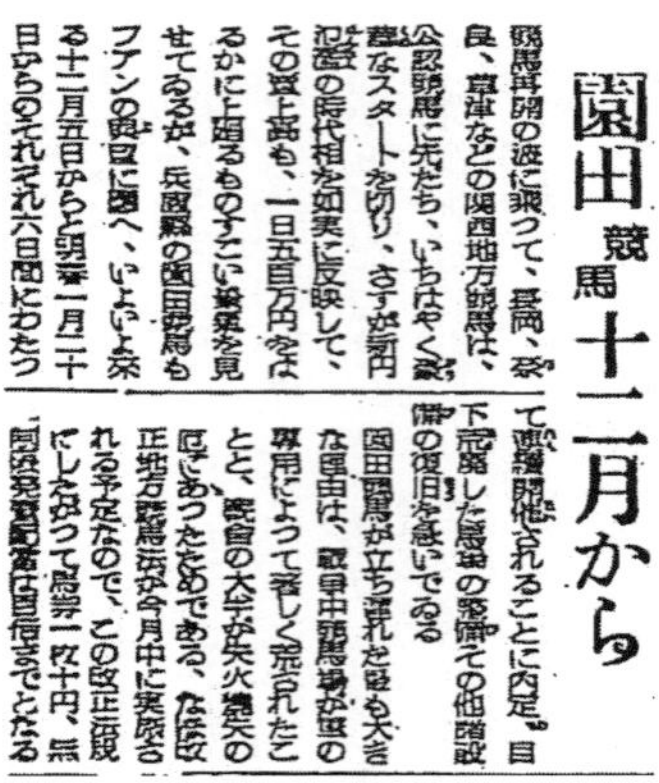

園田競馬十二月から

競馬再開の波に乗って、長岡、奈良、草津などの関西地方競馬は、公認競馬に先だち、いちはやく華麗なスタートを切り、さすが新円相場の時代相を如実に反映して、その売上高も、一日五百万円をはるかに上廻るものすごい景気を見せてゐるが、兵庫県の園田競馬もファンの期待に副へ、いよいよ来る十二月五日からと明春一月二十日からのそれぞれ六日間にわたって開催されることに内定、目下荒廃した馬場の整備その他諸設備の復旧を急いでゐる

園田競馬が立ち遅れた最も大きな理由は、戦争中競馬場が軍の専用によって著しく荒されたことと、厩舎の大半が失火焼失の厄にあつたためである、なほ改正地方競馬法が今月中に実施される予定なので、この改正法規にしたがって馬券一枚十円、無制限発売

闇競馬が開催されないことの告知でもあった（『神戸新聞』昭21・10・17）。

図56

午前九時半發馬（小雨決行）
園田競馬
十二月　五日（木）　六日（金）　七日（土）
主催　兵庫縣馬匹組合

（『神戸新聞』昭21・12・1）

青木の闇競馬の実施に向けて中心となったのは三原郡八木村村長、同村長が代議士を介して県知事、警察部長の諒解を求め、認可をえて、馬場の整備、実現にこぎつけたものだったという(253)。残念ながらこの開催の記録は、一一月一六日初日、出走馬一〇〇頭、約五〇〇〇人という期待はずれの観客数で売上も二七万円だったというものしか残されていないが(254)、ともかくも実施されていた。

この青木の競馬場は、後の昭和二二年一〇月、正式に淡路競馬場として認可され、地方競馬を開催することになる(255)。だが売上が伸びず、移転が決定、その誘致をめぐって神戸、明石、姫路の間の激しい争いとなったが、結局、姫路に決定、昭和二四年八月三〇日、姫路競馬場が竣工、九月二八日から第一回が開催された(256)。

図57　青木競馬初日

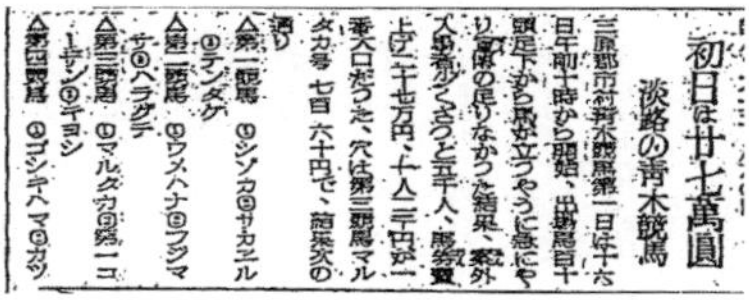
初日は廿七萬圓
淡路の青木競馬
三原郡市村青木競馬第一日は十六日午前十時から開始、出場馬百十頭足下から風が立つやうに急にやり場の足りなかつた結果、案外入場者少くざつと五千人、馬券売上げ二十七万円、十八、二千円が一番大口だつた、穴は第三競馬マルタカ号七百六十円で、結果次の通り
△第一競馬　①シゾカ②サカエル③テンダガ
△第二競馬　①ウメハナ②フジマサ③ハラタテ
△第三競馬　①マルタカ②第二コトサン③チヨシ
△第四競馬　①ゴシキヘマ②カツ

（『神戸新聞』昭21・11・17）

図58

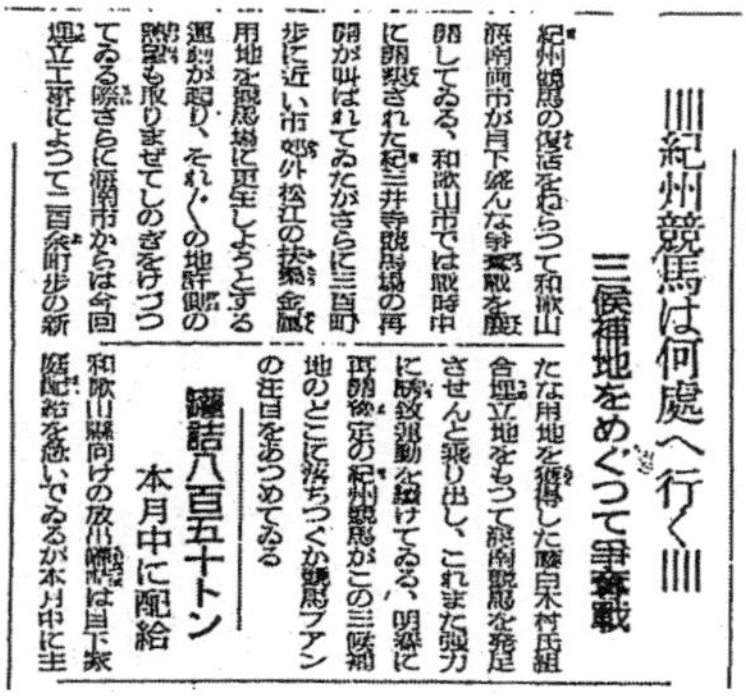
紀州競馬は何處へ行く
三候補地をめぐつて爭奪戰
紀州競馬の復活をねらつて和歌山海南両市が目下盛んな爭奪戦を展開してゐる、和歌山市では戦時中に閉鎖された紀三井寺競馬場の再開が叫ばれてゐたがさらに三百町歩に近い市郊外松江の扶桑金属用地を競馬場に更生しようとする運動が起り、それぞれの地許側の熱意も取りまぜてしのぎをけづつてゐる際さらに海南市からは今回埋立工事によつて二百余町歩の新たな用地を獲得した藤白木村氏組合埋立地をもつて海南競馬を発足させんと乗り出し、これまた強力に誘致運動を続けてゐる、明春再開予定の紀州競馬がこの三候補地のどこに落ちつくか競馬ファンの注目をあつめてゐる
罐詰八百五十トン
本月中に配給
和歌山県向けの放出罐詰は目下家庭配給を急いでゐるが本月中に全

候補地をめぐって争奪戦（『朝日新聞　和歌山版』昭21・10・31）。

【和歌山】

和歌山は、近畿地方で唯一鍛錬馬競走が行われていなかった県だったが、また闇競馬も開催されていなかった。地方競馬の開催も、競馬場用地決定に時間を要したこともあって、その第一回は昭和二三年三月のことになる。秋田も県馬匹組合としての開催は昭和二三年五月だったが、昭和二一年一一月、あるクラブが開催していたので、それを開催と考えれば、和歌山が全国で一番遅い、戦後競馬の復活だった。以下、競馬場用地選定の動きから、戦後第一回開催までをたどっておく。

かつて昭和二年以来地方競馬を開催していた紀三井寺競馬場は、昭和一三年秋季開催を最後に廃場となり(257)、その後、用地所有の競馬場の施設会社が破産、税金滞納で差し押さえとなり、そのため一部は陸軍軍需品廠の貯木場、残りの多くは農耕地となっていた(258)。また「土地の低い処は沼地のまま葦が生え茂り諸施設も老朽化の上に台風、塩害等で終戦当時は全く設備は跡形も認められない状態であった」(259)。この競馬場跡地の他に適当なコースもなく、闇競馬を開催しようにも開催できなかった。そして地方競馬法を受けての公認競馬場の有力候補地として、この元紀三井寺競馬場跡地も含めて元住友金属跡地（和歌山市松江）、海南市藤白の埋立地（木村土地埋立組合所有三万坪）の三ヶ所が名乗りをあげ（その他に今福の練兵場跡）、誘致活動を行っていた(260)。和歌山県馬匹組合は一一月九日一旦、紀三井寺を有力候補地とし、一二日から実地測量に着手、遅くとも昭和二二年三月までの第一回開催をめざして、和歌山市が用地の買収交渉も始めていた(261)。海南市側も、この時点では、紀三井寺を了承、誘致を断念したという(262)。

そして和歌山県馬匹組合、県当局は、競馬場建設費の財源捻出の一環として(263)、春木競馬場を借用しての開催を大阪府馬匹組合連合会と交渉、「旧法によって何とか認められる」と農林省の許可を得ようとしていた(264)。このような県をまたいでの代替開催の動きは、全国でもこの和歌山だけではあったが、そのようなことが「旧法」によって可能と考えられていたことは、闇競馬時代の「何でもあり」といった雰囲気の一端を伝えてくれている。ここでの「旧法」とは、おそらく闇競馬の指針だったと思われる。

それはともかく、一旦決定をみていた紀三井寺競馬場建設は、計画の撤回を余儀なくされた(265)。食糧増産を最優先とする当時の状況から、和歌山県農務課は、かねて競馬場設置にあたっては農耕地を少しでも潰す計画は許さないと言明していた。ところが紀三井寺案は約六、七反の農耕地を潰す必要があり、それと抵触したからである。

その結果、元住友金属跡地の松江が最有力となった(266)。この松江案は県馬匹組合長らが中心となって進め、和歌山県当局（農務課長ら）も、同地設置に動いていたという。五月の開催をめざして、用地の買収交渉も、馬匹組合、住友、地元の三者でほぼまとまるところまで進んでいた。馬匹組合側としても、何とかしてこの昭和二二年、地方競馬法上限の四回の開催を行いたかった。

しかしこれに反対の組合員らも、県馬匹組合長ら役員の交代、計画撤回などを求める動きを活発化させていった。二月一日には、県に対して、臨時総会の開催を求める要望書を提出(267)。開催までには時間を要して三月二五日となったが、その総会の正当性をめぐっての異論もあり、そこで選出された新役員と元役員の争いともなっていた。結局、痛み分けの格好で、五月末で新たに馬匹組合員を確定、代議員を選出し、七月一日に総代会を開いて新役員の選出をすることとなった(268)。

このような馬匹組合内部での主導権争いもあって、松江の内定は棚上げとなり、紀三井寺案、そして六月以降には海南市の埋立地案も復活した(269)。和歌山市も海南市も、市会をあげての誘致運動を繰り広げていった(270)。三月三〇日、地方競馬法が改正され、二ヶ所の設立が可能となっていたが、県馬匹組合長は「組合の財政上二ヶ所は無理」と判断していた(271)。

和歌山市では、三月、市会に競馬場誘致委員会が設置され、八月に入ると、海南市に競馬場を奪われるとの危機感も加わって、誘致運動を本格化させた(272)。海南市も、埋立地の土地組合との齟齬、資金や資材、開催の当事者能力などの問題もあったが、七月以降、市長、市会議員らが熱心な誘致運動を展開していった(273)。

こうして和歌山県の公認競馬場の候補地は、紀三井寺、海南の二ヶ所が鼎立したままの状態で時間が過ぎていった。このなかで、県馬匹組合は、七月一日の総代会を迎え、正副会長を含め、新たな役員を選出した(274)。その承諾までに二週間以上の時間を要したことが事の深刻さを示してもいたが、新組合長は、選定に関しては、白紙で臨むことを強調した(275)。七月には新たに御坊市も名乗りをあげていた(276)。

県馬匹組合は、七月二一日、用地選定の競馬場設置委員会を設置(277)、二三日委員会、二五日に海南市と和歌山市の現地調査（第一次）を受けて、二七日総会を開き、紀三井寺一位、海南二位と内定した。だがこれで合意がなったわけではなく、その後も五名の特別調査委員が八月一日海南、二日紀三井寺を現地調査、八月七日、先に両候補地に対して行っていた建設計画、農地の権利関係、人馬の輸送計画など八項目の問い合わせに関する回答も加えて検討、選定委員会で決定する予定だった。ところがここでも決着することができず、一五日さらなる資料の提出、また「近畿馬匹協会専門家」に委託して二〇日から現地調査を行い、二二日の総代会で決定することになった。だがその二二日も決定にいたらず、二五日、競馬場設置委員会がさらに両地を調査していた。この膠着状況は、両市の誘致運動の激しさを明らかにしてもいた。

客観的にみると、一旦取り消されてはいたが、集客力の面に限っても、紀三井寺が有力だった。地元有力紙『和歌山新聞』もこの間、一貫して紀三井寺を推していた。それがすんなりと実現しなかったのは、前年の取り消しの理由となっていた農耕地を潰さなければならないという問題があったからである。競馬場跡地では、近隣地区の九〇軒、五〇〇人が開拓、耕作にあたっていたという(278)。紀三井寺を実現するためには、その耕作民たちの同意が必要だった。その農耕地問題の解決に向けての交渉を精力的に進めていたのが、和歌山市であった。

和歌山市は、昭和二〇年七月九日深夜から一〇日未明にかけての空襲で壊滅的な打撃をうけていた。同市は、敗戦後から、その復興費の確保策の一環として市営競馬の開催を追求していたが(279)、地方競馬法は、馬匹組合に開催権を付与しており、現行法のもとでは開催権の獲得は不可能だった。そのなかで、和歌山市は、何らかのかたちで関与(共催、事実上の主催)し、「収益」を確保する道を探っていた。その解答が、まず競馬場用地を所有することだった。競馬場設置に向けて和歌山市は、関係耕作民との間で土地収得(換地)交渉を続けており、それが効を奏する格好で賛成派も増えていきつつあった(280)。これに反対派は、馬匹組合の選定作業が最終局面に入っていた八月四日、設置絶対反対を和歌山市に陳情、ついで七日には集会を開催、当地の農業会長が賛成の立場で説得にあたったが、当夜は反対意見が大勢を占めた。

だがその後、耕作民と和歌山市との交渉は、具体的な条件面へと進み、八月三〇日、耕作地四八三六坪の換地は約一倍半の六一五九坪、農作物及び立ち退きに関する三〇万円の金銭的補償、場内の溜池の無償使用などの覚書に調印、交渉は妥結した(281)。調印までに一〇回の協議が重ねられていたという。これで和歌山市が、競馬場用地を所有することになった。

そして九月二日、結局、競馬場設置委員会は、第一位紀三井寺、第二位海南市という形をとって、紀三井寺に内定した(282)。紀三井寺の方が交通便利で集客、馬券売上を見込めるというのが理由にあげられていたが(283)、農耕地の問題さえ解決すれば、この結論が出るのも当然といえば当然だった。九月一七日競馬場設置委員会は、紀三井寺設置を正式決定した(284)。

この決定に不満な海南市側は、「これまでの交渉のイキサツに鑑み」開催毎に一定の割合の寄付金を求める声が強くあがり、九月四日県馬匹組合長との会談の席上、その提案に及んだという(285)。この両市の誘致運動には、「政治ボス」も絡んでいたようであり、金も動き、海南市側でも、妥協するにあたり、それなりの利益供与も受けても当然という感覚だったのだろう。

県馬匹組合は、当初、競馬場を一一月中に完成させて、一二月の開催をめざしていた(286)。だが一〇月中旬、当初追求されていた紀三井寺競馬場での一二月一五日からの六日間開催が不可能と見込まれるようになり、地方競馬法上不可能であるにもかかわらず、昨年に引続き大阪春木競馬場での開催案が浮上していた(287)。もちろん不可能で断念された。

和歌山市は、「他府県に遅れをとらず競馬場を建設すべく和歌山市が介添的な立場で」和歌山畜産振興会社という会社の設立を主導、設立日は一〇月三一日(288)。社長は商工会議所会頭、役員には和歌山市長、土建業者ら、会計主任には紀陽銀行重役が就任した。同社が紀三井寺競馬場用地を所有、賃貸料等で収益をあげるためだった。和歌山市は資本金の一九万円の七〇%近い株式を所有した。県馬匹組合は当初、同社を資金調達機関として考えていたが、実際の契約内容は、同社が競馬場用地の使用権を保有、そして競馬場の建設、完成後の施設の維持管理にあたり、馬匹組合は、開催毎に使用料を支払うというものとなった。この「庇を貸して母屋を奪われる」事態を前にして、組合は反撃に打って出た。他県では、このような施設所有会社と馬匹組合(馬連)は協力関係にある場合が多かったが、和歌山の場合は、少なくとも立ち上げの時点では、対抗関係にあった。

組合は、同社に対して、開催運営は県馬匹組合が行うこと、収益は組合、同社、和歌山市の三者で按分すること、また同社の株式の半分を組合が所有することなどの要求を突きつけた(289)。一〇月半ば、組合、市、会社の三者で協議がもたれたが、この段階では交渉は決裂した。その後少なくとも、使用料に関しては、一開催六万二五〇〇円、契約期間は一〇ヶ年でまとまった(290)。後の公営時代に比較すると、低額で馬匹組合に譲歩したものだった。昭和二三年の公営化に際して、県と畜産振興会社との賃貸（使用）料の契約条件が大きな問題となる(291)。振興会社が、貸与条件の引き上げを要求する強硬姿勢を崩さなかったからである。それに対して和歌山市は、結局、その賃貸料のかなりの部分が市の収入になるので、その貸与条件を受け入れていた。

振興会社は、紀三井寺競馬場での開催の目途が立った一二月、七〇〇万円へと増資する計画を公表(292)、一二月末には、地元で八倍三〇万株の応募があるなど人気沸騰、大阪でも割当分を突破していたという(293)。しかしその経緯は不明だが、増資は五〇〇万円となり、残りの二〇〇万円（四万株）が四月二六日から二八日、一株五三円で売り出された(294)。

競馬場建設工事の請負をめぐっては、和歌山市側がある業者を推薦していたが、会社側はその業者とは別の土建業者を発起人、役員にかかえていた(295)。そのこともあってだろう、業者選定は入札となって、一〇月二〇日市役所で行われ、市側推薦や会社役員双方とは別の土建業者が五八四万円で落札、第一期工事の完成予定は一二月二五日、竣工は二月末。工事が急がれたのは、当初は一二月一五日からの、ついでドル箱の正月開催をめざしてのことだった(296)。

だがこのような農地転用には、自作農特別措置法により農地委員会の承認、また農地調整法で県知事の認可が必要であったにもかかわらず、振興会社も和歌山市もその手続を踏んでいなかった(297)。県農地課から「苦情が出」て、市と県との間で折衝がもたれたが、農地委員会は、農地法違反、耕作者の生活をおびやかすものとして問題化し、工事中止を命じた。

これを受けて、和歌山市長は、工事対象地の農地買収除外の手続を行ったが、一一月一六日開かれた農地委員会では、和歌山市の責任を追及する声が強かった。委員二五名の内、八名が絶対反対、承認派は五名程度だったという。翌一七日に現地調査、一八、一九日と連日、審議が続けられていったが、結局、農地委員会は、県知事に対して和歌山市を告発した。

図59

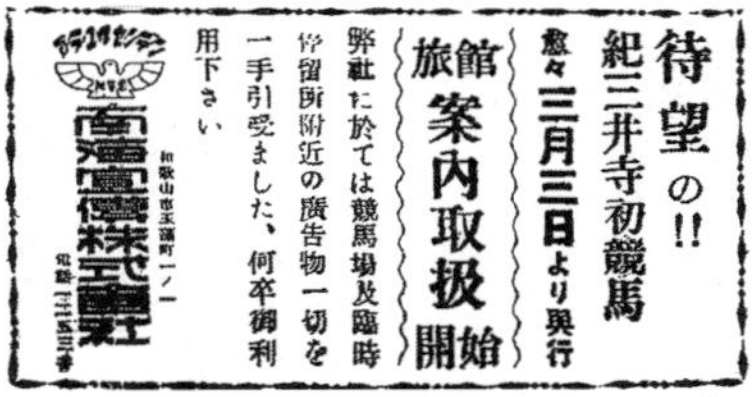

(『和歌山新聞』昭23・2・21)

図60

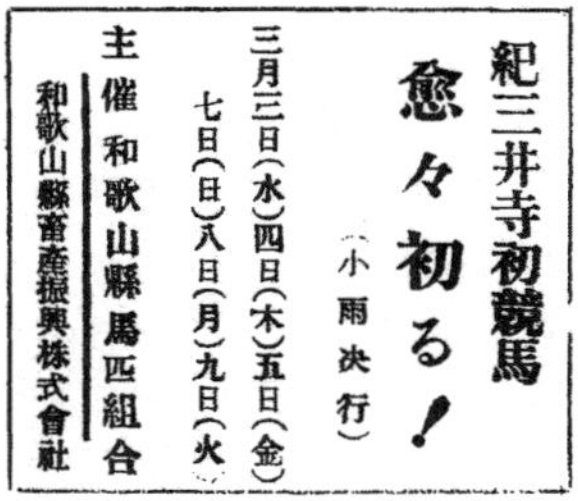

(『和歌山日日新聞』昭23・3・2)

この状況を打開するために、二五日、和歌山市長、同市復興部長が和歌山地方検察庁を訪問、「該当する事実を率直に認め法の裁定を仰いだ」という(298)。このように法的手続の不備とその責任を市長が認めたのを受けて、同日の農地委員会は、二六日には競馬場用地の農地法除外の裁定を一四対四で下し、二七日に正式許可、農地法違反の告発も結局見合わせることになった。要するに、政治的判断で、競馬場設置を認めたということであった。

農地委員会の審議中、工事は中断、和歌山市は何とか実現をはかろうとしたが、結局、当初めざされた一月三日からの開催は断念せざるをえなくなった(299)。昭和二三年一月中旬、最終的に開催は三月三日から六日間と決定、工事も二月二八日に一部を除いて完成した。これより先の二月八、九日には農林省の視察も行われていた(300)。

敷地四万坪、一周一〇〇〇メートル、幅員一八メートル、直線三〇〇メートル、収容人員五〇〇〇人の木製スタンド、他に収容人員一万四〇〇〇人の観覧席、投票所・払戻所一九〇坪、事務所五〇坪、厩舎八棟五五二坪などの施設を備えていた(301)。二月二八、二九日には能力検定、騎手試験が行われ、出走馬は一五〇頭を超えた(302)。

賞金総額は四五万円、その他組合副賞一万三〇〇〇円、中央馬事会長賞二万三〇〇〇円、知事、市長賞各三〇〇〇円、索付手当一頭二〇〇〇円、負馬(入着できなかった馬)手当一回一〇〇円。場内売店数十店は、遺族会、引揚者、母子家庭に優先的に割り当てられた。場内警備は地元暴力団が、「献身的に活動し水も洩らさぬ整理ぶりで事故なく終了」することになる。売上予想二〇〇〇万円、ファンは大阪、兵庫などから六割、地元四割と見込まれていた。こうして三月三日の初日を迎えた。国鉄紀三井寺駅に「列車が到着するごとに競馬場まで人の波がつづき、場内外は」身動きがとれない状況だったという(303)。観客は総計一六万人を超え、売上も二〇〇〇万円の予想の倍近く三八四〇万円だった。関西では奈良、全国的に見れば埼玉浦和、福岡福間とほぼ同じ額であり、全国トップレベルであった。

すでに前年一二月、地方競馬の公営化が閣議決定され、この年一月三一日付で馬匹組合の資産は凍結された(以下新競馬法成立までの開催に関しては第4章)。だが公営化までのプロセスが不透明で、新競馬法の制定に時間を要するなかで、各県馬連はできるだけの開催を追求していた。また馬匹組合は、昭和二二年一一月成立した農業協同組合法により、同法成立後八ヶ月以内の解体を規定されていたが、地方競馬の開催権を維持するために解散に抵抗していた。関西地方では、新競馬法成立までに、各府県馬連は原則として二回の開催を行っていたが、和歌山もそれにならった。

第二回は五月二八、二九、三〇日、六月一、二、三日に開催された(304)。賞金は第一回の約一・七倍の七五万円、売上見込みは最低でも三五〇〇万円だったが、実際は二五九四万七九〇〇円と大幅に減少していた。その最も大きな原因は、故障馬の続出で出走頭数の激減、全六七レース中、四頭以下のレースが五、七頭以下のレースが三〇レースもあったことだったという。また大阪、兵庫などからの観客が減ったこともそこに加わっていた。

七月の新競馬法制定を受けて、和歌山県と和歌山市が、ついで昭和二四年には新宮、田辺、海南の三市も開催権を獲得し、それぞれ開催を重ねていくが、昭和二五年までにその売上が、馬匹組合の第一回の三八四〇万円を上回ることはなかった。たとえば昭和二三年一〇月県営第一回、一二月和歌山市営第一回、各六日間開催の売上は、それぞれ二二九八万円、二四〇八万円だった(305)。

全国的に見ても、公営化後の売上は、金詰り、馬匹組合の非協力、暴力団との関係、お役所仕事など様々な要因があって、馬連時代よりも下がっていたが、和歌山もその例にもれなかった。そして和歌山でも競輪の波が押寄せてくることになる(306)。

5■四国

四国では、徳島を除く三県で各県馬匹組合連合会が主催する闇競馬が開催された。高知が七月、一〇月の二回、香川が九月、愛媛が一〇月の各一回だった。

四国のヤミ競馬に対する取締りは厳しく、これより先、「合法化」の手続を経ないで開催された愛媛や香川のヤミ競馬が取締りを受けていた。高知や愛媛の闇競馬で「引揚者救護」が前面に謳われることになるが、それは、開催の条件として違法性を阻却する公共性が強く求められていたからに違いなかった。おそらく香川も同様だった。馬券は単複が発売されていたが、注目されるのは愛媛で日本初のフォーカス式(連勝単式)の馬券が発売されたことだった。いずれの売上も一〇〇万から三〇〇万円の範囲で、全国的に見ても、下位の地域であった。この三県は、地方競馬法施行を受けて、昭和二一年一二月中に開催していくが、徳島の地方競馬開催は、遅れて昭和二三年二月のことになる。なお香川、徳島では戦時中の鍛錬馬競走は行われていなかった。

この四国地方も、資料が乏しく、また各地の新聞の記事も、開催の経緯やその内容などを追っていくことができるほど詳しくはないので、三県ともに概略にとどまる。

【高知】

七月五、六、七日、高知県馬匹組合連合会は、長浜競馬場で闇競馬を開催した(307)。全国的に見れば、静岡、札幌に続く三番目の早さだった。目的として謳われたのは、馬事振興資金と引揚者救護資金募集。「進駐軍の兵隊さんも参加し興すること」になっていたという。長浜競馬場は昭和八年開場、昭和一三年まで地方競馬を開催、昭和一五年

図61

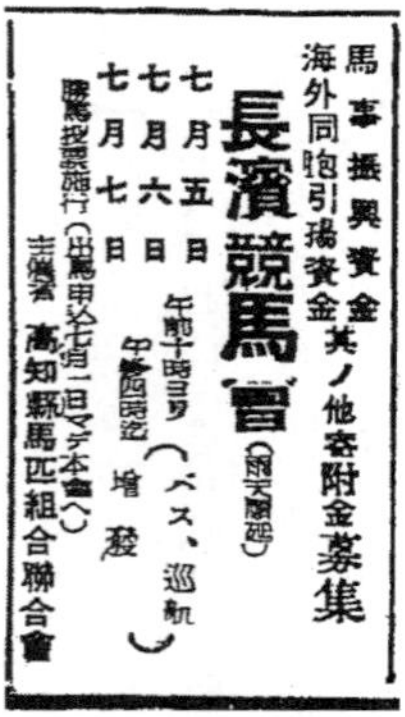

（『高知新聞』昭21・7・1）

から昭和一九年まで鍛錬馬競走が実施されていた競馬場だった(308)。

高知市は、前年七月四日未明、空襲をうけ大きな被害を受けていたが、七月一日から七日までその復興祭が開催されていた(309)。闇競馬開催もこの復興祭の一環として位置づけられたものに違いなかった。

これより先、愛媛や香川で開催されていたヤミ競馬では、関係者が警察に逮捕されていた(310)。高知県では「これはいかぬ」と判断、税務署の許可や知事の認可を受けて開催する道を選んだ。その結果が、「引揚者救護」を目的として前面に打ち出すこと、いいかえれば違法性を阻却する公共性が「引揚者救護」だった。地方競馬法下の一二月の開催でも、「外地引揚者同胞援護基金造成」が目的として謳われることになる。ちなみに高知では、愛媛や香川よりも取締りが緩やかだったようで、この長浜競馬場の七月の開催に先立って、かつて昭和二年から昭和八年まで地方競馬が開催されていた土佐山田で「合法化」の手続を経ていないヤミ競馬が開催されていたようである。

次の開催は一〇月一七、一八、一九、二〇日、観衆は延べ三万、売上も二〇〇万円に上っていたという(311)。この額でも四国では一番のものであった。三ヶ月の間隔が空いたのは、七月が特例で、一〇月のものが「合法化」の手続を経た開催だったという可能性もなくもない。

そして地方競馬法施行後、「競馬法による長浜競馬」と広告して、一一月三〇、一二月一、二日、一二月六、七、八日という六日間の日程で開催され、三三七万九八一〇円を売り上げた(312)。これに続いて、「外地引揚者同胞援護基金造成」を謳って予定されていた昭和二二年一月二日から五日までの四日間開催は(313)、昭和二一年一二月二一日の南海沖地震で延期されたが、今度は「震災救援資金造成」を謳って二月八日から四日間の日程で開催されることになる(314)。

【香川】

ついで九月二一日、二二日の香川だった[315]。主催は香川県馬匹組合、コースは元愛国飛行場（現・高松市郷東町）。同飛行場は、昭和七年五月開場、立地条件と規模が軍用飛行場に適していなかったことで、グライダーの訓練に使用、敗戦後、埋め立てた造成地以外は、元の地主に返還されていたが、その造成地にコースが設置されたものだった[316]。先にもふれたように香川のヤミ競馬は取締りを受けていたが、今回のものは発売された馬券が能力検定票と銘打たれたことから見て、他県と同じように「合法化」が行われての開催と考えてよかった。

図62

（『四国新聞』昭21・9・20）

図63　初日

（『四国新聞』昭21・9・20）

初日、観客は三万を超え、売上も二〇万円に届くと「主催者側も予想以上の好況にホクホク」だったという。この記事の通りに二〇万円でホクホクだとすれば、香川の競馬の規模の小ささが示されていた。

また地方競馬法施行を受けて、香川馬匹組合は一二月七日から四日間開催したが、コースは、前回に引続いて元愛国競馬場、初日の売上は二七万円、二日目八日の日曜の観客は四万人以上だったというが売上は三〇万円[317]。このままで推移したとすれば総売上は一五〇万円にも届かなかったと思われる。

元愛国飛行場のコースは、地方競馬法に基づけば常設のはずだったが、仮設であり、新たに候補地の選定作業が必要となった[318]。昭和二二年一〇月、この愛国飛行場跡地と改めて決定されたが、農地優先を主張する地元反対派農民の動きもあって、一回限りという条件で、一二月一七日からの五日間の開催が行われた[319]。売上は三八三万一六四〇円と闇競馬や第一回の地方競馬よりもかなりの伸びを見せていた。開催後、反対派が施設撤去に動いたが、地元農民は賛成派が多く、また走路の内側は農地として地元農民が耕作権をもつとするなどの方策がとられたこともあって、結局は昭和二三年一月常設化が決定されて、その後も開催が続けられた。

【愛媛】

愛媛の闇競馬は、香川に続く一〇月三日からの四日間開催だった(320)。コースは三津浜競馬場（現・松山市三津浜町）。同場は昭和四年から地方競馬を開催、昭和一五年から昭和一九年まで鍛錬馬競走を実施していた(321)。

図64

フォーカスが日本で初めての試みであることも告知されている（『愛媛新聞』昭21・9・29）。

主催は愛媛県馬匹組合、愛媛県海外引揚者更生会が協賛。この更生会の協賛は、先に開催されていたヤミ競馬が取締りを受けたことで、高知と同様に「引揚者救護」を打ち出して「合法化」した結果だったようである。馬事振興も条件とされたようで、他県と同じように馬券も鑑定票と称された。

そして愛媛で、最も注目されるのは、日本で初めてのフォーカス（連勝単式）の馬券の発売だった。先にふれたように東京の八王子競馬が嚆矢といわれてきたが、その一一月発売に一ヶ月先んじていた。引揚者更生会のメンバーのなかに、上海などの競馬で実施されていたこのフォーカスに関する知識をもつ者がいて、それがこの導入に活かされていたようである。この開催、フォーカスの発売予定がつぎのように報じられていた(322)。

終戦初の競馬、県馬匹組合および引揚者更正会共催により、一〇月三、四、五、六の四日間、松山市三津浜の競馬場で挙行される競馬大会は早くもファンの血を沸きたたせているが、参加馬は県内外から約一二〇頭勢揃いする、鑑定は単、複のほか国際競馬で人気ものとなっているフォーカスと、以上三通りであるがフォーカスとは、予め一、二等を見出し鑑定票を求めるもので、日本では初めて、興味一〇〇％といわれている。

県馬匹組合もフォーカスを前面に押し出し宣伝していた。対岸の宮崎からの馬も一七頭参戦していたという。なお宮崎は闇競馬が開催されず、宮崎県馬匹組合連合会は地方競馬法施行後の一二月に開催していた（後述）。

初日小雨、二日目は雨で順延と、天候に恵まれなかったが、このフォーカスが「意外の人気を呼んで」、初日単複三三万六三〇〇円に対して七万二〇〇〇円、三日目単複四三万円余に対して三〇万円余を売り上げていた。二日目の内訳は不明だが五二万を超えていた。この三日間の売上判明分だけで計一五八万円余と香川を上回っていた。

だが地方競馬法施行後の一二月の四日間開催、売上は一一一万九九八〇円(323)と、闇競馬の三日間判明分を大きく下回っていた。

のちに高知県の競馬関係者は、高知には「小ボスはいたけど、大ボスはいなかった、ボスのおった四国の他の三県はつぶれちゃったでしょ」と語っていたが(324)、香川や愛媛の地方競馬法下の第一回開催の売上が闇競馬よりも伸び悩んだのは、一般ファンが競馬を忌避してしまうそういった「暴力団」支配の影響がすでにこの当時からあったのが原因となっていた可能性が高い。

【徳島】

徳島では鍛錬馬競走は実施されず、県下から競馬場が消滅していたこともあって、闇競馬は開催されなかった。そして競馬場用地選定、その確保に時間を要し、地方競馬法に基づく開催も昭和二三年二月二九日からと、三月二日からの和歌山、同五月二一日からの秋田よりもわずかに先んじていたが、全国で三番目に遅い県となっていた。

徳島県馬匹組合としても、四国で唯一、未開催ということもあって、かねて開催への意欲を語ってはいたが、競馬場用地選定、あるいはその確保に時間を要していた(325)。鳴門競馬場の敷地（現・鳴門市里浦）が確定したのは、昭和二二年一一月、「観光鳴門市の一施設として」五月から設置に向けての動きが起こっていたが、それがようやく決定をみたものだった(326)。この決定を受けて、地元有力者が中心となって鳴門競馬倶楽部が組織され、資金を調達、競馬場の

図65

（『徳島新聞』昭23・2・24。手書きの数字は原紙のママ）

建設にあたることになった。この競馬場用地決定に関しては鳴門市長のバックアップもあったようである。農地変更の県への申請は一一月二七日、倶楽部が、その許可が下りる前に着工してしまったことで、同地区の農地委員会が告発の動きをみせ、また農林省も許可をしぶっていたという[327]。全国的にも農林省は、農地の競馬場への転換を認めないこと表明していた（第5章）。この影響で工事は若干遅れ、また農林省への競馬場設置の認可申請も翌年一月九日と遅れることになったが[328]、一月九日には、競馬場建設費二〇〇万円で幅員一六メートル、周囲一〇〇〇メートルの馬場をはじめスタンド（堤防を利用、収容人員二万人）、五〇頭収容六〇〇坪の厩舎、九三坪の馬券売場、審判所、塩水利用の冷し場、売店等の諸施設が竣工、総工費は三〇〇万円だった[329]。

こうして二月二九日、三月一、二、五、六、七日の日程で、第一回鳴門競馬開催を迎えることになった。賞金二五万円、副賞三万円、出場手当一頭五〇〇円[330]、出走馬は県内五五頭、淡路五〇頭、香川二五頭、愛媛一三頭、高知一〇頭の計一五〇頭[331]。徳島市をはじめとして県内各地から直行バス、淡路島からの連絡船が増便されていた[332]。

第一回開催の売上は、初日一三〇万六八四〇円をはじめとして前半三日間で四〇九万七〇〇〇円、四日目一九二万五〇〇〇円、五日目一九四万円、六日目には二九一万七九四〇円と伸びを見せ、総売上は、一〇〇〇万円という予想を上回る一〇八七万九九四〇円となった[333]。

第二回開催は五月一二日からの六日間、賞金四〇万円、出場手当も県外馬一五〇〇円、県内馬七〇〇円に増額され、出場馬は淡路六〇頭、香川三五頭、高知、愛媛各二〇頭、地元八〇頭[334]。売上は一五〇〇万円、あるいは倍増も予想されていたが、第一回並の一一〇〇万円に終わっていた[335]。この第一回、第二回ともに馬券売場、払戻場で地元女子高生二〇〇名を手伝わせていたことで、父兄や労働基準局からその責任を追及されることになる[336]。なお生徒への謝礼は学校備品の購入、学校の建設資金などにあてていたという。

昭和二二年一二月二三日には、閣議で地方競馬の公営化が決定され、一月下旬には各県馬連の資産は凍結、競馬法施行後、その資産は各県に無償承継されていたが、徳島の場合、施設等は鳴門競馬振興倶楽部の資産、用地は地主からの借地だったので、その対象となってはいなかった。倶楽部は、施設等の県への譲渡交渉に当ってはその価格約五六〇万円、その上に譲渡後も開催毎に二七万円の敷地借上料を要求していた(337)。このように倶楽部の設置は、結果的に、公営化後の権益の確保につながっていた。

県営第一回は一〇月二一日からの五日間、売上六四〇万円と馬匹組合時代の四割減に終わったが、小松島市との誘致争いに勝った徳島市が徳島競馬場を設置、一二月一二、一三、一四、一七、一八、一九日と市営競馬の第一回を開催、一二二万九六一〇円とこの時点で四国一の売上をあげることになる(338)。なお競馬場誘致合戦で徳島市に負けていた小松島市は、昭和二五年一月競輪場指定認可を受け、七月第一回開催を行うことになる。自転車競技法通過直後の昭和二三年七月、徳島市、小松島町、鴨島町が競輪場の指定争いを展開していたが、小松島と決定したのは、競馬場選定の敗北に対する見返りという意味もあったに違いなかった。

6・東北

青森、岩手、秋田、福島などは馬産地でもあり、昭和戦前期、東北六県すべてで地方競馬が開催されていた。だが昭和一五年以降の鍛錬馬競走は山形の上山競馬場、福島の郡山（開成山）競馬場の二ヶ所で実施されただけだった(339)。しかし闇競馬は、山形（計画は伝えられた）を除いて、青森、岩手、宮城、福島、秋田で開催された。進駐軍後援、あるいは慰安ということを打ち出していたのが、東北の闇競馬に共通した特徴だった。それはそのことが、県レベルでの「合法化」の条件となっていた可能性をうかがわせていた。また宮城を除いて県馬匹組合連合会が主催することを避け、競馬倶楽部（あるいは協賛会）を結成して主催する形態をとったことも東北の特徴だったが、この形式は、昭和二三年地方競馬が公営化された以降も、その後援組織として活用されていくことになる。
東北の闇競馬の売上高は低く、青森県の八戸が二日間で四六万円、油川が五日間で一八〇万、盛岡が三日間で七六万、仙台でも四日間で一八〇万、最高の福島の若松でも四日間で二一〇万九〇九〇円と、四国三県の一〇〇〜二〇〇万と同様に、全国でも下位のものであった。ちなみに三日間開催の富山は第一回一七二万八五八〇円、第二回二二八万五七六〇円、第三回一五六万七〇二〇円だった。

【青森】

わずかな差であったとはいえ、東北地方では、青森県下の闇競馬が一番早かった。九月二八、二九日、八戸馬匹組合主催で、鮫村大平牧場で開催されたものだった(340)。この大平牧場は、明治四一(一九〇八)年に開場された初代八戸競馬場(昭和二年移転)の元敷地に、昭和一二(一九三七)年、大川義雄(競馬評論家だった故大川慶次郎の父)が開設した牧場だった(341)。なお東北では、地区の馬匹組合が単独主催したのはこの八戸だけだった。岩手や福島の開催形態を参照すれば、地方競馬法施行までは、あえて青森県馬匹組合連合会(以下、「青森県馬連」と記す)が主催するのを回避したのだろう。あるいは津軽、南部の地域対立があったかも知れない。この開催には進駐軍兵士も参加し大賑わいを見せたというから、これより後の油川飛行場のものと同様に進駐軍慰安を謳い、したがって青森軍政部の許可をえていた可能性が高かった。

一〇月一九、二〇日には第二回を開催、売上は「二日で四五万九〇〇〇円に達し新円の氾濫をみせ」たという(342)。だが全国的に見れば、八戸という立地条件から仕方がないとはいえ、最下位グループに属する売上高だった。後の昭和二二、二三年の観客層は、あまり売上につながらない生産者や漁業関係者だったというが(343)、この闇競馬もその事情は同じであったに違いなかった。

八戸での開催は、大きな売上を期待したのではなく、八戸が馬産地であり、戦前の青森地方競馬の中心であったこと、そしてサラブレッド、アラブの軽種馬が他県に購入されて流出することへの対策でもあったようである(344)。北海道もそうであったが、軽種馬の生産者（牧場）は、現金を欲していた。

青森は、戦前、軽種馬の代表的馬産地の一つであり、また農商務省の奥羽種馬牧場（上北郡七戸町）、陸軍省の軍馬補充部も三本木（十和田市）に置かれていた(345)。サラブレッド生産牧場としては、東北牧場（上北郡東北町）、大平牧場（八戸市鮫町）、広沢牧場（三沢市）、盛田牧場（上北郡七戸）が著名だったが、すべてがいわゆる南部地方に位置していた。ちなみに戦後、昭和二二年東京優駿（ダービー）が復活したときの一着馬（マツミドリ、東北牧場産）、二着馬（トキツカゼ、益田牧場）は青森産だった。

その馬産地の特徴がレース編成にも出ていた。二回の闇競馬のなかで記録が残されているのは、第一回初日の七レース分だけだが、その内、軽種駈歩一、サラブレッド一、アラブ一、サラブレッド・アラブ混合一、と軽種が四つも組まれ、残りが輓曳二、騎乗速歩（おそらく中間種など）一だった(346)。

そして青森の闇競馬の特徴は、この輓曳競走の実施だった。普段、荷物、材木などの運搬を担っている輓馬によるもので、そりに数百キロの重量を載せて数百メートル引いてその速さを競うものだった。闇競馬でこの輓曳競走を実施したのは青森だけだった。青森では、戦前から、この馬力大会（輓馬）が盛んであり、昭和二一年も旧正月を迎えると地元紙の『東奥日報』にも煩雑に開催広告が掲載されるようになった。各地の愛馬会、陸上小運搬業統制組合、馬匹組合、馬匹組合連合会、馬商組合、荷馬車組合、青森県農業会、青森県畜産課、青森市役所が主催、あるいは後援し、小学校（当時は国民学校）校庭、川原、グランドなどで数多く行われるようになっていた(347)。輓用馬による優勝旗等を競う、いわゆる旗競馬だったが、登録料や寄付金を賞金にあて、勝馬はその売買価格があがったという(348)。この隆盛を背景に、青森の闇競馬で

図66　馬力大会（輓馬レース）の告知

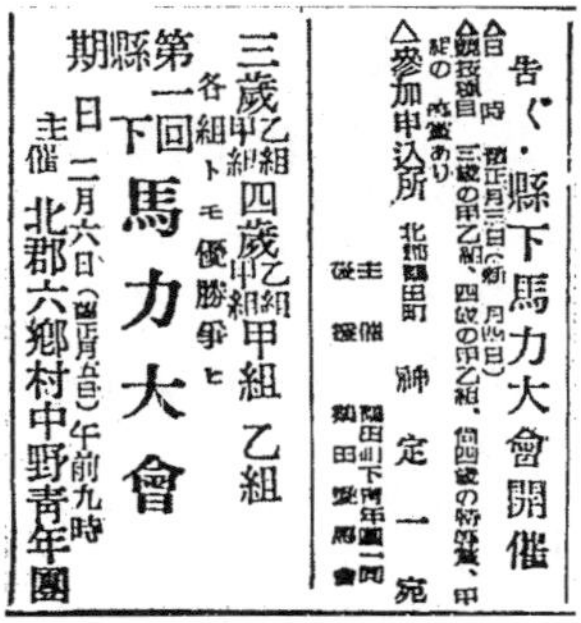

こういった告知が数多く掲載された（『東奥日報』昭21・1・27）。

図67

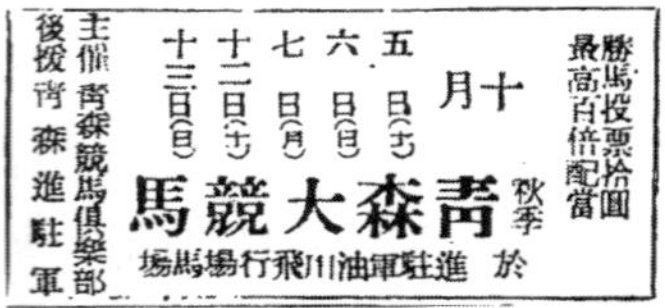

（『東奥日報』昭21・9・27）

図68　出馬申込登録告知（青森競馬倶楽部）

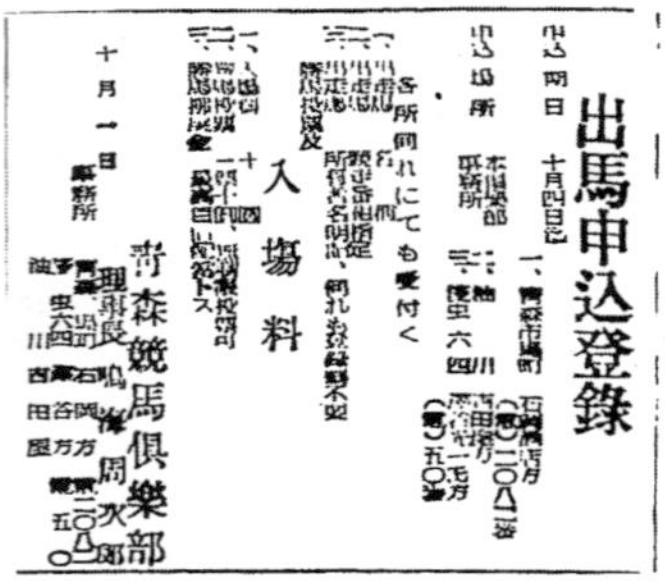

（『東奥日報』昭21・10・2）

も実施されていた。地方競馬法審議の際にも、地方競馬の意義を裏付けるものとしてこの輓馬レースの実施が強調されたが（第3章）、青森では馬連主催時代、ついで県営化後も実施され続ける。岩手でも輓馬レースは昭和二二年から実施された（後述）。昭和二二年の記録によれば、そりの上の積載重量は、三歳駒で三七五kg（一〇〇貫）、四歳駒で五六二・五kg（一五〇貫）、一般馬は七五〇kg（二〇〇貫）(349)。

そして一〇月五、六、七、一二、一三日、青森競馬倶楽部という組織が主催、青森進駐軍が後援した油川飛行場馬場（現・青森市油川中学校一帯）での開催だった(350)。同倶楽部理事長鳴海周次郎は、貴族院議員（昭和七年）、軽種馬生産も行っていた、戦前からの青森の競馬の中心人物の一人、日本競馬会の馬主でもあり代表馬は昭和一三年横浜特別競走を勝ったニューフォードだった。昭和六年にも同名の青森競馬倶楽部が結成され、青森競馬場（東郡浜舘村佃、現・青森市佃）を建設、同場で地方競馬が開催されていた(351)。戦前の倶楽部と戦後のものとの関係は不明だが、中心人物などは重なっていただろう。なお飛行場が闇競馬のコースとして使用されたのは、広い敷地があるのだから当然だったが、他に山梨玉幡、埼玉熊谷、千葉八街、香川高松などの例があった。岩手、福島でも、こういった倶楽部が主催、進駐軍後援であったところを見ると、東北での県レベルでの「合法化」の条件が、この形態をとることであったことをうかがわせている。また勝馬投票一〇円、発売枚数制限なし、配当制限一〇〇倍配当というのも岩手、福島と共通の条件だった。この開催でも、八戸と同様に輓曳レースが実施されていた。レース番組に関しては、四日目の一〇月一二日のものしか残されていないが、道産馬《どさんこ》一、速歩三、輓馬四、駈歩二という編成だった。駆歩の品種は不明だが、八戸とは異なり、軽種馬（サラブレッド、アラブ）ではなかったようである。一二日までの四日間で売り上げは一四七万円。単純に計算すれば、八戸の三倍相当の数字だったが、富山が三日間で二〇〇万円前後だったことと比較しても明らかなように、それでも全国的には下位に位置していた。

地方競馬法の施行を受けて、一県一ヶ所の指定競馬場となったのは、戦前の二代目の八戸競馬場（現・八戸市根城）(352)。初代よりは八戸の市街地に近いとはいえ、闇競馬でも示されていたように、青森市近郊よりは売上がかなり低くなることは確実だった。それでも、八戸と決定されたのは、青森市近郊には昭和二一年段階でまだ競馬場が設置されていなかったこともあったが、青森県馬連の主導権を南部地方が握っていたことが決定打となっていた。

その後、昭和二三年三月、地方競馬法の改正で一県二ヶ所の設置が可能となったことで、時間を要したが、青森競馬倶楽部によって、昭和二四年六月青森競馬場（現・青森市佃）が建設され、県営競馬が開催されていく(353)。ちなみにその昭和二四年の八戸と青森の双方の県営競馬の売上は（八戸が四日間、青森が六日間開催）、八戸第一回五月二〇日からが一二四万円、第二回九月一一日からが一一〇万七〇〇〇円に対して、青森第一回六月二五日からが一三八八万五〇〇〇円、第二回七月一六日からが一〇二〇万三〇〇〇円、第三回九月三日からが六九〇万六〇〇〇円（ただし四日間開催）、第四回青森九月一八日からが七四九万一〇〇〇円だったから、四日間と六日間という開催日数の差があったとはいえ、一番大きくて七倍以上の差がついていた(354)。

その後、結局、売上不振に加えて、県営化以前の戦後の競馬を担った関係者によって競馬を食い物にされたツケが回ってきた格好で、馬産地青森の競馬は、昭和二六年九月の青森競馬場での開催で終焉を迎えざるをえなくなる。

【岩手】

青森の八戸競馬から一週間遅れの一〇月五、六日、日本におけるサラブレッド生産をリードしてきた小岩井牧場が存在する馬産地岩手でも闇競馬が開催された。当初予定は九月二八、二九日だったが、馬場の整備に時間を要してしまっていた(355)。進駐軍慰安競馬会と銘打って、盛岡振興競馬倶楽部が主催した。ここでも、倶楽部と進駐軍慰安と

図69　闇競馬第一回開催広告

（『新岩手日報』昭21・10・3）

いう組み合わせ、東北地方の闇競馬の典型だった。

　この盛岡にならった福島県馬匹組合連合会は、地方競馬法施行までは、連合会としては主催しないが、各馬匹組合などが進駐軍と交渉、その許可を得て、進駐軍慰安競馬という形式をとれば、馬券を発売する競馬が開催可能であることを確認し、その開催を全面的にバックアップすることを表明していた（後述）。岩手の闇競馬の開催条件が、倶楽部が主催して進駐軍慰安競馬という形式をとることだったことを、逆にそこから推測させてくれている。

　これより先、岩手県馬匹組合連合会（以下、「岩手県馬連」と記す）と盛岡市馬匹組合が中心となって、闇競馬開催に向けての準備を進めていた[356]。戦前からの岩手の馬事関係者の中心人物小泉多三郎、一條友吉、吉田與四郎、成島忠三郎（成島牧場、玉山村）他一〇名が、盛岡振興競馬倶楽部の発起人会を開いたのは、開催一ヶ月前の九月五日。役員、開催時の賞金一〇万円などを決定、理事長に一條友吉、常務理事に小泉多三郎、幹事に吉田與四郎、久保彦蔵（牧場主、岩手町）、石川金三郎らを選出していた。

　一條友吉の父牧夫は、明治期に南部駒の改良につとめて岩手の軽輓馬、軍馬の馬産の基盤を作り、大正期に入り、黄金牧場を経営、競走馬の生産にあたった[357]。友吉は、明治期アメリカやイギリスに渡った経験をもち、父のあとを継ぐとともに、昭和六年の星旗、星友など下総御料牧場のアメリカ産サラブレッド導入にもあたった。現在、毎年六月に盛岡競馬場で実施される「一條記念みちのく大賞典」が冠している一條は、この牧夫、友吉父子の功績を讃えてのもの。小泉多三郎は、実業家で商工会議所会頭をつとめ、馬主でもあり、昭和二二年四月最初の公選の盛岡市長となる。

　同倶楽部は、一口一〇〇〇円で三〇〇名の会員を募集、三〇〇口三〇万円の資金を集め、地方競馬法施行までは進駐軍慰安競馬として開催、施行後は、直ちにその合法の組織に切り替え、春秋二季、県馬連とともに開催にあたる予定だった[358]。一〇月上旬までに満了の三〇〇名が加入、出資金二四万円が払い込まれていた[359]。

畑地化されていた元黄金競馬場（盛岡市上田）を岩手県馬連と盛岡馬匹組合が譲渡を受け、馬券売場の建設、コース整備に着手していた(360)。馬場の改修には、倶楽部の出資金の内の一九万円があてられていたという(361)。馬産地での競馬再開であり、サラブレッド、アラブの出走が働きかけられ、「県下高級馬生産家」も「慶び」、馬主も名駿を出場させ、小岩井牧場が誇る種牡馬シアンモアの産駒も出走する予定と前人気が煽られた(362)。

そして一〇月五、六日の開催(363)。盛岡駅前と中の橋から競馬場行きのバスも運転された。賞金総額七万数千円という数字は、札幌の進駐軍競馬第一回の一五万円（ちなみに一〇月の段階では六〇万円）には及ばなかったが、富山の三万円の約二倍半、全国の闇競馬の中では中位だった。

概定番組では、サラブレッド三歳が二、道産馬《どさんこ》が六、中間種が六、アラブが四、サラブレッド四歳が二というレース編成だったが、実際には中間種が八、サラブレッド三歳が四と増加、一方道産馬が四、アラブが二と減った。中間種と道産馬が半数を超えていたが、サラブレッド三歳のレース数四は馬産地の面目を保つものだった。だがその質が問題だった。

図70　Consolation Race 進駐軍慰安競馬、10月5日出馬表

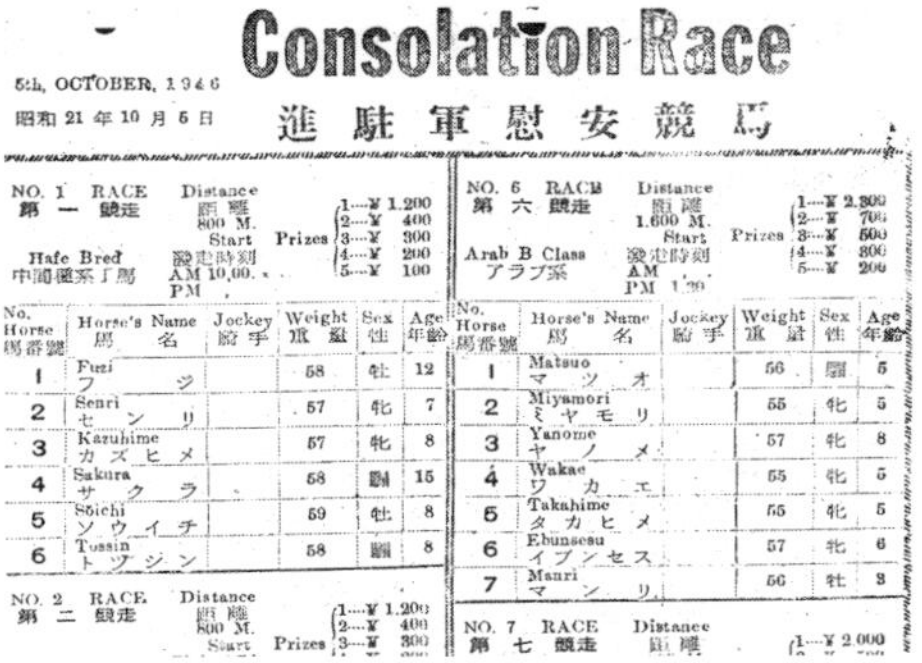

Consolation Race

5th, OCTOBER, 1946
昭和 21 年 10 月 5 日

進駐軍慰安競馬

NO. 1 RACE 第一競走
Distance 距離 800 M.
Start 發走時刻 AM 10.00. PM
Hafe Bred 中間種系丁馬
Prizes 1…¥ 1.200 2…¥ 400 3…¥ 300 4…¥ 200 5…¥ 100

No. Horse 馬番號	Horse's Name 馬名	Jockey 騎手	Weight 重量	Sex 性	Age 年齢
1	Fuzi フジ		58	牡	12
2	Senri センリ		57	牝	7
3	Kazuhime カズヒメ		57	牝	8
4	Sakura サクラ		58	騸	15
5	Sôichi ソウイチ		59	牡	8
6	Tossin トッシン		58	騸	8

NO. 2 RACE 第二競走
Distance 距離 800 M.
Start
Prizes 1…¥ 1.200 2…¥ 400 3…¥ 300

NO. 6 RACE 第六競走
Distance 距離 1.600 M.
Start 發走時刻 AM PM 1.30
Arab B Class アラブ系
Prizes 1…¥ 2.800 2…¥ 700 3…¥ 500 4…¥ 300 5…¥ 200

No. Horse 馬番號	Horse's Name 馬名	Jockey 騎手	Weight 重量	Sex 性	Age 年齢
1	Matsuo マツオ		56	騸	5
2	Miyamori ミヤモリ		55	牝	5
3	Yanome ヤノメ		57	牝	8
4	Wakae ワカエ		55	牝	5
5	Takahime タカヒメ		55	牝	5
6	Ebunsesu イブンセス		57	牝	6
7	Mauri マンリ		56	牡	3

NO. 7 RACE 第七競走
Distance 距離
1…¥ 2.000

（岩手県競馬組合『いわての競馬史』1983年、62頁）

なお岩手県競馬組合『いわての競馬史』（一九八三年、六二頁）に、Consolation Race 進駐軍慰安競馬、一〇月五日の出馬表の一部の写真が掲載されている（図70）。それによれば、第一レースが中間種丁、第二レースがPonny B Class 競走、一着から五着までの賞金一二〇〇、四〇〇、三〇〇、二〇〇、一〇〇円、計二二〇〇円、第六レースがArab B Class、一着から五着までの賞金二八〇〇円、七〇〇円、五〇〇円、三〇〇円、二〇〇円、計四五〇〇円だった。

入場者は、初日五〇〇〇人、二日目は一万人を超えていたようだが、一枚一〇円の入場券（入場料五円、入場税五円）の発売金額は初日二万五〇〇

〇円、二日目二万七〇〇〇円だったから、有料入場者数はそれぞれ二五〇〇人、二七〇〇人ということになる。売上は初日二二万円、二日目三八万五〇〇〇円、計六〇万五〇〇〇円余。「係員の不慣れから穴場が非常に混雑して、レースの進行を阻害、馬券の売上は予想の半分にも及ばなかった」というのが理事一條友吉の開催後の談話であった(364)。富山の第一回の売上が三日間で一七二万円、単純に三分の二と計算しても、盛岡はその半分に過ぎなかった。だがそれでも八九〇〇円余の黒字を計上、岩手県護国神社秋季祭典費に三〇〇〇円、「薄幸児救済の一助」として杜陵学院に二〇〇〇円、岩手養育院に二〇〇〇円、「民衆警察建設の一助」として盛岡署長に一五〇〇円と全額を寄付していた(365)。なお入場税の徴収、警察署長への寄託は、この競馬が「合法」であったことを端的に示していた。

第二回開催は、当初、一〇月一九、二〇、二一、二六、二七、二八日の六日間の予定だったが、二八、二九、三〇日の三日間開催に半減された(366)。原因は競走馬不足だった。馬産地でもこの有様というのが、当時の競走馬不足の状況を端的に象徴していた。

出走登録馬数は、中間種系三歳五頭、中間種甲七頭、中間種乙八頭、中間種丙六頭、道産馬九頭、サラブレッド・アラブ三歳五頭、アラブ四歳以上四頭、騎乗速歩馬一一頭、計五五頭(367)という状況で、出走馬の質は別としても、富山の半数の頭数であった。第一回目には実施されなかった騎乗速歩の導入も、競走馬不足の結果余儀なくされたものだった。サラブレッドの追加登録があったようで、実際のレース編成は、初日中間種が三、道産馬が一、アラブ三歳が一、アラブ四歳が一、騎乗速歩が一、サラブレッド四歳以上が一、計八、二日目中間種が四、道産馬が一、サラブレッドが一、アラブ系が一、騎乗速歩が二、計九、三日目中間種が三、道産馬が一、サラブレッド・アラブが一、騎乗速歩が二、サラブレッドが一、というものになった(368)。

第一回が二日間で一〇レース、第二回が三日間で二五レース、その増加は騎乗速歩五の増加に見合っていた。平均すれば、一日当たり中間種、道産馬、速歩が計五から七、サラブレッド、アラブが計二から三、騎乗速歩一から二だった。サラブレッドが出走可能レースは四であったから、数としては第一回と変わらなかったが、三歳馬限定が消えているのは、第一回の同レースが、まともなレースとして成立しなかったからに違いなかった。

賞金総額は八万二〇〇〇円(369)。初日好天候に恵まれて観衆五〇〇〇、二日目は朝来の雨にもかかわらず約八〇〇〇、最終日は約一万人と、第一回目と変わらない数字だったが、三日間の総売上は七六万四三七〇円（単五七万五五二〇円、複一八万八八五〇円）と実質的には減ってしまっていた(370)。

そして盛岡振興競馬倶楽部は一一月二、三日、憲法発布記念を謳う競馬会を主催した(371)。同様の発布記念の競馬会は、富山の高岡市が主催していたが、他に函館レースクラブ、群馬県馬連、京都府馬連などが開催していた。八戸馬七頭、アラブ系三頭が新しく加わってこともあって、出走場七九頭と第二回よりも増加していた(372)。だがサラブレッド単独のレースは組むことができなくなっており、アラブとの混合で、三歳、四歳以上がそれぞれ一日一レース行われた。そのいずれかの一着賞金五〇〇〇円のレースが目玉だった。売上の記録は、初日の二三万一四六〇円（単九万五三二〇円、複一三万六一四〇円）しか残されていないが(373)、二日目もそう変わらないものだっただろう。この売上でも、また黒字を計上、開催後、倶楽部は引揚者更生連盟に五〇〇〇円を寄付していた(374)。

図71

（『新岩手日報』昭21・10・31）

地方競馬法施行を受けて、盛岡競馬場が一県一ヶ所の指定競馬場となる(375)。盛岡振興競馬倶楽部はその後も存続し、県営化を前に、岩手競馬倶楽部と改称して組織を強化、盛岡の競馬を支えていくことになる(376)。なお、出発当初の岩手競馬倶楽部の中心も小泉多三郎と一條友吉だった。

小岩井牧場を筆頭にした馬産地であった岩手の開催にしては、サラブレッドのレースに関して物足りないものがあった。戦時中、弾圧に近い形で軽種馬の生産が減少を余儀なくされ、またその数少ないサラブレッドも日本競馬会への出走を選択していたのが、その大きな原因となっていた。だがそれでも北海道レースクラブは、サラブレッド三歳中心の競馬を開催していたことを考えれば、岩手、そして青森と比較すると、北海道レースクラブを主導していた高木清という人物の手腕が際立っていたことが、ここでも明らかにされていた（後述）。

このように全国的に見れば、盛岡競馬場の売上高は下位にグループに属していたが、その事情は翌年の岩手県馬連の時代になってもそう変わらなかった。各県馬連の中央組織である中央馬事会が、売上高に応じて納付金を集め、売上高が低い県に対して補助金を出す仕組みを作っていたのも、この岩手のように売上が伸びない馬産地の競馬の支援ということが大きな目的となっていた（第3章）。

昭和二一年一二月以降、水沢、一関、花巻でも競馬場設置に向けての動きが具体化していたが(377)、昭和二二年三月の地方競馬法の改正を受けて、この三候補地のなかから、六月、戦前にも地方競馬が開催されていた水沢に決定された(378)。水沢は昭和二二年九月に第一回の開催を迎えるがその売上は、この年、盛岡の五月の第一回開催が一九三万三九七〇円、六月第二回が一九四万七六七〇円、第三回一〇月が一〇四万六〇五〇円だったのに対して(379)、二九一万六七〇〇円だった(380)。なお盛岡の第三回が四日間だったのを除いて、その他は六日間開催。水沢競馬の売上は、しばらくは東北一を誇っていくようになる。

【秋田】

秋田でも、県馬匹組合連合会（以下、「秋田県馬連」と記す）が、九月二五日、県知事蓮池公咲も臨席するなかで、旧八橋競馬場（現・秋田市八橋）で、馬券発売を伴う開催の準備を開始することを決定していた(381)。同場は、昭和一四年施行の軍馬資源保護法により廃場となっていたが(382)、一ヶ月で走路柵の整理等を行い、三、四日間の開催を行うという計画だった。なお秋田県は、これより先の八月、有力な課税源の一つとして地方競馬の開催を考えていると表明していた(383)。

この旧八橋競馬場での計画は実現しなかったが、秋田県馬連は別のコースでの闇開催を追求していたようである。

つぎのような開催広告が一〇月二一日の地元紙『秋田魁新報』に掲載されたが、当初この開催は、秋田県馬連が主催して、県南乗馬クラブの「肝煎り」での開催と伝えられたものだったからである(384)。

秋田全県大競馬会
会　期　一一月一日（金曜）
　　　　二日（土曜）
　　　　三日（日曜）
会　場　大上競馬場（平鹿郡舘合村）
入場料　一〇円（税共）
勝馬投票券発売す（一枚一〇円最高払戻千円無制限発売）
出場申込締切期日　十月二十八日
馬　体　検　査　十月三十日（於大上競馬場）
発　　　　　馬　十レース午前一〇時から午後四時迄
申　込　場　所　平鹿郡舘合村大上競馬クラブ事務所
　　　主催　大上競馬クラブ
　　　後援　平鹿馬匹組合

図72

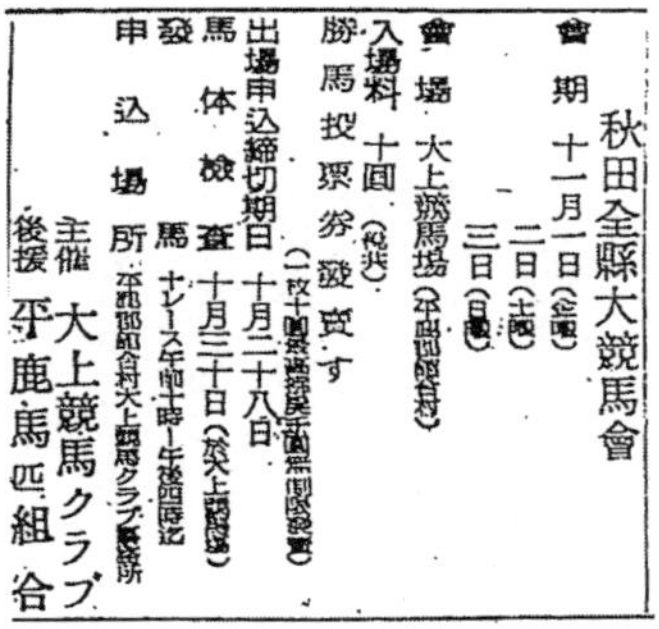
秋田全縣大競馬會
會　期　十一月一日（金曜）
　　　　二日（土曜）
　　　　三日（日曜）
會　場　大上競馬場（平鹿郡舘合村）
入場料　十圓（税共）
勝馬投票券發賣す（一枚十圓最高拂戻千圓無制限發賣）
出場申込締切期日　十月二十八日
馬　体　検　査　十月三十日（於大上競馬場）
發　　　　　馬　十レース午前十時ー午後四時迄
申　込　場　所　平鹿郡舘合村大上競馬クラブ事務所
　　　主催　大上競馬クラブ
　　　後援　平鹿馬匹組合

（『秋田魁新報』昭21・10・21）

大上競馬場は、かつては土田荘助(385)が所有。土田は、土田農場を経営、昭和九年の第三回東京優駿（ダービー、府中競馬場での第一回）の優勝馬フレーモアを生産、所有していた。県会副議長をつとめ、昭和一一年から二期にわたって衆議院議員をつとめていた。なおこの大会への土田荘助の関与は不明。

秋田県馬連が、先の元八橋競馬場での開催準備を、知事の同意の下で進めていたことを考えれば、県レベルでの「公認」の手続が決定していたはずであり、そうであればこの競馬大会は、それに則っての開催だった可能性が高かった。その開催の様子がつぎのように報じられていた(386)。大上の闇競馬開催に関する唯一の記録である。

戦後はじめての企てとして二日から三日間平鹿郡馬匹組合主導で同郡舘合村大上競馬場で開催された復活第一回の競馬大会は、連日の天候不良にもかかわらず予想外に人気沸騰し、馬券一枚一〇円に対し売上総計三〇万円という本県草競馬としてはじめてのすばらしい好成績を得た、戦時中ながく中断されたため事務的にも非常に不慣れであったが、これがもしスムースにいけば五〇万円位の売上は可能であったものと見て、同組合並びに県畜産課でも今後の地方競馬に対して大きな期待を寄せている、出場馬は八〇頭で賞金獲得の優勝馬は次の通り

(軽種駈競走一六〇〇米)一等賞金五〇〇〇円、河辺郡大山友太君所有シュンヨウ

(速歩)一等賞金三〇〇〇円、平鹿郡舘合村加藤清八君所有馬シャンダイ

青森、岩手と比較しても高額の五〇〇〇円、三〇〇〇円という賞金額は、全県競馬大会の看板通り、この開催が全県規模でのものだったことをうかがわせていた。

秋田ではその他、一一月一〇日仙北郡東部競馬倶楽部が主催、仙北郡馬匹組合が後援した仙北郡連合大競馬会が一丈木競馬場(現・仙北郡美郷町)で開催されるとの予告がなされていたが(387)、開催そして馬券発売の有無は不明。

地方競馬法に基づく秋田県の公認競馬場は、昭和二二年三月の同法の改正を受けて、結局、大館市と秋田市の二ヶ所となり、ともにクラブを新たに結成して競馬場建設にあたることになった(388)。だがその指定に関しては、綱引きがあったようであり、その創立は大館競馬クラブが昭和二二年九月、農林省の認可を得ての競馬場建設着工が昭和二

三年二月、秋田競馬クラブ結成が同年二月、その一口一〇〇〇円の会員募集が四月、競馬場の竣工は一一月と遅れることになる。

その結果、昭和二三年五月大館競馬場（現・大館市餅田）の開催が、県馬連主催の第一回のものとなった(389)。秋田競馬場（現・秋田市寺内）での第一回開催は、さらに遅れて県営移管後の同年一一月、売上は二三七万円だった(390)。

図73

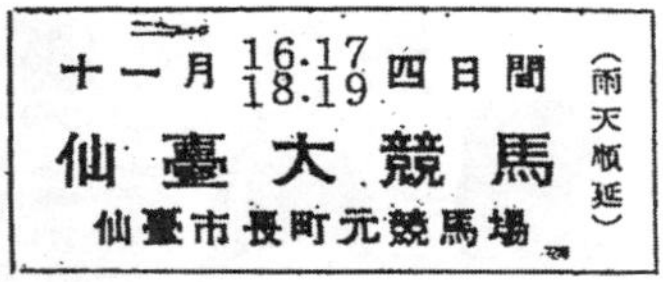

（『河北新報』昭21・11・11）

図74　初日

（『河北新報』昭21・11・17）

【宮城】

秋田に続いたのが、宮城だった。

主催は仙台競馬倶楽部、日程は一一月一六、一七、一八、一九日の四日間(391)、コースは戦前昭和六年から昭和一三年まで地方競馬が開催されていた仙台市長町（現・仙台市太白区東郡山）の元競馬場だった(392)。宮城馬匹組合が、進駐軍慰安を謳って、準備を進めていると伝えられたのは一〇月上旬(393)、その後、倶楽部を結成したのだろう、一〇月三〇日の臨時総会では、倶楽部理事長に時の農林政務次官大石倫治の推薦を決定していた(394)。大石は、中央馬事会の役員であり、戦前は帝国馬匹協会常務理事をつとめていた。

東北では最後の闇競馬となったこともあって、青森からはサラブレッド三歳、また山形米沢競馬で優勝した進駐軍所有のサラブレッド、そしてその他北海道、盛岡、山形、関東の各地からの参戦があったという(395)。

この開催はつぎのように報じられた(396)。

図75

（『山形新聞』昭22・8・21）

一六日の蓋あけから盛況をつづけていた仙台競馬最終日の一九日、初日以来の黒星挽回を志すもの、最後の大穴を狙うものそれぞれの思いを秘めたファンが押しかけ相変わらずの大入り、第一回レースから今日を最後と張り切った勝馬の競合に好レースを展開してファンを喜ばす、ステンテンに財布の底までたたいてあおくなる日と、タンマリもうけてニンワリほほえむ人、回を重ねるにつれて明暗の相を濃くしていく。（以下略）

他県と同じように、四日目には市長賞、知事賞も実施されていたが、そこからも、この闇競馬が「公認」されていたことを示していた。

初日の観衆三〇〇〇人、売上約三〇万円、四日間の総売上は約一八一万円。東北では福島に続く第二位の数字だったが、三日間開催の富山とほぼ同額のものであり、全国的に見れば下位グループに属していた(397)。

図76

（『山形新聞』昭22・9・21）

【山形】

昭和二一年一〇月、天童での競馬場設置、開催の計画があったが、その際には、進駐軍の名が騙られてもいた(398)。

戦時中、東北地方で鍛錬馬競走を実施していたのは、山形と福島の二県だった。しかし闇競馬に関していえば、米沢で進駐軍の所有馬も出走した開催が行われた形跡もなくもないが(399)、少なくとも直接開催を伝える記録が残されていない唯一の県が山形だった。なお山形の鍛錬馬競走は、上山競馬場（現・上山市金瓶）で昭和一五年から昭和一九年まで実施されていた(400)。

地方競馬法に基づく一県一ヶ所の公認競馬場の指定に関しては、昭和二一年九月にはそれに向けての動きが始まっており、天童、酒田、鶴岡、上山、米沢等が名乗りをあげていた(401)。地方競馬法改正前の昭和二二年二月には上山が(402)、ついで一県二ヶ所という三月の改正を受けて九月に米沢が指定された(403)。それぞれの第一回開催は、上山競馬場が八月、六日間で二八七万五〇九〇円(404)、米沢競馬場（現・米沢市八幡）が九月、四日間で一八〇万八三七〇円を売り上げていた(405)。この二つの競馬場の公認及び建設に関しては、山形の進駐軍がその決定、実現に影響力を及ぼしていたようである(406)。

【福島】

福島県馬匹組合連合会（以下、「福島県馬連」と記す）は、地方競馬法の成立を受けて、一〇月七日、県畜産課長、連合会長以下支部長二〇名で協議会を開催、一県一ヶ所の指定競馬場の所在地として郡山市を決定した(407)。これより先、地方競馬法の輪郭が明らかになったのを受けて八月初め頃から、戦前地方競馬場をもっていた郡山市、若松市、原町がその開催に向けての誘致合戦を繰り広げるようになっていた(408)。三ヶ所ともに地域の馬匹組合にとどまらず、行政（市長）、市議会、商工会議所など市町村をあげての財源確保、地域振興をかけた運動となっていた。

たとえば郡山では、九月三〇日、市農業会長が座長となり、市会議員、町内会長、馬事関係者が集って郡山地方競馬誘致期成会を結成、市長に協力を要請、翌一〇月一日市会協議会で誘致に向けての具体的打合せを行っていた(409)。期成会は、「下から盛り上がる力」をアピールすることを意図したものだったという。こんなところにも戦後の民主化の時代風潮が表れていた。

また会津では、若松市が中心となっていた(410)。正副議長を含む市会議員と市民有志で会津競馬協賛会を結成、開催主体を協賛会、会津馬匹組合、福島県馬連の三者とし、市会及び県馬連協議会で一〇月二〇日頃の開催及びその細則を決め、これを受けて市会は正副議長以下一一名の委員をあげて開催の準備に着手、協賛会は一口五〇〇円以上の出資で二五万円を募集しようとしていた。

郡山に決定されたのは、明治三七（一九〇四）年から競馬が開催されていたというその歴史、また昭和一五（一九四〇）年から鍛錬馬競走が実施されていたこと、そして東北と競馬ファンを多数擁する関東との中間に位置して集客力を期待できることが決め手となっていた(411)。競馬場の準備が遅れていただけでなく、その目途も立っていなかったことを考えれば、郡山地区の馬匹組合の政治力が発揮されたものであった。

このように公認競馬場を決定した上で、福島県馬連は、「地方競馬施行令が実施されるまで進駐軍慰安競馬を行う場合は県内どこの場所でも自由としその際は県馬連としてはあらゆる援助をすることを申し合わせた」(412)。この他に「連合会は、法ができるまでは主催となって競馬はやらぬこと、法によらぬものであれば援助するとの態度」も決定していた(413)。地方競馬法施行までは、福島県馬連としては主催しないが、各馬匹組合などが、進駐軍と交渉、その許可を得て、進駐軍慰安競馬という形態をとれば、馬券を発売する競馬は開催可能であり、福島県馬連は、その開催を全面的にバックアップするということであった。直前に、福島県馬連の代表者が進駐軍後援の岩手の闇競馬を視察し、その様子をこの一〇月七日の協議会で報告していたから(414)、岩手の形態に準じるということが意識されていたのが確実であった。北海道の進駐軍競馬とは別の形態ではあるが、県レベルで、進駐軍慰安が闇競馬の「合法化」に必要な手続きと意識され、そのことが条件づけられていた可能性が高かった。というのは、福島県自体も、年内に地方競馬法が施行されないという条件付ではあったが、「法規によらぬ競馬を今秋開催したい」意向を明らかにしていたからである(415)。

これより先の九月には、畜産改良費、一部は海外引揚者援護資金他の社会事業にあてると、知事や福島県馬連が、日本競馬会の福島競馬場での地方競馬の開催計画を語っていたが(416)、この県の意向は、その後、県も闇競馬の開催が可能であると認識したことを受けてのものであっただろう。これを踏まえると、先にふれた法がないということは違法ではなく開催可能という県馬連の解釈が、県のものでもあったことが浮かび上がってくる。もっとも地方競馬法の施行が一一月二〇日であるから、県の開催の実現性はゼロだったが。また福島市も闇競馬開催への意欲をもっていた（後述）。いずれにしろ地方競馬法施行までは、闇競馬が開催できるということであり、開催しておくということだった。おそらく郡山決定の交換条件でもあっただろう、公認の指名争いに負けた若松市と原町も闇競馬の開催に向けて動いていった。郡山もコースが確保できていれば、闇競馬開催に動いていたはずであった。

闇競馬で先んじたのは、かねて会津競馬協賛会を結成して準備を進めていた若松市だった。一〇月一〇日、協賛会のメンバーだった市会副議長、市議等が、進駐軍、県、警察などの関係方面に一一月二日から四日間の開催を陳情、その許可を獲得(417)、これを受けて会津競馬協賛会、会津馬匹組合、福島県馬連が中核となって、闇競馬の主催組織としての会津競馬会を結成した(418)。コースは、昭和五年から昭和一三年まで地方競馬が開催されていた北会津郡一箕村の会津競馬場跡地。開催の目的は、先の福島県馬連の方針を受けて、「進駐軍慰安の為茲に農輓馬の能力増進と馬事思想の普及向上とを期」すと、まず進駐軍慰安を謳っていた。同会の事務所は市役所内に置かれ、また馬匹組合の技官とともに県畜産課が馬体検査にあたり(419)、さらに県が競馬会側と交渉、収益金の半額を窮乏する引揚者の援護資金として寄付することで合意していたことからも(420)、この開催が公の性格をもっていたことが明らかだった。ちなみに売上二〇〇万円、純益金一八万円というのが県の皮算用だった。

図77

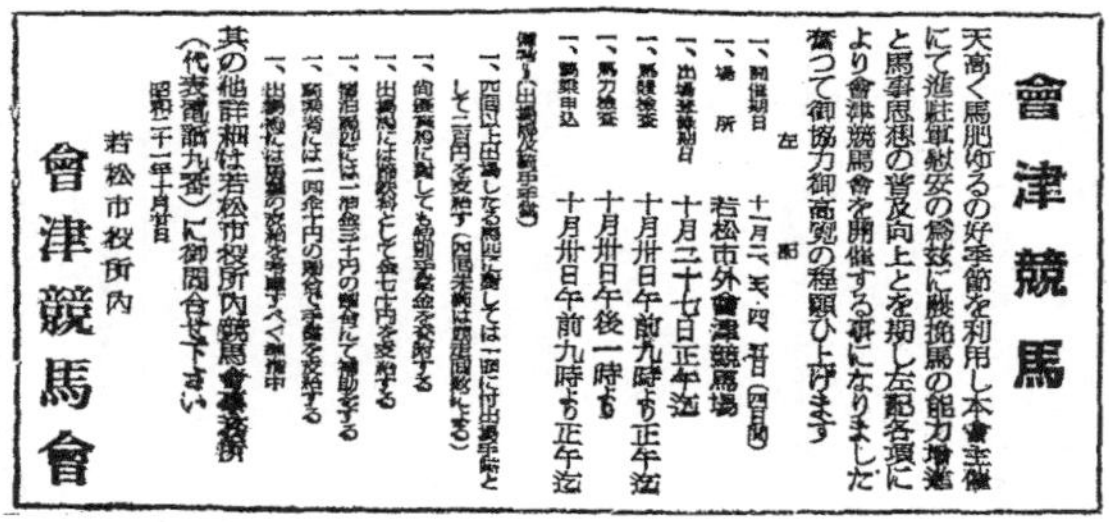

會津競馬

天高く馬肥ゆるの好季節を利用し本會主催にて進駐軍慰安の爲茲に農挽馬の能力増進と馬事思想の普及向上とを期し左記各項により會津競馬會を開催する事になりました奮つて御協力御高覧の程願ひ上げます

左記

一、開催期日　十一月二、三、四、五日（四日間）
一、場所　若松市外會津競馬場
一、出場登録期日　十月二十七日正午迄
一、馬體検査　十月卅日午前九時より正午迄
一、馬力検査　十月卅日午後一時より
一、登録申込　十月卅日午前九時より正午迄

其の他詳細は若松市役所内競馬會事務所（代表電話九番）に御問合せ下さい

若松市役所内
會津競馬會

（『福島民報』昭21・10・21）

図78

會津競馬

十一月二日（土）
十一月三日（日）
十一月四日（月）
十一月五日（火）

馬券一枚拾圓
無制限販賣

主催　若松競馬協賛會　會津馬匹組合

（『福島民友新聞』昭21・10・30）

図79　原町競馬開催広告

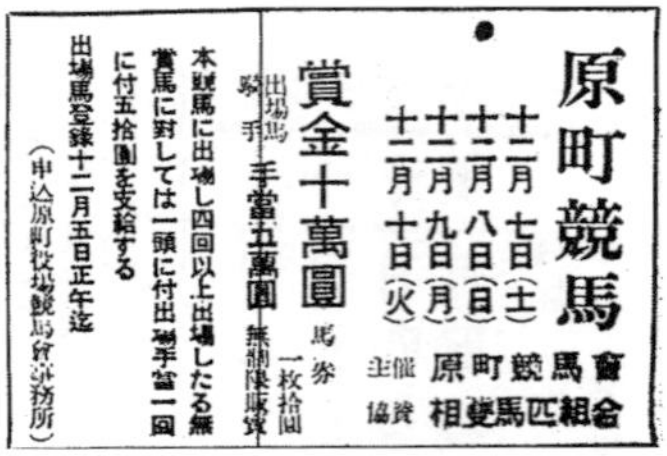

(『福島民友新聞』昭21・11・23)

国鉄若松駅から競馬場までの臨時バス運転が運行され、開催にやってくる観客で、市内の旅館、料理屋、東山温泉も賑わったという(421)。初日一一月二日の様子が、つぎのように報じられていた(422)。

> 二日初日の会津競馬は予想どおりの大人気、天気も上々、色とりどりの華やかな騎手の姿の動く馬場へ定刻すでに万余のファンが押し寄せ、お巡りさんも交通整理に大童、久し振りのレースの競馬狂は大穴を狙ってプログラム片手に協会の方までもぐり込んで馬の様子を探って秘策を練りはじめる、この日の出場頭数は一五〇、観衆の歓呼のうちにスタート、ワッと沸いた場内の空気に一枚一〇円の馬券は無制限発売で羽がはえたように飛ぶ、一日の総売上は三二万八五六〇円だった。

入場者は延べ六万余、馬券総売上は二一〇万九〇九〇円(423)。県の皮算用通りの額だったが、主催者側の四〇〇万円という見込に対しては(424)、その半額に終わっていた。

一二月中旬、会津競馬協議会は、利益金から四万円を市の社会事業費に、さらに三万円を市に、一万円を県ならびに会津馬匹組合にそれぞれ寄付した(425)。繰り返せば、このように県や若松市が収益金を受領したことは、会津の闇競馬も県レベルで「公認」されていたことを示していた。

この若松市に比べて、原町は準備が遅れていた。原町は、相馬野馬追の地、昭和二年から昭和一二年まで地方競馬が開催されていたところだった(426)。同町が、原町競馬倶楽部設立委員会を設置、競馬場借用についてとりまとめ、一株一〇〇円、三〇〇〇〇口、三〇万円の資金を募集、取り急いでコース整備を終わる段取りをつけることができたのが一一月初旬の段階、そして開催予定も一二三日から三日間と、地方競馬法施行日を越えるものとなってしまった(427)。

なお同委員会は、会津競馬を視察していた(428)。
実際の開催準備はもう少し遅れ、主催原町競馬会、協賛相雙馬匹組合、一二月七日から開催の広告が地元紙に広告されたのは一一月二三日のこととなった(429)。開催の目的は、「進駐軍慰安の為茲に農輓馬の能力増進と馬事思想の普及」と会津と同じものが謳われ、同会の事務所も原町役場内に置かれた(430)。また賞金一〇万円、出場馬騎手手当五万円(431)、とこれもまた会津と同じであった。だが決定的に異なっていたのは、すでに地方競馬法が二〇日施行されていたことだった。
県（畜産課）は、広告掲載前、原町競馬会に対して、開催不可と「二、三回注意を喚起」していた(432)。だが原町競馬会は開催広告掲載を強行、これに県は、二六日、警察部から開催中止の勧告書を出した。県は、進駐軍当局の了解を取り付けてこの対応を行っていたが、その手続が必要だったのは、この開催が進駐軍の許可を得ていたからであった。それでも原町競馬会は一二月七日からの四日間開催を強行しようとした。同会は「馬場の設置、出場馬の登録もすむなど」(433)、「準備のなったことを理由に開催を願」っていた(434)という。ようやく延期が公告されたのは、開催予定当日の一二月七日付(435)。だが町も含めて開催をあきらめたわけではなかった。

図80

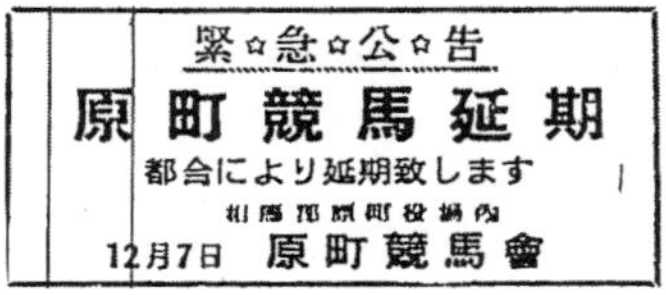
緊急公告
原町競馬延期
都合により延期致します
相馬郡原町役場内
12月7日 原町競馬會

（『福島民報』昭21・12・8）

図81

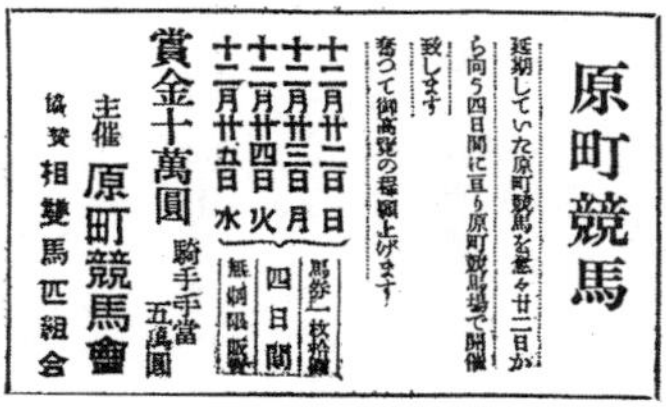
原町競馬
延期していた原町競馬を愈々廿二日から向う四日間に亘り原町競馬場で開催致します
奮つて御來覧の程願上げます
十二月廿二日 日
十二月廿三日 月
十二月廿四日 火
十二月廿五日 水
馬券一枚拾圓
四日間
無制限販賣
賞金十萬圓 騎手手當五萬圓
主催 原町競馬會
協賛 相雙馬匹組合

（『福島民友新聞』昭21・12・22）

延期公告が掲載されたその七日、原町役場、相雙馬匹組合代表ら四名が、県畜産課に開催を陳情した(436)。県は、一五日に予定されている県馬連総会（各郡馬匹組合長会議）に対して、今年度に限って原町での郡山代替開催を検討するよう斡旋すると約束していたが、これは原町側を説得できず、処置に困ったための先送りの対応だった。この総会は定足数不足で流会となっていたが、県馬連は、前日の一四日、郡山で競馬委員会を開き、郡山の施設計画を聴取、その際、原町競馬に対する態度を協議、県馬連会長は郡山決定を変えることはできないと言明、原町代替開催案を斥けていた。なお同日、郡山の新競馬場の建設計画が承認されていた。

この決定を受け入れず、原町競馬会は二三日からの開催強行を決断、二二日の地元紙に広告を打った(437)。ぎりぎりの攻防だった。

その原町競馬会の開催広告が掲載された二二日、県馬連は、郡山で、県畜産課長、県馬連会長以下委員一〇名等が出席して協議会を開き、原町の事情は「諒とするが」、「地元で猛運動をしたとしても」今後も開催を認めることがないことを確認した(438)。再度、県馬連の不支持が表明され、行政、警察当局からも強い勧告を受け、原町競馬会は開催を断念せざるをえなかった。繰り返せば、原町も一一月二〇日より前に準備が整っていれば、開催ができていたはずであった。

法律があり仕方がない、世論を呼び起こして数ヶ所でもやれるように法の改正を迫るべきだろう、というのが県の態度であった(439)。こういった声も、昭和二二年三月一県一ヶ所を二ヶ所とする地方競馬法の改正の背景となっていた(第3章)。

このように福島県馬連は、原町に関しては絶対に容認しない態度をとっていたが、翌昭和二二年福島市(日本競馬会福島競馬場)の開催に関しては正反対の態度をとることになる。

福島市の地方競馬開催に向けての動きも、若松市の闇競馬開催が近づいていた一〇月下旬、具体的なものとなっていた(440)。市長、商工会議所、市会などが中心となり、地方競馬法に基づいて、年内を目標に開催するという計画、郡山の競馬場建設に時間がかかることを見越したものだった。闇競馬の可能性を追求したふしもあるが(441)、地方競馬法の施行が迫っており、その下での開催をめざすものとなっていった。そのためには、一県一ヶ所の公認競馬場として、郡山から福島競馬場への認可の変更が必要であった。福島市側は、県馬連に働きかけただけでなく、市長が一一月初旬上京した際には日本競馬会、農林省にもそのことを打診。競馬会は「地方競馬的な癖をつくりたくない」と反対したが、農林省畜産局長からは「地方事情さえ円滑にゆけば努力する」との言質を引き出していた。その後、福島市長は、県馬連との協議を進めるなど精力的に動き、一旦は、福島県馬連が主催、商工会議所・福島市が後援して、一二月三日からの開催を行うことを内定するまでにこぎつけた。福島市長らは、五〇万円で地方競馬開催をバックアップするための福島競馬協会の発起人会を一一月二六日には開き、商工会議所員及び一般から会員を募り一口五〇〇〇円、計五〇万円の寄付金を集め、事務所は商工会議所におく計画だった。だがおそらく福島競馬場への公認変更に時間を要し、その手続が間に合わなかったために、県との協議も経て、福島市は一二月三日からの開催を断念していた(442)。

ところが翌昭和二二年に入っても、郡山の競馬場建設に目途が立たなかったことで、福島競馬場での開催案が浮上、実際、地方競馬法下の第一回が五月開催されることになる(443)。

そして三月、一県二ヶ所と地方競馬法が改正されたことで、原町競馬も一〇月、一一月、翌昭和二三年三月の三回、開催が実現することになった(444)。この原町の開催には、昭和二一年の闇競馬を開催できなかった事情が斟酌されていたに違いなかった。

地方競馬の公営化を受けて、福島競馬場の開催、原町競馬場も廃止され、昭和二四年四月から郡山競馬場、そして同五月からは会津競馬場と二競馬場での開催が開始されていく。しかし売上が低迷するなかで、翌昭和二五年四月若松市での県営競輪が開始され、その隆盛を受けて昭和二五年九月開催が会津競馬最後のものとなる(第5章)。

7・九州

馬産地ではあったが、九州の闇競馬は一〇月からの開催と、全国のなかでも遅れたものとなった。

地方競馬法の成立を受けて一〇月二日、佐賀市で、九州競馬協議会(あるいは地方競馬九州ブロック会議)を開き、競馬施行規程の作成、施行後の各県の開催日程を調整、決定した(445)。鹿児島一一月二一日、福岡一二月五日、熊本一二月一〇日、長崎一二月一二日、大分一二月一四日、佐賀一二月一二日からと、いずれも四日間の日程だった。なおこの協議会に参加していなかった宮崎も一二月一二日から四日間開催することになる。

この決定を行ったうえで、開催に向かっていったのが九州の闇競馬の特徴だった。馬券一枚一〇円、発売制限なし、配当制限一〇〇倍、各県馬匹組合連合会（以下、「県馬連」と記す）の公認の闇競馬の開催は、一回というのが指針であったようである。ただ鹿児島は県馬連だけでなく、各地区の馬匹組合も開催した。

福岡、長崎、宮崎の三県では、各県馬連が闇競馬を開催しなかったが、三県ともに一二月中に開催することになるから、開催自体が不可能ということではなかった。したがってこの三県では、県内における各種組織の利害調整がつかず、地方競馬法の施行を待って開催せざるを得なかった可能性が高かった。あるいは、県当局が、県馬連の主催であっても闇競馬を「公認」しない方針をとっていたのかも知れない。ただ文字通り非合法のヤミ競馬が開催されていたとしても不思議ではなかった。

以下、闇競馬を時系列順にあげていくが、九州地方も資料が乏しく、また各地の新聞の記事も、開催の経緯やその内容などを追っていくことができるほど詳しくはないので、いずれも概略にとどまるざるをえなかった。

【熊本】

九州で一番早かったのが、熊本県馬匹組合連合会（以下、「熊本県馬連」と記す）が主催した一〇月一〇、一一、一二、一三日の荒尾競馬場（荒尾市宮内出目、現・荒尾競馬場所在地）での開催だった。同場は、昭和三（一九二八）年開場、昭和一五年以降は、同県の鍛錬馬場として昭和一九年まで開催を続けていた(446)。

熊本県馬連が開催を決定したのは、九月五日の総会でのこと(447)。前日四日の評議委員会の席上、東京からもどった県馬連会長で日本馬事会の副会長でもあった衆議院議員三善信房が持ち帰ってきた競馬ができるという話を受けてのものだった(448)。「公認」の闇競馬開催が可能であることが、地方にこのような形で伝わったことを示してくれるエピソードであった。

九月四日評議委員会の席上、三善会長は、「中央における政治経済に関する各段に亘っての報告があり近く開催の荒尾競馬について説明」を行っていた(449)。「農馬でも何でもいい、走れる馬を集めよう」と熊本県内から馬を総動員、筑豊あたりの馬も来て開催されたという(450)。とはいえ一日速歩三、駈歩七の計一〇レース、馬産地熊本にふさわしく駈歩のレースが多かった。

残念ながらこの開催そのものを伝える記録が残されていない。

図82

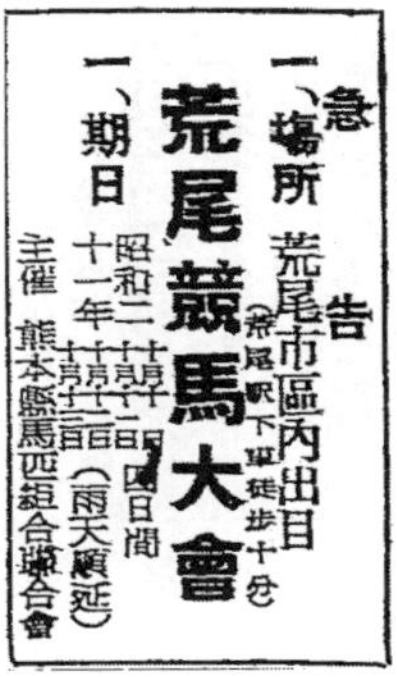

（『熊本日日新聞』昭21・10・9）

図83

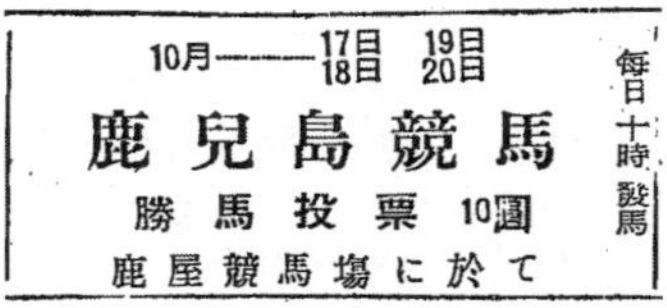

（『南日本新聞』昭21・10・11）

地方競馬法下に一二月一五、一六、一七、一八日開催された売上は、初日四七万円、二日目六八万円、三日目八五万円、最終日一〇一万円で総売上三一三万一四九〇円(451)。この額は四日目の一〇〇万円を超える記録的な売上がもたらしたものであったから、闇競馬の売上高はこれより下回ってはいたが、それでもそれからそう遠くない数字だったろう。

荒尾競馬は、三井三池炭鉱に近接していたが、炭鉱景気の影響を受け、翌昭和二二年には四開催一八日間で計三四〇一万六四六〇円という売上を誇るようになる(452)。

【鹿児島】

ついで鹿児島県馬匹組合連合会（以下、「鹿児島県馬連」と記す）主催、一〇月一七、一八、一九、二〇日の鹿屋競馬場（現・鹿屋市札元）の開催だった。

鹿屋競馬場は、昭和四年に第一回開催を行った一周一六〇〇メートル、幅員二二メートルの本格的なコースだったが、軍馬資源保護法を受けて昭和一三年の開催を最後に廃場となってい

図84

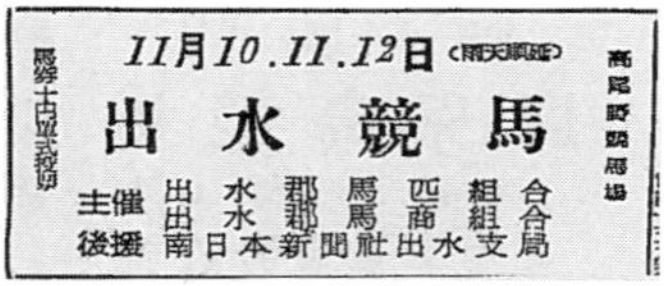

(『南日本新聞』昭21・11・6)

た(453)。今回のコースはその跡地を急遽、整備したものだった。

この闇競馬の開催に対して、一〇月六日には鹿屋市も協賛を表明、同市は国鉄に対して臨時列車の申請も行っていた(454)。各地と鹿屋を結ぶ地元バスも増発、また鹿屋市内では競馬場までの臨時バスも運行されることになった。開催に備えて地元旅館組合三三軒でも三〇〇〇人の受け入れを準備、食堂組合は市の協力を得て調味料の臨時増配を県に申請。一〇月上旬には、県内外から百数十頭の馬が鹿屋市に入っていたという。鹿屋競馬協賛会という後援組織も結成された。このように鹿屋市では、市をあげて闇競馬を歓迎、積極的に受け入れ態勢を整えていた。

開催を伝える記録は断片的で、レース番型も最終日のものしか残されていないが、第九レース・三歳特別優勝競走駈歩、第一〇レース・速歩優勝競走、第一一レース・中間種駈歩優勝競走、第一二レース・軽種駈歩優勝競走と、三歳馬、軽種馬も出走した馬産地らしい競馬だったことをうかがわせる編成となっていた(455)。

図85

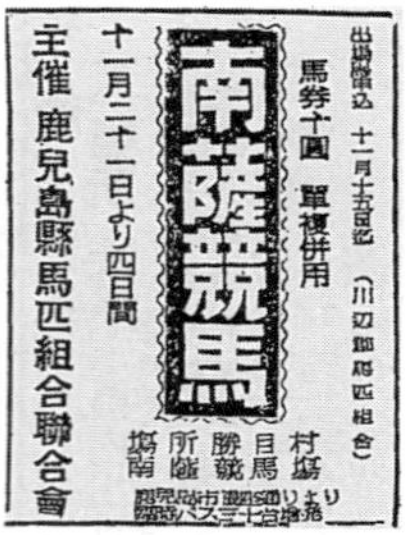

(『南日本新聞』昭21・11・7)

鹿屋では八年ぶり、県内でも三年ぶりだったこともあって、初日は三万のファンが押し寄せ、観覧席はすし詰めの盛況で、四日間二二〇万一三五〇円を売り上げた(456)。先の荒尾を下回り、また後の佐賀の四割程度だったが、鹿屋の地理的条件、戦前の昭和一三年秋季開催のそれぞれの数字、荒尾一一万二九六五円、佐賀一五万八六六〇円、鹿屋二万四五〇〇円と比べると健闘した額だった(457)。

そして鹿児島は、県馬連だけでなく地区の馬匹組合などが闇競馬を開催した九州で唯一の県となった。各地区の組合の独立性とともにそれを実現できる政治力を県馬連がもっていたことをうかがわせていた。

鹿屋競馬場の地元肝属馬匹組合も、一一月一〇日から三日間開催を主催していた(458)。牽付手当一万五〇〇〇円、賞金四万五〇〇〇円、富山の第一回開催が双方あわせて三万円だったことを考えれば、地区馬匹組合としては、かなりの額であった。先の闇競馬の収益が活用されてもいたのだろう。

初日、二日目のレース編成は速歩四、駈歩六、三日目は速歩五、駈歩六で、先の県馬連と同様に速歩優勝競走、中間種駈歩優勝競走、三歳特別優勝駈歩競走、軽種駈歩優勝競走が組まれていた。総売上一〇七万四四〇円、三日間と四日間の差異を考慮すると、先の県馬連開催の五分の三程度に終わっていたが、それでも賞金等の開催費を一〇万円、控除率が二〇％だったとすると、利益は一〇万円に近かったはずであった。

また一一月九、一〇日には始良郡馬匹組合が当山競馬場(459)、そして肝属馬匹組合と同じ一〇、一一、一二日には出水郡馬匹組合、出水郡馬商組合が主催、南日本新聞出水支局が後援（優勝旗贈呈）した開催が高尾野競馬場で行われていた(460)。この出水競馬は、各町村に出場頭数を割当て一〇〇頭を集め一二レースを実施、単勝式の発売だけだが初めての馬券競馬ということで、水俣あたりからも観衆が来観、売上は一レース二万円に及んだという。

ついで日置郡馬匹商組合が一六、一七日、伊作町吹上競馬場で開催、賞金一万五〇〇〇円、単複の馬券一枚一〇円を発売、郡内だけでも一三〇頭が出走予定だったという(461)。

そして県馬連は、地方競馬法下の第一回開催を、先の一〇月二日九州競馬協議会での日程通りに、同法施行翌日の一一月二一日から四日間、南薩競馬場（川辺郡勝目村）で行った(462)。賞金八万円、奨励金二万円、三歳馬以上の出走、単複馬券を発売、レース編成は速歩六、駈歩六、売上は一四五万五八六〇円、鹿屋の闇競馬の四分の三に終わっていた。ついで県馬連は一二月一九日からも四日間開催していたが、売上は一〇五万五〇〇〇円とさらに落ち込んでいた(463)。

この二つの開催から判断すると南薩競馬場が、地方競馬法に基づく一県一ヶ所の指定競馬場のはずだった。だがこの南薩競馬場の開催は、昭和二一年一一月、一二月の二回限定とあらか

図86　南薩競馬開催初日を伝える記事

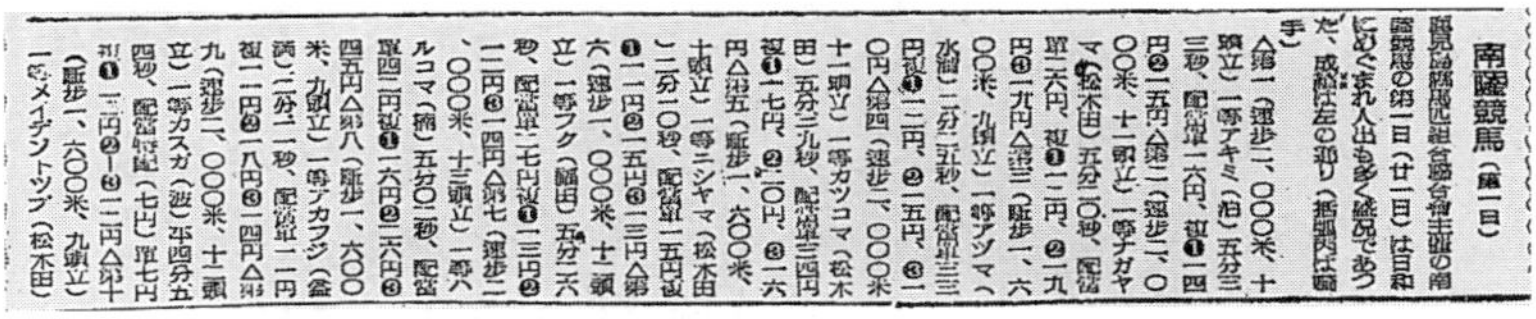
南薩競馬（第一日）
鹿児島県馬匹組合連合会主催の南薩競馬の第一日（廿一日）は日和にめぐまれ人出も多く盛況であつた、成績は左の通り（括弧内は騎手）
△第一（速歩二、〇〇〇米、十頭立）一等アキミ（泊）五分三三秒、配当単一六円、複❶一四円❷一五円△第二（速歩二、〇〇〇米、十一頭立）一等ナガヤマ（松木田）五分二〇秒、配当単二六円、複❶一三円、❷一九円❸一九円△第三（駈歩一、六〇〇米、九頭立）一等アヅマ（水流）二分二五秒、配当単三三円複❶一二円、❷一五円、❸一〇円△第四（速歩二、〇〇〇米十一頭立）一等カツコマ（松木田）五分三九秒、配当単三四円複❶一七円、❷二〇円、❸一六円△第五（駈歩一、六〇〇米、十頭立）一等ニシヤマ（松木田）二分一〇秒、配当単一五円複❶一一円❷一五円❸一三円△第六（速歩一、〇〇〇米、十一頭立）一等フク（福田）五分二六秒、配当単二七円複❶一三円❷一三円❸一四円△第七（速歩二、〇〇〇米、十三頭立）一等ハルコマ（徳）五分〇二秒、配当単四二円複❶一六円❷二六円❸一四五円△第八（駈歩一、六〇〇米、九頭立）一等ナカフジ（益満）二分二一秒、配当単二一円複一一円❷一八円❸一四円△第九（速歩二、〇〇〇米、十二頭立）一等カスガ（遊）平四分五四秒、配当特配（七七）単七円複❶一二円❷一❸一二円△第十（駈歩一、六〇〇米、九頭立）一等メイデントツプ（松木田）

（『南日本新聞』昭21・11・22）

図87

(『佐賀新聞』昭21・10・13)

じめ決められた上でのものだったようである。というのは一つには翌昭和二二年一月、県馬連会長、知事、鹿児島市長らが、市郡元町の元航空隊用地への指定競馬場の設置願を、進駐軍鹿児島地区軍政官を通じ九州地方軍政本部司令官あてに提出していたこと[464]、また三月二〇、二一、二二、二三日、県馬連が昭和二一年第一回開催を行ったのは鹿屋競馬場[465]、つまりこの時点で、南薩競馬場が指定を外されていたからである。そして、三月の一県二ヶ所との地方競馬法改正を受けて増設されたのも、南薩ではなく先の一月計画されていた鹿児島競馬場(現・鹿児島市東郡元町)、その第一回開催が行われたのは、時間を要したが、昭和二二年一二月二二、二三、二四、二五日だった[466]。

このような短期間での指定競馬場の変更は全国唯一のケースであった。複数の候補があって公認もれの競馬場に対してこのような手法をとれば、開催数は減るとしても、合法的に二ヶ所以上で開催可能となってしまうので、農林省が許可するはずのなかったものであった。実際にも、他県でこのような例はなかった。昭和二一年の南薩競馬場の開催が、文字通りの非合法のヤミ競馬である可能性はまったくないので、よほどの政治力が発揮されたに違いなかった。なお先にふれたように、山梨の玉幡競馬場が、昭和二一年一一月、昭和二二年四月の二回で、富士吉田競馬場に指定を譲り、また高松の元愛国飛行場跡地のコースが、実質的には仮の指定で昭和二一年一二月開催していたが、鹿児島のように複数競馬場での開催を可能とするものではなかった。

【佐賀】

佐賀県馬匹組合も、「公式競馬にさきがけて」、鹿児島鹿屋と同じ日程の一〇月一七、一八、一九、二〇日の四日間、神野競馬場(現・佐賀市神野西一帯)で開催した[467]。収益の一部を戦災引揚者の更生資金に寄贈することが謳われた[468]。同場は昭和四年設置、一周一〇〇〇メートル、幅員一六メートル、戦前九州における模範競馬場とされ、その後も数回改築を重ね、軍馬資源保護法を受けて昭和一五～一九年は鍛錬馬競走が実施されていた[469]。
開催が決定されたのは、熊本より四日遅れた九月九日[470]。明け三歳馬以上、総賞金一〇万円、一二レース、優勝駆歩一着五〇〇〇円、出走手当三〇〇円、騎手手当一〇〇円[471]、総賞金は九州のなかでは最高額、全国的に見ても高額の部類だった。そこには戦前から盛んだった佐賀の競馬の歴史が反映されていた。馬券は単複一枚一〇円、配当制限一〇〇倍、入場料五円[472]。騎手は、地元、朝鮮や台湾の引揚者も含めて四〇名、出走馬には、八幡、直方などからの四〇頭も加わり、また主に北九州一帯からの県外ファンを想定して、そのための飲食店も設置されていた[473]。初日、秋晴れの祭日だったこともあって三万人が押し掛け、設備不十分、馬券発売と払戻業務不慣れという悪条件のなかでも一〇〇万円を売り上げた。残りの三日間も連日超満員、総売上も五四五万円に上った。農村景気を反映したものだったという。熊本荒尾の一・七倍、鹿児島鹿屋の二・五倍、大分別府の一・四倍、九州一、関東の茨城とほぼ同額だった。最終日には、他県の「公認」の闇競馬と同様に知事賞、市長賞、が実施されていた。

この闇競馬に関しては、つぎのような回想が残されている[474]。

図88

（『佐賀新聞』昭21・12・20）

> しかし鍛錬馬競走が中止されてから三年の空白時代を経ているため、当時の馬がそのまま、健在でいても、その馬の履歴、能力判定となる資料は役に立たない。また当時の競走馬の多くは、方々に移動離散し、集まった一四〇頭の馬は殆んど新馬であり、飼養管理も区々、資質もまちまち、調教仕上りなど望むべくもなく、番組編成には困り果てた。編成作業は市内豊山荘において、当時の県職員、佐賀郡市畜産組合職員により実施したが、当時の電力事情から停電が多く、その合間をぬって、徹夜突貫作業で、やっと番組を終え、印刷に回した頃は、すでに東の空は白んでいた。苦労はしたが幸いなことに馬主、騎手、観衆からは番組批判どころか、競馬が

開幕されたことに対する満足感があって感謝されたものである。

地方競馬法施行後の第一回開催は、一二月二三日からの四日間(475)。闇競馬の成功を受けて、賞金を二〇万円と倍増、出場手当も一二万円という大盤振る舞い、この高額な賞金と出走手当で、山口小月、別府、荒尾、諫早の各優勝馬が出走、県内馬あわせて一八〇頭に上ったという。この開催に向けて、能力検査を実施、その結果を受けて、出走馬を、速歩、駈歩に区分した。ちなみに賞金一万二〇〇〇円の知事賞がメインレースだったが、その優勝馬は山口県小月競馬でも優勝戦を勝っていた馬だった。予想売上一〇〇〇万円だったが、燃料不足による国鉄の運転列車削減も影響したのか、四割も下回る六〇三万四四〇〇円に終わっていた。

だが昭和二三年七月の公営化までの間で、売上が低迷したのは、この開催だけだった。昭和二二年、四回一八日間の開催で計五八八万三一二〇円、一日平均約三二八万、昭和二三年三回、一五日間で計六一五五万六七四〇円、一日平均約四一〇万の売上を誇ることになる(476)。

そして佐賀の競馬も、「暴力団」と切っても切れない関係にあった。たとえば警察による取締りとは別に「自衛警備員」として彼らを活用、つぎのように場内取締りにあたらせ、開催毎に「警備料金」を支払っていた(477)。

警察は主として、すり、窃盗、傷害、泥酔者保護、八百長騒ぎなどの取締りに当り、民間警備員は近県各地から集まる仲間同士や、馬主、騎手等の世話をしたり、その他いろいろもめごとの纏め役としての仕事を引き受け、特殊の場内取締りに従事していたようである。

この「自衛警備員」制度に一応の終止符が打たれたのは、昭和三一年のことだったという(478)。

【大分】

九州最後の闇競馬は、大分県馬匹組合連合会（以下、「大分県馬連」と記す）が、一〇月三一日、一一月一、二、三日、別府競馬場（現・別府市野口原総合運動場一帯）で開催したものだった。同場は昭和七年設置、軍馬資源保護法を受け昭和一五〜一九年は鍛錬馬競走が実施されていた(479)。

これより先、別府市競馬クラブという組織が、九月七、八日、優勝賞金三〇〇円、一日六レースの開催を同競馬場で実施すると公表した(480)。開催に先立ち警察当局が、「観客仲間の賭けを厳重に取締る」旨を表明していたから、「合法化」の手続を経ていないヤミ競馬だったようである。

またこの開催との関連は不明だが、内務省が昭和二一年六、七月より以前に調査したと思われる「地方競馬類似競馬施行調」によれば、大分では馬券が発売されたヤミ競馬は二ヶ所で開催されていた(481)。

このようなヤミ競馬とは異なり、大分県馬連のものは「地方競馬施行の前ぶれとして知事認可」を受けていた闇競馬だった(482)。

賞金総額五万円(483)、大分、福岡、佐賀県下からも四三頭が出走、一〇月三一日の初日、雨模様のなかで約二〇〇〇人が訪れ、「軍用保護馬鍛錬検定といういかめしい殻から解放された終戦後初の地方競馬の人気は新円インフレにふくらんだ競馬ファンの懐加減も手伝って賑わった」という(484)。馬券は単複発売、勝馬予想屋、おでん屋、銀飯屋が繁盛し、三日の最終日には観客は一万人を突破、四日間の馬券総売上も三九〇万円に達していた(485)。九州では佐賀につぐ高い売上

図89

臨時 別府競馬
十月卅一日・十一月一日・同二日・同三日
入場無料◎馬券（十圓）無制限
主催 大分縣馬匹組合聯合會

占領軍が野口原に駐屯していたので、「占領軍ノ命ニヨリ出入口ハ競馬場ノ東北端ニ新設シテアリマスカラ、ソノ外ヨリノ入場ハ出来マセン」と注意が掲げられている（『大分合同新聞』昭21・10・26）。

図90　初日

（『大分合同新聞』昭21・11・1）

額だった。

そして別府市は、大分県馬連とも協力して、「別府の特殊性を生かし」、日本一の国際競馬場を新設しようという計画を進めていた(486)。「公認競馬場誘致委員会」を設置するなど闇競馬開催前からこの動きがあったが、開催の成功を受けて、一一月中旬には、一旦は扇山の元陸軍演習場七万坪に一六〇〇メートルの走路と投票所「だけをとりあえず」翌年三月までに竣工させようと意見がまとまり、市長も含めて現地調査を行っていた(487)。大分県馬連会長は一二月上旬、つぎのように国際競馬場の計画を語っていた(488)。

折角新設するのだから五〇年一〇〇年の計をたて日本一の競馬場としたい、別府は土地から国際競馬場として充分経営できると思っており、そのためには競馬に直接必要な設備はもちろん付近一帯にホテル、ダンスホール、劇場、玉突などの施設も必要だ、別府ならこそ出場馬の入浴設備もできる、競馬は伝統よりも実力で九州における公認競馬の宮崎、小倉をしのぐ自信はもっており関係方面の協力が望ましい。

「別府市競馬場設置委員会」は、一二月一二日、結局、元演習場ではなく、その前の第一候補地であった実相寺総合運動場一体（現・実相寺中央公園）一二万坪を国際別府新馬場の敷地とすることに内定、一三日商工会議所も役員会を開いて協力を申し合わせ、市、商工会議所、県馬連側との交渉会ももたれていた(489)。工費は四〇〇〇万円という巨額が見込まれていたが、県馬連側には目算があり、中央馬事会からも激励の書簡が届いていたという(490)。温泉地に競馬場という同様の計画は、昭和二二～二三年静岡の熱海でも進められていた(491)。地方競馬も、無限の可能性を夢見ることができた時代の産物だったが、実現することはなかった。

地方競馬法下の第一回開催は、一二月一四、一五、一六、一七日、総賞金は一五万円、出場手当も七万円（一〇〇頭が参加予定だったので一頭平均七〇〇円）と、闇競馬の三倍近くに引き上げられていた(492)。闇競馬の成功と、国際新競馬場建設に示された別府市の熱意も、その後押しとなっていた。また温泉地らしく一〇〇名の芸妓が競馬倶楽部を立ち上げ、別府市婦人会も愛馬会を作って開催協力に一肌ぬいでいたという。そして六〇名で騎手会が結成され、出走予定馬は県内八〇頭、県外二〇頭。実際の開催も盛り上がり、総売上五七〇万円に達した。佐賀競馬と匹敵する驚異的記録だった。二日目には細田徳寿知事も家族連れで姿を現していた。繰り返せば、この時点では、別府の競馬の未来も明るかった。

　翌昭和二二年も、四回二〇日間の開催で、三〇四六万二二三〇円、一日平均一五二万円を売り上げたが(493)、国際競馬場建設につながるほどのものではなかった。

　なお中津競馬場での第一回開催は、昭和二三年三月二六、二七、二八、二九日、五六四万五九〇円を売り上げたときのことになる(494)。

【福岡】

　闇競馬を開催した熊本、鹿児島、佐賀、大分以外の福岡、長崎、宮崎の各県も、昭和二一年一二月には予定通り、開催を行った。

図91

（『西日本新聞』昭21・12・2）

　まず一二月五、六、七、八日の福岡、福間競馬場（現・福津市西福間）での開催だった(495)。施行許可は一一月二五日付。同場は軍馬資源保護法を受けて昭和一五年新たに建設され、昭和一九年まで鍛錬馬競走が実施されていた(496)。レース番組編成は、一日速歩二、駈歩九、他県に比べて駈歩が多く、競走馬がかなり集まっていたことをうかがわせていた。福岡、北九州、筑豊をはじめ門司、下関その他から多くの観衆が押し掛け、初日二四七万八〇〇〇円を売り上げた。続く二日目二三五万五一〇〇円、三日目三一九万三二三〇円、四日目三八五万七八二〇円と伸びを見せ、計一一八七万九五六〇円の売上を誇った。一日分だけで、佐賀県を除く他の県の四日間分の売上を上回るという九州地方では驚異的な額だった。

戦前の地方競馬でも九州一の売上を誇っていた福岡で、闇競馬開催に向けての動きがなかったとは考えられない。確実に多くの売上が見込めるにもかかわらず、開催されなかったのは、よほどの事情があったのだろう。たとえば福岡県が開催を許可しなかったとか、あるいは戦前からの激しい地域対立や競馬場運営をめぐる主導権争いがあったことが尾を引いていたうえに(497)、多くの開催計画があったことで利害調整ができず、福岡県馬匹組合連合会が「公認」の闇競馬を開催できなかったとか、または非合法のヤミ競馬が林立していて闇競馬の開催が困難だったとか、である。いずれにしろ何かの事情があって、地方競馬法施行を待って開催するより方法が残されていなかった可能性が高かった。

図92

諫早競馬
12月12日13日14日15日

（『西日本新聞　長崎版』昭21・12・12）

【宮崎、長崎】

ついで宮崎と長崎は、同じ一二月一二、一三、一四、一五日という日程での開催だった。

九州各県の協議に参加していなかった宮崎県馬匹組合連合会も、同じ一〇月初旬にはこの日程での開催を内定していた(498)。従来の地方競馬、鍛錬馬競走が実施されていた下北方町の宮崎競馬場(499)ではなく、花ヶ島大原の日本競馬会の宮崎競馬場（現・ＪＲＡ宮崎育成牧場）を借用しての開催だった(500)。海外引揚者の援護資金募集が目的として謳われた。売上は二〇〇万円の予想を上回る二四八万九六四〇円だった。

長崎は、昭和一六〜一九年まで鍛錬馬場であった諫早競馬場（現・長崎運動公園一帯）が指定競馬場となり(501)、長崎馬匹組合と諫早化薬の共催という形で開催された(502)。地方競馬法に基づけば馬匹組合が開催権を専有していたので、諫早化薬が協賛という形を取られたのであろうが、実質的にも共催だったのかも知れない。一日一〇レース、騎手一〇〇名余、レース編成は速歩三〜四、駆歩六〜七、県内五〇頭、佐賀、福岡県等から六〇頭余、売上は初日三〇万円、二日目六〇万円、四日目八一万五二七〇円、三日目の記録を欠くが、総売上は二四九万二五四〇円だった。

このように宮崎も長崎も地方競馬法施行後、すぐに開催していたことを考えれば、闇競馬を開催しようとすればできていたはずであった。この両県では、地域対立の形跡が見られないので、闇競馬が開催されなかった要因は、県からの「公認」が得られなかったことであった可能性が高かった。

以上のように九州の地方競馬は、七県全部が昭和二一年一二月に開催したが、その売上高の順位ということでみれば一位福岡、二位佐賀、三位大分、ついで熊本、そして鹿児島、長崎、宮崎が下位グループ、となっていた。

8・中国

中国地方での闇競馬の開催は、広島と山口の二県にとどまり、開催も全国で一番遅いものとなっていた。ただ岡山では、八月、英印進駐軍（オーストラリア、ニュージーランド、インドのグルカ兵からなる英連邦軍）の手によって日本人にも馬券を発売する競馬が開催されてはいた。以上の三県では、鍛錬馬競走が昭和一五年から昭和一九年実施されていたが、鍛錬馬競走を実施していなかった鳥取、島根の二県の地方競馬の復活は昭和二二年のことになる。

【岡山】

岡山では、馬匹組合等主催の闇競馬ではなく、全国で唯一の形態での開催が行われていた。英印進駐軍が主催、将兵だけでなく日本人にも馬券（単複一〇円）を発売したものだった。だが北海道の進駐軍競馬とは異なって、日本側の馬匹組合、あるいは新たに結成されたレースクラブが賛助という形態をとらず、騎乗も進駐軍兵士に限定、出走馬も兵士が試乗してクラス分けを行って、レース番組を編成、といったように進駐軍が文字通り主催していた(503)。出走馬は、主として一般農家の所有馬を集め、「馬の所有者には手当ての代りに衣料品、食料品などの現物が支給されることが多く、物資不足の時代であったので、出場希望者は割合多」く、また「払い戻しは英印軍将兵の監督下にあって、いい加減なもの」だったが、それでも多くの日本人が集まり、盛会だったという。

なお同進駐軍が、それまで駐留していたアメリカ軍に代って岡山、倉敷両市に進駐して来たのは昭和二一年四月、撤退は昭和二二年八月だった[504]。

その第一回が開催されたのは、八月一〇日、原尾島競馬場（現・原尾島住宅一帯、岡山競馬場とも呼ばれた）、全八レース、内六レースが平地で、残り二つの内一レースが婦人たち騎乗のレース、残り一つが障碍レースという編成だった[505]。司令官（コーワン少将）も臨場、全将兵が招待され、日本人の観覧も歓迎された。軍楽隊が演奏し、移動酒保も設置されており、馬券を発売しての兵士慰安、また内外交流の娯楽の色彩が強かった。

図93　英印軍の競馬第一回

（『合同新聞』昭21・8・11）

第二回の開催日は不明だが、第三回は九月二二日に開催されていた[506]。出場馬六四頭、レース数は第一回と同じ八、レース番組は、前二回の成績に鑑み、九月二〇日にテストを行い、そのタイムによって編成された。この開催にも司令官が姿を見せていた。

残念ながら英印進駐軍競馬のこれ以上の記録は残されていない。

岡山県馬匹組合が、地方競馬法施行を受けて、原尾島競馬場で第一回を開催したのは一二月八、九、一〇、一三、一四、一五日、売上四七〇万五八六〇円だった[507]。

この施行日に鑑みて、同馬匹組合が、闇競馬を開催しようとすれば開催できたと考えられるので、開催されなかったのは、「競走馬」を英印進駐軍競馬に取られ、また原尾島競馬場も事実上の接収状態に置かれたことなどがその要因となっていた可能性が高かった。あるいは岡山県では、この競馬を開催する進駐軍の意向もあって、闇競馬の「合法化」の手続が定められていていなかったのかも知れない。

【広島】

広島県の闇競馬の開催は一〇月一九、二〇、二一、二二日(508)。広島県馬匹組合と広島県競馬会の共同主催。一日一〇レース、総賞金一二万円、全国的に見ても高額の部類だった、馬券一〇円、発売枚数制限なし。コースは五日市競馬場（現・広島市佐伯区五日市中央）。戦前の地方競馬、鍛錬馬競走は広島競馬場（現・広島市南区大洲町）で開催されていたが(509)、原爆の被害を受けており、五日市競馬場は、昭和一五年に設置されていた鍛錬馬場をこの闇競馬にあわせて整備したものだった。

有料入場数は初日七〇〇〇人、二日目七〇〇〇人、三日目三五〇〇人、四日目四〇〇〇人の計二万一五〇〇人、売上は三七五万三五四〇円、純益は戦災者と引揚者の援護資金に寄付することになっていたという。日を追って減少した観客数の推移は、この五日市競馬場が、ファンに競馬を忌避させる雰囲気があったことをうかがわせている。

地方競馬法施行を受けての第一回は（一二月一六日競馬施行許可）、一二月二一、二二、二三、二四、二五日の五日間開催、賞金総額一〇万円(510)。日程が一日増えて五日間となったにもかかわらず賞金が二万円引き下げられたのは、闇競馬の売上が予想を下回った影響だろう。この開催の売上も三一九万三二二〇円に終わり、山口県の小月競馬の六七七万の半分以下、四日間開催だった一〇月の闇競馬からも約六五万円下回っていた。四日間の長野（上諏訪）、熊本（荒尾）とほぼ同額だった。

その後も売上は伸びず、昭和二二年三回計一三日間で九六二万八九二〇円、県馬匹組合の最後のものとなった昭和二三年五月一九日から五日間の開催も四三四万八六七〇円に終わっていた(511)。そして競馬法施行を受けて県営に移管された後はこの五日市競馬場では一回も開催が行われず、そのまま廃場となった。代わって指定競馬場となったのが福山競馬場、その開設は昭和二四年九月一八日のことだった(512)。

図94

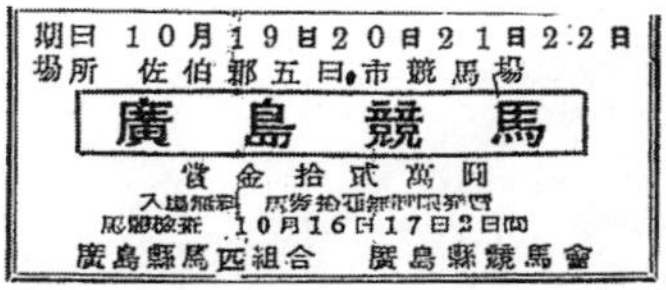

（『中国新聞』昭21・10・10）

図95

小月競馬場を訪問したL．ポーター少将、トーマス中佐（向かって右）（『朝日新聞　山口版』昭21・9・17）。

図96

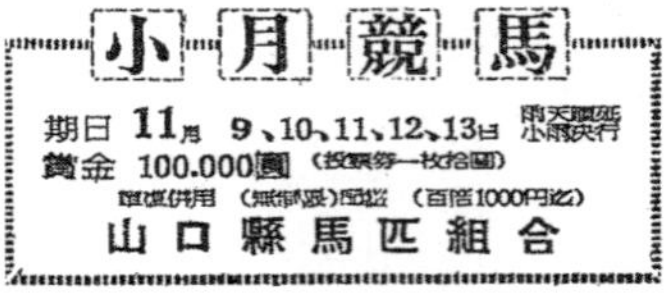

（無制限）配当は発売の誤り（『防長新聞』昭21・11・2）

図97

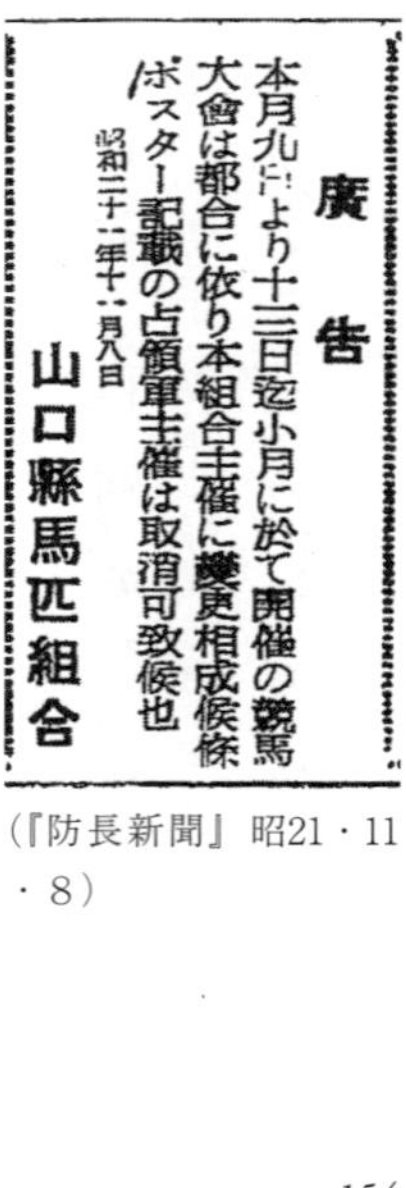

廣告

本月九日より十三日迄小月に於て開催の競馬大會は都合に依り本組合主催に變更相成候條ポスター記載の占領軍主催は取消可致候也

昭和二十一年十一月八日

山口縣馬匹組合

（『防長新聞』昭21・11・8）

【山口】

山口県馬匹組合は、地方競馬法の成立を受けて、一〇月初め、まず一一月上旬の開催を決めたが(513)、そのうえで一一月九日からの闇競馬の開催も決定していた(514)。戦前から山口の地方競馬は九州地区と密接な関係をもっていたが、その九州地区と同じパターンだった。コースは小月競馬場（現・下関市小月小島一丁目）。同場は昭和六年創設されて地方競馬の開催を続け、昭和一五年から昭和一九年までは鍛錬馬競走が実施されていた(515)。

これより五ヶ月前の五月九、一〇日にも、小月競馬場では競馬が開催されていた(516)。同場が近く公認競馬場として発足するための馬場開きで、小月愛馬会という会が主催していたが、馬券は発売されなかったという。鍛錬馬競走中止後、農作物などが植えられていたコースを整備したものであろう。また宇部市では馬匹組合などが五月四、五日、琴崎八幡宮で賞金五〇〇〇円の競馬会(517)、ついで五月一八、一九日、徳山競馬倶楽部が、賞金一万円、優勝旗三〇本を賭けて競馬会を催していた(518)。いわゆる旗競馬だったが、記録に残されているだけでも、このように山口県でも競馬は盛んだった。

その馬匹組合の闇競馬、馬券は単複、一枚一〇円、発売枚数は無制限、配当制限は一〇〇倍、賞金は一〇万円、全国的に見ても高額な部類に属していた(519)。開催は占領軍の主催が謳われ、その文字が開催の宣伝ポスターにも踊っていた(520)。山口の占領軍はニュージーランド軍だったが、これより先の九月一六日旅団長、副官、下関駐屯軍部隊長が小月競馬場を視察、その際、日本側との「競馬交驩」として第一回を一〇月下旬、第二回を一一月下旬に開催するという合意に達していた(521)。こういったニュージーランド軍との「交驩」が、闇競馬を占領軍が主催するということにつながっていたに違いなかった。だが開催直前の八日付で占領軍主催は取り消され、組合主催への変更が告知された(522)。勝手に後援を謳ったとは考えにくいので、「交驩」の一環として当初は同意を得ていたが、何らかの事情が生じて取り消されたのであろう。

開催中、当時は制限されていた国鉄の乗車切符が特別発売され、また下関小月間の臨時列車、特別バスも運行された(523)。

残念ながら、開催を伝える記事は、初日、戦前を偲ぶ盛況で、占領軍主催の取消しと関係なく、多数のニュージーランド軍将兵も訪れ、終日賑ったという簡単なものだけで(524)、またその他に開催を伝える資料も残されていないので、これ以上のことは不明。

図98　仙崎競馬大会

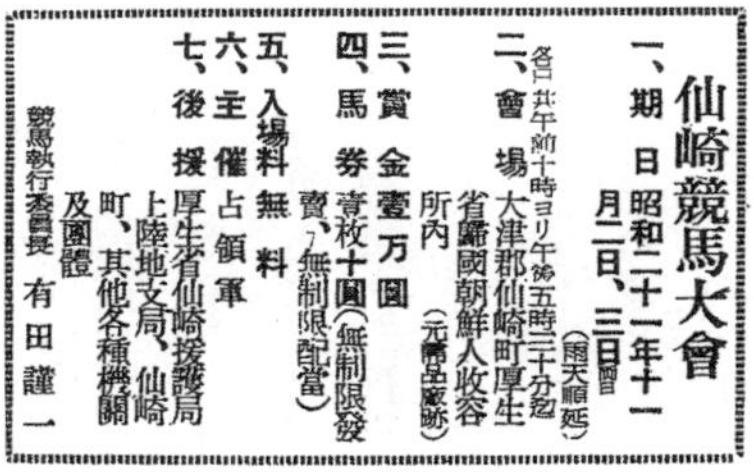
仙崎競馬大會
一、期日 昭和二十一年十一月二日、三日間（雨天順延）
各日共午前十時ヨリ午後五時三十分迄
二、會場 大津郡仙崎町厚生省歸國朝鮮人收容所内（元需品廠跡）
三、賞金 壹万圓
四、馬券 壹枚十圓（無制限發賣、無制限配當）
五、入場料 無料
六、主催 占領軍
七、後援 厚生省仙崎援護局上陸地支局、仙崎町、其他各種機關及團體
競馬執行委員長 有田謹一

（『防長新聞』昭21・10・31）

なお地方競馬法施行後、山口県馬匹組合は、一二月一一日付で施行許可を受け、小月競馬場で、一四日から四日間開催を行い、六七七万二二一〇円を売り上げていた(525)。賞金が二〇万、他に名誉賞二万円と闇競馬の二倍となっていたのは(526)、この一一月の闇競馬の売上がかなりの額に上っていたことを受けてのものだったに違いない。広島とは逆であった。

山口県で、占領軍主催が謳われた開催には、他に一一月二、三日の仙崎競馬大会があった(527)。コースは、仙崎町（現・長門市）、厚生省帰国朝鮮人収容所内、賞金一万円、馬券は一枚一〇円、枚数無制限発売、無制限配当、後援は厚生省仙崎援護局上陸地支局、仙崎町、その他各種機関及び団体というものだった。なお援護局は、軍人、軍属、一般人の海外からの引上げを援護する業務にあたるところで、仙崎援護局は一〇月一日出張所から昇格したばかりだった(528)。仙崎港は、昭和二〇年九月から引揚者の上陸基地となっただけでなく、帰還する朝鮮人の出港基地でもあった。昭和二一年一二月一六日、仙崎援護局が廃止され、引揚港の役割を終えるまで、仙崎港に上陸した人々は約四一万人、ここから朝鮮に帰った人々は約三四万に及んだという。

実際の主催は大津郡東部輓馬組合だったようだが、新聞広告だけでも、占領軍の名前を騙ればすぐに露見するものであったことを考えれば、「この膨大な人数の出入港に及ぶ費用の一部をまかない、そして占領軍も含めて町民や引揚者などの慰安に資する」、占領軍、厚生省、町が、こういった公共目的を掲げて開催することに関して、少なくとも一旦は合意に達していたのだろう。このまま馬券が発売されれば、占領軍、国の機関、町が闇競馬を実施したという全国でも唯一のケースとなっていたが、開催初日二日の朝、「突然」その発売の中止が告知された(529)。こうして結局旗競馬となってしまったが、両日の見物人は二万をくだらなかったという。その多くは馬券目的だったろうから、そのファンを失望させてしまったことは想像に難くない。

そして小月競馬に引き続いて、一一月一八、一九、二〇日、旧大畠練兵場(現・下関市向洋町スポーツセンター)でも闇競馬が開催されていた(530)。主催は下関競馬倶楽部、賞金は先の県馬匹組合の開催と同額の一〇万円、小月競馬の人気馬のほとんどが出走予定だったという(531)。練兵場跡地の急造の粗悪の悪条件のコースで実施したのは、下関市内での開催の集客力を見込んでのものだろうが、実際にもその思惑通りに、早朝から数千の観衆が押し寄せ、一レース四、五万円を売り上げていた(532)。倶楽部の中身は不明だが、この開催が「公認」であるとすると、山口県での「合法的」な闇競馬の開催権も、愛知や栃木と同じように、馬匹組合に限定されず、認可を受けたクラブ(団体)にも与えられていたことになる。あるいは小月と下関では「暴力団」の縄張りが異なってそれへの配慮という事情もそこに加わっていたかも知れない。いずれにしろ実際には馬匹組合の関与、協力がなければ、開催はできなかった。

だがこの倶楽部は、「公認」でなかったふしもあった。というのは、地方競馬法施行日の二〇日、あるいはそれ以降に開催することは地方競馬法違反であり、全国的には禁止に追い込まれていたが、この下関競馬倶楽部は二〇、二一日と開催した可能性があるからである[533]。実際に開催されていたとするならば、本当の意味でのヤミ競馬であった。馬匹組合が公式に関与していれば、地方競馬法施行後は開催できないが、そうでなければ開催を強行する。あとは司法、警察、あるいは「暴力団」との力関係だったが、その「暴力団」が主催者とするなら、簡単に手を出せなかったのだろう。

その後の山口の地方競馬に関して簡単にふれておく。

山口県馬匹組合は、昭和二二年の第一回開催を三月一五日から五日間、小月競馬場で開催、八一四万八六六〇円を売り上げたが[534]、終了後、同場は占領軍に接収されてしまう[535]。これにより山口県は、新たに二ヶ所の競馬場設置を行うことになるが（三月三〇日地方競馬法の改正で二ヶ所と倍増されていた）、その争奪戦が、宇部、柳井、下関、徳山、光の各市町の間で、地域振興、財源確保をかけて繰り広げられた[536]。徳山市は市長が期成同盟会会長、光市も市長、市議が音頭をとり、柳井でも後援会が設立され、下関市では、同市会が、「他都市に決定せんか、本市の復興と繁栄に重大なる影響をもたらすことになる」と、六月二五日付で、新競馬場設置を要望する「意見書」を可決していた。結局、馬匹組合の各支部による投票で決着をつけることになり、八月一三日、一つは宇部市と決定（八票）、後は柳井と下関が同数（四票）となったが、九月末柳井と決定された。柳井は後援会を結成して一〇〇〇万円の株を公募して競馬場を設置した。

図99

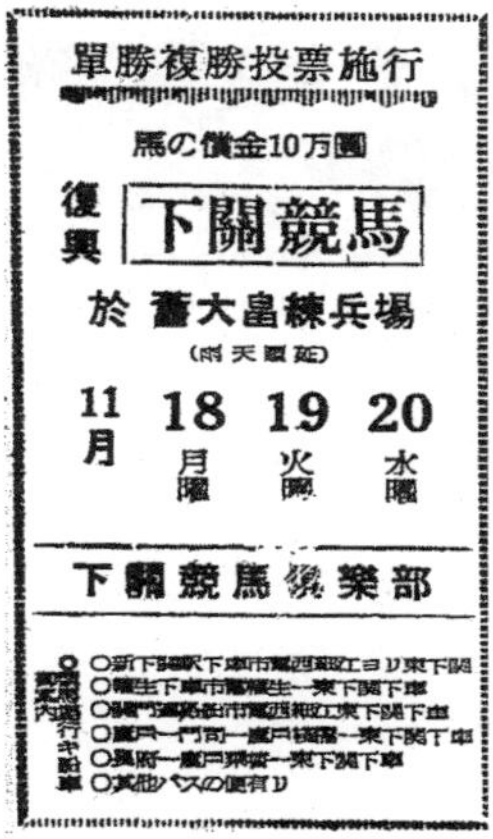

（『防長新聞』昭21・11・16）

昭和二二年の開催は、このように競馬場選定に時間を要したこともあって、八月、九月とその後も引き続いて小月競馬場で行われた[537]。なお小月町民は、接収後も競馬場存置運動を起していたが、昭和二四年接収が解除されたことで、小月競馬場は復活、それに伴って廃止となったのは柳井競馬場だった[538]。

図100　第一回開催広告

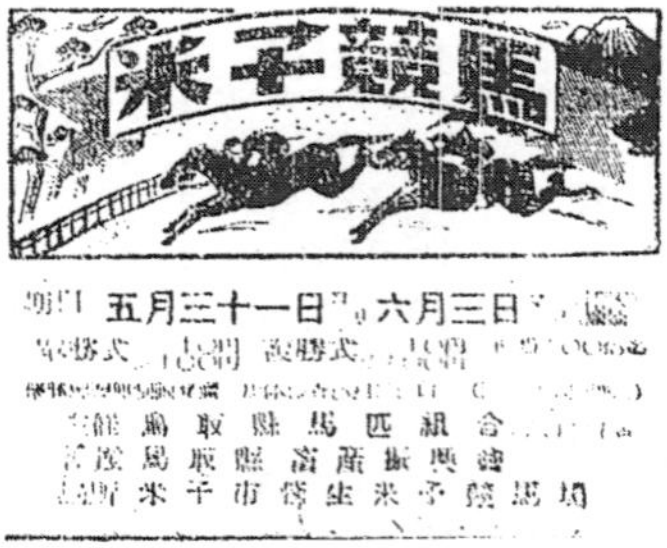

（『山陰日日新聞』昭22・5・28）

【鳥取】

戦前の地方競馬規則を受けて、鳥取県で地方競馬が開催されたのは昭和四年(539)。競馬場は、現在の皆生温泉街の西地区に建設されていた。皆生温泉は、明治中期に発見され、大正期に開発された新興の温泉場、山陰の熱海をめざしていたが、昭和期に入り、不況の影響で客足が遠のいていた(540)。その不振挽回、集客策の目玉として、皆生温泉が西伯地区の畜産組合と協同して競馬場を設置、春秋二回の開催にこぎつけたものだった。その後昭和八年までの四年間は春秋二回の開催を継続したが、売上不振が続き、昭和一〇年までの二年間は春一回の開催に縮小された。それでも継続困難となり、昭和一一年休会を余儀なくされ、翌昭和一二年春には、農林省の助成金を受けてなんとか開催にこぎつけたものの売上がそれまでの最低を記録、以後、開催不能となり、競馬場も廃場となった。結局、長期的に見れば、皆生温泉の振興には役に立たなかったことになる。なお鳥取県では、皆生競馬の廃止もあって、鍛錬馬競走は実施されなかった。

そして敗戦後、鳥取では闇競馬も開催されなかった。だが地方競馬法施行を受けて、「県馬匹組合を中心に地方の馬匹愛好者、観光、金融、引揚者等各方面の有力者間に」、皆生競馬の「復活の議が進められ」ていった(541)。昭和二二年に入ると、一株一〇〇〇円、総額二〇〇万円の株式募集が開始されたが、その資金を用地買収、工事費にあて、幅員一六メートル、一周一四〇〇メートルの競馬場を設置するという計画だった(542)。ちなみに戦前のコースは一周一〇〇〇メートル。これに米子市も、競馬場を大山国立公園、皆生温泉、米子飛行場等と結びつけ観光ルートの一翼として積極的に協力する姿勢を見せていたという(543)。なお競馬開催に伴う、地元米子市の収入は、総売上の二％及び地方税の入場税だった(544)。

当初予定の四月よりはずれこんだが、五月三一日、皆生米子競馬場で、鳥取県馬匹組合主催第一回の開催初日を迎えた(545)。四日間の日程だった。この開催に向けて皆生温泉は、鳥取県馬匹組合と共同で、つぎのような広告を打っていた(546)。

競馬場は各旅館より徒歩で三分以内、旅館は白砂青松の間に内湯を有し朝夕浴槽に溢るる温泉を浴び乍ら競馬が楽しめる絶好の地であります。
皆様のお出を各館お待ちして居ります。

ちなみに七月二五日からの第二回開催時の米子競馬のコピーは、「オゾン香ル青松ノ下涼シキ海風ヲ身ニ避暑競馬へ」だった（図101）。

スタンドが工事中など施設は不十分だったが、そんなことは問題ではなかった。多くのファンが押しかけ、日増しに熱を加え売上も伸びていった。各日の売上は、初日六六万四二一〇円、二日目一二一万八九五〇円、三日目一二六万九三〇〇円、四日目一二二万六六四〇円。当初予想は二〇〇万円だったが、総売上はそれを二倍以上も上回る四三七万九一〇〇円。先に開催されていた岡山、広島、山口を上回る中国地方のレコードだった。

島根の出雲大社、益田の競馬場設置の準備も進められていたが、山陰での戦後初めての競馬ということが人気を呼んだものだった。ちなみに鳥取の人口は約六〇万(547)、約一〇〇万の富山の四月開催の売上は二二〇万、つぎの七月開催の三二五万が戦後の富山の地方競馬の最高額であったから（第4章）、その富山と比較するとこの米子競馬の売上は驚異的だった。

この開催に関しては、全四八レースの配当金（一〇円に対して）が判明するが、単

図101

（『山陰日日新聞』昭22・7・19）

勝の最高配当が一七二円、一〇〇円以上が四回、元返しの一〇円が一回で平均三七円、複勝は、最高が九四円、五〇円以上が四回、元返しの一〇円が一二回、平均一八円三〇銭、というように本命サイドのレースがほとんどだった。

当初、第二回開催は秋の農閑期の予定だったが、第一回の予想外の成功に七月二五日からの四日間開催が決定された(548)。当然第一回に続く盛況を見込んだものだったが、結果はまったく逆だった。各日の売上は、初日四八万五三二〇円、二日目五七万七二五〇円、三日目六八万一一四〇円、四日目五六万七七〇円と低迷、総売上も第一回を二〇〇万円も下回る二三〇万四四八〇円に終わってしまった(549)。

そして農閑期に入った一〇月三日からの四日間開催(550)。鳥取県馬匹組合は、再度売上高四〇〇万円を目標として、捲土重来を期し、馬券売場も増設した。だが売上は二回目よりもさらに落ち込んだ。

初日四八万四一一〇円、二日目六〇万五五〇円、三日目三八万七三二〇円、四日目四八万九八五〇円、計一九六万一八三〇円と二〇〇万円台も割り込んでしまった。園田競馬と日程が重なったこともあって、県外の出走馬が予定を下回り、一日一二レースが一一しか実施できなくなったことの影響が大きかったという。

だがそれだけではなかった。第一回の配当の低さに示されているように、馬の能力差が大きすぎ、レースとしての面白みにかけていた。そして何よりも場内が暴力団（ボス）が支配する鉄火場的な雰囲気で、暴力沙汰が頻発、八百長も横行していたことだった。人々がこのような競馬は一回で充分だと思った結果が、第二回、第三回開催の大幅な売上減につながったに違いなかった。商売にならぬ淋しい米子競馬というのが、第三回開催の結果を報じた地元紙の見出しだった(551)。

鳥取県でのその後の開催は、馬匹組合が一回、県営競馬が三回、計四回で終わり、昭和二五年五月のものが最後となった。その結果、鳥取は、山梨についで全国で二番目に地方競馬が開催されない県となる（第8章）。

【島根】

島根県でも闇競馬は開催されていなかった。鍛錬馬競走が開催されず、戦前昭和四年から昭和一二年まで地方競馬が開催されていた松江競馬場、浜田競馬場も廃場となっており、島根にも競馬場が存在していなかったことが大きかった(552)。

それでも昭和二一年一〇月には、益田町(現・益田市)で競馬場設置に向けての具体的な動きが始まっていた(553)。戦前から益田では、競馬場の設置を望む声が強く、今回はその機会として地元あげて実現に向かっていた(554)。

ついで年が明けた昭和二二年二月下旬には出雲市、大社町の競馬場設置に向けての動きが開始されていた(555)。地域振興の目玉として、出雲市、大社町、出雲大社宮司の千家など地元名士、一畑電鉄などの支援が取り付けられていった(以下、出雲側の競馬場に関しては「出雲大社競馬場」、その開催に関しては「出雲大社競馬」と記す)。

この時点では、地方競馬場は一県一ヶ所しか設置できず、益田と出雲側との調整が必要だった。だが三月三〇日地方競馬法が改正され、一県二ヶ所の設置が可能となったことで状況が変わった(第3章)。農林省は、二ヶ所の認可に対しては高いハードルを設定していたが、島根ではその実現に向かっていた。四月早速、島根県馬匹組合は、この益田と出雲大社を公認地方競馬場として指定、五月中旬には、中央馬事会理事らが出雲大社競馬場の候補地を視察、認可についての内諾を与え、農林省も認可の方向だった(556)。

さらに松江市が、三ヶ所目の競馬場設置の可能性を探っていた(557)。観光の目玉としたいということもあったようだが、益田、出雲側との交渉が必要であり、もちろん松江競馬場は実現しなかった。だがこの時点では無益に終わってしまったが、その動きは後の昭和二五年五月の松江競輪場実現の布石としての意味をもつようになる。

五月二二日、まず認可されたのが益田町だった(558)。幡龍湖畔(現・益田市高津)の予定地は、戦時中滑空(グライダー)訓練所の国有地、戦後はこの競馬場建設が具体化した時点では農林省用地、開拓地となっていた(559)。払い下げの申請も行ったが、借地での建設となった。七月下旬には益田競馬場建設及びその開催を後援する島根県馬事振興会が設立され、総額四〇〇万円（一口五〇〇円）の資金を募集、振興会は、「国家再建上馬事の振興を図り以て農業生産力の飛躍的増強とこれに伴う輸送の完璧を期するため今回益田競馬場が創設さるることになりました」とその設立目的を謳った(560)。結局、馬事振興会が支出した総事業費は一一〇〇万円に及んだという(561)。振興会は、土地を除き、益田競馬場の全施設の所有権を保有した。

そして益田競馬の事実上の主催者となったのがこの島根県馬事振興会だった。法律上、地方競馬の開催権は県馬匹組合に付与されており、それ以外の組織が主催することはできなかったが、島根では、県馬匹組合から独立してこの馬事振興会が開催を担うとともに自らも主催者であることを謳った。全国でも島根だけの事例であった。益田地区が所属する馬匹組合支部及び石見地区全体の馬事、畜産、農業関係者、また周辺市町村の強力な支援に裏付けられていたに違いなかった。県営化、あるいは益田市営となっても、この馬事振興会が開催運営を続けたが、昭和二三年にそれが競馬法に抵触すると問題化することになる(562)。

図102

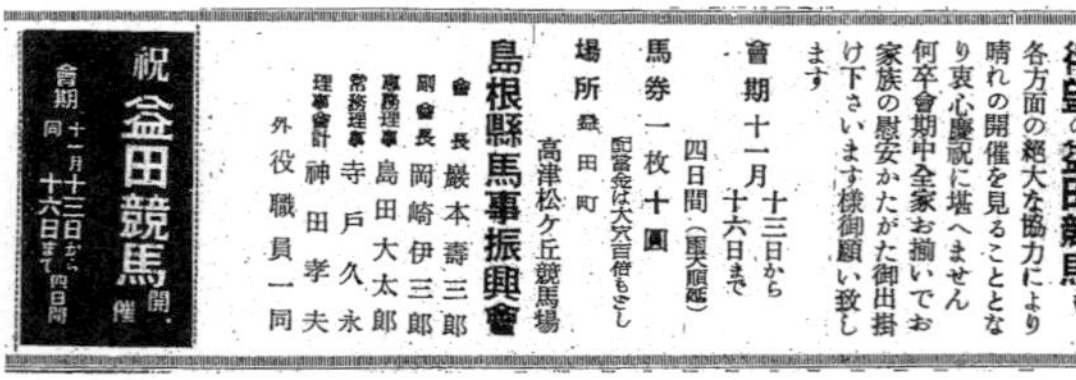

待望の益田競馬も
各方面の絶大な協力により晴れの開催を見ることとなり衷心慶祝に堪へません
何卒會期中全家お揃いでお家族の慰安かたがた御出掛け下さいます様御願い致します

會期　十一月十三日から十六日まで
四日間（雨天順延）
馬券　一枚十圓
配當金は大穴百倍もなし
場所　益田町
高津松ケ丘競馬場

島根縣馬事振興會
會長　巖本壽三郎
副會長　岡崎伊三郎
専務理事　島田大太郎
常務理事　寺戸久永
理事會計　神田孝夫
外役職員一同

祝　益田競馬　開催
會期　十一月十三日から
同　十六日まで四日間

（『島根新聞』〈部分〉昭22・11・13）

当初予定は九月だったが(563)、滑空訓練所跡地の整備など工事に時間を要したこともあって(564)、島根県馬事振興会が主催した益田競馬の第一回開催を迎えるのは一一月一三日、一四、一五、一六日のことになった(565)。なお出雲大社競馬第一回の開催も二二日に迫っていたが、その後も島根県内のこの二場の開催の日程は近接したものになる。益田競馬第一回の売上は四四六万四一七〇円。一〇月三日からの四日間開催だった鳥取の米子競馬の一九六万一八三〇円の約二・三倍。また一一月二二日から四日間開催の出雲大社競馬も二八五万二七九五円だったから（後述）、山陰地方における益田の競馬熱の高さを示すものだった。

一方、出雲側の競馬に寄せる思いも熱いものがあった。競馬設置に向けての動きは、先にもふれたように二月下旬、出雲市高松地区の青壮年団、農業組合関係者の「農村恐慌の対策として競馬場を設置してはとの議論」から始まっていた(566)。その後、先にもふれたように出雲市、大社町、出雲大社の神官をつとめる千家、また一畑電鉄など地元交通機関などの地域をあげた「積極的な援助の意向」を獲得、五月には中央馬事会理事らの視察を受けるまでになっていた。益田での主導権を失った形の県馬匹組合にとって、この出雲大社競馬場実現にはその面子がかかっていたのだろう。六月には許可申請手続きも完了、二九日出雲大社競馬協会の発起人会が開かれた(567)。敷地も、大社線出雲高松駅から八〇〇メートル、大社駅から四キロ、山陰線出雲今市駅から三キロの浜山自然公園西側朝山地区と決定した。なお開催時、競馬場まで徒歩一〇分の出雲高松駅を別として、大社駅、出雲今市からはバスが運行された(568)。

出雲大社競馬協会は、地元「高松付近と関係者の利益のみを考えることなく健全娯楽として地方文化の開発に資し畜産の改良、育成の助成、競馬場内に山陰一の総合運動場の建設等を企てており、利益をあげた場合はこれを公共事業に提供する方針」を掲げていた(569)。役員には、出雲市長、大社町長、県知事、出雲大社宮司らが名を連ね(570)、七月末を期限として協会の資本金五〇〇万円（一口五〇〇円）の募集が開始された(571)。八月には、第一回の開催を一一月二三日の出雲大社の献穀祭にあわせて実施することを内定、一周一〇〇〇メートル、幅員一六メートル、収容人員二〇〇〇名スタンドなど設計案も具体化した(572)。一〇月二日着工、総工費三〇〇万円だった(573)。

そして一一月二二日から四日間の開催を迎えた(574)。初日には竣工式が挙行され、古式馬術も披露された。出走馬は、中国四県からの遠征馬を加えて一五〇頭、賞金総額三七万円だった。

その初日の様子はつぎのように報じられた(575)。

図103

（『島根新聞』昭22・11・10）

出雲大社競馬場第一回記念競馬の初日二二日は曇天でやや寒かったが絶好のレース日和、人気をよんで参集したものは約一万でスタンドはぎっしり、九時半からの開場式についで一〇時一五分第一レース二〇〇〇米速歩競走から火ぶたをきった、初日の出馬数一五〇頭、騎士七〇名、下見所には競馬ファンが黒山をなし、それぞれ馬券を買い求める第一回はさすがにファンを戸惑わせ約四〇〇〇円の売り上げだったが第二回第三回とレースが進むやファンを上気させ振鈴近く馬券を買い求める者の数が増しこの日の馬券売上は五五万九七四〇円というインフレをよそに新円の札束の雨が降った。

二日目七二万五〇〇円、三日目九四万二四五〇円、四日目六三万一〇五円、四日間の総売上二八五万二七九五円。益田よりは一四〇万円少なかったが、鳥取よりは一〇〇万円多いという数字だった。ちなみに富山はこの年、四月二二三万六六一〇円、七月三二三万四五九〇円（賞金一一万円）、八月二八三万四五六五円、一一月一八八万三四二四円（ただし総収入）と推移していた。

そして昭和二三年七月の県営化までに、出雲大社、益田の両競馬はそれぞれ五日間の日程で二回ずつ開催する。その売上は出雲大社競馬第一回三月一九日からが三六〇万五三〇円、出雲大社の例大祭に合わせた第二回五月一五日からが四一四万五九三〇円、益田競馬第一回三月三一日からが七五六万五一六〇円、第二回五月五日からが六五一万一八〇円と推移していく(576)。このように売上ということから見れば、島根の地方競馬は、この時点では、鳥取、そして富山と異なり、順調だった。

だがその売上が低迷するまでにそう時間はかからなかった（以下島根の競馬の推移に関しては第8章）。県営競馬が開催されなくなった競馬場としては、競馬場そのものが建設されなかった山梨を除けば、昭和二四年一〇月九日が最後となった出雲大社は、一〇月七日の茨城取手についで僅かの差ではあるが全国二番目の競馬場となった。また益田の県営競馬も昭和二五年九月の開催が最後となる。出雲大社競馬場での開催は、開催権を獲得した出雲市が昭和二六年一二月に復活させるがその一回限りで廃止となり、益田競馬が昭和二七年三月町営競馬として復活し、その後も開催を継続とその運命は分かれることになる。

9■北海道の進駐軍競馬

県レベルでの「合法化」といったものとは別の形態、超法規とも治外法権ともいえる闇競馬が、北海道では行われていた。北海道駐屯のアメリカ第一一空挺師団を主催者として、札幌、函館、室蘭で開催された進駐軍競馬だった。札幌が七月四日から一一月一七日までの計一五回、三〇日間、函館が七月二七日から一一月二四日までの計一三回、二六日間、室蘭が九月二八日から一二月一日までの計九回、一九日間、土日を原則として開催された。先にもふれたように空挺師団が主催といっても、出走馬、騎手の手配、番組編成、馬券発売など実際の開催運営は、札幌が北海道レースクラブ、函館が函館競馬倶楽部、室蘭が室蘭レースクラブと、その各レースクラブがすべてを担っていた。進駐軍兵士が参加する競馬は、それまで北海道以外の各地でも開かれていたが、北海道のものはそれらとはまったく次元が異なるものだった。なお第一一空挺師団が仙台から北海道に配備されたのは、昭和二一年二月（撤退は昭和二四年四月）のことだった(577)。

以下時系列にしたがって、札幌の進駐軍競馬から、函館、室蘭という順番で紹介していく。

1　主催アメリカ空挺第11師団、賛助北海道レースクラブ

札幌の進駐軍競馬は、当初七月の二回は北海道馬匹組合連合会（以下、「北海道馬連」と記す）が、ついで八月以降は北海道レースクラブが賛助という形態をとって開催された。この間の進駐軍競馬を一貫として主導していたのが高木清（のちに大井競馬調教師）。高木は、元陸軍輜重兵大尉、当時北海道馬連の競馬担当技師だった(578)。高木は、クラ

ブの運営、開催に優れた手腕を発揮、戦時中大きな打撃を受けていた北海道のサラブレッド、軽種馬生産界を活性化させ、また戦前からの特権的地位を維持しようとしていた日本競馬会、そして地方競馬の権益を独占している馬匹組合とは異なった競馬の実現に向かって行った。つまり北海道レースクラブは、日本競馬会や馬匹組合のように国家から開催権（特権）を付与、保護されるといった戦前との連続性ではなく、それとは断絶した戦後の新たな開催主体となる可能性をもっていた。中央の指示で動く日本競馬会、また様々な地域的利害を抱えて一枚岩ではない北海道馬連も、官僚的組織であったのに対して、北海道レースクラブは高木の強いリーダーシップのもとにフットワーク軽く意志決定を行い、それを実行に移すことができていた。また周辺に有能な人材もかかえていた(579)。それに資金も豊富だった。

図104

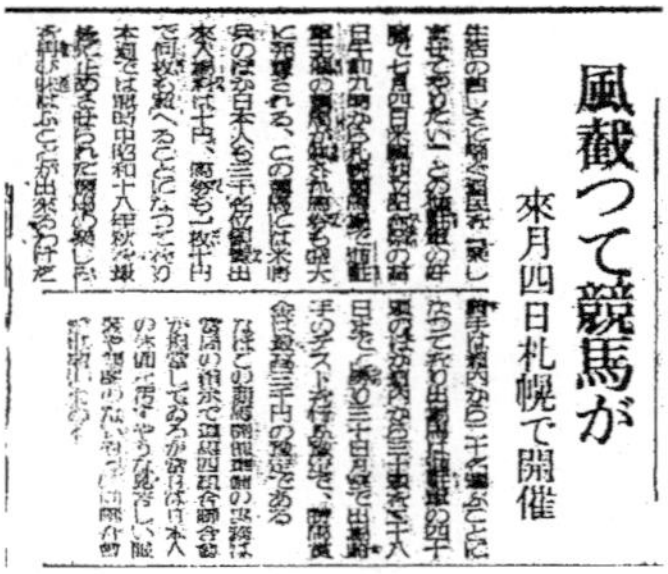
颯爽つて競馬が
來月四日札幌で開催

（『北海道新聞』昭21・6・22）

北海道馬連、道庁、日本競馬会などが、こういった高木（北海道レースクラブ）の動きに大きな衝撃を受けて危機感をもち、開催中止、クラブ解散に追い込もうとしたのも当然だった。だが、高木に進駐軍競馬の開催権を与えた第一一空挺師団首脳部は、高木を支持し続けた。

主催アメリカ第一一空挺師団、賛助北海道馬連という進駐軍競馬第一回が開催されたのは、七月四日、アメリカ独立記念日(580)。この日は、戦後競馬史のうえでも、記憶すべき日となった。この第一回開催が地元紙の『北海道新聞』、『夕刊北海タイムス』に報じられるという形で公にされたのは、六月二二日のことだった（図104）。

ことの発端は、第一一空挺師団長ジョセフ・スイング少将が、北海道庁の畜産課長と主任技師を呼び出して、アメリカ独立記念日に馬券発売を伴う競馬開催を「命令」したことだった。その日は、おそらく六月六日前後(581)。

道庁側が、競馬開催を委託できる組織は二つあった。戦前から北海道での開催を主催してきた日本競馬会と北海道馬連であった。日本競馬会は、場内が農園として開墾され、走路には一人用の防空避難壕がそのまま残されて南瓜が植え付けられてはいたが、札幌競馬場を所有、しかも競馬法に基づく開催が可能であった。だが同会には、秋に戦前の形態に則って東京競馬場、京都競馬場で開催する準備を進めており、その他の競馬場での開催の余力はまったく残されていなかった。しかも仮に受け入れたとしても、同会は出走資格をサラブレッドとアラブに限定しており、短期間に集めることは不可能だった。それに開催を運営できる人的資源も、札幌には配置されていなかった。

したがって、道庁側の選択肢は北海道馬連しかなかった。しかしその北海道馬連首脳も、すぐにはOKの態度をとらなかった。理由は、「馬もなし、騎手もなし、それに一番困ったことは競馬場で荒れて使いものにならないことだ」った。ただし最終回答は、折から東京出張中の主任技師の高木清が、札幌にもどってくるまでと先に延ばされていた。責任回避という面がなくもなかったが、かねて高木が、札幌競馬場で北海道馬連主催の地方競馬を開催するというプランを立案しており、その可能性を仰ぐという判断からだった。この時点でも高木はすでに、北海道馬連内で実力者として評価されていた。

高木の東京出張は、先にもふれたように折から農林省で検討されていた「地方競馬実施条例案」の研究会（六月七日から一週間）に参加するためであった。農林省は、先の三月、省令改正による地方競馬再開を目途として、その案を各県関係者に送付、意見を打診していた。この「実施条例案」はその作業を受けてまとめられたものだった。この出張の際、高木は、農林省畜産課長や馬産課長、日本競馬会の副理事長や業務、総務部長と折衝、口約束ではあったが、日本競馬会業務部長から、「もし地方競馬が再開され、それまでに日本競馬会が札幌で競馬をやる時期が来なかったら、地方競馬に札幌競馬場を貸してもよい」という確約を引き出していた(582)。高木によれば、この時、日本競馬会側は、札幌開催の再開予定を昭和二五年と話していたという。

高木が札幌にもどってきたのは六月一五日夜半。翌一六日朝、進駐軍からの開催打診があることを聞いた高木は、即座に開催を決断、その旨を直接、空挺第一一師団の責任者にも伝えた。同席の日本人関係者たちは無謀と驚いたようだが、高木にとっては上京中に日本競馬会から獲得していた札幌競馬場貸与の確約もあって、かねてからの競馬開催のプランを一気に実現するチャンス以外のなにものでもなかった。そして高木は、日本の競馬史に新たな歴史を刻むことになった。

高木は、即座に準備に着手、遺憾なく手腕を発揮していった。

まず「使いものにならない」状態の馬場、馬券発売所など施設の整備を、空挺第一一師団司令部の力を活用して（ブルドーザー、スクリッパーを使役兵付で貸与、大工・人夫二〇〇名の徴用命令）、一週間もたたないうちに、開催可能の状態にもっていった。馬に関しても、六月三〇日段階で、サラブレッド系三歳六頭、サラブレッド系古馬六頭、アングロノルマン一三〇頭を確保、すでに札幌競馬場への入厩を始めていた。騎手も地方競馬関係者四〇名、北海道を本拠地とする日本競馬会所属調教師の中心的存在だった稗田虎伊が参画したことで、その弟子を中心として、同会所属星川泉士、高松三太、大津正三、矢倉玉男ら八名を確保していた。七月四日当日の実際の出走馬は五五頭、うち二五頭が進駐軍所属で(583)、品種別レース編成数（頭数）はアングロノルマン五（二八頭）、アラブ一（五頭）、サラブレッド四（二二頭）だった(584)。馬に関しては、このようにここでは中間種のアングロノルマンがほとんどだったが、開催が定期化していくとともにサラブレッド、アラブの軽種馬が増加し、一日のレース編成数は中間種四、サラブレッド系四、アラブ系二といったものになる（表3参照・一八二頁）。

開催執務に関しても、北海道馬連、地方競馬関係者だけでなく、日本競馬会関係者も参画、後には北海道レースクラブに将来を見出し、同会を辞職するものもいた(585)。神奈川県の戸塚競馬でもそうであったが、この進駐軍競馬でも、日本競馬会関係者が同会以外の競馬に関係することが農林省令違反で処罰の対象となることは、ほとんど問題として意識されていなかった。また進駐軍競馬終了後、問題化されていたとしても、高木個人が責任を一人で引き受ける形をとって、片がつけられたはずである。

そして馬券発売だった。アメリカ第一一空挺師団の開催要求には、同師団将兵等への馬券発売も含まれていたが、アメリカ軍兵士だけでは高が知れていた。高木は、「日本人の入場も許可して貰えば経費の捻出が出来る」とスイング少将に直談判[586]、日本人の入場と馬券発売の許可を獲得していた。他の闇競馬では、県レベルでの「合法化」を行って、馬券を発売することになるが、そういったものではなく、進駐軍の「許可」という手続で「合法化」したのは北海道だけだった。配当に関しては一〇〇倍が上限という闇競馬が多かったが、札幌の進駐軍競馬では当初から無制限だった。これも高木の持論だった。さらに岩見沢~小樽間の臨時列車が運行されファンの便宜が図られ[587]、以後もこの臨時列車の運行は継続された[588]。

こうして七月四日当日を迎えた[589]。北海道馬連、日本競馬会職員、騎手等がバックアップ、いわば北海道の地方、公認競馬関係者の総力を集めたものだった。雨模様にもかかわらず、札幌競馬場には、日本人観客も一万を超える数が押し寄せてきていた[590]。

図105　独立記念日と進駐軍競馬を報じる記事

永遠の繁榮を祝ひ
雨空に響く禮砲
札幌の米國獨立記念日
小雨の中壮快な競馬展く
レース成績
東京の行事

（『北海道新聞』昭21・7・5）

米独立記念祭の雨の札幌競馬場の壮快な競馬――札幌市進駐軍の主催になるこの競馬によって昭和一八年の秋を限って中止のやむなきに至ってより三年振りで馬場の扉を開いたのである、第一一空挺師団司令官スイング少将は夫人令嬢と共に臨場、各将兵も観戦、一般市民をはじめ各地からの人出実に一万三千名に達し、この競馬場創始以来という記録を作った。

かくて午後零時三〇分レースの幕は切って落とされた、第四、第八レースはビックレース（進駐軍兵士騎乗のGIレース）として全観衆を熱狂させてその勝者には馬主会の花輪ならびに稗田氏（稗田虎伊）寄贈の金杯が贈られた、悪条件の馬場にもかかわらずレース毎に昂奮の度を加え、独立記念祭を飾るこの競馬は、また日本競馬界の復興の希望をも集めた。

観客数は、ここで報じられた日本人の一万三〇〇〇名（高木によれば二万）のほかに、空挺第一一師団将兵及びその家族五〇〇名。この観客数の割に馬券売場の窓口が少なく、半数近くが馬券を購入できなかったというが、それでも売上は二一九万円余に上っていた。控除率は二〇％、賞金総額は五万円だったから、その他の開催経費を一〇万円としても、約三〇万円近い黒字のはずだった。ところが実際は、そうではなかった。進駐軍の検閲のために、ここの記事では一言もふれられていないが、配当金の誤発表をめぐって大事件が起っていたからである。結果的に、この事件が、北海道レースクラブの結成をもたらし、そして同クラブが、日本競馬界の復興を促す活性剤としての大きな役割を果たすことにつながった。

その事件は、七月四日劈頭の第一レースの配当金をめぐって引き起こされていた。本命馬が勝ち、配当金は一五円のはずだったが、一桁計算を間違えて一五〇円と発表、そのまま払い戻しを開始してしまったことが発端(591)。不馴れな作業に加えて、当時の配当の計算が、手作業であることから生じた人為的ミスだった。

途中で気付いて、金額を訂正、それで払い戻しを続けたが、観客たちが騒ぎ出した。一三五円も配当金額が少なくなることを考えれば、納得できないのも当然だった。本命馬であるだけに的中者も多かった。投票所のガラスは破壊され、怒号が払戻所を取り巻き、銃を構えたＭＰでもその勢いを抑えることができなかったという。ここで開催の実際の責任者であった高木清が下した決断が再び一五〇円で払い戻すことだった。払い戻しは最終第一〇レース後と発表、騒ぎは収まり、レースは継続された。

手続は「一五円で払戻を受けた」という自己申告だけであったから、多くの者が殺到、損害は六〇万円に上った。単純に計算すれば、四四四〇人以上が「不正」の差額金を受け取ったことになる。最後は、高木が、「僅か百人の未払者が皆さん御存じの通り数千人の人に金を払ったことになります。皆さんはその百人のうちの人だと思いますが、これ以上支払う能力がありません。甚だお気毒ですが御引取り願います」と懇願、ようやく「実状を吐露されて残った人々は渋々ながら引上げ」たという(592)。だが実際には力づくでもなければ解散させるのは困難だったに違いなかった。ともかくも開催は終わったが、高木は後に、「私はこのとき程人間をにくらしいと思うことが無かった」と回想している(593)。

とはいえ、この開催は、先に引用した『北海道新聞』が強調していたように、競馬再開の喜びに浸ることもできるものでもあった。鈴木権四郎(元ホッカイドウ競馬調教師)は、この日のことをつぎのように回想している(594)。

私は騎手というより、旗振り(スターター)をやってくれといって呼ばれたんです。まあ、何というかうれしい、そんな気持ちでしたね。また競馬ができる。集まってきた皆も同じ思いだったと…。いま考えれば何から何まで未熟なもんでした。といっても全く不満はありませんでした。滝(脩、元日本競馬会阪神競馬場職員、高木清の義兄)さんなんかと旗を振ったんですが、あんな晴れがましい気持ちはもう二度と味わえないでしょう。平和が来たんだ。殺伐とした時代でしたが、妙な明るさがあったのを思い出します。

いずれにしろ高木にはこの誤配当事件の後始末が待っていた。

翌五日、北海道馬連会長奥野小四郎から、この開催の運営、損失の責任を追及された高木は一旦北海道馬連に辞表を提出した(595)。高木の力を高く評価していたアメリカ第一一空挺師団長スイング少将は、翌六日、高木を司令部に呼び出して損失補塡のためにも七月二〇、二一日二日間の開催を高木にすすめた。高木は、「二つ返事」でこれを受諾、北海道馬連には、スイング側から話がつけられ、高木の辞表が取り消された。一〇日にはその開催が公にされた(596)。六日スイングが高木を呼び出したのは、第一回の損失補塡のための第二回開催だけでなく、その後の毎週二日間の定期的開催を「指令」するためでもあった可能性が高い(597)。あるいは、高木がスイングにその許可を求めて獲得に成功していたのかも知れない。ともかく、これより前から、高木も、開催の主導権を高木から取り戻そうとしていた北海道馬連にも、その後の定期的な開催を継続することが視野に入っていた。

後に、高木はこの五日から六日にかけての経緯を、つぎのように記している(598)。

明けて五日がまた大変であった。不眠不休で競馬の整理をした私は、一応、連合会(北海道馬連)に出勤したところ、開口一番、会長(奥野小四郎)曰く「きのうのあの騒ぎはなんだ。どれだけの欠損だ?だから、はじめから進駐軍競馬はやらないといったのに…」と、騒ぎを鎮め、ともかくにも勤務を果した労をねぎらうどころではない。

さらに「あの競馬は高木の競馬だという評判がある。今後もしやることがあったら、大学の教授、道庁の部・課長級をもって地方競馬審議会をつくるから、その指導のもとにやるよう」というのを聞き、私の堪忍袋の緒が切れた。私は用意してあった辞表を提出し、かけた損害は今後幾年かかっても自分で負担するという条件で退庁したのである。

六日、連合会から思い直して出勤するようにとの要請、連合会に顔を出すと司令部から呼び出し、スイング少将は、「損害の六〇万円はわれわれに負担することはできないし、また日本政府も補填はしないが、どうするか」というのである。私は、連合会に申し訳ないので、自費で幾年かを費やしても支払う旨を伝えたところ、少将は、騒擾を鎮圧した私の勇気と責任を賞したのち、ややしばらくして「もう一度競馬をやるが、成功する自信があるか」と質問した。もちろん否であるはずはない。二つ返事で七月二〇、二一日の土日開催を受諾した。

「ミスター・タカギは、今度失敗したら耳の長い駑馬だよ」などとジョークも飛ばした。

帰庁し会長に報告したが、私の復帰を強要したためか、審議会の話も出ず、私はまた思いきった投票方式その他の改革、大口馬券一〇〇円券の売場特設など乾坤一擲の勝負を主張したところ、渋々同調してくれた。

そして、七月二〇、二一日、主催アメリカ第一一空挺師団、賛助北海道馬連という形態での第二回目の進駐軍競馬が開催された(599)。初日、NHK札幌中央放送局は午後二時から一時間の実況放送を行った。売上は五四一万円余、賞金一〇万五〇〇〇円、開催経費一〇万円、控除率二〇％として、粗利益約八〇万円。そうだと仮定すると第一回の損失六〇万円を補填したうえ、二〇万円の黒字、剰余金を生んでいたことになった。高木によれば「すべての債務を果たし残った金が約七〇万円」だったという(600)。

そしてすでに第二回開催が決定される段階で、降雪期までの週末の定期開催（以下、「秋季開催」と記す）が進駐軍から要請されていたが(601)、終了前後（遅くとも二五日）にはその第一回秋季開催が八月一七、一八日と決定されていた(602)。ここで北海道馬連は、今後も膨大な収益をもたらすことが確実である進駐軍競馬の定期開催の主導権を高木から奪回することを図った。北海道馬連副会長は、高木につぎのようにいったという(603)。

今後の競馬は大学の教授たちと道庁の部課長で競馬審議会を作るからその下で君の腕を振ってくれないか。更に決算報告に依る七十万円の黒字は連合会のものであるからその金で中間種の種牡馬を購買することに決めた。

高木は、これを機として、北海道馬連からの脱会を決断した。そして権力闘争が開始された。

スイング少将などアメリカ第一一空挺師団首脳部は、高木の存在を前提として進駐軍競馬を考えていた。高木もそのことを知っており、北海道馬連を脱会しても、スイングらが進駐軍競馬の開催権を付与するのは、北海道馬連ではなく自分になることを確信していたに違いなかった。あるいは師団首脳部とその話をつけてから北海道馬連を脱会していたのかも知れない。いずれにしろ、実際に高木は開催権を獲得、北海道レースクラブを結成することになる。北海道馬連は「万事準備の内命を受け、応接に暇なき状況だったが」(604)、高木の前に敗北を喫した。なおこの間をぬって、高木は函館に赴き、七月二七、二八日に第一回開催を迎えようとしていた函館の進駐軍競馬の責任者武芳彦に、協力を申し入れていたが、拒絶されていた（後述）。

高木は、第二回開催後の北海道馬連との訣別、北海道レースクラブ設立の経緯をつぎのように回想している(605)。

(七月)二〇、二一の両日は晴天にも恵まれ、連日八〇〇〇名からの入場者があり、再開された競馬をファンとともに楽しむ余裕さえもつことができた。その結果、六〇万円の損失を補填したばかりか、相当金額の黒字を生んだのである。ところが、その余剰金を、進駐軍が要請する必要経費に当てようとしないで、全額中間種の種牡馬購買費に廻すとの意見が出されたところから問題がこじれた。さらに、この競馬が高木個人の競馬であるとか、審議会を再検討するなどの声が、第二回目の競馬が成功したためにかえってむし返される結果となった。

しょせんは訣別しなければならない運命にあった。ここに私は完全に連合会を退いたのである。

それからしばらくした某日、突然、師団司令部から自宅に呼び出しがあり、出向いたところ、「われわれは、日本に競馬の規則ができるまで、われわれの競馬場として競馬を実施したいから、毎週土日曜の午後から競馬ができるよう賛助してもらいたい」ということであった。私はすでに連合会を辞職した旨を告げたところ、一瞬驚いた様子であったが笑顔にかえり「われわれは敢えてアソシエーションに競馬を依頼しなくともよい。アメリカでは、民間人でも州の法律に従い忠実にそれが実行されるなら、競馬を主催することができる。個人であろうと団体であろうと問題にしない。高木は早速メンバーを提出し、北海道レースクラブとし、そのマネージャーになり、われわれの競馬に協力すべきである」というのである。連合会としても、道庁にはかり、資金獲得のため自分たちの手で競馬を施行したかったのであるが、スイング少将の認めるところとならず、ここにごく自然に〝北海道レースクラブ〟の発足をみたのである。

こうなった一つの原因は、第一回の競馬の騒擾収拾に身をもって取り組み、しかもアメリカ兵をわずらわせず処理した私を、高く評価してくれたところにあるように思う。

こうして権力闘争の機先を制した高木は、北海道レースクラブを結成する。八月五日から八日までの間のことだった(606)。クラブは、第一次開催二日目の八月一八日第一回会員結成会を開き、ついで九月一六日の協議会で、参与松村勝次郎（馬主、生産者）、鎌田三郎（生産者）、星川泉士（調教師）、遊佐甚右衛門（北海道馬連）、相談役由布博（獣医）といった新役員を選出した(607)。会員は、正会員「甲」が馬主と生産者、「乙」が馬匹関係と法人団体、「丙」が調教師、騎手と特別会員（馬事に功労ある者）の三つに分かれていた(608)。高木によれば、スタッフは一四名だったという(609)。いずれにしろ、実権は高木清が掌握していた。

クラブがその目的として謳ったのは、「進駐軍並びに日本人の健全娯楽、戦後の馬産振興」(610)、また「ファンのための民主的明朗競馬」、「クラブ、ファン、生産者、馬主、騎手の五者一体となって邁進する真に大衆化された健全な競馬」だった(611)。ちなみに第一一空挺師団長スイング少将が、高木に命じたのは競馬を通じて「道民に明るさと娯楽」を与えることだった(612)。軍馬の馬匹改良という理念を失った戦後の競馬は、その存在を根拠づける新たな理念、また軍部、官僚が支配していた戦前の体制の「民主化」を強く求められていたが、高木は、その動きを見ると、戦後の新たな競馬のヴィジョンを持ち合わせていた。北海道馬連や日本競馬会にとって代わる新たな競馬、高木は、確かにそういった将来も見すえてクラブを運営していた。

そして八月一七、一八日、主催アメリカ第一一空挺師団、賛助北海道レースクラブという形態での進駐軍競馬の第一次開催が実施された(613)。賞金総額一五万円、三歳特別レースの一着賞金は一万五〇〇〇円、総売上は七月二〇、二一日の開催を三五〇万円近く上回る八八七万二四三〇円、約一・六倍の伸びだった。続く八月二四、二五日の第二次開催、八百長をめぐって、その当該騎手が永久追放の処分を下され、それまでの騎手倶楽部は解散、二八日新たな倶楽部の結成となるほどの騒動となっていたが、売上は前回とほぼ同じ八二四万四三四〇円(614)。予

図106　初めて北海道レースクラブの名前が登場した開催広告

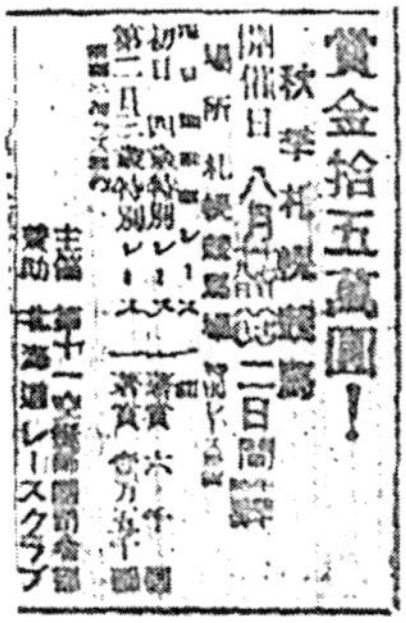

（『北海道新聞』昭21・8・9）

想された以上の売上、そして収益だった。競馬事務所の二階にある場長室のテーブルには、新円の束がうず高く積まれていたという(615)。

一敗地に塗れていたが、北海道馬連も、この北海道レースクラブの成功を前にして、進駐軍競馬の開催権を奪取することをあきらめていたわけではなかった。また農林省馬政局廃止後、北海道の馬政全般を所管していた道庁畜産課も北海道レースクラブの「違法性」を追及しようとしていた(616)。畜産課と北海道馬連との関係は密接なものであった。また札幌競馬場を所有する日本競馬会が、同場の貸与を認めたのは北海道馬連の開催ということが条件であったから、北海道レースクラブの使用を理由に、その貸与契約を取り消す可能性は大きかった(617)。事実、クラブに対して一〇月に入ると返還を要求してくることになる。

この反クラブの動きに対抗して高木は手を打っていた。クラブには進駐軍競馬の開催権が付与されてはいたが、それは口頭によるもので、それを保証する「文書」があるわけではなかった。そこで高木は、第一一空挺師団からそういった「文書」の交付を受け、反クラブの動きを抑え込む決め手としようとしたのである。高木はそれに成功、八月二六日付のつぎのような「オーダー」を獲得していた(618)。

第一一空挺師団司令部
スペシャルサービス部
軍事郵便局四六八

一九四六年八月二六日

北海道レースクラブ　マネージャー殿
一、北海道レースクラブが、第一一空挺師団主催の競馬開催を賛助するものとする。そして同クラブのマネージャー高木清が、競馬施行に関する事務を処理するものとする。

二、すべての他のクラブおよび諸機関は、競馬を円滑、成功裡に開催できるよう高木マネージャーに協力することを要請されているものである。

さらに高木は、八月三一日、第一一空挺師団司令部直属・北海道レースクラブ支配人として「札幌競馬誕生の由来」という広告を『北海道新聞』に掲載した(619)。新聞を通じても、北海道レースクラブが、進駐軍競馬の開催権を専有することを改めて宣言するためであった。掲載の直接の目的は、第二次開催二日目八月二五日に起こっていた不正騎乗をめぐって、今後はこのような不正への厳しい対応をとって「ファンのための民主的明朗競馬」をめざすことを告知するためではあったが、それに加えて高木が、この広告でことさらに第一一空挺師団司令部直属・北海道レースクラブ支配人と銘打っていたことがそのことを端的に示していた。

しかし先の「オーダー」もまた、完全に反北海道レースクラブの動きを封じ込める力をもっていたわけではなかった。占領政策の根幹は、日本の統治機構を活用しての間接統治であり、占領政策に反しない限り日本の法体系は生きていた。したがって当然、進駐軍だからといって何をやってもよいというわけではなく、日本側もその指令のすべてに従わなければならないということでもなかった。もちろん競馬も例外ではなかった。

図107

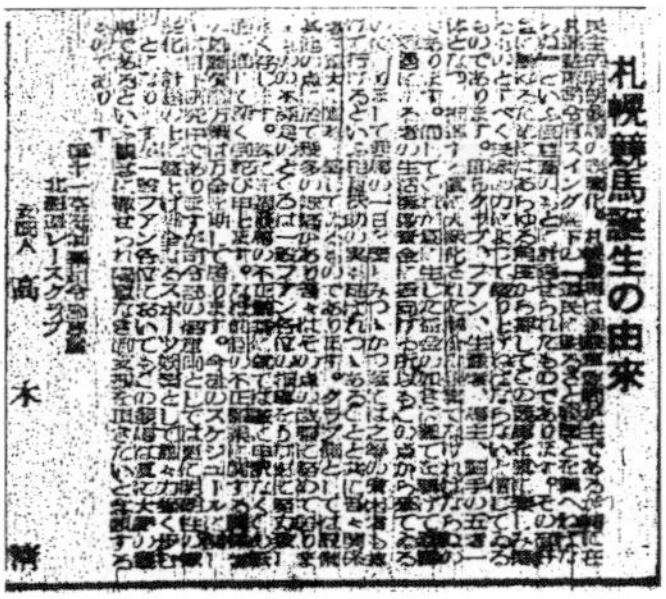
札幌競馬誕生の由來

(『北海道新聞』昭21・8・31)

競馬に関しても、競馬法（大正一二年制定）が生きており、この法に基づいて競馬を開催できるのは日本競馬会だけだった。地方競馬に関しても、昭和二〇年一一月軍馬資源保護法が廃止されて、根拠法がなくなってはいたが、昭和二一年の各地の闇競馬は、各都道府県（地方行政）レベルでの「合法化」が図られたうえで実施され、県だけでなく競馬場所在地の自治体へ「税金」も納めていた。その「合法化」の対象となった組織は、ほとんどが各県馬連あるいは地区馬匹組合であった。これに従えば、北海道でも道の「認可」を受けて北海道馬連が主催するのが「合法」であり、北海道レースクラブは「違法」であった。確認できるのは、九月二七、二八、二九日、空知馬匹組合が岩見沢競馬場で主催した一つであるが(620)、この開催を見ると、北海道でも各地のような「合法化」を受けての開催が可能となっていたようである。なおこの岩見沢競馬、室蘭競馬開催のために、二八、二九日両日予定されていた札幌の進駐軍競馬は休止された(621)。そして各県馬連に対して開催権を付与する地方競馬法の施行も、一一月二〇日に迫っていた。

図108

（『夕刊北海タイムス』昭21・9・23）

地方行政レベルでの「合法化」の手続を経ていない北海道レースクラブの開催は、これを間接統治という原則に照らし合わせると、問題があるといわざるを得なかった。したがって空挺第一一師団側も、この点をつかれると、公的には、北海道レースクラブの開催権の専有を認めることはできないはずだった。

このことを理解していたであろう反北海道レースクラブ側は、進駐軍との折衝にあたる終戦連絡事務局（外務省外局）の札幌事務局に、北海道レースクラブの違法性を訴えていた。あるいは相談を受けた終戦連絡事務局が、その違法性を示唆、反クラブ側にアドバイスを行っていた可能性もあった。

当時道庁畜産課主任技師であり、後の昭和二三年地方競馬道営化後の初代競馬課長、開催執務委員長となった佐伯才一は、つぎのような回想を残している(622)。

（北海道レースクラブの進駐軍競馬に対して政府当局が見て見ぬふりだったので）遂に思い余って日頃出入りした民政部に訴えることを決心した。その頃ポストを失った外交官が、終戦連絡事務官として民政部の中に駐在していた。その二人の事務官に進駐軍競馬の無法なる実情を訴え、私の見解を申し述べた所、非常なる共鳴をいただき、今更スイング指揮下の民政部に計る必要はない、直ちにマッカーサー司令部に直々連絡する、と大変な憤慨振りであった。

このような佐伯の働きかけの産物でもあったようだが、九月七日、札幌終戦事務局長（工藤忠夫）とスイング少将が「札幌競馬の問題」について協議、合意に達し、同日付で覚書を作成していた。その覚書によれば、終戦連絡札幌事務局は、スイング少将に対して、㈠北海道庁が地方競馬に関する監督権をもっていること、㈡北海道庁が北海道レースクラブへの課税権をもっていること、㈢北海道レースクラブへの開催専有権付与を否定して道庁主導での競馬施行組織を設立すること、を認めさせることに成功していた(623)。

もしここでの覚書の内容が、そのまま実行に移されていれば、北海道レースクラブ（高木清）の命運はこの時点で尽きてしまっていたはずであった。だが実際はそうはならなかった。

まず課税にしても、道側がこの覚書に基づき早速、北海道レースクラブへの税務調査を行おうとしたが、クラブ側に拒否されていた(624)。佐伯によれば、高木らに第一一空挺師団長秘書がこの件で怒っていると告げられて手を引かざるをえなかったという。また道側が九月、クラブの立ち入り調査を実施しようとしていたのに対しても、クラブは拒絶の姿勢を貫いた。それに道側は一〇項目の質問書（内容不明）を突きつけたが、クラブはこれも無視、業を煮やした佐伯が、一〇月開催中の札幌競馬場に乗り込んで中止を命じたが、クラブは応じなかったという。そして高木は、暴力団を利用して北海道馬連側を押さえ込んでもいたようである(625)。

暴力団の利用は別にしても、北海道レースクラブへの開催権付与の否定、新たな施行組織の設立もまったく実効性をもっていなかった。北海道レースクラブは、週末を原則として（除く九月七、八日、二八、二九日）、地方競馬法施行直前の一一月一七日までの第一二次、特別一回を加えての計二七日間の開催を続け、判明分で約一億円を売り上げていった（表4参照）。つまりこのように覚書など存在していないのと同じであった。なお佐伯によれば、この覚書は北海道レースクラブに渡されることはなく、見せるだけにとどまったという(626)。

それにしても北海道レースクラブ（高木）は、なぜ北海道の進駐軍の最高責任者であるスイング少将が同意を与えた覚書をこのように無視することができたのであろうか。

一つにはこの覚書がまったくのデタラメであったかも知れないということである。だが外交官である終戦連絡事務局長がそんなことをする可能性はまずない。であれば、この覚書を知った高木らが巻き返しに出て、それを事実上撤回、あるいは無効化させることに成功したと考えるのが自然だろう。覚書は、形式として、スイングがサインしたものでなく、あくまで終戦連絡事務局長がまとめたものに過ぎなかったからである。実際、スイング少将、ヘイズ中佐、ウォールスレイヤー少佐ら第一一空挺師団の首脳部らは、覚書の存在などまったく無視するかのように、高木に対する強い支持の姿勢を示し続けた。高木の政治力の前に、北海道庁側は完全に屈服を余儀なくされていた。道側にとってみれば、こと進駐軍競馬に関しても、占領は理不尽なものであった。

高木は、このようにして進駐軍競馬開催権に関する権力闘争に勝利を収めていた。そして高木は、そういった政治力だけではなく、先にふれたように北海道レースクラブの進むべき方向に関する明確なヴィジョンをもっており、しかもその実現に向かって資金を投入していっていた。サラブレッド、とくにその三歳馬レースに高額の賞金を振り向けて重点化、また抽せん馬としても購入して軽種馬生産を活性化（戦後の馬産振興）させていく、そういった馬産地北海道の特色を発揮する競馬だった。

戦前、日本競馬会およびその前身の民間競馬倶楽部での三歳馬のレースは禁止（競馬法施行規則第七条）されていた(627)。なお政府が、競馬倶楽部の三歳馬レースを禁止したのは明治四一（一九〇八）年一一月のことだった（競馬規程第九条）。日本競馬会が発足した直後の昭和一二（一九三七）年頃、生産者たちの強い要求もあり、三歳馬レースの導入が検討されたが、「三歳酷使論」の前に断念を余儀なくされていた。三歳まで育成にあたらなければならない生産者たちの負担は大きく、北海道の生産者たちにとって三歳馬レースの実現は戦前からの悲願だった。なお「三歳酷使論」とは、三歳馬競走を実施すれば馬を損耗し、馬の発育に悪影響を与え、優秀な種馬を得ることができなくなる、というものだった。したがってその実施は日本競馬史上画期的なことだった。またこの頃、制定されようとしていた地方競馬法が打ち出していた戦後復興のために必要な農業用、産業用馬育成、増産を自主的に担うという目的（第3章）ともまったく異なる方向性であった。そして軍部、官僚が支配していた戦前とは異なる戦後の新たな競馬のあり方として、繰り返せば、「ファンのための民主的明朗競馬」、「クラブ、ファン、生産者、馬主、騎手の五者一体となって邁進する真に大衆化された健全な競馬」（「札幌競馬誕生の由来」）をめざしていく。これが高木の北海道レースクラブのヴィジョンだった。

高木は、七月二〇、二一日の開催から三歳馬単独のレースを導入、NHK札幌中央放送局が二日目の二一日、一時間実況放送を行っていたが、その対象となったのが、開催のメインと位置づけられた二日目第五レース、三歳特別レース（一着賞金一万円）だった(628)。

この三歳馬レースを最重要、根幹として位置づけ高額の賞金を提供するといった高木の方針は、早速効果をあげ、馬市場は活性化し、その価格も上昇カーブを描いていった。たとえば八月上旬の日高の馬市では、トヨイズミというサラブレッド三歳馬が七万円、同コクホウが八万円までせりあがっていた(629)。また北海道レースクラブは、日本競馬会が購入予定であった多くのサラブレッドを抽せん馬として現金で購入していくようになっていく（後述）。その結果、戦時中からの軽種馬生産抑圧策によって生産頭数減など沈滞していた胆振、日高などの軽種馬の生産者たちが活気づいていった。

北海道馬連会長奥野小四郎は、七月中の二回の進駐軍競馬を報告した日本競馬会理事長安田伊左衛門宛の書簡のなかで、つぎのように語っていた(630)。

……本道の産馬界は最近馬の価格騰貴し、一見産馬業者は好影響を受けつつあるが如きも事実はこれに反し、馬

表3　札幌各開催品種別レース数

開　催	道1	道2	1	2	3	4	5	6	7	8	9	11	12
サラ3歳	3	2	7	4	4	6	9	4	12	12	12	16	6
サラ4歳以上		3	5※	5	5	4	5	2	3	4	3	3	2
アラブ	2	4	3	3	4	4	4	2	3		1	3	1
サア混合									1		1	2	
アノ	5	7	7	8	7	6	6	3	4	4	4	7	1
アア混合									1	4	2	2	1
進駐軍	1	2	2	2	2	2	2	1	2	2	2	3	1

註1：開催の道は北海道馬連賛助、1～12は北海道レースクラブ賛助。
註2：サラはサラブレッド、サア混合はサラブレッド、アラブ混合、アノはアングロノルマン、アア混合はアラブ、アングロノルマン混合。
註3：※5歳以上1、サラ1を含む。第7、9、11次のサア混合のサラブレッドは四歳以上。
註4：第6次は二日目分のみ、第10次は記録を欠く、第11次は三日間開催、第12次は二日目分のみ。

表4　札幌各開催賞金総額・売上等

開催月日	賞金総額	売上（円）	三歳馬レース最高賞金レース名、距離、賞金、頭数、勝馬	備　　考
道馬連賛助第1回 7月4日	10万円	2,192,040	実施せず、ただし6頭が出走予定	第1レース誤配当、60万円損害
道馬連賛助第2回 7月20、21日	10万5000円	5,410,180	7月21日、サラ三歳特別駈歩、800メートル、1万円、4頭立、シズナイ	（夏季札幌競馬）
第1次 8月17、18日	15万円	8,872,430	8月18日、三歳特別レース、1200メートル、1万5000円、3頭立、ミスナン	
第2次 8月24、25日	——	8,244,340	8月25日、三歳特別、1200メートル、2万5000円、4頭立、トヨイズミ	25日ミタカ号事件、480,392円を払い戻し
第3次 8月31日、9月1日	35万円	——	9月1日、札幌三歳特別競走、以下不明	386,060円を買い戻し
特別競馬 9月10日	——	——	不明	ブラッドレー提督歓迎競馬
第4次 9月14、15日	45万円	8,191,540	9月14日、北海道ダービー、1200メートル、賞金不明、5頭立、ハタミツル	
第5次 9月21、22日	55万円	10,068,350	9月21日、北海道ダービー、1400メートル、3万5000円、5頭立、ハタミツル	

第６次 10月５、６日	不明	9,097,780	10月５日、北海道三歳牡馬ステークス	
第７次 10月12、13日	60万円	9,641,650	10月12日、牝馬特別、1200メートル、７頭立、ミスナン 10月13日、北海道ダービー、1400メートル、３万5000円、８頭立、トヨイズミ	
第８次 10月19、20日	60万円	10,043,450	10月20日、北海道ダービー、1400メートル、賞金不明、トヨイズミ	
第９次 10月26、27日	70万円	10,901,010	北海道三歳優駿大カップ競走、1600メートル、５万円、銀製大カップ、10頭立、ピーターパン	
第10次 11月２、３日	60万円	——	不明	終了後、来年度開催をにらんで馬場改修(費用50万円)
第11次 11月９、10、11日	60万円	15,815,890	11月10日、北海道優駿競走、1400メートル、３万5000円メダル、６頭立、トヨイズミ	11月11日は第１次世界大戦休戦記念競馬、賞金25万円
第12次 11月15、16、17日	80万円	7,780,810	11月17日、サラ三歳優勝競走、1200メートル、２万5000円、以下不明	売上は二日間のみ、16日第８レース、パーク号事件、騒擾

註１：開催：北海道馬連賛助は道馬連賛助第○回、北海道レースクラブ賛助は第○次と記した。
註２：第１次～第12次の売上判明分（全27日間の内22日間）の合計は9865万7250円。—印は不明。
（『北海道新聞』昭21・７・５、７・21～22、８・18～19、８・25～26、９・１～２、９・15～16、９・22～23、10・６～７、10・13～14、10・20～21、10・27～28、11・10～13、11・16～17、『夕刊北海タイムス』昭21・11・17、『日本競馬史』巻七、67、76～７、92～３頁より作成）

の生産意欲は著しく減退し、昭和一八年の生産に比し同二〇年は約三割に近き減産となり、本年の種付また各地とも減少し、ことに軽種産地においても競って重輓馬に転換せんとし、産馬界は著しく沈滞気分濃化の折柄、突如として前後二回札幌競馬を復活し、なお今後も継続の気配にあるをもって一大刺戟を与え、産馬関係者はもちろん世間一般の歓迎するところとなり、ただに慰安の目的を達せらるに留まらず、わが産馬界に及ぼせる影響実に大なるものあり。正に一石二鳥以上の効果を認めたるをもって、特に概況報告する所以なり。

第一次秋季開催、サラブレッド三歳馬の登録は約四〇頭に上ったという(631)。さらに開催を重ね、収益が上るとともに、三歳特別レースの賞金額は次第に引き上げられていき、ファンの大きな関心も呼ぶようになった。その三歳競馬の最大のものが、第九次開催、一〇月二七日第九レースの北海道三歳優駿大カップ競走一六〇〇メートル、一着賞金五万円だった(632)。ここには、トヨイズミ、ゴムコッチ、ミスナン、ヒメオーらそれまでのレースで活躍を見せていた馬たちが出走してきていた。ちなみに本命はトヨイズミ、先にふれたように八月日高の馬市で七万円でせり落とされた馬だったが、勝ったのは九番人気のピーターパンという馬だった。

北海道馬連賛助の二回の開催も含めて判明分の第一二次までの北海道レースクラブの賞金総額、売上、三歳馬の各開催時の特別レースの名称、距離、一着賞金、勝馬を、表4に掲げておく。ちなみに日本競馬会が同年一一月実施した農林省賞典四歳馬（現・菊花賞）の一着賞金六万円、東京優駿牝馬五万円、翌昭和二二年桜花賞五万円、皐月賞六万円、ダービー一〇万円(633)。戦前からの特権を有した全国組織の日本競馬会に対して、北海道レースクラブが一地方のものであったことも考えれば、同クラブの賞金額の高がさらに鮮明になってくる。このような北海道レースクラブの高額な賞金は、馬主、生産者たちにとって大きな魅力であった。売上も六日間に換算すると、全国一の神奈川の戸塚競馬にも匹敵、あるいは上回るものだった。

同じ時期、日本競馬会は、競馬再開に向けて、サラブレッド三歳の入札馬を九月一日付、抽せん馬を一〇月一日付で購入を進めていた(634)。だが当時の金融政策もあって、日本競馬会が馬代金をすべて現金（新円）で支払うのには限界があった。また進駐軍競馬が進展するに伴って馬の価格が上昇していたが、その前に売買契約を結んだ生産者たちは、価格の低さに不満を募らせてもいた。それに生産者のなかには、生産者よりも軍部や農林省に顔を向けてきた日本競馬会に対する強い反発をもつものもいた。

これに対して高木・北海道レースクラブは、多額の現金（新円）をもち、高額な賞金も現金（新円）払いだった。サラブレッド生産者にとって、北海道レースクラブの抽せん馬購入は、日本競馬会に限定されていた売却先、それも好条件の選択肢が増えたことを意味していた。さらに北海道レースクラブは、各馬に二〇〇〇円という高額の出走手当を支払っていた(635)。日本競馬会と売買契約を結んだ生産者たちが、その契約を破棄、北海道レースクラブに抽せん馬として売却すること、あるいは自分の持馬として出走させることを選択したのも当然だった。その結果、「中盤戦から、日高地区のサラ三歳ですでに抽せん馬として日本競馬会に約束ずみであった五六頭が参加し、それと同時に日高地区生産者も続々と札幌競馬に参加することとなった。……九月頃からはさらにアラブ、サラブレッド古馬が参加し、競馬らしいスピーディなレースが展開されるようになり」、一〇レースの内、中間種四、サラブレッド系四、アラブ系二とし、「比較的入場人員の少ない間は中間種レースを組み、後半の盛り上がりには距離の長いレース、サラブレッド三歳の優秀どころを組んだ番組」編成をとった(636)。一〇月には、北海道レースクラブは日高生産者協会の三歳馬三〇頭を抽せん馬として一五〇万円近い金額で買い上げ、全額新円で即時決済、サラブレッド系三歳馬の抽せんは一一月七日予定、配布価格は一頭三万五〇〇〇円だった。高木が、収益を馬産界（生産者、馬主）にも還元していく方針をとっていたことが明らかだった。生産者の生産意欲を刺激するだけでなく、来年度以降の開催をにらんで、北海道レースクラブの競走馬の確保策にもなる。ここまでは、高木が描いたヴィジョンの方向に進んでいた。

だが翌年の北海道レースクラブの開催が不可能となり、契約は解除されることになった(637)。その抽せん馬、また進駐軍競馬に出走したサラブレッド三歳抽せん馬の多くも、クラブの開催終了後、日本競馬会へ引き渡されることになる。この辺は、生産者も北海道レースクラブも日本競馬会も「大人の選択」をしていた。なお日本競馬会は、この昭和二一年六月からの再開をめざして準備を進めていたが、当初、三歳馬レースの実施は予定されていなかった(638)。そして実際にも一〇月に開催された東京、京都での競馬では、三歳馬レースは行われなかったが、一一月の開催で、初めて三歳馬レースが実施された。競走馬の不足という事情もあったが、北海道レースクラブの進駐軍競馬の実績が圧力となっていたのは間違いなかった。ちなみに農林省が、三歳馬レースの実施を可能とする日本競馬会の競馬施行規程の改正を認可したのは九月二五日のことだった。ただしそこには、三歳時八月一日以降の実施、四回以下の出走制限が盛り込まれていた。なお出走制限に関しては翌年六回となり、昭和二三年には廃

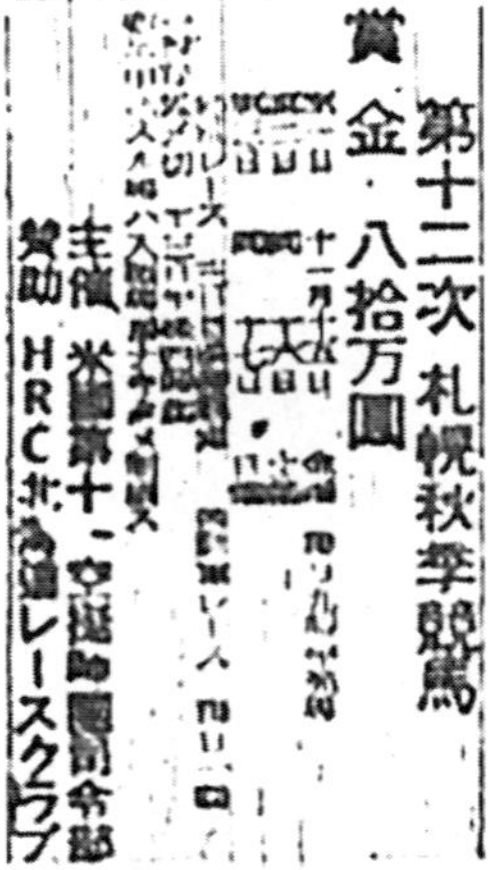

図109　最後となったレースの開催広告

（『北海道新聞』昭21・11・13）

止された。この三歳馬レースの導入は、日本競馬会にとっても大事件であったが、生産者たちが受けた利益も大きかった。ともあれ戦時中からの軽種馬生産抑圧策によって大きな打撃を受けていた胆振、日高などの軽種馬の生産者たちにとって、北海道レースクラブは文字通りの救いの神となった。コダマ、ヒデコトブキなどの活躍馬を輩出した浦河鎌田牧場の三代目当主の鎌田正人は、当時のことをつぎのように回想している[639]。

> 当時の話は父（正）などに良く聞かされてます。馬しかない家でしたから、競馬中止時代の苦心は並大抵ではなかったようです。進駐軍競馬が始まった時は、思わず万歳の気持ちだったようです。ウチからは四頭参加したんですが、帰りはリュックに札束を詰めて帰って来たといいます。一〇円札や旧円にシールを張った〝新円〟だったんでしょう。あの競馬が現在の日高の出発点だったような気がします。競馬会との契約問題でモメたこともあったらしいですが、当時は「背に腹は…」だったんですね。

このようなサラブレッド三歳馬中心の競馬への資金の投入とともに、高木、北海道レースクラブは社会事業への寄付を行っていた。これは、違法性の阻却の役割を果たすものでもあった。札幌市への四〇万円（社会事業に二五万円、体育施設費一五万円）を筆頭として、判明分の総額は七三万円に上る[640]。その七三万円は一回分の総賞金に過ぎなかったが、それでも全国の闇競馬のなかで最大の金額を誇っていた。また高木によれば、「満州引揚者の開拓団の一行が札幌駅を通過する数十本の列車を訪ね」、スイング少将からという名目で三〇万から五〇万の現金を手渡してもいたともいう[641]。

こうして北海道レースクラブ賛助の進駐軍競馬は、一一月一五、一六、一七日の三日間の第一二次でその秋季開催を終えることになった。一一月二〇日の地方競馬法施行の前に終わることを意識していたと思われるが、函館の進駐軍競馬が、一一月二三、二四日、室蘭が一一月二九、三〇日、一二月一日まで開催されていたことを考えれば（後述）、北海道レースクラブも追求すればもう一回ぐらいは開催できていただろう。進駐軍競馬終了後、スイング少将は高木に対し「治安維持に貢献するところ大」として、感謝状を贈って表彰したという(642)。

そしてこの秋季開催を終えるにあたって、高木は、昭和二一年五月中旬からの二二週間のロングラン開催、単勝式に加えて複勝式、連勝式発売を計画していた(643)。第一〇次（一一月二、三日）終了後、五〇万円で馬場改修を行い(644)、また先にふれたように三歳抽せん馬の購入、配布も実施していた。このように高木が、進駐軍終了前後までは、昭和二一年度以降の開催の継続を疑っていなかったことは確実であった。

ところが『北海道新聞』昭和二一年一月七日号につぎのような広告が掲載された。

図110

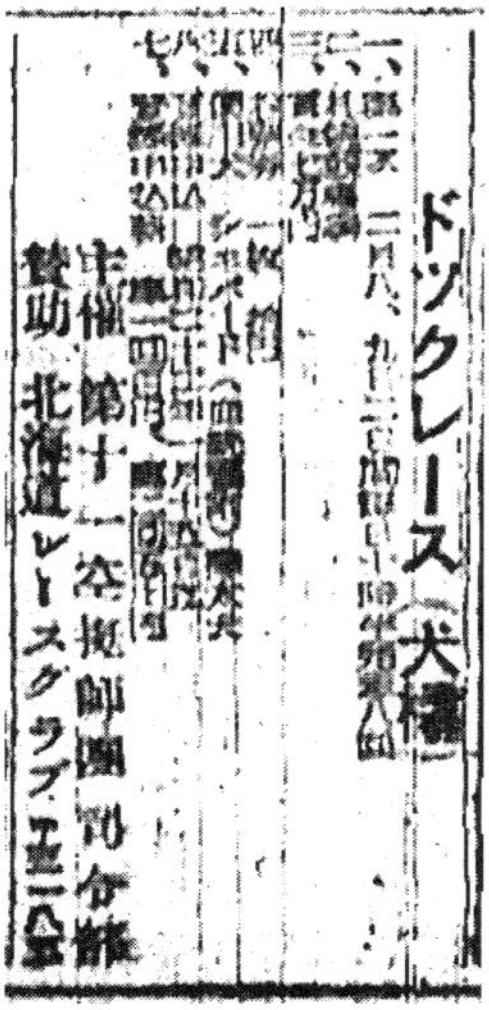

（『北海道新聞』昭21・1・7）

ドツクレース（犬競）

一、第一次　二月八、九日二日間　毎日一〇時半発走八回

二、札幌競馬場

三、賞金七万円

四、投票券　一枚　一〇円

五、使用犬　シェパード（血統書付）樺太犬

六、登録申込　昭和二一年一月一五日迄

七、登録申込料　第一回一〇〇円　第二回五〇円

主催　第一一空挺師団司令部

賛助　北海道レースクラブ

アメリカ第一一空挺師団首脳部は、進駐軍競馬を担った高木清の手腕を高く評価、昭和二二年の競馬会開催に関しても、北海道レースクラブを日本競馬会へ参画させるか、あるいは地方競馬の開催権を付与するように圧力をかけていた(645)。高木も、そういった第一一空挺師団首脳部を後ろ盾として、一一月一四日札幌競馬場で同場事務長に対して、北海道レースクラブと日本競馬会のタイアップを要求していた。もちろんそういったタイアップ、開催権付与は競馬法及び地方競馬法違反であった。終戦連絡札幌事務局も、第一一空挺師団首脳部の強い意向を受けて、日本競馬会及び北海道庁に対して高木とのタイアップ等に関して検討するように、折りにふれて申し入れていた。だが一二月九日と一二日、終戦連絡札幌事務局、道庁、日本競馬会の間での連絡会議の結果、競馬法及び地方競馬法に基づき、第一一空挺師団首脳部及び高木の要求を却下することを決断した。東京のGHQから、第一一空挺師団首脳部に対して競馬開催への介入を戒めるような何らかの指示があった可能性もある。日本競馬会理事長安田伊左衛門は、一二月一〇日付で、北海道レースクラブから札幌競馬場の返還を受けたことを関係方面へ通知した。

競馬法は日本競馬会に、地方競馬法は各県馬連及びその全国統括機関である中央馬事会に開催の専有権を付与しており、他の組織とのタイアップあるいは他の組織へ開催権を与えることは、法的に見て絶対に不可能であった。繰り返せば、占領体制の根幹は、日本の統治機構を活用しての間接統治であり、占領政策に反しない限り日本の法体系は生きていた。したがって当然、進駐軍だからといってそれを逸脱することはできなかった。

こうして日本競馬会、北海道馬連の開催権が、競馬法、地方競馬法によって守られた。

これを受けて、北海道レースクラブは、ドッグレースへの転換を選択、一二月末には日本競馬会へ札幌競馬場の貸与を申し入れるなど、開催の準備を進めていた(646)。第一一空挺師団側も、これをバックアップした。したがって先の広告は、北海道レースクラブが、競馬開催の断念を公に表明したことを意味するものでもあった。昭和二三年三月地方財源の確保策として、競犬(ドッグレース)法案が起草され衆議院の委員会を通過することになるが(647)、GHQ

の承認を得られず実現しなかった。もちろんこの広告が出された時点では、ドッグレースは非合法であった。昭和二一年一一月、横浜でも、ドッグレース開催の動きが具体化していたが、当然実現してはいなかった(648)。ここでも日本競馬会は、日本の法律を盾に、この北海道レースクラブの競馬場貸与の申し入れを跳ね返すことができた。日本競馬会側は、昭和二二年一月一六日に高木を呼んで、申し出を断る旨を伝えたという。

高木にとってドッグレースへの転換は本意ではなかった。高木の関心はギャンブルのテラ銭を稼ぐところにはなく、あくまでもその情熱は競馬に向けられていたからである。なおこのドッグレースはスイング少将の嘱託獣医由布博が高木らの救済を策して企画したものだったという(649)。

クラブの敗北は明白であった。クラブは北海道馬連に七〇万円の補償金を支払い、馬連は二〇万円で札幌競馬場の馬場を改修、課税の問題も、進駐軍競馬は高木個人の単独興行として一〇万円納税することで決着を見ていた(650)。こうしてクラブの敗戦処理が済まされ、クラブは姿を消すことになった。

振り返ってみれば、北海道レースクラブは、他県の馬連が開催していた闇競馬とも、また戦前からの特権を保護されていた日本競馬会とも異なる存在であった。中央の指示で動く日本競馬会、また様々な地域的利害を抱えて一枚岩ではない北海道馬連も、官僚的組織であったのに対して、北海道は高木の強いリーダーシップのもとで意志決定を行い、フットワーク軽くそれを実行に移すことができていた。日本競馬会、北海道馬連の特権、既得権益に果敢に挑み、これまでとは異なる新たな競馬を展開していく可能性をはらんでいた。

そのなかでの最大の功績は、サラブレッド三歳馬レースを日本競馬史上初めて実施、さらに積極的に推進し、諸手当、多額の賞金で沈滞していた北海道の軽種馬生産界を活性化させたことだった。北海道在住の日本競馬会の職員、調教師、騎手、地方競馬関係者、あるいは軽種馬の生産牧場のほとんどが、北海道レースクラブの競馬に関与、その経済的な恩恵を受けていた。

日本競馬会、北海道馬連が北海道レースクラブに対する恐怖、嫌悪を隠さず、叩き潰しにかかったのも当然だった。

日本競馬会にとっては、少なくとも北海道では、自らの特権を脅かす、いや現に脅かしている存在となっていた。昭和二五年頃まで、札幌、函館での開催を考えていなかった日本競馬会が、急遽翌昭和二二年夏、再開したのも、競馬法及び地方競馬法の前に、高木、北海道レースクラブの挑戦が敗北を余儀なくされていたにもかかわらず、その影におびえていたことが大きな要因だった(651)。

この昭和二二年七月以降GHQ経済科学局は、日本競馬会と馬匹組合連合会の組織の解体、開催権の剥奪に向かっていくが、証拠はまったくないとはいえ、そこには北海道レースクラブが開催に関与できなかったことに対する第一空挺師団の苛立ちが力を及ぼしていたように思えてならない。

スイング少将が、北海道馬連を辞任した高木に対して、北海道レースクラブの設立を薦めた際につぎのように語っていたが(652)、これは国家による特権（競馬開催権）付与の廃止を要求するGHQ経済科学局のものでもあったことをみてとることができなくもない。先にも引いたがここでも掲げておく。

> われわれは敢えてアソシエーション（馬匹組合連合会）に競馬を依頼しなくともよい。アメリカでは、民間人でも州の法律に従い忠実にそれが実行されるなら、競馬を主催することができる。個人であろうと団体であろうと問題にしない。高木は早速メンバーを提出し、北海道レースクラブとし、そのマネージャーになり、われわれの競馬に協力すべきである。

最後に繰り返しておけば、高木は、戦前からの特権的地位を維持しようとしていた日本競馬会、そして地方競馬の権益を独占している北海道馬連とは異なった、つまり戦前との連続性ではなく、それとは断絶した戦後にふさわしい新たな競馬を求めて北海道レースクラブを育てていこうとしていた。一瞬、それは実現に向かっているように見えたが、結局、見果てぬ夢に終わってしまった。だが高木が日本の競馬史に新たな歴史を刻んだことは確かなことであった。

高木が競馬界に再び姿を現すのは、大井競馬の「インテリ調教師」としてのことになる(653)。

2　函館の進駐軍競馬

函館の進駐軍競馬の第一回は七月二七、二八日、日本競馬会所有の函館競馬場で開催された(654)。札幌の進駐軍競馬開催に刺激を受けて、渡島馬匹組合副会長武芳彦（園田牧場主、函館新興食糧株式会社専務、函館競馬振興会会員、後に北海道馬主協会理事）が中心となって実現にこぎつけたものだった。函館の進駐軍競馬が札幌のものと異なるのは、進駐軍からの命令が発端になったのではなく、武が自ら働きかけて進駐軍から開催権を獲得、それを利用して「合法的な開催」を実現したことだった。なお芳彦は、明治期から大正期の馬産に従事するとともに函館の競馬界の中心的存在の一人であった武彦七（明治期の競馬の雄であった園田実徳の弟）の長男、元調教師武邦彦は芳彦の三男である(655)。

六月末、札幌の進駐軍競馬の開催を知った武芳彦は、渡島馬匹組合が賛助しての函館の進駐軍競馬を立ち上げようとしたが、役員会から制止され、また七月初めには日本競馬会からも函館競馬場の使用を拒絶されてしまっていた。札幌競馬場の北海道馬連高木への「使用許可」は、農林省畜産局長の力添えで実現したもので、あくまでも例外措置だった。この行き詰まりを打開するために武は、函館駐屯部隊司令官ウイリー大佐と直談判、ウイリーから札幌の第一一空挺師団首脳部との面談の機会を作ってもらう約束を取り付けた。いうまでもなく同首脳部が競馬開催に好意的であることを活用しようとするものだった。そして札幌に赴いた武は、計算通りに第一一空挺師団司令官スイング少将から、進駐軍慰安競馬開催の「オーダー（許可書）」獲得に成功した。この報告を受けたウイリー大佐は、武と協議、主催第一一空挺師団函館駐屯部隊、後援渡島馬匹組合と

図111

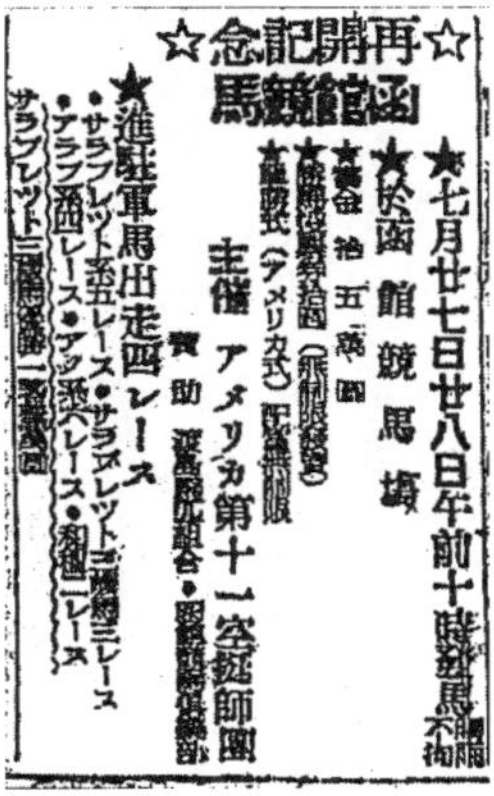

（『北海道新聞　函館版』昭21・7・24）

して開催することとした。実際の開催では、ここに函館競馬倶楽部が加わり、渡島馬匹組合と共同賛助の形がとられることになる。また大佐は、武が全責任を負うことを開催の条件にしたという。そして札幌と同じく、準備に必要な車輌が貸与された。先に函館競馬場の使用不許可を伝えてきていた日本競馬会に対しては、進駐軍から同場のＰＤ（調達命令書）が出されたことで、同会は従わざるをえなくなっていた。

そして函館の進駐軍競馬第一回開催が七月二八、二九日と決定されたことが、つぎのように報じられた(656)。

函館競馬ファン待望のアメリカ第一一空挺師団主催、渡島馬匹組合、函館競馬倶楽部賛助の〝再開記念函館競馬〟は二七、八日の両日函館柏野競馬場で開催する、函館競馬は一八年から中止されていたが四年振りの再開である。

この第一一空挺師団函館駐屯部隊が主催、渡島馬匹組合及び函館競馬倶楽部が賛助という形態での開催は、先の協議の変更であったから、ウイリー大佐の同意を取り付けていたはずであった。個々の利益という観点から考えれば、関与者を増やすことは得策ではなく、倶楽部の賛助を受け入れた武の動機は不明である。ただ第一回開催執務委員が、執行委員長の武も含めて渡島馬匹組合の組合長、副組合長、幹事といった役員、そして函館に拠点を置く日本競馬会所属の調教師、騎手らという顔ぶれであったことから判断すると(657)、武が開催を円滑に実現するために日本競馬会の調教師、騎手に協力要請をして倶楽部を結成させ、また彼らにその利益を配分するために、馬匹組合と倶楽部の共同賛助という形を選択した可能性が高い。あるいは日本競馬会の調教師、騎手が倶楽部を結成したのを、武が活用しようとしたのかも知れない。そして武に開催の了解を求められていた函館市もそれを受け入れ、アメリカ軍兵士によるＧＩ（ジーアイ）レースに函館市長賞を提供することになった。

このように武は第一回開催の準備を進めていたが、そこに七月二〇、二一日の進駐軍競馬の第二回開催を成功裡に終えた高木清が乗り込んできて、武に「協力」を申し出たという(658)。高木は、北海道馬連との訣別を迎え、北海道レースクラブの結成へと進んでいくことになるが、それは馬連や日本競馬会とは異なる「将来馬産北海道の特色を発揮する」新たな施行組織設立の構想でもあったから、函館との連携の提案もその一環だったに違いなかった。だが武は、「馬匹組合と同好者の倶楽部を作って、団体で施行する方針である」と告げて、この誘いに乗らなかった。札幌の進駐軍競馬に参加していた日本競馬会の稗田虎伊調教師から、高木の独断専行と不評を聞いていたのが理由だったというが、この「協力」が実現していれば、函館の進駐軍競馬は別の道を歩んでいただろう。高木は、拒絶にあってもすぐに函館を去らず、進駐軍レースの一つにカップを寄贈、紳士騎乗競走にも出場していたというから、協力の可能性を完全にあきらめたわけではなかったようである。

図112　函館進駐軍競馬初日（部分）

（『北海道新聞　函館版』昭21・7・28）

こうして二七、二八日の再開記念函館競馬を迎えた(659)。初日の模様がつぎのように報じられていた(660)。

アメリカ第一一空挺師団主催の〝函館再開記念競馬〟は二七日午前一〇時から柏野競馬場（函館競馬場）で開催された、この日絶好の競馬日和と四年ぶりでの復活が人気を呼んで午前中の入場者は一万人を突破、函館競馬としては未曾有の人出であった、場内ではＶＫ（ＮＨＫ函館放送局）のアナウンサーによる人気馬の放送や楽団の演奏があり大賑い、馬券の売上も間を追って多くなり、また各レースとも大接戦を演じ観衆を陶酔させ殊に第三競馬では札幌のサラ三歳優勝馬シズナイ（望月与一郎）にツキヒカリ（井川為男）が猛追撃し僅か二米の差で惜敗したがこの大接戦は場内を沸き立たせた。

二日目の観客も一万六〇〇〇人。昭和一〇年代は八日間開催で二万人、レコードは昭和一六年秋季の二万七一四九名(661)であったことを考えれば、二日間でそれを上回ったことは「未曾有の人出」だった。

賞金総額一五万円は、一週間前の二〇、二一日の札幌第二回の一〇万五〇〇〇円より高額だった。進駐軍レースには一万円相当の振袖の着物や箱入り人形等の賞品。馬券は単勝式、一枚一〇円、購入制限もなく配当も無制限、闇競馬にふさわしいというか子どもにも馬券を売り、アメリカ軍兵士も多額の購入をしたという。控除率二〇％(662)。入場料一〇円、秋季第一次よりは五円として税込みで一〇円となったが、入場税を課したということにも、この競馬の「合法性」が示されていた。騎乗手当五円、出場馬一回三〇〇円の出走手当。軍馬から道産馬までがかりあつめられた。武によれば、はじめは馬集めが心配だったが、桔梗の開拓農家に払い下げられていた元軍馬が出走料もあって数多く参加したことでそれも解消、その馬たちは行き帰りに馬車をつけていたという(663)。とはいえ、函館も、さすがに日本競馬会の開催の歴史をもって道内の馬産地とも関係が深く、また関係者の間にも馬主、牧場主がいたから、全レースの半数程度はアラブ、サラブレッドの軽種馬のレースが組むことができていた。目玉は一着賞金一万円の三歳馬優勝レースだった。

レース編成は二日間で二四レース、進駐軍四、サラブレッド系五、サラブレッド系三歳三、アラブ四、アングロノルマン六、和種（道産馬）二、と道産馬を除けばレース編成は札幌と似通っていた。札幌第一回アングロノルマン系五、サラブレッド系四、アラブ一。目玉の三歳馬優勝レースは、札幌の同様のレースでも勝っていたシズナイと望月与一郎騎手のコンビが優勝した。このコンビのように、この開催には、そしてつぎの八月一〇、一一日の第二回開催にも、日程に余裕があって人馬ともに札幌からの転戦が可能であった。売上四三〇万円、収益で復旧工事費など諸準備費を弁済したほか、三一万円が剰余金として残った。札幌の第二回の五四一万円余よりは一〇〇万円程低いが、埼玉などを上回っていて全国でも高い部類に属していた。だが札幌との売上の差は、その後拡大する一方となり、それ

表５　函館進駐軍競馬各開催品種別レース数

開　催	共１	共２	1	2	3	4	5	6	7	8	9	10	11
サラ３歳	4	3	4				1	2	2	3	3	1	1
抽せん新馬					6	2							
抽せん古馬						2	4	2	3	2		1	
サラ４歳以上	4	5	3										
サラ系				2	6	8	2	2	3	2	1	3	2
アラブ	4	4	4	1	2		2	2	2	2	1	2	
サア混合								2			2		
アノ	8	10	10	7	7	8	11	10	11	10	10	14	11
アア混合											1		
道産馬	1	2	4	2									
進駐軍	3	2	2	1	1	4	4	4	2	2	3	2	

註１：開催の共は渡島馬匹組合と函館競馬倶楽部の共同賛助、１～11は函館競馬倶楽部の単独賛助。
註２：サラはサラブレッド、抽せん新馬はサラブレッド抽せん新馬、抽せん古馬は抽せん古馬、サア混合はサラブレッド・アラブ混合、アノはアングロノルマン、アア混合はアラブ・アングロノルマン混合。
註３：第１次は他に不明１、第９次は他にアノ・サラ混合１、第11次は他にサラ・アラブ・アノ混合２と特別（品種不明）１。
註４：第２次は初日分のみ。

表６　函館進駐軍競馬各開催日、賞金総額、売上等

開催月日	賞金総額	売上（円）	備　　考
７月27、28日	13万円、あるいは15万円	4,304,690	馬匹組合と函館競馬倶楽部の共同賛助、次の開催同様 剰余金31万円
８月10、11日	17万円	4,808,500	剰余金44万円 初日紳士騎乗競走
第１次９月７、８日	18万円	5,925,830	以下函館競馬倶楽部の単独賛助、秋季開催として実施 剰余金60万円
第２次９月14、15日	25万円	4,312,080	二日目英国海軍紳士騎乗競走
第３次９月28、29日	——	5,163,150	抽籤新馬各日３レース、１頭１万2000円で配布
第４次10月５、６日	——	4,272,600	
第５次10月12、13日	——	4,498,070	
第６次10月19、20日	——	5,165,100	二日目第６レースをめぐり観客騒ぐ
第７次10月26、27日	——	5,717,550	
第８次11月２、３日	——	5,852,220	憲法公布記念３日入場者に記念品、勝馬・騎手に記念品
第９次11月９、10日	——	6,297,374	＊馬券が１枚10円なので４円はありえない

第10次11月16、17日	——	7,154,100	入場者に抽せん籤で賞品（空クジなし）、三歳ハンデ１着賞金12000円
第11次11月23、24日	——	5,816,730	

註１：紳士騎乗競走は、1921年秋から1925年春まで実施された函館競馬の名物だった（『函館競馬場100年史』96頁）。田辺顕夫、渡辺鉄太郎、山﨑松次郎も騎乗（同）。
註２：—印は不明。
（『北海道新聞 函館版』昭21・７・28〜29、８・11〜12、９・８〜９、９・15、９・29〜30、10・６〜７、10・13〜14、10・20〜21、10・27〜28、11・３〜４、11・10〜11、11・17〜18、11・24〜25、『日本競馬史』巻七、102〜３頁より作成）

図113　開催広告

（『北海道新聞　函館版』昭21・８・29）

図114　開催傭員募集広告

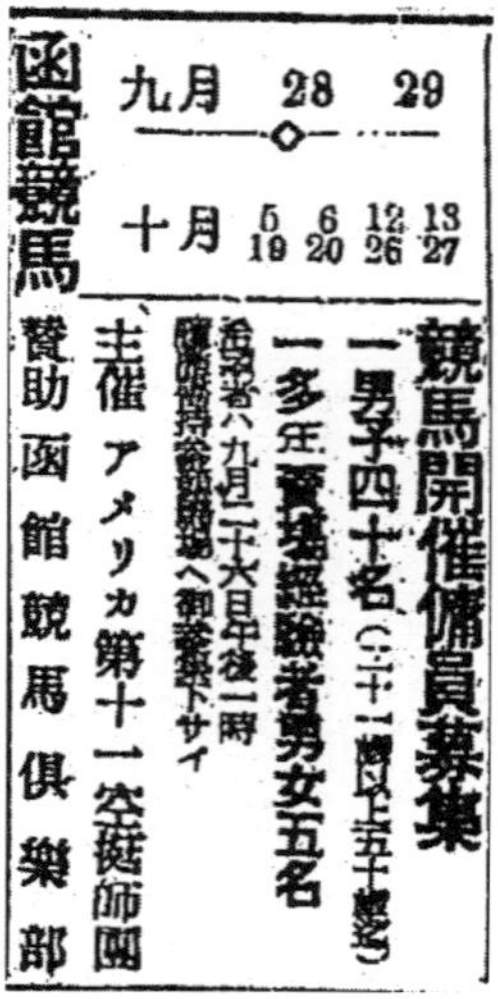

（『北海道新聞　函館版』昭21・９・25）

に応じて賞金や出走手当の格差も大きくなっていった。したがって開催日程が札幌と重なってしまった九月以降は、函館の魅力は、特に軽種馬の馬主にとって劣ることになり、その出走馬の質が下がることになっていく。

この第一回開催の成功を受けて、旧函館競馬倶楽部会員や函館競馬振興会員が、進駐軍競馬への関与をめざして乗り出してきた[664]。武が競走馬を持たない同好者の倶楽部をかつての函館競馬倶楽部と同じ名を付けて賛助組織としたことに異議を申し立て、いわば因縁をつけてきた格好だった。「正式に函館競馬倶楽部を再興して、進駐軍競馬に協力すべきだ」というのがその主張だった。同倶楽部は、昭和一二年七月に解散、その権利義務は日本競馬会に引き継がれ、また競馬場等の資産の譲渡を余儀なくされていたが、その旧会員（解散当時、名誉会員一名、会員四二名、賛助会員三二名）たちによる「権益回復」をめざす動きともいえた[665]。競馬振興会は、倶楽部解散をうけて同昭和一二年九月、その受け皿として設立されたもので、設立時正会員二〇名、賛助会員八〇名だった。振興会員でなければ馬主として出走させることができなかった。ちなみに武芳彦はその正会員だった。進駐軍競馬第一回開催直後の七月二九日、旧倶楽部時代からの役員、振興会の中心メンバーだった田辺顕夫、松岡陸三、小西誠一、宮崎信太郎、渡辺鉄太郎、平野与次右衛門、山崎松次郎の七名が集って、とにかく函館競馬倶楽部が組織（再興）されることになった(666)。

この倶楽部組織の動きは第一回開催前からすでに武らと対立の様相を呈していたようで、早速翌三〇日函館軍政部の主任の中尉が、この両派の対立のなかでは、中間的な立場にたっていた山崎松次郎に対して、馬匹組合及び倶楽部と新倶楽部の調整を依頼、その後三回の交渉が行われていくことになった。山崎は海運業を営み、昭和二一年当時函館市議会議長、大正一二（一九二三）年函館競馬倶楽部の常務理事、昭和一一（一九三六）年日本競馬会理事、昭和一二年日本競馬会函館競馬場初代場長、この昭和二一年一〇月一〇日札幌競馬場長、一一月二〇日函館競馬場長兼務となる(667)。

その交渉中に迎えていた八月一〇、一一日の第二回開催は、第一回と同じく馬匹組合と競馬倶楽部との二者の賛助の形がとられ、賞金は第一回より若干アップした一七万円、観客は初日午前中で一万、二日目は超満員の一万五〇〇〇人、売上は第一回を五〇万円上回る四八〇万八五〇〇円、四四万円の剰余金をえていた(668)。

新倶楽部と馬匹組合及び倶楽部の交渉は、結局馬匹組合側が折れ、新倶楽部に吸収される形をとって、新倶楽部が開催権をもち、その後の開催を単独賛助していくことで合意がなった(669)。武が、責任を負うことが開催の条件となっていたが、それが札幌の高木のように絶対的なものであったならば、このようにはならなかったはずであった。武は、進駐軍の後ろ盾も活用することができず、主導権争いにも負け、北海道レースクラブの高木のような存在にはなれなかった。この新たな函館競馬倶楽部会長には山崎松次郎、常務理事二名には新倶楽部の松岡陸三と渡島馬匹組合長上野金吾が就いたが、武は三名の監事の一名に「蹴落とされ」た。なお役員は他に理事四名の計一〇名だった。会長は秋季第一次から第三次（九月）まで山崎、第四次（一〇月）以降は松岡が務めることになる。松岡陸三は金融業、自動車業を営み（旭自動車株式会社社長）、旧函館競馬倶楽部の役員、昭和一二年倶楽部の解散を受けて設立された函館競馬振興会の初代常務理事、門別に牧場をもっていた。戦前からの函館の日本競馬会の競馬の中心的存在であり、また地元函館の有力者でもあった競馬振興会の馬主たちが、中間種の生産者たちを主なメンバーとする馬匹組合を押し切った格好であった。松岡は、戦前からの経験を生かして施行全体を指導し、番組の編成も行ったという。ちなみに武は双方の会員であった。

このように馬匹組合と新倶楽部両派は妥協したが、会長の山崎は、九月一〇日頃、「内心それぞれ含むところあり、とに角一致を見ず、暗闘があるように見え」、「馬匹組合にして見れば、儲け仕事を取り上げられた感あり、殊にもくろんだ武氏は監事の役に蹴落とされた恨みあり、同情にたえざるところあり、気の毒に思いおり候」と記していた(670)。

函館駐屯部隊司令官の大佐らもこの新函館競馬倶楽部の成立、馬匹組合からの剰余金の移動を認め、九月七、八日以降の週末の秋季競馬開催の単独賛助を命じた。北海道レースクラブの例にならって、倶楽部形式の賛助が望ましいとの判断もあったかも知れないが、新倶楽部側の要請に応じた「認可、命令」だったに違いなかった。一ヶ月間、開催があいたのは、この両派の対立が一応の決着を見る必要があったからだろう。

こうして、戦前、民間競馬倶楽部に馬券が認可されていた時代の会員、及びその後継組織である競馬振興会員が主導権を握ったことが、札幌や室蘭の進駐軍競馬、そして他県の闇競馬とは決定的に異なる函館の進駐軍競馬の特色となった。進駐軍を後ろ盾に、戦前、民間倶楽部が開催権をもっていた時代の復活をめざそうとしていたのかも知れなかった。

そして函館競馬倶楽部の単独賛助の進駐軍競馬は、九月七、八日の第一次から、土、日を原則として、一一月二三、二四日までの第一一次まで開催されていった。だが先にもふれたように賞金や諸手当の格差が広がりつつあった札幌と日程が重なったこともあって、函館の魅力は、特に軽種馬の馬主にとっては見劣ることになり、その出走馬の質も下がっていった。これに対して函館競馬倶楽部は、剰余金を資金にサラブレッドを購入、会員に抽せん配布し、そのレースを増加させる道を選択した(671)。一頭一万二〇〇〇円で二〇頭を購入、函館競馬倶楽部会員に配布、内五〇〇〇円を倶楽部が補助していた。これは、戦前の民間競馬倶楽部、日本競馬会時代の抽せん馬制度の復活でもあった。九月二八、二九日の第三次開催から、「軽種不足による競走の単調を救うべく」この抽せん新馬競走が導入され、そのレース編成は、抽せん新馬六、サラブレッド系六、アラブ二、アングロノルマン七、進駐軍一と、ねらい通りにサラブレッドに重点を置くものとなり、これを機に、それまで二日間で四つ実施されていた道産馬のレースも廃止された[672]。売上は五一六万三二五〇円と、第二次を八〇万円近く上回ったが、第一次と比較すると逆に八〇万近く下回っていた。しかし抽せん新馬の導入は後が続かず、その後第五次以降の開催はアングロノルマンに依存の度を深めざるをえなかった。だがそれでもこの制度の導入が、北海道の軽種の馬産界、馬市場の活性剤となっていたことも間違いなかった。そして倶楽部は、売上増をめざして、一〇月五、六日第四次開催以降ハンデ戦に重点をおいて番組編成に工夫を凝らし[673]、また一一月二、三日第八次開催では二日目三日憲法発布記念として入場者に記念品[674]、一一月一六、一七日の第一〇次では入場者全員に空くじなしの福引券を配布[675]するなど集客策にも力を入れていた。

さらに函館競馬倶楽部は、全国の公認の闇競馬が一一月二〇日の地方競馬法施行までの開催であったのに対して、その施行後の一一月二三、二四日、室蘭とともに「違法」に開催した[676]。北海道レースクラブの開催が終了しており、集客も売上も期待できると判断したに違いなかった、当初第九次一一月九、一〇日、ついで第一〇次一六、一七日を最終開催としていた倶楽部が急遽、開催を決定したものだった。それで進駐軍からの許可が直前になったのだろう、その開催が新聞紙上で告知されたのは二三日、そのなかで同時に従業員に対して初日九時競馬場集合を呼びかけてもいた。繰り返せば、進駐軍も、日本の法律を逸脱することができないのが占領の原則だったが、函館ではその超法規性が活用され、函館の司法、警察当局も黙認せざるをえなかったのだろう。

図115　第十一次開催を伝え、従業員の集合を呼びかける記事

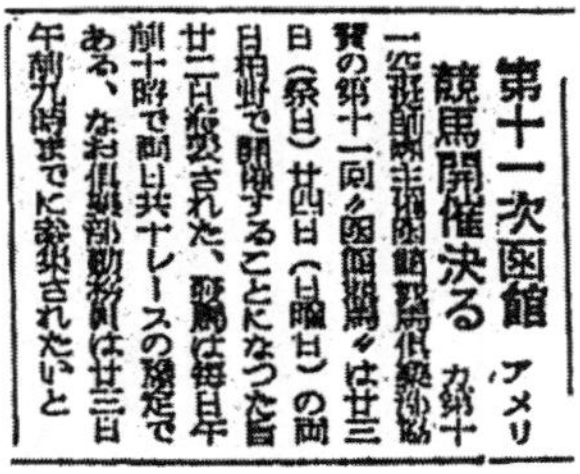
第十一次函館
競馬開催決る
[illegible]の第十一回"函館[illegible]"は廿三日（祭日）廿四日（日曜日）の両日[illegible]で開催することになった旨廿二日発表された、競馬は毎日午前十時で両日共十レースの予定である、なお倶楽部[illegible]は廿三日午前九時までに参集されたいと

（『北海道新聞　函館版』昭21・11・23）

このような倶楽部の努力の結果、九月七、八日の第一次から一一月二三、

二四日の第一一次までの函館競馬倶楽部単独賛助の進駐軍競馬の総売上は六〇一七万四八〇四円、渡島馬匹組合賛助の二回を加えると六九二八万七九九四円に上った。一日平均約二六六万円、一開催二日間最高売上は一一月一六、一七日の七一五万四一〇〇円。北海道レースクラブの一億二〇〇〇万円には及ばないとはいえ、総額は神奈川県戸塚競馬場の県馬連の計三回の闇競馬の売上に匹敵していた。

開催期間中も倶楽部は、大中山駅庁舎建築費、函館高等水産学校、アイヌ協会、渡島馬匹協会、渡島家畜商業協同組合、函館体育協会などにかなりの寄付を行っていたが、開催終了後それでも保有金が六〇〇万円残っていた(677)。総売上の約一割にあたっていたが、進駐軍は、倶楽部の受領分をその内の五〇万円として、残り全額を函館市役所に寄付することを命じた。倶楽部会長松岡陸三の回想によれば、「競馬から上がった収益金全部八八〇万円余を市に寄付し」たという(678)。翌年三月の地元紙は、進駐軍競馬の純益約三〇〇万円が、近く市の社会事業、教育並び体育施設費として寄付される筈と報じていた(679)。

函館競馬倶楽部側は、この昭和二一年の開催の成功をふまえて、翌昭和二二年五月から進駐軍競馬を開催すると「公言」(馬主、調教師、騎手などはこれを信じていたという)、馬場改修にも着手していたが、進駐軍は一一月二三、二四日の開催後、函館競馬場のＰＤ(調達命令書)を解除、昭和二二年の競馬に関しては指図も主催もしないとの姿勢をとった(680)。一一月一四日進駐軍は返還を命令しており、同月二〇日から正式に日本競馬会に返還されて函館競馬場として再発足(681)、場長には山崎松次郎が任命されていた(682)。山崎は、その直後の第一一次進駐軍競馬開催中、来年度から競馬法に基づいて日本競馬会の開催が行われることを宣言した(683)。先にふれたように、この頃には、競馬法及び地方競馬法を背景とした終戦連絡札幌事務局、道庁、日本競馬会の共同歩調の前に、札幌の第一一空挺師団も北海道レースクラブの次年度開催のバックアップを断念していたが、この函館の進駐軍の姿勢もそれと軌を一にしていた。武芳彦も、第一一空挺師団司令官スイング少将から交付を受けた開催を認める「オーダー(許可証)」を函館駐屯部隊司令官ウイリー大佐に返還したという(684)。

函館競馬倶楽部のヴィジョンをうかがわせるものは残されていないが、戦後の民主化の風潮のなかで、戦前の倶楽部が開催権をもっていた時代の復活を夢見ていた可能性が大きい。馬匹組合に割り込んで進駐軍競馬の開催権を奪ったのは、その意欲の現れだったと思う。だが日本競馬会の特権を保証する戦前からの競馬法はそのまま生きており、また地方競馬法も各県馬連に開催権を付与していた。北海道レースクラブと同様に、函館競馬倶楽部の夢も競馬法、地方競馬法によって砕かれていた。

しかし松岡陸三、田辺顕夫らその倶楽部員たちは、武芳彦も含めて、日本競馬会の東日本競馬振興会函館支部や国営競馬の函館競馬場馬主協会の中心的存在として、その権益に与ることになる。北海道レースクラブの高木清が日本競馬会と戦って、戦後にふさわしい新たな競馬を求めようとしていた姿とは異なっていた。

3　室蘭の進駐軍競馬

室蘭の進駐軍競馬の第一回開催は、札幌、函館よりは二ヶ月以上も遅い九月二八、二九日（一〇月五、六日とあわせて第一期開催と広告された）、競馬場は新設の東室蘭競馬場（現・室蘭市東三丁目一帯）。主催アメリカ第一一空挺師団、賛助室蘭レースクラブと、進駐軍が開催権を付与して「合法化」し、クラブが運営にあたり、日本人観客に対しても馬券を発売するという、その表面上の開催形態は札幌、函館と同じだった。室蘭レースクラブが、在室蘭アメリカ第一一空挺師団第一五二空挺高射砲大隊（室蘭進駐は昭和二一年三月）司令官陸軍野砲兵中佐ジェームス・H・フォーレン名による室蘭市長熊谷綾雄宛の競馬開催の「承認書」を引き出したのは九月一三日付だった(685)。

室蘭での競馬開催の動きが報じられるようになったのは八月中旬(686)、札幌、函館の進駐軍競馬に刺激を受けたものだった。胆振馬匹組合と室蘭市が

図116

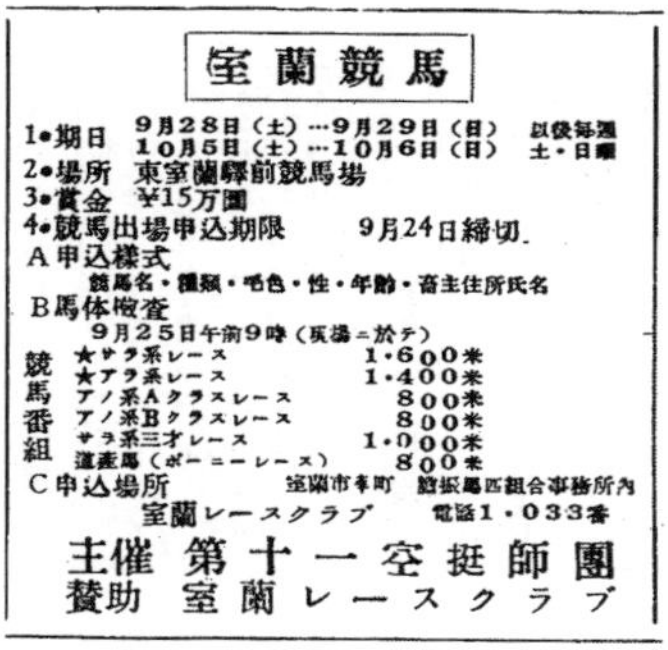

（『室蘭民報』昭21・9・20）

図117　室蘭レースクラブ設立御挨拶等

室蘭レースクラブ設立御挨拶

當市に於て競馬開催の儀につきましては夙に同好者の翹望して居りました處未だ實現に至らざりしも昨年第十一空挺師團の本市に進駐せらるゝことになりましたが加之軍馬一十餘頭を繋養し居られ同軍將兵慰安競馬を施行せらるゝ絶好の機會に遭遇し吾等競馬同好者相集り室蘭市役所並膽振馬匹組合後援の下に本クラブを設立し本目的達成の爲聊微力を盡したく存じますから各自何卒御後援の程宜敷御願致します
右謹みて御挨拶申上ます
昭和二十一年九月十四日
室蘭レースクラブ
理事長　宇賀金男

室蘭競馬
一、期日　九月廿八日（土）九月廿九日（日）十月五日（土）十月六日（日）以後毎週土、日曜
二、場所　東室蘭驛前競馬場
三、賞金　十五万圓第一期分
四、競馬出場申込期限　九月二十四日締切
1 申込様式　競馬名、種類、毛色、性、年齢、畜主住所氏名
2 馬体検査　九月二十五日午前九時（現場ニ於テ）
競馬番組
サラ系レース　一、六〇〇米
アラ系レース　一、四〇〇米
アノ系Aクラスレース　六〇〇米
アノ系Bクラスレース　八〇〇米
テラ系三才レース　一、〇〇〇米
道産馬（ポニーレース）　八〇〇米
3 申込場所　室蘭市幸町一一九
膽振馬匹組合事務所内
室蘭レースクラブ
電話一、〇三三番

急募
一、事務員　男二十名　女百名（何れも年齢十八才以上）
二、通譯　四名（可及的輪西以東居住の者を望む）（専門學校卒業以上の者男女を問はず）
三、給與　日給二十圓以上給與す
四、期日　自九月二十六日　至九月二十九日　四日間　十月五日　十月六日　二日間　以後毎週土、日曜
五、申込期限　昭和二十一年九月二十二日迄
右希望ノ向ハ左記ノ處ニ履歴書携行面談ノ事
記
一、室蘭市幸町一一九　膽振馬匹組合　電話一、〇三三
室蘭市輪西町一六〇　室蘭競馬組合　電話五、〇六五
室蘭市幸町一一九　膽振馬匹組合事務所内
室蘭レースクラブ
室蘭勤勞署

（『室蘭民報』昭21・9・18）

一体となって、進駐軍の認可のもとに「合法的」に開催することをめざし、八月二七日にはその内諾を獲得、競馬場建設に関しても進駐軍の援助を引き出していた[687]。第一一空挺師団が、競馬開催に対して積極的であることは、計画当初から織り込み済みだったが、実際もその通りになった。室蘭の場合、函館よりも明確に進駐軍を利用して開催にこぎつけていた。

室蘭レースクラブが創立総会を開催して、正式に発足したのは九月一三日[688]。「進駐軍慰安競馬の賛助、馬事思想の普及」を目的として掲げ（のちに胆振日高の馬事振興も加わる）、室蘭市役所と胆振馬匹組合の後援の下に設立されたことを謳った。クラブ役員の陣容も、理事長宇賀金男、副理事長脇坂浅吉、松田清次、監事勝又佐七、青木儀重、山本久吉、とそれに対応するものとなっていた。また開催執務委員には宇賀、脇坂、総務係長には阿部秀雄、業務係長に松田清次、馬券係長に勝又佐七、執務員に田中甚一郎（胆振馬匹組合理事）が指名されていた。宇賀金男はかつての市議会副議長（後に議長）で市政の中心的人物、勝又佐七は市会議員、脇坂浅吉と松田清次は胆振馬匹組合役員、阿部秀雄は市助役だった。

先の室蘭市長宛の競馬開催「承認書」の交付が九月一三日付となったのは、このクラブの発足を待ってのものだった。なお「承認書」はつぎの三項からなっていた[689]。

一、米陸軍は日本北海道室蘭市において定期競馬を施行すべき権限を付与すべきものなり。

二、競馬施行に当りては室蘭レースクラブ制定のルールおよび全国および北海道内の競馬に関し叙述せらる諸法

規は正当なる行政手続に合致するよう遵守すべきことを要する。

三、室蘭市長は本定期競馬があらゆる者の福祉と市民の福祉および娯楽のため完全に運営せらるるように監督の責任を有する。

ここでも確認しておけば当時、日本競馬会以外に関しては、馬券を発売して競馬を開催する根拠法が存在していなかった。一はその代わりに室蘭では進駐軍が承認、開催権を付与して「合法化」するということ、二は室蘭レースクラブのルール、及びおそらく地方競馬法施行までの期間、他の県レベルで行われていた闇競馬の「合法化」の条例、及び札幌、函館の進駐軍競馬に則って（室蘭レースクラブが参照していたと考えるのが妥当だろう）運営を行うこと、そして三は市長が監督の最終責任（開催、運営、そして室蘭レースクラブに対しても）を有していることを明記したものだった。

この「承認書」が市長宛であり、また三にも示されているように、室蘭の進駐軍競馬の特徴は、市役所が、というより室蘭市をあげてクラブを後援しただけでなく、市長が競馬開催の監督責任を有し（進駐軍の許可条件）、また助役が開催執務委員を務め、つまり室蘭市も開催の中核となり、その責任を負っていたことだった(690)。室蘭市がこのような役割を演じたのは、地方競馬場を設置、開催したいというのが戦前からの同市の宿願であったことに加えて(691)、何よりも戦後の復興資金の財源、地域振興策として競馬開催への強い意欲があったからだった。進駐軍競馬終了後も、市長が、室蘭競馬場が地方競馬の開催権を獲得する運動の会長を務め、その獲得後は市として室蘭競馬後援会に資金を提供するなど、室蘭市はその意欲を失わなかった。その間、市民の支持を訴え続けた地元紙『室蘭民報』に代表されるように世論も競馬開催を積極的に支持していた。なお市が闇競馬の主催者、後援者となった例としては他に富山の高岡市、富山市があったが、両市が一回限りであったのに対して、室蘭は九回にも及んでいた。

第一次開催の賞金総額は一五万円(692)、北海道レースクラブ、函館レースクラブの第一回開催時と同一額だった。

馬券は単勝式のみで一枚一〇円、二万から四万の観客が押し掛けたようだが、二五〇万円を見込んでいた売上は一五四万円に終わった。第二次の売上は、さらに一二七万一五八〇円と低下、ここまでの収益は一万七五二〇円だった(693)。

第一次から第八次までの判明分の売上をみても、一開催八九万円から一九二万円と札幌、函館に遠く及ばなかった。総売上も約一一一四万円、ほぼ北海道レースクラブの一開催の最大売上分にしか過ぎなかった。賞金総額が第六次まで一五万円に据え置かれたのも、そのような低い売上のためだった。賞金が少ないためレースに八百長など兎角の不評があったという(694)。

レース編成は、表7のようにアングロノルマンが中心だった。第五次以降、サラブレッドのレースが一増加していたが、札幌、函館と日程が重なっており、その上賞金が見劣りしていては、数少ない軽種馬を集めることは困難だった。函館も道産馬レースを実施していたが、アラブ、サラブレッドが全レースの半数であり、また札幌も当初はアングロノルマンのレースが半数以上を占めていたが、時間が下るにつれて高い賞金と出走手当で多くのサラブレッド、アラブの軽種馬を集めていくようになっていた。とはいえ、室蘭レースクラブの開催にしても、馬市場や軽種馬生産界への刺激とはなっていなかったわけではなかっただろうが。

クラブの社会事業への寄付で、判明しているのは第四次、第五次の収益金のなかから慈善事業へと二万円を室蘭市に寄付したものだけであるが(695)、第一一空挺師団は、札幌でも函館でもクラブに命令していたので、室蘭レースクラブも、その他にも「社会事業」や自治体への寄付を行っていたであろう。

そして驚くことは、室蘭市長が監督責任を有しているにもかかわらず、室蘭レースクラブが、一一月二〇日の地方競馬法施行後も開催を重ねていたことだった(696)。いうまでもなく地方競馬法違反であり、全国的に見て、「公認」の闇競馬としては、他に函館レースクラブの進駐軍競馬が二三、二四日と開催した例があるだけだった。しかも室蘭の場合は、さらに一一月二九、三〇日、一二月一日までとさらに期日が伸ばされていた。札幌、函館に比較すれば開催回数が少なく、またその二ヶ所の開催が終了、集客が期待できることで売上増を追求する室蘭レースクラブが進駐軍に要請、それを進駐軍が入れたものだったろう。県レベルでの「公認」は地方競馬法施行までという条件付のものであったのに対して、北海道の進駐軍競馬の超法規性がここでも示されていた。

表7　室蘭進駐軍競馬各開催品種別レース数

開　催	1	2	3	4	5	6	7	8	9
サラ系	2	2	1	2	2	2		2	
アラブ	4	4	2	3	2	2		1	
サア混合						1		1	
アノ	6	8	4	9	4	9	不明	5	不明
アア混合						1			
中間種	6	2	2	4	2	4		2	
道産馬	3	4	1	2	1	2			
進駐軍		2	1	2	1	2		1	

註1：サラはサラブレッド、サア混合はサラブレッド、アラブ混合、アノはアングロノルマン、アラ混合はアラブ、アングロノルマン混合。

註2：第8回は初日分のみ。

表8　室蘭進駐軍競馬各開催日、賞金総額、売上等

開催月日	賞金総額	売上（円）	備　　考
第1次9月28、29日	15万円	1,540,000	出走頭数70頭、サラ系9頭、アラブ系14頭入場料5円
第2次10月5、6日	15万円	1,271,580	補助金500円（2回以上出走の2着以下に交付） 他に中間種（アングロノルマン）特別レース賞金1万5000円
第3次10月12、13日	15万円	891,340	補助金その他5万円、入場料の廃止
第4次10月26、27日	——	1,366,600	10万円施設改善に振り当て
第5次11月2、3日	——	1,900,000	日高静内からの出場馬一時引上げ、函館からの出馬、出頭数80頭
第6次11月9、10日	15万円	1,098,130	厩舎新設 初日7レース、1着馬失格、騒擾、失格馬も払戻
第7次11月16、17日	20万円	1,150,000	
第8次11月23、24日	20万円	1,927,800	
第9次11月29、30、12月1日	30万円	——	

註：—印は不明。

（『室蘭民報』昭21・9・18、9・27、10・1、10・5、10・8、10・11、10・15、10・29〜30、11・2、11・5〜6、11・9、11・11〜12、11・15、11・19、11・24、11・26、11・30より作成）

図118

（『室蘭民報』昭21・11・22）

図119

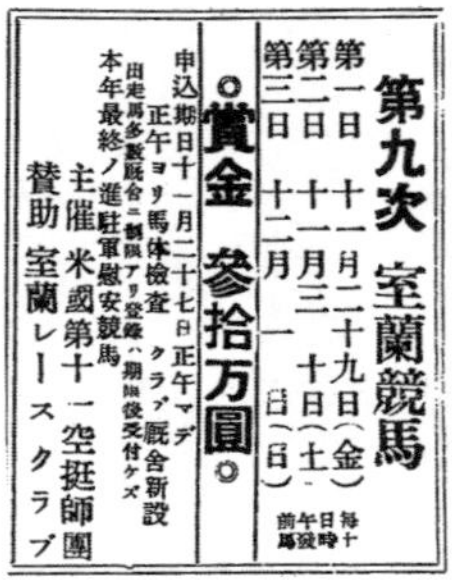

（『室蘭民報』昭21・11・26）

札幌、函館の競馬が冬季間中止となり室蘭のみの開催となって道内精鋭馬が終結殺到といった旨が記されている。

さらに室蘭レースクラブ、室蘭市は、競馬開催の恒久化をめざしてもいた。進駐軍競馬という形態での可能性が消え、地方競馬法施行が近づくと、同法が規定する北海道三ヶ所のなかの一場としての公認を獲得することをクラブの目標に掲げ、一一月八日付でその旨を地元ファン、市民に告知、地元紙『室蘭民報』も市民の「絶大なる支援」を訴えていた(697)。九日の第六次開催初日、レース開始に先立って、レースクラブ理事長宇賀及び警察署長より「室蘭競馬公認獲得のために真のスポーツマンシップを発揮してその真価を発揮せられるようとの祝辞および激励の辞」があったという(698)。総決起集会といった趣だったが、警察署長も加わっていたというところに時代が表れていた。北海道馬連は、地方競馬法施行前からすでに、地方競馬の公認競馬場として旭川、岩見沢、帯広の三ヶ所を内定していたが(699)、室蘭市の産業課長が胆振、日高管内を廻って署名を求めた請願書を道庁に提出するなど、クラブと室蘭市は一体となって公認を求める運動を展開していった(700)。内定を覆すことはできなかったが、その後も運動は継続された。将来的に地方競馬法の改正で競馬場数を増加させ、その公認をめざそうというものだった(701)。

地方競馬場の増設については、地方競馬法の審議の際もその増設を要求する声が非常に大きく、通過後もその声が収まることはなかった（第3章）。室蘭はそれに期待を託していた。そしてまだその改正の目途が立っていたわけではなかったが、胆振支庁地区では、将来の増設に備えて室蘭、苫小牧の候補地争いとなっており、一二月胆振馬匹組合は、室蘭に軍配をあげていた(702)。

翌昭和二二年一月二〇日には、室蘭レースクラブは、室蘭地方競馬公認獲得期成会を結成、会長に熊谷綾雄市長（市長在任：昭和二一年九月から昭和三八年八月）、副会長に市会議長徳中祐満（議長在任：昭和一八年八月から昭和二〇年六月、昭和二一年一二月から昭和二二年四月、昭和三四年から昭和三八年まで道議会議長）とクラブ会長宇賀といった室蘭の政界、市政の中心人物を選出、全市的に運動を展開していった(703)。帝国議会で増設に向けての改正案提出の動きが表面化した三月には、期成会（クラブ）からも代表が上京、道選出代議士とともに根回しにあたった(704)。三月三〇日の地方競馬法案の改正を受けて、その増加分三ヶ所の有力な候補地であった室蘭、北見、小樽のなかに函館（渡島馬匹組合）が割り込みをはかってきたが(705)、五月五日、北海道馬連は函館を斥けて室蘭競馬場を公認した(706)。室蘭全市あげての運動、市民の支援が功を奏した格好だった(707)。この決定を受けて、クラブ会長宇賀金男はつぎのように語っていた(708)。

図120　室蘭地方競馬公認獲得期成会解散と室蘭地方競馬後援会結成の御挨拶

御挨拶

昨年八月設立を見ました室蘭レース・クラブは進駐軍慰安並馬匹奨励の目的達成に不断の努力を続けて參つたのでありますが、地方競馬法の公布と共に室蘭地方競馬公認獲得期成會を結成し、公認競馬場設置に關し、擧市一丸となつて運動を展開して參つたところ幸い市民各位の熱誠なる御支援、御厚情を得まして昭和二十一年五月一日地方競馬法の一部改正が公布され、續いて九月八日北海道馬匹組合連合會より北海道地方競馬倶設競馬場の一として室蘭市を選定した旨の朗報に接したのであります是は當市の發展、馬事の振興に寄與するところ甚だ大なるものありと確信致し御同慶至極と存じて居る次第であります

茲に室蘭地方競馬公認獲得期成會は其初期の目的を達成致しましたので重ねて市民各位の絶大なる御援助、御協力を深謝しつゝ圓滿なる解散を爲すことゝ相成りました

右御挨拶申上げます

昭和二十二年七月二十六日

室蘭地方競馬公認獲得期成會

會長　室蘭市長　熊谷綾雄

副會長　道會議員　徳中祐満

副會長　室蘭レース・クラブ理事長　宇賀金男

御挨拶

斯界待望久しき地方競馬法は昭和二十一年十一月二十日公布になりまして本道に旭川、帯広、岩見沢、北見、小樽、室蘭の六市に公認競馬場の設置が許可されました右は本道の馬事振興に資するは勿論各市の發展に寄與するところ大なるものありと慶賀至極に存じて居ります之は室蘭レース・クラブの實績、室蘭地方競馬公認獲得期成會の努力を初めとし市民各位の熱誠なる御支援御協力の賜と深く感謝するところであります

地方競馬法に依る明朗な競馬運營の實施に當つては尚一層明快な公共性を有することが要請される爲茲に室蘭市胆振全町村を打つて一丸とする新鮮な性格と強力な實體とを備える室蘭地方競馬後援會の設立を見たのであります。本會の今後の活躍に充分な御期待を寄せられると共に倍舊の御支援を賜り度く愛市、愛馬の熱意ある各位におかれましては以上の意義使命を御賢察御諒解下され北海道地方競馬室蘭競馬場の整備擴充の所要資金を左記要領に依り出資御協力方を切に懇願申上げる次第であります

記

一、申込口数　一口以上
二、出資金一口　五千圓也
三、締切月日　昭和二十二年七月三十一日
四、申込場所　幸町胆振馬匹組合内　室蘭地方競馬後援會
五、申込方法　申込用紙ヘ所定事項記載ノコト　又ハ郵便電話ニ依ルモ可
六、申込者ハ本會會員タル資格ヲ取得スル

昭和二十二年七月二十六日

室蘭地方競馬後援會

（『室蘭民報』昭22・7・28）

競馬に歴史のない室蘭市が地方公認を獲得出来たことは偏に市民各位の絶大な御援助の賜です、将来クラブを法人組織とする考えでなお市民の皆様の御助力をお願い致します、この上は馬場の拡張をはじめ必要条件を早急に完備いたしたいと存じます。

七月二六日には、「室蘭競馬場の整備拡充の所要資金」を提供する室蘭地方競馬後援会設置が告知され、一口五〇〇〇円、締切七月三一日で出資金が募られ(709)、室蘭市も二口一万円を出資した(710)。後援会は、九月一〇日正式発足、会長に宇賀金男、副会長三名は高橋賢一（伊達）、吉川平一（鵡川）、脇坂浅吉（室蘭）と馬匹組合の中

図121　北海道馬連主催
第一回室蘭競馬

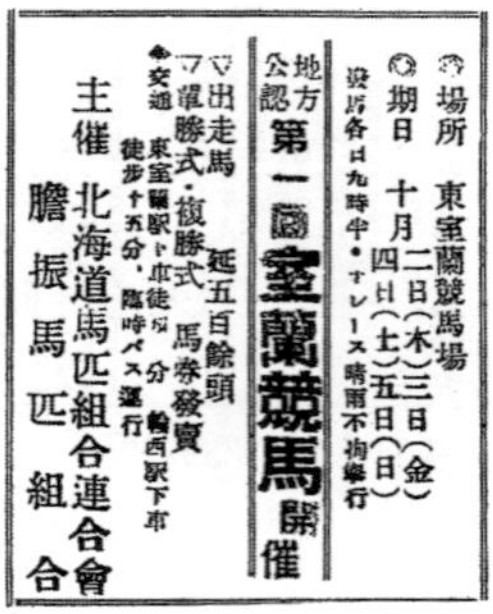

（『室蘭民報』昭22・9・30）

心人物、顧問として管内選出代議士、道議、支庁長、警察署長、市長、商工会議所会頭等二〇名が推戴された(711)。これより先、後援会は、先の宇賀の談話にあったように、馬場改修費として一〇〇万円余の資金を提供、幅員八メートルから一二メートルに拡張、一〇〇〇メートルのコースも一五〇メートル延長、馬券売場六〇数ヶ所も九五ヶ所に拡充された(712)。なお室蘭市（議会）は、誘致費用に五万円、後援会出資金として一〇万円を支出していたという記録もある(713)。

この昭和二二年、北海道馬連主催の室蘭競馬第一回は一〇月二日から、第二回は一〇月二三日から各四日間、第三回は一一月八日から六日間開催され、それぞれ五二一万一五八〇円、五六二万六五〇〇円、八七五万九三五〇円を売り上げ、総計一九七七万七〇八〇円、二〇万円の黒字という結果だった(714)。

室蘭レースクラブの進駐軍競馬から始まった室蘭の競馬は、こうして地方競馬法に基づく開催に結実していった。他の県の闇競馬が、そのまま地方競馬に移行していたのに対して、このような例は、もちろん全国で唯一のものであった。なお北海道の地方競馬では、総売上高の一〇〇分の一が各競馬場六ヶ所（室蘭、旭川、小樽、北見、帯広、岩見沢）の所在の六市に指定納付金として寄付される規定だった(715)。市の財源という観点から見ると、直接市の収入となる進駐軍競馬のような仕組みが望ましかったが、室蘭市では、他の五市とともに一一月、指定納付金の一〇〇分の四への引き上げ（一〇〇分の一畜産奨励費、一〇〇分の三を一般財源）を協議する予定だった(716)。

『室蘭民報』は、この昭和二二年の十大ニュースの第五位に、室蘭競馬場の公認をあげた(717)。室蘭市の競馬場に寄せる期待は素朴で大きなものがあった。だがそう時間を要することなく、昭和二八年八月の開催で、室蘭競馬は終焉を迎えることになる。

3 地方競馬法の制定

1 議員主導、大きな権益

地方競馬法制定の段階で、地方競馬にはまだ敗戦は訪れていなかった。それどころか、逆に焼け太りをしていた。戦前からの馬事に関する特権をそのまま引き継ぎながらも、軍部や政府の干渉からは解放され、中央馬事会、各都道府県馬匹組合連合会（県単一の馬匹組合を含む、以下、「各県馬連」と記す）の権益は拡大していたからである。

地方競馬の法的根拠を作る農林省の動きが鈍いのを受けて、昭和二一（一九四六）年七月以降、各都道府県レベルでのヤミ競馬の「合法化」が進められ、闇競馬が開催されていった（第2章）。だが戦前、戦時中、実質的に地方競馬を統括、運営していた各県馬連、またその全国組織である中央馬事会（国家総動員法廃止による日本馬事会の解散を受けて昭和二一年二月結成）が、各地で開催されていたあるいは開催されていくことになるその闇競馬を必ずしもコントロールできていたわけではなかった。少し後の八月以降のことになるが、進駐軍競馬で名を馳せていた北海道レースクラブがその代表であった。北海道馬連では手に負えなかったし、愛知でも複数の組織が対立していた。

中央馬事会及び各県馬連が、これまでの権益を守り、そして拡大し、さらには馬事及び畜産振興の資金を握る。そのために自分たち以外の組織（グループ）の開催を非合法化し、戦前のように地方競馬の開催権を専有し、その収益の一定割合を中央に上納させるシステムを構築する。中央馬事会及び各県馬連は、それを追求していた。

だが農林省が準備を進めていたのは、単行法の制定ではなく、省令レベルでの規則制定だった。しかし地方競馬関係者が望んでいたのは、このような省令での合法化ではなかった。日本競馬会の開催独占権が、戦後も競馬法（大正一二年制定）で保護され続けているのに対して、省令では地方競馬に優等馬票（馬券）発売に独自の法的根拠を与えていた軍馬資源保護法（昭和一四年制定）よりも後退し、地方競馬規則（昭和二年制定、農林省・内務省の省令）に逆戻りするようなものだったからである(1)。刑法の除外例として法的に位置づけなければ、馬券を発売するにしても、地方競馬規則時代の景品券と現金の引き換えといった形式をとらなければならなくなる。それでは、現在のパチンコのように、ギャンブルとしては再び地方競馬が「日陰の存在」となってしまう。また競馬法（日本競馬会）との一本化も望んではいなかった。あくまでも地方競馬に関する独自の法律制定が目標だった。

農林省は、六月二〇日開会の帝国議会に提出された第二次農地改革関連二法案をかかえ、またこの年ピークを迎えていた食糧危機対策にも追われていた。馬政局は、敗戦とともに既に解体されており（昭和二〇年一〇月二六日）、農林省内に畜産局が復活、畜政、飼料、畜産、馬産、衛生の五課が置かれてはいたが、競馬を含めた馬政は勿論、畜産行政の優先順位は極めて低かった(2)。ちなみに競馬課の設置は昭和二二年五月（初代課長井上綱雄）。さらに競馬法との整合性、その改正の問題もあって、農林省が地方競馬法を成案化するまでには時間を要することが確実だった。

とするならば、地方競馬関係者が自ら法案作成に向けて動いても不思議ではなかったが、実際、中央馬事会、地方競馬や畜産関係の国会議員が主導して地方競馬法案を作成、議員立法として提案する準備を進め(3)、その作業は、七月中旬には、法案の骨格が全国の地方紙にも報じられるほどに進んでいた(4)。八月六日には、各派交渉会で共同提案することが合意され(5)、八月二九日には、議員立法として、第九〇回帝国議会衆議院に上程された。議員立法はＧＨＱ民政局が民主化の象徴として推奨しているものであったが(6)、その第一号がこの地方競馬法案だった。各派を代表した共同提案者は、中央馬事会理事（後に副会長）・青森県馬連会長小笠原八十美（青森全県区、自由党）のほか、鳥取県馬連会長佐伯忠義（鳥取全県区、民主党）、野溝勝（岐阜全県区、社会党）、麻生正蔵（富山全県区、農本党）、群馬農業会長滝沢浜吉（群馬全県区、民主党、大正一二年高崎常設競馬倶楽部設立者の一人）だった。ちなみに全員が、衆議院の畜産関係議員が第九〇議会を前に結成していた畜産議員倶楽部のメンバーだったが、同倶楽部は第九〇議会劈頭、「畜産に関係あり又は畜産の振興に熱心な衆議院議員を以て」組成され、地方競馬法案の提案、通過に「非常なる努力」を傾けていた(7)。なお日本競馬会は、同会以外の馬券発売は混乱を招くと理事長安田伊左衛門を中心として、この地方競馬法案上程を阻止する動きを見せたが、功を奏さなかった（後述）。なお法案はこの原案のままに成立する。

提案された地方競馬法案は、以下のものであった(8)。

第一条　都道府県を区域とする馬匹組合連合会（県を区域とする馬匹組合を含む。以下これに同じ。）は、馬事振興を図るため、主務大臣の許可を受けて、競馬を行うことができる。

第一二条の馬事団体は、命令の定めるところにより、主務大臣の許可を受けて、前項の競馬を行うことができる。

第二条　競馬施行者が、この法律により、競馬を開催しようとするときは、命令の定めるところに依り、地方長官に届出でねばならない。

第三条　この法律により、競馬を行う競馬場の数は、北海道三ヶ所以内、都府県一ヶ所以内である。

第四条　この法律により競馬に出すことのできる馬は、施行者たる馬匹組合連合会の区域及び命令の定める区域に、命令の定める期間飼養せられる馬に限る。

第一条第二項の競馬については、前項の区域に関する規定は、これを適用しない。

第五条　競馬の開催は競馬場毎に数えて年四回を超えることはできない。但し、主務大臣の許可を受けた場合は年四回を越えて競馬を開催することができる。
第六条　競馬開催の期間は、一回につき、六日以内である。
第七条　競馬を開催するときは、入場者から入場料を取らねばならない。但し、地方長宮の認可を受けて、無料入場者と定めた者からは、入場料を取らなくてもよい。
第八条　一口の金額一〇円以下の優勝馬票を、額面金額で売出すことができる。
第九条　その競馬を開催する法人の役員又はその競馬の開催執務委員、騎手その他競馬の事務に従う者に対して、優勝馬票を売出すことはできない。
第一〇条　競馬施行者は、優勝馬票の的中者に対して、命令の定めるところにより、その競走についての優勝馬票の売得金の額を超えない範囲内において、払戻金を交付する。但し、その金額は、優勝馬票の額面金額の百倍を超えることはできない。
優勝馬票の的中者の無い場合における売得金又は前項但し書の規定によりできた超過金は、命令の定めるところにより、これを優勝馬票を買った者に払戻しをする。
前二項の払戻金の債権は、一年間これを行わなければ、時効によつて消滅する。
第一一条　競馬施行者は、主務大臣の認可を受けて、優勝馬票の売得金額の百分の二五以内の金額を、自己の収入とすることができる。
第一二条　前条の場合には、競馬施行者は、命令の定めるところにより納付金を馬匹組合連合会の組織している公益法人たる全国区域の馬事団体に納めなければならない。
第一三条　競馬場の開設又は維持、競走馬の出馬登録又は出場、競馬の観覧、優勝馬票の売出又は買入、払戻金又は競馬賞金の支払又は受取、その他競馬の施行又は開催に関しては、地方税を課することはできない。

第一四条　主務大臣は、公益上必要ありと認めるときは、第一条の許可を受けた者に対して、競馬場の設備の変更その他競馬の施行又は開催に関して、必要な事柄を命ずることができる。
第一五条　主務大臣は、競馬施行者又はその役員若しくは開催執務委員の行為が、法令若しくはこれに基いてなす処分に違反し又は公益を害し若しくは害する虞があると認めるときは、次の処分をなすことができる。
一　第一条の許可の取消
二　競馬の停止
三　優勝馬票発売の停止又は制限
四　開催執務委員の職務執行の停止
第一六条　左の各号の一に該当する者は、三年以下の懲役若しくは五千円以下の罰金に処し、又はその刑を併せ科する。
一　第一条の許可を受けないで、優勝馬票を発売したり、又はこれに類似の行為をなした者
二　第一五条第三号の停止又は制限に違反して、優勝馬票を発売した者
三　この法律による競馬の競走に関し、職業として、多数の者に対して財物を以て賭けごとをなした者
四　第九条に掲げる者にして、前号に規定する行為の相手方になった者
第一七条　開催執務委員が、職務を執行するにあたり、これに対して、暴行又は脅迫を加へた者は、二年以下の懲役又は二千円以下の罰金に処する。
団体若しくは多衆の威力を示し、団体若しくは多衆を假装して威力を示し、又は兇器を示し若しくは数人共同して前項の罪を犯した者は、三年以下の懲役又は三千円以下の罰金に処する。
第一八条　左の各号の一に該当する者は、二千円以下の罰金に処する。
一　第九条に掲げる者に対して、同条に掲げる者なることを知って、優勝馬票を売出した者

二　第九条に掲げる者にして、優勝馬票を買入て又は譲受けた者

三　第一〇条第一項の規定による制限に違反して、払戻金を支払った者

四　第一六条第一号乃至第三号に規定する行為の相手方となった者

第一九条　左の各号の一に該当する者は、二百円以下の罰金又は科料に処する。

一　第四条に規定する馬でない馬を、出場せしめた者

二　第一〇条第一項の規定による制限に違反して、払戻金の支払を受けた者

第二〇条　その競馬を開催する法人の役員又はその競馬の開催執務委員が、その職務に関して、賄賂を取り、又はこれを要求若しくは約束したときは、二年以下の懲役に処する。因って不正の行為をなし、又はなすべき行為をなさないときは、五年以下の懲役に処する。

前項の場合において、受け取った賄賂はこれを没収する。若しその全部又は一部を没収することができない場合には、その価額を追徴する。

第二一条　前条第一項に掲げる者に対して、賄賂を支払い、提供し、又は約束した者は、二年以下の懲役又は二千円以下の罰金に処する。

前項の罪を犯した者が、自首したときは、その刑を減軽し、又は免除することができる。

第二二条　競馬施行者である法人の役員又は開催執務委員が、第一五条第四号の規定による主務大臣の命令に違反したときは、千円以下の過料に処する。

非訟事件手続法第二〇六条乃至第二〇八条の規定は、前項の過料にこれを準用する。

第二三条　競馬施行者が、この法律により収得する収入に対しては、所得税及び営業税を課せない。

附則

この法律は、公布の日からこれを施行する。

馬券税法の一部を次のように改正する。

第一条中「競馬法」の下に「又は地方競馬法」を加へ、「又は軍馬資源保護法に依る鍛錬馬競走」を削る。

第二条中「軍馬資源保護法」を「地方競馬法」に、「優等馬票」を「優勝馬票」に改める。

第三条中「優等馬票」を「優勝馬票」に改める。

第四条第一項中「競馬法に依る」を「第一条に規定する」に改め、「又は軍馬資源保護法に依る鍛錬馬競走」及び「又は鍛錬馬競走」を削る。

第五条中「又は鍛錬馬競走」を削る。

第六条及び第七条中「競馬法に依る」を「第一条に規定する」に改め、「又は軍馬資源保護法に依る鍛錬馬競走」を削る。


主要な条項に関しては、後に取り上げるが、あらかじめここでも簡単にふれておく。

第一条が各県馬連及び中央馬事会の地方競馬の開催専有権を規定したものであり、また競馬の目的として馬事振興が掲げられているのは、議員側が畜産振興を主張する農林省側との綱引きを押し切ったもので、それは収益金の使途と関連していた。一方第三条が逆に議員側がこの数字で妥協したものだった。

第四条が、出走馬を地域飼養馬に限定、戦後のなかに地方競馬の存在意義を根拠付け、地方競馬と日本競馬会の競馬との差異化をはかるものだった。

第八条が、軍馬資源保護法から引き続いて競馬法（日本競馬会）以外の「馬券」発売を認可し、日本競馬会の馬券発売独占を打ち破るものだった。第一〇条が戦前の配当制限一〇倍を引き上げるもので競馬法との不整合を生じ、その改正を促した。

中央馬事会、馬匹組合が、馬政を担うということで獲得した権益が第一一条、第一二条、第二三条。

そして地方競馬に対する規制緩和という民主化の方向性を示したのが第二条、第九条。その他が、不正行為に対する罰則条項だった。

附則の馬券税法の改正に関していえば、同法は元来、昭和一七年、「大東亜戦争」開戦に応じて戦費調達の一環として導入された戦時特別税であり、「大東亜戦争」が終了した翌年一二月三一日で廃止されるはずのものだった(9)。それが、附則の読み替えに端的に示されているように、そのまま戦後に引き継がれようとしていた。

振り返ってみれば、日本の競馬は低い控除率から始まっていた(10)。売得金に対して、明治三九(一九〇六)年から明治四一年の馬券黙許時代が一〇%(政府納付金なし)、大正一二(一九二三)年の競馬法では一五%(政府納付金一%、倶楽部一四%)。日本競馬会発足時の昭和一一(一九三六)年時点での控除率は一五%(政府納付金七%、競馬会八%)だったが、日中戦争の長期化に伴い昭和一四年一八%(一一・五%、六・五%)と引き上げられた。そして太平洋戦争の勃発を受けて、昭和一七年には馬券税が導入され、日本競馬会が約三四%、鍛錬馬競走(地方競馬)が約三一%となった。戦費調達のための戦時特別税であったからこそ可能となった異常な高さだった。したがって一八%への引き上げとその後の馬券税の導入は日中戦争、「大東亜戦争」が終結した翌年度までの時限立法とされたはずだった。だが地方競馬法の控除率は、軍馬資源保護法をそのまま引き継ぎ、売得金の二〇%(最大二五%)をまず控除するとともに第一段階の馬券税を売得金の四%課し、そして売得金からこの二つを差し引いた額に第二段階の馬券税一〇%をさらに課して、平均約三一・五%だった。闇競馬時代の控除率は、馬券税分を差し引いた二〇%であったが、それでも日中戦争以前の一五%に比べれば高率だった。一方日本競馬会は、それぞれが一五%、七%、二〇%となり、控除率約三七%となった。

九月一七日の貴族院地方競馬法案特別委員会で松村眞一郎(中央馬事会長)が、この引き下げを求める声をあげることになるが、まったく問題にされず戦時中のものが戦後にそのまま引き継がれることになった。敗戦後の激しいインフレが「戦時並み」ということだったろうが、結局、現在に至るまで続く二五%という高い控除率が設定され続けている要因となった。この高い控除率は、財源としての競馬の象徴でもあった。

話を地方競馬法案にもどすと、この法案の最大の特徴は、議員たちの主導による作成ということだった。その過程では当然、議員たちと農林省との協議も行われていたが、後の時代とは異なって、議員側が農林省を押し切っていた。その結果、中央馬事会及び各県馬連は政府・農林省の統制からの自立度を高め、収益金の運用を核として権益を拡大していた。

その象徴が、地方競馬法第一条に謳われた馬事振興という目的だった。畜産振興を主張する農林省側に対して、議員側が馬事振興を譲らず、また収益金の使途に関しても、農林省が枠をはめようとしたのに対して、地方競馬側がそれを跳ね返して自主決定権を獲得していた。法案提出の中心人物であった小笠原八十美が、九月二日の衆議院地方競馬法案委員会の席上、中央馬事会及び各県馬連の収益金の使途に関する質問に対して行ったつぎのような答弁が、そのことを端的に示していた。


併し売得金は何か政府の方で是はどうしても監督の下に一律に間違いない使途に決めたい、斯う云うことの御心配があるのでありまするが、是はやはり政府でなく、自主的に、競馬をやるもの自体が皆連合会でも作るとか、お互いに相談し合って此の使途に対して世間の非難を受けないように、立派な社会事業にも、馬事振興にも、一般畜産にも使うことに自らが之を定め、又実施もしなければならぬと云うように私は考えて居るのであります、随て中央馬事会とも連絡を取り、政府とも又連絡を取って完全に之をやらなければならぬものと考えて居るのでありまして、又政府の方と致しましても之をやらぬのであったならば取消す権限もあるし、又色々な権限も第一条、第二条に依ってもちゃんと明瞭になって居るのでありますから、兎に角政府の方に余り御世話にならぬで、お互いの間に於て実際的に社会問題として此の問題として此の問題を決める、地方競馬と云うものの収得金は是れ是れ使はれるから、是ならばと云う社会的の同情のあるように、お互いから進んで方針を決めて行かなければならぬものと私は考えて居るのであります、畜産とか馬事とか云うような細かい仕分をした使途に対しては、又法案が通過した後に於てもそれぞれお互いの間で協議して適当に之を振分けたいと考えて居ります、之を以て終ります。

政府は許認可権を握っているのであるからという形式論を盾にとって、あくまでも中央馬事会、各県馬連が自主的決定権をもつということを強調し、政府、官僚の統制からの自由を宣言したものだった。戦前も、地方競馬の収得金の使途は、昭和八年に、五万円以上の売上高に関して、使途の一部が「馬の改良増殖、利用の増進、衛生もしくは家畜保険または馬事思想の普及に関する施設に必要なる経費に支出すべし」と規定されるまでは、畜産組合あるいは畜産組合連合会の裁量に任されていた(11)。したがって、この意味においては、戦時体制下の国家介入を排除して、戦前の権益を回復したことでもあった。

さらに中央馬事会が開催権をもったことだった（第一条）。戦前の地方競馬規則、軍馬資源保護法にはなかった新たな権益だった。小笠原は、審議の中で、「特別に何か救済事業をしなければならない事業が国家にある」とか北海道、東北地方の連合共進会とか特定の目的がある場合に限られ、しかも農林大臣の許可が条件となっていると説明していたが(12)、小笠原らの脳裏には中央馬事会の収益の増大、そして中央馬事会の開催を日本競馬会と対抗できるものにするというプランもあったに違いなかった。

そして政治の民主化、反官僚という敗戦後の時代風潮だった(13)。その民主化、反官僚の証として、GHQ民生局が奨励していたのが議員立法だったが、その民政局の姿勢を意識していたこともあってだろう、国会答弁のなかで農林省側は、民主化の観点から官僚統制を緩和する方向で、この法案に対処してきたと度々繰り返していた。たとえば、戦前の地方競馬規則、軍馬資源保護法が施行団体の認可制をとっていたのに対して、地方競馬法では届出制と改められていたが（第二条）、これに対して農林政務次官大石倫治（宮城全県区、自由党）は、九月一三日、貴族院地方競馬法案特別委員会で、つぎのように説明していた。

提案者の考え方を申上げて見ますと、今新しく制定せられます或は改正せられんと致して居りまする色々なる団体の組織、或は運営其の他に付きましても大分民主化せられたる傾向を持って居りまして、所謂民主主義とでも申しましょうか、傾向でございまして、許可、認可と云う官衙の制限を漸次取払い、薄くして行く傾向がございます、そう云うような建前から認可をしなくとも届出の程度に於て取締上から申しましても差支なかろう斯う云う政府の見方を致して居ります、詰り此の開催団体となりますものは、現在に於きまして、其の都道府県の馬匹組合連合会、若しくは一府県を区域と致して居ります馬匹組合でございます、其の他には中央に唯一あります中央馬事会、是だけが開催の主体になりますので、是等の団体は常置の団体として常に信用を持ち得る団体である、斯う云う建前から届出で宜しからうかと考えて居ります。

これに続いて、学生、未成年の入場、馬券購入の禁止条項が法案に盛り込まれなかったことに対する質問が行われたが、これにも大石は、つぎのように答えていた。

是は只今申上げましたと同様に、時勢の変化に伴うものと御了承願いたいのであります、言論、集会、結社が自由になりまして、政談演説の如きものも、結社の如きものも殆どそれ等の制限を撤廃せられて居りますと云う時局でありますから、矢張り斯う云うような場合に於きましても、それ等の従来の見方は変えねばならぬと云う建前で斯う云う提案になったと存ずるのであります、政府も亦それを認めて居る次第であります。

さらに同日、同委員会で、地方競馬、特に収益金の使途についての監督にあたる「専任の官吏をおく意向はあるか」と問われたのに対しても、大石は「内務司法両省と協力して相当の取締監督を致して参りたいと」といったうえで、つぎのように述べていた。

併しながら御承知の通り今や総てが民主化と云う民主主義の時代に向かいつつあるのでありまして、日本の再建には、此の民主主義と云うものを徹底せしめねばならぬのでありますから、封建的のような取締方であるとか、強圧的の取締と云うようなことに亙らざるような程度に於て其の弊害防止除却の為に善処する積りで居ります、又監督課を置けと云うような話でありますが、それはどう云うように致しましたならば其の弊害除却防止の目的を達成するかに付きましては、今直ちに具体的の御説明を申上げる機会には達して居りませぬ、御趣旨の点を能く考慮致しまして適当に処理致したいと存じます。

政府の監督を離れることが、民主的な運営を意味するということであった。政治も、そのような民主化に近づこうとする意思をもっていたことが、この地方競馬法の審議の場でも明らかにされていた。いいかえれば、地方競馬法も、新憲法、農地改革関連法案が審議されていた当時の政治の雰囲気を伝える具体的な実例だった。その意味において、このような地方競馬法の成立は、昭和二一年という時間を抜きにしては考えられなかった。

そして戦後も数多くの馬匹が必要と認識されているなかで、馬政を裏付ける予算を欠き、民間資金による馬事振興が求められていたことも、議員主導で特定組織の権益拡大となる地方競馬法案作成を可能とさせていた。馬匹を欠いては食糧増産、そして農業、産業の振興はありえない、大陸に渡った軍馬だけでも五〇万頭の減少を見ている馬匹の増産をはからなければならない、地方競馬を推進するための単なる理由づけとしてだけではなく、この時代、本当にそう考えられていた。まだ、いやさらに馬の時代に入ったということが強調された。政府に財政的余裕がないとするならば、政府に代わり、民間が自主財源でその責任を持つ。そのためには地方競馬法が必要ということであった。

小笠原は、八月二九日、衆議院本会議での地方競馬法案の提案趣旨説明を、つぎのように食糧問題の解決、肥料増産、耕地面積拡大の必要性を述べるところから始めていたことがその象徴であった。

我が国現下の情勢上、食糧問題の解決は、国民生活の安定と平和新日本の建設上最も重要な問題でありますが、是が為には肥料の増産と耕地面積の拡張が急務中の急務とせらるる所であります。

馬匹の存在が食糧問題の解決に大きく寄与するということだった。

当時、よく知られているように、主食の配給は二合一勺（約二九七グラム）、それも遅配、欠配続きでままならず、餓死線上という言葉が流行、一〇〇〇万人の餓死者が出ると真剣に危惧されていた(14)。二五万人が参加し、「朕ハタラフクくっておるぞ、ナンジ人民飢えて死ね」というプラカードが一つの象徴となった食糧メーデー（飯米獲得人民大会）が行われたのは五月一九日。同様のものが全国で展開されていったが、富山でも七月県食糧人民大会が開かれていた（はじめに）。小笠原の言葉は、こういった状況を背景にもっていた。

現在の私たちにとっては、地方競馬がなぜこの食糧問題の解決につながるのか、詭弁を弄したに過ぎないように見える。だが当時にあってはそうではなかった。敗戦後、食糧増産に不可欠な肥料が決定的に不足していたが、その肥料問題の解決と結び付く、しかもそれは具体的な数字で示すことのできるものだった。小笠原は、提案趣旨説明のなかでつぎのように述べていた。

……元来我が国の耕地は、戦争開始以来年一年肥料の不足を告げ、所謂掠奪農業となり、地力は愈々減退して、寧ろ土地は人間より以上の栄養失調に陥って居りますので、今後相当の肥料を施さねば、増産どころか、更に減産の虞さへ感ぜられるのであります、而して此の必要なる肥料増産に付きましては、硫安其の他の化学肥料は、原料供給難其の他に制約せられまして、急速なる増加を望むことは出来ないのであります、随て此の欠陥を補い、否、寧ろ化学肥料を以てなし得ざる地質の改良をなし、食糧増産を推進し得るものは、厩肥を基本となす自給肥料に依るの外はありませぬ。

この発言に続いて小笠原は、馬一五〇万頭の堆肥が、硫酸アンモニア五六万二〇〇〇トン、過燐酸石灰二七万三〇〇〇トン、硫酸加里二一万トンに相当すると具体的数字をあげた。ちなみに牛二五〇万頭で、それぞれ六〇万トン、三〇万六〇〇〇トン、二六万四〇〇〇トンであるとも述べていた。農林政務次官大石倫治は、九月一三日貴族院地方競馬法案特別委員会で、農林省の試算によれば、堆厩肥は一五〇億円に相当し、その使用量は化学肥料の一〇倍となっていると答弁していた。

よく知られているように日本の農業は、労働の集約性と多肥によって増産を果たしてきた。だが、戦時中、牛馬の徴発と労働力不足により厩肥、堆肥、緑肥などの自給肥料の不足が顕著となった上に、化学肥料も、化学工業が軍需生産に転換したため供給不足になり、昭和一九年以降、農業生産量は落ちていた(15)。富山でも肥料不足は、昭和一八年頃から見られていたが、昭和二〇年天候不良にこの肥料不足が加わって大きな減収になっていた(16)。敗戦後も化学肥料、そして自然肥料の不足も深刻であったが、とりわけ化学肥料であった。戦時中、軍需工場に転換されていたかつての化学肥料工場の多くは爆撃を受けていた。したがって、今では有機農法を連想させてしまうが、当時はそういった「思想性」ではなく、堆肥による肥料の自給は食糧増産の緊急の課題であった。国会、各都道府県の議会でも肥料対策は、優先度のきわめて高い問題だった。国会でも緊急対策が叫ばれ、政府増産対策、地方でも取り組まれた。化学工業の復興に時間がかかるとすれば、自然肥料の増産しかない。しかも化学肥料のように地力の低下を招くどころか逆に生産量を増大させる。その肥料自給の決め手が畜産振興だった。「(一五〇億円相当の馬肥を供給する)馬を切り離して農業はないのであります」といった言葉は、衆貴両院の地方競馬法案の審議で繰り返された(17)。政府は、昭和二一年一二月、基礎部門の生産に集中する傾斜生産方式をとり、石炭、鉄鋼とならんで化学肥料も優先的に資金や原材料が割り当てられたが、硫安、塩化カリウムなどの化学肥料が相当量出回るようになったのは、昭和二三年頃からだった(18)。

また耕地面積の拡大だった。富山でも戦災者、海外引揚者などが開墾に従事していたが、当時、政府は、昭和二〇年一一月九日「緊急開拓事業実施要領」を発表、昭和二〇年から五年間で一五五万町歩(内地八五万町歩、北海道七〇万町歩)を開墾し、同年から六年間で一〇万町歩を干拓、さらに三年間で二一〇万町歩の土地改良を実施するとの計画だった(19)。このような膨大な面積の開墾の効率化をはかる、そのために畜力、とりわけ馬匹が不可欠ということだった。小笠原は先の趣旨説明の中で、田畑四町歩に付牛馬一頭を要するとして、それで三、四〇万頭になるという説明を行っていた。

もちろん農業全般の「機械化」にも馬匹は必要だった。トラクターの導入は、まだ夢物語。労力の省力化、効率化のためにも、とりわけ稲作の中耕期にあたっては馬が必需品だった。だが敗戦後、慢性的に馬は不足、昭和三〇年代機械化が進み、馬が人々の周辺から消えていくまでは、その状態が続き、対策が叫ばれ続けた。富山でも、長野などからの借馬が一般的になっていた(20)。戦前から農業の近代化にも必要な農用馬も不足していた富山では、春から夏にかけての中耕などには近県の石川、岐阜、長野から、毎年一〇〇〇頭近い馬を借りる必要があった(借馬慣行)。この馬たちは、中耕が終われば、木材などの運搬にあたっていた。

富山県、富山県馬連などは、このような馬不足の打開策の一環として、昭和二二年七月七日の『北日本新聞』に、つぎのような広告を掲載していた。

馬を緊急増産しましよう

馬は営農上畜力としては勿論馬肥は肥料として必要欠くべからざることは御承知の通りでありますが、本県農業

図１

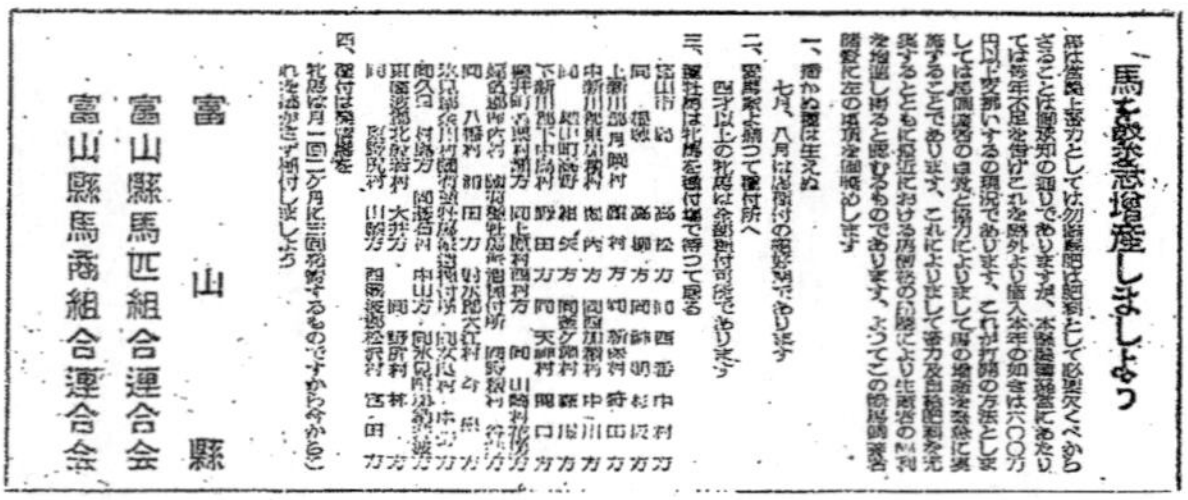
馬を緊急増産しましょう

富山縣
富山縣馬匹組合連合会
富山縣馬商組合連合会

（『北日本新聞』昭22・7・7）

経営にあたりては毎年不足を告げこれを県外より借入本年の如きは六〇〇万円以上支払いするの現況であります、これが打開の方法としましては馬飼養者の自覚と協力によりまして馬の増産を緊急に実施することであります、これによりまして畜力及自給肥料を充実するとともに最近における馬価格の高騰により生産者の福利を増進し得ると認むるものであります、よってこの際馬飼養者諸賢に左の事項を御奨めします

一、播かぬ種は生えぬ

七月、八月は馬種付の絶好期であります

二、愛馬家よ揃って種付所へ

四歳以上の牝馬は全部種付可能であります

三、種牡馬は牝馬を種付所でまっている

（略）

四、種付は発情馬を

牝馬は月一回二ヶ月に三回発情するものですから今からこれを逃さずに種付しましょう

富山県

富山県馬匹組合連合会

富山県馬商組合連合会

さらに耕耘・開墾にあたる農業用だけでなく、敗戦後、物を運ぶ運輸、輓曳用の実用馬が大量に必要とされていた。当時、馬は農村部だけでなく都市部での運輸に関して大きな役割を果たしていた。昭和二三(一九四八)年段階で、日本通運が取り扱う荷物量の約三四%を、荷馬車が担っていた(21)。ちなみに戦時中、戦後の一時期、日本競馬会は、政府の指示を受け、輓曳事業を展開していた(22)。

昭和二四年四月七日の愛馬の日の『北日本新聞』には、つぎのような記事が掲載されていたが、私たちが忘れてしまったかつて馬が果たしていた役割をうまく伝えていると思う。

土地及び地勢の関係上機械化し得ないわが国の農業にとって、又、中小都市に於ける小運搬具としての馬は不可欠の存在で、馬なしでわれわれの生活を考えることはできない。国民一人一人が、このもの言わず黙々として再建日本の為に働く馬に感謝し、その労苦をみんなで労ってやりましょう。

なお愛馬の日は、昭和六年から六月一日に実施されていたが、農林、陸軍両省が国民精神総動員の建前から、官民協力して行事を盛り立てるため、昭和一四年から四月七日に移動させていた(23)。この移動は、明治三七(一九〇四)年四月七日、明治天皇が元老との陪食の際、馬匹改良への取り組みを命じたことを契機として、その後、馬政局設置、馬券黙許の競馬開催、馬匹改良三〇年計画など馬政が本格的に展開されていったエピソードに基づいていた。「愛馬の日」をめぐっても「明治天皇の神話化」が図られ、それが活用されていた。

九月二三日貴族院本会議席上、地方競馬法案の採決を求めて、同案を審議してきた特別委員会委員長西尾忠方が審議経過の報告を行ったが(24)、そのなかでは衆議院委員会での議論も踏まえられて、ここまでふれてきた地方競馬の推進と食糧問題の解決の関係が、つぎのように簡潔に説明されていた。

……第一は食糧増産の為に必要であると云うのであります、即ち我が国現下の食糧問題解決の為に肥料の増産と耕地の拡張改良とが急務であります、然るに硫安、其の他の無機肥料の生産は、原料其の他に制約せられて思う通りの生産が出来ないのである、然るに厩肥は無機肥料たる硫安、過燐酸石灰、硫安加里等の不足を補い、地力を増進し、食糧増産上大なる効果があるのであります、更に又、食糧増産の為に耕地の拡張改良、即ち開墾、干拓耕耘等を要するのでありまして、之が為には馬の力を要する所頗る大きいのであります、馬は近年著しく減少して既墾地の耕耘上にも極度に不足を告げる状態でありまして、馬の生産増加は、食糧増産上密接なる関係があると言わなければならないのであります、仍て之が目的遂行の為には地方競馬を施行して馬事思想を普及し、馬の生産意欲を昂揚すると共に、産業用の優良馬を造ると云うことが適切であります、故に地方競馬の開催は食糧増産上の緊急事項であると云う事由でございます。

地方競馬の推進が食糧問題の解決をもたらす、これが戦前の軍馬育成、国防、戦争遂行に代わる戦後の地方競馬の錦の御旗として打ち立てられようとしていた、そして少なくとも国会の場では、そのことが政治的にも確認された。いいかえれば地方競馬法は、その根拠法としての意味をもっていた。

だが、このように馬匹を欠いて食糧増産、そして農業、産業の振興がありえないとしても、敗戦後、陸軍は消滅、また国家財源が不足するなかで、馬政は大きく後退、いや崩壊している現状があった。政府の馬事振興予算は、昭和一七年度四三二八万円、一八年度が四七九〇万円、一九年度が五六八四万円、二〇年度が七〇四〇万円、二一年度は二〇年度の半額にも達していなかった(25)。特に地方の馬産奨励費が削減されていた。馬産は軍需産業であったからに違いないが、GHQの命令により、昭和二一年度、馬産奨励関連予算はゼロ(26)。ピーク時一六〇万頭を数えていた総頭数も、昭和二〇年一一〇万頭、昭和二一年一〇〇万頭を下回り、さらに軍馬という大市場を失って、年間生産頭数も、昭和二〇年一二万頭、昭和二一年一〇万頭と減っていた。このままでは、農耕や運輸にあたるアングロノルマンなどの中間種、あるいはペルシュロンなどの重種の馬産が衰退していく。食糧増産、戦後復興のためには馬産の活性化、増産をはかり、新たな馬政を打ち立てなければならない。

政府にその財政的余裕がないとするならば、政府に代わり、民間が自主財源で責任をもつ。その民間が中央馬事会及び各県馬連であり、財源を生み出すのが地方競馬ということだった。戦前のような国家統制のもとに置かれた馬政ではなく、戦後復興のために必要な農業用、産業用馬の増産、育成を自主的に担う、これが食糧増産とともに戦後の地方競馬のもう一つの錦の御旗だった。それは地方競馬を戦後の平和・文化・民主国家のなかに位置づけることでもあった。

小笠原八十美は、これらのことを八月二九日の衆議院本会議での趣旨説明でつぎのように述べていた。

……然るに是（畜産）が奨励に付ては従来国庫補助等もあったのでありますが、今後は之を多く期待することは出来ないので、是が奨励資源を自主的に畜産自体に求めねばなりませぬ、此の意味に於て地方競馬を開催し、其の収益を以て畜産奨働の資源に充てると云うことが、最も緊要なことと思うのであります（拍手）、随て地方競馬の速かなる開始は刻下の急務であります。

更に馬の利用方面に付て一言致します、馬は今や全然軍馬たるの性質を払拭して、農用、輓曳其の他産業用として利用せらるることになったのでありまして、謂わば馬の武装解除が行はれた訳であります、随て今後の馬政方針も、之に適応すべく改変せられねばならぬのでありますが、是が為には、従来民間が非常な苦痛として居た各種の制限拘束を撤廃して、民間の希望する自由な馬産に移らねばなりませぬ、而して斯くするには、之に適応すべき種馬を繋養し、産業用に適する馬を生産し、産業に適する育成調教をなさねばなりませぬ、是等の目的達成の為には、地方競馬に、輓曳其の他産業用馬調教に適当なる競走種目を加え、産業用馬の能力増進を図ることが最も大切なので、是は競馬にあらざれば能くなし難き所であります（拍手）……

戦前、第二次馬政計画に基づき、地域別、役種別といった指定など各県の馬産は、軍部及び農林省馬政局（官僚）による「各種の制限拘束」、強い圧力のもとに置かれていた(27)。その体制下、傲慢な態度をとる馬政官（馬役人）がはびこっていたという(28)。ちなみに富山は、先にもふれたが、「型格斉一を欠き体幅骨量に乏しく四肢軟弱のものを混うるを以て低尺にして体積に富み肢蹄堅牢なる中間種種牡馬を供用し実用馬（小格輓馬）の生産を期すべし」（『馬政第二次計画摘要』）とされた。戦後、こういった統制に対する反発が一気に噴出するが、ここで小笠原が、新たな戦後の馬政方針も自由な馬産を基礎としなければならないといったのも、そのような戦前への反発からだった。ちなみに小笠原は、農林官僚に対する激しい怒りを国会の場でも隠さなかった（第6章）。

中央馬事会は、地方競馬法の成立を受けて、昭和二一年一二月一六日から四日間、農用馬、輓用馬、乗用馬、及び牧野関係の四部門の専門委員会を開催、その検討を踏まえて馬事推進五ヶ年計画要綱をまとめ、昭和二二年一月一九、二〇日、県馬連会長、衆議院議員、貴族院議員、馬事団体、農林省局長、課長、東大教授、助教授などをメンバーとする馬事対策委員会を設置、同会でその計画要綱を確定していた(29)。要綱の冒頭はつぎのように述べていたが、中央馬事会が、戦後の馬政を担うとの宣言であった。

馬は我国の産業時に厩肥の給源、労力の基礎として農業生産力の増強のため大切な要素であるから馬事対策はこれを主眼とし併せて国民生活安定及び経済振興上枢要の地位を占むる輸送力の確保に重点を置き輓用馬の維持増強を図り乗用、競走用としての馬の重要性を考慮してこれを樹立し各地の状況に応じて生産、利用等の自由なる発達を遂げしめることを本旨とする。

この要綱を受けて、馬事推進五ヶ年計画実施要領を策定、そして総飼養頭数一五〇万頭、明け四歳以上の種牡馬七五〇〇頭、農用一一〇万頭、輓用一〇万頭、乗用一万頭、競走用一万頭などの目標頭数とその事由を記した「用途別飼養頭数目標判定事由」も作成していた。昭和二二年二月から三月にかけて九州から北海道まで各地区で「馬事対策について広く地方のご意見を承り、この要綱、要領、事由を周知徹底させることと、馬の緊急増産をはかるために」馬事対策地方協議会を開催していった(30)。このように中央馬事会は、馬政局いや国家に代わり、日本の馬政を担っていくという自負に満ちていた。

そして地方競馬は、戦後の国家統制がなくなったなかで生産された産業用馬たちの能力検定、馬匹改良、能力増進の根幹の機関としての役割を担う。したがって地方競馬のレース編成は、これら農用馬、輓曳馬を中心とした輓曳競走、駈歩競走、速歩競走及び障碍競走とする。昭和二三年の新競馬法制定の際にも、輓曳競走の必要がことさらに強調されることになるが（第6章）、それは物を運ぶ馬が必要とされていた時代の反映であるとともに、地方競馬の存在意義にかかわるものだったからであった。輓曳は、戦前の地方競馬、鍛錬馬競走に設置されていない戦後の新たなレースだった。青森では、闇競馬の時代から、輓曳がレースに組み込まれていた（第2章）。

そしてそのことは、競馬法に基づく日本競馬会の競馬との差異を明確にすることにもなっていた。日本競馬会が戦前に引き続いて軽種の種牡馬、種牝馬の原々種の選定に目標を置く存在とするならば、戦後の地方競馬は各地方の実用馬の能力増進、増産に基盤を置く。そして出走も、地元飼養の農業、産業用の中間種を原則として速度重点主義に偏しない。また騎手についても、「百姓の少し気の利いた人」がなる(31)。このような地域密着型の競馬で実役馬の馬産、馬事振興を図る、日本競馬会との差異がことさらに強調された。いいかえればこのようにして地方競馬自らが、日本の競馬の二重構造を強化、固定化する戦略をとっていた。赤字に喘ぎ廃止も相次いでいる地方競馬の現状から振り返ると、この戦略は、誤っていたと見えなくもない。だが敗戦後に必要とされていた実役馬と結び付いて、地域密着型で競馬を展開し、農業、産業用馬の馬産の資金を獲得するということは、この国会の場で政治的にも承認されたように、当時にあっては整合性と合理性をもつ論理だった。これに対して日本競馬会はサラブレッド、アラブの軽種馬による競馬開催という性格から、馬匹改良の原々種選択とともに、戦後はスポーツ、大衆娯楽の提供というところに力点を置き、その存在を根拠づけようとしていた。

この二つの理念を対照すると、この時点では、地方競馬の方が、日本競馬会よりも敗戦後に存在する意義が明確にされていた。先の馬事推進五ヶ年計画要綱を受けた同実施要領のなかにも、「競馬法に依る競馬は主として優秀なる軽種の競走に重点を置き地方競馬法に依る競馬は実用馬を主とする中間主の競走に重点を置くよう努める」とその方針を盛り込んでいた(32)。戦後の馬政の中心であり、「全部娯楽第一主義の公認競馬主義」とは異なる(33)、これが地方競馬の自負だった。

2 衆議院地方競馬法案委員会

昭和二一年八月二九日、衆議院本会議で提案者を代表して趣旨説明を行ったのは小笠原八十美だった(34)。小笠原は、当時五八歳、青森県馬連会長、中央馬事会の理事（昭和二二年一月副会長）、地方競馬界の中心的な人物、また日本競馬会の馬主でもあり、後（昭和二七年三月）には自由党の競馬小委員会の国営競馬の民営化案（小笠原私案）をまとめ政府に圧力をかけることになる。馬代議士とも呼ばれたように自他ともに認める地方競馬の実力者、政治的腕力も備えた政治家であった。

八月二九日衆議院本会議、小笠原の地方競馬法案の提案趣旨説明の論点を、先にもいくつかはふれてきたが、発言順にまとめると、以下の六点だった。中央馬事会、各県馬連が地方競馬の開催権を専有することは自明の前提となっていた。

(一) 食糧増産のために馬を必要とする。馬は、急務とされる肥料の増産、また耕地の拡張・改良にも大きな役割を果たす。

(二) 馬事思想を普及、馬の生産意欲を高め、戦後復興のために必要な産業用(農業用、運輸用)の実役馬を育成する。そのためには地域に密着した地方競馬が必要である。

(三) 政府に代り、地方競馬の収益金で自主、民主的に馬事振興をはかる。また収益金の振り向けは馬事振興が最優先だが、余裕が出れば畜産振興、社会事業にも振り向ける。

(四) 浮動購買力を吸収してインフレ防止に資するとともに国庫の財源となる。

(五) 国民に健全明朗なる娯楽を提供する。

(六) 地方競馬類似のヤミ競馬の弊害を除去する。

この小笠原の提案理由の説明を受けて、議長が指名した一八人の議員から構成される地方競馬法案委員会の設置を求める動議が提出され、承認された。

同委員会は八月三一日、九月二日、九月五日と三回開会された。根回しが行われて各会派が合意した議員立法であり、実質的な審議は九月二日だけだったが、その日の審議で、改めて法の意義が再確認されるとともに、いくつかの論点も浮かび上がっていた。特に鈴木周次郎(福島全県区、進歩党)が、農林省側の法案に対する不満を引き出したのが目立っていた。その他、競馬場数の制限、明朗な競馬(八百長対策)の実現などが取り上げられた。

二日、質問の冒頭にたったのは小川原政信(北海道一区、自由党)。一五〇億に相当する堆肥を生産し、開墾、農業用に二三万何千頭を必要とするという具体的数字をあげて馬匹が農業、食料増産に果たす大きな役割についてふれ、その「産業用馬の発達を冀いたいと思って」いるので、地方競馬法案に賛成しているとして、農林省の有畜農業、同法案に対するスタンスの説明を求めた。小川原は、北海道馬連副会長、衆議院の畜産関連議員の集まりである畜産議員倶楽部の中心人物の一人であり(35)、その立場に相応した質問だった。この小川原の意見に農林大臣和田博雄、農林政務次官大石倫治はともに、全面的に同意を表明した。この冒頭のやりとりは、有畜農法、地方競馬法歓迎のセレモニーそのものだった。なお小川原は、昭和二二年七月中央馬事会専務理事となる(36)。

ついで質問にたった鈴木周次郎が、地方競馬法案をめぐって農林省と議員側で問題となっていた点を引き出す役割を担った。鈴木は、「私は無論政府も御同意と思いますが、此の実施に当り適当でない点があるなら、又之に対して附加すべき御意見等がありますれば、此の際承って置きたいと存じます」と投げかけた。あらかじめ農林省側の不満を知ったうえでの質問に違いなかった。鈴木は明治二五(一八九二)年信夫郡杉妻村(現・福島市伏拝)生まれ、畜産振興につとめ、村長、県会議員をへて昭和二一年四月衆議院議員に当選、畜産議員として活躍、人々から「牛の周次郎」、あるいは「べこ周」と呼ばれていた人物だった(37)。その鈴木にふさわしく、質問の目的は、地方競馬の収益金を畜産振興へ振り向けさせることだった。小笠原も鈴木も同じ畜産議員倶楽部に属してはいたが、この点において、「馬代議士」小笠原と「牛の周次郎」鈴木の利害は相違していた。

答弁にたったのは和田農相だった。和田は馬事や畜産に通じていたわけではないが、農相自らというところに、事がその重要性をもっていることをうかがわせていた。和田は、第一条のなかで目的として謳われている馬事振興を畜産振興に対象を拡大することを求めたが受け入れられなかった、いいかえれば農林省が議員側に押し切られたことを明らかにした。ついで収益金の使途について、従来地方競馬に関して色々な批判があったので、法の目的にそった執行の実現をはかりたいと考えていると述べた。このように目的と収益金の使途は連動した問題だった。

競馬の目的に関しては、競馬法では「馬の改良増殖及馬事思想の普及を図る」、旧軍馬資源保護法では「国防上特に必要とする馬の資質の向上を図り軍馬資源の充実に期する」とそれぞれ謳っていたから、地方競馬法案の馬事振興もそれを踏襲したものだった(38)。これまでだったら何ら問題がなかった。それを農林省が、畜産振興へ拡大しようとしたのには、当然意図があった。農林省は、戦後の地方競馬の収益金の使途を、馬事中心ではなく畜産振興一般に拡大しようと考えていたのである。なお戦前は、軍馬育成と直結していたことで、畜産振興といっても馬事が主なものであって、敗戦後も畜産＝馬事のイメージが強く、その打破も必要であった。たとえば昭和二四年五月、農林省設置法の審議の際、ときの農林大臣森幸太郎はつぎのように述べていた(39)。

ところが畜産局を廃止するということは、日本の畜産業は、見方によりましては、軍備の残滓のごとくに考えさせられる部分があるのでありますが、決して日本の畜産業はさようなものではないのでありまして、成程従来は戦争目的のために軍馬の育成ということが主の目的のように考えられておったのでありますが、今は大きい家畜にいたしましても、小さい家畜にいたしましても、すべてこの食糧問題といい或いは土地改良の上から申しましても必要でありますから、競馬が食糧増産に何らの貢献をしないから畜産局をやめろということについては大いに考慮しなければならん問題でありますので、畜産局を廃止せよという勧告には応じ得なかったのであります。

収益金の使途に関しては、競馬法で日本競馬会は四分の三を下回らない額を馬事振興、四分の一を社会事業（第八条第四項、第五項）、保護法では軍馬資源の充実に振り向けること（第一一条）が規定されていた。小笠原は、それをふまえていたのだろう、先の衆議院本会議（八月二九日）での趣旨説明では、収益金の使途として「一般畜産事業奨励費、競馬施行者たる馬匹組合連合会の馬事奨励事業費、社会事業費及び中央馬事団体への納付金等に使用せらるるのであります」と述べていた。だがこれは一般論で、本音は違った（後述）。小笠原ら議員側は、軍馬資源保護法を引き継いで、地方競馬の収益金の使途は、何よりも馬事振興を優先する、そしてその使途に関しても、中央馬事会、馬匹組合が自主決定権をもつという姿勢だった。ここで農林省側と地方競馬側が対立していた。この両者の綱引きのなかで、競馬の目的が馬事振興で決着をみたことは、収益金の使途に関しても、中央馬事会、馬匹組合が、自らの主張を貫き通し、その権益を確保、拡大する道を開くのに成功したことを意味していた。

昭和二三年の新競馬法制定の際、そこから地方競馬法、旧競馬法には掲げられていた競馬の目的が削除されていて議員らの激しい突き上げを受けることになるが、これは農林省が畜産振興への振り向けを主張したのに対して、政府、大蔵省側が、収益金の使途を制約（特定財源化）されることを回避するために競馬の目的を掲げないと判断したものだった（第6章）。

ここでの和田農相の発言の背景には、こういった農林省と地方競馬側との対立、そして中央馬事会、各県馬連の権益の拡大、独走への懸念があった。農林政務次官大石倫治は、その事情を九月一三日の貴族院競馬法案特別委員会の場でも説明することになるが、その際の大石の答弁によれば、畜産振興と改めるための交換条件として、議員側が、競馬場数の増加を要求してきたので、それを回避するために馬事振興で妥協したものだったという。地方競馬の弊害を抑制するための最優先事項として、競馬場数の制限があったからである（後述）。もっとも大石も、昭和七年仙台産馬畜産組合長に就任、昭和一七年より宮城県馬連会長、帝国馬匹協会や日本馬事会の役員をつとめ、この昭和二一年九月当時中央馬事会専務理事（後に常任顧問）、引き続き宮城県馬連会長であり、個人的にいえば地方競馬側の人間、というよりその中心人物の一人だった(40)。

鈴木は、この和田の発言に呼応して、小笠原に対して、第一二条中央馬事会の納付金規定、第一一条の控除率二五％、に関してつぎのように問い質した。

此の際提案者の小笠原氏に一寸承って置きたいのです、第一二条の中ですが、「競馬施行者は、命令の定めるところにより、納付金を馬匹組合連合会の組織している公益法人たる全国区域の馬事団体に納めなければならない」と云うものと、第一一条の「百分の二五」と云うことと関連されて居りますので、只今農林大臣より社会事業及び畜産の改良に其の中使って貰いたいと云うような非常に良い御話がありましたのですが、提案者は之に対しまして畜産の改良、即ち種牡馬の改良、種牝馬の改良にどの程度御使いになる気か、又馬事団体に余り多くやることは考えものであらうと思うが、此の点に対して成案があるか、又適当な時期にそれは考えるかと云うことを一応承って置きたいと思います。

畜産の改良といっても、種牡馬の改良、種牝馬の改良にどの程度振り向けるのか、「馬事団体（中央馬事会のこと）に余り多くやることは考えものである」、鈴木の質問は、中央馬事会の権益拡大への牽制を行い、それとともに地方競馬の収益を畜産振興へも振り向けさせることを目的としていた。繰り返せば、同じ畜産議員倶楽部に属してはいたが、「馬代議士」小笠原と「牛の周次郎」鈴木の相違であった。

二五％は軍馬資源保護法の控除率を引き継いだものだった。これに小笠原は、通常は二〇％だが、共進会、海外引揚者援護など特別な事情がある場合に備えて二五％とした、だがそれも農林大臣の許可を得ることが条件となっていて制約があると答えた。つまり、高額の控除率で手っ取り早く収益をあげることを目的としたものではないという説明だった。しかしこの二五％に対しては、中央馬事会長の松村が強く反対しており、それを押し切って決着したものだった(41)。そのことを考えれば、この小笠原の答弁を額面通りに受け取ることはできなかった。鈴木もそのことを懸念しての質問だったろうが、ここで原則二〇％の控除率を確認させたことになった。実際の控除率は、先にも述べたように馬券税が課され、地方競馬規則、闇競馬時代の二〇％から昭和一七年以降の戦時下に復した約三一％への五割以上の引き上げとなっていた。

ついで小笠原は、中央馬事会への上納金について平均八％であり、売上の高い地域の収益を赤字あるいは売上の低い地域へと補填するなどして、その使途は、全国の均衡のとれた馬事、競馬の発展のためにあてると説明した。たとえば小笠原の地元、青森、また岩手といった東北の馬産地でも売上高は低く、そういった補助が必要だった。そして「一般的に畜産を拡大することも強ち悪いでことではない、又一般的には非常に宜しいことだと思いますから私も同意しないものではありませぬ」という含みのある形で、場合によっては畜産振興、社会事業に振り向けることもあるだろう、と述べた。だがそれに続いて、つぎのように、政府は許認可権を握っているのであるからと、あくまでも馬匹組合、中央馬事会が自主的決定権をもつという線を譲らないことを明らかにした。第一節でも紹介したが、ここでも再び引いておく。

併し売得金は何か政府の方で是はどうしても監督の下に一律に間違いない使途に決めたい、斯う云うことの御心配があるのでありまするが、是はやはり政府でなく、自主的に、競馬をやるもの自体が皆連合会でも作るとか、お互いに相談し合って此の使途に対して世間の非難を受けないように、立派な社会事業にも、馬事振興にも、一般畜産にも使うことに自らが之を定め、又実施もしなければならぬと云うように私は考えて居るのであります、随て中央馬事会とも連絡を取り、政府とも又連絡を取って完全に之をやらなければならぬものと考えて居るのでありまして、又政府の方と致しましても之をやらぬのであったならば取消す権限もあるし、又色々な権限も第一条、第二条に依ってもちゃんと明瞭になって居るのでありますから、兎に角政府の方に余り御世話にならぬで、お互いの間に於て実際的に社会問題として此の問題として此の問題を決める、地方競馬と云うものの収得金は是れ是れ使はれるから、是ならばと云う社会的の同情のあるように、お互いから進んで方針を決めて行かなければならぬものと私は考えて居るのであります、畜産とか馬事とか云うような細かい仕分をした使途に対しては、又法案が通過した後に於てもそれぞれお互いの間で協議して適当に之を振分けたいと考えて居ります、之を以て終ります。

政府、農林省との間の決着はついており、口出しはさせないということであった。これを受けて鈴木は、政府が「特に命令をする場合に於ては、畜産の総合的改良発達の為に多く出す如く命令されることを」希望していると述べて、この小笠原の答弁もそう理解してよいかと質した。先の「馬事団体（中央馬事会のこと）に余り多くやることは考えものである」という質問とあわせて、これで鈴木の意図が、特定の勢力、つまり小笠原に代表される中央馬事会の独走を許さず、畜産振興一般に地方競馬の収益金を振り向けさせることにあることが明らかとなった。繰り返せば「馬代議士」と「牛の周次郎」の相違だった。鈴木は、翌年三月地方競馬場数の倍増の提案者となり、その際、政府納付金、また収益金の畜産振興への振り向けの確保を目的して日本競馬会の中央馬事会への一本化を主張するから（後述）、その立場は首尾一貫していた。

この鈴木の質問に和田農相は、「地方競馬法が畜産の振興と云うことを目的として居るのでありますから、やはり畜産振興の為に使うと云うのが先ず第一の本筋」であると同意を表明、小笠原も同様と答えた。だが小笠原にとってここでの同意は、一般論としての意味だった。和田農相の答弁は地方競馬法が畜産振興を目的としているとの解釈の上に成り立っていたが、小笠原はここで直接その訂正を求めなかったとはいえ、あくまでも目的は馬事振興であることを譲ってはいなかったからである。農林政務次官大石は、そのことを認識しており、貴族院で戦災復興、社会事業への振り向けを求める質問が繰り返されることになったが、その度ごとに第一は馬事振興、余裕があればその他の畜産振興、戦災復興、社会事業という答弁を行っていた（後述）。大石も、中央馬事会常任理事、宮城県馬連会長であり、当然のことだが、その点の利害では小笠原と共通していた。

またこの後で松本六太郎（北海道二区、協同民主党）が飼養地域の制限のない中央馬事会の開催が各県馬連の開催を圧迫する懸念を表明していたが、これも中央馬事会の権益が過大なることに対する牽制でもあった。「特別に何か救済事業をしなければならない事業が国家にある」といった特定の場合に限られ、また各県馬連の同意、協議、賛成が条件となっているので、その恐れはないというのが小笠原、大石の答弁だった。だがこれらの牽制があっても、もちろん中央馬事会の開催権そのものに手がつけられたわけではなかった。松本も、畜産議員倶楽部の一員だったが(42)、今でもそうであるように、族議員だからといって総ての考えが同一ではなかった。

ついで競馬場数の問題に移った。永井勝次郎（北海道二区、無所属）、松本六太郎の二人の北海道選出議員から、競馬場数の制限を緩める考えがないかといった趣旨の質問が行われた。なお永井も畜産議員倶楽部の一員だった(43)。

質問の直接の目的は、規模が他県の馬連に匹敵すると北海道の各地区の馬匹組合への開催権の拡大、北海道における競馬場数増の可否だった。先にもふれたように、この問題は、戦前から続く大きな争点であり、この地方競馬法の焦点の一つでもあった。北海道三ヶ所以内、都府県各々一ヶ所以内という数字は、軍馬資源保護法に基づく鍛錬馬競走の規定をそのまま引き継いだものだったが、法案作成の段階から、関係議員、団体から増加を求める猛烈な運動が行われていた。二人の地元北海道でも運動が展開されており、たとえば胆振馬匹組合は、一支庁に二ヶ所という要求であったが、北海道馬連に対しては、このような不公平な案が両院を通過するまで傍観していたのは無責任との声があがっていた(44)。調整は非常に難航したが、一刻も早い地方競馬法の成立を優先させるということで、なんとか一県一ヶ所という軍馬資源保護法の線で収められたものだった。九月一七日の貴族院地方競馬法案特別委員会で明確にされるが、競馬場数の制限こそが、戦前の轍を踏まず、戦後の地方競馬を秩序ある存在にするためのポイントと考えられていた。それでもこのように衆議院、そして後の貴族院の委員会でも増設を求める声があげられたほどだったから、いかにその圧力が強かったがうかがえる。

小笠原たちは、増設を求める猛烈な運動とそれを押さえ込もうとする動きのなかで、法案をまとめていかなければならなかった。永井の質問に対する小笠原のつぎのような答弁は、この問題をめぐって繰り広げられていた攻防を反映したものだった。

只今の御質問に対して御答え致しますが、それは御尤もな御質問でありまして、如何にも北海道は三ヶ所であり他の都府県は一ヶ所以内、斯う云うことは初めは考えたのであります、所が従来競馬と云うものは、何となく一種の賭博のような関係を含んで居るので、競馬場の数に依って非常な問題が起きたことがあると云うことで、それに遡って心配する政府の方の意図もあり、又今日委員になって居る方々の御心配もある、畜産に関係ある議員方の心配もありました、又貴族院の方も能く交渉して見ました所が、此の点に大きな難点もありましたので、色々なことを考えて見まして、是が問題になって、畜産の発達を今日重大な食糧増産と結び付けなければならぬことに後れを取っては、国家の為に非常な重大な問題だと考えましたので、是は各派の共同提案でありますから、各派の畜産関係の方々と協議致しまして、茲に取纏めて提案したのでありますが、所に依っては一ヶ所で済む県もあります、又北海道と雖も三ヶ所で御満足でないようであります、所が又然らばと云って、どう云う所を限定にして私の所は一ヶ所で宜いかと云う問題が起ると、それを定める為には大変問題が大きくなりまして、是は中々納まりが付かぬと云う所から、どうも不満足ながらもここに収めて置くことが一番無難であると云うことで之に致したのでありまして、其の点一つ御諒解を願いたいのであります。

色々と考え方があって収まりがつかないので、不満足でもこの制限数に収めておくことが一番無難であり、制定を急ぐためには、この制限を理解して納得、諒解してほしいといったことだった。それにこの制限を見直せば馬事振興という地方競馬の目的を畜産振興に拡大することが必要となり、また収益金の使途の自己決定権や控除率の上限二五％などの見直しにもつながってしまう恐れがあった。そういった事情が、「ともかく一つ御了解を願いたいという」、この小笠原の苦しい答弁となって表れていた。なおこの小笠原の発言のなかの「各派の畜産関係の方々」というのは、松本も永井も属している畜産議員倶楽部のメンバーを指していたと思われる。

この段階では、地方競馬法を成立させるために必要と判断されたが、制限に対する不満が収まっていたわけでは決してなかった。たとえば九月五日、衆議院地方競馬法案委員会の採決の際、鈴木周次郎は、改めて「都道府県に依りましては数の増加を希望して居ることがありましたことを此の際申上げます、又希望に副うような時期がありましたならば、それに満足すべき方法を考へて貰いたい、斯う云う希望があったことを此の際申上げて全面的に賛成する者であります」と述べていたのもその表れだった。鈴木の地元、福島では、郡山市、若松市、原町、福島市など複数の誘致運動が起こっていた（第2章）。

実際この制限は半年ももたなかった。戦後復興への財政的な貢献を名目に翌年三月、北海道六ヶ所、その他二ヶ所へと第三条が早速改正されてしまったからである（本章第4節）。その際、衆議院「地方競馬法の一部を改正する法律委員会」では、議員が事実上の強行採決で政府、農林省の反対を押し切っていた。地方競馬がいかに大きな利権を生み出すと考えられていたか、そして政治的圧力が加えられていたかを物語っている。あるいはこの地方競馬法審議のとき、半年後の見直し（倍増）が密約されていた可能性もなくもない。ともあれここでは、競馬場数の制限に関しては合意がなっていた。

永井の質問は、この競馬場数の制限問題に続いて、「明朗な地方競馬」をどのように実現するのかといったところに移った。地方競馬が戦前から抱える問題として、各地のボス（親分）の関与や支配、八百長、馬籍（血統）のごまかしなどがあった。永井の地元である北海道競馬にも暴力団が食い込み、八百長も日常となっていた(45)。それに騒動を煽るのも、彼らだったので、場内の取締りも暴力団に依頼しなければならなかった。

日中戦争の長期化、全面的展開を機にした馬政計画の変更を受けて、昭和一五年から地方競馬から鍛錬馬競走へ移行が断行されたのは、このような地方競馬の改革を目的ともしていた。だが軍部の力をもってしても、そう簡単に変えることができるものではなかった。敗戦後の闇競馬は、軍部の介入がなくなり、農林省の統制、警察の治安力が弱まったことに比例して、戦前の地方競馬の「弊害」が増大された側面もあった。

永井の質問の念頭には、直接的にはこのようなことがあったに違いなかった。だが小笠原の答弁はつぎのようなもので、当初から無理と諦めていたのか、あるいはとぼけたのか、ボス支配の排除、八百長対策などに直接答えるものではなかった。

御尋ねがありましたから御答え致しますが、如何にも御尤もな御気付の点であります、提案者としては地方競馬なるものは本会議でも御説明申上げた通り、開催地の其の県に於て飼養管理した、或は隣接の都道府県で二箇月間飼養致した其の馬に限って出場することが出来る、それを四歳以上八歳以下の馬と云うことに定める予定であります、随て従来の如く旅から旅へと渡って歩いた騎手に依って競走が出来るものとは私は考えて居りませぬ、百姓の少し気の利いた人が騎手になって競走するのだと云うことが、地方競馬の主たる目的であります、所が是には今御述べになりましたような心配を提案者の私も余程持って居ります、どう云うことかと言えば、茲に産業馬を目的とし、其の発達を期する為に競馬をやるのでありますが、従来の競馬の「ファン」が何となく速度重点主義で、どうしてもそれに重点を置かれるような気配がある、而もそれは関東、関西の方の競馬の盛んな所に最も多いような関係がありますので、そこに心配が出て来るのでありますが、生産地や其の他の田舎の方では其の心配は更にないものと思います、それに付ては地方競馬は公認競馬と違いまして、そこに区別を付けなければならぬことは、産業用馬を目的とする故に、其の競走番組に対しても輓曳競走と云うものを入れまして、其の他駈歩に於きましても、速歩に於きましても、それぞれ産業馬其のものの番組の編成と云うことに致さなければならぬのでありまして、其の中に一部、四分の一なり三分の一なりを速度重点的な馬を入れて、一般観衆の娯楽と云う所に置かなければならぬが、それを全部娯楽第一主義の公認競馬主義にやると云うことの番組は避けなければならぬと考えて居るのでありまして、其の点も政府、中央団体竝にお互いの開催の方々の協議に依って、実際の目的の達成するように固い契約を拵え、それに又馬の集合も産業用馬を重点として集め、一部に速度重点主義の馬を加えると云うことに編成替をして行かなければならぬと思うのであります、其の他の取締方針と致しましては、商業的に奔って競走馬を操縦致し、何か八百長でもやるような気配を持った今まで非難のあるようなものは、厳重にお互いの間に於て取除かなければならぬのでありまして、それはお互いの間に能く決めて置きさえすれば、関東、関西の方もそれぞれ是は改まると考えて居ります、以上御答えを申上げます。

原則として出走できる馬を県内飼養の産業馬に限定し、騎手もプロではなく「百姓の少し気の利いた人」とする、番組編成は産業用馬の能力試験、増進に即したものとして駆歩、速歩、障碍、輓曳の四種からなるものとする、そして速度重点のものは少なくして「娯楽第一主義の公認競馬主義」との差異化をはかる、これらのことによって「弊害」を除去するというものであった。いいかえれば、敗戦直後の地方競馬は、人も馬も地域密着型として閉じて展開し、「明朗な競馬」の実現のめざすということであった。

これを直接、法的に規定したのが、地方競馬法第四条、そしてこの第四条を受けた地方競馬法施行規則第六条「この法律により競馬に出すことのできる馬は、当該競馬の施行者である馬匹連合会（県を区域とする馬匹組合を含む）の区域内またはその区域を管轄する地方長官の認可を受けた隣接都府県の区域内に、競馬に出る日に至るまで引き続き二月以上飼育せられる馬に限る」だった(46)。なお昭和二年地方競馬規則では三ヶ月以上だった(47)。

もっともこの条項は、実効性を伴っていたとはいえなかったが、たとえ建前であっても、各地域の産業用馬と密着し、また日本競馬会からのサラブレッド、アラブの軽種の競走馬の流入、地方競馬の「商売化」を防ぐことを規定したという意味で、地方競馬の存在を法的に根拠づけたものでもあった。たとえば松本六太郎がこの第四条が適用されない中央馬事会の開催が各県馬連を圧迫する懸念を表明した上で、各県馬連の主催の開催でも第四条の制限を外す考えはないのかという質問に対して、農林政務次官大石倫治が、つぎのように述べていたことにも、そのことが示されていた。

（第四条の出馬制限は）やはり致して置く方が取締上、番組の編成上、公平なる競走を行わしむる上に於て必要なる制限法と思うのであります、例えば公認競馬が是より復活致しまして、一一ヶ所（札幌、函館、福島、新潟、中山、東京、横浜、京都、阪神、小倉、宮崎）行われると云うことになりますと、競馬くずれの馬が沢山地方に入って参る、或は現在公認競馬を走って居る馬も地方競馬に売る場合があります、そう云うような馬が鍛錬不十分な、商売的でない自由競走に参加すると云うことになりましたならば、是はもう全く鳶に獲われるような結果にもなる場合が多いのであります、そう云うようなことを防止すると云う手段方法にもなるのであります、又渡り馬を防いで、成べく地方的な、堅実なる産業用馬の競馬であると云う本質を保持させる上から申しましても必要であります、詰り全国何処でも引張って歩いて出場が出来ると云うような無制限にして置きますと、商売化して行きまして、騎手の上から、使用者の使用上の関係から色々な障碍があると思いますから、やはり或る程度の期限と区域を定めて置くことは、地方競馬の特色を保持し、之を継続せしむるに必要なことではないかと考える次第であります。

繰り返せば、この第四条は、地方競馬と日本競馬会との差異を明確にするための条項でもあった。なおここでは地方競馬がいわば入超になることが懸念されていたが、少なくとも東京、神奈川、埼玉、千葉、大阪、兵庫といった大都市圏ではそうはならなかった(48)。賞金は別としても、出走手当などの諸手当などは日本競馬会よりも高かった。日本競馬会が国営化、地方競馬が公営化された時代に入ると、開催権を与えられた指定市（昭和二四年からは町村が加わる）が増加したこともあって、地方競馬の開催日数も増加し、売上は国営を凌駕して、賞金も引き上げられ、施設も、川崎、浦和、大井など国営競馬を上回るものが作られていった。地方出身の国営競馬のクラシック馬も出現することになる。また好条件の地方競馬への流出馬が続き、国営競馬が苦境に立たされたことで、一部の交流が実現していく。昭和二四年九月、北海道、九州、山口県の地方競馬と札幌、函館、小倉の国営競馬に限定しての相互出走を認める農林省令、ついで翌昭和二五年七月には、三歳馬に限定して全面的交流を認める同省令も出された。しかし昭和二六年六月、今度は全面的な交流禁止の省令が出される。

大石の答弁にもどれば、地方競馬を県内に閉じてしまうことが、戦績、登録のごまかしなどを伴う「渡り馬」を防ぐことに効果があったかも知れないが、ボスの関与、支配、八百長などの「弊害」の除去につながるとは考えられなかった。他県からの「トラブルメーカー（流れ者）」を排除することになるだろうが、馬、騎手、馬主など「顔なじみ」である分、逆にそれを温存、助長することにつながってしまうことが容易に想像できるものであった。実際、昭和二三年、地方競馬を公営化する際の理由の一つが、そういった「弊害」の除去となった（第6章）。

その他、この二日の審議では、委員外の川野芳満（宮崎全県区、日向民主党）が特に求めて飼料問題をめぐる質疑を行った。家畜の飼料が著しく不足している状況への対策、農林省の責任を問い、そして競走馬と輓馬、最終的には輓馬への特別な配給、自給飼料生産の許可を求めるものだった。この昭和二一年、人間の食糧だけでなく、飼料も備蓄分は底を突き、危機を迎えていた。川野によれば、飼料の配給量は、昭和一六年一〇〇万トン、昭和一七年八〇万トン、昭和一八年六〇万トン、昭和一九年四〇万トン、昭和二〇年一〇数万トン、そして昭和二一年二〇〇〇トンという驚くべき数字にまで落ちていた。農林省の答弁は、つまるところ、GHQの支援による輸入でしのぐ、特別な対応は考えていないというものだった。

この川野の飼料問題の質疑を受ける形で、審議の取りをつとめたのが、やはり小笠原八十美だった。農林省の飼料政策、馬政（畜産）に対する姿勢を強く批判、ついで戦後の馬政に関して、「我々民間の要望も入れて共に研究する」、従来の馬産計画を踏襲して彌縫的なことをする時代ではないと叱責、これに対する農林大臣の見解を最終日の五日に表明することを求めた。実力者小笠原が、農政に精通、政治力をもっていることを背景に、最後に睨みを利かせた格好となり、畜産課長難波理平は、これに同意するよりほかなかった。

五日の第三回委員会では、二日に小笠原から要望のあった農相の出席、戦後の馬政計画の答弁もなく、各会派がそれぞれ賛成の意を示していった。その際、先にもふれたように進歩党の鈴木周次郎が時期を見ての競馬場数増加、協同民主党の松本六太郎が飼料政策の考究を求める発言をそれぞれ行っていたが、全会一致であることに変わりはなかった。

九月八日、本会議でも、簡単な審議報告を受けて、質疑もなく満場一致で可決された。衆議院の質疑で明らかになったことを一言でいえば、農林省に抗して、中央馬事会、各県馬連などの地方競馬側の権益が大きく拡大したことであった。そして法案は、貴族院に送られた。

3　貴族院地方競馬法案特別委員会

審議の場は、貴族院地方競馬法案特別委員会に移され、九月一一日、一三日、一四日、一七日と質疑が展開された。委員長が中央馬事会顧問西尾忠方（大正一二年の競馬法成立に尽力、帝国馬匹協会副会頭、軍馬鍛錬中央会副会頭、日本馬事会顧問など歴任）だったのをはじめとして、この特別委員会には、明治以来の競馬の重鎮で日本競馬会理事長の安田伊左衛門、また戦前の競馬の枠組みをつくった一人といってもよい元農林次官で中央馬事会会長の松村眞一郎、そして四條隆徳といった競馬及び馬政に関して造詣の深い人物らが顔をそろえていた。さらに検事として大逆事件の捜査主任をつとめ、検事総長、法務大臣を歴任して思想検察を主導した小山松吉、日本弁護士連合会・日本法律家協会初代会長の有馬忠三郎といった法律の専門家もいた。ちなみに小山は、馬券禁止直前の明治四一年九月下旬、神戸地方裁判所検事正として陣頭指揮をとって、鳴尾連歩競馬会の開催に乗り込んで、役員らを賭博容疑で検挙した人物でもあった(49)。答弁にも馬政、競馬の専門官吏であった農林技官馬産課長井上綱雄（後に競馬部長）が登場していた。なお先にもふれたが、農林省馬政局は昭和二〇年一〇月二六日廃止されて畜産局が復活、畜政、飼料、畜産、馬産、衛生の五課が置かれていた。

衆議院地方競馬法委員会で展開された質疑と重なりあうものもあったが、このようなメンバーが顔をそろえた委員会であったから、衆議院よりも内容に踏み込み、また法案そのものの必要性を問うなどかなり本質的な質疑が展開された。貴族院は明治四〇年代の馬券禁止をめぐる時代から日中戦争、太平洋戦争時にいたるまで、競馬あるいは馬政に関する論議が激しく展開されるのが通例となっていたが、戦後のこの特別委員会にもその伝統が引き継がれていた。

初日冒頭、委員長西尾忠方が、審議に入る前にと、議員提案であるこの地方競馬法案に対する政府のスタンス、そして競馬法との整合性（枚数制限の撤廃と配当制限の一〇倍から一〇〇倍への引き上げ）の二つの説明を求めた。農林政務次官大石倫治は、政府も「同意致して居りますので、此の法律の一日も速やかに成立せんことを希望して居る次第」であると表明したうえで、ここで初めて明らかにした事柄がいくつかあった。まず民間からの切望があって政府案の作成に入っていたがその提案に至らなかったこと、いいかえれば政府案が時間を要して議員立法となったことであった。大石は、九月一七日の質疑のなかで、議員立法であるから法としての内容、形式に不十分な点があることを漏らすが、逆にいえばそれでも急ぐことが優先されたということであった。ついで地方競馬法の制定の目的が、地方長官（知事）の認可などという形式で開催されている闇競馬を国家として合法化するところにもあるということだった。中央馬事会長松村眞一郎が、一七日、詳しく展開することになるが、賭博罪での摘発、取締りではなく、闇競馬の合法化を優先するということだった。そして競馬法の馬券発売枚数及び配当制限との不整合に関しては、議員立法を期待していたがその動きがなく、政府がこの臨時国会に提出すべく準備を進めていることだった。実際一〇月六日、競馬法修正案が可決されることになる(50)。さらに西尾の問いにはなかったが、競馬場数増加の猛烈な運動があって、結果的にそれを抑えるために、第一条の競馬の目的に関して、畜産振興ではなく議員側が主張する馬事振興を受け入れたことも、ここで改めて説明された。繰り返しておけば、大石は中央馬事会理事だった。この大石の説明を受けて、質疑が展開されていった。

まず四條隆徳だった。四條は侯爵、東京帝国大学農学部卒、W・J・スチュワート・マッケイ著『競走馬の耐久力、速力及び持久力の発達』*The Evolution of the Endurance, Speed and Staying Power of the Racehorse*（日本競馬会、昭和一九年）を翻訳(51)。四條は、この他にも『独和馬事小辞典』（昭和一二年）を共同編集、また『馬のために』（昭和一八年）を出版、戦前、貴族院議員（昭和一三年一二月～昭和二二年三月）として、昭和一四年三月の軍馬資源保護法に関する審議でも積極的に発言していた(52)。

四條は、まず戦後の馬政計画のグランド・デザインを描くことが必要ではないか、といういかにも競馬、馬政通らしいところから切り出した。小笠原が地方競馬法を先行させて、その後、民間との協議で馬政計画を立てるというプロセスを考えていたのに対して、地方競馬法を先行させるのではなく、グランド・デザインの下に地方競馬法と競馬法について本格的な検討を加える必要があり、ヤミ競馬取締りということならば、別の方法があるのではないか、崩壊した戦前のものに代わる戦後版の馬政計画策定が何よりも優先されるべきだということだった。

大石の答弁は、畜産全般のなかに位置づける必要があって具体的な立案はまだとしながらも、戦後も農耕馬、輓曳馬といった産業用馬の改良、増産が不可欠である、だが政府の馬匹改良、馬産奨励予算は激減しており、地方競馬の収益金（自主財源）でもって中央団体（中央馬事会）が政府に代わってその馬産奨励を担う、そのためには地方競馬の合法化とその実施は緊急性があり、将来馬政計画が立案されたにしても、この地方競馬法の根本は変わらない、というものだった。大石の答弁は一般論に過ぎなかったから、四條は三日目（九月一四日）にもこの質問を繰り返し、改めて馬政、競馬の専門官僚である井上綱雄が答弁することになる。

四條は、この答弁を、「地方競馬は、馬の改良と云うより寧ろ増殖其の他経済上の方面で重要であると云うような御話でありますが」と的確に受け止め、競馬法改正、つまり日本競馬会の見直しの際は「馬産計画」を提示する考えがあるかと質した。先の大石の説明では、戦後の馬政計画のなかで、地方競馬だけが位置づけられ、日本競馬会が抜け落ちていたからであった。

これに大石は、日本競馬会がサラブレッド、アラブの軽種馬で、馬匹改良上必要な原々種を選び出すことを目的とし、地方競馬は中間種、重種の農耕馬、輓馬の改良に重点を置いているが、馬政計画もそれらをふまえたものになると答弁した。これは四條も百も承知の事柄だったが、ここではそれ以上は立ち入らなかった。

ついで四條は、戦前、「軍馬生産、育成」という国策を理由として馬券発売が刑法の除外例となっていたことをふまえて、戦後、その国防に代わる公共性があるのかとつぎのように質問した。

……実際問題に於て、当時国防上必要であったより以上に馬の重要性があれば、茲に馬票を売ると云うことも成立つ訳でありますが、実際に奨励しようと思えば、何も馬だけでなくて、石炭を掘るんでもなんでも、奨励金と云う方法があるので、特に今は馬票を売って奨励しなければならぬと云う何人にも納得の行く話を伺えれば非常に幸だと思ったのであります、それに関してご意見ありますか。

日露戦後の馬券黙許時代以降、馬券をめぐる論議のなかで、最大の問題として焦点化されていたのが、馬券が射倖心を煽動し、社会秩序を紊乱させるということだった(53)。戦前は、軍馬生産、育成という国策があったうえで、馬券一枚、配当一〇倍という制限が設けられていた。それがいわば戦前の国家、社会が許容できる射倖心の範囲ということだった。また馬の鑑識眼が必要とされる馬券は、単なる賭博とは異なる、馬券は、馬の鑑識眼を養って馬への愛と馬事思想を普及させるために必要である、というのが馬券黙許時代からの政府の公式見解だった。明治以降、一貫として禁止されていた宝くじを政府自らが売り出していることをはじめとして、闇競馬もその一翼を担っていたが、戦後、賭博に対する社会の眼差しも変化し始めていた。四條も、この場で、宝くじが売られている世の中で馬券を必ずしも否定するものでないと述べてはいたが、それでも、戦後も刑法の除外例として馬券を合法化するにあたっては、違法性を阻却する新たな公共性の理念がなければならないというのが四條の立場であった。それは戦後の競馬の目的を問うことでもあった。戦前の馬券をめぐる議論は何であったのか、それを一挙に清算してよいのかという気持も働いていたに違いなかった。四條自身のこの日の言葉を借りれば、四條にとって、この問題は「根本概念」だった。

これに対して大石は、「食糧の生産力を申しましても、其の不足を補いまする日本に於きましては、どうしても軍隊が必要であるとか、国防上どうであるとか云う問題でなしに、日本それ自身の国民生活の上に馬の必要は御認めを下されて居ることと存ずるのであります、だが其の馬が年々減退を致す傾向を持って」いるにもかかわらず、その生産、飼育の国家の補助、助成金が減額（昭和二一年はゼロに）されている関係上、その資金源として、地方と公認競馬が必要であると答弁した。つまり食糧増産及び馬政の財源が、戦前の国防に代わって戦後、「何人にも納得の行く話し」ということだった。四條は、この説明で納得したわけではなかったが、この日は矛を収め、三日目（九月一四日）に改めて問い質すことになる。なお昭和二三年の競馬法審議の際にも、ここでの四條と同じ趣旨のことが、田口助太郎（埼玉全県区、民主自由党）という衆議院議員によって敗戦後、道義が頽廃して「従前以上に勤労意欲を高揚」させなければならないときに、社会道徳的一般原則に反する競馬を認めなければならない、高度な社会的目的は何かという形で問われていたが、農林省は、㈠馬事振興、㈡国家財政への寄与、㈢健全な娯楽の提供の三つをそこではあげることになる（第6章）。

四條のこの日の最後の質問が、収益金の使途だった。従来の馬事振興から畜産全般に広げるのかという聞き方だった。大石は、「此の目的は強く要望して居るのではございませぬので、只今の処は馬一本になって居ります」、また提案者たちの考えは、財政上、経済上の余地があれば、畜産、社会事業にも支出するというものであると先の衆議院での小笠原八十美の発言を追認する答弁を行った。したがってその意図がどこにあったかは別として、四條は結果的に、中央馬事会の権益擁護につながる答弁を引き出したことになった。

この後、瀧川儀作（帝国燐寸株式会社創設者）、北小路三郎（子爵）が、収益金を窮乏する地方都市の財政救済、あるいは社会事業に振り向ける考えはあるのかといった質疑を行ったが、大石の答弁は、結局、「政府の助成が復活致しませず、現在の侭で将来行うと致しますれば、此の地方競馬に依る利益は、なかなか一定額を決めて、社会事業であるとか、他の方面へ之を振り向けさせると云うことは困難でないかと存ずる次第であります」ということにつきていた。ここでもまた、収益金の使途は馬事振興が最優先されるということを確認する格好となった。繰り返せば、大石は、中央馬事会の常任理事でもあった。

審議二日目（九月一三日）の冒頭改めて、大石の提案趣旨説明が求められた。委員長西尾が初日、衆議院の議論、議事録を検討する時間を求めていたが、それを受けた形だった。

大石の説明は、地方競馬が法的根拠法を喪失したまま地方長官（知事）の許可という形で開催されている現状があること、軍馬の必要がなくなっても、食糧増産、農耕馬、陸上輸送力として戦後も馬事振興が不可欠なこと、だが政府の補助、助成が打ち切られており、馬事団体が地方競馬で獲得する自主財源で馬事振興を担う必要があることなど、衆議院と同じ内容を繰り返したものだったが、準備に時間があったことで、論点が整理され趣旨がより明確になっていた。

質問にまず立ったのは三須精一（男爵）だった。三須は、「終戦後平和日本に於ける所の馬産振興としての競馬開催に依ってその目的を十分にする必要があると」したうえで、敗戦後の非常な馬不足、またかつての競馬場が農地等に転用されているなかで、全国でどれくらいの開催を見込んでいるのかと質した。三須が、闇競馬の実態をどれぐらい把握していたかは別として、核心を突いた質問だった。農地等の転用については、後（昭和二三年一二月）にGHQ、農林、建設両省は、食糧危機を理由として、農地の競馬場、ゴルフ場への転用を禁止する指令を発するが(54)、三須はそれと同じ懸念を表明していたことになった。大石は、開催予定競馬場数は地方競馬法が規定する半数以上を見込んでいるが、農地を潰す心配はないと答弁、それを裏付けるものとして、関西、関東を除く、当時の地方競馬の実情をつぎのように語った。

併し競馬場は、公認競馬と違いまして、地方競馬は、出場も特に専門的の訓練した馬と云うようなものでございませぬので、地方に散在して居る其の侭の農耕馬、或は輓馬を二、三箇月間の訓練を致しました程度に於て、之を出場させると云うような状態でありまするから、馬の数に於きましてはどうやら間に合って参ると存じます、又競馬場の設備に於きましても、そう広い多くの面積を要しませぬ、唯、廻り馬場道が幾分かあれば、馬場の埒外は耕地として使い得るのでございまするから、是等の設備は追々完成することが出来るではないかと思います。

直接的には、だから農地を潰すことはないということを説明するのが目的だったが、農耕馬、輓馬を集め、間に合わせの施設での開催が地方競馬の現状であり、しかもそれが望ましい姿という認識が明らかにもされていた。この意味では、富山の競馬は、地方競馬の「理想（典型）」だったということになる。

つぎが検事総長と法相を歴任した小山松吉、戦後の初代日本弁護士会長有馬忠三郎という法律の専門家の質問だった。小山は、先にもふれたように馬券黙許時代の末期、馬券取締りを強行した経験をもっていた。二人は、戦前、地方競馬規則という省令（農林省、内務省）だったものを地方競馬法という単行法とした理由、認可から届出制への転換、学生未成年者及び騎手・馬丁が馬券購入禁止の対象からはずされたことなどの意図をつぎつぎと問い質していった。政府、衆議院議員側があまりに民主化、自由化の方向に進むことに対する牽制、そして法律の専門家として地方競馬法を法としてふさわしい形式と内容に整えさせることがその目的としてあったと思われる。これに対する大石の答弁が先に紹介した「時勢の変化に伴うものと御了承願いたい」といったものであった。二人の質問が、彼らが過度の民主化と見る政府の方針を崩すことにはならなかったが、結果としてみれば、学生未成年者などの馬券購入に関しては、規則で禁止の対応をするという政府答弁を引き出していたから、この点に於いては二人の目的は達したことにはなった。法の形式、内容に関していえば、有馬が、四日目（九月一七日）、ノミ屋に関する罰則規定の解釈を確定させてはいたが、条文の不整備そのものには手がつけられなかった。

そして渡部信だった。渡辺は、明治四一年東京帝国大学法科大学を卒業、法科大学講師、宮中顧問官、帝国博物館総長などを歴任していた(55)。

渡辺は、地方競馬法と競馬法の一本化を考えていないのか、ということから切り出した。ここで渡辺が述べていたのは、競馬の一本化ではなく法律として一本でという意味であり、二重構造の解消の趣旨ではなかったが、後の昭和二三年に制定される競馬法の構成を先取りした格好となっていた。これに大石は、地方競馬と日本競馬会の競馬は目的が異なり、法的に複雑となる、競馬法の見直しの準備ができていない、他日に調査研究したいと答えたが、渡辺はこれを受けて、地方競馬と日本競馬会の競馬の目的の相違を質した。これは衆議院でも、また前日も説明されていたものだったので、大石はこれまでと同じように、地方競馬は農業馬、産業馬の中間種や重種に重点を置く地域密着型、一方日本競馬会はサラブレッド、アラブの軽種に重点を置いて全国的に開催するといった答弁を繰り返しただけだった。四日目、渡辺は、出走品種を条文に盛り込んで双方の相違を法的にも明確にしてはどうかと質問することになるが、ここではそこまで踏み込まなかった。

この日は、四條が、渡辺の質問を引き継いで、つぎのように地方競馬の特質を空洞化させない具体的方法を聞く展開となった。

ちょっと今の御答弁の中にありましたことで伺いたいのですが、公認競馬の「サラブレッド」の原原種を奨励する、地方競馬は全くそれと目的が違って、中間種を奨励する、斯う云うような御話でしたが、実際に競馬をやるとすれば、公認競馬に成績の好いような種類のものは、地方競馬でも矢張り勝つと云うことは、是は分り切ったことで、同様な競馬をやれば、公認競馬に近いもの程有利であると云うことになりますので、地方競馬出場馬は、余程競馬執行の方法を変えないと、公認競馬の種の一段下ったものが一般に歓迎される、斯う云うことになる訳であります、そこで如何なる方法を以て此の地方競馬の馬の種を、成るべく公認競馬の「サラブレッド」にあらざる中間種が有利であるような方法で執行されるかと云うことに付て伺いたいのですが。

戦前の都市部周辺の地方競馬で、日本競馬会の軽種馬の流入が起こっていた実情、また鍛錬馬競走時代のように厳密に規定するのが無理であるということがふまえられていた。出走品種の限定が掲げられていても、都市部においては、軽種馬中心になることを見通したものだった。そして事実そうなった。

四條は、地方競馬の目的として語られていたものが、単なるお題目に過ぎないと考えていたに違いなかった。衆議院では第四条を持ち出すだけで済んでいたが、四條はその有効性をまったく問題にしていなかった。

したがって大石は、規則で規定する、ハンディキャップで対応する、軽種馬を一年間飼養することは地方競馬では経済的に引き合わないので自ずから区別が生ずる、といった衆議院でのものよりは詳しい答弁を行った。だがこの大石の答弁は、都市部ではなく地方を念頭においた一般論に過ぎなかったので、四條は、これに関しても翌一四日に競馬の専門官吏である農林省馬産課長井上綱雄に改めて質問することになる。

また四條が、ここでもう一つ聞いていたのが、戦前軍部の反対で実現していなかった日本競馬会での速歩、アメリカントロッターによる繋駕競走の実施だった（ただし競馬法審議の際に質問する、と回答を求めなかったが）。後に国営競馬（引き続いて日本中央競馬会も）、北海道、新潟の地方競馬でも繋駕競走は実施され、アメリカントロッターの輸入に取り組まれることになるから(56)、四條は先見の明があったことになる。そして日本競馬会でもアマチュア騎手の導入を考えていないかということを競馬のスポーツ化という観点から聞いていた。大石は加えてもよいとの答弁だったが、実現の見込などはまったくなかった。

さらに四條は、競馬法と地方競馬法の一本化、たとえば日本競馬会をAクラス、地方競馬をBクラスとして、主催団体を統合すべきではないかと尋ねた。ここでの四條の質問は、日本の競馬の二重構造の解消という本質的な問いを孕んでいたが、地方競馬法推進グループも農林省側も、逆にその壁を強化する方向に地方競馬の意義を見出していた。したがってこの時点ではまったくその考えはなかったから、大石の答弁は、当然、「即時やることの出来ない」だった。四條は、これ以上畳み掛けなかったが、先にふれた中間種に重点を置く地方競馬に否定的であったことを考えても、この一本化は、四條の持論に違いなかった。

四條のこの日の最後の質問は、場外馬券（ガラ馬券）の発売を考えていないのかというものだったが、大石はこの法案では許可しない、と即座に否定した。だがこれも昭和二四年には、法案として上程されることになるから（第6章）、ここでも四條は先見の明があったことになる。

このようにこの日の四條の質問は、何を目的にしているのかわからないほどに、多岐にわたっていた。強いていえば、自らの競馬、馬政に関する知見でもって、地方競馬法の制定が拙速であることを浮き彫りにし、戦後の日本競馬のヴィジョンについての議論がもっと必要であることを主張するところにあったように思える。

つぎの瀧川儀作が、初日に続いて、収益金の戦災復興事業及び社会事業への振り向けの可能性を尋ねたが、これに大石は、まず馬事、畜産振興、余裕があればと初日と同じ答弁を繰り返した。

二日目の最後の質問者は、当時全国馬術連盟会長であった山地土佐太郎、委員ではなかったが特に許可を得たものだった。なお山地は、捕鯨水産会社社長で、大正一五年帝国馬匹協会設立当時、常務理事であり戦前からの馬術界の中心的存在だった(57)。山地は、乗馬思想の普及の重要性に言及、莫大に上ると見込まれる地方競馬の収益金の使途、そしてその監督の仕組みを問うていたが、結局、その質問の目的は、馬術連盟への補助金を確保することにあった。

これに大石は、これまでの各年度の馬事振興費をあげて大幅に減額されてしまっている現状を説明、地方競馬の収益をその削減された地方関係の馬事振興費の補填にあてるとしながらも、山地の意図を汲んで「融通の出来まする限りはそう云う方面（馬術）にも振り向けさせるように指導致したい」と答弁した。また監督に関しては、先に紹介したように、万全を期すが、民主化、民主主義の時代であり、封建的、強圧的な取締りにならない程度に弊害防止除却にあたりたいと述べ、要するにその考えがないことを明らかにした。

明けて九月一四日、三日目の審議のほとんどが、四條と馬政、競馬の専門官吏である馬産課長井上綱雄との間のやりとりに費やされた。これまでのものを専門的な観点から改めて審議し直したという趣だった。四條が特に求めたのに対してそれに応じたものだったようだが、その意味では四條のガス抜きでもあった。

四條の質問のポイントは、二日目に続いて、農業馬、産業馬の中間種や重種に重点を置くことを謳う地方競馬の特質を空洞化させないで日本競馬会との差異化を徹底する、その具体的方法だった。衆議院では第四条を持ち出すだけで済んでいたが、繰り返せば四條はその有効性をまったく問題にしていなかった。

まず四條は、つぎの問いから発した。

多少専門的のことに亙りますけれども、二、三御質問申上げます、昨日迄の色々な御説明に依りますと、地方競馬と公認競馬と、出す馬の標準が大変違うと云う御話、公認競馬は「サラブレッド」を主体とする、地方競馬は其の地方に保有される中間種、比較的重い馬を以て競走をしたい、斯様な御説明があったのであります、是は従来にもあったことでありますが、競馬をやるからには、中間種よりも「サラブレッド」の血液に近いものが有利であることは疑のない所である、左様な状況でありますから、地方に於きましては、馬の出走する資格を得る期間だけ軽い馬を繋養して出場資格を得て、競馬目的の為にのみ馬を飼うと云う者が出来て来る、左様な馬が地方競馬でも有利になる、従来も斯様な現象があった訳であります、今後は従前よりも賞金も良いでしょうし、馬票も沢山売れることですから、斯かる傾向は従来に増して余計になる、そうすると目的とする所の地方競馬に出すべき所の地方の中間種は不利である、詰る所そう云う馬は出来ないと云うことになります、仍て其の結果は、公認競馬には到底勝てぬが、扨、中間種ではないと云う中途半端な馬が地方競馬に出場する率が余計になる、是では此の競馬の目的を達せられない、是は技術的にどうしても何等かの方法を執らなければならぬと云うことになります、此の点を如何にするかと云う御方針を伺いたいと思います。

これに対する井上の答弁はつぎのようなものであった。

只今四條侯爵より色々御尋がございましたのですが、誠に御尤もなことで、又我々と致しまして、将来非常に注意を致さなければならぬと云う点の御質問でございました訳であります、地方競馬に付きましては、先般来の説明にもございました通り、全国に亙ります次第でございますので、それぞれ各府県に於きまする地方の特色を持たした番組を編成させるように、施行規則の方でやりたいと考へるのであります、併しながら競馬は、御承知のように、「サラブレッド」を主体とする競馬が一番観衆に興味を惹かれるのでございまするが、只今御注意もございましたように、それでは日本の馬産方針上色々弊害もございまするので、番組に特徴を持たせるように指導しまするに付きましては、生産地に於きまして、中間種の生産地等でございますれば、基礎牝馬になるものの能力を「テスト」する意味に於きまして、そう云う風な中間種の番組を編成致します、或は軽種を生産する地域に於きましては、軽種の牝馬の鍛錬をするような番組を編成致させる、それから生産等に関係のない地域に於きましては、事情に依りましては、相当な軽種の競争も行われるかと思いますが、成るべく馬産を健全に発達させる意味合に於きまして、中間種の番組を組ませるように指導して参りたいと云う積りでございまして、競馬に出走致しましたものが挙げて繁殖の方に返して行くように指導したい、又繁殖に返しませぬものも、鍛錬に依りまして其の後実益的に能力を発揮し得るように奨励して行きたいと云う積りで居ります、要は施行規則を作ります際の心得方と存じますので、只今の御注意の点は能く注意を致しまして、方針を誤りないように致したいと思います。

さすがに二日目の大石のような一般論ではなく、その実情に応じて地域差が出てくるが、地方競馬の独自性は、施行規則で維持するということであった。実際農林省は、その規則を準備しており、施行した(58)。生産等に関係のない地域というのは都市部のことを指していたが、そこでは軽種馬中心になることを見越して中間種の番組の編成を指導すると言及されていた。だが実際はそのような指導は無力だった。またここで井上は、サラブレッドを主体とする競馬だけでは、日本の馬産方針上色々弊害も出ると述べていたが、それを字義通りに解釈すれば、戦後の馬政、競馬は、日本競馬会ではなく地方競馬が目的、存在意義として掲げているものを根幹に置くということを意味していた。井上の立場は、競馬としては日本競馬会の開催を重視するものではあったが、ここでの答弁はそれを否定するものになりかねなかった。地方競馬側、畜産議員倶楽部側にも、日本競馬会を吸収しようとする意見も存在していた(59)。したがって、井上は、後にサラブレッドも、昭和一三年からの第二次馬政計画で大型化してしまった馬を軽量化するための原々種として不可欠、つまり日本競馬会の競馬も必要ということを強調して繰り返すことになる(60)。

ついで四條は、サラブレッドの血量での制限を考えているのかと聞き、井上から、「大体親、祖父等がアングロノルマン、あるいはその系統馬であることがはっきりした番組を組ませる」との答弁を引き出したうえで、初日に続いて戦後の新たな馬産計画の概略をつぎのように質した。

……如何なる競馬をやるかと云うことは、新日本の馬産計画が発表されぬ限りは、之を検討することは出来ないと考えるのであります、現在我々の手許には、新馬産計画は発表されて居らないが、大体の御方針が、新しい馬産計画が如何なる血種を奨励するか、如何なる使役馬を目的にするかと云うことを全体が分って居られると思うのですが、概略新馬産方針を御示しを願えると大変結構だと思います、此の点を一つ伺いたいと思います。

これに井上は、国防上という観点がなくなって、専ら農用、輓用といった産業用馬の生産を基本方針とすることが決定しているが、各地域の農業事情が異なっていて農用馬に関する方針策定が遷延している、輓馬については戦前と大体同じだが規格等の制限を緩やかにする、また軍部の要求に従った結果、総じて馬の体高が高くなってしまっているので、農用馬は日本人の体格に合わせて少し小さなものにする、そして軽種馬も馬匹改良のためには不可欠と述べ、用途別必要頭数として農用に一五〇万頭、開拓等に三〇万頭、計一八〇万頭と具体的な数字をあげて答弁した。ここでも、地方競馬が目的、存在意義として掲げているものが、新たな馬政の中核に置かれることが確認された格好となった。

ついで四條は、戦前、ヨーロッパからの輸入に依拠していたアングロノルマン種の導入が途絶してしまうことを確認したうえで、二日目（九月一三日）に続いて繋駕競走、アメリカントロッター種の導入を考えているかと聞いた。井上の答弁は、結局、今後の慎重な検討が必要というものだったが、個人的には賛成という弁を引き出していた。四條と井上との事前協議が行われており、二人の間では、繋駕競走、アメリカントロッターの導入が同意されていた可能性がなくもなかった。先にもふれたように、国営競馬では昭和二五年五月二〇日京都競馬場から繋駕競走が実施されることになる。

そして四條は、つぎのような驚くべき質問を行った。

……従来日本の競馬は外国から「サラブレッド」が入って来て、日本で繁殖して走らせて居た、外国じゃもう一流の馬を売らない、他国に出して居るのは二流の馬を売る、技術の足りない日本で走らせるのだから、競走の「タイム」が外国に追っつかぬことは当然のことなんで、外国と「タイム」を争うと云うことも実際は愚の話だ、寧ろ日本が独特な行き方で競馬をやった方が面白いのじゃないかと云うような意見は民間に多々あった訳であります……例えば非常に競走の距離を延ばす、重さもうんと重い物を背負わせると云うことになれば、もう別段外国と「タイム」を争うこともない、別個の馬を日本で造って行く形になる訳なのです……今迄通りのことをやって居っても、果たして今後の日本の馬を改良するのに如何かと存ずるのですが、競馬の執行方法を根本的に改良すると云うような御意見でもありますでしょうか。

つまりサラブレッド、すなわち日本競馬会の競馬では、世界に通用しない中途半端なものになるので、日本独自のものに特化して、それを核にして馬匹改良を推進していくことを考えていないかということだった。これも、アメリカ、ヨーロッパの競馬に通じて、その絶望的な差を感じている四條の持論だったのかも知れない。

これに対して井上は、さすがにつぎのように切り返した。

……我々と致しましては只今御意見もございましたけれども、甚だ御意見を反駁するような風に申上げて居るのではございませぬ、信ずる所を申上げて居る訳でございますが矢張り「ヨーロッパ」や「アメリカ」の馬に較べまして劣らないようなものを造りまして、将来に於きましては国際的な競馬場を日本にも開きまして、濠洲や「アメリカ」から馬を持って來ましても、之に勝ち得るようなものを造る、極く尤物を造りまして、其の血液を流すことに依りまして改良を進めて行きたいと云うような念願を持って居るのであります、迚も是は只今四條侯爵の御話になりましたように相当困難なことでございますが、どうしても達成して、是非日本の馬の水準をそこ迄高めて行く必要があり、そうしなければ折角「サラブレッド」をやる価値もないようにも考えて居るのでございます、将来許し得まするならば、優秀な種馬の日本に入れて戴きたい、斯様に考えて居ります。

このときは、夢物語に過ぎなかったが、その後、日本競馬会、国営競馬から現在のＪＲＡ（日本中央競馬会）に至る競馬は、ここで井上が述べた道を歩んでいくことになる。

ついで四條は、アングロアラブ奨励の有無を聞いて、現状維持という答弁を引き出し、戦争の結果海外からもたらされた馬の流行病についても尋ねていた。そして、質疑の矛先はドッグレースの認可という方向に向けられた。横浜、札幌などでその動きがあったが(61)、四條と関係があったとは思えない。だが「金の吸収とか、あるいは社会事業費の捻出と云うようなことを考えれば別段馬に限ったことではない」、競馬と異なって「極めて土地を少なく使って済む、設備も簡単である」として、四條は、農林省の考えをつぎのように聞いていた。

……私等競馬法案が上程された場合には大概委員会に出て居りましたが、従来我々常識として教えて戴いたのは実際丁か半かと云う一般の純然たる賭博でない、馬の鑑識眼の競争である、あの馬は良い、此の馬は良いと云う鑑識眼に訴えた競争で、賭け事類似として一応賭博と分けて考えるように御説明があつたのであります、処が犬の競走になりましても実際純然たる賭博と無論言えない訳で、あの犬が良い、此の犬が良いと云う、犬の鑑識眼に訴えた競争となるから、無論今迄の競馬の馬票の取扱から言えば、犬であろうと兎であろうと一向差支ない、唯要はそれで一方は馬の種類を改良する、一方は犬は改良しても差詰め我々実社会に役立つ動物でないと云うだけなんで、此の点私が犬の券を売ることに付ては同様だと思います、唯犬の改良と云う問題でさして重要でないと云うことになるのですが、実は一部には犬も繁殖すると云う話があったのも聞きましたから、是は一つ御研究願いたいと思います。

結局、四條が、ドッグレースに託して言いたかったのは、つぎのことだった。

……犬なり馬なり券を売ることが純然たる賭博としての取扱を受けるものか、或は従来の如く賭博類似の行為で、動物の鑑識眼に訴えて競争すると云うことか、此の点一つ伺いたいのですが、矢張り馬票が賭け事に付ての根本義に付て一つ御説明あれば結構だと思います。

先にもふれたように、戦後も刑法の除外例として馬券を合法化するにあたっては、違法性を阻却する新たな公共性の理念がなければならないというのが四條の立場であった。それは戦後の競馬の目的を問うことでもあったが、四條にとって、井上らの答弁は、それに答えるものではなかった。その苛立ちが、先の大石の答弁以上に答えようのない、あるいは答えようもない質問を井上にぶつけることになっていたに違いなかった。このような雰囲気を察知したのだろう委員長西尾は、「能く調べまして御答え申げるそうです」と口を挾んで、四條の質問を終わらせた。

新たな馬政計画の確立、地方競馬の特質の実現策、馬券発売の公共性・位置付け（これは戦後の競馬の理念、目的を問うことでもあった)、日本競馬会と地方競馬の一本化、日本独自の競馬の追求、繋駕競走の導入といったここまでの三日間の文字通り多岐にわたる質疑で、四條は何を意図していたのだろうか。答弁のほとんどは四條にとって百も承知のものであったはずだが、そこからさらに畳み掛けることはしなかった。すでに可決が既定路線になっていることを受け入れてはいたのだろう。だがそれでも質問を展開したのは、先にもふれたようにこのまま地方競馬、そして日本競馬会の競馬を開催することの問題性を指摘し、戦後にふさわしい馬政、競馬のヴィジョンを確立する議論が必要であることを訴え、そしてそれが馬政、競馬の専門家としての役割、責任であると四條が考えていたからであったように思える。四條は、ひょっとしたら戦後自体が不愉快であったのかも知れない。ただ四日目(九月一七日)、地方競馬の特質を実現する方策をとることを条件に賛成することにはなる。地方競馬法反対の安田伊左衛門に対してと同様に、四條にも賛成表明を要請する働きかけがあったに違いなかった(後述)。

四日目、四條がスタート後、ゴールに入るまでに馬券を譲渡する行為(プレミアム)への対応を質問、大石からは当然ノミ行為で禁止という回答が返ってくることになるが、この問いそのものは衒学的なものとしかいいようがなかったが、この三日目の四條の質問も、その観があった。

四條の質疑に続いて、瀧川儀作が、無闇に射倖心を煽り立てない注意が大いに必要だが、地方競馬が浮動購買力吸収・インフレ対策として有用であると述べ、復興事業への振り向けの再考を促したいといった内容の意見表明を行った。このなかに四條の考えに共鳴するとの発言を組み込んでいたが、実際は、四條が質疑したものと瀧川の意見表明の内容は合致していなかった。最後に「是は質問でないかも知れませぬが、此の機会に意見を申し述べて置きます」と述べていたことも併せて考えると、ここでの瀧川の発言は、四條の感情をなだめ、その発言を引き取ることが目的であったようである。

そして三須精一が続いて、現在の種馬及びその他の設備で、農林省が考えている馬の改良計画が達成される年限の見込みとここ一年間の生産馬の状況を聞いた。これに井上は一二年位かかる、昭和二一年は一二万八〇〇〇頭、昭和二二年は一〇万頭位になるが、常態として望ましい年間生産頭数の一四、五万頭に立ち返らせるのはそう困難ではないと答弁していたが、三須のこの質問も、「競馬は馬の改良増殖が目的でありますが」という言葉から始めていたことを見ると、軌道を外れてしまった四條の質問を引き取る意味合いが強かった。三日目は、これで散会した。

そして一七日の四日目が、貴族院地方競馬法案特別委員会審議のハイライトだった。審議もそれまで三日間は午前のみだったが、この日は、午後も行われた。ちなみに一一日が午前一一時から一一時四一分、一三日が午前一〇時二四分から〇時二二分、一四日が午前一〇時二八分から一一時三一分、一七日午前が一〇時一八分から一一時四七分、午後が一時三一分から三時一六分までと計三時間一四分だった(62)。

午前、まず渡辺信が質問にたった。馬券発売を伴う競馬の開催が賭博であるのかという問いを発して、農林政務次官大石倫治との間でやりとりを展開していった。結局、渡辺が確認したかったのは、賭博だから禁止すべきだということではなく、刑法の除外例とする法律がなければ馬券発売を伴う競馬の開催は違法であるいうことだった。そして現在の闇競馬（地方競馬類似）が、国の法的根拠がないまま地方長官（知事）の認可などの手続きで、「通説に依る賭博と認めるものを公認したような格好にな」っていることを確認したうえで、その闇競馬を一刻も早く地方競馬法を制定して合法化することが必要であるということだった。初日の大石の説明を追認した格好だったが、さらに午後の松村眞一郎の露払いをつとめる役割を果たしていた。

また渡辺は、未成年者・学生及び調教師・馬丁の馬券購入禁止、入場料や券面金額の認可などが盛り込まれていないこと、そして認可を受けないあるいは取り消された開催の罰則規定が設けられていないことなどの質問を繰り出していった。これは、二日目の小山松吉や有馬忠三郎が行った質問と軌を一にしていた。繰り返していえば、政府、議員側があまりに民主化、自由化の方向に進むことを牽制し、法律の専門家として法案の不備を指摘しその修正等を促すことが目的だったに違いなかった。大石は、ここでも前者に関しては細則、施行規則で対応する、後者に関しては今後機会をみて修正をはかりたいと答弁していた。

そして渡辺は、二日目の質問からさらに切り込んで法案の根幹にかかわる問いを発した。地方競馬法と競馬法を法律として比較すると、その目的の相違が明確でないとして、つぎのように尋ねた。

……私は素人で分り兼ねますが、動もすれば地方競馬も競馬専門の競馬にならぬ迄も、それに近い弊害が起るのじゃないかと思いますが、折角目的が違うとすれば何か農耕馬なり、輓馬なり、所謂役馬を主とすると云うような意味のことが、法律に現れれば大変宜いじゃないかと思います、役馬の方と軽い「サラブレッド」や「アラブ」でない、本当の重い物を輓く方の馬の振興を図ると云うことが、法文に現れて居れば宜しいと思いますが、是が書いた目的が違うと云う所がはっきり致しませぬので、是れ以上条文を御改になる意思はないでありましょうか、其の点だけを伺いたい。

地方競馬が産業用馬、日本競馬会が軽種馬を主とし、別の存在意義をもつとするなら、それを法に盛り込んで、それぞれの競馬の目的を条文に明確に規定してはどうかということだった。渡辺の質問は二日目(一三日)に続き、四條が繰り返してきた地方競馬の独自性をどのように保持、担保していくのかという問いと呼応していた。そしてここまで繰り返されてきた地方競馬の目的が建前でないとするならば、決定的な問いだった。おそらく小笠原八十美ら青森などの地方選出の議員たちは、地方競馬を産業用馬の改良、馬産の増産に役立つと本気で考えていたが、それでも完全に中間種、重種の実役馬に限定しようとは考えていなかった。軽種馬のレースがなければ、競馬の魅力が失われることは自明のことであった。中央馬事会の開催は、日本競馬会との対抗を意識していたに違いなかったし、また東京などの都市部の地方競馬は戦前から第二の日本競馬会といってもよい存在となっていたから、その点からも現実的でなかった。競馬の専門官僚である井上綱雄が、三日目、四條の質問に、地方によって異なり都会地では、事実上軽種の競馬になるが規則で中間種の競馬も盛り込んでいきたいと述べていたのは、そういったことを指していた。つまり農林省にも衆議院議員側にも、その考えはなかった。大石の答弁は、質問の趣旨からずれたところもあったが、要するにそういった条文を盛り込むことは「従来どうしても困難でございまして、是は大体細則及び競馬の出場番組等」で規定するという、先の四條に対する答弁と同様のものだった。

そして質問は、有馬が渡辺の質問を受ける形で、ノミ屋に関する条項についての解釈の確認、また四條がプレミアム（スタート開始後からゴールまでの間の馬券の譲渡）についての質問に移った。前者については解釈の確定(63)、後者についてはノミ行為であるとの答弁が行われた。

これらの質疑が終わったのを受けて、いよいよ真打といった趣で松村眞一郎が登場した。地方競馬法制定が喫緊の課題であることを政府、具体的には農林、法務、内務の各省に確認させるという目的をもっての質疑だった。松村（一八八〇～一九六三）は、明治三九（一九〇六）年東京帝国大学卒、同年農商務省入省、昭和四～六（一九二九～三一）年農林省次官、昭和八年から貴族院議員、大正一二（一九二三）年初代畜産局長、馬政調査会委員、昭和六年帝国馬匹協会顧問、昭和九年馬政調査会臨時委員、昭和一一年日本競馬会設立委員を経て同会発足と同時に幹事、昭和一四年軍用保護馬鍛錬中央設立委員、昭和一七年日本馬事会副会頭などを経て、当時は中央馬事会会長であった(64)。繰り返せば、戦前の競馬の枠組みをつくった一人であった。

まずは宝くじの売上実績、馬券税の収入見込をたずねた。数字を明らかにして、宝くじより競馬の方が、インフレ防止（浮動購買力吸収）、財源としてすぐれていることを大蔵省に確認させるためだった。この答弁にあたったのが、若き日の大蔵事務官福田赳夫と主計局長前尾繁三郎だった。松村は、大蔵省の政府委員はこの法案を「礼賛されると云うことを私は要望して居った」のですがという言葉で答弁を促したが、福田はその先輩大物官僚の貫禄に圧倒される格好で「競馬の関係が非常な宜い施設であると云うのは是は御同感であります」と述べていた。

そして休憩を挟んだ午後が本番だった。それにしても松村の質疑は異例だった。松村は、優に一時間以上に及ぶ論陣を張ったが（その発言は議事録の約三分の二を占めている）、それが終えたのを受けて、司法の古島義英、内務の世耕弘一、農林の大石倫治の三政務次官がそろって全面的に同意を表明するというものだったからである。たとえば農林政務次官大石の答弁はつぎのようなものだった。

松村さんの御説は誠に傾聴に値すること勿論であります、農林省に対しまして此の競馬法の扱い方、又地方競馬法の成立の暁に於きましての運用等に付きましては、御趣旨に副うような取扱いを致すことが最も適正であると思います。

内務、司法の両政務次官は、松村の要請を受けて午後から臨席したものだったが、大石も含めてこの三次官は松村の話を一方的に傾聴し、賛意を公に示すのが役割といった格好だった。繰り返せば松村と大石は、中央馬事会の会長と常務理事の関係でもあった。

松村の「質疑」はまず、法的根拠を欠いて全国で開催されているヤミあるいは闇競馬が刑法「賭博及び富籤に関する罪」公開賭博場の開帳に他ならない犯罪行為であるところから始められた。なお念のためにここで繰り返しておくと、本書では、闇は条例など県レベルで「合法化」されたもの、ヤミはそういった「合法化」の埒外にある競馬を指している。ついで内務省が六、七月より前に調査、まとめた「地方競馬類似競馬施行調」によりながら各地のヤミあるいは闇競馬の開催箇所数、売上高を例示したうえで、これまでのヤミあるいは闇競馬の収益金を没収しないことが望ましいこと、射倖心、娯楽を求めるのは人情の常であり、競馬が戸外で豊かな気分で楽しむ明朗な娯楽であるなどといった持論を展開したあとで、八月の神奈川県戸塚競馬の売上高、主催者の収益金、県への納付金額などをあげ、「競馬施行を許可されるに付て苦心惨憺の跡がみられる」として同県が行った県レベルでの競馬の「合法化」の手続きである「家畜能力検定競励会施行要綱」などを詳しく説明していった（この要綱に関しては第2章）。

松村は、闇競馬から寄付金等の名目で納付金を得ている県も、法的にいえば贓物《ぞうぶつ》に関する罪の可能性があるが、地方競馬法が成立すればその罪が遡及して問われないことも強調していた。結局ここで松村が、政府に確認、同意をさせたかったのは、地方長官（知事）の認可という手続きで施行されている闇競馬の現状を追認し、いいかえればその違法性を不問に付して、国レベルでの一刻も早い合法化が必要であるということだった。そして、各県馬連以外のヤミ競馬を徹底的に取り締る。これが松村の質疑の要点だった。

松村がつぎに展開したのが競馬場数の制限だった。松村は、楢原義男『競馬の制度及犯罪』（帝国競馬協会、昭和一一年）によりながら、戦前の地方競馬規則下の地方競馬が如何に「乱雑極まる」状況にあったたか、また当時農林官僚だった松村自身も、政治的圧力で競馬場が増加し、地方競馬が「非常に底止を知らない乱雑」になって困り抜いていたことを説明して、軍馬資源保護法がそのような地方競馬の統制を目的としていたことも述べ、競馬場数の制限こそが、戦前の轍を踏まず、戦後の地方競馬を秩序ある存在にするためのポイントであるということを訴えていった。

戦前の地方競馬場数は、松村がいうように、政治的圧力が加えられた結果、ピークに達した昭和一〇年には、その数一一六に上っていた(65)。地方競馬に関しては、地域差もあったが、農林省、内務省も監督、管理することが難しいところが多かった。農林省側から見れば、地方競馬は、不正行為が蔓延して治外法権的な状態に近いままに放置されていたということであった。

軍馬資源保護法制定の公式の目的は、昭和一二年七月の盧溝橋事件を契機とした日中戦争の長期化、全面的展開を受けて拡大した軍馬需要に応じるための体制確立であったが、ここでの松村の発言を確認すると、それを機として乱脈をきわめている地方競馬の統制をあわせて行うところにもあったことになる。したがって競馬場数の増加の圧力に屈することは、「非常に底止を知らない乱雑」になった戦前の轍を再び踏むことだった。北海道三ヶ所以内、都府県各一ヶ所以内という制限は、戦前の反省が活かされたものであり、譲れないものだった。

競馬場数増設の声が強かったことは、先にみた小笠原八十美や大石倫治の答弁にもふれられていたが、それ対する防波堤の役割を担っていたのが松村であることがここで明らかとなった。だが松村は、翌年三月、倍増される改正案が審議された際は沈黙を守ることになる。参議院議員選挙を控えていたこともあっただろうが、それに加えておそらく中央馬事会長として、下からの激しい要求を抑え続ければ暴発につながりかねないことを実感させられたこともあったに違いなかった（後述）。

そのつぎに松村が展開したのが控除率の引き下げだった。先にもふれたが、明治三九（一九〇六）年から明治四一年の馬券黙許時代が一〇％（政府納付金なし、松村は一一％位と述べていたが実際には一〇％）、大正一二（一九二三）年の競馬法施行時には一五％（政府納付金一％、倶楽部一四％）だった控除率が、次第に引き上げられていき、結局、「大東亜戦争」の開戦を受けて、昭和一七（一九四二）年に馬券税が導入され、日本競馬会が約三四％、軍用馬鍛錬競走（地方競馬）が約三二％となった経緯を説明、目先の収入に目を奪われた高い控除率の設定は、中長期的にみれば売上低迷をもたらし、またノミ行為の跋扈につながるとして、発売枚数制限の撤廃と同時に二〇％より低い控除率が望まれるというものだった。ついで馬券税が「大東亜戦争終了後其の翌年一二月三一日迄」の時限立法であることにも言及していた。衆議院、貴族院を通じて控除率引き下げを主張したのは松村だけであり、事実上無視された格好となってはしまったが、戦前から競馬行政の中核を担っていた松村の見識が発揮されていた。

さらに地方競馬の発展のためには、八百長行為の禁止、興奮剤の使用禁止も含めた「公正なレース」の実施と社会的責任を強く自覚した開催運営が不可欠であることを強調した。各県馬連の自治能力にも地域差があり、また警察、司法、農林各省の強力なバックアップがあったとしても、地方競馬を監督、管理することが簡単にできるなどとは、松村も当然考えてはいなかったが、その必要性があることを臨席している内務、司法、農林三省の政務次官に改めて認識させるためであっただろう。ちなみに衆議院地方競馬法案委員会の審議では、不正行為対策としては、第四条による地域密着型の競馬の実施が答弁されただけに終わっていた。

そして「何が故にわれわれは此の馬にそれ程力を入れるかと云う点、是が要点です、元来は日本の農業政策には馬がなくては行きませぬ」と切り出して、質疑のまとめに入っていった。日本の農業政策には馬が不可欠なこと、中耕などの畜力機械力としての馬、また馬の厩肥の役割などを詳しく展開していった。そのなかで馬が不足する例として富山の借馬慣行にもふれているので、その発言を紹介しておく。

……元来は日本の農業政策には馬がなくては行きませぬ、それは一番卑近な例を申上げますと、米の増産を図る為に考うべきことに貸馬制度と云うものがある、是は能く御承知でしょう、富山県などは馬が足りない、それで岐阜県や、長野県の馬を借りて田の耕起をさせる、それは牛では出来ませぬ、そう云うことに依って早場米の地方が早く植付が出来る、是は、飛騨の賃馬制度と云うものは昔からあることです、今日富山県は貸馬に依存して居る農業経営であります、東京もそうです、東京も矢張り千葉、埼玉から馬を借りる、そんなことは牛にはありませぬ、それがなければ日本農業は成立ちませぬ、それからもう一つ農業の一番苦しいことは田の草取りです、炎天に四つ這いになって田の草を取って居る、是は如何に日本の農業と云うものが労苦を重ねて居るものであるかと云うことが分る、何とかしてそれを脱却せぬといかぬ、四つ這いになって居ると云うことは、是は私は或意味に於て人間が家畜の形をして働いて居るのだと思う、そんなことは見るに偲びないのであります、早く馬耕を行わなければならぬ、草取りと云いますけれども、あれは中耕除草なのです、除草すると同時に泥を掻き廻すのです、唯草を取って居るのぢゃない、中耕を行って居るのです、そこで馬耕をしますと馬の通る所を広くする、他は狭くする、それで鋤でやるのでありますが、明かに中耕です、是は大石政務次官が除草だけではと云うことで議論して居られます、田の草取りと云うのは中耕が大事なんです、中耕すれば草も引っ繰返る、で除草と中耕と両方行う、そうすると肥料の効果が、肥効と云うものが増加する、殊に日本は酸性土壌が非常に多い所ですから、そこで片方には厩肥が必要なのです、酸性土壌を緩和する為に、無機質肥料を緩和する為には厩肥が非常に必要なのです。

ついで戦前、松村が農林次官のとき、主導して競馬会の収益が馬事関連予算に使われる仕組みを作った経緯を振り返っていったが、結局松村が言いたかったのは、戦後も大蔵省が馬事関連の予算を出し渋っているので、戦前のそれを踏襲して競馬の収益金で馬事振興をはかっていかなければならないということだった。松村は中央馬事会会長（昭和二一〜二三年）、参議院議員（昭和二二〜二五年）、全国農業畜力化協会会長（昭和二三年〜在任期間不明）、日本馬事協会会長（昭和二三〜三八年）、全国畜産会理事（昭和二五〜三〇年）を歴任、戦後の活動の中心を、「日本の農業政策は馬がなくては行きませぬ」、ということろに置き、ここで述べたことを自ら実践していくことになる(66)。

松村が、これに続いて、「馬券を買う人は喜んで御奉公して下さる方ですから、歓迎して宜しい訳です、競馬で一番大事にしなければならぬのは『ファン』です」、と述べ、つぎのように語っていったのもその収益を生み出すのがファンであることを知っていたからであった。

……今言ったように金を出して居って、予算を国家に成立せしめて居る、初めから金を取られるのを覚悟して居る人もあります、中には金を儲ける積りで競馬に行くと云うのもありましょう、それが競馬と云うものです、ですから出来るだけ「ファン」の喜ぶように設備も良くし、芝生のような所に花を植えて気持の好いようにしなければならぬ、日本の馬政はファンに依って成立して居る、是は慎重に考えなければならぬ、斯う云う訳でありま す、色々長々と申しましたが、そう云うことでありますから、内務省、司法省及び農林省の政務次官の御方々に御願いするのは、どうぞ真面目な競馬が行われますように一つ考慮して戴きたい、良い所は断行して戴きたいと云うのが要件であります。

そして地方競馬法の枚数制限の撤廃、配当制限の引き上げに応じた競馬法の改正が必要なこと、上限二五%という「収入歩合金（控除率）」については、二五%の実施に強く反対して二〇%での運用を求めて（第一一条）、その長い発言を締め括ったのも、競馬行政のエキスパート、お目付け役を自負している松村らしかった。

一刻も早く闇競馬を合法化し、収益金で馬事・畜産を振興し、実用馬育成と食糧増産をはかる、そして控除率を引き下げ、施設を改善してファン重視の競馬へ転換する、また行政は地方競馬の健全な運営を促す政策を推進する、ここでの松村の長い発言はそうまとめることができるだろう。松村は、この国会審議より前、地方競馬法に反対する安田伊左衛門との懇談の場で、「馬券もまた娯楽なりとする民主主義の外国と、その歩調をあわせ」るような地方競馬を実現させると語っていたが(67)、ここでの弁は、その戦後の地方競馬の具体的な構想を語ったものといってもよかった。

この松村の質疑に対して、繰り返せば司法古島義英、内務世耕弘一、農林大石倫治の三政務次官はそろって全面的な同意を表明した。先に大石の答弁を引いたので、ここでは世耕のものを引いておく。

　内務当局と致しまして一応御答え致したいと思います、各方面に亙って御高説を拝聴致しましたのですが、至極御尤もと存じ上げます、終戦後に於て特に地方競馬が稍々無軌道な形に於て行われて居ると云うことも御指摘の通りだと存じます、幸に近く地方競馬法の成立する運びとなりました場合には、只今の御趣旨を体しまして十分取締を致したい、斯様に考えて居ります、只今の御質問に御答え致した次第であります。

繰り返せば、大物官僚であった松村眞一郎の演説を傾聴し賛意を公に示すセレモニーといった趣だった。これで国会の場で、関係官庁が地方競馬法に同意する手続きが完了したことになった。したがってここで採決に移ってもまったく問題はなかったはずだった。ところが地方競馬法案特別委員会委員でもなく、またその質問のなかで自らも明言しているが「競馬通でも何でも」なかった小原謙太郎（男爵）が、特に認められて、質問に立った。そしてそれはつぎのように、競馬法は地方、日本競馬会の二本立の必要はまったくなく一本化すべきであり、また軍事協力専門機関として戦争責任を免れない日本競馬会は解体、民主化されることが不可欠であるという激烈なものであった。ここまでの四條らの一本化の提案とは、明らかに内容の異なるものであった。

……自分は現行競馬法を二本建てで行く必要はあり得ないし、現行競馬法、日本競馬会は其の軍事的性質の点から見ましても、非民主的な独占機関であると云うことからしても、当然それを改善して速かに非軍事的目的であり、民主的であり、平和主義的なものに改造すべきものだと云う意見を持って居るものでありますが、此の見地から現行競馬法を何故に存置する必要があるかと云う点に付て御尋ね致したいのであります、現行競馬法制定の動機が抑々第一に軍事目的を主眼とするものであったことは何人も疑う余地がないことと存じます(68)……此の軍事目的性を更に強化したものは、昭和一一年の競馬法の画期的な大改正、又之に依る日本競馬会の設立であります、此の改正に依って現在の日本競馬会と云う独占機関は生れたのでありますが、凡そ軍国主義を建前とし、全体主義を根軸とせざる平和主義国家、民主主義国家に、競馬の独占機関などと云うものが存在すべき謂れがないと云う反対的解釈説明に依って、今の日本競馬会の軍事目的性、非民主主義性は十分に明らかにせられると思いますが、其のやって来たことは何でありましたか……日本競馬会が其の設立以来十年間行って来た所は、此の二つの国策と、一つの法律の線内に於て、只管に軍馬の改良増殖に努めて来たものに外ならないものでありま す(69)、而して勢いの赴所は遂に誠に不愉快な国際的不祥事迄惹起して居るのでありますが、昭和一五年七月、此の時はまだ米英に開戦を宣するよりも一年半も前のことではありますが、何を血迷ったものか、日本の競馬は軍馬と関係がある、就ては国際関係緊迫の際、外国人が競馬関係団体の役員の地位に居るものは都合が悪いから辞めて呉れと言って、日本の競馬社会から米英人、其の他の外国人を全部追っ払ってしまったことでありま す(70)……日本はポツダム宣言を受諾し、降伏条件に調印し、憲法には戦争放棄を明記して、一切の戦力と袂別した筈ではありませぬか、何故に非民主的にして軍国主義的な競馬法を存置し、日本競馬会と云う時代逆行的な独占機関を庇護存続せしめねばならないのでありましょうか、之を平和主義的なものに切替えれば差支ないと云うような安易な考で居る人も居るかも知れませぬが、それでは将来はどうなったところで、過去十年間の戦争責任はどうなるのか、正真正銘の軍事協力専門機関であったものを其の侭にして置いて、何時迄も通るような甘い時代ではないと思います、仮令之を現内閣（第一次吉田茂内閣）が何とかしまして済まして置いたとしても、何時かの機会には必ず此の機関の正体、此の法律の目的が明らかにされます、日本政府が秘して置けば、何時かの時期に必らず占領軍に依って分って来ると思います……競馬関係法規の審議に当って、日本の両院に於て此の点に関する言葉が一言もなかったと云うことは(71)、国内から軍国主義を払拭しなければならぬと云う時代の要請に副うものではないと思いますから、自分は敢て競馬通でも何でもありませぬが、一言申上げたいと思うのであります。

小原がここで述べているように、日本競馬会が軍事協力専門機関であることは事実であった。同会自身も、戦時中は、それを存在根拠として前面に押し出していた(72)。だが仮に小原の質問の動機が、額面通り「軍国主義を払拭」するためであったとしても、軍事協力専門機関として、それ以上に問題となるのは地方競馬であった(73)。「内地馬政計画」を受けた軍馬資源保護法（昭和一四年）によって、地方競馬は鍛錬馬競走となり、施行を担ったのが各県の畜産組合連合会だった。また軍馬資源保護法を受けて、軍馬の指定を受けた馬（軍用保護馬）は日常的に一般鍛錬競技を義務付けられていたが、その施行にあたったのも畜産組合だった。そして昭和一八年、軍事目的遂行の効率化を理由に畜産組合から馬事関係だけが分離されて、各県馬事会とその連合会が結成されたが、戦後の馬匹組合とその連合会は、その名称を変えたにすぎないものであった(74)。各県馬連の中央団体である中央馬事会も、日本馬事会（昭和一七年まで軍用保護馬鍛錬中央会）の事業を引き継いだものであった。敗戦後、「軍国主義を払拭」するために軍馬資源保護法という根拠法を奪われたのは地方競馬であり、また解散、新組織の結成を余儀なくされたのも日本馬事会であった。このように戦時中の「地方競馬」こそが、文字通り「軍国主義」と一体の歴史をもっていた。

だが実態は戦時中と変わらないにしても、形式的には組織は解散しており、新たな根拠法をもとうとしているのが地方競馬であった。これに対して日本競馬会は、戦時中からの組織、競馬法がそのまま維持されていた。小原の質問は、この相異、間隙を突いた格好だった。

小原の質問に対して農林政務次官大石倫治は、日本競馬会は単純な軍事関係のみで成立したのではない、戦後も馬の重要性には変わりはなく、農耕馬、輓曳馬といった産業用馬の生産が今後も不可欠である、その生産は種牡馬、種牝馬が基本となるものであり、その能力検定、種馬の生産育成のためには日本競馬会が重要なる役割をもっている、競馬法の全般的、根本的な改正に関してはさらに調査研究を進めて、近い将来提案したい、と答弁した。

大石は中央馬事会の常任理事でもあったが、いたずらに地方競馬側に立って日本競馬会を攻撃することをしなかった。両者の競馬の存在意義は別のものであって棲み分けしなければならないというのが、大石がここまでの衆議院、貴族院の委員会で繰り返し述べてきたことであり、それが中央馬事会、そして農林省の方針でもあった。

大石は、おそらく事前に小原の質問の内容を知っており、その答弁もあらかじめ用意されていたはずであった。小原にしても、誰かの「入れ知恵」がなければ、このような日本競馬会に圧力をかけるような質問はできなかったはずであった。委員でもなく、そして自ら言っているように「競馬通でも何でも」なかった小原が、日本競馬会を軍事協力専門機関としてその解体を求める質問を行ったのは不自然であった。また同委員会のそれまでの質疑の流れからいっても唐突であった。それを裏付けるかのように、小原は、「急だったものでまだ材料も十分揃って居りませぬし」と言って、競馬法改正案提案の際には、「しっかり根本的な御改革願いたい」と述べただけで、追い討ちをかけなかった。

そこには何かがあった。結論を先にいうと標的は、日本競馬会理事長安田伊左衛門だった。実は安田は、地方競馬法案に反対だった。日本競馬会が馬券の発売を伴う競馬開催の独占権をもつ体制の変更は認められないというのがその理由だった。

安田が、松村眞一郎に法案撤回を迫り、懐柔をはかろうとしていたことを明らかにする資料が残されている。戦前佐賀県知事、高知県知事を歴任、昭和二〇年一月、特に乞われて日本競馬会理事に転じていた小山知一が、松村と安田との間で行われた「懇談」に関して残したつぎのような回想である(75)。「懇談」は、地方競馬法案に対する日本競馬会の賛成を求めて、松村の方から法案通過の根回しの一環としてセッティング、小山は安田に同道を命じられ、この「懇談」の場に同席することになった。時期は、「地方競馬法案が提案の運びとなっていたある日」とあるから七月から八月にかけてのことだったと推定される。

……懇談の内容は、中央馬事会が第九〇回帝国議会に、議員立法の形式で提出を計画している地方競馬法案における社団法人中央馬事会、都道府県馬匹組合連合会が、馬券を発売する地方競馬施行について、日本競馬会の賛成を求むるものであった。

安田さんは中央馬事会の申し出をきくや、これに対し敢然として反対の意思を表示すると同時に、その理由を明らかにした。曰く「私は競馬法の競馬に馬券の発売を公認してその益金をもって馬の改良に当らなければ、競馬も馬の改良も成り立たないと信じ、その実現に全生涯をかけて来たが、馬券は賭博であって、その発売は、公序良俗に悪影響を及ぼすことは甚大なるものがある。然るが故に、馬券を発売する競馬の施行は、最小限度に止むべきものであって、競馬会の施行する公認競馬以外の、如何なる競馬にも馬券の発売を公認すべきではない。これがまた、国家の今日までとってきた方針である。従って、中央馬事会の計画する地方競馬に馬券の発売を公認することは、よき日本のよき伝統を破るものである。絶対反対である」と。

これに対して、松村さんは極めて冷静に口を開いた。曰く「終戦前は我国はなるほど、安田さんのいう通りであった。しかし、今はちがう。我国はポツダム宣言を受諾、軍を解体して無条件降伏し、好むと好まざるとを問わず、主権在民の民主主義の国家として、再出発しなければならない地位に置かれている。競馬についても、馬券もまた娯楽なりとする民主主義の外国と、その歩調をあわせて競馬会の施行する競馬以外の競馬、即ち地方競馬法の定める地方競馬にも、馬券の発売を公認すべきである」という戦前までは、全くきくことのできない、革新的意見をもって報い、更にこれにつけ加えて「今日その解決を急とする問題は、全都道府県に拡がっている闇競馬である」と。

「然るに、治安維持の責任者たる警察当局は無力、また、競馬を主管する農林省当局は無能、いずれも闇競馬を鎮圧一掃する対策を知らず、ただ徒に唖然として見送っている。闇競馬を鎮圧一掃する対策は、合法の地方競馬を施行する以外に方法がない。日本競馬会においても、この秋には競馬の施行される運びとなると思うが競馬法の競馬施行では解決し得ない。何となれば、闇競馬の本体は地方競馬であるからである。」と主張したのである。

この安田、松村の両大御所の一騎打は、きく者の血を沸し、肉おどらせる馬事界世紀の一大論戦であって、他の出席者の口をさしはさむ隙なく、まことに見事なるもので、一座はシーンと静まり返ってしまった。

しかし、そこは年長者の安田さんが、これを取りなすように発言した。即ち、戦時中日本競馬会が日本馬事会の会員となって、日本馬事会が事業資金にこと欠くに至った場合には、日本競馬会においてその不足分を負担することとしたように、今回も、日本競馬会が中央馬事会の会員となり、その事業資金の一部を負担することにして、馬券の発売を認める地方競馬法の制定を中止してはどうか、の妥協案を提案したが、中央馬事会はこれに同調せず、もの別れとなった。かくして、中央馬事会は我が道を歩いて（地方）競馬法を制定するに至ったのである。

地方競馬が戦前、法的に根拠をもって「馬券発売」ができたのは、軍馬資源保護法（昭和一四年制定）に基づく昭和一五年から昭和一九年の鍛錬馬競走時代だけであった(76)。それ以前の地方競馬規則(農林省令、昭和二年制定)に基づく地方競馬の「馬券」は、現在のパチンコの換金のような仕組みであった(77)。したがって安田の反対は、この軍馬資源保護法体制を例外的なものとし、継続を認めず、それ以前の体制にもどすという意志の表明でもあった。

日本競馬会は、競馬法でその特権的地位を法的に保護されていた。だがその根拠は、先にも述べたように、馬政局が馬券黙許時代(明治三九～四一年)に設立を認可した一六(北海道、函館、越佐、武州、総武、東京ジョッケー、日本競馬会、東京競馬会、京浜、日本レース、藤枝、京都、関西、鳴尾速歩、東洋、宮崎)の民間競馬倶楽部が日本競馬会の前身であるということ以外に存在していなかった。いってみれば競馬法の存在意義は、馬券黙許時代の特権を固定化し、新規参入を排除することにもあった。安田によれば、その理由は、馬券が賭博で、その発売は「公序良俗に悪影響を及ぼすことは甚大」であり、「然るが故に、馬券を発売する競馬の施行は、最小限度を止むべきもの」であるからだった。この法的状態は、安田にとっては「よき伝統」だったかも知れないが、地方競馬側、あるいは新規参入希望者にとっては不当な伝統以外のなにものでなかった。

松村の安田に対する反駁の論点は、まず戦後の民主化という国家的課題から見ても、日本競馬会だけが馬券発売を伴う競馬開催の独占権をもつ体制は打破されて、地方競馬にも拡大されるべきであり、そしてそれはまた「闇競馬を鎮圧一掃する対策」としても必要だということだった。対象が日本競馬会に限定される競馬法では、闇競馬をすべて違法として禁止する以外には対処法がない。敗戦後、「警察当局は無力」、「農林省当局も無能」、したがって地方競馬法で各県馬連に開催権を専有させて、闇競馬の秩序化、合法化を図る。松村が安田に突きつけたのは、それ以外に方法があるかということだった。これに対して安田が、松村を事業資金の援助、つまり金で懐柔して法案の撤回を求めたが、結局実現しなかったということになる。

このような安田の対応に対して、圧力をかける。競馬法は地方、日本競馬会二本立の必要はまったくなく一本化すべきであり、また軍事協力専門機関として戦争責任を免れない日本競馬会は解体、民主化されることが不可欠であるといった小原の日本競馬会攻撃の質疑は、松村ら中央馬事会及び地方競馬法推進グループの意向を受けた、あるいは彼らが小原に仕掛けたものに違いなかった。小原は、先にもふれたように、自ら競馬通でもないのに急に質問に立ったことを認めていた。

安田は、それまでの三日間、この委員会で沈黙を続けていた。だがこの小原の攻撃に対してようやく口を開いた。実質的な質疑が終わった最終の場面だった。地方競馬側に立って、日本競馬会を解体せよという主張が展開されるといった圧力を受けて、妥協を余儀なくされたのであろう。

安田は、日露戦争後からの競馬の歴史に簡単にふれた後で、大正一二（一九二三）年競馬法の制定以後、公認競馬倶楽部、そしてその倶楽部が統合された日本競馬会が馬匹改良、また膨大な収益金（約三億円）を振り向けていかに馬事振興に寄与してきたかを強調したうえで、つぎのように述べていた。

……故に此の地方競馬法案が出来ますれば、矢張り同一に馬事の振興に対して好成績を挙げるものと私は信じて居ります、本案に対しては私は賛成するものであります、但し茲に一つの希望を願っておきたいのは、競馬は大きい都会に於て、即ち人の集散の激しい所に於て、どうしても収入が多いのであります、売上げが多いのであります、馬の生産地とか、不便な地に如何に競馬を奨励しても収入が余り上らないのであります、故に大きい所の都会で上げた金を、上らない所の馬産地方面に遍く金を分配して、馬事の振興を図って戴きたいと云うことが私の希望する第一であります、それから第二には、もう是は曩に松村委員から取締上に付て懇々希望がありまして、御答弁がありましたから私は之を敢て申しませぬ、唯もう一つ御願いして置きたいのは、競馬は非常に困難な仕事でありますから、どうか各地に於て之に当られる方は、適当な方を配置されるように、御当局に於てそう云う点を十分に一つ御心配戴きたいと、斯う思うのであります、以上をもちまして私は本案に賛成するものであります。

安田は、「軍国主義」と一体であった地方競馬の歴史を追及して反論する選択肢もあった。だがそうすれば、それはそのまま日本競馬会の「戦争責任」に跳ね返ってくるおそれがあった。そこで安田は、妥協を決意した。日本競馬会が馬匹改良及び馬事振興に果たしてきた主導的な役割を強調したうえで、地方競馬法案に賛成の態度を表明、そして三つの「希望、お願い」をするという方針をとった。安田が希望として述べた第一点目は、衆議院でも地方競馬法提案の中心だった小笠原八十美及び農林政務次官大石倫治が、売得金の平均八％の納付を各県馬連から受け、それを売得金の小さい東北などの馬産地などへ分配することが中央馬事会の大きな役割である、と繰り返し説明していた事柄であった。この点は、小笠原も大石も中央馬事会の理事であったから、当事者自らがその旨を確約していたものだった。それに松村も中央馬事会の会長だった。したがって普通に考えると、安田がここで持ち出す必要がないものであった。それをあえて行ったのは、おそらく安田が小笠原ら地方競馬関係者へ不信感をもっており、中央馬事会が手にするはずの莫大な納付金の使途に関して釘を刺しておきたかったのであろう。第二点目も地方競馬の取締り、また第三点目の適切な人材の配置ということも、無秩序な開催、運営への精一杯の懸念の表明だったが、地方競馬側にとっては「余計なお節介」であった。

ともかく安田は、公の場で、別の法の下に日本競馬会と地方競馬が棲み分けて、馬券を発売するという体制に同意を示したことになった。

この安田の表明に対して答弁はなく、その後に続いて発言したのが四條だった。四條も、日本競馬会で通用しない軽種馬たちの地方競馬への出走、いわゆる公認下り馬への対策を促してはいたが、全面的に地方競馬法案に同意の意を示した。安田伊左衛門と四條が、審議が事実上終了したあとで、若干の注文はつけたとはいえ、二人そろってわざわざ賛成を表明する。地方競馬側と安田と四條の間で何らかの手が打たれたに違いなかった。こうして地方競馬法案は、貴族院特別委員会でも満場一致で可決された。

そして九月二三日、委員長西尾忠方の報告を受けて、貴族院本会議も満場一致で通過した。先にあげたように西尾の報告は、衆議院の議論もふまえて、法の目的、日本競馬会と地方競馬の差異などが要点よく簡潔にまとめられていた。施行は一一月二〇日だった。

地方競馬法の制定、施行によって、中央馬事会は独自の開催権を保有、また各県馬連からその売得金の平均八％の納付金を受け、そしてその巨額の収益金の使途に関する自己決定権をもった。各県馬連も収益金の使途の決定権をもった。この納付金上納の仕組みは、戦前の帝国馬匹協会、軍用保護馬鍛錬中央会の同様の仕組みを踏襲したものだったが(78)、中央馬事会の農林省からの自由度が高まっていた分、ここで獲得した権益は大きくなっていた。なお中央馬事会は、昭和二二年一月、納付金の使途に関しては、「地方競馬総収入の一〇分の四・五を開催補助費として納付金を納めた当該馬連に交付、一〇分の二を地方競馬関係各種事業費、一〇分の三・五を一般会計に繰り入れ、中央馬事会自体の費用及び各種奨励施設に使用」すると決定した(79)。

さらに競馬法、軍馬資源保護法とは異なり、各県馬連、あるいは中央競馬会の収益金の使途の規定は、地方競馬法、同施行規則にも盛り込まれていなかった。昭和二一年一二月七日付農林省畜産局各地方長官宛通牒のなかに、控除率二〇％以上の収得することのできる条件として、畜産に関する施設及び社会事業に要する経費に充当することが規定されていただけだった(80)。行政指導、あるいは競馬法に準拠して、または国会審議の過程で枠をはめられた格好で、馬事振興、その余力がある場合は畜産振興、社会事業にも振り向けることとされた。開催権の剥奪の規定（許認可権）を背景に、行政指導ができる仕組みではあったが、収益金の使途に関して自主的な決定権が尊重された、あるいはそれを認めたものだった。なお戦前の地方競馬も、当初は収益金の使途の規定はなかったが、昭和八年（実施は昭和九年から）、競馬一開催の入場券発売金額が五万円を超える場合には、一定の率により算出した金額を馬の改良増殖、利用の増進、衛生もしくは家畜保険または馬事思想の普及に関する施設に必要なる経費に支出すべし、との規定となっていた(81)。この意味で、中央馬事会及び各県馬連は、戦前の収益金の使途に介入を受けなかった時代の権益を回復したともいえた。

こうして中央馬事会は、地方競馬に関して大きな権益を確保するシステムを作り上げ、独立王国の様相を呈していくことになった。たとえば、地方競馬の族議員ともいえる衆議院の畜産議員倶楽部に属する議員数は、昭和二二年初頭で五八名、三月で六九名、八月には衆議院一一七名、そして参議院三八名も加わり、その数を計一五五名までに増大させていた(82)。

農林官僚から見れば、敗戦後の権力の動揺の間隙を突かれる形で、中央馬事会にこのような大きな権益を与えてしまったことは失策であり、いつかはその牙城を崩さなければならないものだった。

それが期せずしてGHQの圧力によって実現することになる。振り返ってみれば、GHQが戦争の協力機関であった中央馬事会、各県馬連にこのような権益を与えることを認めたのは、不思議といわざるをえなかった。その失策に気がついたのか、地方競馬法施行後一〇ヶ月もたたない翌昭和二二年七月頃から、GHQ経済科学局は日本競馬会と中央馬事会、各県馬連の「正体」を指摘し、このような共存体制のみならず、それぞれの組織そのものの解体を迫っていくことになる(第4、6章)。

4 地方競馬法の改正——競馬場の倍増

一県一ヶ所に競馬場数を抑え込まれてしまった地方競馬関係者や衆議院議員たちは、地方競馬法施行後も、各地の増設要求の動きと連動しながら、その改正運動を展開していた。たとえば北海道、東北などの各地では、複数の競馬場設置を求める声が強く、昭和二二年一月、北海道馬連は、中央馬事会の定期総会で増設を提案(83)、また三月には北海道、東北の馬事団体が一致してその増設を要求していくことを申し合わせてもいた(84)。そしてその成果がすぐに現れることになった。昭和二二年三月三〇日、帝国議会消滅、そして衆参両院の総選挙直前のどさくさに乗じた面がなくもなかったが、北海道六ヶ所、他府県二ヶ所と倍増を可能とする改正案が成立したからである。

衆議院に、小川原政信（北海道一区、自由党）他五名議員の提案による「地方競馬法の一部を改正する法律案」が提出されたのは三月二二日(85)。第三条に「但し、主務大臣は、馬事の振興を図るため必要ありと認めるときは、北海道六ヶ所以内、都府県各々二ヶ所以内とすることができる」、という但し書きを加えて、競馬場数の倍増を可能とすることが目的だった。提案の中心は畜産議員倶楽部、全会派賛成の議員立法、ＧＨＱの承認も三月二〇日に得ていた(86)。

三月二四日、衆議院「地方競馬法の一部を改正する法律委員会」が開かれたが、冒頭、鈴木周次郎（福島全県区、進歩党）が、つぎのような趣旨説明を行った。鈴木は、先にもふれたように前年九月五日、衆議院地方競馬法案委員会での採決の際、賛成の意を述べるにあたって、特に「都道府県に依りましては数の増加を希望して居ることがありましたことを此の際申上げます、又希望に副うような時期がありましたならば、それに満足すべき方法を考えて貰ひたい、斯う云う希望があったことをこの際申し上げて」と前置きしていたが、半年後にその機会が訪れ、自らその任にあたっている格好となった。

> 地方競馬法の一部を改正する法律案としまして、各派共同のもとにこの提案をいたした次第であります。その理由といたしましては、地方競馬法制定以来、地方の競馬は非常によく健全に発達しておりますので、これが馬事その他畜産の振興をはかるにはどうしてもこの競馬の発達を助長しなければならぬと思うのであります。また地方の事情によりまして、地域の関係等も加味いたしまして、競馬場の増加をどうしても必要とするとの一般よりの声が大きく要望されるのであります。またそれに従って畜産熱の振興も来し得る。こういうことから考えまして、この法案を提出したゆえんであります。何とぞ御審議の上御賛成あらんことを望む次第であります。以上をもって簡単ながら提案の説明といたす次第であります。御質疑に応じまして説明を申し上げます。

競馬場の増加が地方競馬の発達、馬事その他畜産振興をもたらすということだった。前年九月の地方競馬法審議の際の競馬場数制限に関する議論を否定する内容だったが、そのことを問う声は、衆議院でも貴族院でも、まったくあがらなかった。

この趣旨説明の後の休憩を挟んで、質疑に入ったが、全会派賛成の議員立法だったこともあって、その中身は質疑ではなく政府に対する要望となっていた。

まず当の鈴木だった。競馬場施設の設置基準の設定、審判制度の確立、収益金の使途への厳重な指導など八項目にわたる希望意見を述べていたが、その最後で、日本競馬会の廃止、中央馬事会への一本化を強く求めていた。他の七項目も含めて、競馬場数倍増と直接関係はなかったが、鈴木の主張のポイントは、日本競馬会が畜産振興に寄与するところがないのであれば、中央馬事会に一本化すべきだということであった。

鈴木の弁は、つぎのようなものだった。

……次には政府といたしましては、次の議会に出されるだろうと思うが、農業協同組合法案が提案になった場合には畜産はきちっと連絡された一本建になると思いますが、その場合も勘案しなければならない。現在においては日本の競馬には二通りある。すなわち日本競馬会と馬連、すなわち中央馬事会の系統と二つあるが、この場合において日本競馬会はすなわち太平洋戦争の遺物のようなものである。何ら直接的に畜産の改良発達ということに関係が少いようであるし、また政府においては、その収得金、納付金の中から約三分の二を畜産振興のため馬匹改良のために使うべき法案があると私は承知しておるが、それも政府で使っておらないというような場合においては、この中央馬事会系統の畜産組合系統のもの中に日本競馬会の競馬を移して、その金を畜産の改良発達に直接的に使うようにすることがよいのであろうと、私たちは考えるのでありますが、ぜひともこの次の議会までにはこれを研究して、日本競馬会を廃止し、その法案を廃止して中央馬事会すなわち畜産組合系統のものに移してもらいたい。これを強く私は主張しておるし、考案してもらいたいということをこの際申し上げておく次第であります。

日本競馬会の政府納付金は、馬券税を別として、売得金の一一・五％だったが、その使途に関してはその四分の三（三分の二というのは鈴木の誤り）相当額を馬事（畜産）振興に振り向けるというのが、戦前の政府見解となっていた。特別会計ではなく一般会計に繰り入れられるものであったから、制度的なものではなかったが、ここでの鈴木の発言は、政府が戦前にならってそのような予算編成を行わないのであるならば、競馬の収益金の使途に関する自主決定権をもっている中央馬事会に一本化して、畜産振興への振り当てを保証するということを意味していた。

また日本競馬会は、その収益の四分の三を下回らない額を馬事振興に振り向けることが義務化されていたが、鈴木のねらいは、「牛の周次郎」の名にふさわしく、馬事主体ではなく広く畜産振興へその収益金を流入させることにあった。鈴木は、前年九月地方競馬法案審議の際、中央馬事会が権益を独占することを牽制する質疑を行っていたが、そのときの最終的な目標も、地方競馬の収益金を畜産振興に振り向けさせることであった。この日の発言を見ると、鈴木は中央馬事会への信頼感を表明しているから、前年九月以降、馬事会と鈴木のような畜産振興に重点を置く側との協議が行われ、何らかの合意に達していたことをうかがわせていた。

日本競馬会が太平洋戦争の遺物のようなものである云々は、同会が自らの存在理由として戦時体制下における軍事機関であることを謳い、軍事的要請に積極的に応えていったことを指していた。当時にあっては周知のことであり、先にもふれたように前年九月貴族院地方競馬法案特別委員会でも小原謙太郎がそのことを追及、日本競馬会の解体を求めていた。その直前の八月二三日には、衆議院建議委員会に対して、「日本競馬界民主化に関する建議案」（実際の俎上に上っていたのは日本競馬会）が提出され、採択されてもいた。この背景にあったのは戦前、特権的地位にあった日本競馬会に対する強い反感だった。もっとも文字通り「軍国主義」と一体の歴史をもっていたのは地方競馬だったが、鈴木の発言はそのことを棚上げにしたものだった。

農林政務次官森幸太郎（滋賀全県区、自由党）の答弁は、「政府としては十分慎重に考慮しなければならぬ問題」というものだったが、これはもちろん考えていないということだった。農林省も、一本化をまったく考えていなかったが、日本競馬会へのこのような攻撃は、その後も止むことはなかった。

鈴木に続いて、佐藤虎次郎（静岡全県区、自由党）、香川兼吉（北海道一区、協同党）の二人が、旗競馬、お祭り競馬のレベルまで、馬券発売を可能にして欲しいとの「熱望」を述べていた。香川は、その実現策の一環として農業協同組合への開催権付与の検討も求めていた。二人ともに畜産議員倶楽部員、香川は同倶楽部発足時の世話人の一人であった(87)。見込みがないものであることは、当の二人も十分承知であったろうが、困難と思われていた競馬場数の倍増が実現するといった事態が、「万が一」といった気分を生み出していたのかも知れない。これに対する畜産局長難波理平の答弁は、しばらく研究させてほしい、といったものだったが、もちろん実際には検討する余地がまったくないものだった。

つぎに答弁に立った農林政務次官森が、本来の問題である競馬場数倍増に対して反対を表明した。政府としては「賛意をもっておらない」が、「議員の世論」ということであれば改正案を一応は受け入れる、だが農林大臣が認可するにあたっては、一競馬場、少なくとも二五〇頭の出走登録があること、また馬を「虐使」させないことを基準にして、慎重に対処する、と述べた。この答弁は、議員たちを刺激した。改正案が成立しても、倍増の認可をしないことを原則とすると宣言したに等しかったからである。

審議は中断した。調整のために休憩に入ったが、質疑を再開することができず、翌日に延期された。だがその翌二五日も開会を宣言しただけでそのまま散会せざるをえなかった。政府と議員、両者間の溝を埋めることは困難だった。ようやく二八日に委員会が開かれたが、打開策が見出されていたわけではなかった。

冒頭、農林政務次官森が、反対の立場をつぎのように表明した。

法案御提出の御趣旨は十分に諒解するのであります。しかし御承知の通り、全国的にいまだ全部設置されない今日の場合におきましては、この法案が成立いたしましても、馬匹の現状より見まして、各府県の要請に一概に直ちに応ずることはとうてい不可能であると思うのであります。北海道等のごとき主産地におきましては、また特別の考慮を要すべきものと思いますが、その他に対しましては、馬匹の頭数、地区的関係等を考慮いたしまして、でき得る限りその趣旨に副いたいとは思うのでありますが、今申しましたような馬匹の現状であるということによって、以上二、三のこの法案に対する政府の考えをこの際申し上げておくことが妥当である、かように信ずるのであります。また主催者につきましても、将来適当に考慮を払っていきたい、かように考えております。

このように森は、「各府県の要請に一概に直ちに応ずることはとうてい不可能であると思うのであります」と、二四日の答弁を変えなかった。

この答弁を受けて間髪をいれずに、改正案の提案議員の代表者であった小川原政信が、審議の打ち切り動議を提出した。会期も残り少なくなり、政府が改めて反対を表明、それを受けて議員側が採決に移るという段取りをつけることで、事前の調整が済んでいたのであろう。森にしても小川原と同じ畜産議員倶楽部に属していた。

ついで、鈴木周次郎がつぎのように政府当局の「再認識」を求めて、採決に移った。

討論打切りの動議は至極もっともでありますが、提案したる趣旨と、この前に申し上げましたことを強く私たちは主張していると同時に、馬匹改良の上から、また増産を目的とする上から、また地区的に考えても必要性を帯びたものとして、ここに議員より提出したことでありますからその点を深く政府当局は再認識あらんことを希望いたしまして、この案に賛成するものであります。

これを受けて満場一致で可決、実質的に議員側の強行採決であった。

二九日の本会議では、改正案を審議した委員会の委員長佐伯忠義（鳥取全県区、進歩党）が、冒頭とその最後につぎのようにその報告を行っていった。佐伯も鳥取県馬匹組合会長、畜産議員倶楽部の中心人物の一人であった(88)。

本改正案は、御承知のごとく畜産の振興をはかるために、地方事情により競馬場の数を増す必要があるので、地方競馬法の一部を改正しようとするものであります。さてこの改正法案は、去る二二日本委員会に付託いたされ、審議は短時日に行われたのでありますが、これは地方農村民及び一般大衆の熱烈なる要望にこたえんがための改正案でありますので、委員各位は、多忙な折にもかかわらず大多数出席されまして、熱心に論議されたことを、心から感謝している次第であります。……最後に、本委員会の雰囲気については、地方農村民及び一般大衆の熱望をそのまま委員各位が表明せられ、和やかな雰囲気の中にも、きわめて真剣にして、しかも熱心なる審議が行われまして、民主政治の真髄が本委員会において具現せられましたことを、日本の将来における議会政治の発展のために、まことにまことに喜ばしい傾向である。と、非常に心強く感じた次第であります。

政府に対する皮肉を述べているところに議員側の余裕が示されていたが、この報告を受けて、衆議院本会議も満場一致で改正案を可決した。政府の反対の立場はまったく考慮されていなかった。議員側の全面的な勝利であった。

三月三〇日、貴族院「地方競馬法の一部を改正する法律案特別委員会」（以下、「特別委員会」と記す）に審議の場が移された。貴族院廃止まで、残り一日だった。

この特別委員会には、委員長の四條隆徳をはじめとして、委員には安田伊左衛門、松村眞一郎、西尾忠方といった競馬及び馬政に関する専門家たちが顔をそろえていた。四人ともに、前年の地方競馬法に関する特別委員会の委員で、その際の委員長は西尾だった。

提案理由趣旨説明にあたったのが農林政務次官森幸太郎。森は、改正の趣旨だけでなく、認可には厳しい制約、条件をつける、といった政府の「消極的な賛成」の立場を強調していた。

最初に質疑に立ったのは山地土佐太郎だった。繰り返せば、山地は戦前からの馬術界の中心的存在で全国馬術連盟会長、かつて帝国馬匹協会設立時（一九二六年）の常務理事だった。山地は、まず中央馬事会などの剰余金の使途の監理の強化を求め、ついで地方競馬の拡大策が日本競馬会の存在意義の後退、将来の地方競馬への一本化につながることを意味しているのかという問いを展開していった。だが結局、山地の発言が意図していたのは、前年九月に引き続き、剰余金を馬匹の改良・増殖だけでなく馬事思想の普及、端的にいえば自らが会長をつとめる馬術連盟にも振り向けさせることだった。

就任早々の森は、これに十分な答弁を行うことができなかったが、助け舟を出したのが西尾忠方であった。西尾は、森に代わる格好で、地方、日本競馬会双方の競馬の目的の相違などを、要領よく簡潔に「答弁」していた。そして西尾は、戦後の馬産の奨励には地方競馬が大きな役割を果たすためには、地方競馬の「明朗化」が不可欠であるということを述べていった。質疑というより、持論の展開だった。

その後委員長四條の質疑などがあったが(89)、この委員会を次のように締め括ったのも西尾だった。この改正案を支持したうえで、地方競馬の「公正明朗化」を求めていく姿勢を明らかにしたものだった。

　戦前我が国の保有馬数は一五〇万頭と言われて居りましたが、終戦後昭和二一年度の調査に依りまするると、総馬数は百万頭以内と云うことに謂われて居ります、大体三分の一は戦時軍馬として徴用せられたような次第でありまして、而も此の五〇万頭は、皆能力優秀なる馬を徴用せられたのでありますからして、今日残存して居る所の百万頭弱の馬と云うものは、其の用役の能力に於ては非常に低下して居るものと言い得ると思うのであります、然るに一方我が国の再建上絶対必要である所の食糧増産の為には、新たに国土一五〇万町歩の開発と、農家百万戸の増殖上欠くべからざる農耕用の大家畜と、産業上各種輓馬の充実は、今日の一大急務であらうと思うのでありますす、斯る事情からして考えましたならば、馬の保有頭数は、仮に之を戦前の一五〇万頭に戻すことが出来たとしても、尚そこに相当数の不足を告げるような、誠に憂うべき状態であろうと思う次第でございます、地方競馬法は昨年第九〇議会に成立致しまして、公布せられたのでありますから、之に依って馬事の振興に多大の刺戟を与え、増産に寄与する所が、少からざるものがあると信ずるのであります、今回は更に其の趣旨を徹底しまして、今日の馬産の危機に際しまして、馬事の振興を図る為に必要ありと農林大臣が認められた時には、今回の改正の範囲内に於きまして、適宜増設をすると云うので、本案に対しましては誠に必要でもあり、適切なる施策であると私は考えるのでございます、従って私は本案に斯かる意味を以て賛成を致すのでありますが、同時に若干此の競馬に付きましては、先刻も御質問を致しましたが、此の競馬と、云うものを公正明朗に施行しまして、一般の大衆が安心して自分の予定した馬に投票をして、気持好く競馬を楽しむと云う其の明朗なる健全なる娯楽場となるように、特に政府が御配慮にならんことを切に私は希望する次第であります、先刻も色々細かいことでありましたが、審判、或は発走とか云うような技術、或は騎手の技倆を益々磨くとか、或は殊に地方競馬に於きましては、馬名登録の統一を十分に図りまして、尚出走馬の資質が公認競馬とは違いまして、そこに不統一な点が多々ありまするからして、是等を適当にクラスを分けまして、公正なる競馬……ファンが予想した馬が適当なる結果を現し得るような公正なる競馬を一日も早く実現せられるように、特に政府の御配慮を御願いしまして、私は本案に賛成致す次第でございます。

先にもふれたように貴族院では、明治四〇年代の馬券禁止をめぐる問題から日中戦争、太平洋戦争時、そして前年九月の地方競馬法の審議にいたるまで、競馬や馬政に関する論議が激しく展開され、競馬の実施、ましてや拡大策には抑制的に反応するのが通例だった。いわばそれが貴族院の伝統だった。ここでも、戦前から競馬界との関係が深かった西尾が、地方競馬が抱えている課題を鋭く指摘して、政府に適切な対応を求めていたのは、貴族院の面目躍如といった趣だった。

だが貴族院の運命も残りあと一日、これまでとは様相が異なっていた。衆議院通過で勝負は決まっていた。その結果、今回の改正案をめぐって、議員と政府の間に存在する溝がまったく不問に付されていた。これまでの貴族院であれば、間違いなくそこをついていたはずであった。

また、前年地方競馬法の作成段階でも、またその貴族院の審議の際にも、競馬場数の制限こそが、戦後の地方競馬を秩序ある存在にするためのポイントであるとして、競馬場数増設に断固反対していた松村眞一郎も、ここでは反対の声を一言もあげなかった。松村にとって、競馬場数の増加の圧力に屈することは、「非常に底止を知らない乱雑」になった戦前の轍を再び踏むことであり、北海道三ヶ所以内、都府県各々一ヶ所以内という制限は、絶対に譲れないもののはずだった。中央馬事会長として、各地からの突き上げられてはいたが、それでも反対というのが松村の立場だった。昨年は、その気魄に満ちていた。だがここでは沈黙を守った。

貴族院の廃止が迫っているという判断に加えて、そこには、四月二〇日に実施される参議院議員選挙全国区に松村が全国の馬匹関係諸団体を代表して立候補していたという事情もあった。各地方からの増設の要求は、時間とともにさらに激しさを増す一方だった。中央馬事会長として、下からの激しい要求を、これ以上抑えることが暴発につながりかねないことを実感させられたこともあったのであろう。松村は、政治的駆引きや利益誘導からは縁遠い人物だったが、選挙戦が始まっているのに、全国の馬匹組合関係者の票を減らすようなことをすることを差し控えたのは、立候補して当選をめざす限り当然だった。選挙終了後、農林大臣がもつ許認可権を機能させて、実際には抑制する方向で動くことでよしとも考えていたのだろう。また日本競馬会の安田伊左衛門も、その競馬に対する姿勢からみてこの増設に反対だったはずだが、一言も発しなかった。安田も、参議院全国区で立候補していた。なお松村は、楽勝が予想されていたが、ようやく九五位で当選、緑風会に属した(90)。安田は一〇六位で落選した。参議院選で、松村の他に、地方競馬、馬匹組合関係者としては、神奈川県馬連会長小串清一が同地方区で当選した。

繰り返せば、貴族院の廃止は迫っており、衆議院通過で勝負は決まっていた。貴族院議員もそれを十分に理解していた。特別委員会はこの改正案を満場一致で可決、直ちに参議院本会議に送られ、同三〇日、ここも満場一致で通過、地方競馬法案改正案は成立した。

先にもふれたように昭和一四年制定された軍馬資源保護法の目的のなかには、最大時の昭和一〇年には一一六場を数えるまでにいたっていた地方競馬場の整理統合、縮小があった。政治的圧力を受けて歯止めがきかなくなり、数々の弊害を生み出していたからである。地方競馬法第三条の規定は、このことをふまえたものだったが、それがわずか半年で、再び利権拡大の政治的要求の前にもろくも崩れ去っていた。そしてここからも中央馬事会、各県馬連の権益はさらに強化されることになった。

5　戦災都市へ地方競馬の開催権を

この時期、中央馬事会以外にも地方競馬法の改正を求める動きがあった。

昭和二二年一月一八日、姫路市長石見元秀が、富山市を含む全国で被災した九〇余の都市に呼びかけた全国戦災都市連盟の結成大会が姫路市で開催され(91)、ここでその第一要望事項として、「戦災都市に限り市営競馬を優先的に実施し得るよう地方競馬法の改正方を当局に要望の件」が満場一致で決議されていたが(92)、その陳情書が三月、衆議院請願委員会に提出されていた(93)。戦災復興資金の財源とするために地方競馬の開催権獲得をめざす運動だった。また同大会では、同様の趣旨で宝くじの発行権の獲得をめざすことも決議されていた(94)。

この動きを受けた格好で、三月六日の衆議院予算委員会の席上、戦災復興議員連盟常任理事でもある疋田敏雄（山口全県区、青年民主党）が、政府に対して戦災都市に対して地方競馬の開催権、及び宝くじの発行権を付与することを考えていないのかと尋ねた。これに対して、大蔵大臣石橋湛山は、競馬のことはよく知らないが、宝くじに関しては県が代替して発行することが可能となっていると答弁していた。宝くじに関しては、石橋蔵相の言う通りで、富山市でも県が代替する形態をとって昭和二一年七月発行されることになるが（第5章）、連盟が求めていたのは、宝くじ発行権の戦災都市への付与だった(95)。

そして競馬場数倍増の改正案が上程された直後の三月二五日、戦災都市に対する地方競馬の開催権付与を求める請願が、衆議院建議委員会に上程された。

澤田ひさ（三重全県区、社会党）が提案理由をつぎのように説明した。

　戦災都市の復興と戦災者引揚民の援護については、政府当局においても祖国再建の第一要件として並々ならぬ熱意と努力とを傾倒せられつつあることは、戦災都市のひとしくこれを認識し感謝しておるところである。しかしながら本事業たるや、現下諸般の情勢に徴し難事業中の難事業で、これが完遂には巨費を必要とし、その財源として相当額の国庫補助ありとするも、なお市費を以て支弁すべき額は少くない。既定事業の遂行さえも困難を来しつつある現在の渇枯窮乏せる市財政を以てしてはとうていこれを賄い得ないばかりではなく、起債も思うにまかせぬ今日、尋常一様の手段をもってしては急速な成果を望み難きを痛感するものである。

　戦災都市においても、つとに意をここにいたし、戦災復興と戦災者引揚民の援護事業資金調達のため、従来の自治行政の在り方に一大転換をはかり、自力更生をもって復興の促進を期するため新規市営企業を計画し、特に有望な企業として戦災都市に限り、市営競馬を実施し得るよう法規の制定方を歎願しているが、前議会で議決公布を見た地方競馬法は、その熱望に反し、画一的に各都道府県各一箇所に限り競馬場の開設を認め、しかも馬匹組合のみをもってその施行者と認むるがごとき依然として戦前の指導理念を一歩も出ない措置なりとして戦災都市一様に遺憾の意を表しておるところである。

すなわち競馬により馬匹の改善増殖をはかる目的は、戦争を永久に放棄したわが国としては、もっぱらこれをスポーツの振興としてのみ連合軍よりその存続を許容せられるもので、これが施行者としては、復興資金の獲得を第一目標とし、併せて馬匹の改良をはかり、さらにややもすれば覇気を失い萎靡沈滞せんとする民心に活気を与うるをもって目的とするがゆえに、戦災都市こそ最適格者として意義あるものと主張する戦災都市の意見は、現実に照らし最も至極と存ずる次第である。

全国の同じ事情のもとにあえぐ戦災都市九〇余市も遂に打って一丸となり、全国戦災都市連盟を結成し、その結束の力をもって復興を阻害するあらゆる障害を打破し、隘路を拓り開き、相互援助のもと敢然立ちあがって、急速に復興事業を完遂し、もって民生の安定をはかり、祖国の再建を誓い、その第一回総会を去る一月一八日姫路市において開催し、その第一要望事項として戦災都市に限り市営競馬を優先的に実施し得るよう、地方競馬法の改正方を満場一致力強く当局に要望の件を決議するに至った実情である。この戦災都市再起の熱意と、破綻に瀕せる財政の窮状とを黙視するに忍びず、ここに地方競馬法の公正妥当なる改正方を要望する次第である。右建議する。どうぞ速やかに御審議願います。

前年九月、貴族院地方競馬法案特別委員会で、政府に対して、地方競馬の収益を、戦災復興にも振り向けることを考えていないかとの質疑が行われていたが、当時の農林政務次官大石倫治は、まず馬事振興が優先されると答弁していた(96)。畜産振興への含みがあったとはいえ、競馬の収益は馬匹関係に支出するというのが、その時点で確認されていた原則であり、それ以外の財源に振り向けるという観点はほとんどなかった。

この戦災都市への開催権付与の建議に対して、農林政務次官森幸太郎は、結局、「地方競馬をそういう方面に認めるということは今日でき得ないのであります。戦災都市の復興は戦災都市復興のための他の方法によって、政府といたしましてはできるだけの考慮を払っていきたい、かように考えるわけでありますから、悪しからず御諒承願いたいと存じます」と、これを否定する答弁を行った。

翌二六日、建議委員会は、この戦災都市へ地方競馬開催権の付与を求める建議を採択はしたが、農林省も議員もその実現に向けての動きを見せることはなかった。馬が少なく公益法人（馬匹組合）が望ましい、というのが農林省の態度だった(97)。しかも戦災都市などの陳情に対する農林省の態度は、きわめて冷淡であたかも馬匹組合（中央馬事会）のボスの代弁者であるかのような態度であったという(98)。

農林省の立場から見れば、競馬場倍増に関しては中央馬事会に一敗地に塗れた格好だったが、この開催権の拡大の拒否に関しては、中央馬事会との利害は一致していた。

繰り返せば、中央馬事会及び各県馬連は、地方競馬の開催権を独占し、馬事・畜産振興を謳って農政の枠内にとどまることで、戦時中軍部の庇護、あるいは軍部との癒着のなかで獲得していた権益を拡充するシステムを作り上げていた。馬事会や各県馬連は農林省の天下り官僚などを受け入れ、また族議員の力も大きくなっていた。

戦災都市にも地方競馬の開催権を認めることは、そのような権益の一部を譲ることになり、中央馬事会などには認められないものだった。また農林省にとって、馬事・畜産振興という農政とは無縁の戦災復興の財源獲得が目的となれば、地方競馬を所轄する必然性がなくなりかねなかった。つまり中央馬事会や農林省にとって、戦災都市に開催権を付与することは自らの権益、省益に反することであった。

この状況を変えることになったのが、中央馬事会及び各県馬連、日本競馬会を解体し、民営化しようとするGHQの圧力に端を発した地方競馬の公営化であった。

昭和二三年七月、政府が提案した競馬法案には、戦災都市への地方競馬開催権の付与は盛り込まれていなかった。地方競馬の公営化にあたって、自治体の財源という観点が最優先とはなったが、農林省は、省益を失うことのない範囲に留めようとして最後まで抵抗していた。これに対し、衆議院議員たちは政治主導で、競馬法政府原案を修正、戦災都市が地方競馬の開催権を獲得する道が開かれた（第6章）。戦災都市にとっては悲願の達成だったが、一方中央馬事会、各県馬連などそれまでの地方競馬関係者にとっては危機だった。彼らは、後に、国営競馬、地方競馬の収益金を畜産振興に振り向けることを政治的に確認させて、その権益を回復していくことになる。

4 富山県馬匹組合連合会主催

馬券発売を別とすれば、富山の競馬も県馬匹組合連合会（以下、「県馬連」と記す）主催のものだけではなかった。旗競馬も開催されていた。たとえば昭和二一（一九四六）年一一月「復興競馬」を主催していた富山市馬事振興会は、翌昭和二二年三月三〇日、「第一回県実用馬能率競技会」と銘打った開催を後援していた(1)。富山市愛馬クラブ、北日本新聞社が主催、県農業会も後援、各競技別に三着まで賞金も出されていた。場所は富山市大宮町大田国民校東方臨時馬場。出走馬は約九〇頭、競走内容は、駈歩甲、乙、丙の優勝と速歩競走A、B、Cの三優勝、幼馬（三歳馬）優勝の各レースは予選一四回と決勝七回の二一レース実施された。騎手は飼養者が大部分だったというから典型的な旗競馬だった。四月一〇日からの県馬連の開催を控えて、それに向けての足慣らし、選抜戦の意味ももっていただろう。また富山市としては、競馬への意欲をアピールする目的もあったかも知れない。「軍政部勇士（アメリカ兵）」の「特別演技」も実施されていたが、札幌の進駐軍競馬の例からみて、「馬券」が発売され、その他のレースでも何らかの賭けが行われていた可能性が高かった。

また時間は下って昭和二五年のことになるが、三月二三日、上新川郡熊野村馬事振興会が、同村石田村内の稲田に特設した競馬場で、観客約二〇〇〇名を集めて、第三回馬事鍛錬競技会を開いていた(2)。参加馬は同村付近の農耕馬五〇頭余、騎手は一七、八歳の少年を交えた野良着姿の農村青少年だったという。

県内各紙に残されている記録はこの二つであるが、熊野村馬事振興会の開催が県内ダービーのトップを切ってと報じられており、富山の各地では、このような旗競馬が数多く開催されていたことが確実であった。繰り返せば、それらは、富山の地方競馬の予選会の意味合いももっていたはずであった。

昭和二二年、地方競馬法下、富山県馬連が主催する初めての開催は、四月一〇日から四日間の日程だった。

この年、県馬連は、法の上限の四回開催した。その日程は、春耕時期にはあたるが田植え前の四月一〇〜一三日（実際は雨天順延で一一日から）、それと一一年の農作業を終えた後の一〇月三〇日〜一一月二日（実際は一一月三〜七日、内一日雨天順延）、農作業が比較的暇になる新盆後の七月二四〜二七日、旧盆の八月一四〜一八日（内一日順延）というものだった。競馬場は闇競馬と同じく高岡競馬場、富山市五福旧練兵場への移転の動きもあったことで、その施設の改善には取り組まれていなかった。

ファンから見た闇競馬と地方競馬法に基づく競馬の最大の相違は、馬券税が課税されることによって控除率が二〇％から約三一％にあがって配当が低くなり、しかもその配当も上限が一〇〇倍と定められたことであった(3)。

振り返ってみれば、日本の馬券は低い控除率から始まっていた。売得金に対して、明治三九（一九〇六）年から明治四一年の馬券黙許時代が一〇％（政府納付金なし）、大正一二（一九二三）年の競馬法では一五％（政府納付金一％、倶楽部一四％）だった。その後、日本競馬会発足時の昭和一一（一九三六）年時点まで控除率一五％は変わりがなかったが、昭和四年開催日を四日間から六日間に拡大するのと引き換えに四％、単複併用と引き換えに昭和六年には六％、昭和一二年に七％と、政府の納付金が段階的に引き上げられていた。いうまでもないが、引き上げ分は、倶楽部、日本競馬会側の減収となっていた。日中戦争の長期化、全面化に伴い昭和一四年には一八％（政府納付金一一・五％、日本競馬会六・五％）と引き上げられ、さらに太平洋戦争の勃発を受けて、昭和一七年には馬券税が導入され、日本競馬会が約三四%、鍛錬馬競走（地方競馬）が約三一%となった。戦費調達のための戦時税としての意味をもっていたからこそ可能となった異常な高さだった。一八%への引き上げとその後の馬券税の導入は、それぞれ日中戦争、太平洋戦争が終結した翌年一二月三一日までの時限立法だったが、地方競馬法の控除率に、それがそのまま引き継がれた。いいかえれば、昭和一七年以降の戦時下に復することになった。

地方競馬の配当金は、次の二段階算式で計算された。

第一号算式：
（W＋D／P）×｛1－（R＋r）｝＝T

第二号算式：
（T－W）×r´

配当金総額：
第一号算式－第二号算式

＊Wは当該優勝馬に対する優勝馬票の総額面金額、Dは馬場に出た馬であって優勝馬以外のものに対する優勝馬票の総額面金額、Pは優勝馬数、Rは競馬施行者が収得することができる金額の優勝馬票の売得金額に対する割合だった。

＊Rは通常20%（上限25%）、rは優勝馬の売得金額に対する馬券税率4%、r´は払い戻すべき総金額に対する馬券税率10%。

具体的な例として、単勝式、一枚一〇円、総発売枚数一万枚、売得金計一〇万円、的中枚数一〇〇〇枚で計算してみよう。まず第一号算式のRを二〇%として二万円、rが売得金の四%で四〇〇〇円を控除しTは七万六〇〇〇円。第二号算式のTから的中金額の一万円を引いた六万六〇〇〇円にr´の一〇%が課税されて六六〇〇円。したがって配当金総額は六万九四〇〇円、端数は切捨てとなるから一枚一〇円に付六九円、控除率三一％だった。

第一号算式：（10000＋90000／1）×｛1－（0.2＋0.04）｝＝76000円

第二号算式：（76000－10000）×0.1＝6600円

控除金総額：24000＋6600＝30600円　　配当金総額：69400円

配当金〔配当金総額／的中枚数〕：69円（控除率31％）

同様に計算すると、的中枚数五〇〇枚の場合、配当金総額六万八九〇〇円、配当金一三七円、控除率三一・一％／的中枚数一〇〇枚の場合、配当金総額六万八五〇〇円、配当金六八五円、控除率三一・五％／的中枚数一〇枚の場合、配当金総額六万八四九一円、配当金六八四九円、控除率三一・五％、だが配当制限一〇〇倍で一〇〇〇円となり、実質控除率は九〇％となった。

地方競馬法が施行となれば、このように控除率が二〇％から約一・五倍以上の約三一％となり、それに加えて一〇〇倍の配当制限も導入と、売上減につながる懸念材料があった。

また各県馬連にしても、中央馬事会に売得金の平均八％を納付しなければならなくなった。ちなみにその納付金は売上高に応じてスライドし、その割合は売上が一五〇万円を超える額（以下、金額の後の「超える額」を略す）二・〇％、二〇〇万円三・五％、三〇〇万円五・〇％、四〇〇万円六・〇％、五〇〇万円七・〇％、六〇〇万円七・五％、七〇〇万円八・〇％、八〇〇万円八・五％、九〇〇万円九・〇％、一〇〇〇万円九・五％、一二〇〇万円一〇・〇％、一五〇〇万円一〇・五％、二〇〇〇万円一一・〇％、二五〇〇万円一一・五％、三〇〇〇万円一二・〇％(4)、前年の富山の闇競馬に当てはめると、納付金は三万数千円から八万円となる計算だった。ただしその一方で各県馬連の収益金の使途の自主決定権が保証され、また仮に赤字となっても中央馬事会からの補助金、交付金が出される仕組みになっていた。そして中央馬事会は、昭和二二年一月以降、各地方競馬の駈歩、速歩各一レースを対象に中央馬事会長賞として賞金の補助も行っていた(5)。「会長賞は競馬施行者の交付する賞金を同額とする。但し競馬施行者の交付する賞金が壱万円を超えるときは、壱万円とし、五千円を下る時は五千円とする」との規定で、賞金規模が小さい富山には駈歩、速歩各一レースに一着賞金五〇〇〇円、計一万円が支給された。一〇〇倍の配当制限も、実際には一〇〇倍以上、それも高配当のレースであればあるほど、馬連から見れば、収入増になる仕組みであった。その場合は不的中馬券に対しても特別配当（特配）が行われてはいた。

闇競馬時代よりも控除率は高くなっていたが、この昭和二二年までは公認ギャンブルを競馬が独占していたこともあって、全国的に見た場合、売上が低下する県もあったが、逆に上昇する県もあった。数字だけでいうと、富山でも、昭和二一年から昭和二五年の間の各開催の売上第一位、第二位を、この昭和二二年第二回、第三回開催が記録していた(6)。しかし一開催当たりの日数が一日増加した四日間となり、また対前年比卸売物価、小売物価指数が、大雑把にいえばそれぞれ昭和二二年各三・〇倍、二・七倍、昭和二三年二・七倍、二・九倍と上昇していたこと(7)を勘定に入れると、闇競馬時代と比較して頭打ちかあるいは減少傾向にあるというのが実際だった。

また有料入場人員にしても、この昭和二二年の第一回と第三回開催が第一位、第二位を占めていたが、無料を含めれば一～二万と報じられた闇競馬時代の入場者の方が多かったに違いなかった。したがって、戦後の富山の競馬が最も活気に満ちていたのは闇競馬時代といってよかった。しかしこれも後から振り返っての結果論の話であって、昭和二二年当時にあっては、富山の競馬にも闇競馬の先に明るい未来があるように見えていた。

1　第一回開催

第一回開催に向けては、地方競馬法による開催が強調され(8)、三月一〇日の富山市をはじめとして県内各地で新たに競走馬登録のために馬体検査が行われていった。その模様がつぎのように報じられている(9)。

昭和会館前でいとも厳重に、といっても落第する心配はないからつきそいの親爺さんもいとのんきである。

馬君もひさしぶりの春光をあびて一列にならんだが、ときどき覇を競う好敵にときどき鼻すりよせてなにかささやいていた「馬の試験って馬鹿にらくなもんだね」といったかどうか。

この日の富山地域の受験馬は五六頭で馬名、馬種種類、血統、産地、毛色、特徴などがしらべられた。

図１　第一回開催広告

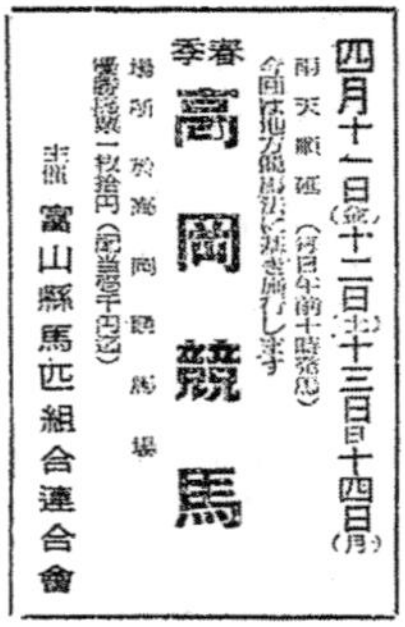

(『北日本』昭22・4・11)

図２

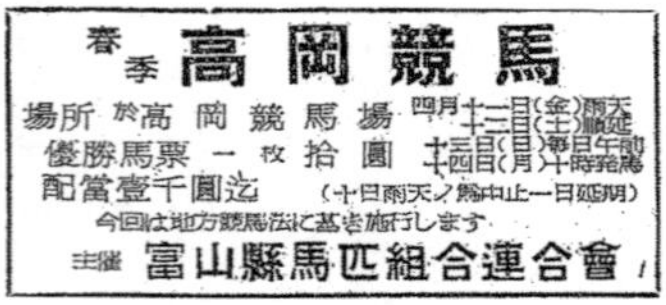

(『北陸夕刊』昭22・4・12)。

地方競馬法に基づく開催であることを両紙ともに告知している

登録は一七〇頭(10)、初日に出走したのは石川、福井、岐阜からの県外馬五頭も含めて一二〇頭(11)。県外馬は石川が主で、その他福井、岐阜からだった。ちなみに第二回の出走馬は一一一頭、その内県外馬は九頭（後述）。地方競馬法によれば、県外からの出走は、その県内に二ヶ月以上飼養されることが条件であったが、実際は形骸化、その気になれば、他県からの出走はフリーパスだった。県外から富山への出走が少なかったのは、その賞金の低さが原因だった。とはいえ石川からは中央馬事会会長賞などをねらった遠征馬が来ており、また逆に富山からも多くの馬が高賞金の他県へ遠征していた(12)。それでも規定は規定であったから、中央馬事会も、ブロック（近隣諸県）間の出走を可能とする法改正を求めていた。地方競馬法施行を受けて騎手に関しても新たに試験が行われ、県内限定かあるいは全国の免許が与えられた(13)。全国免許の場合は、現在と異なり、騎乗しようと思えば、実際に全国の競馬場で騎乗できた。富山にも他県の騎手が姿を見せていた（後述）。

開催初日一〇日（木）は雨にたたられて雨天順延と出鼻をくじかれたが、その後の一一日（金）からの四日間は天候に恵まれた(14)。だが売上は伸びを見せなかった。

番組編成は、各日駈歩五、速歩七の計四八レース。前年九月の闇競馬第二回の駈歩六、速歩六から、それぞれ一の減と増となったのは、限られた馬資源のなかで開催を一日増やしたことを受けてのものだった。先にもふれたように、まがりなりにもそれなりのスピードが要求される駈歩とは異なって、速歩は農用馬などをかき集めてレースを組むことができ、しかも消耗も少なかったからである。

初日、二日目が普通競走で賞金は一着五〇〇円～一七〇〇円、三日目が特別競走で賞金は一着三〇〇〇円、二着一五〇〇円、四日目が優勝競走で一着一〇〇〇円～五〇〇〇円、二着五〇〇円～二〇〇〇円、三着二〇〇円～一〇〇〇円、賞金総額は九万六〇〇〇円、このほか県知事、農業会等からの副賞が出された(15)。賞金は前年九月の三万九八二〇円の約二・四倍となっていたが、小売物価指数対前年比二・七倍とほぼ同じ伸びだった。最終日には、羽根盛一県知事（任期：昭和二二年二月二八日から四月一九日）も訪れ、知事賞、そして地区別対抗の優勝組合として上新川富山郡市馬匹組合へ優勝旗の授与にあたった。ちなみに五日には初の知事選挙が行われており、羽根は最後の内務大臣任命の官選知事となっていた。地区別対抗は、各レースの総合ポイントで争うもので、各地区馬匹組合の意地がぶつかりあっていた。前年九月の開催の優勝は、高岡・射水郡市馬匹組合だった。なおこの四月には、知事市町村長の五日（土）を皮切りに、参議院二〇日（日）、衆議院二五日（金）、県議会議員三〇日（水）と選挙が続いた。

図３　地方競馬出場馬の登録試験風景

（『富山新聞』昭22・３・10）

観客数は日曜日だった三日目一三日の四〇〇〇人台が最高で、その他の日は

301　富山県馬匹組合連合会主催

図４　馬場に群がる観衆

（『富山新聞』昭22・４・12）

図５　接戦にカタズを飲む風景

①当るも八卦、当らぬも八卦、イヤイヤさにあらず、この予想屋こそは必ずヒットさすとヒット社ののぼりも勇ましく優勝予想馬の奥の手伝授に大多忙

②この日市立第二高女生150名の応援を求めて馬券整理と事務万端に乙女の手先は躍動する

③……（不明）も忘れてかたずをのみ手に汗握る一瞬、しかし彼女は幸運をはたしてつかみ得たろうか

④肩車にのせられて坊やの瞳も一点に吸いつけられて息づまる接戦にかたずをのむ

（『北陸夕刊』昭22・４・13）

二〇〇〇から三〇〇〇〇人台。前年の一万人以上と比較すると明らかに集客力は落ちていた。そして馬券総売上の二二三万五一一〇円も額としては前年最高であった九月並みだったが、先にもふれたように、この間のインフレの進行、開催日数も三日間から四日間に一日増加したことを考えると、実質的には売上減だった。収支も六万九八二七円の赤字に終わっていた。なお各日の売上の推移は、初日五八万四〇四〇円、二日目五二万五二二〇円、三日目六二万一〇三〇円、四日目五〇万四八二〇円だった。

　なお前年一一月の富山市の闇競馬の際に市立富山女子商業生徒が動員されていたように、この開催も高岡市立第二高女生一五〇名が「馬券整理と事務万端」に従事していた。戦時中、国策の一環であった鍛錬馬競走に勤労奉仕として行われていたことが、ここでも踏襲されていた。翌年一一月の県営競馬第一回の際にはスキャンダル化することになるが（第7章）、ここではまったく問題にされていなかった。

　このように前年の闇競馬時代より人気を下げていた競馬と比較して、年末から年明けにかけての富山の映画、演芸などの娯楽場は、好景気もあって多くの人々を集めていた。たとえば、「歓楽街に乱舞する、税金だけでも四〇〇余万円、新円」の見出しのもとに、つぎのようにその娯楽熱が報じられていた(16)。

昨年暮から今年の正月(一二～一月)、富山県下四二六万円、遊興飲食税二〇七万八五二五円、映画、演芸から麻雀玉突など娯楽場への出入者も好天候が幸いしてグンとふえ、その入場者はざっと延べ一一六万三八〇〇人(内麻雀、玉突など約一万人)、入場税は二〇八万五三四八円、この数字からみても戦後商工業の中心地となっている高岡市や大漁景気だった氷見、新湊それに船員相手の多いミナト伏木などを管内にもつ高岡税務署がもっとも好景気だったわけである、なお富山県の人口八二万人(実際は約九八万人)、大体三人の内二人までが映画や演芸を鑑賞した勘定になる。

高岡税務署管内の二月の入場税は一月の六二万二五九〇円から七二万七七四五円とさらに伸びをみせ、遊興税をあわせると五割の増加率だったという(17)。

また厳寒期の富山の農漁村では、他に娯楽もなくトバクが広く行われ警察も取締りを行うのが常であった。この昭和二二年一月中の摘発は七二件、検挙者数は二二四名に及び、このなかには没収金額一三四万四二五〇円の事例も含まれていたが、それを報じた記事は、「単に慰安がないためのみでなく新円の出まわりのよいことを裏書するものである」と論評していた(18)。

四月の時期、農民は、稲の田植えの準備に追われていたこともあっただろうが、地方競馬法下の第一回競馬の売上高には、富山のこのような娯楽熱(好景気)、賭博熱が反映されてはいなかった。勝負は、農作業が比較的暇になる新盆、旧盆の七、八月の開催にかかっていた。

2　第二回開催

七月二四日（木）、二五日（金）、二六日（土）、二七日（日）、富山県馬連は地方競馬法下の第二回開催を行った(19)。この開催の新たな呼び物となったのが、四日目第一〇レース、第一一レースに実施される駈歩、速歩の一着賞金八五〇〇、七五〇〇円の優勝競走だった。前回の両優勝戦は五〇〇〇円だったが、今回から中央馬事会会長賞五〇〇〇円が助成されたのを受けての増額（県馬連支出分は減額）だった。

この会長賞は、地方競馬の発達に寄与することを目的に掲げてこの年の一月の中央馬事会総会で決定されたつぎのような規定を受けてのものだった(20)。

（略）

第三条　会長賞は競馬施行者の交付する賞金を同額とする。但し競馬施行者の交付する賞金が壱万円を超えるときは、壱万円とし、五千円を下る時は五千円とする。

第四条　会長賞は賞状及び賞金にて提供するものとする。但し競馬施行者の希望により賞品又は賞金と賞品を併せたものとすることができる。

第五条　競馬施行者が、会長賞の授与を希望するときは、競馬開催一ヶ月前迄に、会長賞の授与を受けんとする競走の期日及種類、名称を詳かにした書類に、概定番組を附して本会に申出ずるものとする。

（略）

第八条　競馬施行者が会長賞を授与したときは、一ヶ月以内に競走の種類、名称、優勝馬の馬名、性、年齢、騎手氏名及び所有者の住所氏名を記した報告書を提出するものとする。

附則　この規定は昭和二二年二月一一日以後開催する競馬からこれを施行するものとする。

富山県馬連は、第二回目から「申出」を行い認可されたものだった。

中央馬事会は、地方競馬法の施行に伴い、各県馬連から競馬開催の売得金に応じて平均八％の納付を受けてかなりの資金を有することになった（地方競馬法第二二条、地方競馬法施行規則第二七条）。ちなみに富山の第一回開催の納付金は、売上二二三万五一一〇円だからその三・五％、約七万八〇〇〇円だった。この納付金の使途に関しては馬事会が自己決定権をもっていたが、原則として馬匹改良費、馬産奨励費（畜産奨励ではない）に充当するものとされた。その一環としての中央馬事会会長賞の設置だった。その他、この開催でも県知事からの二五〇〇円の供与を受けて、駈歩、速歩それぞれ一着四〇〇〇円の特別ハンデ競走が三日目第九、第一〇レースに組まれ、また四日目第七レース、優勝駈歩一六〇〇メートルには北日本新聞社から優勝旗が寄贈されていた。出走馬は、県外馬九頭も含めて一一一頭。この四レースを含めて賞金総額は前回四月の九万六〇〇〇円から一一万円へと増額されていた。だが、約三倍というこの年のインフレ率からみれば横ばいといったレベルであった。四月の第一回開催が六万九八二七円の赤字に終わっていたことも影響していた。

図６　第二回開催広告

（『北陸夕刊』昭22・7・18）

図７　第２レース速歩1600メートルの力走

（『北日本新聞』昭22・7・25）

開催二週間前の七月一〇日には、大雨で熊野川などの平野部の小河川が氾濫、堤防決壊四九ヶ所、家屋床上浸水四〇六戸、田畑流失三二町歩、という大きな被害を受けていた(21)。だがその水害は水害、競馬は別というかのように、先の四月の第一回とは異なって、初日から観客が押しかけ、売上は伸びていた。

四日間ともに、天敵の雨も降らず、好天に恵まれた。

初日、二日目には、高配当が続き、場内での購買欲を煽るこ

表１　富山県馬連開催中央馬事会会長賞

〈昭和22年〉

	馬名	馬主	騎手	厩務員	賞金（円）
第２回速歩（2600メートル）	オータマ	池内佐次			7500
〃　駈歩（2000メートル）	リュウコウ	田中龍高 （石川県）			8500
第３回速歩（2600メートル）	イシマツ	石亀五月 （石川県）	芳林正一		7500
〃　駈歩（2000メートル）	リュウコウ	田中龍高 （石川県）	芳林正一		8500
第４回速歩（2600メートル）	オータマ	池内佐次	西野源三郎	西野勝治	6000
〃　駈歩（1800メートル）	トウマサ	田村千栄子	橋本勝嘉	毛利信義	6500

〈昭和23年〉

	馬名	馬主	騎手	厩務員	賞金（円）
第１回速歩（2400メートル）	トヤマミドリ	橋本浅吉	橋本経	舘田宅次郎	6000
〃　駈歩（1800メートル）	トヤマヨシヒメ	平野正	上田岩吉	松井左吾	6000

註１：各レースともに騎手500円、厩務員250円の賞金。
註２：トウマサは第２回金沢競馬での中央馬事会会長賞も制覇、賞金２万円を獲得。
（『馬事会だより』第９号、昭22・10・10、第12号、昭23・１・８、第17号、昭23・６・10より作成）

とに一役買っていたという。それまでの富山の競馬では（ちなみに当時の馬券は単勝と複勝の二種類）、馬の能力差もあって低い配当が通例だった。だが今回は、初日の第一レースから単勝式一五〇円、そして第二レース八四円、第三レース一五四円、第一〇レース三八六円と穴が続出したところに、二日目第一レースで上限の一〇〇〇円が出た。全投票数三一八票であったから、売れたのは一枚、不的中馬券に払い戻す特配三円が行われた。この大穴が増々人気を煽って、馬券インフレ狂想曲を演じた、というのが『北日本新聞』の論評であった(22)。

三日目には、四月の選挙で当選していた舘哲二知事も来場し、特ハン知事賞の授与にあたった。賞金の提供とあわせて、初代民選知事として、今後も県として競馬をバックアップしていくことを示したものだった。

最終日も好天、日曜日ということもあって、すげ笠をかぶった農民やパラソルもあでやかな女性ファンが目に付いたという。この日注目の中央馬事会長賞は、速歩がオータマ、駈歩はリュウコウが勝馬となっていたが、オータマが池内佐次、リュウコウが田中龍高と、それぞれ戦前からの富山、石川の競馬界の中心的人物の所有馬だった。田中は三進組社長、この直前の七月一四日に結成された金沢競馬場協会設立委員の委員長に就任、新競馬場(旧競馬場跡地大豆田)建設工事を請け負っていた(23)。また北日本新聞社寄贈の優勝旗が贈られた第七レースの勝馬タマツバキは石川県小松市在住者(堅田栄作)の持馬、リュウコウとあわせると、県外馬は九頭と少なかったが、遠征してくる馬がかなりの力をもっていたことを示していた。今回の地区対抗は、上新川富山郡市馬匹組合が優勝し、優勝旗を授与されていた。

この第二回開催の総収入は公式記録によれば三二五万三三〇一円、総支出は三〇九万四三九三円、納付した馬券税は約二四万円、一六万九六七円の黒字を計上した(24)。四日間の馬券の売上は、第一日七一万三三二〇円、第二日七二万一三三〇円、第三日六九万五七二〇円、第四日九八万五〇三〇円と推移し、計三一一万二四〇〇円に上った。初日、二日目の高配当が評判を呼んでいたことも四日目の一〇〇万円近い売上につながっていたという。ちなみに石川の第二回小松競馬、七月三、四、五、六日四日間開催の売上は三二三万四五九〇円だった(25)。

今回の売上当初見込みは二五〇万円だったが(26)、それをかなり超えて、結果的に富山の競馬史上、最高を記録することになった。天候に恵まれたこともあったが、それ以上に、つぎに述べるように、富山の新円景気が勢いを増していたことが大きかった。その好景気が競馬の売上に直接反映していた。

この年、全国的には経済危機が叫ばれ、富山でも失業者があふれ、争議とストが相次ぎ、犯罪も増えていた(27)。だがその一方で、富山では、食糧難とインフレで、農家の収入が増加し、この昭和二二年、農家の懐具合もかなりよくなっていた。米の収量が安定し、自家消費の食糧確保の心配がなく、買い出しに応じてその分の収入が増え、富山の各農家はこの年の供米代金だけで、差当り一万円の現金をもっている計算になったという(28)。ちなみに昭和二二年の富山の総人口は約九九万人、就業人口四六万五〇〇〇人、その内農業二五万人、約五三・八%だった(29)。また高岡市の鍋、釜など日用品金属工業も非常な好況(30)、氷見や新湊も大漁景気に沸き(31)、そして富山の豊富な電力資源を活用した化学と繊維工業、電気鉄・合金鉄などの金属部門の生産高も全国トップの水準だった(32)。

図８　第三回開催広告

（『富山新聞』昭22・8・6）

空襲を受けなかった高岡市のデパート、商店の売上は各月、二割近い伸びをみせ、各映画館も客であふれていた(33)。このような景気を受けて、競馬場の存在する高岡市の百貨店、商店、映画館の旧盆の売上高も最高記録を更新していた。たとえば市内の代表的百貨店の高岡大和《だいわ》では平日売上一〇万円平均に対し一日平均一四、五万円に上り、新盆の夜間営業後は閉店を五時に早めたにもかかわらず、結局一割五分から二割の増収となったという。映画館も、ある館が一日の観客三〇〇〇人、売上三万円を誇ったのを筆頭に他の市内五館ともに連日大入り満員が続いた。敗戦後、夏の風物詩となっていた一個二円五〇銭（原価二円）のアイスクリン（アイスキャンデー）も非常な売れ行きをみせ、一日一〇〇〇円を稼いだ店も多かったという(34)。

昭和二〇年八月二日未明、焼失区域九八％という壊滅的な打撃を受けていた富山市の復興も進んでいた。その八月一日から一〇日までの富山復興祭も、この年から本格的なものとなった(35)。現在にいたるまで八月一日には神通川原での花火大会が続けられているが、それも空襲での死亡者の鎮魂のためにこの年（ただし八月一〇日）に始められたものだった。ちなみに市内最大の総曲輪商店街一五〇店舗の売上も八月五日までの五日間で三〇〇万円に及んだという(36)。

またこの年七月五日から「飲食営業緊急措置令」により料理屋、飲み屋の営業が全面的に禁止され（「政令一一八号」あるいは「七・五禁止令」、昭和二四年四月まで）、富山県では約一二〇〇軒の料理飲食店が休業に追い込まれていたが(37)、利用していた新円層（ヤミ商売で儲けた人々）が競馬場に流れ込んだことも売上増につながっていたという(38)。この政令は、いかにも社会党政権の片山哲内閣らしい過剰な社会倫理から出た政策だったが、現実にはザル法で「裏口営業」が横行していた(39)。

このように競馬からも、富山の好景気（新円景気）が明らかにされていた。

そして新盆の八月一四日（木）、一五日（金）、一六日（土）、一七日（日）の第三回開催を迎えた。好景気のなかでのお盆の開催、売上予測三五〇万円と県馬連も強気だった(40)。有料入場者数は、第二回の四三〇七人を上回る五一二二人、だが総収入は二八三万四五六五円とこれまでの二位、一〇万円の黒字を計上したものの予測の八〇％に終わった(41)。なおこの開催でも四日目中央馬事会会長賞が実施されたが、駈歩では第二回に続いてリュウコウが連覇した（表1）。

そしてこの開催で注目されるのは、県内三紙（北日本新聞、富山新聞、北陸夕刊）がこの第三回をほとんど報道しなくなったことだった。八月一四日第三回開催初日の様子を『富山新聞』（昭二二・八・一五）が、「田舎のお盆と好天で人波が馬場を埋めここだけはいつもながら物価高も食糧難も知らず新円吹雪に大穴をねらって一レースごとに興奮のるつぼと化した」、また『北日本新聞』（昭二二・八・一五）も初日を「一二〇頭の出馬で盛会を極め」たと報じたのみだった。それに次の一一月の第四回に関しては、三紙ともに完全に無視することになる。

第四回もさらに売上を下げていたが、第三回売上高の予測が下回ってしまった事情と、新聞社のこの報道姿勢は関連していたかも知れなかった。富山の好景気の事情が変わらなかったこと、第一回五二三九人、第二回四三〇七人、第三回五一二二人、第四回二九五〇人と第三回は入場者数が増加したのに売上減、第四回は入場者数がかなり減少したことを考えれば(42)、第三回及び第四回で一般ファンが馬券を購入することを忌避してしまうような出来事が起こっていたに違いなかった。

3　競馬が報道されなくなった

昭和二二年、地方競馬法下で実施されていた県馬連主催の競馬は、予測を下回ったとはいえ、売上から見ると八月の第三回まではほぼ順調だった。ちなみに六月一一日から七月一〇日の期間で県下の各自治体などの全面的バックアップを受けて富山市が県に発売を委託した総額一〇〇〇万円の復興宝くじが発売されていたが、期間中には八割程度の消化率で、一九日まで延長してようやく格好をつけたこの宝くじの発売状況と比べると、競馬は自力で健闘していたといってよかった（第5章）。

先にもふれたように入場料なども含めた総収入は四月第一回二三一万八五三四円、七月第二回三二五万三三〇一円、八月第三回二八三万四五六五円、計八四〇万六四〇〇円に上っていた。収支決算上の黒字は一〇万一一九一円のみだったが、このままで推移していけば、剰余金の累積で高岡競馬場の本格的な施設改善に向かうという選択肢もなくはなかった。しかし昭和二二年段階では、施設改善に必要な資材は統制化にあり、競馬場関連でその割当を受ける可能性は小さかった。そうなると資材の闇での購入が必要となるが、富山市への新競馬場設置計画もあり、高岡競馬場への投資を躊躇する事情も加わっていた。つまり、この時点で施設改善の望みはまったくといってよいほどなかった。

そして原因はわからないが、先にふれたように県内三紙（北日本新聞、富山新聞、北陸夕刊）が、八月の第三回開催をほとんど報じなくなっていた。

振り返ってみれば、昭和二一年八月の闇競馬は、戦後の解放感に溢れた新たな時代の始まりを告げる象徴のような存在として報道されていた。それが、この昭和二二年四月、七月の開催に関しては、成績掲載はこれまで通りだったが、論評がほとんどなくなって、「馬券インフレ狂想曲」「札束乱れ飛ぶ」式の紋切り型の短い記事へと変わっていた。『北日本新聞』がその典型であった。たとえば七月の開催、初日、二日目のつぎの記事だった(43)。

二四日午前一〇時半から、第一速歩一四〇〇米、一四頭のものすごいスタートダッシュによって開始された、一かく千金を夢みんとするファン約三千人の目が一レースごとに紅潮しスリルを満きつさせる。

第一競技一四〇〇米速歩では第一日同レースに九着の五歳馬ハツユキが一着となり大番狂わせで一千円の大穴をあけて益々人気をあふり、馬券インフレ狂想曲を演じた。

また『富山新聞』の四月、七月開催の記事は、それぞれつぎのようなものだった(44)。

一レースごとに血ばしった目つきで馬券売場に走る男、予想家の前にたかって口上を聞く男、これらの人出を利用した香具師のバクチにあつまる人々で場内はカネ、かね、金のるつぼと化していた。

一レースごとにここをわが新円のすて場所と大穴ねらう二千人の興奮でわき、「絶対大穴をあてる」と旗印もいさましい予想屋、つつしみを忘れて黄色い悲鳴をあげる女、ここをかせぎ場所とうごくスリ、コソドロとこれをにらむ警察の目、走る馬と乱舞する新円競馬場は終日インフレ狂想曲をえがいた。

一言でいえば、『富山新聞』の場合は、競馬場の悪所性ぶりの強調だった。そしてそこには、「つつしみを忘れて黄色い悲鳴をあげる女」というように女性の姿も加えられていた。性的に積極的な女性のイメージは、社会の解放感を象徴するかのように、敗戦後の社会にひろく見られたものだったが(45)、すでに富山の競馬場の女性の姿は否定的な文脈の内に置かれ、前年の闇競馬のときであれば、女性解放あるいは婦人の民主化の象徴として積極的に評価されたかも知れなかったのに、アプレゲールの跳ね返り女といったニュアンスとなっていた。

また『北陸夕刊』は、コラム欄「点火」でつぎのように競馬を風刺していた(46)。

わかったようでわからぬものに競馬がある。畜産奨励というのでバクチにはならぬのである。

競馬は、単なるバクチに過ぎないではないか、ということであった。

闇競馬時代の報道は、これらとは異なっていた。そして繰り返せば、県内三紙は、『富山新聞』が初日を簡単に報

図9

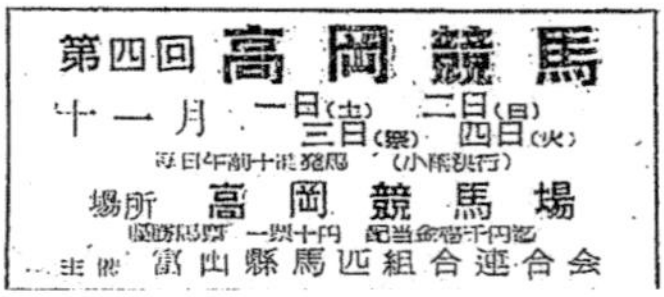

11月1日からの開催であることが10月31日まで告知されていた(『北日本新聞』昭22・10・31)。

じた以外は、八月の第三回開催を報じなくなっていた。一一月の第四回開催に関しては、県内三紙は完全に沈黙を通した。何かの理由で報道を差し控える、あるいは報道の意義がないという判断が下されていたに違いなかった。翌年には再び競馬関係の報道を三紙が行うようになるから、この第三回、第四回の無視が例外だった。

そしてその三紙の報道姿勢との何かの因果関係をうかがわせるように、第四回開催の収支は、総収入一八八万三四二四円、総支出一九一万一五三一円、赤字二万八一〇七円、と惨憺たるものとなっていた(47)。第四回の総収入は第二回、第三回の六〇・五%、六六・四%、昨年の闇競馬もそうであったように、例年、農民が湯治に出かけてしまう一〇月、一一月の開催は売上が下がるが、それにしても激しい落ち込み方であった。有料入場人員も二九五〇人と、第三回の五一二二人の六割以下に落ちていた。

当初開催予定は、一一月一日(土)から四日(火)。その開催広告は、県内各紙に一〇月三一日まで掲載されていた(図9)。富山にしてはめずらしく好天が続き、雨が降った形跡がないのに(48)、突然一一月三日から七日に変更されていた。折から石川県での第二回国民体育大会(会期一〇月三〇日~一一月三日)にあわせて天皇の北陸巡幸が行われており、富山は一〇月三〇日から一一月二日という日程だった(49)。その間のトラブルも回避するために天皇が富山を去った翌日からの開催とする。だが巡幸予定が早くから決定済みのものであったことを考えれば、急遽、その他に何かの材料が加わったに違いなかった。

そこで考えられるのが、富山の競馬に大きな影響力をもっていた「顔役や不良分子」が、この開催に対して妨害行動に出るという可能性だった。

富山の競馬場での騒擾の記録は、県営時代に入った昭和二四年七月一四日の開催四日目、八百長疑惑を契機にして起ったものしか残されていないが(第8章)、当時の地方競馬の状態からみて、その一つだけだったとは到底考えられない。その騒ぎが起った県営開催の売上は一九二万円であり、この額はそれより先の四月の二八一万円の六八%、この昭和二二年の第三回と第四回に類似する比率だった（第8章）。偶然の一致であろうが、騒ぎの発生を推測させてもくれている。

その昭和二四年の七月の開催を前にして、馬主でもあり富山県地方競馬委員会委員でもあった人物がつぎのように書いていたことも、それまでのトラブルの存在をうかがわせていた(50)。県地方競馬委員会は、県、馬主、有識者が県営競馬の運営に関して協議するものだった。

……今年の第二回県営競馬も来る七月九日から四日間高岡競馬場で行なわれることに決った。私も馬主であり、ファンであり、高岡競馬では番組編成にも関与して見たが常に思うことは、競馬に紛糾はつきものとされていることがある。競馬は主催者、馬主、騎手、ファンの四者で構成されているものであり、夫々の立場、利害関係によって多少のトラブルはまぬがれぬとしても公正明朗な競馬をモットーとして小規模ながらもファンに一日の清遊を愉しんで貰う競馬にしたいことである。

そして内務省が、この昭和二二年秋の競馬シーズンを前にして、地方競馬に対する取締りの強化の姿勢を明確にしていたことだった。九月一二日、競馬場が犯罪の温床となる傾向を防ぐためにと、地方競馬における不法行為の取締り強化、特に土地の「悪役」を中心にした八百長レースや不正取引、騎手に対する暴行脅迫、組織的なデンスケとばくの開帳、競馬場内のノミ屋、スリの横行などに対しての厳重な取締りを全国に指令した(51)。また内務省解体（一二月三一日付）直前の一二月二四日、内務省は各地方の新春競馬における各種の不法行為の徹底的取締りもつぎのようにも指令していた(52)。

一、土地の顔役や不良分子の競馬に対する暴力的干渉、デンスケばくちの開帳、詐欺やスリの横行など計画的、組織的なものに対しては警察力の集中的、機動的活用によって取締り検挙の徹底を期す。

一、検挙活動の場合はそれぞれ経験者を配した検挙隊を編成、背後にあるボス的勢力に重点を向け暴力団取締りの一環として遺漏なきを期す。

一、別に密行隊を組織、局部的な不正や不正行為を厳重に監視し検挙予防に万全を期す。

富山の競馬の一一月開催でも、このような内務省の指令もあって、取締りが強化され、これに反発した「顔役や不良分子」が、様々な妨害行動に出ることを仄めかし、あるいは公然と表明して、実際にその行動に出ていたのではないだろうか。天皇の富山巡幸の間のトラブルを避けたい。それで急遽、天皇が富山を去る翌日三日からの開催となった。そして今度は開催したら開催したで騒ぎが起り、再び一日とはいえ日程の変更につながった。その結果が、先にあげた総収入、有料入場人員の急激な落ち込みだったのではないか。繰り返せば、その間の富山の天候は、小春日和が続き、雨は降っていなかった。

富山の競馬がかかえる問題を前に第三回開催を無視する姿勢を選択していた県内三紙は、このようなトラブルを前にして第四回開催でもその沈黙を守った。あくまでも推測ではあるが、不自然な日程の変更、県内三紙の姿勢の要因がこのようなものであったと考えられないこともないと思う。あるいはひょっとしたら、県内三紙が報道を差し控えたのは富山軍政部の事前検閲の結果と考えられないこともない。昭和二一年七月四日、札幌競馬場の進駐軍競馬では、一・五倍の配当を一五倍に誤って発表したことから騒擾事件が起っていたが、この事件は新聞には一行も報道されなかった（第2章）。富山の競馬が札幌の進駐軍競馬のような重要性をもっていたわけではないので、その可能性はきわめて小さいが。

総収入、有料入場人員の激減は、農民の湯治、また急遽の日程変更も響いていただろうが、そこに競馬人気の下落を加えても、それらにとどまらない何かが、それも来場や馬券購入を忌避させるような出来事が、そこに起こっていたに違いなかった。

だが後から振り返ってみれば富山の競馬が直面していた問題は、劣悪な施設で、ファンサービスを考えず、旗競馬と等しいような代わり映えのしないメンバーで競馬を続けていても、そこに「不正行為」が加わっている可能性もあったが、簡単に売上が伸びていく時代が終わっていたことであった。そしてそれを主催者がどう受け止めるかであった。求められていたのは、富山の競馬のヴィジョンであった。

これらのすべてが難題であった。たとえば施設改善をこの時点で決断するのも難しかった。先にもふれたように当時建築資材は統制されており、その割当を受けなければならず、財力だけでなく政治力も必要だった。そのうえ、県馬連自体も望んでいた富山市への新競馬場設置計画があり、改善よりは新競馬場、改善への投資を躊躇せざるを得なかった。しかもその新競馬場設置計画も、富山市、県、地元農民などの利害が対立して政治問題化し、知事も決断を下せない状態が続いていた（第5章）。

この富山と比較すれば、他の北陸二県、石川と福井は、この昭和二二年、新たな段階に踏み出していた。政治家、市長、実業家などを押し立てて、石川は九月、福井は一〇月とそれぞれ金沢、福井市内への新競馬場設置を一気に実現させ、その一〇月、一一月の第一回開催で両県ともに五〇〇万円以上の売上をあげていたからである（表2）。北陸三県の県庁所在地のなかでは、唯一富山市だけが取り残されていた。売上の格差は賞金の格差につながり、さらに富山の競馬の魅力を小さくしていった。

それとともに昭和二二年後半、時間が進むにつれて、地方競馬開催の主催団体である各県馬連、またその中央統括団体である中央馬事会、そして日本競馬会が、解体に追い込まれる可能性が高まっていったことだった。施設の改善、新競馬場の設置など、富山県馬連が競馬のヴィジョンを描こうにも、その組織の存続そのものが危うくなっていた。

表２　北陸三県開催期日、総売上等

〈富山高岡競馬〉

（単位：円）

	開催期日	総売上	一日平均
第１回	４月11、12、13、14日（４日間）	2,318,534	579,634
第２回	７月24、25、26、27日（４日間）	3,253,301	813,325
第３回	８月14～18日（４日間、内１日雨天順天）	2,834,565	708,641
第４回	11月３～７日（４日間、順延日不明）	1,883,424	470,856
昭和23年第１回	４月９、10、11、12日（４日間）	2,275,850	568,963

（「最近に於ける高岡競馬の開催費収支並びに入場人員成績表」『富山県地方競馬参考資料』）

〈石川小松競馬〉

	開催期日	総売上	一日平均
第１回	３月27、28、30、31、４月１日（５日間）	2,163,720	432,744
第２回	７月３、４、５、６日（４日間）	3,234,590	808,648
第３回	８月22、23、24、25日（４日間）	2,400,970	600,243
第４回	10月16、17、18、19日（４日間）	1,948,940	487,235
昭和23年第１回	３月25、26、27、28日（４日間）	2,094,300	523,575

（『馬事会だより』第４号、昭22・５・５、第11号、昭22・12・８、第16号、昭23・５・10、『北国毎日新聞』昭22・７・９）

〈石川金沢競馬〉

	開催期日	総売上	一日平均
第１回	10月７、８、９、11、12日（５日間）	5,801,510	1,160,302
第２回	11月13、14、15、16日（４日間）	3,429,390	857,348
昭和23年第１回	４月１、２、３、４日（４日間）	3,340,140	835,035

（『北国毎日新聞』昭22・10・13、『馬事会だより』第13号、昭23・２・８、第18号、昭23・７・６）

〈福井大野競馬〉

	開催期日	総売上	一日平均
第１回	３月27、28、29、30日（４日間）	2,163,720	540,930
第２回	８月14、15、16、17日（４日間）	1,490,530	372,633
第３回	８月30、31、９月１日（３日間）	1,029,070	343,023

（『馬事会だより』第５号、昭22・６・５、第９号、昭22・10・10、第11号、昭22・12・８）

〈福井競馬〉

	開催期日	総売上	一日平均
第１回	11月１、２、３、４日（４日間）	5,476,590	1,369,148
第２回	11月22、25、26、27日（４日間）	約300万円	約75万円
昭和23年第１回	４月２、３、６、７、８日（５日間）	4,533,730	906,746

（『馬事会だより』第12号、昭23・１・８、第17号、昭23・６・10、『福井新聞』昭22・11・28）

4　地方競馬の公営化

ＧＨＱ経済科学局アンチトラスト課が、中央馬事会及び各県馬連、日本競馬会の解散、新たな施行形態の構築を示唆するようになったのは、この昭和二二（一九四七）年七月頃だった(53)。その主な理由とされたのは、中央馬事会及び各県馬連、日本競馬会が開催権を専有しているのは独占禁止法（昭和二二年四月一四日公布、七月二〇日施行）に違反するということだった(54)。地方競馬法は、中央馬事会及び各県馬連に開催権を付与していたが、その根拠は、戦前の地方競馬、鍛錬馬競走の開催権が各県畜産組合連合会（昭和一八年からは各県馬連）に付与されていたという以外には求められなかった。また日本競馬会の開催権を規定した競馬法も、地方競馬法と整合させるという観点から発売枚数、配当制限の改正を行ってはいたが（昭和二一年一〇月七日施行）、戦前の法律をそのまま引き継いでいた。日本競馬会が開催権を専有する根拠は、馬券黙許時代にその前身の一六の民間クラブが馬政局から認可を受け、それが大正一二（一九二三）年の馬券法以後、法的にも根拠づけられたという以外にはなかった。要するに戦後の競馬の体制は戦前、戦中の開催権を引き継いだ日本競馬会（公認）、各県馬連（地方）がその権益を排他的に独占するものだった。

経済科学局が突きつけていたのは、こういった国家が開催の独占権を特定の組織に付与する戦前から続く日本の競馬の排他的構造の解体、変革、誰もが参画可能になる競馬の「民主化」だった。しかも経済科学局がそのことに自覚的であったかどうかは別にしても、日露戦後の馬券黙許時代以降の公認、地方という日本の競馬の二重（多重）構造を打破する可能性をもつものでもあった。

確証はないが、第2章でもふれたように、このように経済科学局が日本競馬会と中央馬事会、各県馬連の組織の解体、開催権の剥奪に向かっていったのは、札幌で進駐軍競馬を展開していた北海道レースクラブが昭和二二年以降の開催に関与できなくなったことに対するアメリカ第一一空挺師団の苛立ちも力を及ぼしていたように思えてならない。

この解体をめぐっては、経済科学局側と農林水産省、及び日本競馬会、中央馬事会が攻防を繰り広げていった。開

図10　日本競馬会を国営、地方競馬を公営化する閣議決定がなされたことを伝える記事

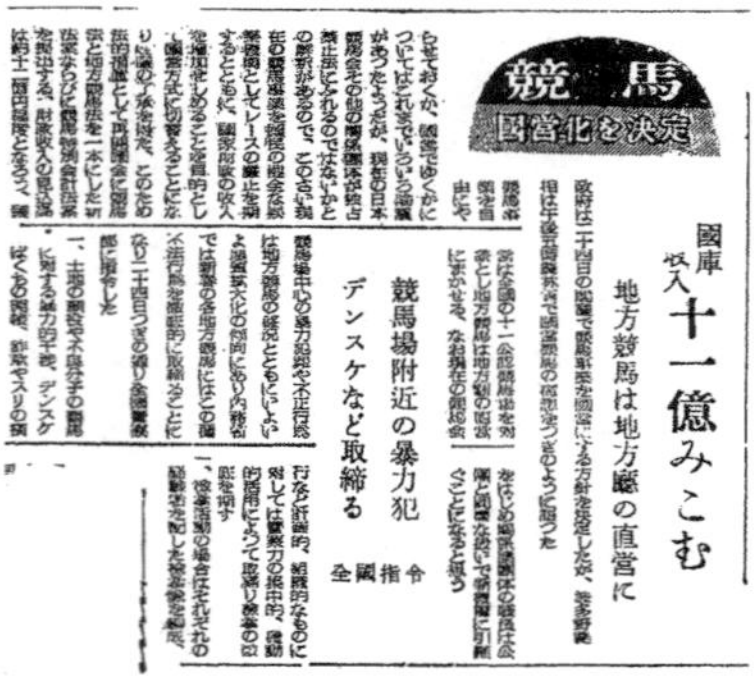

内務省による競馬場付近のデンスケトバクの厳重な取締り方針の通知も報じられている（『富山新聞』昭22・12・25）。

催権の独占という既得権益を奪われる面だけからいっても、中央馬事会及び各県馬連、日本競馬会が、そして競馬への監督権をもつ農林省が、この経済科学局の「民主化」要求に抵抗したのも当然であった。

経済科学局と農林省側等の「交渉」の過程で明らかとなっていったことは、経済科学局が、開催形態がどのようになるにしても、組織としての中央馬事会及び各県馬連、日本競馬会の存続を認めず、解体という一線を絶対に譲らないということであった(55)。農林省は、解体を受け入れ、民営化を回避し、公認と地方双方の競馬開催を維持し、中央馬事会及び各県馬連の権益を奪い去り、あるいは徹底的に解体し、さらに省益を守るという多元連立方程式を解かなければならなかった。そして一一月には、日本競馬会の国営化、地方競馬の公営化という「名答」を導き出した。ただし地方競馬に関していえば、経済科学局の要求は農林省にとって渡りに船のものだった。

この農林省の「名答」を時の片山哲内閣はそのまま受け入れ、つぎのように一二月二三日閣議決定した(56)。

一、従来の日本競馬会が行ってきた競馬は、政府が、これを行うこと。
二、従来の馬匹組合連合会（または馬匹組合）の行ってきた競馬は、都道府県が主務大臣の認可を受けて、これを行うこと。
三、競馬場の数、回数および日数、政府および都道府県の収入及び払戻等については、従来通りとすること。
四、政府が行う競馬の経理は、特別会計とすること。
五、日本競馬会の権利義務は、政府がこれを承継すること。

六、馬匹組合連合会（または馬匹組合）の競馬場に関する権利は、都道府県が、譲り受けること。
七、国営競馬の施行および都道府県競馬の指導監督のために、農林省内に競馬部を設けるとともに、国営競馬の現業を行うために競馬局を設けること。

この情報は、各県馬連にも当然中央馬事会から入っていたであろうが、各地の地方新聞でも報じられた(57)。社会党政権として目玉であった炭鉱の国家管理（炭鉱国家管理法）を骨抜きにされてしまった片山内閣が（一二月八日可決）、問題をほとんど理解せず、国営・公営化という表面上の言葉にだけ踊らされて閣議決定となったものだっただろう。農林省も、そのことを読んでいたに違いない。競馬の国営・公営化は社会党政権としての片山内閣のメンツ、そして官僚たちの利害にも合致していた。

これを受けて農林省は新法案作成に着手、政府内の調整及びＧＨＱ経済科学局の説得に入った(58)。

農林省は、国営化、公営化の理由として、国庫収入の確保・増大、馬匹改良政策の維持、健全なスポーツとしての競馬の普及などをあげていたが、そのポイントは、公正な競馬の維持のためには直接統制・監督しなければならない、民営化は「各種暴力団」による支配、八百長などの不正行為の日常化、競馬場の簇出乱立といった事態を生み出す(59)、簡単にいえば地方競馬の現状を見よ、ということであった。農林省は、当時流布していたこの地方競馬のイメージを経済科学局対策として最大限活用した。地方競馬の公営化は、公正運営、信用向上のための施策であることも謳われた(60)。

だがここまではいわば一般論で、農林省が、決め手として使ったのは、闇競馬の資金が右翼団体に流れて「反進駐軍運動」の資金となること、また競馬が「第三国人（外国人）」によって日本人の手から奪われること、そして大量の失業者を生み出すことの三つであった(61)。当時交渉の現場にいた農林省の井上綱雄や福山芳治の回想等を見る限り、この三つのなかで、農林省側が何としても避けたかったのは、民営化して競馬が「第三国人（外国人）」に支配され、日本人、政府の手のとどかない存在になってしまうことであった(62)。それを回避する最終手段として選ばれたのが、競馬の国営化、公営化であった。「外国人」の馬主資格を厳格化したことも、その一環だったという。

「第三国人」という言葉の起源と流布を調査した論考によれば、「第三国人」という言葉は朝鮮人や台湾人は凶悪な犯罪者、日本社会の秩序と安全を脅かす恐怖の存在というイメージを広め固着させるために、昭和二一年七月以降、使われるようになった言葉だったという(63)。もしそうだったとすると、農林省は競馬の国営化、公営化にあたって、そのイメージを活用、あるいはそのイメージの強化の一翼を担っていたといえるだろう。

農林省にとって競馬、畜産行政に責任をもって担う使命があるというのが建前であったろうが、それは日本競馬会の存在形態を維持し、中央競馬会にもつ同省の省益を確保するための別名でもあった。

しかも中央馬事会、各県馬連の権益を徹底的に解体することができる。その権益は、農林省が憂慮するほど大きなものだった。昭和二一年九月、中央馬事会などの地方競馬側が主導権をもって、農林省を抑え込んで、地方競馬法が制定されていた。その結果、中央馬事会は独自の開催権を保有、また各県馬連からその売得金の平均八％の納付金を受け、そしてその巨額の収益金の使途に関する自己決定権ももっていた。なお各県馬連もそれぞれが収益金の使途の決定権をもっていた。翌昭和二二年三月には、農林省が最も回避したかった一県一ヶ所の競馬場数の倍増を可能とする改正案を通過させられてもいた。中央馬事会は、地方競馬に関して大きな権益を確保するシステムを作り上げ、それを支える族議員の力も大きくなって独立王国の様相を呈しつつあった。農林官僚から見れば、敗戦後の権力の動揺の間隙を突かれる形で、中央馬事会にこのような大きな権益を与えてしまったことは失敗であり、いつかはその牙城を崩さなければならないものだった。それが、ＧＨＱ経済科学局の圧力で労せずして実現する。あたかも農林省の意を受けて経済科学局が動いているようであった。渡りに船とはこのことだった。後でふれるように、中央馬事会副会長小笠原八十美が、地方競馬の公営化を農林省の陰謀であると見なしていたのは、この意味で的を射ていた。

そして何よりもこの地方競馬の公営化が、地方自治体財源の確保策でもあったことだった。ＧＨＱは、日本の民主化の根幹をなすものとして地方分権、地方自治の確立策を強力に推進していた。現在でもそうであるが、地方分権、地方自治といっても、財源の裏付けがなければ、絵に書いた餅になる。各自治体がこの当時、直面していたのは、インフレのなかで戦災復興、六・三制実施のための中学校校舎新築（原則として小学校に併設することが認められなかったから新築する必要があった）、自治体警察の創設・維持などの財源だった。それに喘ぐ自治体に一つでも多くの新財源を与える。これも経済科学局への殺し文句となったであろう。当初大蔵省が、地方競馬にも国庫納付金八・五％を課すことを要求していたが、新競馬法の審議の前に取り下げていたのは、そのためであった(64)。したがって都道府県は、積極的に地方競馬の公営化を支持していた(65)。

振り返ってみれば、この解体要求の始まりは、経済科学局が、日本競馬会、中央馬事会及び各県馬連が、それぞれ開催権を専有している体制を打破する競馬の「民主化」だった。だがその結果は、それまでの限定付とはいえまがりなりにも民営だった組織を廃止して、「民主化」とは正反対の、国と地方自治体（官僚）による競馬の直接管理、開催権の「独占」になった。これをなぜか経済科学局も受け入れた。したがって結果的にみれば、経済科学局の目的は、「民主化」要求よりも、日本競馬会、中央馬事会及び各県馬連の組織を潰すことにあったことになった。

それにしても、競馬の競馬の国営化、公営化は、繰り返せば、「名答」だった。農林省にとって、国営化、公営化は失うものより得るところがはるかに大きかった。したがって表面的には抵抗と見えていても、結局農林省は、GHQの意向ということを活用して、日本競馬会及び中央馬事会関係者に対する情報操作を行いながら、国営化、公営化に誘導していっていた。

それとともに農林省は地方競馬の公営化に向けて布石を打っていった。閣議決定後、明けて昭和二三年一月三一日付で、農林省は、省令でつぎのように馬匹組合の資産処分の禁止、凍結を定めた(66)。

馬匹組合（県を区域とするものを除く。）及び馬匹組合連合会（県を区域とする馬匹組合を含み、以下単に連合会という。）は、馬匹組合にあっては都道府県知事、連合会にあっては農林大臣の許可を受けなければ、その資産を処分してはならない。但し、通常の業務として行う処分は、この限りでない。

この省令とともに畜産局長名で県知事宛につぎのように通牒した。

馬匹組合の資産処分の制限等に関する件

標記の件については一月三一日農林省令第五号が公布即日施行されたが、右は既に実施された農業協同組合法並びに昭和二二年一二月二三日閣議決定の競馬制度の改正に関する件に基いて今期国会に提案見込の競馬法改正法律の施行とともに、馬匹組合法は廃止され、馬匹組合及び同連合会は、その資産の自由処分を制限され、その後六箇月で解散又はその事業を停止せしめられることになるので、馬匹組合及び同連合会の中には、関係者が思惑や利己心によって、事前にその資産を濫りに処分し、組合員に不利益をもたらすとともに、畜産に関する農業協同組合の発足や新制度による競馬の施行に支障を来さしめる場合も予想されるので、この際このような不当行為の発生を防止しようとする趣旨であるから、左記事項御了知の上管下組合にその趣旨を充分徹底させるとともに、これが監督につき万遺憾なきを期せられたい。右命により通牒する。

そして農林省は、二月五日付で、役員及び職員等の給与、賞与、慰労金、退職金等の増額に関する制限（当局との事前打合せ）、あわせて先の三一日付省令の「通常の業務」の範囲をつぎのように通達した(67)。

イ、現に実施中の予算または諸規定の定めるところによってする助成金、奨励金等の支出、講習会、協議会の開催、調査、報告その他会の目的たる事業のための経常的経費の支出、但し新規事業についてはこの限りではない。

ロ、イに必要な資金の借入れのために要する担保権の設定。
ハ、剰余金および基本金管理のための預金の預入れ、引出しおよび償還金受領のためにする有価証券の処分。
ニ、建物、固定設備の修理その他担保権の実行等の財産保全のためにする処分。
ホ、法令または行政庁の指示に基づいてする資産の処分。

解散にあたっては、たとえば北海道では、「馬連は建物、預貯金、現金はすべて道に接収、役職員に対する退職金などは一切まかりならぬ」、という厳命が行われていたという(68)。他県でも同様であっただろう。

このような措置に対して総ての権益を奪われてしまう中央馬事会などの地方競馬側は強硬な抵抗運動を展開していった。競馬行政の中心人物であった井上綱雄が中央馬事会副会長の小笠原八十美に、馬匹組合体制の解体が進駐軍当局の最高方針であると説明しても、小笠原等は耳を傾けようとせず、しかも、小笠原は馬匹組合の解体を、井上綱雄ら農林省の陰謀に基づくものであると考えていたという(69)。先にふれたように、中央馬事会と各県馬連の解体が農林省にとって渡りに船であったことは確かであったから、小笠原がそう考えても無理はなかった。そして中央馬事会は、閣議の公営化決定（昭和二二年一二月二三日）前にも民営化論で盛んに運動していたが(70)、決定後も、資産凍結などの通達を骨抜きにして、開催をできるだけ追求して収益、権益を確保し、農林省とも最後まで戦っていく戦略をとった。

また馬匹組合は、GHQの農村の民主化という強い圧力のもとにこの昭和二二年一一月成立した農業協同組合法からも解体を迫られていた(71)。同法成立後八ヶ月以内に、馬匹組合、農業会、農業実行組合など戦時中に組織されたすべての農業団体の廃止（解体）が求められていたからである。解散に応じれば、その時点で、中央馬事会及び各県馬連は地方競馬の開催権を喪失する。これに中央馬事会、各県馬連は、新たな畜産団体（社団法人）の設立、地方競馬の開催権の再独占という方針で臨んで対抗しようとした(72)。中央馬事会及び関連国会議員は、この危機を察知していたかのようにすでに昭和二二年初頭、畜産組合の結成に動き、GHQから同意を取り付けようと熱心な働きかけを行い、この農業協同組合法の通過後も畜産組合の単組化の方向で動いたが、GHQはその単組化を認めず、農業協同組合結成促進の方針を堅持した。この単組化という選択肢は既得権益の維持以外の何ものでもなかったからである。選択肢は、地方競馬の開催権とは無縁の畜産に関する農業協同組合の設立か、あるいは農業協同組合のなかに畜産部門を組み込むことしかなかった。そこで各県馬連は解散に応じず、地方競馬の継続開催に向かっていった。

片山内閣は二月一〇日に総辞職、三月一〇日には芦田均内閣の誕生となったが、その新内閣は脆弱、政局の混乱が続き、新競馬法の優先順位が低いことも加わって、その法案が議会に上程される目途は立っていなかった。そして中央馬事会等の激しい抵抗が功を奏した形となって、馬匹組合の解散、公営化移行への具体的なプロセス、措置が棚上げにされたままに時間が過ぎていった。

この宙ぶらりんの状況が続くなかで、春の競馬シーズンを迎えようとしていた。農業協同組合結成後、解散を義務付けられていたが、中央馬事会及び各県馬連は開催を追求していく。解散に応じなければ、開催権は保持できたからである。こうして各地で地方競馬の開催が積み重ねられていくことになった。解散が不可避になるまでに可能な限り利益をあげておく、当然の選択だった。その結果、農業協同組合設立に支障を来たし、馬匹組合を解体するための新たな法的対応が必要となるほどであった。

5　解体への抵抗

中央馬事会は、馬匹組合の解散、新競馬法の制定にあくまで抵抗し、公営化阻止で動いていた。それとともに都道府県への移管の前にできるだけ開催するという方針をとった。資産を無償で移譲せざるをえないにしても、賞金等を

表3　全国各競馬場の昭和23年１月～７月開催

競馬場	開催回数	開催日数	入場人員（人）	売得金額（円）	競馬場	開催回数	開催日数	入場人員（人）	売得金額（円）
北見	1	4	7,798	4,281,390	笠松	4	24	116,558	71,709,460
岩見沢	2	12	15,559	15,948,960	北方	2	12	36,551	15,467,960
帯広	2	8	20,316	9,886,590	三島	3	18	18,222	24,747,000
旭川	2	8	15,078	9,655,870	岡崎	3	18	77,392	64,027,620
室蘭	1	6	7,410	5,293,580	霞ヶ浦	2	12	28,687	31,239,180
八戸	2	10	8,037	3,370,430	草津	3	18	32,671	26,124,770
黄金	—	—	—	—	長岡	1	6	40,955	73,910,970
水沢	2	10	29,942	7,868,230	春木	1	6	33,457	56,955,450
仙台	2	12	8,792	4,657,890	園田	2	12	61,133	110,754,770
大館	1	4	11,857	1,339,180	淡路	2	12	21,696	18,623,970
上ノ山	2	8	15,019	4,405,750	奈良	2	12	40,471	71,852,800
米沢	1	4	4,403	1,480,060	紀三井寺	2	12	96,029	64,348,140
福島	2	12	24,491	8,883,390	米子	1	5	8,894	3,866,610
原町	1	6	3,395	1,378,920	益田	2	10	33,121	14,076,630
三条	2	8	19,523	9,420,750	出雲大社	2	10	18,931	7,646,450
取手	2	11	14,525	8,535,950	岡山	2	12	16,935	15,684,290
古河	1	6	12,893	5,776,210	五日市	1	5	5,477	4,348,670
宇都宮	3	18	25,975	22,690,190	小月	—	—	—	（休場）—
足利	1	6	20,087	16,429,330	柳井	2	10	39,731	14,077,190
高崎	3	18	47,191	48,056,910	宇部	2	10	43,601	39,044,200
春日部	—	—	—	（休場）—	鳴門	2	12	144,396	21,787,100
浦和	2	12	63,166	65,074,710	高松	2	11	14,397	9,318,550
柏	2	12	29,219	26,169,720	三津浜	3	15	18,869	12,879,940
八王子	4	24	60,855	70,853,190	長浜	3	15	8,536	9,524,510
戸塚	4	24	128,145	185,191,570	福間	2	11	48,404	66,845,670
富士吉田	1	6	5,430	3,117,350	佐賀	3	15	51,673	61,556,740
玉幡	—	—	—	（休場）—	諫早	2	11	16,981	12,424,570
上諏訪	2	12	19,633	9,939,010	荒尾	2	10	17,414	18,374,900
高岡	1	4	4,654	2,175,070	大貞	2	8	20,142	10,329,430
小松	1	4	6,839	2,094,300	別府	—	—	—	—
金沢	2	9	10,926	6,420,830	宮崎	2	8	8,771	4,859,810
福井	1	5	11,861	4,533,730	鹿児島	2	10	30,986	11,281,110

註：総計は59場、開催回数は117回、開催日数は633日、入場人員は1,804,100人、売得金額は1,532,617,520円。
（『地方競馬史』第１巻、155頁）

図11　昭和23年第一回開催広告

（『北日本新聞』昭23・4・8）

通じて「資産分与」を行うことができたからである。

地方競馬法では年四回開催が上限だったが、表3のように新競馬法施行までに、戸塚、八王子、笠松の三競馬場が四回やりきっていた。その他三回が八ヶ所、二回が三三ヶ所、一回が一五ヶ所、〇が五ヶ所（内三ヶ所は事実上廃場）だった。

北陸三県では、まず石川の小松が三月二五、二六、二七、二八日の日程で売上二〇九万四三〇〇円、金沢が四月一、二、三、四日で三三一万一七五〇円(73)、福井が四月二、三、六、七、八日で四五三万三七三〇円だった(74)。

富山の開催は四月九、一〇、一一、一二日(75)。総賞金二〇万円。これまでの賞金総額の最高が昭和二二年七月第二回開催の一一万円であるから、かなりの高額だった。売上目標三〇〇万円、出走頭数は一三〇頭。

初日の様子が、つぎのように描写されている(76)。

> 初日の九日は県内各地から競馬狂がぞくぞくとおしかけてきたけれども高税金と統制強化で新円成金も充分ふところがさびしくなったのか昨年の春競馬にくらべると観衆も質がおちてきた、しかし馬券の売行きは上々で一レースごとに次第に熱をおび血走った目つきで馬券売場に走る紳士、ブローカーのおっさん、淑女と予想家の前にたかって口上を聞くもの、これらの人出を目あてにキャンデー、氷水屋が店を開きそれに集まる人々で場内はただカネ、かね、金のるつぼと化して数百万円の新円が乱舞していた。

だが実際には新円は乱舞せず、売上は、初日六七万九七四〇円、雨に降られた二日目三八万九八九〇円、三日目五九万六〇二〇円、四日目六一万二〇〇円と推移し、総売上二二七万五八五〇円に終わった。前年秋の第四回を三九万円余上回り、春の第一回の二三一万円余とほぼ同額だったが、最高だった第二回よりは九八万円余減った数字だった。インフレも、前年よりは伸びが鈍っていたとはいえ、昭和二二年中消費者物価が三倍と上昇が続いていたので、それを勘定に入れると厳しい数字だった。前年来の富山の競馬人気の陰り、低迷のうえに、増税と経済統制が強まり、農家の経済も苦しくなりつつあった、その不況が馬券売上にも反映された格好であった。

この開催の話題を呼んでいたのが、一五歳の橋本 〓《たけし》少年が中央馬事会長賞速歩に勝利をおさめたことだった(77)。この当の橋本さんに当時の富山の競馬のことに関してインタビューを行うことができたので（二〇〇七年二月二六日）、それをこの章の最後に「天晴れ少年騎手」としてまとめておいた。

この開催で注目されるのは赤字が一三万七五三二円とこれまでの最高を記録したことだった(78)。同程度の売上だった昨春の赤字が六万九八二七円だったから、それを七万円近く上回っていた。単純に計算すると、経費を四万円近く抑えて、賞金を一一万円引き上げていたことになる。

図12　初日

（『富山新聞』昭23・4・10）

（『北日本新聞』昭23・4・10）

競馬場用地は借地であったから、富山県馬連の不動産資産は木製のスタンド、馬券売場の建物であったが、これは仮の施設でたいしたものではなかった。県馬連の主な資産は、剰余金の預貯金、現金だった。この資産を解散前に、「合法的」に分与する方法。それが賞金を大幅にアップすることだったに違いなかった。売上が増加すれば、賞金のアップをカバーできるし、逆に赤字であってもそのまま県に移管すればよい。その結果の赤字幅の増大だっただろう。したがって、この開催で経費が抑えられたといっても、おそらく牽付手当などの諸手当等は増額されていたと思われる。

先の二月五日の農林省の通達の「通常の業務」を字義通り解釈すれば賞金、諸手当等の増額は含まれないが、「助成金あるいは奨励金」と名目をつければ「通常の業務」の範囲内になるということだった。

また四月の開催の前に、借地契約でも、県馬連は資産の分与をはかっていた。当時、革命ともいってよい農地改革が進行していたが、そのなかでの農民の権利意識の高まりを背景に、元耕作者は、契約破棄を県馬連に通告、農地委員会へ土地の返還を求めていた(79)。元小作人にとっては譲渡の対象となる可能性のあるものだった。これを受けた農地委員会は、農地法による買収を行って元耕作者に還元することを決定、その旨を県馬連へ通告してきた。県馬連は、高岡市の仲介を求め、三月上旬、馬連、地元耕地整理組合と高岡市（農林課）を交えての協議に入っていた。三月八日、結局、公営化を前に開催したい県馬連が折れた形でつぎのような協定が締結された(80)。

一、従来の賃貸契約は競馬法誕生までの暫定措置として存続
二、県馬連主催の競馬には開催役員に地元より三名を入れる
三、県庁主催のときは地元へ協力費を交付
四、用地借地料は普通田畑小作料以外特殊事情を認める

地権者には、煙草と番組表以外の飲食物の場内での販売権、及び馬券発売に従事する者の差配権を与えられていたが(81)、一は役員手当という形をとっての地元への「利権」の供与だった。三は公営化が行われた場合を想定したもので、この交渉に県も関与していたことをうかがわせている。そうであったならば、すでに公営事業の甘さがここに表れていた。また四の特殊事情というのは、地主に対する借地料だけでなく、元小作人に対する金銭的保証を意味していたと思われる。このうえに県馬連は、経費を低く抑えるなかで、それまで三万五〇〇〇円だった一開催分の使用

料として五万円を支払ってもいた(82)。県に「現金」を引き渡すよりも、地元にばらまく方がましと判断してのものだったろう。馬連と県との関係は円滑を欠き、対立していた。県営化の後のことなど知ったことではなかった。

さらに第一回開催の四月の時点で、県馬連は、来る六月一七、一八、一九、二〇日に第二回開催を予定していた(83)。この時期は農繁期にあたり、通例では考えられない日程であり、解散を前に、開催を通じて資産分与を行っておくという目的がなければありえないことだった。この開催は中止となったが、新競馬法の成立、施行が迫っている状況を前に、改めて七月一六日からの四日間開催を決定した(84)。六月下旬から出馬受付も開始され(85)、出走馬一四〇頭、知事賞、中央馬匹会長賞も準備されていたが、こちらも無期延期、つまり中止となった(86)。この前に八月五、六、七、八日の開催も決定していたが、もちろん不可能となった(87)。

石川も金沢競馬場第二回の当初予定（六月二四～二八日）を富山と同様に七月に延期したが、金沢競馬の場合は七月三日から五日間開催を実施、三一〇万九〇八〇円を売り上げた(88)。福井も、七月一四日から六日間の日程を予定していたが(89)、六月二八日の福井地震に見舞われて開催不能となった。地震がなければ、開催されていた可能性が高かった。

各県馬連の最後の抵抗であったが、石川が開催し、富山が開催できなかったのは、双方の馬連がもっていた組織力、あるいは県と馬連との関係、さらには馬連の政治力の差がそこに反映されていた。

ともかくもこのような各県馬連の反抗を前にして、政府は、七月五日、新競馬法とともに「馬匹組合の円満かつ速やかな解体を行い、新たなる農業協同組合の健全なる発展を期するために」(90)、競馬関係資産を都道府県、その他の資産を農業協同組合に承継させ、制定後五ヶ月以内に強制的に馬匹組合を解散することを規定した馬匹組合整理法を成立させた（第6章）。

新競馬法は七月一三日公布、一九日施行となり、中央馬事会、各県馬連、日本競馬会の資産は政府、県などに無償で承継されることになった。

中央馬事会、及び各県馬連の地域別連合体である地方競馬協議会は、昭和二三年二月の段階で、地方競馬の公営化への有力な対抗策として、つぎのような方針を承認していた(91)。

6　競馬協会

地方競馬国営(正しくは「公営」、以下同)案に伴う協力団体に関する件

地方競馬国営案に伴って各地方に於て自然発生的に競馬の同好会、協力会等の名称で協力機関が出来つつあるを以て各ブロック内に競馬の円滑な遂行と健全な発達に資するための競馬協力会を作り、又各ブロック競馬協力会及び各都道府県内競馬協力会の連絡協調を図りその共通業務を処理するために全国競馬協力会議を作ったらと意見の交換を行い、参考案により各ブロックの事情に応じて協力会を結成することを可とした。

「自然発生的」であったかどうかは置くとしても、東京をはじめとして「競馬の同好会、協力会等」が設立され、地方競馬の公営化に備える体制が作られつつあった。それをブロック化しようというのがこの協議の案件だった。各県馬連、中央馬事会の既得権益の防御策の一環ではあったが、都道府県にとっても開催を行うには、そのノウハウ、あるいは経営のリスクを軽減するためにも県馬連などの競馬運営への協力を取り付けることが必要だった。

富山での動きは、全国的に見ても、また北陸地区の石川、福井と比較しても、大きく立ち遅れていた。富山県馬連が、競馬協会あるいは競馬協会設立委員会を立ち上げ、県から開催の委託を受けて運営する案を公にしたのは、県営化が目前に迫ろうとしていた昭和二二年五月、開催運営の経験のない県への協力とともに権益の確保をめざしたものだった(92)。そしてこの競馬協会設立には、かねて懸案となっていた富山市五福の練兵場跡地(現・五福運動公園)へ

の新競馬場設置が組み込まれていた。工費一〇〇〇万円、二万坪の設置計画で、五～六月には、資金の募集に乗り出そうというものだった。馬連のままでは、資産を接収されてしまうが、協会であればそれを逃れることができる。県営化後は、県に貸与して、たとえば開催毎の売上高に応じた賃貸料収入を得るか、あるいは時機を見て売却することもできる。

このように富山の場合は、開催の代行、新競馬場建設が考えられていたが、協力会といっても各地方によってその形態は様々だった。

たとえば東京都の場合は、昭和二二年秋頃には、東京都内部（財務部主税課調査係）でつぎのようなプランが立案されていた(93)。

まず「施設会社」を設置、売上が伸びない八王子競馬場を移転して新競馬場の建設を行う、その競馬場予定地を品川区勝島町とする、そしてこの会社設立と新競馬場建設には都が資金面も含めて積極的に支援する、そのうえで都がその競馬場を施設会社から貸借し、都営競馬を主催する。

都は一一月、財務担当副知事を委員長、経済担当副知事以下関係局部長、都馬連正副会長、都議会議長以下三九人の都議会議員を構成員とする競馬委員会を設置、競馬場新設に関する具体案を検討、諮問することとし、昭和二三年一月、同委員会を正式に発足させた。GHQ経済科学局の馬匹組合解体要求から、片山内閣の競馬の国営化、公営化の閣議決定という状況を受けてのものだった。

五月、都競馬委員会は知事に対し、前記のプランを答申したが、その後、賛否をめぐって紆余曲折があり、結論を出せないなかで七月の都営移管となった。結局、「施設会社」設立の正式決定は翌昭和二四年一月のことになる。

昭和二三年一一月、八王子競馬場での都営としての第一回開催の売上が低調に終わり、売上増には都心近くへの移転が不可欠であるとの認識が共有されたこと、そして都側にとって財政面のリスクを回避できること、競馬事業以外での施設を活用しての収益事業の展開が可能になること、開催・運営面の負担が軽減できることなどのメリットから決定されたものだった。新株式会社（東京都競馬会社）は資本金一億円、半額を都が出資し、社長に副知事、副社長に都馬連会長が就任した。低いコストとリスクで復興資金の大きな収入源を確保したい都と、既得権益の維持とその拡大をねらう都馬連との利害が一致したものだった。

北陸地区では、昭和二二年九月、金沢競馬場協会（後に金沢競馬協会）が設立されていた(94)。前身は七月に立ち上げられ、資本金五〇〇万円、石川選出衆参両院議員、歴代の金沢市長、県議会議長、地元財界の中心人物、それに暴力団の親分など錚々たるメンバーが名を連ねていた。この金沢競馬場協会は、公営化が決定する前の設立であり、県などからの出資はなく、県馬連会長の衆議員議員大森玉木が中心となった民間会社だった。用地を買収、競馬場を建設して県馬連に貸与、その使用料収入をえることを目的としており、法的に制約のある県馬連のトンネル営利会社という性格であった。ちなみに八五〇万円の建設費は二〇年間での償還、土地施設使用料は一回一万円という契約だった(95)。

なおこのようにして建設された金沢競馬場は第二回国体（一〇月三〇日〜一一月三日）の馬術会場となるが、協会もそれを計画当初から建設の促進材料としていた(96)。

同協会は、県営化を受けて、競馬場を県へ売却することで資金を回収、利潤をあげる方針を選択した(97)。馬連の資産であれば県への移管となってしまうが、別会社の協会であることがここで生きた。七月新競馬法施行時、一二〇〇万円での県による買い上げを要求するが（昭和二四年二月の検討の際には一五〇〇万円）、その価格及び買収決定の経緯の不透明、不明朗さが指摘され、またそこに県から四月に支出された馬連への補助金の不正経理問題も加わって、石川政界の実力者でもある大森玉木をめぐっての政争の様相も帯びて政治問題化し、結論は先送りされることになった。

結局、県営化後も、金沢競馬場は競馬協会の所有のままとなり、県が開催毎に売得金に応じた使用料、五〇〇万まで は三%、一〇〇〇万円まで五%、一〇〇〇万円を超えた場合一〇〇〇分の七%を協会に支払うという契約が締結されることになった(98)。また開催には、ノウハウをもつ旧県馬連の関係者が協力していたから、その協力費名目の金も協会に支出されていた。

一方小松競馬場でも、県営化が決定したのを受けて小松競馬協会が設立され、市営だった競馬場を買収、春季開催前に一二〇万円を投じて改修工事を行っていた(99)。県の買収価格を吊り上げることが大きな目的だったと考えられるが、こちらも折り合わず、県営化にあたっては金沢競馬協会と同じ割合の三%の使用料が支払われる契約となった(100)。なお小松競馬場は、売上が伸びないと判断されて昭和二四年七月開催を最後に廃止される(101)。

福井県でも、昭和二二年四月、福井市長、財界人などが中心となった福井競馬協会が設立されていた(102)。福井市は昭和二〇年七月一九日夜アメリカ軍による空襲を受け、市街地の九五%を焼失、死者約一五〇〇（あるいは一六〇〇）人という大被害を受けていたが(103)、昭和二一年一二月、その復興策の一環として市をあげて競馬場誘致に乗り出した(104)。繰り返せば、当時、競馬は金を産む打ち出の小槌だと考えられていた。売上増を願う県馬連にとっても渡りに船だった。用地と資金の問題さえ解決すれば、戦前のように軍部、馬政局の意向に左右されることなく、集客力の高い地区への競馬場設置は可能となっていたからである。だが地方競馬法によれば一県に設置できる競馬場は一ヶ所であり、福井市への設置は大野競馬場の廃止を意味していたから、既得権益を手放すことになる大野郡馬匹組合の諒解がすぐにはえられなかった。昭和二二年一月下旬妥協策がなり、県馬連は福井市への新設、大野競馬場の廃止を機関決定、三月農林省の内諾をえた(105)。だが同じ三月には地方競馬法が改正され、一県二ヶ所の開催、大野競馬場の開催継続が可能となったこともあって、この問題はその後もくすぶり続け、結局大野競馬場での開催は昭和二五年まで続けられることになる。

福井競馬協会は、新福井競馬場設置の総工費六〇〇万円（実際は一〇〇〇万円に上った）を負担、市へ貸与、さらにそれを福井市が県馬連に貸与し、市は馬連から支払われる使用料を協会への返済にあてるという形態だった(106)。福井市が、競馬場建設資金の八〇〇万円を負担していたというから(107)、競馬場は実質的に市有で協会は市のトンネル会社だったとも考えられる。市が競馬開催に意欲をもっていたから取ることができた方式だった。新福井競馬場用地内（福井市境町、現・福井市文京町）にある農地をめぐって県農地委員会から「食糧増産を阻むと横槍」がはいり、また県農業会連合会も反対声明を出したこともあって、七月に入っても未着工の状態が続いた(108)。これに対して、福井市長は、耕作農民への補償と代替地を用意するとともに、つぎのような声明を出して世論に訴えた(109)。

競馬場の設置に関しては、さきに決定権を有する県馬連が設置目的たるインフレの吸収、馬事振興の点を考慮しそのうえ戦災地の復興とにらみ合せを決定し、県の副申まで済ませたものを一部策動家により馬連の決定をくつがえしたり農民大会で論議し紛争するのは遺憾である、一般県民各位はその点公正に批判されて同競馬場設置に協力されんことを願って止まない。

このような福井市長の積極的な姿勢もあって、農地委員会も設置を決定（委員会の表決は一六対九）、反対農民らの説得にも成功し、八月一日着工した(110)。

工事の遅延により、九月下旬開催という当初の予定よりかなり遅れてしまったが、一一月一日から四日間の日程で新福井競馬場での第一回開催が行われた(111)。競馬場は総面積四万坪、一周一一〇〇メートル、幅員二〇メートル、二〇〇〇名収容のスタンド、九〇頭収容の厩舎を備えていた(112)。資材が統制されていた当時にあっては、「豪華な施設」といってよかった。おそらく市長などの政治力が発揮されて実現したものだった。

暴力事件が発生して職員が負傷するなどの騒ぎも起こったが、この第一回目の開催の総売上は五〇〇万円を超えた。これより先の一〇月金沢競馬場の五八〇万円には及ばなかったが、富山の平均二五〇万円の二倍にのぼっていたから、この福井競馬場設置は大成功といえた。なお総売上高の四%を県と福井市に支払い、競馬場の賃借料は無料という契約だった(113)。

昭和二三年五月、公営化を直前にして、福井競馬協会は県馬連と協力して、小岩井農場から抽せん馬一五頭を購入、会員に配布した(114)。凍結を受けている馬連の資産分与の一環だったろうが、このようなことは他県にあまり例がなかった。協会と市の関係が深かったことで実現したものだった。県営移管後も、競馬場の所有形態は変わらなかった。福井市は同年六月二八日の大地震、さらにそれに追い討ちをかけた七月二五日の水害に見舞われ大被害を受けたが(115)、復興途中の一〇月二二日から四日間の日程で県営第一回を開催したほどであった(116)。この開催には復興支援として石川、富山からは騎手、馬が遠征してきていた。

福井県では県とともに、戦災都市に開催権を付与した昭和二三年の競馬法の制定を受けて、福井市も同年開催権を獲得するが(117)、昭和二四年以降は、県と市はライバルとして鎬を削って様々な競馬振興策を展開していく(118)。昭和二五年五月には、福井競輪（福井市）が開設され競馬を一〇倍以上も上回る金額を売り上げていくが(119)、競馬も健闘し県営、市営とも黒字を続けていった(120)。

石川や福井では、このような組織を県営化の一年前からもっていたことが、県営化後の地方競馬の基盤を強化することにつながっていた。

これに対して富山の競馬協会案の大きなポイントは、開催の代行ということだった。おそらく県当局との協議も行われたはずだったが、県はこの競馬協会案を受け入れなかった。

公営化後の開催に関していえば、どの都道府県であっても馬の出走からして、また馬券発売、運営などもそのノウハウをもつ旧馬連関係者の協力が必要だった。この件に関して、昭和二三年七月、衆議院の競馬法審議の際、畜産局長はつぎのように述べていた(121)。

実際やります場合には、それぞれ従来の知識経験をもっておる者を県の担当者として県に採用いたしまして、そのまま県の職員としてやっていくという考え方でやってまいりたいと思います。

335　富山県馬匹組合連合会主催

原則としてこの方針にそった形で、各県馬連の中心的人物が県の職員（多くの場合臨時職員）として雇用された(122)。島根の出雲大社、益田の両競馬では、「具体的な運営は地元の大社競馬協会、益田競馬振興会の施設と技術者を全部臨時雇いの形式で県専任職員と一体になって行」っていたという(123)。富山も例外ではなかっただろうが、県当局は競馬開催、運営全般に関する主導権を握り、旧馬連の関係者を遠ざけ、その結果、双方の対立が深まっていたようである。そして開催の実質を担うという代行案はつぶれてしまった。

一方富山市への新競馬場設置案は、競馬協会が資金を募集して練兵場跡地に競馬場を建設、そしてその競馬場を所有、管理運営にあたり、主催者の県に貸与、県は、一定の賃貸料か、あるいは売得金に応じた賃貸料を支払う、といった金沢競馬場の例に倣ったものだったと思われる。あるいは東京の場合のように競馬協会がその他の事業も展開し、県の財政に貢献するということであったかも知れない。いずれにしろ県は、会計上、新競馬場建設費用の負担と競馬場経営のリスクを回避して、財政収入をあげることができるようになるはずのものであった。

だが肝心の練兵場跡地の利用をめぐっては、県当局内部、富山市、地元農民らの利害が対立、政治問題化していて新競馬場設置の見通しが立っていなかった（第5章）。富山の場合、石川と福井とは異なって、そのような状況を突破して一気に実現にもっていくだけの実力者、政治力、資金力を欠いていた。高岡競馬場は借地であったから、競馬協会として買収する方策も残されていたが、元来高岡では売上が伸びず、富山市への設置が追求されていたのであるから、その選択肢はありえなかった。なお競輪は、各県に自転車振興会が設立されて「競馬協会」のような方式がとられるが(124)、昭和二六年から開催した富山市営競輪は、富山県自転車振興会が結成されて、競輪場の管理、開催の運営等にあたることになる(125)。

このようにして富山では、県営化に際して競馬協会を設立、運営していく道が閉ざされてしまった。その後、おそらくこの競馬協会案を引き継いだ格好で、かつて県馬連会長であった池内佐次を代表者とする富山県競馬振興会が結成され、昭和二四年三月、富山市への競馬場建設を県議会に陳情するが(126)、それ以外に目立った活動を行った形跡はない。

この富山に対して、石川の金沢競馬協会は、暴力団の親分まで含んで衆議院議員、参議院議員、歴代の金沢市長、県議会議長、地元財界の中心人物をメンバーとして政治力と資金力をもっていた。また福井の協会は、県も市も競馬に熱心で、いわば官製の趣をもっていた。また島根の出雲大社や益田の両競馬でも、競馬倶楽部が結成されてスタンド等施設を建設、所有、徳島の鳴門競馬場も同様で、公営化後も県等に貸与する形がとられた（第2章）。そして和歌山では、和歌山市が「介添的な立場」で、当初は七〇％以上を出資した和歌山畜産振興会社を設置、こちらも競馬場施設を建設して、公営化後は和歌山県や和歌山市に貸与、その他にも東北地方では施設の改善、新設、出走手当の補助などの支援を目的に掲げた競馬クラブが設立されて資金を集め、公営化以降の競馬を支えていた（同）。

後から振り返ってみれば、公営化に際して、どのような後援組織が結成されるかが、その後の地方競馬の存続の帰趨を決する要因の一つとなっていた。富山は、その組織力も資金力も政治力も欠いていた。富山市五福への新競馬場設置を実施させることができなかったのは、それを示すものでもあった（第5章）。

7　天晴れ少年騎手

昭和二三（一九四八）年四月九日から四日間の日程で、富山県馬連主催の競馬が高岡競馬場で開催された。県営化を前に、県馬連最後の主催となったものであった。

この開催で活躍した少年騎手がいた。その少年騎手が、初日にあげた勝鞍がつぎのように報じられていた(127)。

高岡春競馬初日九日は絶好の快晴に恵まれてフタあけした、二回目レースではやくも一三八円の配当でファンをにぎわせ(128)、また八回レースの速歩競技には西砺波郡吉江村新中二年だという少年騎手橋本武(一五)が自家の愛馬トヤマミドリに乗って出場見事老練騎手を向うに回して一着を獲得(129)、父浅吉騎手の血をうけてあっぱれな騎乗ぶりにファンの人気を博した。

この「少年騎手橋本武」は、四月一二日の速歩レースの中央馬事会長賞でも、同じトヤマミドリに騎乗して勝利、一着賞金五〇〇〇円(県馬連からも一〇〇〇円)、騎手賞五〇〇円を獲得していた(130)。

先にもふれたように中央馬事会長賞は、中央馬事会が、各県馬連主催の地方競馬の開催毎に駆歩、速歩の各一レース、主催者の一着賞金と同額を付与するものだった。ただし一万円を超える場合は一万円、五〇〇〇円を下回るときは五〇〇〇円との規定だったので、主催者一着賞金一〇〇〇〇円の富山は五〇〇〇円の付与となった。富山では、この六〇〇〇円の馬事会長賞が、最高賞金レースだった。

「キャンター一年ダク(速歩)三年」といわれていたように(131)、速歩には技術と経験が不可欠だったが、「少年騎手橋本武」が、その最高峰のレースを獲得したことは快挙だった。

富山の競馬のことを調べていくなかで、この記事を目にして、このとき一五歳ならば、現在でもまだ七〇歳台、いつか「武少年」を探しだしてなんとかしてコンタクトをとりたいと考えていた。

とはいっても、その具体的な糸口があるわけではなかった。

しかし偶然は起る。

私が、大学で週一回もっている競馬の集いに、二〇〇六年四月から参加していたM君が、一一月から乗馬を始めたところ、その縁で、「少年騎手橋本武」と知り合いになっていたのである。

M君は、二〇〇八年三月の大学卒業後、ケンタッキー州のW牧場に就職することが内定しており(実際は装蹄師の道を歩み始めた)、それまでに内外の生産、育成、せり等あらゆることを経験しようと積極的に活動を続け、その一環として乗馬も始めたことが、私にとっての幸運となった。

そしてM君の紹介で、橋本さんから、富山の戦後の競馬についてインタビューする機会を、二〇〇七年二月二六日にえることになった。

橋本さんは、昭和九年二月二七日生まれ、「たけし」は武ではなく、貋である。

先にふれたように当時の地方競馬の騎手免許は、速歩、駆歩別に分かれており、そのうえで全国免許と県内限定の二種類があった。全国免許であれば、全国どこの競馬場でも騎乗できた。

橋本さんは、昭和二一年、一三歳のとき、速歩、駆歩双方の全国免許を石川で取得していた。速歩の方が得意であったという。

橋本さんと馬の関わりは、前の記事に出てきた父親の浅吉さんが、「馬喰」だったことから生れたものだった。浅吉さんは、馬主でもあったが、地方競馬の騎手免許も昭和八年に取得していた。

富山では、春から夏にかけての中耕などに必要な農用馬が不足していて、昭和三〇年代に入る頃までは、近県の石川、岐阜、長野から、毎年一〇〇〇頭近い馬を借りる必要があった。これを借馬と呼んでいたが、浅吉さんは、毎年七、八〇頭を斡旋していたという。

貋少年は、この父親のもとで馬とともに育ち、三歳のときには馬に乗るようになっていた。昭和一五年頃からは、父親の馬の厩務員役をつとめる格好で競馬場にも出かけるようになっていた。速歩、駆歩の騎乗技術は、このような環境で自然に身につけていったという。

図13　橋本貋さん

（2007年２月26日撮影）

図14　橋本貋さん所有

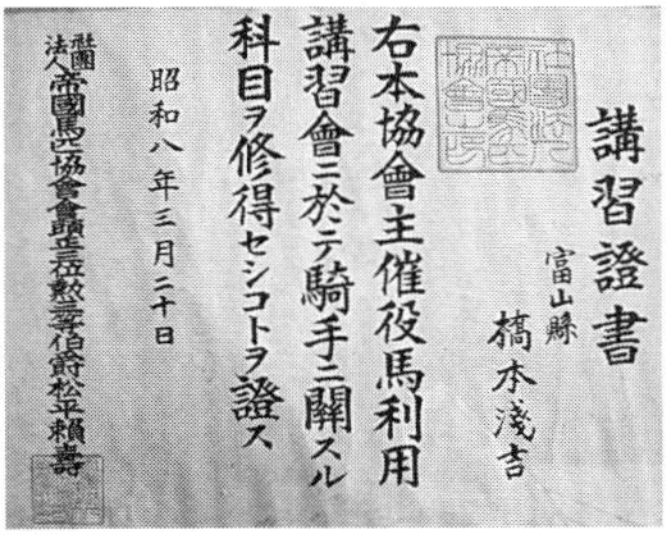

講習證書

富山縣　橋本淺吉

右本協會主催役馬利用講習會ニ於テ騎手ニ關スル科目ヲ修得セシコトヲ證ス

昭和八年三月二十日

社團法人帝國馬匹協會會頭正三位勲三等伯爵松平頼壽

トヤマミドリは、石川、京都の地方競馬にも遠征して勝鞍をあげ、旗競馬を含めると優勝旗だけでも数十棹を獲得していた強豪馬、追い込みが得意だったそうである。

二〇歳頃、減量がきつくなり、騎手を辞めた。それ以降、一切、競馬に関わることも、競馬場にいくこともなかった。だが二〇年くらい前、仕事をやめてから、馬が好きだったので乗馬クラブを始めるとともに、昔のつきあいを生かして金沢競馬所属馬の休養施設もかねるようになった。休養施設の方は二〇〇三年に止められたそうである。

このようなことも含めて、橋本さんから、戦後の富山の地方競馬のことについて、様々なお話をきかせていただいた。そのいくつかを紹介したいと思う。

戦前の地方競馬、そして闇競馬を含む戦後の地方競馬の象徴の一つが八百長だったとするならば、富山もその例外ではなかった。

馬主や騎手たちは、馬の消耗を避け永く走らせるため、あるいは勝ちにいくレースは一開催一つに絞っている作戦だと公言はしていたが、前のレースで勝った馬が、つぎのレースでは数百メートルも引き離されるといったことが繰り返され、馬を抑えることも日常茶飯事であった。

文献資料で調べた範囲で、そういったイメージを描いていたので、橋本さんにも単刀直入に八百長に関して聞いてみた。

立川　新聞には、八百長報道がないのですが。

橋本　八百長はあったよ。必ずあるわ。でも目立つやり方をしていたら出場停止になった。

立川　賞金が少ないから馬券で儲けようという馬主(132)はいたのですか。

橋本　馬主は知らないが、自分が知っている範囲では、ジョッキーが仕組んでいた。(そういう)ジョッキーには、馬券買う人がついていた。馬券買う人間を、ちゃんと一人か二人かやとっていた。一万円買えとか二万円買えとか、乗ってこう指を立てていた。
立川　約束を破ると殴られたりして報復を受けたのですね。
橋本　やられた。前から来るやなしに後ろからガーンと。言うことを聞かないで、勝ったりすると、自分は子供だったので、簡単に殴られていた。あるとき、トヤマミドリで勝って八百長を壊してやったら、大阪から遠征してきていたY騎手に、殴られて二時間くらい気を失ってしまったこともある。このY騎手は、全国を回っているうまい騎手だったが、八百長レースの元締め役もつとめていて、ひどい人だった。
立川　顔役とかはいたのですか。
橋本　なーん。そんなもんはいなかった。
立川　八百長だとお客さんが騒ぎ出すことはありませんでしたか。
橋本　騒いどるけど叩きあいとかそういうことにはならんわ。
立川　暴動的なこともなかったと。
橋本　そんな悪いやつはいなかった。
立川　速歩レースの失格をめぐってのトラブルはありましたか。
橋本　一着に来ても、失格になる場合あるから、そりゃー観客がワーとなる場合もあった。そやけどジョッキーは全部わかっているから、審判に文句を言うことはなかった(133)。

このように橋本さんの答えは、八百長が日常的だったということを確認できるものだった。元締め役の騎手が八百長を仕組んで、馬上から仲間に合図して馬券を買わせていたというのは、新聞などからはまったくうかがえなかったことであった。
私としては、八百長の中心は暴力団の親分などの顔役だと思っていたので、その存在を聞いたのだが、答えは、

「そんなもんはいなかった」ということだった。

場内に睨みを利かせたりする顔役の存在も聞いてみたが、それも知らないということだった。それと関連することでもあるが、富山の競馬で観客が騒ぎを起こしたと新聞が報じたのは、昭和二四年七月の開催だけだったので（第8章）、その他の騒ぎについての記憶も聞いたが、何かがきっかけとなって騒ぐこともあったが大きなものにはならなかったというのが答えだった。

そうであるならば、富山のファンは、全国的に見て、おとなしかったということになる。

つぎに高岡競馬場の施設、「厩舎」などに関しても聞いてみた。

高岡競馬場は、常設のスタンドもトイレもなく、少しでも雨が降れば、コースも場内もぬかるんでしまうような劣悪な施設で、厩舎もなく、開催ごとに近くの農家に人馬ともに「宿泊」していた、というのが新聞などの描写から浮かんでくる高岡競馬場の姿だったが、橋本さんの話からもそのことが確認できた。

立川　競馬場の施設に関しては、かなりひどいものだったという印象をもっているのですが。

橋本　うん。スタンドは、木のイス並べてあっただけだった。抜き板を二枚ほど横に張ってあっただけだった。

立川　ちゃんとしたトイレもなかったのではありませんか。

橋本　仮設のトイレがあったが、少なかったわ。あの時分は汲み取り式やもん。競馬が終わればすぐ汲み取って終わりだった。

立川　富山の競馬の雰囲気はどうでしたか（と聞いたが、馬場の状態と受け取られたようだった）。

橋本　な～ん。富山の競馬場は競馬場と呼べるようなものではなかった。田んぼを埋め立てただけのようなものだった。雨降ったらワァ～と一面に水が溜まって、水溜りがひどかった。隣接するカネボウの敷地の方が高く(134)、そこから競馬場へ流れてきていた。

立川　厩舎もなかったと思いますが、馬はどのようにしていたのですか。

橋本　高岡に下黒田っていう地域があって、騎手も馬もそこを民宿みたいにして、そこへ入ったわけですよ。騎手も馬も全部。石川県は厩舎が二棟建っていたが、富山にはなかった。

立川　観客の層は農民が中心でしたか。

橋本　客は農民ばかりでもなかった。やっぱり町の人も多かったよ。

立川　高岡とか。

橋本　富山。だからジョッキーなんかでも呉西におらん、呉東や(135)。

立川　農家に馬を預ける費用は、誰が出していたのですか。

橋本　うーん。やっぱり馬一頭いくらというのがあった。農家の下黒田の納屋借りるわけですよ。そこを丸太などで区切って、一軒の納屋で四頭ほど入る。馬持っとるもんが（その代金を）払う、だから賞金のない馬は赤字になった(136)。

立川　赤字でも全然構わないってことですね。

橋本　構わん。遊びやから。

橋本さんは、このほかのところでも、あんなものは競馬場と呼べるシロモノではなかったとその酷さを繰り返していた。

これと関連して、現・五福運動公園への移転話について（第5章）、何かご存知のことはないかと、尋ねたが、移転したいという話は聞いていたが、どこへという具体的な地名についてはまったく聞いていなかったというのが答えだった。

ここで話題を転じて、富山の競馬にアメリカ軍兵士が姿を現さなかったかと聞いてみた。

戦後の競馬の再開には、北海道をはじめとして進駐軍が深く関わり、また主催者も進駐軍を利用する場合もあったが、富山の場合、新聞で見る限り、昭和二一年一〇月の闇競馬時代の雄山競馬に、アメリカ兵が観戦に訪れていたと報じられているのみだったので（第1章）、もっと現れていたに違いないと思っていたからだった。

立川　富山の競馬にアメリカ軍の兵隊は来ていましたか。
橋本　来とる。来とる。審判席のとこに特別席作って。
立川　当然馬券も買っているのですね。
橋本　買っとる。
立川　アメリカ兵は最後の開催（昭和二五年八月）まで来ていましたか。
橋本　そう。自分がやっとる間はいつも来ていた。たいてい二、三人来るわ。奥さん連れて、子供も連れて来ていた。金沢競馬で騎乗していたときには、ジープで迎えに来てくれて、金沢の進駐軍住宅でご馳走を食べさせてくれたこともあった。帰りに缶詰、ガム、タバコをもらった。
立川　アメリカ軍の兵士が所有していた馬が出走したり、あるいは彼らがレースに騎乗することがありましたか。
橋本　なかった。

橋本さんの印象によれば、富山に来ていたアメリカ軍兵士はおとなしく、競馬に関しても強制がましいことしたということは一切なかったという。

最後に橋本さんに、県営競馬の廃止について、どのように考えておられるのかを尋ねてみた。

昭和二三年一一月の第一回開催以来、赤字を続け、翌年には廃止の声もあがっていた（第7章）。廃止論は、昭和二五年に入ると勢いづき、知事も廃止の方向で決断していた（第8章）。

存続派も巻き返しに出て、昭和二五年八月の開催にこぎつけたが、赤字が出れば即廃止と条件づけられたこの開催も赤字に終わった（同）。万事休すだった。

立川　富山の競馬の廃止まで騎手をやられていたのですか。
橋本　だいたい廃止、廃止といっても、はっきりした廃止っていうのはなかった。
立川　記録上で見ると昭和二五年の八月で県営は終わっています。
橋本　そやから競馬場は廃止いうことなしに自然消滅だった。あのー、賞金もあんまり余計に出せんようになって、開催もやって行かれんようになって。富山県の終わりの頃は、石川へ行った方が賞金がよかったもん。
立川　消滅の原因は何だったと思われますか。
橋本　だいたい賞金が少ないために、赤字になるので誰も行かないようになってしまった、馬主なんかでも。だから自然消滅でそれで終わり。金を捨ててまでも行かん。
立川　富山の競馬を復活させようという運動は起こらなかったですか。
橋本　何にも聞いていない。だが何で止めてしまったという話はあった。ということは、あれ結構うまくやれば県が儲かる話だった。国の許可したバクチだったから。何でないようになったのか。
立川　廃止案というのが出されたのですが、その審議が行われた昭和二六年六月の県議会では、まったく質疑も行われず、満場一致で可決されました。何で廃止案が可決されたと考えられますか。
橋本　やっぱり赤字。県がそれで取り上げてくれなかった。

昭和二一年の闇競馬時代は、富山と石川の競馬にそれほどの差異はなかった（第1章）。石川の競馬は、富山と異なって資金力、政治力をもっており、県も積極的であり、その格差が広がっていた。

安い賞金しか出せなくなって、富山の競馬の魅力が小さくなり、馬主などが金沢競馬に流れる傾向を止めることができなくなっていたという意味では、富山の競馬は放っておいても自然消滅する運命にあった。

しかし富山県はそうはせず、当時にあっては、赤字を原因に廃止の意思を明確に表明した唯一の県となることを選択した（第8章）。昭和二三年が最後となった山梨県も、昭和二五年が最後となった鳥取県、奈良県も、休止状態を続けて県営競馬を自然消滅させる方法をとったのに対して、富山県だけは、昭和二六年六月、関連条例廃止案を議決する道を選択していたからである。

廃止当時、橋本さんは、まだ満一六歳であったこともあったのだろうが、存廃に関して展開されていた論議に関しては、何も覚えておられないということであった。また昭和二四年一一月、おそまきながら取り組まれた県営競馬の振興策に関しても聞いてみたが、こちらも何も覚えておられないということだった。

ただ国の許可したバクチだったのだから、うまくやれば県が儲かる話だった、という弁を橋本さんが語られていたが、これは、当時、存続派の間からも出ていたものであったので、それが橋本さんの脳裏に刻まれた可能性もなくもないと思う。

5　富山市と宝くじ、競馬から競輪へ

昭和二〇（一九四五）年八月二日未明の空襲で市街地の九九％以上を失うという壊滅的な打撃を受けていた富山市は競馬に熱い視線を注いでいた。復興資金が慢性的に不足していた富山市にとって、競馬から期待できる財政収入はのどから手が出るほど欲しいものだったからである。たとえば昭和二一年九月段階での総予算は二七〇五万円余となっていたが、総収入は一五〇〇万円（内税収四五〇万円）、一〇〇〇万円以上の不足が見込まれていた(1)。昭和二一年一一月の闇競馬の開催後も、富山市は、五福の旧練兵場跡地への常設競馬場設置だけでなく、開催権の獲得に強い意欲をもっていた。富山市は、この開催前には競馬からの収入を昭和二二年度予算案に計上しようとしていたほどであった（第1章）。この富山市が、その地方競馬の開催とともに追求していたのが宝くじの発売だった。

富山市も加わっていた戦災都市連盟も、その復興財源を競馬と宝くじにも求めようとしていた。戦災都市連盟は、昭和二二年一月姫路市で開催されたその結成大会で、市営競馬の開催と市営宝くじの発行を求める決議をあげ、三月国会への請願も行っていた（第3章）。「事業の性質は射幸的、投機的であり、地方財政という観点からも臨時的、浮動的であるが、至極弾力性に富んだ財源で特定目的に使用できる」からであった(2)。

富山市が、法的な関係で県への委託という形をとってではあるが、先に実現させたのは、昭和二二年六月に発売となった宝くじであった。これに対して競馬場建設、開催権獲得の方は、昭和二二年中、打開の目途が立たず、行き詰まっていた。

1　富山市と宝くじ、県復興宝くじ

明治期以降、富くじ発売を抑圧する社会的、政治的力は強固だったが、太平洋戦争末期、ようやくその箍を外すことが可能となった(3)。目的は戦費調達、インフレ抑制、これが戦後、浮動購買力吸収、戦災復興資金獲得と看板をつけかえ宝くじとして継続された。戦争、あるいは敗戦が宝くじの生みの母となっていた。

宝くじの実質的な第一回は、勝札の名称で昭和二〇年七月一六日から八月一五日の期間、一枚一〇円、二〇〇〇万通、総額二億円、一等一〇万円で発売されたものだった（法的根拠は、同年二月施行された臨時資金調整法）。消化率は六五％、八月二五日予定通り抽せんが実施された。

その勝札に続く宝くじ第一回の発売期間は、同年一〇月二九日から一一月七日、抽せん日一一月一二日。一枚一〇円、発売額一億円、一等一〇万円一〇本と規模は勝札の半分だったが、賞品として純綿金巾、ハズレ券四枚でタバコ一〇本という賞品がつけられたのがみそだった。その後も物不足を反映して様々な商品がつけられることになるが、そのなかでタバコの人気が非常に高かった。当時タバコは配給制で一日三本、昭和二一年四月一日からは五本(4)、人びとはタバコに飢えていたからである。その後、宝くじとともに三角くじなどいわゆるスピードくじが発売されるが、はずれでもタバコが何本もらえるというのが売りになっていた。富山は、全国的に見ると、第一回政府発行宝くじの割当が六〇万円（総額の〇・六％）と低かったが、たちまち売り切れ、四万円の追加申請が行われたように、その人気は高かった(5)。第三回、昭和二一年四月二五日から発売の消化目標額は一三〇万円だった(6)。

戦災復興資金獲得を目的として、富山市が宝くじ発売を計画していることを公表したのは昭和二一年七月(7)。政府は、これより先、和歌山県に対して、政府くじの半額相当分の収益金を和歌山県に交付する形をとって、事実上、発行を認可、六〜七月に発売されていたが、その方式に倣おうとするものだった(8)。ちなみにこの段階で、和歌山は特例だった。富山市は、県と日本勧業銀行とも協議したうえで、一枚一〇円、二〇〇万枚、総額二千万円、一等一万円一〇〇本、二等一千円一〇〇〇本、三等五〇〇円二〇〇〇本、四等五〇円二万本、五等一〇円二〇万本、賞金六〇〇万円と賞品三〇〇万円計九〇〇万円、諸経費に一〇〇万円、三〇〇万円を大蔵省へ納金、残り七〇〇万円を、復興の遅れている学校建築費、社会事業費、文化施設の資金にあてようという計画だった(9)。当時（昭和二一年）の県民人口は九七万六五二〇人(10)、一人二〇円以上を購入しなければ消化できない数であったから、県下の各町村役場、町内会、常会（町内会）を通じて官民一体となって発売にあたることを組み込んだ計画だった。

一旦は九月一〇日付で許可になったと報じられたが、誤報だった(11)。すぐに国会で審議中の臨時金融措置令が発行権が認めているのは県のみであることが判明、これに県が対応、県が代行して年内に発行する方向での計画見直しとなった(12)。県が、純益を富山市へ補助金として交付する方式だった。県は、富山市の計画を参照にしながらも、発売枚数、総額を一〇〇万枚、一〇〇〇万円と半減のものに修正した。従来の政府の宝くじの販売実績七〇〇万円から判断したものだったという。県の庶務課長は、九月下旬、つぎのように述べていた(13)。

図1　誤報だが、発売許可を報じる記事

富山市復興富籤
二千萬圓、愈々發賣する

（『北陸夕刊』昭21・9・10）

臨時資金調整法の改正案（地方の宝くじ発行を可能とする）は目下国会で審議中だが、これが通れば地方庁の富籤発行は可能になるので、県としても勧銀引受けで一〇〇〇万円の富籤発行を考慮している、一〇〇〇万円発行しても二〇〇万円は国庫納付となり、五〇〇万円は賞品その他にいり、純益は三〇〇万円だけだが発行しないよりはましだと思う、まだ市から正式になにもきいていないが政府案によれば市町村の富籤発行は認められていないから富山市の二〇〇〇万円発行案は実現不可能だと考える。

賞金、賞品、雑用費などに五〇〇万円、法的に規定された発売金額の二割の国庫納付金二〇〇万円、純益が三〇〇万円程度という見込みだった。だがその一〇〇〇万円という発売総額でも、先の計画の半分ではあるが、赤ん坊を含めての県民すべてが一枚購買して、ようやく消化できるものであった。それに政府が発売する宝くじが、一等賞金一〇万円のものに加えて、この昭和二一年だけでもスピードくじ（五月一六日から）、三角くじ（九月二五日から）が発売されており(14)、これらの強力な競争相手の存在もあった。

一〇月六日臨時資金調整法改正案が通過し、地方自治体（県）の発行が可能となったのを受けて、石坂豊一富山市長が上京、関係方面との折衝を進めることになった(15)。上京を前にして、石坂市長は、つぎのように語っていた(16)。

富山市の戦災復興資金の調達のためなんとかして発行したいと考え、中央と種々連絡もしていたが予想通りに許可となったので（一〇月）七日再度上京して関係方面とも連絡会談したいと思っている。

このように、当初年内に発行したいとの意欲をもっていたが、大蔵省の内認可が下りたのは、翌昭和二二年二月(17)。これを受けて当初四月上旬発売の予定をたてたが、その四月には五日県知事、市町村長、二〇日参議院、二五日衆議院、三〇日県議会、市町村議会と各選挙が続くことで延期された。そして五月、ようやくつぎのような発売計画が公表された(18)。純益は、当初の予定通り、富山市の戦災復興、特に戦災小学校復興にあてられる予定だった。

発行総額一〇〇〇万円、売出価格一〇円、売出期間六月一一日～七月一〇日、抽籤期日七月二〇日、当籤金支払開始七月二五日、奨金一〇万通一組で一等一万円（五本）、二等一〇〇〇円（一〇本）、三等一〇〇円（一〇〇本）、四等一〇円（三万本）、当籤率は一〇枚に三枚の割、賞品一〇万通一組で一等自転車タイヤ・チューブ一〇本、二等革靴五〇本、三等シャツ上下五〇本、四等人絹割烹着一〇〇本、五等地下足袋一〇〇本、六等小学生用アンダーシャツ二〇〇本、七等サッカリン五〇〇本、八等浴用石鹸四〇〇〇本、当籤率一〇枚に一枚の割である。

なお当選金三七〇万円、奨品二九万円、政府納付金二〇〇万円、および発行諸経費などを差引けば県の純益三〇〇万円程度となる見込で、これを戦災小学校の復興費に振りあてる予定であるが、既往の勧銀富山支店の宝くじ売りさばき実績からみて一千万円の復興宝くじの消化は困難とみられ、売りさばき方法には技術的な苦心を要するものとみられる。

県内で独占的に開催できる競馬と異なって宝くじの場合は、先にもふれたように政府の宝くじとの競合を避けることができなかった。そのうえ、その政府の宝くじと比較すると、県のものは賞金も賞品も大きく見劣った。五月に発売された政府宝くじは一枚二〇円とはいえ特等二〇万円、それに一枚に付タバコ五本がついていた(19)。また富山が自転車のタイヤ・チューブだったのに対して、政府は自転車本体だった。一一月には、特等一〇〇万円の政府宝くじが発売され、富山でも人気を呼ぶことになる(20)。

そのうえ、この年二月から月一回の割合となって発売された三角くじの富山割当分（一二〇万円）の賞金でも、一〇〇〇円が一六〇本、一〇〇円が六〇〇本、二〇円が四八〇〇本、一〇円が一二〇〇〇本と県の復興宝くじと似通った額であり、加えてその場で当選が判明し、二本に一本の割合でタバコが五本あたるという副賞もついていた(21)。

たとえば一一月の三角くじの発売風景は、つぎのようなものだった(22)。

当るもクジ、当らぬクジ、果して一〇円でピースが当るかしらと買い惜しみは禁物、二本に一本は必ずピースが当り、もし一等でも当れば一金一〇〇〇円なりの福運が転げこむから煙草不足のサラリーマンの購買欲をそそる、一枚、一枚祈る心でひらく三角くじの番号はまさに煙草と一〇〇〇円の守り神、悲喜交々の表情を醸し出す、幸福の店、三角くじ屋さんの店先は、煙草値上がりとともに止められぬ煙草頼みで連日の大混雑。

とった。

繰り返せば、当時（昭和二二年）の県民人口は九八万九八〇〇人余、一人一枚強を購買しなければ消化できない枚数であり、賞金、賞品の魅力で上回る政府宝くじという強力な競走相手を前にして、県下総力をあげての販売体制をとった。

会長に県議会議長、副会長に県議会副議長、会員に県議会幹事、各界代表六〇名を加えた富山県復興宝くじ協力会、事務局を県庶務課内に設置、総務部長が事務局長として、県下各市町村に強制的に割り当てるなどの売捌きの指揮をとった(23)。この割り当てを受けたある地域では、町村長が協議、地租、家屋税、営業税等の県民税を基調にして、各地域の割当額を決めていた。たとえば、西砺地方事務所では、六月一六日、町村長が懇談の結果、地租、家屋税、営業税等の県民税を基調にして、石動一二万三六五〇円、福光八万九四四〇円、福岡六万六二二〇円、戸出六万一七七〇円、吉江四万二〇六〇円、若林三万八六〇円を割り当てた。各地方事務所、市町村役場、同出張所、日本勧業銀行富山支店及特定販売店などの他に、料理屋、飲食店、百貨店、そして会社、工場、金融機関にも引受販売を依頼した。さらに青年団、婦人団体などが売捌き推進班を組織、一人一枚を目標に各家庭を訪問し販売にあたった。富山市では市吏員がそれにあたっていた。

県は、たとえば図2、図3のような広告を掲載して購入を呼びかけた。「郷土愛」に訴え、半ば寄付の強要といった趣きであった。

このように県及び各市町村が全力をあげ、あらゆる方法が駆使されて完売がめざされた。だが六月中は順調であっ

図2

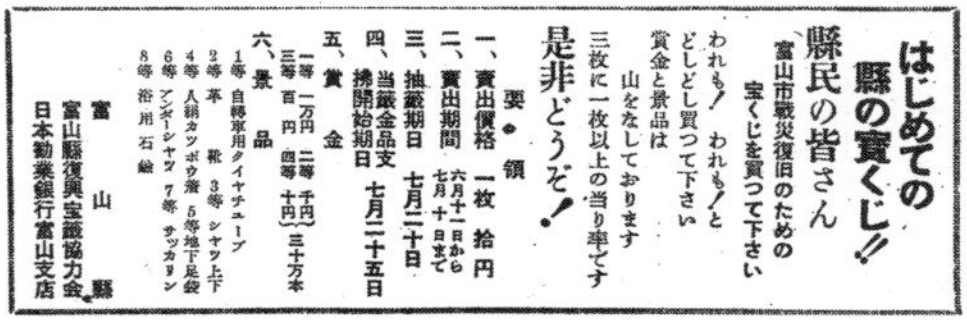

(『富山新聞』昭22・6・7)

た売れ行きも、七月に入ると停滞した。七月三日、折から県下中等学校硬式野球大会決勝戦が行われ、観衆一万を集めていた野球場にも販売に赴いたが、さっぱり売れなかったという。発売期間最終日の七月一〇日までに約八割強の消化率で、抽せん前日の一九日まで延期されて何とか格好がつけられた。インフレは進行しているが、まだ金回りのよいなかで、官民一体となってやっと消化にこぎつけることができたという状態だった。抽せん会は予定通り七月二〇日、県知事、富山市長も臨場、NHK富山放送局が実況中継するなかで行われた。

その後、県と市は納付金の二割から一割への引き下げを国へ要請し続けるが、結局却下されて翌年四月二〇〇万円を納付した(24)。その結果、二九〇万円二九八三円が富山市の収入となった。その間、賞金、経費等の除く宝くじの収益金は凍結されていたが、財政赤字に悩む富山市は中間金として三五〇万円を県から受け取って苦境を切り抜けたという。なお富山市は一〇の新制中学、二七の小学校の施設設備費の二三〇万円の費用に振り向けたいとして、県に収益金の仮払いを要求していたが、少なくとも昭和二二年一二月までは、県は納付金問題の結果

図3

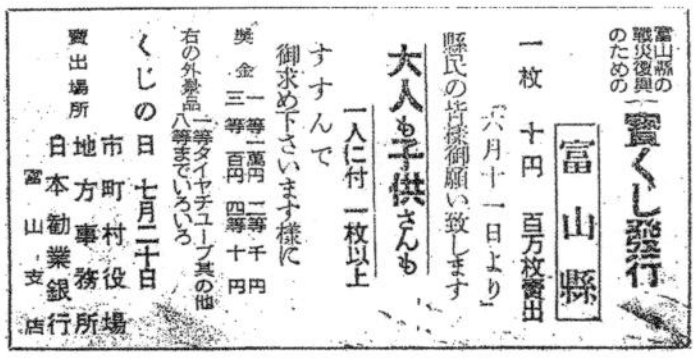

(『北陸夕刊』昭22・6・19)

図4　県復興宝くじの発売広告を見る女性

(『北日本新聞』昭22・6・10)

図5　復興宝くじ抽籤会案内

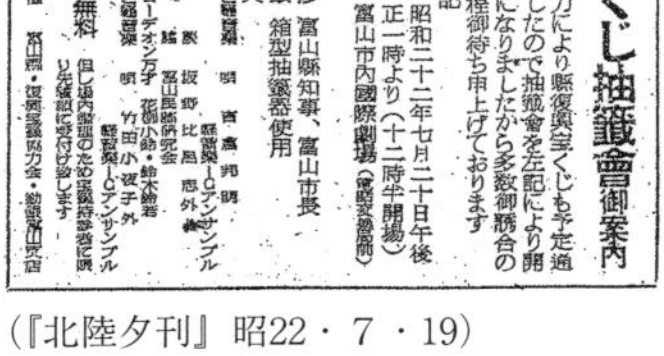

(『北陸夕刊』昭22・7・19)

が出るまでと、それに応じていなかった。この第一回宝くじの収益の二九〇万円という額が、かけられた労力と引き合うものではなかったのだろう、富山市の発売はこの一回だけに終わった。

第4章でふれた富山県馬匹組合連合会（以下、「県馬連」と記す）の第二回開催は、この第一回富山県復興宝くじの抽せんが行われた直後だった。官民一体全力をあげてなんとか一〇〇〇万円を売り上げた復興宝くじに対して、ファンに頼る競馬のこの第二回開催の総売上は三二五万円、八月までの第三回までを総計すると八四〇万円、一一月の第四回は一八八万円と売上が大きく落ちたが、それでも計四回の総売上は一〇〇〇万円を超えた（第4章）。

総売上の三割近くが収益となる宝くじと総売上の三割強から賞金、開催費等の経費と馬券税を引いた額が収益となる競馬を単純に比較することはできないが、収益率は確かに宝くじの方が高かった。それでも富山市にとって、財源としての競馬の魅力は大きかった。県馬連からの納付金、さらに地元には馬券以外の金も落ちる。

ときの富山市長は、復興宝くじの抽せん、県馬連主催第二回競馬の開催が終わった直後、宝くじ、競馬の魅力をつぎのように語っていた(25)。

小学校仮校舎、年内に全部二部制にしたい、明年度からさらに増築して子供たちに不便のないようにして正常な授業をさせたい、これにはさきの宝くじが大いに役立っている。……経済界の現状からみて、循環性のないところの積極的な市営事業は危険率が多いので、なるべく手控えにし競馬、第二次宝くじ、新税などによって賄い、どうしても切盛り出来ぬときは起債によるという行き方でこの難況を切り抜けるツモリだ。

富山市は、第二回の宝くじはともあれ、五福の旧練兵場跡地への競馬場設置には意欲を示し続けていた。

だが富山市、県、候補地の入植民などの利害が対立して政治問題化し、知事も決断を下せないままにこの昭和二二年を終えてしまう。そして富山市は、この行き詰まりの状態が続いたことで、結局、競馬から戦後の新興ギャンブル競輪に乗り換えることになる。

2　練兵場跡地問題——競馬から競輪へ

戦後、各地の連隊跡地に新制大学が設置されるケースがあったが、現在私が勤務している富山大学もその例で、戦前は歩兵第三五連隊が駐屯していた。そして富山大学に隣接している五福運動公園には、県営富山球場、陸上競技場、テニスコート、グランド等の施設が設けられているが、ここはかつてその第三五連隊の練兵場であった。この跡地が、先にもふれたように、富山市が熱望していた競馬場の第一候補地であった。工費二三〇万円で九九〇〇坪の近代的な競馬場を設置するという計画だった(26)。

図6

富山師範（現・富山大学五福キャンパス）

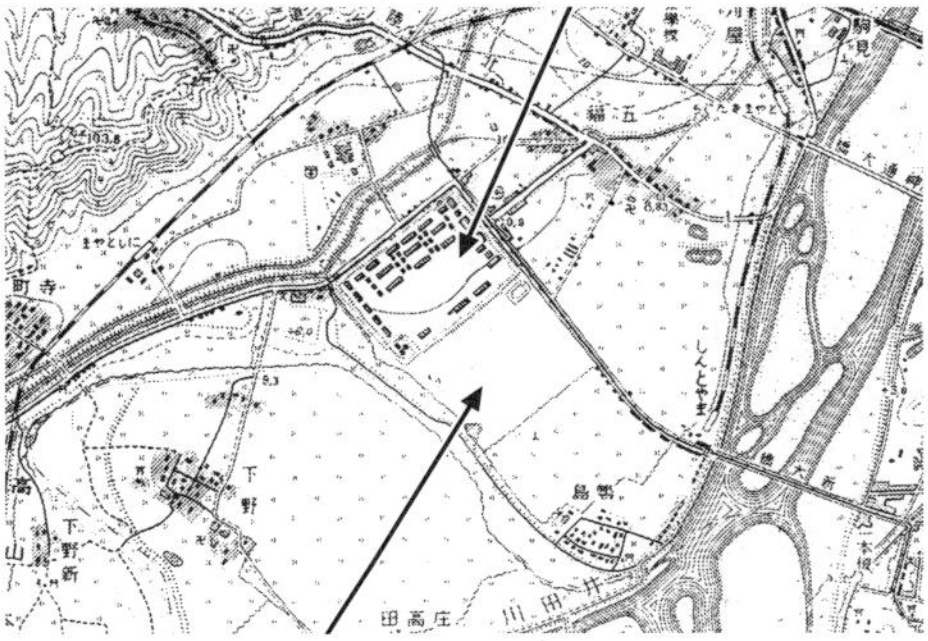

練兵場跡地（現・五福運動公園）

（2万5千分1地形図・富山・昭和23年5月刊、国土地理院）

同練兵場では、第三五連隊の支援を受けた県畜産組合が、昭和五（一九三〇）年四月に八尾に富山最初の地方公認競馬場が設置されるまで、大正一三（一九二四）年から昭和二年にかけて優勝馬投票も行って計五回の開催、その後は地方競馬規則（昭和二年八月制定）を受けて昭和二年から昭和四年にかけて毎年一回の計三回、馬券（景品券）を発売して競馬を開催していた(27)。この意味で練兵場跡地は富山の地方競馬の発祥の地。富山市の計画は、その歴史の記憶を甦らせる復活案でもあった。

昭和二一年六月、旧第三五連隊施設には師範学校が移転、授業を始めた(28)。一方、練兵場跡地は、戦後軍事施設が大蔵省所管となったのを受けて名古屋管財局の管理下に置かれていたが、県の指導、斡旋により付近農民及び被災者、引揚者の四二〇世帯が開墾に入っていた(29)。なお戦後の富山の入植地としては、立野ヶ原陸軍演習場、倉垣富山陸軍飛行場、呉羽陸軍練兵場、金屋陸軍射撃場の跡地など軍用地、その他に山間地などがあり、昭和二〇年、県下で一一地区に三二八戸の入植が行われていた(30)。練兵場跡地の利用法については未定だったが、戦災復興院は、昭和二二年一月一七日付で、富山都市計画の緑地帯として公示した(31)。

このとき、強力に練兵場跡地に競馬場設置を求めていたのが富山市だった。繰り返せば、市街地の九九％以上を失うという激しい空襲に見舞われた富山市が、復興の資金源としようというものだった。富山市は、前年一一月復興競馬と銘打った闇競馬を田中町で「後援」していたが、その際も可能であれば練兵場跡地での実施を望んでいたに違いなかった。富山市は、その実現に向けて具体的に動き出した。昭和二二年一月二三日付で、和田博雄農林大臣、松村眞一郎中央馬事会会長、難波理平農林省畜産局長、石丸敬一富山県知事、池内佐次県馬連会長宛に、練兵場跡地に市営競馬場設置を求める陳情書を提出した(32)。

この直前の一月一八日、全国戦災都市連盟の結成大会が姫路市で開催されていた（以下、戦災都市などの陳情に関しては第3章）。姫路市長石見元秀が全国で被災した九〇余の都市に呼びかけたものだったが、富山市もその一員に加わっていた。結成大会では、第一要望事項として、「戦災都市に限り市営競馬を優先的に実施し得るよう地方競馬法の改正方を当局に要望の件」を満場一致で決議、その陳情書は、三月、衆議院請願委員会に提出された。先の富山市の陳情は、これと連動、将来的な開催権の獲得をにらんでのものだったと思われる。戦災都市連盟は、帝国議会、農林省に強く働きかけていったが、同議会では戦災都市への開催権付与は建議が却下されて審議すらされなかった。政府（農林省）は、現時点では競走馬が少なく公益法人（馬匹組合）が望ましい、という姿勢を堅持していたからである。戦災都市などの陳情に対する農林省の態度は、きわめて冷淡であたかも馬匹組合（中央馬事会）のボスの代弁者であるかのような態度であったという。

このように富山市の開催権獲得の目途はまったく立っていなかった。新競馬場設置にしても、地方競馬法は競馬場を一県一ヶ所と規定しており、練兵場跡地に競馬場を設置するには、高岡競馬場の廃止が絶対条件だった。地方競馬法施行後、各地でも公認競馬場が指定されていったが、富山では高岡競馬場だった。富山市は公認の移譲を望んでいたが、高岡市は拒否、高岡市と富山市の公認をめぐる綱引きとなっていた(33)。高岡市は空襲を受けていなかったが、財源の一つである競馬場を手放す気はなかった。それに加えて元々富山市と高岡市は対抗意識が強く、富山市が右といえば、高岡市は左というような関係だった。たとえば、後(昭和二四年三月)に、そのような関係の一端がつぎのように報じられていた(34)。

戦災にあった富山市と非戦災の高岡市は戦後の復興をめぐってことごとに対立的な立場にたっている、たとえば高岡市を中心とした呉西側が伏木港こそ日本海方面における唯一の貿易港としての発展策を全県的に推し進めようと協力を要請すれば、富山側ではとかく岩瀬港を中心にとりあげて発展策をはかり、更に高岡市が証券取引所の復活をはかって富山市に協力をたのむと、それは富山でもやりたいのだと独自の立場で富山への誘致策を行い、最近では全国実業団バレーボール大会の開催場所をめぐって同じ事が繰返されるばかりか、博覧会の開催も富山市がやれば高岡でも案を練るといった対立的気分がことごとに醸し出されている……

別の新聞も、このような対立を、当時の米ソの冷戦になぞらえて、「高岡、富山に鉄のカーテンも張りかねない向う意気のあらさ」と評していたほどだった(35)。

この高岡市の拒否があるなかで、富山市は競馬場案を具体化させていった。練兵場跡地に緑地帯を配した総合運動場を設置してそのなかに競馬場に組み込む案だった(36)。これより先の富山市の戦後復興の都市計画案のなかに、スポーツ都市化の第一歩としてプール、トラック、野球場などをもつ総合グランドの設置が盛り込まれていたが、市会でそこに競馬場を加えたものであった(37)。

高岡市との綱引きのキャスティングボートは県が握っていたが、県内部での練兵場跡地活用計画案も、農地課が農地化、厚生課が宅地化を主張するなど一本化されていなかった(38)。それに県としては、この時点では、競馬場設置を含む富山市案には反対だった。二月一〇日には、富山管財支所長（税務署）が主催して、この問題に関する県、市当局関係者相互の懇談会を開いたが、物別れに終わっていた。またそこに、四〇数年前、軍用地として土地を収用された農家が、軍拡の時勢に押されて陸軍に土地を取り上げられたものとして、県に対して返還を陳情するという動きも加わった(39)。

かねて売上増につながると富山市への移転を希望していた県馬連は、三月三日、役員会を開催、練兵場跡地への競馬場建設促進方を確認、高岡競馬場と並ぶ二つ目の公認競馬場としての認定を求める陳情書を農林省他関係機関に提出した(40)。

この行き詰まり状態のなかで三月三〇日地方競馬法が一部改正され、一県二ヶ所の競馬場の設置が可能となった。したがって法的には、富山市と高岡市の二競馬場が並立可能となった。だがこの地方競馬法の改正は議員主導で強引に実現させたものであり、農林省は増設を農林大臣の許認可事項として、そのハードルを高く設定、歯止めをかけようとしていた（第3章）。富山の売上高、馬資源、そして戦前の状況を考えれば、農林大臣の許可が得られる見込みは小さかった。それに資金調達の問題は別にして、富山市がこの時点で競馬場建設を決断したとしても、県のバックアップがなければ、農林大臣の認可の可能性はほとんどなかった。それに元々富山に二ヶ所を設置するということ自体が、開催経費、競走馬の確保、ファンの購買力から考えても非現実的であった。県馬連の陳情はあったが、富山の競馬場は一つというのが現実的な選択肢であった。したがって二ヶ所への法改正があっても、練兵場跡地への競馬場新設は、高岡競馬場の廃止が前提であることには変わりがなかった。

それでも富山市は、市営競馬場設置に向けて、練兵場跡地の入植者との協議に入ろうとしていた(41)。管理する大蔵省が、地元民との協定を条件に、競馬場設置への尽力を富山市に約束していたからである。五月三一日、土地問題、資金関係、完成期日の諸件に関して、富山市と県、馬連、地元、馬事振興会との間で協議が行われたが(42)、地元民は競馬場設置を拒否した。それに加えて市当局内部にも、学務課が総合運動場設置案、厚生課が市営住宅案といった意見の分裂があり、また県の緑地帯案もあって、市営競馬場案は行き詰まっていた(43)。

この練兵場跡地問題は、田中啓一知事（在任期間：昭二一・一・二五〜二一・七・九）以来、石丸敬次（同二一・七・九〜二二・二・二八）、羽根盛一（同二二・二・二八〜二二・四・一九）と続く歴代の官選地方長官（知事）の懸案となっていたが先送りにされており、この年四月の初の統一地方選挙で選ばれる公選知事に判断が委ねられることになった。その初代知事舘哲二（四月一九日就任）も、当選後の六月、戦時中内務次官であったことを理由に公職追放の指定対象を受けたこともあってか(44)、この問題に裁定を下さなかった、あるいは下せなかった。この棚上げ状態が続いているなか、一一月舘知事の公職追放が正式に決定、高辻武邦副知事が知事代理に就任した段階で、名古屋財務局は県宛に期限付きで活用（処分）案を提出することを求めてきた(45)。提出がない場合、独自の立場で処分するとの通告だった。

これに対して県の内部には、農地課の農地化、厚生課の宅地化（引揚者・庶民住宅六〇〇〇戸建設計画）の他に、富山市学務課に呼応して体育課を中心とした総合運動場案（競馬場を含まない）が浮上してきていた(46)。三万坪の払い下げを大蔵省に申請、予算一〇〇〇万円の内、半額の五〇〇万円を失業対策事業として国庫補助に求め、県及び富山市が五〇万ずつの計一〇〇万円を負担、残りの四〇〇万円を県民の寄付を募るというプランだった。この直前の一〇月三〇日〜一一月二日、第二回国民体育大会が石川県で開催されていたが、その主会場として建設された金沢市の総合グランドを強く意識したものでもあった。県体育連盟が三月からその声をあげていたが(47)、公共事業、失業者対策として、また富山（越中）に強烈に存在する石川（加賀）へのライバル意識あるいは劣等感にも訴えて、この時点の県内部ではこの総合運動場案が最有力となっていた。

一方、富山市は、折にふれて市長が意欲を表明するなど、市営事業として競馬を開催したいという立場を変えていなかった(48)。

この膠着状況のなかで一二月二三日、日本競馬会の国営化、地方競馬の公営化が閣議決定された（第4章）。県にとっても、財源確保のチャンスとなって、これまでのような「他人事」ではなくなった。実際、県総務部を中心として練兵場跡地への競馬場設置に向けての動きが表面化することになる。

その結果、この時点で、県体育課が総合運動案（競馬場を含まない）、富山市と県総務部が競馬場、県土木部が都市計画の緑地帯として富山市に払い下げという三すくみ状態となった(49)。そのほか県の開拓事業、自作農創出策の一環として同跡地には入植者が入っており、また警察が部長派出所庁舎及び官舎敷地として二〇〇坪の払い下げを要求していた。この状況に県は決断を下すことができず、年が明けた昭和二三年一月一三日付で大蔵省（名古屋財務局）に行った払い下げの許可申請は、「競馬場もしくは総合運動場」と両論を併記したものだった(50)。

二月七日、関係者が協議、その結果、一旦は、競馬場を含まない「総合運動場一本」という方向で進むことが、この時点で確認された(51)。総工費約一億円、五ヶ年継続事業として、陸上競技、野球、バスケット、庭球、バレー、サッカーなどの球技、相撲、プールなどあらゆるスポーツ施設のほか体育館、児童遊園地も設置する、工事は失業救済を目的とする公共土木事業として、国庫補助を求めて実施、残りの工費は県と富山市が負担、一般寄付も募り、とりあえず昭和二三年度は五〇〇万円を追加予算に計上するというものであった(52)。先の体育課案より、具体化されるとともに大規模となっていた。戦後、文化国家の建設が国家目標として掲げられ、スポーツ振興もその一つの柱とされたが、富山県もその波に乗るとともに、その箱物を建設する公共事業で景気、雇用対策を行おうとしていた。県は、その実現に向けて総合運動場建設委員会を設置したが、中心となっていたのが、後の副知事成田政次（当時教務

図7　総合運動場案内定を伝える記事

総合運動場一本で
だが競馬場もボロイぜ
旧練兵場問題に本腰入れる

（『北日本新聞』昭23・2・10）

部長）だった(53)。一方、この直前の二月二日、県馬事振興会幹部が、この春季の開催を実現すべく、富山市長尾山三郎に対して競馬場の設置促進方を申し入れていたが、富山市も、設置に向けて耕作民約一二〇名との立ち退き交渉を続けていた(54)。

そして県体育課は、ここでもつぎのように隣接県への対抗心という県民感情に訴えていた(55)。

金沢、新潟に立派な運動場があるのに本県にないとは実にはずかしい、各種競技場を他県のように分散せず集中させれば結構理想的な運動場となる自信がある、本県としてはぜひ競馬場を併設せず総合運動場一本にして北陸きってのスポーツの殿堂を実現したい。

戦後、軍馬改良に代る地方競馬の理念として、食糧増産、畜産振興、浮動資金吸収（インフレ防止）、娯楽の提供、そして新たな公営競馬では地方財政への寄与といったことが謳われていた。しかしここで語られていたのは、そういった地方競馬の存在よりも、戦後の富山では「スポーツの殿堂」の方が優るということだった。なおこの段階で、練兵場跡地の入植者には替地、あるいは補償金で処理することになったが、県開拓課は農地還元の主張を変えなかった(56)。

とはいっても、県にとって競馬から見込まれる収益の魅力も捨て難くなっていた。背に腹はかえられない。総合運動場の方向が確認された二月、知事代理高辻副知事は、含みをもたせてつぎのように述べていた(57)。

総合運動場建設については現在の旧練兵場を全部総合運動場に実現したく思っており、近く委員会を結成して具体化に乗り出すつもりでいるが、しかし競馬場にした方がよかろうという案もあるので各方面の意見をよく研究して雪解けを待って公示に着手するまで万全を期したいと思っている。

この時、財源不足に悩む県は、総額二一二五万八〇〇〇円に及ぶ一〇の新税の導入を計画していた(58)。競馬の収益と見込む七〇〇万円は、非常に甘い見通しに立つ過大なものではあったが、その新税案の内で最大の余裕住宅税七八〇万六〇〇〇円に匹敵していた。

四月には、積極的な競馬場推進派であった県畜産課が、具体的な設置計画を立案した(59)。畜産課は、県内部の反対派へ圧力をかけるかのように、「順調に行けば本年秋から競馬場として使用できる」と公言していた。幅員二〇メートル、一周一〇〇〇メートル、最小敷地三万二〇〇〇坪、コース内部に野球場やテニスコートなどを設置、運動場としても使用するという計画案だった。

一〇〇〇万円の資金を集め、練兵場跡地への競馬場設置を実現するために競馬協会が設立されようとしていたのは(第4章)、このタイミングだった。県馬連が、県内部の推進派及び富山市と連携しながら、県の財政的負担を回避して「民間資金」で実現をはかろうとするものであったようである。『富山新聞』は社説で、このような動きを、つぎのように批判した(60)。

……富山市練兵場利用問題についての県の態度もわれわれには不可解である。……馬事会の要請と称して競馬場としようとしている。これらは馬事会あるを知って県民あるを知らない県議会に対する馬鹿な迎合でしかない。……これを総合運動場にするという県民の声を無視して、年収六〇〇万円の財源を得るために競馬場とせんとしている。六〇〇万円の収入とスポーツの殿堂としての文化的施設といずれが県民にとって利益であるか考えてほしい。……県理事会は県の世論は何であるか明察し、もっとピントのあった政治をやらねばならない。

ここでも地方財政へ寄与する地方競馬よりも、「スポーツの殿堂としての文化的施設」の方が県民の利益であるとの判断が、世論の名を借りて下されていた。戦前とはまったく異なる競馬への姿勢だった。

このような競馬場に関する批判とともに、連隊跡地が新制富山大学の集中キャンパスの候補地としても浮上してきていた（後述）。この集中キャンパス案は、ＧＨＱ東海軍政部の強い意向でもあった。県の教育部長は、七月五日の教育委員会の席上で、「競馬場設置は、地方財政を富にするには此の案は大層よいが付近一帯が学校となる故将来風紀上非難が多いだろう」と述べていた(61)。こういった文教地区に競馬（ギャンブル）場は不適切という声も設置に立ちはだかる壁になろうとしていた。そして繰り返していえば、富山の場合、こういった膠着状況を突破して一気に新競馬場実現にもっていくだけの実力者、政治力、資金力を欠いていた。

練兵場跡地問題に打開策が見出せないまま七月一九日の新競馬法の施行を迎え、三〇日までに県馬連の資産は県に移管された(62)。県にとってもこのままでは、劣悪な施設の高岡競馬場での開催になってしまう。それに県営競馬の運営、開催体制、条例は未整備であり、それも急がなければならなかった。

また新競馬法の施行で、戦災都市にも開催権が与えられた（第6章）。富山市も一員である戦災都市連盟の強力な運動もあって、議員側の修正によって新競馬法に盛り込まれることになったものだった。そうはいっても、先の昭和二二年三月の地方競馬法改正の際と事情は変っておらず、富山の競馬場は一つというのが現実的な選択肢であった。したがってこのままでは、富山市が開催権をもつことができるにしても、高岡競馬場での開催となる。何かにつけて対抗している高岡市の介入を受けるのは避けたかっただろうし、収益も少なくなる。

富山市は新競馬法の施行とタイミングをあわせて、練兵場跡地への競馬場設置実現のための強力な運動を展開すること、また市議会も七月二一日の幹事会で知事代理高辻副知事宛に早急な実現を要望する建議書を提出することをそれぞれ決定した(63)。競馬協会の設立はならなかったが、解散に追い込まれた県馬連も、富山市と共同歩調をとって県へ圧力をかけていたと思われる。

だが体育課と畜産課、開拓課に代表される県当局内部の対立は容易に解けなかった。これに高辻副知事は決断が下

図8　「練兵場、人か馬かで迷わせる」

馬（県費捻出）と人（体育）の争いを県民に擬されたカラスが行司をつとめている（『北日本新聞』昭23・8・8）。

せず、公聴会、あるいは世論調査を行って決定する意向を表明していた(64)。問題の先送りだった。だが総合運動場推進派の成田政次が、この八月に総務部長、一二月に副知事に就任したことで(65)、県は総合運動場設置に向かっていくことになる。

　図8の漫画は、この頃の練兵場跡地をめぐる行き詰まりの状態を風刺したもの。この問題が大きな関心を呼んでいたことを明らかにしてくれている。

　尾山富山市長は、五福練兵場跡地の問題に埒があかないと判断、八月に入り岩瀬・扶桑金属工場跡地一〇万坪（現・富山市岩瀬スポーツ公園一帯）を候補地の一つとすると表明した(66)。この敷地は、農地には不適と、地元民が富山市に競馬場設置方の陳情を行っていたが、それを受けてのものであった。これに県議会の経済委員会も呼応した動きを見せ、八月七日同地を視察した。北陸本線東岩瀬（現・東富山）駅と旧富山港線（現・ライトレール）蓮町駅の中間に位置し、農地法の対象とならないなどの条件からみて競馬場としては最適ということだった。

　この時点で県、富山市、旧県馬連、そして民間が加わり、競馬協会あるいは施設会社を設立して、建設するという案に合意できていれば、富山市の新競馬場も実現していた可能性があった。しかし繰り返せば残念ながら、富山市も県も旧県馬連も、一気に新競馬場実現にもっていくだけの実力者、政治力、資金を欠いていた。

　だがこのように競馬場設置を実現する強い意欲を見せていた富山市も、あっさりと設置を撤回することになってしまう。というのは、昭和二四年に入ると競輪場設置へとその立場を転換させてしまったからである。競輪は、敷地、建設費、維持費、開催費等、すべての面で低コストに開催でき、競馬よりは高い収益性が見込める。手っ取り早く、収益をあげようとするならば、競馬は競輪に及ばなかった。この昭和二三年一一月の第一回県営競馬も実質上赤字となっていたから（第7章）、その事実も富山市の競馬への意欲を削いでいたはずである。元々富山市が競馬に意欲を

図９　競輪場建設をめぐる疑惑を報じる県内三紙

〈北日本新聞〉

(『北日本新聞』昭25・２・９)

〈北日本新聞〉

(『北日本新聞』昭24・11・14)

〈富山新聞〉

(『富山新聞』昭25・２・27)

〈北陸夕刊〉

(『北陸夕刊』昭25・２・12。写真は無関係)

表し続けたのは財政の観点からだった。そこから考えれば、当然の乗り換えだった。競輪は、昭和二三年一一月小倉で開始されたが、その大成功を契機に、全国の自治体の間に瞬く間に競輪熱が高まっていった。富山市もその例外ではなかった。かつて闇競馬時代県馬連会長であった池内佐次を代表者とする富山県競馬振興会が昭和二四年三月、富山市への競馬場建設を県議会に陳情していたのは(67)、このような富山市の競輪への転換に対する危機感も動機になっていたと推測される。富山市は、昭和二四年九月競輪場設置を具体化させ、一〇月には「正式決定」の運びとなった(68)。純益一〇〇〇万円というのが、この段階での富山市の皮算用だった(69)。取手、奈良、霞ヶ浦(三重)と相次いで競馬場を競輪場に転換するところもあったぐらいだったから(本章４)、最初から競輪場というのが合理的であった。なお競輪に方針転換した富山市は、練兵場跡地も競輪場設置計画の候補地の一つとする

図10　開催初日

初日から大穴一万円
富山競輪の滑り出しは好調

（『富山新聞』昭26・4・7）

図11　昭和二六年開催の収入と観客

市収入は六百万円
延べ十三万人が入場

（『北日本新聞』昭26・11・16）

が、当然認められず[70]、現・富山競輪場敷地（富山市岩瀬池田町）に建設となった。

用地選定をめぐっての富山市議などの汚職疑惑に対して捜査のメスが入り、また施設建設にあたろうとする二つの競輪会社がそれぞれ市議や市長をバックにもって対立を続けていた[71]。県内三紙は、昭和二四年一二月から翌昭和二五年四月にかけて、この問題を連日のように報道、追及、スキャンダル化していった。その後も工事請負代金、開催売得金の分配比率などをめぐっての競輪会社との対立が続き、最後まで追求していた昭和二五年一一月開催も実現できなかった。だがこのように強い批判に曝され、難問に直面しても、競馬とは異なって富山市は計画を放棄しなかった。全国の各競輪場の売上を見れば、ごく少数の例外を除いて、濡れ手で粟式の利益がほぼ確実だったからである。富山市が市営競輪の開催にこぎつけるのは、当初予定よりは一年近く遅れた昭和二六年四月のことだったが（四月六日の開場式も賃金不払いの抗議運動から流れた）、この年計一〇回の開催で、売上は約二億八一〇〇万円、入場者数一二万八〇〇〇人と競馬では及びもつかない数字を残し、競輪会社への建設資金償還、競輪振興会への手数料も支払っても、六〇〇〇万円の収益をあげた[72]。富山市が競輪に乗り換えたのも、財源ということから考えると、適切な選択であったことを実証した結果だった。石川の金沢競馬も、昭和二五年第四回開催は、折から開設した福井競輪（市営）の影響を受け、売上を減らしていた[73]。

話を、練兵場跡地の競馬場設置問題にもどすと、昭和二三年末、競馬場新設に大きな逆風が吹いた。ＧＨＱが、外国から食糧援助を受けている状況のなかで、農地の競馬場への転換は認められないとの見解を表明したことだった(74)。GHQの畜産担当は天然資源局だったが、同局は馬の生産牧場も農地改革の対象とした。この措置に抗議に訪れた競馬部長に対して、天然資源局の農地改革事務担当者は、「敗戦日本が競走馬のような贅沢品を作り、食糧をアメリカの援助に仰ぐなどは以ての外。君は農林省の方針を乱す不良役人である」、と言い放っていたという(75)。これを受けて、一二月二一日付で農林、建設の両省は、「農地改革も最終段階に入ったが最近全国的に競馬場、ゴルフコースの建設のためにみだりに農地を転用する傾向がある、多量の輸入食糧をうけている日本の現況、農地開拓適地をかかる施設に使わないよう、また該当地にかかる建設を許可しない」旨の通達を行った(76)。練兵場跡地は、農地ではなく緑地帯であったが、このような見解、通達が与えた影響は大きかった。

なおこれより先の昭和二三年一月、GHQは不在地主などの牧場の開放を指令、これを受けて三月自作農創設特別措置法改正案が成立、五月競走馬の生産牧場の買収の方針が決定されていた(77)。戦前のサラブレッド生産の双璧であった三里塚御料牧場、小岩井農場などが馬産からの撤退を余儀なくされたのは、このような状況を受けてのものだった。

図12

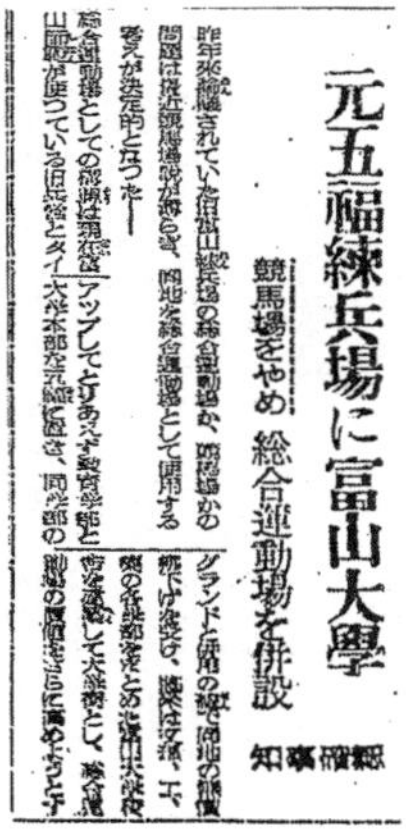

元五福練兵場に富山大學
競馬場をやめ 総合運動場を併設

(『北日本新聞』昭24・2・16)

図13

お挨拶
縣民各位の多大の御援助により本大学は来る十五日第一回の入学式を挙行し茲にいよいよ発足することになりました。厚く感謝の意を表すると共に今後一層の御支持をお願い致します
富山大學

(『北日本新聞』昭24・7・14)

そして、前年来からの富山大学の五福設置案が現実のものとなったことも、競馬場設置を不可能とさせる要因となった。文教地区に、競馬(ギャンブル)場が入る余地はないということになったからである(78)。富山大学は、文理、教育、薬学、工の四学部で、法的には昭和二四年五月三一日に発足、実際の開学式は七月一五日に行っていたが、その段階では、教育学部を除く三学部は五福とは別の場所に位置していた(79)。GHQ東海軍政部は、富山大学創立を機に、文理学部(富山高等学校、富山市蓮町)、薬学部(富山薬学専門学校、富山市奥田町)、工学部(高岡工業専門学校、高岡市)を旧第三五連隊跡地に集中す

図14　富山県総合運動場の構想と将来

富山縣総合運動場の構想と将來

自信ある計畫樹立

旅館や觀光施設の進行も必要

（『富山新聞』昭24・8・27）

ることを強く指導していたが、結局三学部は同意しないままで創立を迎えていた。しかし三学部の五福移転が全学の合意事項であり、既定路線であることに変わりはなかった。先の高辻知事の記者会見での表明は、この五福キャンパス案をふまえたものだった。ちなみにこの富山大学の五福キャンパス集中が、最終的に実現するのは工学部が高岡市から移転する昭和六〇（一九八五）年のことになる。

　このようにして、昭和二四年を迎えると、練兵場跡地に競馬場設置という案の実現性はゼロとなり、総合運動公園に軍配があがることが

図15　竣工した富山県営球場

HOKURIKU-YUHAN

偉觀！縣營球場

（『北陸夕刊』昭25・7・19）

決定的となった。二月一五日、高辻知事は、練兵場跡地を競馬場にはせず、総合運動場建設と大学街構想を言明、昭和二四年度から、総合運動場五万坪の建設計画の内、一万坪を野球場にあて、失業救済公共事業として実施する予定である旨を表明した(80)。将来、総合運動場は、総工費四、五億円をかけて、野球場の他に体育館、陸上競技場、相撲場、庭球場、バレーボール場、バスケット場、水泳プールのほか児童遊園地、動物園、植物園に緑地帯から花壇も取り入れたものとする計画であった。

　当初計画では、五月から総工費三五〇〇万円、内国庫補助一五〇〇万円で、まず野球場建設に取り掛かる予定であった。ところが、この年、国家予算はいわゆるドッジ・ラインの超緊縮財政となり、この国庫補助の見通しがまったく立たなくなってしまった。建設費用の一部捻出のため、スポーツくじ、野球くじの発売も検討されたが、こちらは収益をあげられないと断念された(81)。また工費の回収もあってか野球場のなかに競輪場併設案も出ていたが、これは西宮、甲子園、後楽園で実現していたもの

であり、このあたりにも時代を感じさせていた。だが競輪の主催権は富山市に付与されており、その富山市は、独自の競輪場建設に動いていたから、この併設案は現実味がまったくなかった。結局、二六〇万円の失業対策費も予算化され、県も苦しい財政のなか、戦後初の県立体育施設として県営富山球場建設を決断、七月測量開始、九月に着工、翌昭和二五年七月竣工した(82)。敷地一万三〇〇〇坪、総事業費四五五〇万円をもって観客収用数二万五〇〇〇人の本格的野球場が出現した。「富山県にすぎたもの越中立山と県営球場」、といわれるほどの施設で、東洋一と称された(83)。この野球場の完成を記念して、昭和二五年七月二三日、プロ野球の広島カープ、国鉄スワローズ、読売ジャイアンツ、中日ドラゴンズの四チームを招いて公式戦が行われた(84)。ついで八月一四日に行われた南海ホークスと大映スターズの試合が放棄試合となって野球史にもその名を残すことになった(85)。

このようにして、富山の馬券発売を伴う競馬の発祥の地である練兵場跡地への競馬場設置は見果てぬ夢に終わった。だがこれとは別の富山市への移転案も、計画としては具体化していた（第8章）。その実現は、県営競馬の推移にかかっていた。

3　山梨の競馬と競輪

戦後、全国で最初に地方競馬が開催されなくなったのは山梨県、昭和二三年一〇月の県営第一回、富士吉田競馬場でのものが最後となっていた。昭和二四年に入り、甲府市が、同市旧軍用地への競馬場移転、開催に強い意欲を示していたことで、県は富士吉田競馬場を放棄したが、同年中にその移転の目途が立たず移転計画は頓挫、その後、甲府市が、競輪場設置へと転換したことで、そのまま競馬が開催されなくなってしまった。富山の移転問題と類似している点もあるので、ここでその経緯を簡単に紹介しておく。

昭和二一年一一月二〇日の地方競馬法施行を受けて、山梨県馬匹組合連合会（以下、「山梨県馬連」と記す）が公認競馬場と決定したのは玉幡競馬場だったが、一一月三〇日、翌年四月一〇日からの二回の開催を経て、次の八月一〇日の開催からは富士吉田競馬場に移し、同年九月三〇日からもう一度開催を行っていた（第2章）。

昭和二三年、公営化前の開催は、五月一、二、三、五、六、七日(86)。この開催、集客策の目玉として埼玉の女性騎手三名が登場、女性騎手は昭和二五年に岐阜や山口が養成することになるが、出走だけとはいえ、それに先行するものだった。騎乗規定では女性騎手は認められていなかったが、「自家乗馬の場合免許証がなくてもよい」との規定を運用したものだった。静岡、埼玉、神奈川などの県外馬も併せて合計約七〇頭。賞金も従来の三倍の五五万と引き上げられていた。数百万円単位であった神奈川県などには到底及びもつかなかったが、富山県馬連の最後の開催の二〇万円を大幅に上回っており、女性騎手とともに山梨県馬連の意欲を明らかにしていた。それが功を奏した格好で、売上三一一万七二八〇円とこれまでの最高を記録した。

しかし、売上規模が富山とほぼ同じかそれ以下であるのに、富山の同年四月開催の二・七五倍という賞金総額は山梨県の高コスト体質を端的に示すものに他ならなかった。有力馬を集めようとすると、関東諸県との兼ね合いで賞金を高めに設定せざるをえず、それを改めるのは難しかった。富士吉田競馬場で、県馬連が主催した三開催は赤字で、馬券税二〇万円余も滞納のままだった(87)。

競馬法施行を受けて、八月一日、富士吉田競馬場を主とする県馬連の資産は、このような負債も含めて、県へ承継されたが、山梨県は九月一一日、地方競馬実施条例などの関係条例を制定、一〇月八日、県営第一回を開催した(88)。この開催は、つぎのように報じられた(89)。

　第一回県営競馬は八日を皮切りに一四日まで岳麓富士吉田町富士吉田競馬場に他県からの出場馬をも加え約一二〇頭が紅葉しはじめた諏訪の森に囲まれた馬場に速歩駈歩と駿馬振りを争っている、観覧席にはアメリカの兵隊さんたちが可愛い子供を交えた家族連れで夕暮れまで楽しんでいる、入りも先ず上々というところ。

馬券売上一九九万七八八〇円、入場料他二万九九一〇円で総収入計二〇二万七七九〇円、一四万六〇五四円の赤字だった(90)。県は、さらに赤字を加えたことで、馬連から引き継いだ負債の処理も難しくなった。馬連時代の馬券税（国税）二〇万円余も滞納のまま、これに大月税務署は、昭和二四年四月、富士吉田競馬場の木造家屋等八〇坪を差し押さえ公売処分に付した(91)。県は土地は別として、同競馬場を放棄することを決定していたので、その処分を受け入れたのだろう。とはいえ山梨県は、県営競馬存続を前提としていた。甲府市が主導して、売上増が期待できる同市内への新競馬場の目途が立っていたように見えていたからである。だが結果的に、先の県営第一回が、山梨県での地方競馬の最後の開催となった。

これより先の二月頃にはすでに甲府市が、市制六〇周年記念事業の目玉として市営競馬場建設へ強い意欲を示していた(92)。旧六三部隊射撃場跡地（現・緑ヶ丘運動公園、スポーツ公園一帯）に一周一六〇〇メートルのコースを設置、場内に総合スポーツ場を併設して、体育界に開放するという構想だった。近くに湯村温泉もあり、帯那山から昇仙峡にまたがる一帯の観光振興策の一環でもあった。甲府出身の在京財界人から数千万円に及ぶ出資を得て、競馬場建設、管理運営にあたる競馬事業委託会社を設立し、その収益を寄付名義で市に納付させようというものだった。計画では、その納付金は年三〇〇〇万円が見込まれていた。一二月には一旦、その委託会社の創立総会開催予定にまでこぎつけていたが、推進していた甲府市長のリコール運動、辞任劇、それに加えて予定地の農地からの転用、用地買収が難航していたことで、結局、計画倒れとなった。

また射撃場跡地は、敗戦後、進駐軍が接収、その後、解除されて農地として払い下げられていたが、県側が競馬場への転用を困難としていたこともその建設を難しくさせていた(93)。この昭和二三年末、GHQは、外国から食糧援助を受けている状況のなかで、農地の競馬場への転換は認められないとの見解を表明(94)、これを受けて農林、建設の両省は、一二月二一日付で、「農地改革も最終段階に入ったが最近全国的に競馬場、ゴルフコースの建設のために農地を転用する傾向がある、多量の輸入食糧をうけている日本の現況、農地開拓適地をかかる施設に使わないよう、また該当地にかかる建設を許可しない」旨の通達を行っていた(95)。山梨県の見解もこれに従ったものであった。

競馬法には、戦災都市への開催権付与が盛り込まれていたが、すでに甲府市は一〇月四日その指定を受けていた(96)。したがって、たとえ県が開催権を放棄しても、甲府市単独で開催は可能だった。それに甲府市の開催への意欲は強かった。こういった甲府市の態度もあって、山梨県は、長野とともに、馬主登録、競走馬登録、騎手免許、審判などの専門職員の派遣、番組編成・開催日割の調整など地方競馬運営の合理化をめざした関東地方競馬組合（管理者都知事）の設立に加わり、一二月県議会に関係法案を上程していた(97)。

とはいえ競馬場設置問題は、膠着状態のまま時間だけが過ぎていった。早期の実現をめざす甲府市は、ついに翌昭和二四年四月一五日、競馬場建設に向けての測量、くい打ちの強硬策に打って出た(98)。これに開墾農民は強く反発、有力社会党議員などの反対もあって、着工どころかその目途も立たなくなってしまった。五月に入り、甲府市は他の候補地への変更を検討、あくまでも設置を追求したが(99)、実現しないままに昭和二四年も過ぎていった。この間当然、競馬開催は宙に浮いたままとなっていた。

そして折から競輪ブームが全国を席巻し始めていた。甲府市も、富山市と同様に、そのなかで、競輪場建設へと力点を移していった。競馬よりは低コストで、はるかに大きな収益をあげることができるのは、すでに他県で実証済であった。民間から設置の声があがったのは昭和二四年三月のことだったが(100)、甲府市の計画が具体化したのは昭和二五年に入ってから。三月市長が、市議会で財源確保と観光客誘致のために競輪を開催したいと表明(101)、六月の市議会に市営競輪場設置案が提案され、難航したが可決された(102)。

競輪場用地の住民の反対があったが、一旦交渉がまとまり、甲府市は八月、自転車競技法運営委員会、地方財政委員会、通産省に認可の申請を行った(103)。この甲府市の動きに、治安維持に責任をもてないと公安委員が辞任、また地域住民、市民が反対運動を展開するなど、混乱が続いてはいたが、後は認可を待つばかりとなっていた。だが折しも、九月九日兵庫鳴尾競輪での死者を出した騒動を契機に、通産省は、九月一六日から二ヶ月間の開催中止と各競輪場の施設改善を命じるとともに、新規の設置認可を凍結してしまった。その結果、甲府市の認可申請書も返還され、設置の見通しが立たなくなり、事実上却下と同じ事態となった。甲府市は、以後も昭和二八年まで、毎年、用地を変更して競輪場設置の申請を行い続けたが、結局、断念を余儀なくされ、甲府市営競輪は実現しなかった。

この競輪場設置をめぐる動向のなかで、競馬場建設は後景に退き、そして放棄された。

その結果、山梨県は、戦後、全国で最初に地方競馬が開催されなくなった県となった。富山が山梨よりも二年長く競馬を持ちこたえたのは、新競馬場建設計画が行き悩む中で富山市が競輪場設置に乗り換え、旧来の競馬場が維持されて開催が続いたという皮肉な結果の産物だった。

4　茨城取手、奈良、滋賀草津、福島会津の各競馬場の廃止と競輪

山梨市の競馬場、そして競輪場は見果てぬ夢に終わったが、昭和二五年以降、競馬場内に競輪場を併設するケースがいくつか見られるようになった。その場合、必ずしも競馬の廃止が前提になっていたわけではなかったが、結果的に併設された競馬場での開催は行われなくなった。茨木取手、奈良、三重霞ヶ浦がそういった例であった。また県内での競輪の開始とともに、福島会津、滋賀草津のように、競馬開催が放棄された競馬場もいくつか出現することになった。この昭和二四年〜二六年という時点で、新興ギャンブル競輪の勢いとその前に守勢一方に追い込まれた競馬の関係を端的に示してくれているので、ここでそういったケースを紹介しておく。

【茨城】

競馬から低コストで収益を見込める競輪への乗り換えようとする動きは、もちろん富山市だけではなかった。その

なかには、競馬場内に競輪場が設置されるケースもあった。
全国の地方競馬場で、最初に場内に競輪場を設置して競馬場を廃止したのが茨城県取手だった。
取手競輪場の竣工は昭和二五年一月末、茨城県が、取手競馬場の競輪場への転換を表明したのは前年一〇月のことだった(104)。

昭和二三年一一月の小倉競輪、一二月大阪住之江競輪、翌昭和二四年一月大宮競輪の大成功を受けて、昭和二四年三月までに全国で競輪開催の指定申請を行った県及び市は四〇を超えていた(105)。これに競輪を主管する商工省(昭和二四年五月から通産省)は、地方財源確保策の一環として、認可の方針で臨もうとしていたが、問題は、競輪場建設に必要な資材の確保及びGHQの意向であった。前年一二月、GHQは、日本経済再建策として政府に対して経済安定九原則を提示、三月この九原則を受けて超緊縮財政(ドッジ・ライン)が実施されることになった。その九原則のなかに「物資統制計画の拡大強化」が組み込まれていたが、これは建設資材の使用を生産企業以外には原則として認めないというものであった。またGHQは、食糧増産に支障を来たすと、競馬場と同様に競輪場建設にあたっても、農地、農耕適地の転用は認めない方針をとっていた。

これに商工省は、三月、GHQに対して、競輪場の使用面積は競馬場の一〇分の一で済むこと、農地、農耕適地を絶対に建設用地としないこと、建築にはできるだけ古材を活用、セメント使用を控えることなどを訴えて、二〇ヶ所の建設許可(「自転車競技法に基づく自転車競走場の建設許可に関する件」)を申請していた。時間を要したが、これにGHQは一〇月七日、通産省に対して、「競輪場の設置数の決定については、日本政府の裁量に一任」することを通知してきた。ただしこの間も、二月西宮、三月川崎、六月鳴尾、七月久留米、豊橋、八月小田原、千葉、松本、九月防府、岐阜、京王閣、長崎とつぎつぎと開設されていたから、必ずしも競輪場建設がGHQの許可を必要としていたというわけではなかった。

茨城県及び取手町は、このGHQの通知のタイミングを見計らっていたかのように、取手競馬場の競輪場への転換を表明した。かねて競馬の売上は一日平均八〇万円と伸び悩み、赤字となっていたことに対する起死回生策であった(106)。県は、競輪一開催三〇〇〇万円の売上を見込んでいた。これより先の九月、それまで土浦市と水戸市との間で繰り広げられていた茨木県内の競輪場誘致の争奪戦に、土浦市が勝利したと伝えられていたが(107)、それが撤回されていた。競馬場内への設置となれば、馬券売場もスタンドも活用でき、また農地の問題も生じなかったことで、取手に逆転決定したに違いなかった。

茨城県の県営競馬は取手競馬場、古河競馬場の二ヶ所で開催されており、県営化後の昭和二三年九月から昭和二四年三月までに、一開催六日間で取手二回、古河五回の計七開催が行われていた(108)。それぞれの総売上と一開催当たりの平均売上は、取手が五五四万七三五〇円と二七七万三六七五円、古河が四八六四万二四一〇円と九七二万八四八二円(109)、約三・五倍の格差がついていた。取手は、昭和二三年九月第一回開催では約四〇〇万円を売り上げていたが、一〇月第二回開催は一六〇万円という絶望的数字に終わり、その結果五〇万円の赤字を計上していた。県は、一定以上の能力をもつ馬たちの頭数を確保して開催を安定させるために七五〇万円という多額を投じてアラブ系などを購入、抽せん馬として馬主たちに配布していたが(110)、取手の赤字にこの財政負担が加わっても県営競馬として一〇〇万円の純益を出すことができていたのは、古河競馬が生み出す黒字のおかげであった(111)。当初、県は、昭和二三年中に取手三回、古河二回の県営競馬を予定、年一〇〇〇万円の収益を期待していたが(112)、まったくの見込み違いとなっていた。ちなみに県営競馬の観客一人当たりの購入金額は九五〇円だったという(113)。

取手競馬、昭和二四年第一回は六月二六日からの六日間の日程で開催された(114)。前回から八ヶ月以上の間があいたのは、売上低迷の打開策を講じていたためであろうが、今回の売上の凡そが判明する初日二六日が一八〇万円、二日目二七日二〇〇万円、三日目二九日一五〇万円と前回よりも大きく上昇に転じており、この三日分を単純平均した一七六万円で計算すると、この開催の六日間の売上は一〇〇〇万円を超えていたはずだった。立て直し策が効を奏した格好だった。だが先にふれた競輪場への転換表明直前に一〇月三日から五日間開催された県営第二回は、売上が判明する初日が一三〇万円、三日目八一万八九〇〇円余、四日目四八万円弱、この三日分を単純平均した八六万円で計算すると、この開催の売上は四〇〇万円前後だったことになり、前年の県営第一回並みではあったが、再び大幅な減少に転じていた(115)。

前年の県営化に際して、警察当局は、ボス（暴力団）に対する厳しい取締りの姿勢を度々表明していたが(116)、このような取手競馬の売上の増減は、県、警察、ボス（暴力団）の関係が実際にどのようなものであったかということにも左右されていたようである。

古河競馬場の売上（各六日間開催）の低落傾向も大きかった。一一月一日からの第一回水戸市営競馬の売上は六八一万三六〇〇円(117)、一二月二三日からの県営競馬が五五四万三四〇〇円(118)と、この昭和二四年県営第一回一月二五日からが一二九二万円、二月二〇日からが一二〇五万八〇〇〇円という数字と比べるとその半額にまで落ちていた(119)。それでも売上総額は取手よりも大きかった。

この競馬人気の低迷のなかで、茨城県にとって、全国各地で、そして関東各県で爆発的な人気を博している競輪の魅力は大きかった。古河は競馬の存続、取手は競輪に転換と県は決断した。取手町長も町会議長、議員の多くもこの転換話に飛びついた。

町長は、県の動きを受けて、つぎのように語っていた(120)。

県の案によれば競馬場と競輪場を併用する計画なので実現は困難と思われない、毎月開くことになれば当町の財政も大いに助かるだけでなく町の業者にも相当益する処あると思うのでこれが実現までは町民の協力をお願いしたい。

一二月二八日、通産省から取手競輪場の建設が認可された(121)。昭和二四年三月の段階で全国四〇数ヶ所の申請があったなかで、その多くを押しのけての認可だった。県と町をあげての運動が功を奏した格好だった。取手町長は併用を語っていたが、県にはその意思はなく、この時点で、取手競馬場の廃止が決定した。結局、取手競馬は先の一〇月の開催が最後のものとなった。県は、それまで農林部に置かれていた競馬課を廃止、競馬と競輪を主管する公営事業課を設置して総務部に置いた。

年があけ工費八五〇万円、一ヶ月の突貫工事で一月三一日に竣工、第一回開催の日程も、二月二六、二七、二八日、三月三、四、五日と確定した(122)。競馬場内に設置されただけあって、工費は安く済んでいた。

町をあげての支援体制がとられ、県外の宣伝にも力が入れられた。

県公営事業課長は、開催直前、月一回の開催、その売上を三六〇〇万円と見込んでいるとしてつぎのように語っていた(123)。

東京後楽園が一回に二億円、川崎一億九〇〇〇万円と競輪の売上は完全に競馬を圧倒している他県に遅れたりとはいえ、本県にもやっと競輪場が出来た、県財政の確立に寄与するため年八回はレースを催す予定だ、第一回競輪ではまず一日六〇〇万円として三六〇〇万円の売上を見込んでいる、年内には勿論総工費位の利益はあがる計画だ。

だが実際の売上は二六〇〇万円(124)。それでも取手競馬の五〇〇万円前後と比較すると驚異的な額だった。予想を下回ったとはいえ、競輪への転換は成功に見えた。

ところがその後の取手競輪の売上は伸びなかった。九月九日死者一人が出るという兵庫鳴尾競輪の騒擾で、九月一六日から二ヶ月競輪が中止となるまでの計六回の開催で、総売上一億三七五〇万円、一回平均約二二九二万円、各開催の売上の記録を欠くが、第二回三月二五～三一日、四月の第三回四月一五～二〇日までが黒字、後の第四回五月三一日～六月六日、第五回七月一六～二一日、第六回八月七～一三日は水害で中止、改めての第六回九月八～一三日の開催は赤字となり、トータルでも二〇〇万円の赤字を出していた(125)。建設費残額七〇〇万円の償還、また八月七日の小貝川が決壊するという水害による施設の復旧費三〇〇万円を加えると一二〇〇万円の赤字が残されていたという(126)。

関東地方で、取手競輪の前に開設されていたのは、昭和二四年三月川崎、八月小田原、千葉、九月京王閣、一一月後楽園、開設後には、昭和二五年三月宇都宮、四月前橋、松戸、五月村山（西武園）、花月園と新たな競輪場が誕生しており、これらの強力な競争相手と闘っていかなければならなかった(127)。

結果的にいえば、昭和二五年度（昭和二五年四月～昭和二六年三月）、取手競輪の総売上一億五二七四万六七〇〇円（開催日数四〇日間、一日平均三八一万八六六八円）は、関東地区のなかで最低の数字に終わっていた。ちなみに前橋五億七九一五万七二〇〇円（五五日間、一〇五三万一三一円）、宇都宮四億九一三〇万三〇〇円（六二日間、七九二万四一九八円）、大宮一〇億三九一九万七七〇〇円（五二日間、一九九八万四五七一円）、村山（西武園）三億七四五万二三〇〇円（四四日間、六九八万七五五二円）、京王閣八億二九三三万二一〇〇円（五〇日間、一六五八万六六四二円）、後楽園二三億八九七一万四三〇〇円（五〇日間、四七七九万四二八六円）、松戸六億二五二三万三一〇〇円（四四日間、一四二〇万九八四三円）、千葉八億九〇八〇万六〇〇円（五五日間、一六一九万六三七五円）、花月園一〇億四〇五二万九〇〇〇円（四七日間、二二一三万八九一五円）、川崎一七億六四七七万三五〇〇円（五二日間、三三九三万七九五二円）、平塚二億一五三六万七〇〇円（二〇日間、一〇七六万八〇三五円）、小田原四億九一九〇万六〇〇〇円（五〇日間、九八三万八一二円）だった。

ともかく取手競馬場は、競輪場へと転換された初めての地方競馬場となった。取手競輪は関東地区でも最低の売上高だったが、それでも競馬場時代の五倍強であった。

取手についだのが奈良競馬場だった。

【奈良】

全国の地方競馬場で茨城県取手に続いて、二番目に場内に競輪場が設置されたのは奈良だった。競輪場の竣工は昭和二五年四月、奈良の場合は、その後もこの年一二月までは競馬も開催されていたから、正確にいうと、全国で最初に場内に競輪場が併設された地方競馬場となっていた。そして奈良は、戦後、山梨、鳥取、富山に続いて、全国で四番目に地方競馬が開催されなくなった県となる。ちなみにそれぞれの最後の開催は、山梨が昭和二三年一一月、鳥取が昭和二五年五月、富山が八月、奈良が一二月だった。

昭和二一年一〇月から昭和二三年七月までの県馬匹組合主催時代、山梨、鳥取、富山三県の平均売上は、二〇〇万円台と全国でも最下位を争っていた（第2章、第8章）。また県営となった昭和二四年度も、全国の売上順位の最下位が鳥取二五〇万円（計一回四日間）、ブービーが富山の六八一万円（計三回一二日間）だった(128)。だが奈良では、県馬匹組合主催時代は一開催三〇〇〇万円台を誇り、その最後となった昭和二三年の二回の開催（各六日間）も、一月一五～二〇日が三四六八万八四〇〇円(129)、三月二八日からでは、三七一六万四四〇〇円(130)を売り上げていた。つまり売上高だけで見れば、山梨、鳥取、富山の廃止は自然の流れであったが、奈良は事情が異なっていたはずであった。

結論からいえば、奈良の問題は、まず全国の地方競馬でも売上、賞金ともに十指に入る京都長岡、大阪春木、兵庫園田という競争相手を周囲にかかえていたことだった。その結果、奈良の開催コストは高くならざるをえなかった。たとえば県内外の有力馬を誘致しようとすると、そのライバルたちを前に、相応の賞金、出走手当を必要とした。またファンも大阪、京都など県外がほとんどだったので(131)、宣伝、ファンサービスにも力を入れなければならなかった。さらにボスの力が強く、八百長が頻発し、場内の雰囲気もファンが忌避するようなものであったことも加わっていたようである。そしてとどめを刺していたのが、昭和二三年一二月大阪住之江競輪以後、関西地方で次々と各地で開催されていった競輪だった。

県営化以後、奈良の競馬の売上は低落を続けていた。

昭和二三年県営第一回一一月一日からが二〇〇六万二二七〇円、昭和二四年第一回一月一〇日からが二一六四万三七九〇円、第二回四月九日からが一五〇〇万円、第三回九月三日からが一三六六万二〇〇円、第四回一〇月一八日からが八八〇万円と、県営当初の四〇%近くにまで売上が落ちていた(132)。それまでの県馬匹組合主催時代が、昭和二一年第一回一二月二三日からが一〇八九万四九六〇円、昭和二二年第一回二月九日からが一九五八万一六七〇円、第二回四月一七日からが二二〇二万八〇五〇円、第三回九月二四日からが三四一一万五八九〇円、昭和二三年第一回一月一五日からが三四六八万八四〇〇円、そして馬匹組合主催最後の第二回三月二八日からが三七一六万四四〇〇円と回を重ねるごとに上昇していたこと(133)も合わせて考えれば、県営競馬の売上は、馬匹組合時代の五四%から始まり二四%まで落ち込んでいたことになり、その急減振りが一層明らかとなった。なお昭和二一年第一回が五日間であったことを除けば、県営も含めて開催はいずれも六日間だった。ファンが奈良競馬を見捨てた結果の数字といわざるをえなかった。繰り返せば、ボス支配、八百長の跋扈もその要因となっていたに違いなかった。

この凋落のなかで、県当局も、ただ手をこまねいていたわけではなかった。県営競馬通算二回目にあたる昭和二四年一月第一回開催からは、その前の前年一一月開催の結果を受けて大幅な経費削減に取り組んでいた。たとえばその第一回では賞金も前回の一七〇万円から一〇〇万円に引き下げ、出走頭数も第一回の二五〇頭に対し一二一頭、この差し引き一三〇頭の牽付手当分の六〇万円をはじめとして経費を削減していた(134)。第三回では馬券発売を一〇〇円券だけにする合理化で人件費を四〇万円削り、また印刷費なども三割以上節減していた(135)。ちなみにそれでも一月の開催の際の総開催経費は五〇〇万円だったという(136)。奈良の競馬の高コストを示す数字だった。第三回開催後、その低落する売上のなかでも利益を出すために競馬場の機構縮小がはかられた(137)。ちなみに第四回には、第三回の売上一三〇〇万円前後の予算で、三、四〇万円の利益をあげることがめざされていた。その、縮減最大の対象が、県営化の際に導入していた競走馬の飼養、育成で、結局、第四回開催後、その馬匹を売却（代金八七万円）、担当者も解雇（人件費二〇万円）した。だがこれは賞金、諸手当が引き下げられ、レースは低調という衰退のスパイラルに陥っているということでもあった。

この経費削減で馬匹組合の最盛時の二四％、県営当初の四〇％に落ち込んでも、赤字を食い止めていただけでなく昭和二四年度第三回までは黒字を出していたという(138)。だが急激な売上の落ち込みのなかで、このようなコスト削減だけで黒字が可能だったとは考えにくい。おそらく馬匹組合から承継した資産を繰り込むなど会計的な処理が行われていたに違いなかった。

そしてこのような県営競馬の低迷と並行して、奈良でも競輪場設置に向けての動きが始まっていた。

昭和二四年に入ると、県内四ヶ所以上の候補地が名乗りをあげ、激しい誘致活動を展開していた(139)。

昭和二三年一一月の小倉競輪、一二月大阪住之江競輪、翌昭和二四年一月大宮競輪の大成功を受けて、昭和二四年三月までに全国で競輪開催の指定申請を行った県及び市は四〇を超えていたが(140)、奈良もそのなかに加わろうとしていた。

先にもふれたように、競輪を主管する商工省（昭和二四年五月から通産省）は、地方財源確保策の一環として、認可の方針で臨もうとしていたが、問題は、競輪場建設に必要な資材の確保及びＧＨＱの意向であった。ＧＨＱは、建設資材の使用を生産企業以外には原則として認めない、また競馬場と同様に競輪場建設にあたって、農地、農耕適地の転用は認めない方針をとっていた。これに商工省は、三月、ＧＨＱに対して、その方針に対する対応を提示して、二〇ヶ所の建設許可を申請していた。

奈良県は七月、奈良競馬場内への設置を決定、国へ申請することになる(141)。前述の通産省のＧＨＱへの申請の内容を考えると、その決め手となっていたのが、競馬場内への設置となれば、馬券売場もスタンドも活用でき、また農地の問題も生じなかったことだったに違いなかった。

一〇月七日、ＧＨＱは通産省に対して、「競輪場の設置数の決定については、日本政府の裁量に一任」することを通知してきた。繰り返せば、この間も、二月西宮、三月川崎、六月鳴尾、七月久留米、豊橋、八月小田原、千葉、松本、九月防府、岐阜、京王閣、長崎とつぎつぎと開設されていたから、必ずしも競輪場建設がGHQの許可を必要としていたわけではなかったが、この通知を受けて「第一次認可」が行われた。奈良は、その対象に入ってはいなかったが、昭和二五年一月七日付で正式認可された(142)。

この認可を受けて、一月、選手宿泊所を含む競輪場建設に着工、車券売場、観客席など施設はすべて競馬場の既設のものを利用することもあって、総工費は、当初見込三一三万円よりはかなりアップしたが、八〇〇万円と他県より(たとえば和歌山は三〇〇〇万円、びわこは二八七五万円)は低いものとなっていた(143)。二月末、かねて昭和一八年から競馬場用地を所有している株式会社(奈良産業)からコース内を借地して耕作していた元騎手が、工事差し止め訴訟を起し、その仮処分が一時、認められたことで、三月末が目途だった工事に遅れも生じたが、結局は和解、五月に竣工した(144)。この訴訟もあってのことであろう当初予定の四月二二日は延期されたが、第一回開催は五月一九日から六日間と決定された(145)。奈良県自転車振興会は二月に設立されており、奈良県は四月上旬に振興会との契約を済ませ、他県と同様に「自転車競技実施事務中出場選手の勧誘、選手の検診および救護、競技用自転車の検査、発走、審判、報道、掲示などの事務を委嘱し、その代り売上金額の百分の三を交付する旨の誓約をとり交」していた(146)。

奈良競輪場以前にも、関西地区では、昭和二三年一一月大阪住之江、昭和二四年二月西宮、六月鳴尾(甲子園)、一〇月神戸、一二月京都宝ヶ池、和歌山、昭和二五年二月岸和田、三月大阪中央(長居)、四月びわこと明石、そしてその後も同年七月豊中、一一月京都向日町、と競輪場がつぎつぎと開設されていた(147)。

昭和二四年度の各場の売上は、住之江一八億七五三三万八一〇〇円(開催日数八六日間、一日平均二一八〇万六二五七円)、西宮一六億五六二七万六八〇〇円(七八日間、二一二三万四三一八円)、鳴尾一四億四八〇六万六一〇〇円(六四日間、二二六二万六〇三三円)、神戸六億六一六九万二〇〇〇円(四二日間、一五七五万四五七一円)、宝ヶ池二億五四〇八万三六〇〇円(二四日間、一〇五八万六八一七円)、和歌山一億五七八二万八四〇〇円(一八日間、八七六万八二四

四円)、岸和田一億九三八八万五八〇〇円(一二日間、一六一五万七一五〇円)、大阪中央(長居)一億三〇七九万四〇〇円(六日間、二二七九万八四〇〇円)。このように各競輪場ともに高い売上を誇り、奈良も相応の売上をあげることが確実であった。地方競馬の売上に鑑みるとほぼ和歌山と同規模になることが予測された。

なお昭和二四年度県営の競輪と競馬で総売上等が判明する兵庫県の数字をあげると、県営競輪八開催四八日間で総入場者数三九万人、総売上九億七六〇〇万円、一日平均二〇三三万円、収益九八〇〇万円、これに対して県営競馬六開催三六日間、一〇万八〇〇〇人、二億一〇四〇万円、一日平均五八四万円、収益三一五〇万円。競輪に関しては建設費の償還があったが、それでも競輪の収益の方が競馬を三倍以上上回っていた(148)。また昭和二五年一月から七月一三日までの兵庫県下の競輪は、西宮、鳴尾、神戸、明石の四競輪場、九主催者で計二五開催(一開催六日間)、有料入場者だけで一一五万七四八四人、車券売上三三億五〇〇〇万円、利益金は三億円を越えていた(149)。これに対して兵庫での競馬は赤字続きで、一部の主催者からは返上論も出ていたという。

奈良競輪が始まれば、その影響が競馬に及ぶのは必至であった。闇競馬も含めて奈良で初めて売上一〇〇〇万円を切った昭和二四年一〇月の開催を受けて、低迷する県営競馬に関する県会議員の監査が実施された(150)。その報告には、「万策つき、しかも将来に光明ない」という廃止論と、「ジリ貧状態を脱するため一か八かの大胆、派手な競馬をやってみる」と継続論の二論が併記されていたが、流れとしては廃止説が強かったという。だがその廃止説を抑えて、宣伝費に三〇万円を投じ、一九五頭を集めて、「一か八か」、その命運をかけての開催が昭和二五年二月一一、一二、一五、一六、一七、一八日と行われることになった(151)。

その開催であったから、さすがに前回の八八〇万円は上回ったものの最低売上目標一二〇〇万円には達しない一〇四九万五二八〇円に終わっていた。人件費その他諸経費を一割以上節約していたので、ようやく収支は償ったというが、廃止説を撤回させる「一か八か」の賭けには失敗だった。その結果のためであろう、例年ならば四月に開催されるのが通例であった春の開催が中止された。

二月に入ってからの関西の競輪は、神戸競輪が二月一、二、五、六、七、八日、和歌山競輪が二月七、八、九、一二、一三、一四日、岸和田競輪が二月一七、一八、一九、二四、二五、二六日、鳴尾競輪が二月二一、二二、二三、二四、二五、二六日、神戸競輪が二月二八日、三月一、二、三、四、五日と開催されていた(152)。今回の奈良競馬の低迷が、その影響を被っていたことは明らかだった。

奈良以外の競馬開催は、園田競馬が一月三一日、二月一、二、三、六、七日、園田競馬二月八、一〇、一一、一二、一三、一四日、和歌山新宮市営競馬が一七、一八、一九、二一、二二、二三日、京都長岡競馬が二月一九、二〇、二一、二四、二五、二六日だったが(153)、これらの競馬も競輪の影響で売上を下げていた。

そして奈良競輪の開始だった。第一回開催は、五月一九、二〇、二一、二四、二五、二六日(154)。なお競輪の開催日数は原則として六日間。その第一回の売上こそ、見込みの三五〇〇万円を大幅に下回る二一五二万円で二〇〇万円の赤字に終わったが、その後六月の第二回は三〇一六万九八〇〇円で一〇〇万円の黒字、七月二一日からの第三回は七四七一万一〇〇〇円で純益六〇〇万円、そして八月二三日からの第四回では四八七一万円を売り上げ、累積の黒字高は計一〇〇〇万円を突破、建設費八〇〇万円を上回り、後の開催の黒字はそのまま県の一般財源に繰り入れる段階までに到達していた。財政的観点からいえば、県営競馬よりも競輪ということが明白に実証された結果だった。二月の開催が失敗に終わったことで、まず春の開催中止、そして県営競馬廃止に向かっていっても不思議ではなかった。だが八月、県営競馬第二回、九月三日から六日間の開催が決定された(155)。この開催で農林大臣賞典の実施を初めて実現するなど、競馬存続派にもまだ力が残されていた。とはいえ、この開催の売上目標は七二〇万円(156)、闇競馬時代でも考えられなかった低い額であった。奈良競馬を取りまく現実の厳しさが反映された数字だった。それでも、反転攻勢の可能性を感じさせる結果が求められていた。無条件ではなく、結果で存廃を判断するなどといった条件が、この開催には付けられていたに違いなかった。

しかし偶然とはいえ、初日の九月三日、ジェーン台風が関西を直撃して、自然にも見放されてしまった格好となった。日程も初日を五日に順延、六、七、八、九、一〇日への変更を余儀なくされた(157)。ジェーン台風は、関西では大阪に最も大きな被害を与えていたが、その余波で奈良の競馬の売上を左右する大阪のファンがさらに減少してしまっていた。そしてその結果売上は六〇九万五〇〇〇円、闇競馬時代も含めて、これまでの最低に終わった。だが、ほぼ同じ日程で開催されていた九月二、四、五、八、九、一〇日の大津市営びわこ競輪が八三一八万一〇〇〇円と台風の影響があっても七月の八二八六万七八〇〇円とさほど変らない売上をあげていたことを考えると(158)、ファンが奈良の競馬から離れてしまっていたことを改めてつきつけた結果ともいえた。

この県営競馬第二回開催、大赤字とも伝えられたが、収支は損益なしだったという(159)。ここでも賞金総額を七〇万円と引き下げるなどの経費削減がはかられていたとはいえ、それでも六〇九万円余という売上額で赤字にならないのは不自然だった。この開催の結果で存廃を判断、赤字即廃止といった条件が付けられていて、それを回避し、開催の可能性を残しておくために何らかの会計処理上の操作がなされていた可能性が高かった。

そしてこの県営競馬直後、前節一三、一四、一五日、後節一九、二〇、二一日という日程で奈良県営競輪第五回が開催された(160)。直前の九月九日には鳴尾競輪で警官の射撃で死者を出すという騒擾事件が発生、政府は競輪廃止に傾いていたが、結局一六日からの二ヶ月間の休止を決定した。この中止命令に奈良県は従わず後節の開催を強行、関西の他地区がその後の開催の中止を表明、また当面競輪再開の見込が立っていないこともあって、ファンが押し寄せたこともあったが、これまでの最高を三〇〇〇万円上回る一億二二二万円を売り上げた。また前節一六、一七、一八日、後節二二、二三、二四日の予定だった京都宝ヶ池競輪も、中止命令を無視して前節の開催を強行、その三日間だけで七一四五万一八〇〇円を売り上げていた(161)。

このような特別な事情が加わっていたとはいえ、奈良県営競輪第五回の売上は県営競馬第二回の約二〇倍という圧倒的なものだった。ちなみにそれでも昭和二五年度の奈良県営競輪の総売上は、関西六県のなかでは最低のものだった(162)。この競輪の勢いの前に、奈良競馬が問題にならないことは誰の目にも明らかになっていた。

だが競輪休催は、奈良競馬にとってもチャンスだった。実際、全国的に見れば、この間に競馬は、国営、地方競馬ともに売上の回復基調に入った（第6章）。奈良県も、このなかでもう一度の県営競馬の開催を決断した。おそらく存廃を賭けたものに違いなかった。

開催日程は、一一月二七、二八、二九、三〇日、一二月一、二日（実際は二九日、一二月一日が雨天順延で四日までとなった）、賞金も前回の七〇万円から、昭和二四年一月の県営第二回の水準にもどされて、一〇〇万円に増額されていたが、それでも関西のなかでは低額なものに過ぎなかった(163)。奈良の競輪の再開は一二月一六日からだったが、すでに京都宝ヶ池、びわこ競輪が奈良競馬開催前の一一月二三日から二六日までの日程で開催を済ませていた(164)。奈良競馬の後半は、雨天順延もあって、一二月一、二、三、四日開催の岸和田、びわこ競輪、神戸競輪、また一二月三、四、五、八、九、一〇日という日程の姫路競馬とも一部かち合うことになった(165)。そして当初最終日予定の二日には、一二月六日から始まる春木競馬に出走するために二〇頭が引き揚げてしまっていた(166)。さらに一二月二、三日の土曜、日曜には阪神競馬も開催していた(167)。

各日の売上もそういった影響を受け、初日一一九万九六〇〇円、二日目九九万七〇〇〇円、三日目九五万五六〇〇〇円、四日目一七一万二七〇〇円、五日目六八万二八〇〇円、最終日六六万四七〇〇円と推移、計六二〇万六一〇〇円と闇競馬以降での最低を記録、約九〇万円の赤字となっていた(168)。公式には初めての赤字だった。成績がよければ、すぐに第四回も開催する予定だったが、それどころではない結果だった。

県営化を契機にして奈良競馬からは、ファンが離れ、売上が落ち込んでいった。競輪の勃興は、さらにそれに拍車をかけていた。元々ファンにとっては魅力がなくなっていたところに、雨天による順延、各地の競輪、地方競馬、また国営競馬と日程がかち合えば、さらに客足は遠のき、そちらに流れてしまう。県馬匹組合時代の最後の三回の開催では三〇〇〇万円を優に超えていた売上も遠い過去の話となり、奈良競馬の凋落に歯止めがかからなくなっていた。この開催はそれを如実に示したものとなった。

万事休すだった。

これに対して県営競輪は、一二月一六日からの再開第一回こそ三七七七万円に終わったが（各六日間開催）、昭和二六年三月の第三回は五四六一万円、第四回四月は七八七三万八四〇〇円と売上を伸ばし(169)、黒字幅を広げていった。前年五月からこの後の昭和二六年六月までの計一二回開催の総売上は七億二六七二万三六〇〇万円、純益五二二二万九六〇九円、一回平均売上六〇五六万三〇〇円、同純益四三五万二四六八円という数字だった(170)。

この現実を前にして、奈良県が、競馬の中止を決断したのも不思議ではなかった。県営競馬の経費は大幅に削減されていたが、仮にそれで赤字を食い止めて黒字になったとしても、その額は高が知れていた。これに対し昭和二五年五月競馬場内に設置された競輪場での県営競輪は、関西地区では最下位グループではあったが、競馬から見ると驚異的な売上をあげ、しかもその額は右肩上がりであった。

この一二月の奈良競馬の開催直後、競馬法が改正されて、馬券の控除率が引き下げられた（第6章）。奈良よりも危機的だった滋賀の草津競馬は、この引き下げを受けてもう一度開催を行うが、奈良は廃止を決断していた。第三回開催の決算を、公式に初めて赤字としたのは、その意思の表れでもあっただろう。財政的観点に限ってみても、奈良県が競馬の開催意欲を失い、競馬よりも低コスト、高収益の競輪を選択したのは当然であった。

こうして奈良県は、山梨、鳥取、富山に続いて、地方競馬が開催されない四番目の県となった。

【滋賀】

競輪の影響を受けて、奈良競馬よりもさらに危機的だったのが滋賀草津競馬だった。

それを端的に示したのが、昭和二五年第二回七月一四、一五、一六、一八、一九、二〇日の開催だった。初日四〇〇人、二日目三〇〇人と連日四〇〇人前後の観客数で、前半三日間の売上は一六六万二六〇〇円、後半はさらに落ち込んで総売上も二八六万二四〇〇円に終わり、一五〇万円の赤字を出していた(171)。戦後最低の額、昭和二一年一〇月の四日間開催の闇競馬の売上が八二八万七六八〇円だったことを思い起こせば（第2章）、その激しい落ち込みぶりがより明確となった。地元紙『滋賀新聞』が、「ファンの人気はもはや競輪に傾いていることを示すに至った」(172)と、この開催を総括したように、草津競馬も競輪の攻勢に曝され、その影響を大きく受けていた。

滋賀でもびわこ競輪が、この四月から始まっていた。県と大津市が競輪場を共有し、一ヶ月毎に交互に開催（六日間）していたが、県営競輪第一回四月二〇日から四一三八万一四〇〇円、第二回六月九日から六六七四万八四〇〇円、また大津市営競輪第一回五月一三日から六一〇八万四二〇〇円、第二回七月一日から八二八六万七八〇〇円と、その売上は驚異的な数字をたたき出していた(173)。また第二回県営競馬終了後開催された県営競輪第三回八月四日から七四九五万六八〇〇円、九月二日からの市営競輪第三回は、三日大阪に上陸したジェーン台風の影響を受けたが八三一八万一〇〇〇円を売り上げていた(174)。七月の市営競輪の売上は、県営競馬の約二九倍、滋賀でも圧倒的な格差を見せつけていた。

関西では、びわこ競輪より先に昭和二三年一一月大阪住之江、昭和二四年二月西宮、六月鳴尾、一〇月神戸、一二月京都宝ヶ池、和歌山、昭和二五年二月岸和田、三月大阪中央（長居）、四月明石というように次々と競輪場が開設されていた(175)。草津競馬と比べれば驚異的な売上を誇ったびわこ競輪だったが、それでもこの関西のなかでは昭和二五、二六年度と奈良、和歌山とともに下位のグループに過ぎなかった。

草津競馬の馬匹組合主催時代の売上を振り返ってみれば、昭和二一年一一月三〇日から四日間で四六九万七九二〇円、昭和二二年第一回一月一四日から六日間（以下同）が六一二万八四四〇円、第二回五月一日からが五五四万一一二〇円、第三回七月一一日から七三二万八〇〇〇円、第四回八月一〇日から七三二万八〇〇〇円、昭和二三年第一回一月二五日から一二〇八万九二四〇円、第二回四月八日から八五三万三四七〇円と推移(176)、この昭和二三年の二回の開催でようやく闇競馬第一回の八二八万七六八〇円を上回るようになっていたが、県営化以後、再び低迷するようになっていた。

昭和二三年県営第一回一二月二一日から六日間開催の総売上は四三三万六四〇〇円と、いきなり馬匹組合時代の三分の一から半分にまで落ち込んだ(177)。初日七八万四三〇〇円、二日目一一四万二七一〇円、三日目一〇五万九二四〇円と推移、後半の三日間は、雨にもたたられていたが四二万一一一〇円、四一万八二八〇円、五〇万八〇〇〇円と絶望的な数字になっていた。旧馬匹組合の協力が得られなかったこと、ボス（暴力団）の妨害を受けたこと、そして経験のない役人の運営ということが大きく影響していたに違いなかった。そしてこの低迷は、昭和二四年度も以下のように回復できなかった。さらにそこに、関西地区の競輪が追い打ちをかけていた。

第一回二月一三日から六日間（以下同）の売上は七〇九万七四〇〇円と上向いたが、第二回四月二〇日から四九六万四〇五〇円、第三回七月二二日から五六九万九〇〇〇円、第四回九月三〇日から五七九万二六〇〇円と推移(178)。年間四〇万円の赤字だったというが、予算では一回一二〇〇万円の売上で予算が組まれていたから(179)、実際の赤字幅はもっと大きかったはずであった。

またこの低迷を受けて、県の責任者経済部長が陣頭にたって宣伝等にも力を入れた昭和二五年第一回一月八日から六日間の開催でも、売上は四三六万、二〇万円の赤字に終わっていた(180)。前回に続く、二回連続の赤字だった。昭和二四年、「とんと不景気な競馬場」となっており(181)、草津競馬は、「競輪に人気を奪われてすっかり不人気となっ」ていた(182)。

奈良もそうであったが、草津競馬の売上も京阪神からのファンの来場に左右されていた。だが京阪神地区には、日本競馬会・国営の京都、阪神（昭和二四年一二月開場）、地方競馬の京都長岡、大阪春木、長居、兵庫園田という競争相手が存在していたうえに、草津は遠隔地で、交通便利とは決していえなかった。それでも、レースが魅力あるものであれば話は別だが、実際は逆で、レース編成も、草津は富山などと同じく速歩、駈歩が半々というものであり、ようやく駈歩が中心となったのは昭和二五年第二回開催から、それでも駈歩八、速歩四だった(183)。そして県は、経費の「合理化」の一環として賞金を下げていたから、有力馬の出走も望めなくなっていた(184)。しかも、少しでも雨が降ると、場内は泥濘で馬券を買うもの一苦労になったのをはじめとして施設も酷かった。これだけでも京阪神の競馬ファンが、草津に魅力を感じなくなっていても不思議ではなかった。馬匹組合主催の競馬が、昭和二三年一月まで、闇競馬時代の売上を上回ることができなかったのは、その一回だけで草津競馬から客が離れたことを端的に示していた。

昭和二四年から昭和二五年、京阪神の競馬は国営も地方も売上が急落していた。先にふれた奈良もそうであったが、関西の地方競馬の雄であった長岡でも競輪の前に圧倒されていた。京都長岡競馬の府馬連時代の売上は（いずれも六日間開催）、昭和二二年第一回一月五日から三六九二万四〇円、第二回四月一日から三三八九万九一一〇円、第三回八月三〇日から四二八一万九七〇円、第四回一一月一六日から六四九六万九八四〇円とレコードを記録、この開催の初日、三、五、六日目の一日売上が一〇〇〇万円を超え、とりわけ最終日は一五二二万四三六〇円という驚異的なものだった(185)。昭和二三年第一回二月七日からの売上は七三八三万五六八〇円、ここでは六日間ともに一日一〇〇〇万を超えていたが、第二回五月一三日からの開催は四三七一万五一〇円と大きく売上を下げてしまっていた(186)。府営化後もピーク時にもどらず、その第一回昭和二三年九月二八日から四五一九万一七一〇円、昭和二四年第一回一月一四日から五〇二二万七〇七〇円、第二回四月八日から五一六一万四六五〇円となっていた(187)。

そしてそこに加えて、各地の競輪の大攻勢だった。住之江、西宮、鳴尾競輪が開催を積み重ねるようになって迎えた第三回八月一〇日からの開催は三六五三万一四〇〇円、宝ヶ池競輪が開設され日程が一日とはいえ重なった第四回一二月一二日からは二二七九万四〇〇円という大幅減となった(188)。以後も、昭和二五年第一回二月一九日から二七一四万九六〇〇円、第二回四月三日からは雨で五日間に及ぶ日程変更があったとはいえ一七二六万三〇〇〇円とその低落に歯止めがかからず二〇〇万円の赤字、七月五日からの北桑田郡三町村主催の災害復興の開催は京都新聞社の強力なバックアップがあったが、ここも一四六五万九〇〇円に終わり、一〇月三〇日からの第三回京都府営長岡競馬はここまで最低の一二二三万三一〇〇円まで下落して一二〇万の赤字を出し、一一月八日からの北桑田郡地方競馬組合主催の開催も、若干回復したとはいえ一七二五万五六〇〇円に終わっていた(189)。

これに対して京都市、京都府が開催権をもっていた京都宝ヶ池競輪の売上は（いずれも六日間開催）、第一回市営一月三日から七〇三三万、第二回市営三月四日から六九九五万九六〇〇円、第三回市営三月一九日から七二八六万六四〇〇円、第四回市営四月八日から六七八五万四四〇〇円、第五回市営五月二六日から八三九七万六二〇〇円、第六回八月一二日から九六四七万四〇〇〇円、また府営第一回四月二八日から八三〇一万七七〇〇円、府営第二回七月一五日から八八七〇万一七〇〇円、そして府営第三回九月一六日からは、鳴尾競輪の騒擾事件を受けた政府の中止命令で前節三日間の開催となったが七一四五万一八〇〇円と推移していた(190)。これに加えて大阪の住之江、長居、岸和田、兵庫の鳴尾、西宮、滋賀のびわことといった競輪の攻勢の前にも、京都長岡競馬は曝されていた。ちなみに国営の京都競馬も昭和二三年一〇月～一一月、一一月～一二月の八日間開催でそれぞれ三億一四九七万五六〇〇円、三億九一八四万八〇〇〇円を売り上げていたが、昭和二四年一〇月～一一月、一一月の八日間、七日間開催がそれぞれ二億二七五九万七六〇〇円、一億八三八九万二八〇〇円と低落傾向となり、明けて昭和二五年には四月一億六一八三万二〇〇〇円、五月から六月は一億二一一二万二三〇〇円、と一億円台に落ちていた(191)。ただ競輪休催中の一〇月から一一月は一億八一七八万七〇〇〇円と若干回復することになる(192)。

京都の長岡でさえそうであれば、草津が、競輪の影響を受けてさらに売上が落ち込んだのも当然だった。

ちなみに草津競馬、昭和二五年第一回一月八、九、一〇、一一、一二、一三日と第二回七月一四、一五、一六、一八、一九、二〇日は、近畿各地の以下のような競馬と競輪の日程のなかで開催されたものだった。第一回が、国営阪神競馬一月四、五、七、八、一四、一五、二一、二二日、大阪競馬一月五、六、七日（以下、大阪競馬は長居競馬場での開催）、貝塚市営大阪競馬一月一一、一二、一三、一七、一八、一九日、豊中市営大阪競馬一月二三、二四、二五、二六、二九、三〇日、京都宝ヶ池競輪一月三、四、五、六、七、八日、鳴尾競輪一月一〇、一一、一二、一三、一四、一五日、住之江競輪一月二〇、二一、二二、二七、二八、二九日、また第二回は、長岡競馬七月五、六、八、九、一

一、一二日、姫路競馬七月一五、一六、一七、一九、二〇、二一日、春木競馬七月二一、二二、二三、二五、二六、二七日、西宮競輪七月一五、一六、一七、一八、一九、二〇日、宝ヶ池競輪七月一六、一七、一八、二二、二三、二四日、奈良競輪七月二一、二二、二三、二四、二五、二六日という日程と競合あるいは挟まれていた(193)。端的にいえば、滋賀県営、大津市営競輪に加えて、この各地の競輪、競馬との競争の前に草津競馬は屈服を強いられていた。

二月の滋賀県議会では、県営競馬の年四回開催分四八〇〇万円の予算案が提出されていたが、議員の「鋭い批判」に曝された(194)。その結果、予算案は削られ、開催には、経費削減とか赤字の場合には廃止といった条件がついていたに違いなかった。第一回開催の赤字を受けて、第二回の開催を、当初未定としていた県当局が(195)、ようやくその開催を公表したのは六月下旬(196)、その間競輪攻勢はさらに強まっていた。したがってこの七月の第二回開催は、「競輪人気すたれゆく地方競馬の試金石として注目されていた」が(197)、結果は、先に見た通り、「ファンの人気はもはや競輪に傾いていることを示すに至った」無残なものだった(198)。競馬運営委員会で善後策が協議されていたが(199)、即効の打開策があるはずもなく、県でも廃止の検討が必要との声があがり(200)、第三回県営競馬の開催は難しくなっていた。

ところが鳴尾競輪の騒擾を受けて九月一六日以降の競輪の休止が決定したことで状況が変わった。結果的にこの休止は二ヶ月間で終わるが、当初は競輪廃止もささやかれていた。これが第三回開催を後押しした材料となっていたに違いなかった。一〇月八、九、一〇、一一、一二日、五日間の開催が決定された(201)。一〇月一四、一五日の国営京都競馬、また関西のその他の地方競馬、一〇月一、二、三、六、七、八日の姫路競馬、一六、一七、一八、一九日の園田競馬、一〇月一五、一六、一七、二〇、二一、二二日の和歌山競馬、一〇月三〇、三一日、一一月一、二、三、四日の京都長岡競馬との競合を避けた日程となっていた(202)。地元紙『滋賀新聞』にその広告が初めて掲載されたのは、九月二七日号だったが、以後、開催まで連日掲載され、一〇月八日初日当日の広告は、県知事服部岩吉名だった。もう一度、県営競馬振興に取り組む、その姿勢の端的な表明だった。また出馬表も印刷ではなく事務課員が自ら謄写版刷りにするなど、経費節減にも努めていたという(203)。

だがその売上は三八七万円、先の七月の開催を一〇〇万円上回ったとはいえ、戦後の滋賀県競馬史上最低二位だった(204)。『滋賀新聞』は、それでも競輪休催の効果で滋賀競馬好成績と報じたが(205)、その額は、びわこ競輪のわずか一、二レース分にしか過ぎない数字だった。

びわこ競輪は、一一月二三、二四、二五、二六日の県営から再開された。その再開第一回の売上は予想の四〇〇〇万円を大きく下回る一四八七万七一〇〇円だったが、次の一二月二日からの市営競輪は四四一五万八〇〇〇円とすぐに勢いを取り戻した(206)。県営競輪の売上低迷は宝ヶ池競輪と全日程が重なった影響を受けたもので、これ以降京滋で調整が行われるようになった(207)。なお再開条件として、それまでの六日間から四日間開催となっていた。この再開競輪も含めて、この昭和二五年の競輪の総売上は県営、市営ともに各四回で、県営が一億九九九六万三七〇〇円、市営が二億七一二九万円、総額四億七一二五万四七〇〇円(208)、これに対して県営競馬は、第一回を四五〇万円と高めに見積もっても一一〇〇万円に過ぎなかった。昭和二六年に入っても、県営競輪第一回一月一二日から六四二六万五八〇〇円、市営競輪第一回三月一〇日から七四一二万三四〇〇円だったように(209)、その後も競輪は、県営、市営ともにその売上を順調に伸ばしていく。なお年明けから四日間から従来の六日間開催にもどされた。

滋賀県の競輪と競馬の勝負は終わっていた。ここで滋賀県は、奈良のように競馬の廃止に向かってもよかったはずだった。だが翌昭和二六年三月二五日から六日間の予定で、もう一回開催された(210)。おそらくは、昭和二五年一二月、競馬法が改正され、控除率が三四・五%から二五%に引き下げられたのを受けて（第6章）、その影響を見て存廃の結論を出すとの判断が下されたに違いなかった。この開催の目玉は、岐阜から招いた女性騎手一五名の速歩レースだった。その効果かどうかわからないが、後半雨にたたられ、二六日、二八日、四月一日が順延されて二日までとなるといった悪条件があっても、六五〇万三二〇〇円を売り上げていた。前回一〇月の一・七倍、そして県営化以後、おそらく第一位の売上高だった。だが馬匹組合時代の最高を記録した昭和二三年一月の一二〇〇万円、昭和二一年一〇月闇競馬の八二八万円にも及ばず、また直前のびわこ競輪一月県営の六四〇〇万円、三月大津市営の七四〇〇万という売上と比較すると一〇分の一以下という小さな額であった。なお昨年一一月以降休催していた京都長岡競馬も、「競馬復興景気に乗」り、賞金三二〇万円を用意して、四月二〇日から第一回府営競馬を開催（六日間）、四六四六万三四〇〇円を売り上げていた(211)。この長岡を見ても、競馬は回復基調にあった。

だが滋賀県もここで競馬の休止（実質的には廃止）を決断した。財源という観点からいえば、大きな売上を確実に見込める競輪を選択して、売上規模が小さく赤字の可能性が大きい競馬を切ったのは当然だった。その結果滋賀県は、山梨、鳥取、富山、奈良に続いて、戦後五番目に地方競馬が開催されない県となった。

滋賀県では、翌昭和二七年からは競艇も開始されるようになり黒字を重ねていく。草津競馬は、その開催の根拠となっていた県の条例が、昭和二六年で廃止になったわけではなかったが、その再開の可能性はゼロに等しかった。

【福島】

奈良や滋賀草津よりも前、昭和二五年四月から開催されていた会津競輪の隆盛を受けて、昭和二五年九月が最後の開催となっていたのが会津競馬だった。富山よりは二週間後ということになる。

昭和二三年七月二〇日、新競馬法が施行され、それまで地方競馬が開催されていた日本競馬会所有の福島競馬場での開催は放棄された。その結果、公営化された地方競馬の開催候補地は、原町、郡山、会津の三ヶ所となった。このなかでそれまで地方競馬を開催していたのは原町だったが、県は、一〇月の県議会で、その原町側の不満を押し切って、開催競馬場を郡山、会津の二ヶ所とする条例を制定した(212)。郡山は、昭和二一年一〇月地方競馬の指定競馬場となったにもかかわらず、その建設をめぐっては県馬連と郡山市との条件が折り合わず、未着工のままに時が過ぎていっていた（第2章）。県営化で事態は進展したが、竣工までには少し時間を要し、昭和二四年四月のことになった。また会津では、昭和二一年一一月一箕村の会津競馬場で闇競馬が開催されていたが、その後、施設は放置されて荒廃し、県営競馬を実施するには、補修、改修が必要だった。したがって昭和二三年中の県営競馬は郡山、会津ともに開催することができず、その第一回開催は昭和二四年四月のことになった。

会津での県営第一回開催は、昭和二四年四月一五日からの四日間、途中一日の降雪順延があったが、売上は約六五〇万円、七〇万円の黒字という順調な滑り出しだった(213)。だが七月三一日からの六日間の第二回開催の売上は五一〇万円で二二万円の赤字(214)。そして一〇月三〇日から六日間の第三回開催の売上は三六〇万二〇〇〇円余、県はこの売上減を見越してあらかじめ経費を大幅に削減していたので、赤字はほとんど出なかったという(215)。この事態に県は会津競馬の開催に消極的となってしまった。

一方、郡山(開成山)競馬もこの昭和二四年に三回開催されていた。その第一回の四月二九日からの六日間開催、賞金は東北一という五二万円だったが、売上は七〇四万三〇〇〇余円(216)。連休期間の開催であったが、実質的には四日間開催の会津を下回っていた。また七月一日から四日までの第二回開催、賞金は三六万円、開催日の二日減を考えると、第一回とほぼ同額だったが、売上は三八九万七三三〇円(単純に六日間換算すると五八五万)と低落し、二〇万円の赤字を出していた(217)。一〇月八日から六日間の第三回開催の売上も五七〇万九〇〇〇円に終わっていた(218)。この第三回は、郡山市二五周年祝賀行事の一環として開催されたこともあって、八〇〇万円の売上が期待されていたが(219)、それもかなわなかった。このように郡山競馬も低迷していた。

この昭和二四年には、国営化された旧日本競馬会の福島競馬も再開され、九月一七、一八、二三、二四、二五日の五日間の開催を行っていた。この再開にあたり、地元で五〇〇万円負担することになったが、県が一五〇万円、福島市と国鉄で二五〇万円、飯坂、湯野、土湯の三温泉地で一〇〇万円引き受けていたという(220)。そして連日、新聞に県、福島市、商工会議所、商店、企業、飯坂・土湯などの各温泉地が歓迎広告を、そして地元紙『福島民報』、『福島民友新聞』は予想も含めて関連記事を大きく掲載して開催に向けてのムード作りを行うなど、文字通り県下あげての大イベントの様相を呈した。たとえば、『福島民報』昭和二四年九月一四日号には、福島県、福島市役所、福島県畜産農業協同組合連合会の連名でつぎのような歓迎広告が掲載されていた。

……競馬法は、一般に畜産の改良発展をも一目的とする法律であると言われる。従って今度の再開競馬が畜産を伝統とする本県の産業発展にとって大きな光明であることは疑う余地がない。

且つまた競馬場の所在地とその土地の繁栄が如何に深い繋がりをもつものであるかを考える時に今回の競馬再開のもつ意義は極めて重大であると言わざるを得ない。

かかる意味に於て、我々は大福島の発展を約束する福島競馬の発展を約束する福島競馬再開を心からお祝いするものである。

だが売上は五〇〇〇万円の予想を大きく下回る二六五八万七二〇〇円と低迷、国営競馬側が最低ラインとしていた三〇〇〇万円にも届かなかった(221)。この結果に、国営福島競馬の次年度以降の開催を危ぶむ声もあがったほどであったから、地方競馬の売上が伸びなかったのも当然であった。

全国的な競馬低迷と軌を一にしていたが、県内に競輪場は開設されておらず、ドッジ・ラインによるデフレ、金詰りが大きく影響していた。

この低迷のなかで、会津競馬場に隣接し、開催を支援していた若松市は、競輪場誘致へと傾斜していった。その動きは昭和二三年六月自転車競技法が国会を通過した前後から伝えられていたが、九月四日には市会が誘致を可決、その建設用地も鶴ヶ城跡内と決定した(222)。

福島県も県営競輪実現に向けて動いており、若松市の計画との協力体制をとることで合意がなったようである。その条件は、工事費、そして収益（ただしその一割は鶴ヶ城補修費として積立）も折半するというものだった(223)。

昭和二四年一一月の開催をめざし、県は九月、九〇〇万円の予算で着工、一日三〇〇万円の売上、二〇〇から三〇〇万円の収益を見込んでいた(224)。史跡指定地ということで文部省の中止要請があったが(225)、松平恒雄参議院議長の斡旋でようやく期間五ヶ年、収益を鶴ヶ岡城修復に振り向ける等の条件で許可がおりた(226)。ちなみに、この直後の一一月一四日、松平は逝去した。建設省は、元々許可の意向だったという(227)。これもあって、当初の年内一一月開催は不可能となり、初開催は、翌昭和二五年四月となった。競輪場の総工費は、予定を上回る一二八八万三八一六円だった(228)。

その四月八日から六日間の県営競輪第一回開催に先立って、四月一日から会津競馬が四日間の日程で開催された。競馬の方は、豪雨と強風で二日延期、売上はわずか二〇〇万円、約六〇万円の赤字、昨秋の三六〇万円をさらに減らした絶望的な数字であった(229)。まだ始まってもいない競輪に人気をさらわれた形だったという(230)。これに対して、県営第一回競輪は、予想の二四〇〇万円を七〇〇万以上も上回る三一三〇万五六〇〇円を売り上げた(231)。県もこの競輪ブームを予測しており、新聞の開催広告に関しても、会津競馬の一回に対して、競輪は連日、懸賞付の広告を打ち、また開催を告げる競輪娘や花自動車も繰り出していた(232)。開催前から、県は明らかに、競輪の方に期待し、力点を置いていた。そして結果もそれに応じたものとなった。

県営競輪は、その後も、第二回四月二九日から三五五八万五九〇〇円、第三回五月二〇日から三二一一万九五〇〇円と三〇〇〇万円をコンスタントに超えていった(233)。四月から九月まで七回、鳴尾競輪の騒擾を受けての政府による競輪中止期間は九月一六日から一一月一五日までだったが、寒冷地としてその期間中一〇月二八日から六日間の特例の開催が認可され(234)、この年、計八回が開催された。この八開催四八日間の総売上は、二億五四〇一万七二〇〇円、一開催平均三一七五万二二五〇円、一日平均五二九万二〇二五円(235)。一日で会津競馬の一開催四日分を上回っていた。なお第一回から第八回までのうち三〇〇〇万円を割ったのは第五回の二七四二万二四〇〇円だけだった。なお車券以外の収入も含めた八回開催の総収入は二億五八八九万四六四四円、総支出二億四七九四万四五七七円、差引純益は一〇九五万六七円、このうち一割を鶴ヶ城跡修理費に振り向け、一割を移転費として留保、県と若松市の収益は各四三八万一五二円、入場税の半額も加えると六四八万三五八七円。ちなみに若松市の昭和二五、二六年の競輪からの収入は合せて一二六〇万五四六三円五〇銭、競輪場工費の負担分全額の六四四万一九〇八円を償還した残りの六一六万三五五五円が収益だった(236)。

昭和二五年第二回県営会津競馬は九月七日からの四日間開催、目玉は四名（青森一、秋田三）の女性騎手だった(237)。直前の八月二六日からの六日間の第七回県営会津競輪は新記録の三六〇二万五三〇〇円を売り上げていた(238)。この競輪の圧倒的な勢いのなかで、会津競馬の集客力はさらに落ちていた。売上等の記録は残されていないが、第一回と同様に低調だったのだろう、結局この開催が、会津競馬の最後のものとなった。

この昭和二五年一二月、競馬の控除率がそれまでの三四・五%から二五%に引き下げられるという材料が加わったが（第6章）、県当局は、会津競馬開催の意欲を失っていた。また競輪で、競馬を問題としない売上と高収益をあげている若松市も引き継ぐ意思がなかった。要するに昭和二五年四月の県営会津競輪開始とともに、会津競馬は廃止へと向かっていった。

まず昭和二六年三月下旬、これまでならば四月に実施されるのが常であった春季開催が、郡山、新潟競馬と会津競輪との日程の重複、五月になれば農繁期、という理由で中止が表明された(239)。県は、とりあえずこの昭和二六年、郡山競馬だけを存続させた。

昭和二六年秋のシーズンが迫っても、県は会津競馬の開催に動かなかった。競馬場は夏草がボウボウと茂り、木柵は虫歯のようにボロボロ、穴場は文字通りアナだらけという状態でまるでキツネでも出て来そうな荒れようだったという(240)。

県は、会津競馬二開催分の予算を計上することは計上していたが、開催に動けない理由として県があげたのは、会津競輪との日程の調整が困難なこと、馬主や騎手が高額な賞金の新潟競馬に出走した方が有利として会津競馬に意欲的でないこと、またこの新潟に加えて郡山競馬との日程の調整がつかないことだった(241)。もちろん、決め手となっていたのは会津競輪だった。

この県の姿勢に業を煮やした会津競馬協賛会が、動き出した。九月一二日、商工会議所で、県畜産会長の出席を求めて対策協議会を開き、県の無責任さを追求、一一月の開催を強く要望、県に努力することを約束させていた(242)。協賛会は、昭和二四年四月の開催を前に、県営会津競馬の支援を目的に結成、一〇〇万円の資金を供出、スタンド、穴場、食堂を作っていたが、このまま閉鎖となれば、出資金の返済が焦げ付いてしまうことへの危機感もあってこの動きとなっていた(243)。だが開催は実現しなかった。

この昭和二六年五月、競馬場所在地にも開催権を付与するという競馬法の改正があったことを受けて、郡山市のように、若松市が開催権を獲得して、主催することを求める声もあがっていた(244)。なお郡山市は戦災都市として昭和二四年八月二九日市営競馬の開催の認可を申請、九月三〇日指定を受けていた(245)。昭和二七年三月二七日、会津競馬協賛会は、今後の対応などを協議したが(246)、結局、その後、市営も含めて、会津競馬が再び開催されることはなかった。

一方、郡山競馬は、昭和二五年、県営、市営がそれぞれ六日間の日程で各二回開催されていた。県営第一回五月二日から六日間開催（以下、市営も同）で売上は予想六六〇万円のところ四六六万五六一〇円、九月二三日からの第二回は二日目までで約二〇〇万円を売り上げていたが総売上は不明(247)。一方市営第一回は四月一六日からで売上五二〇万円、八月一九日からの第二回、前半三日間の売上は三三七万八五〇〇円だったが総売上は不明(248)。

七月一日から六日間開催の国営福島競馬の売上も五四二九万九二〇〇円と、予想六〇〇〇万円を下回っていた(249)。この昭和二五年は、全国的に国営も地方も競馬の売上は低調だったが、福島もその例外ではなかった。県は、この状況のなかで、昭和二六年、会津競馬の中止、郡山競馬の存続を決定していた。低迷しているとはいえ、ともかく郡山競馬の売上の方が会津競馬を上回り、会津には競輪が存在していたからに違いなかった。

この昭和二六年、控除率が競輪並みに二五％に引き下げられ、また朝鮮特需の好況もあって、全国の国営、地方競馬は大きく売上を伸ばして行く（第6章）。国営福島競馬もその例外ではなく、七月一四日からの六日間の開催、前年の約二・七五倍の一億四九六一万七〇〇〇円を売り上げていた(250)。

だがその昭和二六年の郡山競馬、四月一四日からの県営第一回六日間開催（以下同）の売上は五二九万二〇〇〇円で三万円の赤字、第二回は八月一八日からで六七八万円、第三回は九月二二日からで六二二万円、それぞれ二三万円、二〇万円の黒字だったが、三開催の総売上予想の三六〇〇万円には遠く及んでいなかった(251)。県は、馬券も会津競輪の廃用車券を回してもらうなどの節約に努めていたこともあって収支はトントンだったという(252)。だがこの現実の前に、県は、郡山競馬からの撤退を決定した。

一方市営郡山競馬は、四月二八日からの第一回六日間開催（以下同）の売上が七三一万七三〇〇円とそれまでのレコードを記録した(253)。この好調を受けて、第二回八月四日から、第三回一〇月六日からの開催の賞金をそれまでの五〇万円から六七万円に増額して有力馬の誘致など振興策に取り組んだ(254)。第二回の総売上は不明だが、二日目一二九万だったことからみて少なく見積っても五〇〇万円は超えていただろう(255)。第三回開催、市当局は六〇〇万円を見込んでいたが、前半三日間の総売上が二四三万六八〇〇円であったところをみると、その達成は微妙だった(256)。郡山市営競馬も赤字になり始めていたが(257)、郡山市は、県と異なって、競馬開催の存続を決断していた。

こうして福島県は、郡山開催も昭和二六年で放棄、昭和二七年、福島の地方競馬は、郡山市営競馬のみとなった。会津競馬は、繰り返せば、競輪の人気の前に、昭和二五年九月の開催が最後となっていた。

6 競馬法の制定

昭和二三（一九四八）年七月、地方競馬法と競馬法を一括し、地方競馬を公営化、日本競馬会を国営化する新たな競馬法が成立した。その後幾度か改正され、たとえば国営競馬は、昭和二九年、日本中央競馬会（ＪＲＡ）に「民営化」されたが、基本的な枠組みについては手をつけられないままに現在にいたっている。元来、この競馬法は、緊急事態に対応するための一年間の時限立法で、「総司令部の条件は、日本の競馬の民主主義的完成への条件が整い次第、日本政府及び国会は責任を持って、最善の解決を図るということであった」が(1)、ＧＨＱが熱意を失ってしまったこともあって、その「条件」は守られなかった。この競馬法制定へ向けての歩みは、ＧＨＱ経済科学局アンチトラスト課が、昭和二二年七月頃から、日本競馬会、中央馬事会及び各都道府県馬匹組合連合会（県単一の馬匹組合を含む。以下、「県馬連」と記す）の解体を強く求めてきたことから始まっていた（以下、地方競馬側の抗戦までに関しては、第４章）。

時の片山哲内閣は、同年一二月二三日、日本競馬会が開催権を専有する日本競馬会（公認競馬）は国営化、中央馬事会及び県馬連が開催権を専有する地方競馬は公営化という閣議決定を行っていたが、昭和二三年に入っても、国営化、公営化移行への具体的なプロセス、措置は不明のままに時間が経過、当然、新競馬法を議会に上程することもできなかった。片山内閣が二月一〇日総辞職、三月一〇日芦田均内閣の誕生となっていたが、同内閣は脆弱、政局の混乱が続き、新競馬法の優先順位も低かった。また日本競馬会も結局は国営化を受け入れるとはいえ、本音のところでは反対、総ての権益を奪われてしまう中央馬事会などの地方競馬側も徹底抗戦の姿勢を堅持したことで、当事者との協議、調整が進んでいなかった事情も、そこに加わっていた。なおこれまで通り地方競馬法、競馬法の二本立てでいくのか、一本化するのかも、この段階では不分明であった。

その間隙をぬうように各県馬連は開催を繰り返し、また日本競馬会も春季開催を行っていった。各県馬連は、資産を凍結され、収益をあげても無駄であるはずだったが、明らかに解散までの間にできるだけ開催して収益を積み重ねようとしていた。それとともに資産を賞金、諸手当としてばらまいてもいた。少なくともこの時点での地方競馬側の抗戦は奏功し、成果をあげていた。

このような状況に対してGHQが、業を煮やしたかのように、五月二四日、中央馬事会、各県馬連、日本競馬会を解体して、新たな競馬の施行体制を作らなければ、閉鎖機関令（ポツダム勅令第七四号）による閉鎖機関に指定すると伝え（指定通告）、ついで六月七日には、その回答期限は七月二〇日という最終通告を突き付けてきた(2)。このGHQの強硬姿勢で状況は一変することになった。GHQは、小笠原八十美を中心とする地方競馬側の頑強な抵抗に、「閉鎖機関に指定して、もうつぶしちゃえ、つぶしちゃえば自然に問題は解決するだろう」、という雰囲気になっていたという(3)。

閉鎖機関令は、軍国主義の根絶、経済の民主化を掲げて、戦前及び戦時中に設立された国策会社、特殊銀行を清算処理することを目的として制定されたものだった(4)。たとえば南満州鉄道株式会社、東洋拓殖株式会社、樺太開発株式会社、国民更生金庫、食料営団などがその閉鎖機関に指定、清算処理されていた。

馬匹組合は、昭和一八年、農業団体令の公布による馬匹組合法の制定を受けて、軍事目的遂行の効率化を謳って畜産組合から分離されて設立、また中央馬事会の前身日本馬事会は、国家総動員法に基づく馬事団体令（昭和一六年一二月二二日施行）により、日本競馬会、帝国馬匹協会、軍用保護馬鍛錬中央会、大日本騎道会の四団体を統合して、昭和一七年一月一四日その設立の認可を受けたものだった(5)。昭和二〇年一二月一九日国家総動員法の廃止（法律第四四号）に伴い当然日本馬事会には消滅の運命が待ち構えていた(6)。日本馬事会は、生き残りを模索、一二月七日、中央馬事会の設立認可を農林省に申請、翌昭和二一年二月九日に認可された。これを受けて日本馬事会は三月二日解散したが、同会が中身をそのままに看板を中央馬事会に付け替えたものに過ぎないことは誰の目にも明らかだった。

そして日本競馬会も昭和一一年設立され、それまで自立的に運営されていた一一の民間倶楽部を馬匹改良の効率的遂行という名の国策の下に統合していったものだった(7)。昭和一二年七月以降日中戦争が長期化、全面化するのに対応して改変された馬政計画のなかで、同会の競馬は、軍馬改良の原々種となる軽種馬（サラブレッド、アラブ）の能力検定、種牡馬選択を目的とするものと明確に位置づけられた(8)。日本競馬会は、これを受けて、自らの存在理由として積極的に戦時体制下における軍事機関であることを謳っていった(9)。

つまり馬匹組合も中央馬事会も日本競馬会も国策を積極的に遂行した軍事的組織の性格をもつものであった。また当事者たちも、その「戦争責任」が公職追放の対象となることを認識していたはずだった。日本競馬会副理事長加納久朗が先手を打つ形で、昭和二二年九月辞任、また安田伊左衛門が昭和二三年一月で理事長を「任期満了」で退職していたのはそれを示していた(10)。

閉鎖機関の指定を受ければ、中央馬事会も各県馬連も日本競馬会も清算に向けて閉鎖機関整理委員会、特殊精算人の管理下に置かれて競馬開催が不可能となり、競馬の空白が生み出されてしまう。その後の開催主体も不分明であり、再開どころか、競馬そのものが消滅してしまうかも知れない。ＧＨＱが、独占禁止法でなく閉鎖機関令を突き付けてきたのは、中央馬事会、日本競馬会などを解体に追い込むという意味では、「正解」だった。

この競馬壊滅の危機の前に、事態は一気に動き、新たな競馬法案が急遽上程されることになった。残す会期一週間となった六月二九日、芦田均内閣は競馬法案の国会提出を閣議決定、同日衆議院議員運営委員会に諮り、七月二日衆議院農林委員会の審議に付すというあわただしい日程だった(11)。なお競馬法案とともに、馬匹組合の整理等に関する法律案及び国営競馬特別会計法案が一括して上程されていた(12)。

あらかじめいっておけば、公営化に頑強に抵抗していた中央馬事会を中心とする地方競馬側は、公営化を盛り込んだ競馬法を審議する国会の場では、反撃の声を直接あげることができなかった。いうまでもなくこの競馬法がGHQの圧力によって生み出されたものであり、その前に沈黙以外の選択肢はなかったからである。

またGHQとの交渉、競馬法の作成にあたっていた農林官僚たちの回顧によると、日本国籍をもたない外国人という理由で彼らの競馬への関与を排除しない形を表面的にはとって、かつまた「第三国人」に支配されずに競馬を日本人の手に残す唯一の方法として選択されたのが国営競馬であったという(13)。だがこのことに関しても、国会審議の場では一言もふれられなかった。

1　競馬法の審議

1　七月二日、衆議院農林委員会、審議初日：田口助太郎の質疑

GHQの目的は、中央馬事会及び各県馬連、日本競馬会の開催権専有を打破して民営化することだったはずだったが、結果は正反対のものになっていた。

従来の競馬法及び地方競馬法と異なる、この新たな競馬法の特徴をあらかじめいっておけば、㈠法の目的を掲げない、㈡開催権を国、都道府県（議員主導の修正で指定都市も追加）に付与して、競馬法と地方競馬法を一本化する、㈢地方競馬に関して農林大臣の許認可権を廃止する、㈣一〇〇倍の配当制限を撤廃する、㈤国税である馬券税は廃止するが地方競馬約三一％から三六％、国営競馬約三四％から三八％と控除率を引き上げる、㈥剰余金の使途を明記しな

い、(七)競馬場以外（場外）での馬券発売を可能とする、(八)一年間の時限立法、であった。またこの国営化、公営化に伴い、負債も含めた日本競馬会、中央馬事会及び各県馬連などの資産は国、県が承継するが、その一切の補償を行わない、そして開催の収益金（剰余金）は国、自治体の一般会計へ繰り込むこととされた。時限立法は、民営化も含めて一年の間に競馬のあり方、競馬法について検討を行う、ということだったが、現在にいたるまで本質的には手を付けられていない。

この競馬法で、日本競馬会、地方競馬ともに、限定付ではあったとはいえそれまでの民営状態が廃止され、官僚による競馬の直接管理が実現した。今に続く官僚による統制競馬、そして財源としての競馬の始まりであった。競馬の国営化、公営化は、先に自転車競技（競輪）があったが(14)、国、地方自治体が、賭博の直接の胴元になり、そのテラ銭を財源にするという画期的なシステムの発明、租税外に財源を求める「日本型収益事業」(15)の誕生だった。

七月二日衆議院農林委員会の冒頭、農林大臣永江一夫はつぎのような提案趣旨説明を行った。法案の目的がコンパクトにまとめられていた。

競馬法案について提案理由を御説明申し上げます。現在競馬は日本競馬会の施行にかかわる競馬と地方競馬の両建てで施行してきたのであります。競馬が馬事の振興、国家財政への寄与、国民に健全なる娯楽を与えること等の点につき、きわめて大きな寄与をしてきたことについては御承知の通りであります。特に昭和二三年度におきましては、八月以降、馬券の総売上見込額は国営競馬においては四〇億二四百八〇万円、地方競馬においては二九億一七〇〇万円、政府収入は国営競馬から一五億二一万円、地方競馬から地方財政収入とする額が二億四八〇九万円となりまして(16)、浮動購買力の吸収により、インフレの抑制には多大の貢献をするものと思われるのであります。

しかるにこれが施行の主体たる日本競馬会、都道府県の馬匹組合または馬匹組合連合会等は、私的独占禁止の建前上解散をせざるを得ないような状況になりましたので(17)、急遽本法案を提案することとしたのでありますが、本法案におきましては、従来、日本競馬会が施行してまいりましたいわゆる公認競馬は、これを国の直営とし、地方競馬はこれまた都道府県の直営としたのであります。

国営競馬における競馬場の数、開催回数、開催日数、勝馬投票法等につきましては、大体従来通りの建前を踏襲しております。なお時代の要求と公正な競馬を行うため、馬券の払もどしは勝馬投票券の券面金額の百倍を超えることができなかったのを、今回この制限を撤廃し、本法によらざるいわゆるやみ競馬(18)に特に重刑を科したほか、全面的に罰則を強化いたしたのであります。従来の日本競馬会の資産及び負債につきましては、これを政府に承継することができることとし、競馬の円滑な移行を期した次第であります。

地方競馬におきましても、競馬場の数、開催回数、開催日数、勝馬投票券の発売、控除率、払もどし及び監督規定等従来とまったく同様であります。特に改変しました著しい点をあげますれば、農林大臣の競馬施行の許可権を廃しましたほか、馬券税、入場税及び中央馬事会納付金等一切をあげて、これを都道府県の収入となしたこと、また馬券の払もどしに対する制限の撤廃と罰則の強化は国営競馬と同様であります。

なお本法の実施に伴いまして、従来の主催者であります都道府県の馬匹組合連合会の所有していました競馬に必要な資産は、都道府県がこれを承継することができるのでありますが、爾余の資産及び負債もまた一応都道府県が承継することができるのであります。しかし、これらは農業協同組合連合会及び農業協同組合に他に優先してこれが資産を売却することができることとした次第であります。

最後に、この法案は一応本法律施行の日から一年の有効期限を付したのでありますが、一年の後にさらに継続すべきや否やを検討するという趣旨であります。

以上簡単でありますが、本法案の主たる内容について申し上げた次第であります。何とぞ慎重御審議の上速やかに可決せられんことをお願い申し上げます。

新競馬法の眼目は、建前としては、ここで永江農相が述べているように競馬の空白を回避する緊急措置として、日本競馬会を国営化、地方競馬を公営化することだった。

しかし私の見るところ、永江農相の趣旨説明にはまったくふれられていないが、単に解散を回避するということではなく、それまでの地方競馬の在り方を根本的に変えることが、この競馬法の大きな目的でもあった。農林省の直接の管理下に置かれるとはいえ、日本競馬会の国営化は、競馬会の主流が農林省と共同歩調をとりそれまでの競馬のあり方を温存、ほとんどそのままに継続させるものであった。当初、日本競馬会も解散の理由がないと反対の態度であったが、農林省に同調することに副理事長（田淵敬治）が尽力し、それに成功したというのも、そのことを理解したからに違いなかった(19)。これに対し公営化は、戦時中軍部と結び付くなかで強化され、敗戦後拡大された中央馬事会、各県馬連の権益を徹底的に解体するものであった。

また馬匹組合整理法がこの新競馬法と同時に上程されていたことも、そのことを示していた。前年一一月制定された農業協同組合法は付帯決議で、協同組合設立六ヶ月以内の馬匹組合の解散を求めていた。だが各県馬連が抵抗、解散せずに競馬開催を継続したことで、農業協同組合（以下、「農協」と記す）の設立にも支障を来たすようになっていた(20)。これを打開すべく整理法は、「馬匹組合の円満かつ速やかな解体を行い、新たなる農業協同組合の健全なる発展を期するために」、競馬関係資産を都道府県、その他の資産を農協に承継させ、制定後五ヶ月以内に強制的に馬匹組合を解散することを規定していたからである(21)。馬匹組合は、昭和二二年初頭には、畜産組合の結成に動き、GHQからの同意を取り付けようと熱心な働きかけを行っていたが、GHQは畜産組合の単組化を認めず、農協結成促進の方針を堅持した(22)。

繰り返せば、昭和二一年の地方競馬法制定の際、農林省は地方競馬側の主張を抑えることができなかった。その結果中央馬事会は、独自の開催権を保有、また軍用保護馬鍛錬中央会と同様の方式で各県馬連からその売得金の平均八％の納付金を受け、そしてその巨額の収益金の使途に関する自己決定権をもつにいたっていた。なお各県馬連もそれぞれが収益金の使途の決定権をもっていた。翌昭和二二年三月には、地方競馬法を抜き打ち的に改正、競馬場数の倍増も可能としていた。中央馬事会は、地方競馬に関して大きな権益を確保するシステムを作り上げ、「独立王国」の様相を呈しつつあった。それを支える「族議員」の力も大きくなっていた（第３章）。

農林官僚から見れば、敗戦後の権力の動揺の間隙を突かれる形で、中央馬事会にこのような大きな権益を付与してしまったことは大失態であり、いつかはその牙城を崩さなければならないものだった。それが、ＧＨＱの圧力で労せずして実現する。あたかも農林省の意を受けてＧＨＱが動いているようであった。渡りに船とはこのことだった。当時の畜産局の事務官福山芳治が、「農林省は、馬匹組合解散への対応に取り組んだ形跡がなく、新しい競馬の方向、組合と協力しようとしたことはなかった。後はどうなろうと仕方がない」と回想しているのも、その傍証となるだろう(23)。また逆に、中央馬事会副会長小笠原八十美が、公営化を農林省畜産局競馬課長井上綱雄（国営競馬時代の競馬部長、実質的な理事長格、その後日本中央競馬会理事）ら一部農林官僚の陰謀であると疑ったのも、その意味で的を射ていた(24)。地方競馬側が公営化に頑強に抵抗していたのも、それが中央馬事会、各県馬連潰しにほかならないからだった。

そして公営化は、中央馬事会、各県馬連から取り上げたその権益を、ヒモなし（支出先を限定した特定財源ではなく一般財源）で都道府県に付与するものだった。永江農相も趣旨説明で述べていたように、それまでの各県馬連主催の競馬に課されていた国税である馬券税、馬券払戻税、及び中央馬事会への納付金の総てを廃止してそれを都道府県の収入にあてるとされた。これで計算上は、売得金の三四～三六・五％に上る控除金から経費を除いた総ての剰余金が都道府県の収入となる。その収益を、当時の大きな課題であった地方自治体の財源にするということであった。中央馬事会、馬連という「私益」から、「公益」への転換であった。政府とともに都道府県側も、公営化にもろ手をあげて賛成、馬匹組合の整理に最も熱意を示した(25)。各自治体が、各県馬連から剰余金の一部を納付されるより、すべてを手に入れることができる仕組みを歓迎するのは当然だった。昭和二六年以降、旧馬連などで公営競馬の民営化を求める動きが出てくるが、農林省をはじめとして、自治体側は強硬に反対し、公営開催維持に全力を傾けることになる（後述）。中央馬事会、各県馬連は、自治体からも外堀を埋められる格好で追い詰められた。

ＧＨＱは、日本の民主化の根幹をなすものとして地方分権、地方自治の確立策を強力に推進、国の行政権限の地方委譲が大幅に行われた。現在でもそうであるが、地方分権、地方自治といっても、財源の裏付けがなければ、絵に書いた餅になる。この競馬法が審議されていた昭和二三年当時、各自治体は、インフレのなかでの戦災復興、引揚者対策、六・三制実施のための中学校校舎新築（原則として小学校に併設することが認められなかったから新築する必要があった）、自治体警察の創設・維持、消防などの負担に悲鳴をあげ、国への不満は強まっていた(26)。自治体は一つでも多くの新財源が欲しかった。また折から制定された地方財政法は国費と地方費の負担区分を定め、委任事務に対する国の財源措置を規定していたが、それでは不足するのが確実であった。新地方税の導入にも限度がある。

国にとってみれば、自治体に新財源を与え、その不満を少しでも和らげるのに、地方競馬の収益はもってこいのものだった。しかも中央馬事会、各県馬連の権益を打破し、農林省の主導権も奪還できる。当初大蔵省が、地方競馬にも国庫納付金八・五％を課すことを要求していたが(27)、「地方団体の有利になるように」と新競馬法審議の前に取り下げていたのも、そのような政治的判断だった(28)。ちなみに自治体が発行する宝くじの国庫納付金は発売額の二〇％であった（第４章）。また地方競馬に関して農林大臣の許認可権が廃止され、自治体は自らの判断で開催することが可能となっていた（後述）。これも財源確保に関する決定権を地方に委譲するという姿勢を表したものだったが、逆にいえば、地方競馬の廃止の自由を付与されたことでもあった。富山はその自由を行使することになる。

話を審議にもどすと、永江農相の提案趣旨説明を受け、競馬法に唯一反対している民主自由党を代表して田口助太郎（埼玉全県区）が、質問の口火を切った。民主自由党は、多くの競馬関係者の議員を擁していたが、野党であったことで反対に回っていた。

田口は、審議最終日の三日目（七月四日）、つぎのように述べたところを見ると、GHQの圧力に異議を申し立てることも意図していたことがうかがえる。このような迂回路をとったとはいえ、GHQに対して気骨を見せていたともいえた。

……従いましてこの際政府は撤回して、もっとよりよき、弊害のない、しかも馬事振興、畜産振興になる、健全な娯楽娯樂に資するような制度に改たむべきであると考えます。われわれはこれをただちに修正したいと思っておったのでありますが、本法案の提出されたのは一昨日の午後であり、わずか二日半ではとうてい根本的修正の暇がないので、この法案に対してはまず反対の意を表明するものであります。

あらかじめいっておけば、田口はこのまとめの言葉にふさわしい内容の質問を展開していた。田口の立場は、従来の地方競馬のあり方を擁護する側面をもっていた。田口はこれ以前に、競馬に何らかの形で関係していたようである(29)。ちなみに田口は、後に、総プロデューサーとして東京オリンピック、大阪万国博の公式記録映画を製作、読売映画社・産経映画社長をつとめることになる(30)。

田口はまず、敗戦後、道義が頽廃して「従前以上に勤労意欲を高揚」させなければならない状況にあるとして、つぎのように述べた。

……労働による財産の取得という社会道徳的一般原則に反する競馬を認めなければならない、あるいは国家みずから行わなければならないという一層重要なる高度の社会目的がどこにあるかをまず伺いたいと思います。

これに対して農林省畜産局長遠藤三郎は、永江農相の趣旨説明と同じく、㈠馬事振興、㈡国家財政への寄与、㈢健全な娯楽の提供、という三つの目的をあげたが、田口は、これらが馬券発売を刑法の除外例とする「高度な社会目的」とは認められないと引き下がらなかった。

田口と永江農相や遠藤畜産局長との間で質疑が展開されたが、そのなかで田口の反対のポイントが、戦時中のような国家が統制する馬政を欠いたままでの競馬開催が、農耕馬、荷役馬などの産業用馬の生産を破壊してしまうという点にもあることが明らかとなっていった。田口は、別に社会道徳、モラル論議を展開したいわけではなかった。田口は、遠藤畜産局長の答弁を、つぎのように追及した。

政府は今三つの目的のために競馬は賭博行為であるが、より国家的には必要で、一般原則としては賭博行為だけれども、それ以外にもっと高度の目的は馬の改良と、財源の捻出と、健全なる娯楽であると言われました。しかしながらこの競馬によって馬がどうして改良増殖できるか、私をして言わしむるならば、この競馬を施行することによって日本の畜産、特に馬産は破壊されるものであると思います。なぜならば、現在行っている競馬に出ている馬の種類を見ればアラブ系とサラブレッド系だけでありますが(31)、かくのごとき馬が一体日本の畜産五ヶ年計画にどれだけ必要としているか、ほとんど要らないのであります。競馬のごときものは日本の産業には害あって益のないものであります。特に平和時代においてもまた戦時中においても競馬を何ゆえに盛大にしておったかといえば、一般農家は射倖心につられる、今のサラブレッドの最高価格は二七〇万円もしておるものが出ております。従って農家はまじめな産業に必要な馬をつくらずに、一攫千金的な型式の馬をつくろうという思想になることは当然であります。従いまして戦時中には馬の繊細脆弱な、軍馬としても使えない、農耕馬としても使えないものが国内に満ちておった。そのためにいろいろな立法処置を講じておったのであります(32)。従いまして今度種馬統制法(33)を撤廃し、サラブレッドとアラブの二種類だけの競馬をやりますならば、日本に不必要な馬だけをつくり、ほんとうに必要な馬はできなくなる。従って馬の改良増殖振興に対しては、私は害があっても何らの益はないと断言して差支えないと思います。

田口のこの追及に対して、永江農相は「そのような極端な結論をもっていない」と交わしたが、田口は、競馬法に「馬匹改良」といった目的が掲げられていないことを突く形で、これでは「金儲け」だけになるが、「施行方法その他」の対応策をとって「馬の改良増殖上必要である」ような競馬の実施を考えているのかとその説明を求めた。

遠藤畜産局長は、田口がもっている懸念を共有していることを述べたうえで、サラブレッドが馬匹改良の原々種として不可欠なこと、農耕馬などの生産に支障がないように、競馬場の数を制限するとか、あるいは施行の種類だとか、いろいろの点に制限を設けて弊害を防ぎたいと説明した。

田口は、畜産局競馬課長井上綱雄から馬匹改良を推進していくために年間三頭のサラブレッドが新種牡馬として必要という答弁を引き出したうえで、日本の産業用馬、すなわち農耕馬と荷役馬をつくるために、年間何頭のサラブレツトの生産、出走を必要としているのかという問いを発した。井上競馬課長は、それに答える材料をもっていないとしながらも、田口の質問の意図を酌んだ形で、戦争中、山砲駄馬を急速に生産するために、重種系血液を非常にたくさん入れて大型馬を生産したが、北海道を別として内地ではそのために農馬としては困った（不適な）馬が相当できている、したがって産業上、急速に軍事化（大型化）した馬体をもとに返すことが必要だと述べていた。

田口は、この井上の答弁を受けて、「種馬統制法を撤廃し、自由な種付を行い、また競馬というような問題で、生産者を刺戟すると、何十年来農林省がかかって、産業用馬増産に努めておったことが破壊されてしまう。それでは将来ゆゆしい問題」だとしてつぎのような問いを発した。

……従来われわれが考えた競馬はそうした（馬の速さだけで勝ち負けを決める）ものではなくて、積載能力、あるいは輓曳能力を加味した競馬をやったのでありますが、政府は今後の競馬において、そうして施行方法をとるかどうかを承りたいと思います。

遠藤畜産局長は、「ただいまお話のように輓曳能力あるいは速歩のような競走をも入れまして、各種の馬の能力の検定をしていき、能力の種類を検定するというような考え方でまいりたいと思います」と、田口に全面的に賛意を示した。なお田口は、開催回数、日数、競馬場数の制限、減少も求めたが、これはあっさりと交わされていた。

田口の意図がどこにあったにしろ、ここまでの質疑の結果、日本競馬会が追い求め、そして国営競馬が引き継ごうとしていたサラブレッド、アラブの軽種馬の競馬だけでなく、各地方競馬で実施されてきた中間種を主とする駈歩や速歩、また北海道、青森などの馬産地で展開されてきたような輓曳を織り込んだ競馬、そして農耕馬、荷役馬などの産業馬の馬産の推進を約束させる答弁を農林省から引き出したことになった。昭和二一年地方競馬法審議の際の切迫感は薄らいでいたが、地方競馬独自の存在意義が、ここで改めて確認されたことを意味していた。たとえ建前であっても、そのことが地方競馬が農政の一環であることの根拠であり、その旗を下ろすわけにはいかなかった。

当然軍馬の必要性に言及することはなかったが、田口がここで展開した競馬法反対論は、戦前、陸軍がサラブレッド、アラブの軽種馬中心の日本競馬会の競馬を、「軍馬の改良に役立たない」と強く批判していたものとほとんど変わるところがなかった(34)。いいかえれば、軍馬の看板を産業馬に付け替えて、国家が馬政を統制した戦前の体制へ回帰することが望ましいといっているのと同じであった。遠藤畜産局長も、答弁を見る限り、田口と同様の見解であった。田口はこの日の最後に、再び井上綱雄に同様の質問を行うが、井上の回答は、両者の競馬に関する見識の差を示すように遠藤のものとは異なった（後述）。

つぎに田口が質問したのは、収益金の使途であった。旧競馬法では、日本競馬会の収益は四分の三を馬事（畜産）振興に、四分の一未満を社会事業に振り向けることが規定されていた（第八条第四項、第五項）。地方競馬の収益に関しては、中央馬事会、各県馬連が馬事振興の名の下に自主決定権を保有していた。ところが新競馬法では、国営競馬の収益は国庫、公営競馬の収益は地方自治体の一般財源にそれぞれ繰り込むことに変更されていた。田口は、つぎのようにこの変更に関する質問を行った。田口が直接の対象としているのは、国営競馬であった。

……従来競馬の利益金は畜産振興に使われておったのでありますが、新法案になりました場合には、これを一般会計に繰入れることになっております。従って法文からみますと、畜産振興は一文も競馬の恩恵には浴さないことになっているのでありますが、実質においてそうであるかどうかを承りたいと思います。

遠藤畜産局長は、政府の財政方針で特定財源としなかったが、財務当局（大蔵省）とは従来通りに畜産振興に振り向けるという申し合わせがあると答えた。

これに田口は、農林省の意を酌むかのように、法文上に明記して「永久にその線を確保する方法を考えて」いないのかと尋ねた。遠藤局長は、田口のエールに応えるかのように、そう望んでいたが、政府の方針で実現できなかった、競馬の益金はその性格からいってほとんど永久に畜産振興に振り向けられると「固く信じている」と答弁した。これを受けて田口は、さらに永江農相から、現時点では事務的な了解事項なので、閣議の決定事項とするべく努力するとの答弁を引き出したが、結局それは実現しなかった。

このやりとりで、農林省当局が、戦後の重要な政策として推進していた有畜農業の財源に競馬の収益をあてることを計画していたが、政府、大蔵省の前に後退を余儀なくされていることが明らかとなった。繰り返せば大蔵省は、競馬の収益を特定財源でなく、一般財源化することをめざしていた。馬事振興、あるいは畜産振興と書き込めば、収益の使途もその理念、目的に応じたものが優先されることになり、とりわけ地方自治体がフリーハンドで戦災復興費などの財源にあてることに制約を受けることになったからである。新競馬法に、その理念、目的が書き込まれていなかったのは、そのためだった(35)。GHQも「競馬が馬の改良増殖その他畜産の改良発達等のために施行せられているということは、首肯し難い。競馬の主目的は政府収入を挙げるために、政府が馬券の専売をなしているものと考えている」との見解であり(36)、大蔵省を支持する立場だったと思われる。田口は、新競馬法に反対の立場からこれらの質問を行っていたが、この収益金の使途に関しては農林省にとって「味方」であった。またこの点に関しては、法案賛成の与党議員と田口との差も実質的にはなかった(後述)。

そして田口は、戦前から続く競馬の二重構造をそのまま残して、国営と公営にする理由を尋ねた。これに対して遠藤畜産局長は、つぎのような注目すべき答弁を行った。

> 国営競馬と地方競馬の二種類を認めた理由は、大体二つあるのでございます。
>
> 一つは性格的に国が直接やるものと、地方庁の道府県がやるものとの、施行地帯の性格的な区分が一つでございます。
>
> もう一つは競馬の本質的な問題になりますが、もともと競馬は国営競馬、地方競馬というふうに、あるいは甲、乙というふうにわくべきものではなくして、一本でやるのが理想だと存じます。
>
> しかし従来の沿革から言いまして、また今の現状から言いまして、国営競馬の方で走らせる馬と、地方競馬の方で走らせる馬とでは、非常に大きな差違がございます。これを一本にしてしまいますと、全体のレベルが上ればよろしいが、もし下ってしまうようなことになりましては、競馬全体として非常に退歩したかっこうになってまいります。
>
> 従っていわゆる公認競馬の方はますます公認競馬として、今度は国営競馬の形になりますが、発展させていく。同時に地方競馬の方はそれに続いて発展させていきまして、あるレベルまでまいりましたならば、そのかきをとって同一のものにしていくという、大きな目標をもって進んでまいる。それまでは両建てにいくことが適当で

あるというふうに考えております。

昭和一二年以降、日中戦争が長期化、全面化していくとともに、日本競馬会(公認競馬)と地方競馬(昭和一五年から鍛錬馬競走)のそれぞれの役割が明確に分離、固定化されていった(第3章)。日本競馬会が馬匹改良の原々種の種牡馬選定を謳って、サラブレッド、アラブの軽種馬での競馬、一方鍛錬馬競走は、軍用候補馬の選定、改良を目的として、軽種馬を排除し、地方の馬匹の特性に応じたアングロノルマンなどの中間種を主とした競馬を展開していくというものだった。それが、いわば不当に差別され続けた地方競馬側がたどりついた存在根拠だった。戦後になっても地方競馬側は、ことさらに地域密着の産業用馬中心の競馬を強調し、日本競馬会のサラブレッドの競馬との差異化を自ら図っていたが、その象徴が昭和二一年一一月施行された地方競馬法だった。そしてその結果、地方競馬側自らの手で、戦前からの競馬の二重構造をさらに強化してしまうことになった。

遠藤畜産局長が、沿革からも現状からいっても、国営競馬と地方競馬で出走する馬とでは非常に大きな差違があり、一本化するとレベルが下がり、競馬が退歩するといっているのは、このような公認と地方という二重構造の歴史と現状をふまえてのものだった。そして注目すべきは、その二重構造の解消を将来の目標として、今後の競馬を展開していくと表明していたことだった。競馬界の実情を知り抜いている遠藤畜産局長にとって、その実現の可能性がないことなどは百も承知しているはずであった。それをあえて言ったのは、官僚が、こういった場で通常、個人的な意見を述べないことを考えれば、少なくとも競馬に深く関係する官僚たちの間では、将来的には競馬の一本化が望ましいとの認識があったことをうかがわせている。なお審議の最終日の四日、委員会議員の方から、競走馬不足、特に日本競馬会の軽種馬不足への現実的な対応として、国営、地方競馬それぞれの所属馬が相互の開催に出走できるように省令の改正を求める要望が出されることになる(後述)。

だが田口のここでの質問の意図は、そういった二重構造の打破ではなかった。日本競馬会、地方競馬双方の「民営」の継続を求めることであった。田口は、それに向けてまず国営化、公営化の判断の根拠を問い質した。

遠藤畜産局長の答弁は、地方競馬におけるボス支配、八百長、騒擾事件などの状況、あるいは戦後の社会が混乱した状況から脱却していない「不安動揺の時代」であること、また刑法の富くじ罪の例外として勝馬投票券の発売を伴う競馬の実施が認められているので、競馬の収益は国及び都道府県が公共のために使うのが正当である、というものであった。前半部分は、農林省及び日本競馬会が民営化を回避するためにGHQ説得の決め手として使った「理由」の一つ(37)をここで繰り返したものだったが、後半が、現在にいたるまで日本の競馬の枠組みを規定している新競馬法の基本理念だった。

これを受けて田口は、競馬、特に地方競馬が「不明朗で、ギャングの巣窟のように社会から指弾」されていることには同意を示しながらも、そのような状況になっている責任が主催団体そのものにはないという言質を引き出そうとした。

田口の意図は、公認競馬、地方競馬の開催権を専有していた日本競馬会、中央馬事会及び各県馬連が、戦前、戦中の国策に基づいて組織されたものではあったが、それでも民間団体、つまりその競馬が民営だったことをふまえると明らかになってくる。つまり田口のねらいは、民営そのものに問題があるのではないということを農林省当局に確認させることであった。これには成功した。

そして田口は、別の団体による民営の継続の可能性があるのではないかと、つぎのように質問した。

そういたしますと、結局主催者団体は悪いことをしていない。ただほかが悪いことをしておるのだ。ただ集中排除その他でこれを認めることができ得ないという御説明のようでありますが、なるほど日本競馬会は独占の団体であります。日本の公認競馬一一ヶ所を一手に収めておる団体であります。しかし馬匹畜産組合連合会は、これは県ごとにあります。しかもこれは公益団体であって、私益団体ではないのであります。ただ馬匹畜産組合は協同組合法の精神に則って、排除することになりましたので、これに代るべきものは当然農業協同組合が予定されるわけであります。従って公認競馬の場合においては集中排除法にかかる。これをやめてもやむを得ないと思いますが、馬匹畜産組合の場合におきましては、県の畜産組合を主体とした農業協同組合に施行権を与えても、一向差支えないと思うし、またそうすることの方が、協同組合を育成し、財源を獲得せしめ、畜産振興に役立つと思うのでありますが、その点を承りたい。また日本競馬会が独占禁止にかかる団体であるとしても、この団体は戦時中にできた団体である。その以前においては一一の競馬場ごとに競馬クラブが存在し、その上に会議機関としての協会(38)があったのでありますが、これらの戦前以前の団体に引きもどすことは、どうして不可能であるかと承りたいと思います。

地方競馬については公営化ではなく、農協に施行権を与えて民営を継続させる、その財源で戦後の農政の中核とされた農協を育成するとともに、新競馬法では後退してしまった畜産振興もその農協を通して図ってはどうかという主張であった。各県馬連が、農協を看板にして、地方競馬の開催を担うという可能性を問うものでもあった。遠藤畜産局長は、農業生産に基づく事業体という性格をもつ農協の事業として不適切だと、これをあっさりと否定した。それに各県馬連の権益を打破することも新競馬法の目的だったから、その生き残りにつながる可能性のあるものなどが認められるはずもなかった。また万が一にその可能性があったとしても現実的には無理だった。馬匹関係者以外の畜産関係者及び農業関係者たちの間では、戦時中、及び地方競馬時代に馬匹組合がもっていた特権に対する反発が強く、畜産関係の特別農協の設立にも反対の声があげられていた(39)。また先にもふれたように、解体が日程に上ってからも馬匹組合が競馬開催を継続するために解散しなかったのが阻害要因となって、農協の設立が遅れていた。このような対立がある点からいっても農協に開催権を付与しても混乱を生ずるのが関の山だったからである。

地方競馬に関しては、地方自治体の一般財源にするということが至上命題であった。したがってそれ以外の選択肢を認めないという結論が先にあったから、田口の質問はその点を確認しただけに終わった。だがこのような質問が、後に競馬の収益のかなりの部分を畜産振興費に振り向け、旧馬匹組合関係諸機関にもその配分を行うということに道を切り開くものとなっていく（第3節）。

日本競馬会に関する後半部分に関しては、まったく答弁が行われなかったが、翌七月三日の質疑で、馬券禁止時代に政府から各倶楽部へ多額の補助金が支出されていて、その倶楽部を統合して成立した日本競馬会の資産を国が無償で承継することに問題はないとして、かつての倶楽部関係者の権利を否定する見解が示された(40)。

つまり、農林官僚の答弁は、地方も日本競馬会も、民営化は不可能であるということだった。

繰り返せば、この新競馬法制定の発端は、GHQ経済科学局が、日本競馬会、中央馬事会及び各県馬連が国家から開催権を付与されているという専有体制を打破するために加えた競馬の「民主化」の圧力だった。結末は、「民主化」とは正反対の国と地方自治体による開催権の「独占」に終わってしまったが、議会でその根拠として示されたのは、ここでの田口と遠藤畜産局長のやりとりだけであった。

この後も、田口は地方競馬に焦点を絞って注目すべき質問を行っていた。

一つは、経験もなく人材もいない地方自治体が地方競馬を開催するのは困難であり、実際的に代行の施行者を認めるのかということであった。もう一つは大都市の近接府県以外は採算をとることが不可能であり、ブロック化を考えていないかということであった。中央馬事会は、赤字の県馬連に、補助金等を助成（納付金の配布）していたが、この仕組みがなくなることで、売上の小さい馬産地の地方競馬が衰退する、また馬、騎手を丸抱えすることが高コストであり赤字につながるということだった(41)。

まず一つ目の質問に対して、遠藤畜産局長は、各県馬連の経験者を雇用する、代行は認めず直営のみと答弁した。競馬法上無理であったこともあるが、公営化が中央馬事会及び各県馬連の既得権益を解体することも目的だったからである。二つ目の質問に対して、遠藤畜産局長は、地方競馬場六三ばかりのうちで黒字は一六、七くらいだが、「馬券税、馬券払戻税、入場税、それから中央馬事会への納付金」がすべて県の収入になるので、赤字を出すようなことはほとんどなくなるだろうと楽観的というか希望的観測を述べたあとで、つぎのような答弁を行った。

……但しただいま御指摘のように一県一県独自でやってまいりますと、非常に経費がかかってまいりまして、これは非常に不得策だと存じます。したがって関西なら関西、関東なら関東、さらに全国的にブロック的な自主的な団体をつくりまして、騎手だとか、あるいは調教師というものを一県でことごとく抱えるのではなくて、相互に融通し合って、それをフルに活用していくという方法をとって、経費の節減をはかってまいりたい、そうすれば各県の採算はだんだんよくなっていくのじゃないか、こういうふうに考えております。

二〇〇四年にも競馬法が一部改正されたが、その眼目の一つは、意欲をもつ複数の主催者を対象としてコスト改善、質の高いレースの提供を目的とした地方競馬の「ブロック化」であった(42)。そういった問題意識が、すでにこの時代から芽生えていたことがうかがえる。地域の利害は複雑で、現在でもその実現の可能性はほとんどないが、当時も各地区の公営競馬のブロック化に関しては自治体側の反対が大きく非常に困難だった。昭和三七年全国地方競馬全国協会が結成されるまで、実際に実現したのは、緩やかな形ではあったが、昭和二四年関東甲信地区の関東地方競馬組合（管理者東京都知事）のみだった(43)。

田口はこの日の質問を、「産業上必要とする馬の生産計画とマッチする競馬の施行」の具体的方法についての問いで締めくくった。田口はここで再度、戦時中のように国家が統制する馬政を欠いたままでの競馬がサラブレッド中心の競馬になる、いいかえれば日本競馬会が追い求め、そして国営競馬が引き継ごうとしていたサラブレッド、アラブの競馬が、結果的に農耕馬、荷役馬などの産業用馬の生産を破壊するとして批判し、各地方競馬で実施されてきた速歩、また北海道、青森などの馬産地で展開されてきたような輓馬を織り込んだ競馬、そして産業馬の馬産の推進を、確約させようとしていた。

これに競馬課長井上綱雄は、戦後の馬政は、戦時中のような厳格な国家統制は不可能であり、また中間種重点の軍馬改良を中心としてきた明治以来の馬政は、農耕馬という観点から考えると誤っており、これまで軽視されていたアングロアラブ重視に転換させる必要がある、サラブレッドに関していえば、田口とは逆に馬匹改良の原々種としての生産頭数の確保の方を懸念していると述べ、「従来軍馬生産時代のように、はっきりとこれだけのパーセンテージでこれだけの競馬をも得るということは、五ヶ年計画ではできないのであります」とその答弁を締めくくった。

サラブレッドの競馬の重要性を強調するとともに、この最後の言葉に象徴されているように、井上は、田口の求めているところが、軍馬を産業用馬に付け替えただけで内容的には明治以来の軍馬中心、とりわけ太平洋戦争期のサラブレッド、アラブの軽種馬の生産を縮小させた馬政の復活に他ならないではないかという点をついて、否定していた。先の遠藤畜産局長とは異なり、サラブレッド、アラブの軽種馬の競馬の重要性に関しても譲らない、井上が、事実上、国営競馬の中心となったのもうなずける「さすが」という答弁だった。

田口に続いて、坪井亀蔵（静岡三区、国民協同党）が、「人口の比率、馬の頭数、なおまた県の要望というものにこたえて」、地方競馬場の増加を求める質疑を行っていたが、畜産局長遠藤はその考えがないことを明言した。坪井は、浜松への地方競馬場設置を陳情していたので(44)、ここでの発言はその実現に向けての圧力の一環だったろうが、これまでにもふれてきたように、地方競馬場の増設を求める声は、かなりの広がりをもっていた。まだ地方競馬は金を産む打ち出の小槌と考えられていた。

2　七月三日、衆議院農林委員会、審議二日目

七月三日、衆議院農林委員会での競馬法審議は二日目に入った。

冒頭、平工喜市（岐阜一区、社会革新党）が、全国市長会議の決議、陳情を代弁する形で、人口一五万人以上の都

市への地方競馬の開催権付与についての質疑を行った。これに畜産局競馬課長井上綱雄は、農地確保、食糧増産優先の観点から競馬場で農地を潰すことはできないという理由で否定的姿勢を示した。農林省は、どのような形であれ開催権の拡大、競馬場の増加に対して反対しており、それがここにも表れていた。だが農林委員長井上良次（大阪三区、社会党）が、この場で平工の要望を引き取る形で明らかにしていたが、すでに総理大臣が指定する都市という条件で、地方競馬の開催権を拡大する方向で法案修正の調整がはかられていた（後述）。平工の質問は、この調整を委員会の場で頭出しして、公にすることが目的だったと思われる。その後、複数の議員が、日本競馬会の資産継承、戦前の旧競馬倶楽部への補償、場外馬券売場の委託、競馬振興会（日本競馬会の馬主たちの組織、会員名義の馬のみが出走できた）の取り扱いと馬主資格、賞金と馬主経済への配慮、日本競馬会や中央馬事会役員の処遇、国営競馬の番組編成方針（日本競馬会への批判）などをめぐっての質疑を、法案賛成の立場から展開していった。

そして地方競馬の開催権の拡大と控除率の問題、また競馬法に競馬の目的が盛り込まれなかったことについての質疑に移っていった。この問題で質問に立ったのは、治安及び地方制度委員会の門司亮（神奈川一区、社会党）だった。同委員会は、当時の大きな課題であった地方財源の確保策も所管していた。そのなかの検討課題の一つとして地方競馬の開催権拡大があり、かねて全国戦災都市連盟、五大都市市長会議から該当都市への開催権付与を求める請願も受けていた(45)。なお五大都市とは、横浜、名古屋、京都、大阪、神戸、すでに競輪の開催権を手に入れていた(46)。したがって治安及び地方制度委員会は、競馬法審議に関して、農林委員会との連合審査会を要求したが、会期が残されていないと、同委員会の代表が農林委員会で質問を行うという形がとられたものだった(47)。門司の質問も当然、地方自治体の財源を確保するという観点から行われた。

門司は、競馬の目的が従来の馬匹改良から、「財政の方面」に重点が移されたとして、都道府県だけでなく大都市への開催権付与が理に適っていること、ついで競馬場所在地の市町村への入場料相当額の付加税を振り向けることを要求した後で、直接的にはノミ行為の対策として控除率引き下げに関する農林当局の見解をつぎのように質した。

……のみ賭博が跋扈するということは、この税率が高いために、平たく申しますと、いわゆるばくちのてら銭がとれる。この範囲内の税率にしてあります限りにおいては、のみ賭博はいくら取締りをしても絶えないのでありまず。観客の一人一人に監視をつけたらどうか知れませんが、これ以外は私は取締りができないと思います。
それゆえに国がこういう大きな税金をかけないで、そうしてのみ賭博を絶滅いたそうとするならば、この税率を下げて、そうして払戻しの金額を多くしてやるということの方が大衆的であり、かつ競馬が非常に公明正大に行われると思うのであります。この点に対する当局のお考は非常に間違っておいでになると思いますが、その点の御見解をお伺いいたしたいと思います。

畜産局長遠藤三郎は、都市への開催権付与、競馬場増設を明確に否定、付加税に関しては課税決定済と答えたあとで、この控除率の引き下げに関して、国、地方自治体の財政収入が減少すること、また日本競馬会の強い要望を受けて、実験的にこの昭和二三年五月二九日〜六月二〇日の東京競馬春季第二次開催で控除率約三四%を二二%に引き下げて特例競馬を実施したが、売上が伸びず失敗に終わったことをあげて(48)、否定的な見解を示した。

先にもふれたが、繰り返せば、日本の競馬は低い控除率から始まっていた。売得金に対して、明治三九(一九〇六)年から明治四一(一九〇八)年の馬券黙許時代が一〇%(政府納付金なし)、大正一二(一九二三)年の競馬法では一五%(政府納付金一%、倶楽部一四%)、日本競馬会発足時の昭和一一(一九三六)年時点での控除率は一五%(政府納付金七%、競馬会八%)、日中戦争の長期化に伴い昭和一四年一八%(一一・五%、六・五%)と引き上げられ、太平洋戦争の勃発を受けて、昭和一七年には馬券税が導入され、日本競馬会が約三四%、鍛錬馬競走(地方競馬)が約三一%となった。戦費調達のための戦時税としての意味をもっていたからこそ可能となった異常な高さだった。これらの戦時体制下の数字が、戦後、日本競馬会、地方競馬双方ともにそのまま引き継がれていた。

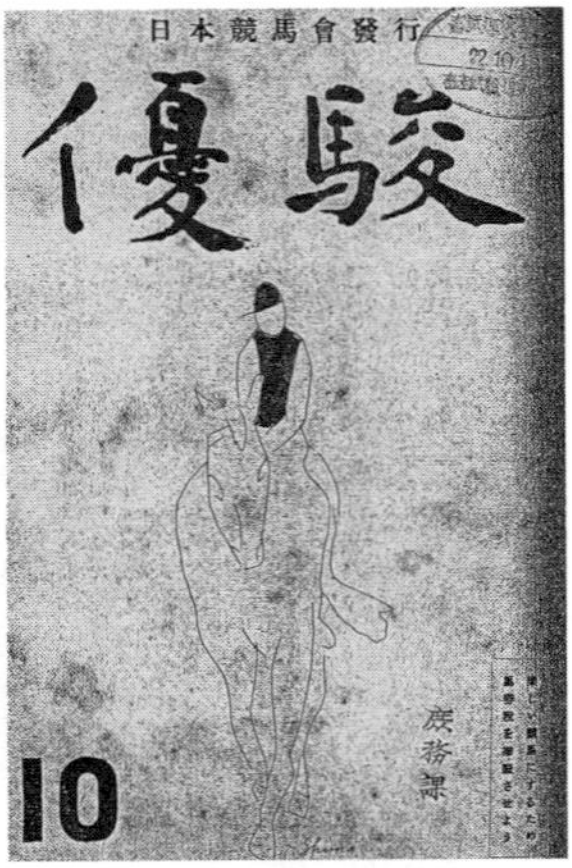

図1　『優駿』昭和二二年十月号

「楽しい競馬にするため馬券税を撤廃させよう」と掲げられている（ＪＲＡ図書館蔵）。

図2　『文化国家　日本の競馬』第1集

（ＪＲＡ図書館蔵）

昭和二二年に入り、赤字に陥っていた日本競馬会は、その要因が異常に高い控除率にあるとして、大蔵省、農林省に対してその引き下げを強く働きかけていた。長期的に見れば、ファンの興味、購買意欲を刺激して、売上を増加させ、当面の国庫納付金の減収を上回るという「正論」だった。この年の『優駿』各号の表紙にも、「悪税・馬券税を撤廃させよう」、「楽しい競馬にするため馬券税を撤廃させよう」といったスローガンが掲げられた。

また日本競馬会は、この昭和二二年、控除率引き下げを訴えることを目的として『文化国家　日本の競馬』というカラー刷りの小冊子を三集刊行、広く配布していたが、その第1集の最後の一節はつぎのように訴えていた。

> 競馬をもっと大衆的に面白くさせ、馬券の売上をまし、政府収入をふやす途は唯一つ、高率馬券税の撤廃乃至引下げである。国庫収入を増す方法は薄利多売主義で、税率を低くすることである。われわれは立遅れを速やかに取戻し、行過ぎは厳に是正し、楽しく正しい競馬を実現しなければならない。

馬券税が撤廃されたとすると控除率は一八％になるが、日本競馬会の目標は一五％だった(49)。一八％への引き上げは、日中戦争終了後の翌年一二月三一日までの時限立法だったから、その意味では筋の通った話であった。

日本競馬会の運動が功を奏した格好で、国営化直前の昭和二三年、ダービーを含んだ五月二九、三〇日、六月五日、六日の四日間、控除率を二二・五％に引き下げての「実験」が行われた。だが売上は期待をはるかに下回る一・二九倍の増加に終わった。ファンの間に浸透するには、準備期間や広報活動が如何にも不足していた。農林省は、失敗と判断、当初八日間の予定だったものを半分の四日間で中止を命じた。この手際の良さから見て、この控除率引き下げの「実験」が中止された本当の理由は、おそらく新競馬法での控除率引き上げの数字がすでに政府部内で決定されていたことだったに違いなかった。

その新たな控除率（第八条）は、国営が約三八％前後、地方競馬が約三六％前後だった(50)。それまでの戦時下だから許された高い数字をさらに引き上げるという驚くべきものだった。地方競馬が売得金の二九％をまず控除し、残りの売得金から的中金総額を引いた額の一〇％をさらに差し引く。その二九％、一〇％を売得金から差し引いた金額が配当金にあてられる。国営競馬の方は、それぞれ二五％、二〇％であった。なお馬券税は、新競馬法の施行に伴い廃止されることになった（第三六条）。とはいえ、控除率が上り、国営では馬券税を上回る額が国庫に入る仕組みで、地方競馬も同様だったから馬券税廃止はファンの利益どころか、その逆だった。それにしても国、各自治体の収入を増加させるという財政的観点が優先されたものとはいえ、太平洋戦争期をも上回る異常な高さだった。

その数字は、門司が質問していたように、ノミ屋にどうぞ繁盛してくださいというようなものであった。ノミ屋は当然、開催経費等を必要としないから、たとえば不的中者に一割を返還、さらに的中者に割増金を出すという「サービス」を提供しても、まだ残る儲けは大きい。ファンが、損得だけ考えてノミ屋を選択し、ノミ屋が繁盛しても不思議ではなかった。

これら新旧の地方競馬、日本競馬会・国営競馬の配当金、控除率がそれぞれどのような数字になるか、以下単勝式一枚一〇円、売得金一〇万円、的中枚数一〇〇〇枚で計算してみよう。

旧地方競馬では、まず二万円が控除され、第一段階の馬券税が四〇〇〇円。残額七万六〇〇〇円の一〇％七六〇〇円が第二段階の馬券税となるから、実際の配当に回される金額は六万八四〇〇円。一〇〇〇円未満は切り捨てであるから、配当金は一〇円に対して六八円、控除率三二%となる。ただ一〇〇倍を超える配当だとその超える分だけ払い戻されないから控除率はさらに上がる。

日本競馬会では一万五〇〇〇円が控除され、第一段階の馬券税が七〇〇〇円、第二段階の馬券税が一万五六〇〇円、計三万七六〇〇円。配当金は一〇円に対して六三円、控除率三七%となる。一〇〇倍を超える場合は地方競馬と同様。

これが新競馬法の地方競馬では、第一号算式七万一〇〇〇円、第二号算式六一〇〇円となり、配当は一〇円に対して六四円となるから控除率は三六%。国営競馬では、それぞれ七万五〇〇〇円、一万三〇〇〇円、配当は一〇円に対して六二円、控除率は三八%。先の六月に可決されていた自転車競走法（競輪）の控除率は二五%であるから、競馬は大きなハンデを背負うことになった。実際、昭和二三年一一月小倉を嚆矢として全国各地に広がった競輪の売上高は急カーブの伸びを見せ、競馬はその影響を大きく受けて、国営、公営ともに売上高が大幅に減少していくことになる（後述）。

控除率引き下げを否定する遠藤畜産局長の答弁を受けて、門司は、大都市への開催権付与の再考を求め、競馬場所在市町村への附加税の法案化、さらに控除率の問題に対しても食い下がり、控除率を引き下げ、ノミ屋（暴力団）の跋扈を抑えて健全な娯楽を提供し、「自由に、しかも払戻しの多い、大衆に迷惑をかけない方法でいくことの方が、はるかに私は賢明だと思う」と述べ、つぎのような言葉で質問を終えた。

……できれば自転車にいたしましても、あるいはドッグ・レースの問題にいたしましても(51)、大体私どもは百分の二〇あるいは百分の一五が至当だと考えておりましたが、現状の財政その他を考えるならば、これを二五に改めておりますので、この際地方競馬におきましても、それは二五程度に押えてもらいたい。健全なる娯楽と市町村の財政をこれによって賄う一助にするということに改めていただきたいということを、私は当委員会に対して申し上げておきます。これで終ります。

繰り返せば、日本の競馬は、一〇％という低い控除率から始まっていた。これが三〇％を超える高率となったのは、戦前が戦費の調達、戦後が国、地方自治体の財政再建への寄与という理由からだった。馬券の控除が、競輪並みの二五％に引き下げられることになるのは、昭和二五年一一月だった（後述）。だがこの二五％も、門司も述べているように、敗戦後という状況のなかで選択された臨時措置であり、いずれは一五％あるいは二〇％に引き下げられることが想定されていた。したがって現在も競馬、競輪等の控除率が二五％ということは、この点でも戦後の体制、いや戦時体制をそのまま引きずっていることになる。

門司亮につづいて、競馬法に目的が謳われなかったことについての小川原政信（北海道一区、民主自由党）の質問に移った。小川原は北海道馬連副会長、中央馬事会専務理事、畜産議員の中心人物の一人、地方競馬の受益者側からいえば、これが本丸であった。小川原は、つぎのようにその口火を切った。

この競馬法のごとき今日まで長い期間にわたっての悩みでありましたものが(52)、会期が明日、明後日というところでこれをお出しになったということについて、私は非常に不愉快に思うのであります。これをもっと早く出していただきまして、われわれに審議期間を与えていただきたかったのが、それができなかったのを非常に遺憾に存じます。

この競馬法を見ますと、この競馬法には目的がないのであります。何をするのかということがちっともわからないのであります。これはどういうわけでこういうように書かれたのであるか。前の法律でありますと、競馬は畜産のためにやるとか、どうとか、いろいろ書いてあるが、これはどうしてこういうように書いたのでありますか、その一点を承りたいと思います。

冒頭は、この競馬法案に対する中央馬事会関係者からの唯一といってよい抗議の姿勢の表明だった。非常に不愉快、遺憾といった言葉に、急転直下の事態の展開の前にすべての権益を奪われてしまう地方競馬側の強い不満が示されていた。

これまでの競馬関連法案は、競馬法第一条が、「馬の改良増殖及馬事思想の普及を図ることを目的とする民法第三四条の法人にして主務大臣の認可を受けたるものは本法に依る競馬を行うことを得」、地方競馬法第一条が、「都道府県を区域とする馬匹組合連合会（県を区域とする馬匹組合を含む。以下同様）は、馬事振興を図るため、主務大臣の許可を受けて、競馬を行うことができる」というように明確にその目的を掲げていた。これに対し、新競馬法第一条は、「政府又は都道府県は、この法律により、競馬を行うことができる」と、目的が盛り込まれていなかった。

小川原の質問の意図は明らかだった。これまで日本競馬会の収益金の四分の三が馬事（畜産）振興に振り向けられ、また地方競馬の収益金の使途は中央馬事会、各県馬連が決定権をもっていた。競馬法から目的が削除されることは、これらの既得権益が奪われることを意味していた。小川原は、少しでも多くその確保につながる言質をとろうとしていた。

これに遠藤畜産局長は、「それぞれの条項から自ずからにじみでるように」するつもりで目的を明記することを意図的に避けたが、先の五月、大蔵省と農林省との間で、これまで通り収益金を畜産振興にあてるとの「申合せ」が合意されているので、大蔵省を信頼していると述べた。両省の「申合せ」（「大蔵、農林両省了解事項」）は、つぎのようなものだった(53)。

旧競馬法においては、同法第八条第四項および第五項の規定により、政府納付金の四分の三以上を馬事のため使用することになっているが、新競馬法においては、これに該当する規定は削除するが、従来の額に相当する金額、および地方競馬の納付金で従来中央馬事会への納付金に相当する金額については、従来の趣旨を尊重する。

さらに畳み込んでくる小川原に対して、「私どもは畜産の改良と、畜産の発展のために、十二分に競馬を活用したいということを考えておる次第であります」、と本音をもらすような答弁を行った。遠藤にとってみれば、省益から考えても小川原の弁に全面的に同意を示したかっただろうが、そうはいかない苦しい立場がここでの答弁に示されていた。競馬の収益は、一般会計に繰り込み、使途は国会で審議、畜産振興という枠をはめないという政治的決断がなされていたから、遠藤はそれに従わざるをえなかったからである。

ついで小川原は、民有国営、国有民営ではなく、国有国営を選択した根拠を質した。このなかで戦後になって、戦中の全体主義的な組織を壊してきた時代に逆行している、あるいは農業五ヶ年計画など農政が共産主義的なものに流れているように見えるが、競馬の国営化はそれと関連しているのか、という問いを発していた。本人は中央馬事会、各県馬連が解体されることに対する皮肉、あるいは嫌味のつもりであっただろうが、核心をついていたともいえた。なぜなら戦後も官僚が中央統制する戦時体制が、農業も含めて維持されていることへの異議申し立てという側面をもっていたからである。

遠藤畜産局長はもちろん、共産主義的なものではないとしたうえで、前日と同じく、敗戦後の「きわめていろいろな問題が複雑輻輳しておる社会情勢」をその根拠としてあげ、最後に、「いわゆる国家的な形における民主的な経営を、この際考えたような次第であります」と述べた。意味するところは、国営化はするが、日本競馬会時代よりも、馬主、調教師、騎手の意見を反映させて「民主的な経営を」するということだった。その「経営」の仕組みも作られておらず、言葉だけの中身のないものではあったが、小川原のイデオロギー批判的な質問が引き出した答弁だった。

さらに小川原は、日本競馬会の資産承継及び補償問題、サラブレッド生産頭数の見込み、サラブレッド生産に対する助成の有無、競馬の官業化がもたらす諸問題、国営競馬の賞金増額、馬主・調教師・騎手・ファンの声を取り入れた番組編成、日本競馬会の馬主たちの組織である競馬振興会（会員名義の馬のみが出走できた）の取り扱い、競馬場増設などについての質問を次々と繰り出していった。

だがこれらの質疑は農林当局に対する不満を表明する意味合いにとどまらざるをえないものだった。結局、競馬の国営化、公営化に対して、小川原が地方競馬関係者として国会の場で出来る既得権益確保策は、競馬の目的として畜産振興を謳わなかったことを批判し、その収益の多くを畜産振興に振り向けるという言質を引き出すことにつきていた。ただ地方競馬法下では馬事振興が最優先であったことを考えれば、それが実現したとしても、大きな後退であることは否めなかった。

小川原は質疑を締めくくるにあたり、競馬の目的が財源を得ることであり、その収益を畜産に還元しないということであるならば、農林省から大蔵省などへその所管を移すべきだと述べたうえで、つぎのように問い質した。

……真にこれが畜産に必要であるのだ、畜産改良のためにやる気だ、農馬や役馬を多くするために、ただサラブレッドなどという馬は娯楽におくのだから、これも農馬や役馬をふやすための一つの方法であるということであるならば、これは畜産局においてその利益金を畜産に還元していくということが当然の処置だと思う。国家がばくちから金をとって、平たい言葉で言えば、そのてら銭で仕事をするなどということは、国民思想の上から言っても結構でないと断定するのであります。これも見解の相違だと言われれば、それまでのことであります。ひとつ当局のお考えを伺いたい。

核心をついた質問だった。農林省が競馬及び馬産を所管とする根拠をもち続けようとするならば畜産振興という看板を下ろすわけにはいかなかったからである。だが小川原の意図が、農林省が省益のために競馬を囲い込むことを批判するところにはないことを、遠藤畜産局長も十分認識していたから、これに対してつぎのように答えた。

ただいま御指摘のように、なるほどこの益金を畜産の方面に使うということは書いてありませんけれども、競馬を施行してまいりますと、ことによって馬の原種の陶汰をしてまいりまして、改良の基礎になる馬の選定をしてまいることになるので、その点から申し上げましても、畜産のためにはきわめて重要な意味をもっておる。と同時に単なる財政収入の点からのみ競馬をやってまいりますと、いたずらに競馬の数が氾濫いたしまして、その結果は農耕馬、輓馬等にまったく役に立たないような、しかも原種の改良にも役に立たないような競走馬のできそこないのようなものがたくさん氾濫いたしまして、日本の馬産を根本から混乱させてしまうような結果になるおそれがあります。それらの点を考えまして、どうしてもこの競馬は畜産の奨励、畜産の保護助長の問題と結びつけていかなければ、正しい発達が期し得られないと考えておりますので、あくまで畜産の政策と一致した競馬方策というものを進めてまいりたいと考えております。

これに、小川原が同感の意を表したのは当然だったが、競馬法「第一条にその目的を明記して、国家が畜産に対して最も力を重くみるという法律をつくっておかなければならぬと思う」と再度質したのに対する農林当局からの答弁はなかった。だがこの「あくまで畜産の政策と一致した競馬方策というものを進めてまいりたいと考えております」という遠藤の答弁を引き出すことで目的は達成していたから、小川原はそれ以上の追及はしなかった。

小川原は、最後に、将来の日本馬のアジアへの輸出の可能性を述べ、昨年度、今年度における畜産関係の予算額を聞いた。なお日本馬の輸出に現実性があったわけではなかったが、馬の輸出が有望であり、畜産振興に力を入れるという答弁を引き出すことが目的であった。遠藤畜産局長はこれに応えるかのように、一億五～六〇〇〇万円から七億円余と、他の予算の平均三倍の伸びを上回っていること、種畜の輸出が有望であり、この面からも畜産を振興していかなければならないと答えた。

この日の最後として清澤俊英（新潟三区、社会党）が質疑に立ち、「ボス」が跳梁している状況を役人が抑えることができるのか、また「ボス」跋扈の状況がそのまま公営化され、またその息のかかった人物たちが職員に任用されるのではないかといった懸念を表明した。地方競馬に関するこのような懸念は広範にもたれていた。これに対して遠藤三郎は、「従来競馬を施行しておりました人たち、特に技術経験をもち、そういう問題についての相当しっかりした腹をもってやっておられるような人たちを、この国営、県営の競馬に協力していただいてやっていきたいと考えております」、と答弁した。簡単にいえば、これまでの現場の人間を「職員、役人」にして対応するということだった。また清澤は、新潟を選挙区とする議員らしく、同一県内に国営、地方競馬双方がある場合、地方は国営の制約を受けるのか、といった質問を行い、調整は行われるが制約はないとの答弁を引き出してもいた。

3　七月四日、衆議院農林委員会、審議三日目：戦災都市に地方競馬の開催権を

第二回国会会期も残すところあと一日、衆議院農林委員会の新競馬法案審議も、最終段階に入った。

この日、民主自由党を除く会派が一致して修正案を提出、冒頭、寺島隆太郎（千葉二区、民主党）が、その修正案を説明、あわせて農林省に対する三つの要望を述べた。

修正案は、原案が「政府、都道府県」にのみ開催権を付与していたのに対して、それに加えて六大都市等の指定市と内閣総理大臣が認可した「著しく災害を受けた市」にも地方競馬の開催権を付与しようとするものであった。開催権拡大に頑強に抵抗する農林省を、政治力で押し切っての提案だった。この直前七月三日に成立した自転車競技法案でも、原案の開催権が都道府県及び「別表の市（五大都市）」から「人口、財政等を勘案して主務大臣が指定する市」へと拡大されたことも議員たちに勢いを与えていた(54)。なおここでの災害とは戦災という解釈であり、風水害、地震などの自然災害を含むことになるのは、町村まで開催権が拡大された昭和二四年六月の競馬法の改正時になる（後述）。また原案では、場内に限定されていた馬券発売に関しても、場外馬券場の設置を可能とする修正がなされてい

た。農林省への三つの要望は、㈠地方競馬場の増設、㈡国営、公営（地方）競馬の相互出走制限の撤廃、㈢国営、公営（地方）競馬からの古い競馬関係者の排除だった。

寺島の修正案の趣旨説明、及び地方競馬場の増設要求はつぎのようなものであった。

……政府提出の競馬法によりますれば、競馬は国営もしくは都道府県営に限定せられておりましたのを、修正案におきましては指定市たとえば六大都市等の指定市においても開催できるように改正いたしたことが第一点であり(55)、次に著しく戦災を受けた都市にして内閣総理大臣の指定した場合においては、これまた競馬を開くことができるようにいたしたことが修正の第二点であります(56)。第三点といたしましては、競馬の勝馬投票券を競馬場外においても政府みずから売り渡すことができるように修正いたしたのであります(57)。

そもそもこの競馬法を政府が農林委員会に上程せられましたのは、会期きわめて切迫の際に忽々にしてこの法案を提出しまして、われわれに十分な審議の暇も、その筋との交渉折衝の余地も与えなかったので、この修正だけではもとより満足するものではありませんが、法の四〇条は一年にして本法の改廃を明文をもって規定しておりますので、とりあえずこの修正案で行っていきたいと考えておるのでありますが、全農林委員の熾烈な要望として、一府県に二ヶ所と決定しております政府の原案に対しては、ここにきのうの段階においては時間的余裕をもってその筋の御了承を得ることができなかったのでありますが、およそ県に大小あり、あるいは馬産県あり、非馬産県あり、かかる現状のもとに画一的に競馬場を設定するという、いわゆる平等観こそ最も不平等であって、実情にそぐわないものであるという一点に対して、きわめて近い機会において改廃の措置を講ぜられたいということがわれわれの要望する点であります。

地方競馬の開催権拡大の問題は、昭和二二年一月、九〇余の都市から構成される全国戦災都市連盟が、また昭和二三年三月には、横浜、名古屋、京都、大阪、神戸の各市長からなる五大都市市長会議が、戦災復興費などの財源として地方競馬の開催権の付与を強く求める請願を国会に対して行い(58)、そして一五万人以上の全国市長会議も農林省へ同様の陳情を行う(59)など、かねて懸案のものだった。

これに政府、農林当局は、昭和二二年三月、戦災都市連盟の請願を却下するなど開催権の拡大については一貫として否定的だった(第3章)。この農林委員会でも、先にふれたように、初日の最後に坪井亀蔵(静岡三区、国民協同党)が、二日目冒頭には平工喜市(岐阜一区、社会党)が、また治安及び地方制度委員会の門司亮(神奈川一区、社会党)が、都道府県にとどまらず都市にも開催権を付与することを強く要望していたが、畜産局競馬課長井上綱雄、畜産局長遠藤三郎は、ともに否定的な答弁を行い、その姿勢を変えてはいなかった。戦災都市などの陳情に対する農林省の態度は、きわめて冷淡であたかも馬匹組合(中央馬事会)のボスの代弁者であるかのような態度であったという(60)。

また昭和二二年三月地方競馬法の改正でそれまでの一県一ヶ所、北海道三ヶ所から倍増されていた各都道府県の競馬場数についても、その制限撤廃を求める声には強いものがあったが、ここでの寺島の言及もその要求を受けてのものだった。

かねて政府、農林省は、地方競馬場数の制限撤廃に対しては開催権拡大以上に強く否定の態度をとり、食糧増産のためには農地を潰すことができない、またGHQの同意が得られないということを理由として一歩も譲らなかった。戦後独立王国を築きつつあった中央馬事会、各県馬連の権益をさらに拡大することにもなり、また政治的圧力に負け、競馬場を濫設して、ボス支配、八百長など弊害が横行した戦前の轍を踏むわけにはいかなかったからである。ところが地方競馬が公営化されることで、この事情が大きく変わることになった。中央馬事会や各県馬連の権益との直接の関係がなくなり、自治体の財源という観点が最優先されることになったからである。先にふれたように、この委員会でも初日の坪井亀蔵、二日目の平工喜市とその関連質問を行っていた。

開催権拡大、競馬場増設の二者択一を迫られたならば、開催権だった。増設に関しては、一旦歯止めをなくせば、競馬場が濫設された戦前の二の舞になりかねないが、開催権の方は、開催日数の増加で対応できたからである。それでも農林省は抵抗し、繰り返せば、初日、二日目の農林委員会でも、反対の意を答弁していた。

この農林省の抵抗に対して政治主導で、内閣総理大臣が指定する指定市に開催権を与える修正案の準備が進められており、農林委員会委員長井上良次（大阪三区、社会党）も、二日目（七月三日）の席上、与党各派（民主党、社会党、国民協同党）でまとめている旨を明言していた。戦災都市の復興財源という政治的圧力の前に、農林省も、開催権拡大に関しては妥協せざるをえなかった。

なおこの農林委員会では阻止に成功していた競馬場増設の圧力はその後も続いた。そこで農林省はさらなる手を打った。昭和二三年一二月、まずGHQが、外国から食糧援助を受けている状況のなかで、農地の競馬場への転換は認められないとの見解を表明、ついでこれを受けて農林、建設の両省が、「農地改革も最終段階に入ったが最近全国的に競馬場、ゴルフコースの建設のために農地を転用する傾向がある、多量の輸入食糧をうけている日本の現況、農地開拓適地をかかる施設に使わないよう、また該当地にかかる建設を許可しない」旨の通達を行った(61)。手を焼いた農林省が、GHQの威光を借りて、その封じ込めをはかったに違いなかった。

ついで寺島隆則は、国営、公営（地方）競馬間の相互出走制限の撤廃、「古い競馬関係者」の排除に関して、つぎのように述べた。

……第二は、本競馬法の質疑中において、遠藤局長が同僚議員各位に与えられたる答弁は、著しく全委員の不満といたしておる点であります。すなわちそれは国営競馬に出場したる馬は地方競馬に出場できないのである、地方競馬の馬は国営競馬に出場できないのである、かかる旨の答弁をいたしておるのでありますが、これの措置はもとより本法に直接の関係なく、政令をもって政府がきめるのでありますが（正しくは農林省令）、この一点に関しては現時の馬の状況ないしは馬産の実情、あるいは馬主の経済状態等を勘案して、国営競馬の馬も地方競馬の出ることができる、地方競馬に出場したる優秀な馬も国営競馬に出ることができる、かような政令をとっていただきたいというのが全農林委員会の一致した意見である旨をここに附言いたしたいと思うのであります。

もう一点古い競馬関係者は、いわゆる競馬と申しますれば、この委員会において行われた質疑によっても明らかなごとく、いわゆるギャングの巣窟のごとく称せられておるのであります。これをそのまま採用して政府の職員たらしめるには、その範囲の上においても局長言うところの健全娯楽を高揚せしめ、かつ国家並びに地方財政に寄与するという御方針にきわめて遠いと考えられますによって、国営並びに府県営競馬の構成については、十分慎重なる態度をもってその職員の選考に当られたいというのがわれわれの修正の骨子であります。簡単でありますが、修正の趣旨を申し述べ、皆さまの御賛同を得たいと思う次第であります。

ここで寺島が批判している遠藤畜産局長の発言は、先に紹介したように初日（七月二日）に行われたもので、レベル差が大きい現状では国営、地方の一本化は考えていないというものであった。遠藤畜産局長が、この農林委員会の場で直接的に、地方と国営の馬の相互出走を認めないとの発言を行ったことはなかったが、省令でそのように規定していたから、日頃、折にふれてその旨の説明を行っていたのだろう。したがってより正確にいえば、農林省省令の禁止規定に対する不満がこのような発言になっていた。

戦前、地方競馬と日本競馬会の相互出走が本格的に禁止されたのは、昭和一二年一〇月日本競馬会が施行規定を定めたときであった(62)。ちなみに日本競馬会の騎手が地方競馬で事実上騎乗できなくなったのは、地方競馬で騎乗した場合、以後の日本競馬会での騎乗を禁止するという規定が、昭和一〇年一〇月実施されたときであった。戦後もこのような相互乗り入れ禁止の省令が生きていたが、地方競馬、日本競馬会の復活直後から、制限撤廃の要求が、主として日本競馬会の馬主側から出されていた(63)。なお闇競馬に日本競馬会の馬、騎手が出走しても、規定が適用されて出走停止、騎乗停止になった事例は報じられていない。

当時の日本競馬会は、原則として各競馬場春秋二開催、計一六日間と開催日数も少なく、一部の強豪馬を除く大多数の馬主にとっては、経費に引き合う賞金、出走手当の確保が難しかった。また騎手、調教師、厩務員にとっても、出走機会の増加は収入の点だけからいっても望ましかった。ちなみにこの農林委員会の席上、井上競馬課長は、国営競馬では、馬主の支出（馬代金、委託料）に対して平均七割に相当する賞金総額を設定、三割を馬主負担（楽しみ代）として考えていると述べていた(64)。

そしてサラブレッド、アラブの絶対数も限られていた。戦時中の種牡馬及び繁殖牝馬削減策の影響、戦後の飼料難、インフレ等により軽種馬の生産の復興は思うに任せなかった。

これに対して、地方競馬側、といっても主として東京、神奈川、埼玉、千葉、大阪、兵庫といった大都市圏に限定されるが、賞金は別としても、出走手当などの諸手当などは日本競馬会よりも高かった(65)。国営競馬時代になると、開催権を付与された指定市（昭和二四年からは町村が加わる）が増加したこともあって、地方競馬の開催日数も増加し、その総売上高は国営を凌駕して賞金も引き上げられ、施設も、川崎、浦和、大井など国営競馬を上回るものが造られていった(66)。いうまでもなく、富山などは無縁だったが。

ここで寺島が行っている農林省に対する省令制定の要求は、このような国営、地方競馬を取りまく状況と、馬主、調教師、騎手、厩務員たちからの強い要望が背景にあった。この時点では実現しなかったが、その後、地方競馬への流出馬が続き、国営競馬が苦境に立たされたことで、一部の交流が実現していく(67)。昭和二四年九月、北海道、九州、山口県の地方競馬と札幌、函館、小倉の国営競馬に限定しての相互出走を認める農林省令、ついで翌昭和二五年七月、三歳馬に限定して全面的交流を認める同省令が出された。だが昭和二六年六月交流禁止の省令が出され、この交流も短期間に終わってしまう。

もう一つの要求が、日本競馬会、地方競馬の中心的人物が国営、公営の役員等に就任することの禁止だった。地方競馬の場合にはボスや暴力団が支配、あるいは癒着としているとしかいいようのない県も存在しており、公営化したからといってその状況を変えることは容易ではなかった。日本競馬会にしても場内警備には土地のボス、暴力団を利用していた。健全娯楽を謳うならば、これまでのそういった関係を根絶しなければならない、そのためには禁止措置が必要であるということだった(68)。

そしてこの禁止措置の要求は、日本競馬会、地方競馬双方の関係者の既得権益を温存させないためのものでもあった。この新競馬法は、一年間の時限立法であり、その後仮に民営化された場合、日本競馬会、地方競馬の有力者が国営、公営競馬の役員であればその影響力も懸念される。またそれまでの地方競馬関係者が、競馬振興会、あるいは株式会社を設立して競馬場などの施設を所有し主催者に貸与するといった形での協力関係が実現されるところもあったが、その動きに対する牽制の意味もあっただろう。

遠藤畜産局長、井上競馬課長は、二日目までのこのような質問に対して、専門的知識、経験が必要であるとして、全員ではないが登用が必要であると否定的見解を表明していた。たとえば、先にふれた二日目最後の質問者清澤俊英(新潟三区、社会党)の質疑と遠藤畜産局長の答弁だった。

寺島の発言は、このような「登用」に対する、最後の場での再度の圧力だった。

寺島隆則の修正提案を受けて、ここでも田口助太郎が、競馬法案に唯一反対している民主自由党を代表して、初日に続いて再び質問に臨んだ。初日と同じ内容を展開したあとで、つぎのようにその質問を締めくくった。

……これらの点を考えまして、本競馬法案は非常に不備であり、また非常に杜撰である、かかる法案はよろしく撤回されて、もう一遍ねり直す必要があると考えるのであります。特に競馬の空白時代をつくらないようにということを、政府その他の人で考えている向きもありますが、大体公認競馬におきましては年に二回、地方競馬においては四回であります。春競馬は大体済みでおりますから、あとに残るものは公認競馬の一回であり、地方競馬の二回であります。従って次の臨時議会に出しましても、決して一年間を通じて空白状態をつくるということはあり得ないと考えます。従いましてこの際政府は撤回して、もっとよりよき、弊害のない、しかも馬事振興、畜産振興になる、健全な娯楽に資するような制度に改たむべきであると考えます。われわれはこれをただちに修正したいと思っておったのでありますが、本法案の提出されたのは一昨日の午後であり、わずか二日半ではとうてい根本的修正の暇がないので、この法案に対してはまず反対の意を表明するものであります。

先にもふれたように、新競馬法を成立させて、ＧＨＱが新たな競馬の施行体制に関する最終回答日とした七月二〇日より前に日本競馬会、中央馬事会及び馬匹組合を解散し、そのすべての資産等を国、地方自治体に承継しなければ、各競馬場も閉鎖機関令による清算処理の対象となって開催が不能となるということで、急遽上程、三日間という短期間での審議が強行されていた。田口は、それにも異を唱えていたことになるが、この日は修正案に対する各党の賛否の意見表明を受けて採決という審議予定もあって、この田口の質問に対する答弁は行われなかった。

田口に続いて、社会党を代表して佐竹新市（広島一区）が、従来の競馬に熱心に関係していた議員が多い民主自由党が反対するのは不思議な現象だと皮肉ったあとで、賛成意見をつぎのように述べた。ここで、これまで幾度か言及してきたが、かねての農林省と「馬匹協会のボス」との癒着への不満も表明されていた。

……ここに提案されました修正案は、今日まで戦災を受けました都市連盟が、農林省に対しまして、地方の市の主催する競馬を開催して、もって地方の財政の確保の一助にいたしたいということで、猛烈なる運動を展開されまして、われわれは戦災を受けました都市といたしまして、この点には十分に地方の各戦災都市の人々の意向を聴いておる次第であります。私が申し上げますまでもなく、地方の財政は極度に枯渇しておりまして、戦災を受けた都市におきましては、すでに市民の担税力は、その底をついておるというような状態であります。ただ一つこういったような財源を求めて、そうして戦災を受けました都市の復興の一助にするということは、きわめて時宜に適したことであると私は考えるのであります。

先ほど民主自由党の方から言われましたように、競馬というものは、一部のボスの仕事であり、また賭博行為に類したものであるというこの一点のみを強く衝かれたのであります(69)。それは従来やりましたところの、いわゆる民主的に運営されないで、ボスがこの競馬を利用いたしまして、ものの利害を考えたことに大きな欠点があったのでありまして、競馬を民主的な方法で、監督を厳重にいたしますれば、その弊をなくすることができると思うのであります。……

私はこの法案の賛成するものでありまして、最後に政府当局に申し述べておきたい一点は、従来日本の馬匹協会（中央馬事会）のボスと、中央の農林省はややもすれば結託して、いろいろそこに不正の動きがあるかのような疑惑を流布されておる点があるのであります。特に私の聞いておる範囲内におきましては、競馬に関する課長のごときは、地方から戦災都市の、この猛烈な運動に対しまして、きわめて冷淡なる態度をとられたということである。地方の戦災都市の人々は、最後の財政の確保の一助にもと、これに向って進まんとするその陳情に対して、あなたかも馬匹協会のボスの代弁者であるかのごとき態度をとられたということで、非常に不満をもっておるのであります。これらの点はただいま民主自由党の方から指摘されましたように、将来においてその性格を根本的にかえられる必要がありはしないかと私は考える。

こういう点を将来において改めていただいて、昨日の質問の中にもありましたように、罰則の適用を厳重にされて、のみ屋の横行を許さないということに対しても、十分な監視をされる必要があろうと思うのでありま す(70)。昨日の政府のお答えにもありましたように、鉄道に対して鉄道公安官を設けておりますように、この競馬場に対しても、担任の監視者をおきまして、のみ屋の蠢動を許さないというようなことにして、健全な馬匹育成に向って進んでいただきたい(71)。こういう点を特に希望する次第であります。

以上の意見を申し述べまして、本案に賛成する次第であります。

周知のことであるとはいえ、寺島隆太郎の修正案提案のなかではふれられていなかった戦災都市へ開催権を拡大する理由について、この佐竹の賛成意見のなかで窮乏する戦災都市の復興費の財源のためということが明確に述べられていた。

政府、農林省は、地方競馬法下、中央馬事会及び各県馬連が地方競馬の開催権を専有していた時期、戦災都市連盟などからの開催権付与の要求を一貫として拒否していた。繰り返せば、中央馬事会は、戦後、戦時中軍部の庇護、癒着のなかで拡大させていた地方競馬に関する大きな権益をさらに拡充するシステムを作り上げ、それを支える族議員の力も大きくなっていた。農林省も、その権益に容易に手を出せない状況となっていた。したがって戦災都市連盟などの陳情を受けても、中央馬事会が否定的である以上、地方競馬法の改正は政治的にも困難であるといった説明をする以外にはなかっただろう。しかしこのような姿勢は、外から見れば、中央馬事会及び各県馬連の権益を擁護する以外のなにものではないと映って、不満が大きく募っていたとしても仕方がなかった。ここで名指しされている井上綱雄と考えられる競馬課長が、陳情に対して「馬匹協会のボスの代弁者であるかのごとき態度」をとったというのも、こういったことを指していたのだと思われる。だが実際の個人的関係でいえば、井上綱雄は中央馬事会の中心人物である小笠原八十美と犬猿の仲であり、そのことは当時も広く知られていた(72)。

中央馬事会を解体に追い込んで地方競馬の状況を根底的に変えることになったのがGHQの圧力であった。そして地方競馬に関しては、自治体の財源の観点が最優先となった。それでも、農林当局は戦災都市への開催権付与には最後まで抵抗した。政治的圧力に負け、競馬場を濫設して、ボス支配、八百長など弊害が横行した戦前の轍を踏むわけにはいかなかったからである。だが結局、それも押し切られた。

佐竹が質疑のなかでふれた「馬匹協会のボスと農林省云々」は、同日（四日）衆院本会議の審議報告でも、農林委員長井上良次（大阪三区、社会党）が「特に附け加えて、施行にあたり農林官僚の独善につき十分注意をするように警告を発したいとのことを申されまして」と説明、だめを押していた。佐竹も井上も農民組合、農民運動も母体とする社会党議員であるところから考えると、「農林官僚」だけでなく、かつての中央馬事会や各県馬連、あるいは農事会の有力者たちを牽制する意味も込めていたようである。

佐竹に続いて、国民協同党の的場金右衛門（鹿児島三区）、日本農民党の北二郎（北海道四区）が賛成の意見を述べた後、採決に移され可決された。同日直ちに衆議院本会議での審議に付された。農林委員長井上良二の審議内容の報告に続いて、そこでも田口助太郎が民主自由党を代表して反対意見を述べた後、賛成多数で可決された。なおこの審議で孤軍奮闘していた田口は、昭和二四年一月第三回衆議院選挙で落選する。

4　七月五日、参議院農林委員会

そして競馬法案は、第二国会の会期終了日の五日、参議院に送付され、まず農林委員会の審議に付された。審議は、手続きを踏むための形式だけで極めて短時間に終わったが、中央馬事会会長であった松村眞一郎がただ一人、つぎのような質問を行っていた。

私はこの三案(73)については大した異見はありませんが、ただ右の内の競馬法案につきましては、自転車競技法案にありましたごとく、目的をもっと明瞭に現わした方がよいのではないかと思います(74)。即ち第一条の「都道府県は」の次に「馬の能力増進及び改良のため並びに競馬が公正に行われるがため」を加え、又第三一条(75)に第三項として「競馬が公正に行われることを防げる行為をし、又はするように強要した者」を加えるような措置を講じなければ、本法案を農林省主管とすること、或いは本法の適正なる運営は期し得られないのではないかと思います。この点十分に考慮せられんことを望む次第であります。

松村の提案を正確にいえば、原案第一条の「都道府県は」ではなく修正案同条「政府、都道府県又は著しく災害を受けた市で内閣総理大臣が指定するもの（指定市という。以下、同様）は、この法律により競馬を行うことができる。」の「指定するものは」の次に「馬の能力増進及び改良のため並びに競馬が公正に行われるがため」と付け加えるということだった。

先にもふれたように松村は、昭和二二年四月、参議院第一回選挙全国区に馬匹関係諸団体をバックに無所属で立候補、楽勝が予想されていたが、ようやく九五位で当選、緑風会に属していた（第3章）。任期は五〇位までが六年、一〇〇位までが三年だったので、松村は昭和二五年に再び立候補するが落選する。

繰り返していえば、地方競馬の公営化に対しては、中央馬事会及び各県馬連が激しく抵抗していた。公営化は自らの消滅を意味していたからである。だがその抵抗もＧＨＱの閉鎖機関令指定という最後通告の前に屈服を強いられていた。

そして新競馬法のなかには、旧競馬法の「馬の改良増殖及馬事思想の普及を図る」、また旧地方競馬法の「馬事振興を図るため」といったものに類する競馬の目的が盛り込まれていなかった。国営、地方競馬ともにその収益を馬事、あるいは畜産振興に振り向けるという制約を受けること（特定財源化）を回避し、国、自治体の一般財源に繰り込むためだった。またそれは、畜産振興ということでその後継団体に資金が流れて、戦時中軍部との癒着のなかで強化、敗戦後拡大された中央馬事会などの権益が温存される道を閉ざし、すべてを地方自治体の財源とするためでもあった。

衆議院農林委員会では、野党の民主自由党、田口助太郎（埼玉一区）、小川原政信（北海道一区）らが農林大臣、同省畜産局長、競馬課長に食い下がって、農林省としては国営、公営競馬ともにその収益を畜産振興に振り向けたいと考えているという答弁を引き出してはいた。だが地方競馬法下、馬匹改良、あるいは馬事振興を優先するという建前で中央馬事会及び各県馬連が収益の使途に関する権限を保持していたことに関連した質疑はまったく行われていなかった。それに農林省と大蔵省の間で競馬の収益を畜産振興に振り向けるという了解があったにしても、実際それが履行されるか、ましてや馬事振興に重点的に振り向けられるかどうかも不透明だった。

松村が、中央馬事会などの利害を代表する人物として、最後の局面で新競馬法に目的がないということを持ち出したのは、このような背景があった。

松村が、畜産振興とせず、旧競馬法の馬事振興を引き継ぐ形で「馬の能力増進及び改良のため」としたのも、松村の中央馬事会会長としての立場を明確に示したものだった。衆議院農林委員会の質疑のなかでも明らかにされていたが、ここでの馬というのは必ずしもサラブレッドやアラブではなく、農耕馬、荷役馬などの実役馬のことを指しており、その改良のための競馬、つまり農林当局によってこれまでの地方競馬の役割を尊重するということが確認されていたから、そのことを明記するといった意味合いをもっていた。そしてそのことは、これまでの地方競馬の権益を守ることにもつながるものであった。

それにしても法制局書記官、高等文官試験の試験常任委員を務めた経歴をもち、法のエキスパートとして自他ともに認める松村が、競馬の目的に「公正に行われるがため」を盛り込むなど普通では考えられないことだった。おそらくそこには、八百長、不正が蔓延している地方競馬の現状に対して、役人の手に負えるものではない、あらかじめ法的に封じ込める対策をとっておくことが不可欠といった、地方競馬の実情を知り抜いている松村の切実な危機感が反映されていた。昭和二一年貴族院での地方競馬法案審議の最終局面での松村の発言を思い起こしてもよいだろう（第3章）。

会期切れが直後に迫っていたこともあっただろうが、この競馬法に目的を明記すべきだという松村の発言に対して答弁すら行われないままに採決に移され、可決された。同日の参議院本会議でも、まったく質疑は行われず、全会一致で可決された。

この新競馬法の通過後も、中央馬事会は、その後も自主的解散などの最後の抵抗を試みようとしたが、七月一九日までの解散、資産の国への無償承継を飲まざるを得なかった(76)。日本競馬会の方は、当初からの方針に従って政府、農林省の方針をそのまま受け入れた。その結果、ともかくも競馬の空白を生まないということを建前として、新競馬法が施行され、国営競馬、公営競馬が開始されることになった。

この競馬法が、地方競馬にもたらしたものは、まず何よりも地方競馬の開催権が民間の中央馬事会、各県馬連から都道府県、指定市等の地方自治体へ移されたことであった。中央馬事会、各県馬連の権益は徹底的に解体され、地方競馬の目的は馬事振興（地方競馬法第一条）から、各自治体の財政収入を獲得するための手段となった。特定財源のための目的税を設けないという大蔵省の方針もあって、その収入は一般財源に組み込まれた。控除率も、それまでの約三一％から約三四〜三六・五％という高率へ引き上げられた。近視眼的というよりほかはないが、手っ取り早く収入をあげようというものだった。そして財源不足に悩む市町村レベルの自治体の要求もあって、その後競馬法は何度か改正され、開催権は拡大の一方をたどっていくことになる（後述）。またそれまで中央馬事会が行っていた売上高の小さい、あるいは赤字の県への補助金等の助成（納付金の配布）も廃止され、地方競馬は財政的にいえば各自治体に閉じ、各地域の格差は放置されることになった。これは赤字の県の地方競馬廃止への道を開いたことでもあった。富山もその早い一例となってしまう。

解体された中央馬事会及び馬匹組合関係者は、その後継組織として昭和二三年一一月日本馬事協会を新たに立ち上げ、翌年六月正式に創立、その初代会長に就任したのは松村眞一郎だった(77)。

中央馬事会、各県馬連などの地方競馬側は、この時点で一敗地に塗れていた。だがその関係者は、翌年から激しい逆襲に出ることになる。

この節の最後に、政府が提案した競馬法の原案と可決成立した議員修正案を以下に掲げておく(78)。競馬法原案を基に議員修正案の字句追加修正等は（ ）に傍線を付して記し、削除された箇所については二重の取消線を付して表記した。なおこの時点で成立していない地方税法、取引高税法等に関する箇所に関しては〇で示した。

第一章　総則

第一条　政府又は都道府県（政府、都道府県又は著しく災害を受けた市で内閣総理大臣が指定するもの（指定市という。以下同じ。））は、この法律により、競馬を行なうことができる。

２　政府が行う競馬は、国営競馬といい、都道府県（又は指定市）が行う競馬は、地方競馬という。

３　政府又は都道府県（政府、都道府県又は指定市）以外の者は、勝馬投票券その他これに類似するものを発売して、競馬を行ってはならない。

第二章　国営競馬

（競馬場）

第二条　国営競馬の競馬場は、札幌、函館、福島、新潟、中山、東京、横浜、京都、阪神、小倉及び宮崎の十一箇所とする。

（競馬の開催）

第三条　国営競馬の開催は、競馬場ごとに、年二回以内とする。但し、天災地変その他やむを得ない事由に因り、一競馬場において年二回開催することができないときは、その隣接競馬場において年三回開催することができる。

２　阪神競馬場及び宮崎競馬場において競馬の開催ができるまでの間、京都競馬場及び小倉競馬場においては、第一項の規定にかかわらず、年四回国営競馬を開催することができる。

３　前二項の競馬の開催日数は、一回につき、八日以内とする。

（入場料）

第四条　政府は、競馬を開催するときは、入場者から、三〇円以上百円以下の範囲内で、地方税法（昭和二三年法律第〇号）の規定による入場税及び入場税附加税を徴収する。但し、農林大臣は、一回につき二千人以内の限度において無料入場を許可することができる。

2 政府は、前項の規定により徴収した入場税及び入場税附加税は、これを当該地方公共団体に交付しなければならない。

3 地方税法が制定施行せられるまでの間、第一項中「地方税法（昭和二三年法律第〇号）」とあるのは「入場税法（昭和一五年法律第四四号）」と「入場税及び入場税附加税」とあるのは「入場税」と読み替え、第二項の規定は適用しない。

（勝馬投票券）

第五条 政府は、~~入場者に対し、~~券面金額一〇円又は二〇円の勝馬投票券を券面金額で発売することができる。

2 政府は、前項の勝馬投票券一〇枚分又は百枚分を一枚をもって代表する勝馬投票券を発売することができる。

（勝馬投票法）

第六条 勝馬投票法は、単勝式、複勝式、連勝式の三種とする。

第七条 単勝式勝馬投票法においては、第一着となった馬を勝馬とする。

2 複勝式勝馬投票法においては、勝馬投票券発売開始の時に、出走すべき馬が四頭以下であるときは第一着となった馬を、五頭以上七頭以下であるときは第一着及び第二着になった馬を、八頭以上であるときは第一着、第二着及び第三着をなった馬を勝馬とする。

3 連勝式勝馬投票法においては、第一着及び第二着となった馬をその順位に従い一組としたものを勝馬とする。

4 連勝式勝馬投票法において、出走すべき馬が七頭以上あるときは、附録第一の例により連勝式番号をつけることができる。

5　前項の規定による連勝式番号は、連勝式勝馬投票法については、その馬の番号とみなす。

（払戻金）

第八条　政府は、勝馬投票の的中者に対し、当該競走に対する勝馬投票券の売得金（勝馬投票券の発売金額から第一二条の規定により返還すべき金額を控除したもの。以下同じ。）の額を勝馬投票法の種類ごとに区分した金額について、附録第二に定める第一号算式によって算出した金額から附録第二に定める第二号算式によって算出した金額を控除した残額を、当該勝馬に対する各勝馬投票券に按分した金額を払戻金として交付する。

2　前項の規定により払算出した金額が、勝馬投票券の券面金額に満たないときは、その券面金額を払戻金の額とする。

第九条　勝馬投票の的中者がない場合における売得金は、その金額からその金額に百分の二五及び附録第二に定める第二号算式によって算出した金額を控除した残額を、出走した馬であって勝馬以外のものに対し投票した者に対し、各勝馬投票券に按分した金額を払戻金として交付する。

第一〇条　払戻金を交付する場合において、前二条の規定によって算出した金額に一円未満の端数があるときは、その端数は、これを切り捨てる。

2　前項の端数切捨によって生じた金額は、政府の収入とする。

第一一条　第八条及び第九条の規定による払戻金の債権は、一年間これを行わないときは、時効によって消滅する。

（投票の無効）

第一二条　勝馬投票券を発売した後、当該競走につき左の各号の一に該当する事由を生じたときは、当該競走における投票は、これを無効とする。

一　出走すべき馬が一頭のみとなったこと。

二　競走が成立しなかったこと。
三　競走に勝馬がなかったこと。
2　前項の場合においては、当該勝馬投票券を所有する者は、政府に対し、その勝馬投票券と引換にその券面金額の返還を請求することができる。
3　前項の請求権は、当該勝馬投票券発売の日から一年内に、これを行使しなければならない。
4　発売した勝馬投票券に表示された馬（連勝式勝馬投票法のうち同一の連勝式番号をつけられた馬を一組とした場合にあっては表示された馬のうちいずれか一頭を除いた残りの馬）が出走しなかったときは、その馬（連勝式勝馬投票法にあってはその馬の属する組）に対する枚数についてもまた両三項と同様である。

（馬主の登録）
第一三条　政府が行う登録を受けた者でなければ、国営競馬の競走に馬を出走させることができない。
2　左の各号の一に該当する者は、登録を受けることができない。
一　禁治産者、準禁治産者及び破産者であって復権を得ない者
二　競馬法（大正一二年法律第四七号。以下旧競馬法という。）地方競馬法（昭和二一年法律第五七号）又はこの法律に違反して罰金以上の刑に処せられた者

（馬の登録）
第一四条　政府が行う登録を受けた馬でなければ、国営競馬の競走に出走させることができない。

（服色の登録）
第一五条　自己の服色を使用して、国営競馬の競走に馬を出走させようとする者は、政府が行う服色の登録を受けなければならない。

（競走馬の調教及び騎乗）

第一六条　省令の定めるところにより、政府が行う免許を受けた調教師又は騎手でなければ、国営競馬の競走のため、馬を調教し又は騎乗することができない。

（登録料及び免許手数料）

第一七条　政府は、前四条までの規定による登録及び免許について、五千円以下の登録料及び五百円以下の免許手数料を徴収することができる。

（特別登録料）

第一八条　政府は、省令で定める国営競馬の競走に馬を出走させようとする者から、一万円以下の特別登録料を徴収することができる。

２　前項の規定により徴収した特別登録料は、これを前項の競走の賞金の一部に充てなければならない。

第三章　地方競馬

（競馬場の数）

第一九条　地方競馬の競馬場の数は、北海道にあっては六箇所以内、都府県にあっては各二箇所以内とする。

（競馬の開催）

第二〇条　地方競馬（都道府県の行う競馬）の開催は、競馬場ごとに、年四回以内とする。但し、天災地変その他やむを得ない事由に因り、一競馬場において年四回開催することができないときは、都道府県知事は農林大臣の許可を受けて、その隣接競馬場において年五回開催することができる。

（２　指定市の行う競馬の開催は、各指定市につき、年二回以内とする。）

~~２~~（３）　~~前項~~（前二項）の競馬の開催日数は、一回につき、六日以内とする。

（入場料）

第二一条　都道府県（都道府県又は指定市）は、競馬を開催するときには、入場者から、五円以上五〇円以下の入場料を徴収する。但し、都道府県知事（都道府県知事又は指定市の市長）は、一回につき六百人以内の限度において無料入場を許可することができる。

（準用規定）

第二二条　第五条から第一七条までの規定は、地方競馬に、これを準用する。この場合において、第五条及び第八条中「政府」とあるのは「都道府県（都道府県又は指定市）」と、第九条中「百分の二五」とあるのは「百分の二九」と第一〇条及び第一二条中「政府」とあるのは「都道府県（都道府県又は指定市）」、第一三条から第一六条までのうち「政府」とあるのは「都道府県（都道府県又は指定市）又は都道府県（都道府県又は指定市）の組合」と、「国営競馬」とあるのは「地方競馬」と、第一六条中「調教師又は騎手」とあるのは「騎手」と、第一七条中「政府」とあるのは「都道府県（都道府県又は指定市）又は都道府県（都道府県又は指定市）の組合」と読み替えるものとする。

（地方競馬の停止）

第二三条　農林大臣は、都道府県が、この法律又はこの法律に基いて発する命令に違反して地方競馬を行った場合には、当該都道府県に対し、地方競馬の停止を命ずることができる。

（2　都道府県知事は、指定市がこの法律又はこの法律に基いて発する命令に違反して地方競馬を行った場合には、農林大臣の承認を得て、当該指定市に対し地方競馬の停止を命ずることができる。）

第四章　雑則

（秩序の維持等）

第二四条　農林大臣は、国営競馬場内の秩序を維持し、又は競走の公正を確保するため必要命令を発することができる。

2　地方競馬場内の秩序を維持し又は競走の公正を確保するため必要な事項は、政令でこれを定める。

（地方競馬の監督）

第二五条　農林大臣は都道府県に対し、（都道府県知事は、指定市に対し、）地方競馬の開催、終了及びその他必要があると認める事項について、報告をさせ又は書類及び帳簿を検査することができる。

（2　都道府県知事は、前項の規定により得た報告又は検査の結果を農林大臣に報告しなければならない。）

（会計検査院の検査）

第二六条　会計検査院は、必要があると認めるときは、地方競馬に関し、都道府県（都道府県又は指定市）の会計経理の検査をすることができる。

2　会計検査院が、前項の検査をするときは、これを関係者に通知するものとする。

（脱法行為の禁止）

第二七条　何等の名義をもってするを問わず、第一条第三項の規定を免れる行為をすることができない。

（勝馬投票券の購入等の制限）

第二八条　学生生徒又は未成年者は、勝馬投票券を買うことができない。

第二九条　左の各号の一に該当する場合においては、勝馬投票券を買うことができない。

一　競馬に関係する政府職員にあっては、すべての競馬の競走について

二　地方競馬に関係する都道府県職員（都道府県職員又は指定市職員）にあっては、当該都道府県の行う地方競馬の競走について

三　国営競馬に関係する調教師、騎手及び馬丁にあっては、国営競馬の競走について

四　地方競馬に関係する騎手及び馬丁にあっては、当該都道府県（都道府県又は指定市）の行う地方競馬の競走について

五　前各号に掲げる者を除き、競馬の事務に従事する者にあっては、当該競馬の競走について

第五章　罰則

第三〇条　左の各号の一に該当する者は、これを五年以下の懲役若しくは一〇万円以下の罰金に処する。

一　第一条第三項の規定に違反した者

二　第二七条の規定に違反した者

第三一条　左の各号の一に該当する者は、これを三年以下の懲役若しくは五万円以下の罰金に処する。

一　国営競馬又は地方競馬の競走に関し勝馬投票類似の行為をさせて利を図った者

二　馬の競走能力を一時的にたかめ又は減ずる薬品又は薬剤を使用して馬を出走させた者

第三二条　前二条の罪を犯した者には、情状により、懲役及び罰金を併科することができる。

第三三条　左の各号の一に該当する者は、これを二万円以下の罰金に処する。

一　第二九条の規定に違反した者

二　第三一条第一号の場合において勝馬投票類似の行為をした者

第三四条　第二八条の規定に違反した者は、これを千円以下の罰金に処する。

附　則

第三五条　この法律施行の日は、その公布の日から起算して六〇日をこえない期間内において、政令でこれを定める。

第三六条　旧競馬法、競馬法の臨時特例に関する法律（昭和一四年法律第三八号）、地方競馬法及び馬券税法（昭和一七年法律第六〇号）は、これを廃止する。

2　馬券税法の廃止前に競馬を開催した者に課した又は課すべきであった馬券税については、なお従前の例による。

3　第一項に掲げる法律の廃止前にした行為に対する罰則の適用については、なお従前の例による。

第三七条　政府は、日本競馬会及び社団法人中央馬事会（昭和二一年二月九日その設立の許可を受けたものをいう。以下同じ。）の資産及び負債を承継することができる。
2　都道府県は、馬匹組合連合会（県を区域とする馬匹組合を含む。以下同じ。）の資産及び負債を承継することができる。
3　前項の規定により、都道府県が馬匹組合連合会の資産を承継したときは、農業協同組合連合会及び農業協同組合は、当該資産（競馬に必要な資産を除く。）の買受については、政令の定めるところにより、他の者に優先する。
4　第一項又は第二項の規定により、政府又は都道府県が、日本競馬会及び社団法人中央馬事会又は馬匹組合連合会の資産及び負債を承継した場合においては、これらの団体の解散の登記は、農林大臣又は当該都道府県知事が、これを行う。
第三八条　政府は、旧競馬法により日本競馬会が行っていた競馬を自ら行うため、政令の定めるところにより農林省の職員を増置することができる。
2　国営競馬の事務及び地方競馬の監督に関する事務を掌らせるため、農林省畜産局に、臨時に、競馬部を置く。
3　国営競馬の事務の一部を分掌させるため、札幌市、東京都及び京都市に、臨時に、競馬事務所を置く。
4　競馬事務所の名称、管轄する競馬場及び所掌事務の内容については、政令でこれを定める。
5　競馬部及び競馬事務所の課その他内部組織の細目及びその所掌事務の範囲は、農林大臣が、これを定める。
第三九条　取引高税法（昭和二三年法律第〇号）の一部を次のように改正する。
第七条第一三号を次のように改める。
一三　取引所法（大正三年法律第二三号）により取引所特別税又は取引税を課せられる取引

第四〇条　この法律は、施行の日から一年を経過した日までに、改廃の措置をとらねばならない。

附録第一

（出走頭数が七頭以上のとき、六枠制への振り分け方の表―略）

附録第二

第一号算式　$(W+D/P)\times\{1-(R+r)\}=T$

Ｗは当該優勝馬に対する優勝馬票の総額面金額とする。

Ｄは出走した馬であって勝馬以外のものに対する優勝馬票の総額面金額とする。

Ｒは国営競馬にあって百分の二五、地方競馬にあっては百分の二九とする。

Ｐは複勝式勝馬投票法における左表の場合を除き（払戻が三着までのときに、二着が三頭以上、あるいは三着が二頭以上。払戻が二着までのとき、二着が二頭以上。その三つの数式―略）、勝馬の数とする。

第二号算式　$(T-W)\times r$

Ｔは第一号算式のＴに同じ。

Ｗは第一号算式のＷに同じ。

ｒは国営競馬にあっては百分の二〇、地方競馬にあっては百分の一〇とする。

2　閉鎖機関令の適用――千葉県馬連

先にもふれたように、日本競馬会、地方競馬側が、その国営化、公営化を最終的に受け入れることを余儀なくさせられていたのが、ＧＨＱからの閉鎖機関令適用の圧力であった。その適用を受ければ、開催が不可能となって競馬の空白が生みだされ、ひいては日本の競馬そのもの消滅につながる恐れがあるとして、何としてでも回避しなければならないということだった。その危機感が煽られていた状況のなかにあって、全国の競馬関係諸団体のなかで唯一その適用を受けた組織があった。千葉県馬匹組合連合会（以下、「千葉県馬連」と記す）である(79)。恐れられていたことが現実になっていたとするならば、千葉の地方競馬は、壊滅的なダメージを受けたはずであった。だが実際はそうはならなかった。適用直後から競馬場誘致運動が活発化し、昭和二四年二月には、県営競馬第一回が開催される。千葉県馬連の抵抗が意識的であったかどうかは別として、閉鎖機関に指定されても、県などの主催者が自力で開催する意志をもてば、競馬の空白を生むことにはならなかったことを千葉県の例は示していた。

ここで、その千葉の事例を、地方競馬法に基づく指定競馬場選定の時点にまでもどって、そこからたどってみたい。

地方競馬法施行後、千葉を除く関東一都五県では、すべて昭和二一年内に第一回の開催が行われていた（第2章）。だが千葉県馬連は、用地選定に時間を要して大きく立ち遅れ、その第一回開催を迎えることができたのは、昭和二二年一一月。関東の他の一都五県よりも、約一年近くも遅れていた。その大きな要因となっていたのは、旧柏競馬場をもつ柏町の他に、千葉市（旭ヶ丘）、津田沼町（習志野）、松戸市（八柱）が誘致運動を行っており、県内一ヶ所の指定競馬場を決定できなかったことだった(80)。

当初、千葉市が有力だった。千葉市は、穴川町下補給廠跡（現・千葉市稲毛区千葉経済大学周辺一帯）を候補地として、昭和二一年春から、市長、代議士、市議会等が精力的に動くなど本格的な誘致運動を開始(81)、明けて昭和二二年二月頃には、ほぼ本決りと見られるようになっていた(82)。県馬連も千葉市を望んでいたが、同補給廠跡の払い下げを受けていた開拓営団関係からの反対が強く、県開拓課が、旧軍用地の開拓地以外としての使用を拒否(83)、断念を余儀なくされたようである。六月には、習志野元練兵場も工事実施予定を立てるところまで進んだが、払い下げられて農地となっていた予定地の買収の見通しがたたず、ここも断念された(84)。

地元紙『千葉新聞』が、昭和二二年三月から一二月までのほとんどの号が残されていないこともあって、その経緯はわからないが、結局、指定競馬場は戦前の千葉県の地方競馬の中心で、鍛錬馬競走が実施されていた昭和三（一九二八）年創設の柏競馬場（現・柏市豊四季台団地一帯）に決定された(85)。

そして県馬連は、再開第一回柏競馬と銘打って、昭和二二年一一月二五日からの六日間開催（以下同）で九三三万七六六〇円、また翌昭和二三年一月三日からでは一九二〇万一一六〇円を売り上げたが、二月二七日からは一二二八万四五八〇円、そして五月三日からでは六九六万八六四〇円とその売上を大きく減少させていた。この間、千葉県馬連は、三三〇万円で日本光学（現・ニコン）から柏競馬場の土地、施設を買収、一開催に付二五万円を償還していくという契約だった(86)。

新競馬法施行に伴う県への資産承継を前に、千葉県馬連は、その資産、会計収支を確定することが求められていた(87)。その結果、馬事中央会への納付金、馬券税等の未納金をあわせると三一三万五一一三円の赤字という決算報告書が提出された(88)。県は、この馬連の報告書に関して、「未だその経営の内容、収支の関係等に資料が完備していない」と受け取りを保留(89)、かねて馬連の資産管理、財政運営に対しては疑惑の目が向けられていたが、それが実証された格好だった。五月の開催の売上の急減ぶりを見ると、県馬連が県営化を睨んで放漫、でたらめな経営をあえて行った可能性もなくないが、県にとって時間が残されていなかった。七月中には、承継の手続きを終わらなければならなかったからである。

そのタイムリミット間近の七月三〇日、千葉県議会は、競馬委員会（民主自由党五名、民主党三名、社会党二名）の結論をまって、この問題の審議を行うことになった(90)。委員会の結論は、四対六で承継の否決。「県馬連から提出された資産評価は非常に杜撰なもので委員会としては到底鵜呑みに出来」ないというのが主な理由だった。県議会も、一四対三一で承継を否決した。特殊清算人の管理下に置かれた県馬連の全資産は、総額一三〇万円で払い下げられ、一二月、千葉県は、それを一般会計、あるいは競馬特別会計のなかに追加予算として計上した(91)。八月一〇日付で千葉県馬連は、閉鎖機関に指定され(92)、その結果、契約不履行となって、柏競馬場は日本光学に返却された。

これより先の七月一九日、新たな競馬法が施行され、地方競馬が公営化、日本競馬会が国営化されていた。繰り返せば、その第一の目的は、中央馬事会や各県馬連、日本競馬会が閉鎖機関に指定され競馬の空白が生まれることを回避するため、というのが政府説明だった。閉鎖機関の指定を受ければ、清算に向けて閉鎖機関整理委員会、特殊精算人の管理下に置かれて競馬開催が、相当の時間の間、不可能となってしまうということだった。それにもかかわらず千葉県馬連が指定されてしまったのはきわめて異例なことであった。新競馬法制定に向けて煽られていた危機感に従えば、これで千葉県の地方競馬は開催不能に陥るはずであった。ところが実際は、そうはならなかった。

たしかに柏競馬場などの県馬連の資産、資金は清算に向けて凍結されてしまってはいた。だが少し考えてみればわかるように、競走馬は県馬連の財産ではなかったし、県などの主催者が自力で競馬場を準備すれば開催は可能であった。千葉県は、現実にその方向に進んでいった。つまり、少なくとも地方競馬に関していえば、公営化は、競馬の空白を回避するためのやむをえない措置ではなく、中央馬事会及び各県馬連などの資産を没収して、低コストで競馬を地方自治体の財源とすることが何よりの目的だったことが、この千葉の実例で明らかとなっていた。千葉県馬連が、そこまで読んで、でたらめな会計処理で権益を確保して、閉鎖機関に指定されたとは考えられないが、結果論的にいえば、中央馬事会も各県馬連も千葉県のような方針をとる選択肢もあったことにはなる。だがすでに自治体への資産承継に従っており、遅かった。

県馬連が閉鎖機関に指定され、柏競馬場が日本光学に返却されたことで、千葉県が県営競馬を主催するためには、新たに競馬場を建設することが必要となっていた。これより先、柏競馬場の存続を前提としたものだったが、県営化を前にして、すでに千葉市と船橋市が名乗りをあげていた(93)。

千葉市会は、競馬委員会を設置して準備を進めており、八月中旬には、稲毛(現・千葉市稲毛区小仲台)の約五万坪の軍需工場跡地に総工費三〇〇〇万円で一〇〇〇メートルの馬場を設置し、一一月に第一回開催を行うとの計画を立案していた(94)。

船橋市も、六月、市会で満場一致で誘致を可決、約一一万坪の埋立地（現・船橋競馬場所在地一帯）に総工費二億円で一六〇〇メートルの馬場、収容人員三万人のスタンドを昭和二七年の完成をめざして建設する、その工事の一方で第一回開催を昭和二四年春早々に実施するとの計画を立てていた(95)。この他、津田沼町も谷津埋立地への建設計画をもっていたが、有力なものとはならなかった(96)。

競馬法によれば千葉県では二つの競馬場の設置が可能であったが、柏競馬場の承継が前提となっていた時点では、千葉、船橋両市のいずれかで決着をつける必要があった。

だが柏競馬場が廃場の格好となったことで、このまま千葉市と船橋市の二競馬場に決定することも可能となったかのように見えた(97)。この意味で、県馬連の閉鎖機関指定は、千葉、船橋両市にとって歓迎すべきことだった。

しかし柏町も、巻き返しに出た(98)。県議会多数派の民主自由党幹部たちが、千葉、船橋への新競馬場設置の方向であったことから、当初は、競馬場新設までの時間の間、柏競馬場を一時復活して、年内開催を求めるものだった。時間がたつにつれて、町をあげての存続運動となっていった。存続派は、一〇月中旬までには、県または柏町といった公共団体等で使用するならば貸与するという同意を日本光学から取り付け、具体的計画を添えて県当局に陳情書を提出するところまでにこぎつけていた。

したがってこの段階で、千葉、船橋、柏の三つ巴、三ヶ所から二ヶ所を選定する争いとなっていた(99)。この段階で最有力と見られていたのが千葉市であった。新競馬場建設着工も、ゴーサインを待つばかりとなっていた。さらに追い風となっていたのは、新競馬法で、戦災都市が開催権を付与されたことだった。そして銚子市も戦災都市としての開催権獲得をめざして、市会で競馬場設置に関しては千葉市との協同運動を行うことを議決(100)、また県知事も千葉市に設置の意向だったという(101)。ついで柏が有力で、船橋が不利であるというのが世評だった(102)。

ところが一〇月二〇日、県議会が決定したのは、柏、船橋の二ヶ所(103)。投票方法が単記から二ヶ所の記載となり、対千葉市ということで船橋、柏両派の提携がなったこと、また民主自由党が三つに割れたうえに、社会党が柏でまとまったことによる逆転劇だった。この結果、民主自由党内の対立が深刻となり、船橋、柏両派と千葉市派の県議の間で、金のやりとりの曝露合戦となるなど泥仕合の様相を呈したという(104)。

なお競馬場選定戦に敗れた千葉市は、競輪場設置に方向を転じ(105)、翌昭和二四年九月には第一回開催を迎え、年末までの計四回の開催で二億四七〇〇万を売り上げ、収益は二四七三万円余、その額は千葉市の年間徴税額一億四五〇〇万円の六分の一に相当した(106)。千葉市にとって、競馬から競輪への転換は、文字通り災い転じて福となった。柏は既存の競馬場の活用ということだったが、船橋競馬場はまだ机上のプランに過ぎなかった。

船橋の逆転劇には金が動いたと囁かれていたが、現実に関係県議会議員らが逮捕され、それに引き続いて、議長、県議、総務部長らが任意出頭を求められるなど、ことは贈収賄事件の様相を呈するにいたった(107)。県議会は、競馬場問題調査委員会を設置、結局、翌昭和二四年二月、事実無根と認定したが、疑惑が解消したわけではなかった。また船橋市でも、この競馬場設置問題に絡んで市長不信任運動が起っていた(108)。競馬場の建設、経営権を、教育費名目の一〇〇万円寄付を条件にして、ある会社に与えていたことが明らかとなり、疑惑を招き、反発を買っていたものだった。建設を請け負った会社が他会社と合併、資金も費消していたことで、昭和二四年中には着工の目途が立っていなかった(109)。

したがって県営競馬は、柏競馬場での開催の選択肢しか残されていなかった。昭和二三年一二月に入って、柏町を窓口にして県と日本光学との間で交渉が進められ、その結果、一開催の賃貸料三〇万円という賃貸契約がまとまり開催可能となった(110)。

こうして昭和二四年二月五、六、八、九、一二、一三日の日程で県営第一回開催を迎え、売上予想は三〇〇〇万円だったが、実際は二六〇〇万円余に終わっていた(111)。以後、同年七月、八月、一一月、翌昭和二五年一月、二月と計五回の県営競馬が実施され（各六日間開催）、昭和二四年中の四回での総売得金は一億一二八七万円、五八七万円の黒字を出していた(112)。八月の第三回開催で、総売上二八九四万円、六〇〇万円の黒字を出していたから(113)、残りの三回は収支トントンという計算になる。一開催での売上が三〇〇〇万円を超えることがなく、時には一〇〇〇万円台に終わっていた(114)。また昭和二四年一〇月には、戦災都市として開催権を付与された千葉市が開催したが、売得金一五八六万円、七二万円の赤字に終わっていた(115)。そして県営競馬の売上は、昭和二五年に入り、さらに低落傾向を強めていた。柏という地理的条件、ドッジ・ラインによる不況の影響に加えて、県内の千葉、松戸の両市を含めて首都圏に続々と誕生していた新興の競輪に押された結果だった。結果的に最後となった昭和二五年二月の柏の開催が前面に打ち出したのが、馬の競輪としての繋駕《けいが》競走だったのはいかにも皮肉だった(116)。

ここで柏競馬場の廃止、船橋競馬場での一ヶ所開催が決断される。船橋競馬場建設の帰趨が明確となっていなかったことを考えれば、日本光学との借地契約継続交渉が行き詰まっていた可能性もあった。

ともあれ、船橋市議会が、昭和二五年三月二三日付で、川崎競馬場の建設、管理にあたっていた正力松太郎を会長とする川崎競馬倶楽部（現・よみうりランド）に船橋競馬場建設を公式に依頼、六月一六日に起工式、六〇日余の突貫工事で竣工、八月二一日第一回開催の初日を迎えることになった(117)。この第一回も含めて当初赤字だった船橋競馬も、朝鮮特需による好況、馬券控除率の引き下げのなかで、飛躍的に売上高を伸ばしていくことになる。

最後に繰り返せば、閉鎖機関に指定され県馬連の資産、資金を凍結、清算されても、県などの主催者が自力で開催する意志をもてば、競馬の空白を生むことにはならなかったことを千葉県の事例は示していた。

図３

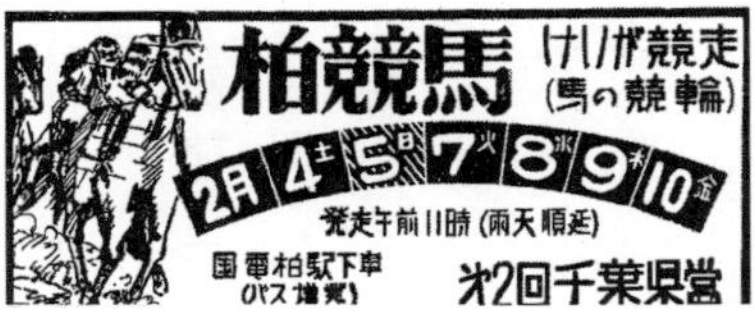

馬の競輪として「けいが競走」が広告されている（『千葉新聞』昭25・２・２）。

3　昭和二四年の競馬法改正

1　収益の三分の一を畜産振興に

昭和二四（一九四九）年五月、開会中の第五回国会（特別会、二月召集）に対して、政府と議員の双方から競馬法改正案が提出された。前年七月制定された競馬法は、その審議の場でも繰り返されていたように、緊急避難的な一年間の時限立法であり、「総司令部の条件は、日本の競馬の民主主義的完成への条件が整い次第、日本政府及び国会は責任を持って、最善の解決を図るということであった」(118)。したがって改正案は、本格的な検討を行い、国営化、公営化の継続か、あるいは民営化かといったことにも結論を出したうえでのものでなければならないはずであった。だが提出されてきた改正案は、いずれもそれとは無縁だった。

まずは中京競馬場新設に関する議員提案（早稲田柳右衛門外一五名提出による「競馬法の一部を改正する法律案」）だった(119)。戦後、宮崎、横浜、新潟の元日本競馬会の競馬が再開されなかったこともあって、売上増を企図する国営競馬側と地域振興の起爆剤としたい地元の政財界の思惑が一致しての提案だったが、愛知県内五ヶ所の候補地の激しい利害対立もあって、結局、審議未了になった(120)。

ついで地方競馬の開催権拡大に関するものだった。五月九日原健三郎（兵庫二区、民主自由党）他六名の衆議院議員が、その改正案を衆議院農林委員会に提出した。同会委員長は小笠原八十美だったが、このことが後の審議に生きてくることになる。

「従来市と同時に著しい災害をこうむった町村で、内閣総理大臣が指定するものも、その財源確保のために競馬を行うことができることとするという意味において、この法案を提案したのであります」というのが、委員長小笠原が原に代わって行った提案趣旨説明だった。

この改正案は、二二日参議院農林委員会で収益の見込、損失への対応などについての若干の議論が行われた以外は、一〇日衆議院農林委員会、一二日同院本会議、二六日参議院本会議と本格的な議論も行われず、すんなりと成立した。各自治体は、かねて財政難に直面し、新たな税の導入にも行き詰まっていた。さらにこの昭和二四年度の超均衡予算(ドッジ予算)で地方交付金も減少、その財源を確保するということは、優先順位の高い事項であり、超党派で合意できるものであった。赤字を懸念する声も存在してはいたが、まだ公営ギャンブルが金を産む打ち出の小槌と考えられていた時期であった。そしてこの改正とともに、戦災に限らず自然災害を受けた市町村が開催権の付与を受けることが可能となった。

そして政府提出の「競馬法の一部を改正する法律案」だった。馬主資格の厳格化、指定市の競馬に対する農林大臣への監督権の付与、県と指定市及び指定市相互による競馬組合設立の促進、国営競馬の開催日程の増加(全一一競馬場中の休催競馬場五場の代替開催)、ノミ行為などに対する罰則の強化、新たな馬券(重勝式)の導入といった内容だった(121)。またこれとは別に「特殊勝馬投票券に関する法律案」も提出されていた。この新たな馬券は、国営競馬の大レースを指定して(年間東西各二つ、春秋天皇賞、ダービー、菊花賞の年間四レースを予定)、レース二〇日前から馬券を発売、的中者のみを対象として抽せんで当選番号を決め、上限を一〇万倍として払い戻すという馬券と宝くじをあわせたスイープ・ステークス方式と呼ばれていたものだった(122)。一レース予定発売総額一億円、控除率五五%、払戻金四五〇〇万円、当せん金には、宝くじと同様に所得税を課さないとしていた(第九条)。売上四億円、収益一億六〇〇〇万円が見込まれていた。

この政府提案の「競馬法の一部を改正する法律案」及び「特殊勝馬投票券に関する法律案」は別々の法律案だったが、審議は一括して五月一三日からの衆議院農林委員会で行われた。だがその審議、政府の改正案の内容そのものについては議論がほとんど行われなかった。議員たちが問題としたのは、結局、競馬が畜産振興を目的として謳うならば、国営競馬の収益の三分の一を畜産振興費として振り向けるべきだということにつきていた。

地方競馬に関していえば、この問題は各県の方針に委ねられていたが、国政の場での決定が波及することが確実だった。競馬法によって、中央馬事会、各県馬連などの旧地方競馬側の権益は剥奪され、旧日本競馬会関連の馬事（畜産）振興費も後退していた。その際は、屈服、沈黙を余儀なくされた関係者が、国営競馬を対象に逆襲に打って出たものだった。

午前、先陣を切った竹村奈良一（奈良全県区）、深澤義守（山梨全県区）の二人の共産党議員に続いて、前年競馬法審議の際の農林委員会委員長であった井上良二（大阪三区、社会党）が質問に立った。

つぎのように井上は、その口火を切っていた。

二、三質問をしたいのですが、この法案を審議するのに一番重要な点は、この法律の目的は何を目的にしておるか。いわゆる浮動購買力を吸収して、政府の財政収入を確保するということに目的をもっておるのか。それとも今論議されておりますように、わが国農業形態を近代化する、その重要な一つの骨として畜力を導入するために、その面における一つの仕事としてこれを行うべきである。こういう考え方と二つあるのであります。最近の競馬の傾向を見てみますと、農林省が経営しなくても、大蔵省が経営する方がかえっていいではないかという傾向が露骨に現われて来ておる。単に農林省は馬の生産をしておるというだけの仕事をやっておって、競馬自体は大蔵省がやってもいいではないかという意見さえ、最近巷に流布され、関係方面でもそういう意見が非常に強いじゃないかというようにうかがわれるのであります。

私ども先般、この競馬の問題が大きく転換しなければならぬという事態に当面いたしましたときに（前年の競馬法制定）、ときの畜産局長（遠藤三郎、遠藤は昭和二四年一月の総選挙、静岡二区で民主自由党から立候補、当選、農林委員としてこの日参会）とよく話をいたしました結果、一方政府は畜産の五ヶ年計画を立てる。これがうまく行けば一〇ヶ年計画へ延ばす。その一環として競馬を考える。従って競馬から上って来ますところの収入は、これを三等分いたしまして、三分の一を国内の畜産奨励に使う。三分の一は戦災その他非常に犠牲を受けました戦争犠牲者に使う。あとの三分の一を国庫及び地方財源に当てる。こういう三本建ての案を考えて、関係当局ともいろいろ折衝して参ったのでありますが、すくなくとも農林省がこれを所管し、わが国畜産の現状からこれを飛躍的に発展させなければならぬ実情から考えますならば、国庫財源のきわめて枯渇しておる現状におきまして、一方において大衆の購買力をもっと引締るとともに、その上って来ます収入を一部目的に使うという行き方は、決して誤った行き方ではないとわれわれは考えて、そういう方向をとって来ておったのでありますが、その後農林省は、一体そういう方向を依然として堅持されておるかどうか。もしこれが現状のままならば、おそらく農林省の所管から手が離れてしまいはせぬか。私どもはこういう非常に大きな危惧を抱くのでありますが、この点に対して、農林大臣（森幸太郎、滋賀全県区、民主自由党）は大蔵大臣（池田勇人、広島二区、民主自由党）及び安本長官（経済安定本部長官、周東英雄、山口一区、民主自由党）と積極的に話をされまして、少くとも競馬から上って来る収益の一部は、畜産奨励に必ず使うような道を開くことが、わが国農業の実情から絶対的に必要であるという強い、強力な交渉をやる必要がありはしないか。またわれわれ国会としましても、大蔵当局、安本当局に対しまして、十分その意見の開陳をいたしまして、農林当局の方向にわれわれも協力したいと考えておるのでありますが、そういう面にひとつ全力をあげてもらわなければならぬと考えるのであります。

前年新競馬法の審議の際、政府、農林当局があげた競馬の目的は、㈠馬事の振興、㈡国家・地方財政の寄与、㈢健全な娯楽の提供だったが、繰り返していえば、それらが法の条文のなかに目的として掲げられているわけではなかった。その大きな理由は、馬事あるいは畜産振興と盛り込めば、収益の使途がその目的に縛られて特定財源化されることを回避するためだった。

ここで井上は、競馬の収益が一般財源化している現状に対する不満を「大蔵省が競馬を経営する云々」と表明、かねてからの主張である収益の三分の一を畜産振興費、残りの三分の一ずつを戦災犠牲者、国及び地方の財源に振り向けることを農林省に対して強く要求していた。使途を畜産振興に特定化できなければ、農林省が競馬を管轄する意義はないではないかということだった。このことを農林委員会委員長小笠原八十美も、この日の午後の質疑でつぎのように述べていた。

……農林省は何ら畜産につながりのない国庫収入の活動をする一つの機関となるので、競馬ははたして農林省の担当するものであるかということに、非常に疑問がわいて来るのであります。

つぎに井上は、開催回数の増加と競走馬の確保策、ノミ屋対策、農林大臣が新たに地方競馬に対する監督権をもつことなった理由などを尋ねていったが、本丸の収益の畜産振興費への振り向けの問題に関しては大蔵省委員が出席してからと質問を保留する形をとった。その後二人の議員が戦後の馬政の混乱などへの不満を展開して午前の審議は終わった。

前年の審議の際にも明らかにされていたが、競馬の収益を畜産振興費に重点的に振り向けることが農林省の立場であった。それが実現できなかったのは、大蔵省に押し切られたからであった。したがって質疑も、議員と農相あるいは農林省との間で展開されている内は、結局は、そうは望んではいるが現状では出来ないといったものに終始せざるをえなかった。大蔵省が出てこなければ埒があかなかった。「敵」は、双方ともに大蔵省であった。

午後の審議も、大蔵省の政府委員が姿を現すまでは、複数の議員が、今後の畜産、馬産、競馬のあり方などのいわばつなぎの質疑を行っていたが、その主税局国税第一課長が臨席するや否や、質疑は一気にヒートアップした。

まず山村新次郎（千葉二区、民主自由党）が、「競馬が畜産奨励のねらいのもとに行われておるにかかわらず、競馬場から取上げられた金が、ほとんど畜産奨励の道に使われておらないという点がたくさん出たのでございますが、この点につきまして、積極的に畜産奨励の方面へまわされるところの御意図がなきやいなやを、お伺いいたします」と質したが、国税第一課長の答弁は、予期された通り、できないというものだった。それを受けて山村は、大蔵省への苛立ちをぶつけるように、たとえば馬主が獲得した賞金への課税、ノミ屋の売上金額と正規の売上額との比率というい くつかの的外れとしか考えられないような質問を投げかけていった。

井上良二は、大蔵省の牙城を崩す突破口を開こうとしていたのだろう、午後、国税第一課長が現れる少し前の質疑でも農林省側に要望していたのに続いて、再度、第一課長に対して、つぎのように競馬の収益全般でなくても新式馬券に限定して特定財源化することを求めた。

……私どもこの委員会が、特に新しい特殊勝馬投票券の法案を審議するにあたりまして、大蔵当局の意向をただそうといたしますのは、日本の現在の畜産の状況、これが農村の生産力に及ぼす影響というものをきわめて重大視いたしておるからであります。畜産の奨励というよりも、浮動購買力を吸収して、国庫の収入を増す一つの方法として競馬が施行されるというところに、最近非常に傾いて来ておるから、われわれは、あくまで最初競馬をやりました意図に返って、畜産奨励というものを大きな部分に取上げてもらわなければならぬ。……あなたはさいぜん国営競馬からあがって来る経費を対象にされ、またそういう特別な目的のために経費をさくということは、どうかと考えるという御答弁でございましたが、われわれがこの前の議会において競馬法の一部を改正して、特に地方の戦災都市にこの経営を許しましたのは、戦災によって地方財源が非常に枯渇いたしまして、その復興の遅々として進まない現状をわれわれは見るに忍びず、この戦災復興をせめて競馬の収入によって一部分補えたらというつもりで、この競馬法の改正に賛成をしたのであります。いわゆる戦災復興という一つの目的をもって戦災都市に特に競馬を許しておるのでありまして、これは一つの目的税であります。目的的な収入によって経営をして許しておるのであります。これと同じように、従来の国営競馬、従来の競馬法による収入は、ともかくも浮動購買力を吸収するという見地から、あなた方がおやりになってもよろしいが、少くとも新しく設定しようとする新規の勝馬投票券に関する法律については、その一部を畜産の方面にまわすという目的を明らかにしたらどうか。全部とは申しませんが、せめて三分の一なり四分の一なりを、その方面に振り当てるというようにやりたいと思うのでありますが、それもあなた方はそれでは困るというお考えでありましょうか。これを伺いたい。

これに対しても、国税第一課長は、ドッジ・ラインの緊縮財政のもとでは「いたし方ない」、つまりできないと明確に拒絶の答弁を行った。井上は、埒が明かないと判断、農村の建て直し、日本の食糧の確保に不可欠な畜産振興を軽視するものとして、長い反論を展開、農民の超過供出には課税しながら、競馬での大儲け（馬券の配当金）への課税には知らぬ顔だといった八つ当たりとしかいいようのない形での怒りをぶつけたうえで、つぎのように国税第一課長の答弁を付き返した。

……あなた一人の責任では、とてもわれわれに答弁をはっきりするわけには行きますまいが、これはお帰りになって、大臣なり次官に相談をされて、明日までに、ひとつ返事をゆっくり考えて来てもらいたいと私は思います。

この後も、午前に引き続き、主に竹村奈良一（奈良全県区）、深澤義守（山梨全県区）の二人の共産党議員が質疑に立ち、国税第一課長に対して大蔵省の課税政策一般に対する不満をぶつける格好で、宝くじや新たな馬券の所得への非課税と農民の超過供出分への課税の不公平、馬券や宝くじ発売の必要悪論議などの方向へ質疑を展開させていった。話が別の方向にいってしまったと考えたのだろう、それを引き取る形で、井上良二が、競馬の賞金に課税しないで、「弱い者いじめで農民をしぼるという考え方（超過供出への課税）は、これはやめてもらわなければならぬ」と再度述べて、新馬券の売上目標額を聞き出そうとした。それでも深澤は、話を引き戻し、「結局今度のこの競馬によって得た収入に税金をかけないという考え方が、ややもすれば税制の方針が、勤労をして得た所得に対しては重税をかけるが、働かずして、勤労せずして得た収入に対しては税金をかけないという、まことに根本的な理念から申しても不合理千万であるとわれわれは考えるのであります」と繰り返した。場違いではあるが、日頃の大蔵省への強い苛立ちがこのような形で現れたものだった。

農林委員会委員長小笠原八十美は、ここで休憩を挟み、話を本筋へもどした。

小笠原は、出走頭数も半減し、畜産振興とのつながりもなく、馬主を経済的な苦境に追い込んでいるのは、農林当局と大蔵当局が「ただとる一方にかかって」いるからだと批判し、「実際に競馬収入を上げようとするならば」、三六%という控除率を二〇%に引き下げる必要があるのではないかと問い、競馬部長井上綱雄の「善処したい」、主税局国税第一課長の「研究したい」といういかにも官僚的答弁を引き出した後で、委員会の総意という形で、つぎのように大蔵省への「警告」を行って、この日の質疑の終了を告げた。

……何ら畜産の発達の裏づけもなく、あるいは競馬というものは馬を使って速度重点主義の競走によって国民の娯楽にも、国庫の収入を獲得するのだということがはっきりして来たならば、その一番の基礎をなすところの競馬の馬の発達に対して、何ら見るべきことがないということは、大蔵当局としてはあまりにこれはひど過ぎると思うのでありますが、思い切って大蔵大臣にあなたの方から申し入れて、大蔵省でこれをやってごらんになったらいかがかと私は思うのでありまして、決して農林省が担当してやるべき筋合いのものではないというふうに私は考えておるのであります。……ただとる重点主義（高い控除率を継続するだけ）でなく、あなた方も、こうしたらほんとうに国営として馬もそろうし、娯楽機関にもなる、従って収入も多いということをお考えになって、畜産方面とも連絡をとらないと、これは長続きがせぬということを、皆さんの意見を総合して、ここに警告をいたしておきたいと思うのであります。どうか十分御研究を願いたいと思います。これで質疑を終了いたしました。

この小笠原八十美委員長の「警告」は、単に言葉だけのものではなかった。大蔵省との全面対決の決意表明であった。

委員は超党派で、収益の三分の一を畜産振興に振り向ける修正案を作成、五月一九日、農林委員会に上程した。またこの議員修正案には、競馬法見直し期限を昭和二五年三月三一日まで延長することが含まれていたが、それもあわせて可決されることになる。実現はしなかったが、国営、公営競馬の民営化問題をそこまでに決着させようとする意図が込められていた。

前年（昭和二三年）の競馬法審議の際の農林委員会委員長であった井上良二（大阪三区、社会党）が、つぎのようにこの修正案の趣旨説明を行った。

競馬法の一部を改正する法律案の修正案について、その修正の内容を御説明申し上げたいと思います。御存じの通り競馬法が施行されまして、その競馬法の施行による競馬の開催が、一体何を目的としておるかということを、本委員会において政府当局にあらゆる角度からの質疑を行いましたところ、一つはわが国の農業を近代化する一環としての有畜農業化の基本となる畜産の奨励をやりたい。さらに一つは国家財政のきわめて困難な現状から、浮動購買力を吸収しまして、財政収入を増したい。さらにまた敗戦後のわが国の陰鬱な世相をできるだけ明朗化するために、健全なスポーツとして開催したい。大体この三つの大きな要素を持ちまして競馬が施行されておるのであります。

しかしながらあとの二つでありますす浮動購買力を吸収して国の財政収入を増加するという点と、明朗なスポーツを目標とするという点では、一部目的を達しておると存じますけれども、農林省が主管局として当然やらなければならぬ畜産奨励の面に対して、まったく手が打たれてないということが、予算の措置において明瞭化されましたので、そこで私は特に同僚各議員の御了解を得まして、また各党各派の了解を得まして、ここに競馬法の一部を改正する法律案の修正案を提案いたしたいと考えるのであります。

その内容を申し上げますと、「競馬法の一部を改正する法律案の一部を次のように修正する。第八条の改正規定の次に次のように加える。第一一条の次に次の一条を加える(123)。第一一条の二、政府は、勝馬投票券の発売による収入金のうち、勝馬投票券の売得金の総額から払戻金及び返還金の総額を控除した残額の三分の一に相当する金額を、畜産業の振興のために必要な経費に充てなければならない。前項の規定の適用については、金額の算出は、各年度において、その年度の予算金額によるものとする。」

こういうぐあいに競馬から上って参ります売得金の総額から、払いもどし金及び返還金の総額を控除しました残額の三分の一に相当する金額を、畜産業の振興に充てようという修正であります。

この趣旨説明を受けて、直ちに審議打ち切り動議が提出された。そしてまずこの修正案が、ついで修正箇所を除いた政府原案が可決された。与野党一致、超党派の全会一致、一切の審議を行わず、電光石火の早業だった。周到な準備というか、根回しが行われていた。あらかじめGHQの意向も確認、その承諾も得ていた(124)。元中央馬事会副会長、地方競馬の実力者、畜産族の中心的な存在であった小笠原八十美が委員長であったことも、こういった議事運営を可能としていた。農林省が、この動きに一枚噛んでいたかどうかはわからないが、大蔵省にとっては寝耳に水の格好であった。なお収益の残りの三分の二の使途は、五月一三日の井上良二の発言にもあったように、戦災犠牲者と国及び地方の財源に三分の一ずつ振り向けるものだった。後から振り返ると、ここでの収益金の三分の一を畜産振興費に振り向けるという割合は、後の昭和二九年国営競馬が日本中央競馬会へ移管された際に引き上げられた四分の三と比較すれば、控えめな数字であった(後述)。

この可決を知って委員会室に駆けつけてきた大蔵省主計局長が、部屋の隅に農林省政務次官苫米地英俊(北海道一区、民主自由党）を呼びつけ、興奮した面持ちで、「予算の補正を必要とするかもしれぬ。かような修正案にＥＳＳ（経済科学局）のパブリック・ファイナンス・セクションが承諾するはずがない。衆議院本会議または参議院において、もしくは総司令部に働きかけて阻止する」と苫米地を問い詰めたという(125)。

昭和二四年度予算は、ＧＨＱの指令のもと、かねての政府原案を破棄して、超均衡、超緊縮財政（ドッジ予算）として編成されていた。四月四日国会に上程、予算委員会では与党である民主自由党の内部でも強い不満や批判の声があがったが、わずか一七日間、四月二〇日に成立していた。ここで競馬法の修正が行われることになれば、その成立したばかりの予算の組みかえが必要となるから、主計局長としては、もってしかるべき懸念といえた。

だがこのような主計局長の行動は、逆に議員の修正案を実現するための強力な援軍となった。議員たちにとっては、まず官僚による国権の最高機関への不当な干渉、越権行為、大蔵省の責任問題という格好の攻撃材料を手に入れたことになり、ついでその攻撃の矛を収めることと引き換えに、大蔵省に修正案を認めさせる取引材料となったからである。

そして実際、農林委員会は、この事件を最大限に活用した。翌二〇日の同委員会には、大蔵大臣池田勇人が呼びつけられた。池田蔵相は、「競馬による益金の三分の一を入れるというお考えは、私は適当であると思うのであります」と述べ、「大蔵省の一官吏が、議会無視とかあるいは院議を尊重しないような態度をとったり、口吻をいたしましたことは、お話の通り言語道断でございまして、私として衷心より遺憾に存じておる次第でございます」と陳謝、修正案を尊重し、「補正予算作成にできるだけの努力」することを表明した。この機に乗じてというか、五月一三日の農林委員会での主税局国税第一課長に対するものと同様に、深澤義守（山梨全県区、共産党）が池田蔵相に、農民への徴税方法、税務行政に対するかねてよりの強い不満をぶつけてもいた。同日の衆議院本会議でも、この問題が追及されたが、池田蔵相はここでも陳謝と修正案尊重を繰り返さざるをえなかった。

このように大蔵省が完敗する形で、議員修正案は、二三日参議院農林委員会、二六日同本会議を通過、成立した。

だがこの大蔵省の敗北も表面的なものであった。

この国営競馬の収益の三分の一を畜産振興に振り向けることを規定する修正案をめぐって、二〇日衆議院農林委員会の席上では、純粋に新たに上乗せするのか、それとも年度予算で畜産振興費が収益の三分の一相当額未満である場合に補正予算でその不足分に上乗せすることを意味するのかといった議論が展開されていた。これに池田蔵相は、不足分に上乗せとの認識を示し、あわせて次年度の畜産振興費増額についても考慮することを表明、衆議院農林委員会もそれを了承した。超緊縮財政のなかでの純増は畜産振興費を突出させることになり、またすでに昭和二四年度予算は成立しており、その編成替えは無理だったからである。そして二二日の参議院農林委員会でも、池田蔵相が出席して、長い質疑が展開されたが、結局、不足分に上乗せを意味することが確認された(126)。これで大蔵省は、この問題に関して、棚上げを含めて幅広い対応を手に入れたことになった。

そして実際、大蔵省は、昭和二四年度中、畜産振興の補正予算案作成をなかなか実行に移さなかった(127)。ようやく年が明けて畜産局所管に一億二三四七万円、農政局所管の農業共済関係の掛金並びに事務費の補助に二億九一四三万円余、計四億一四九〇万円余の追加予算を計上、昭和二四年度国営競馬の収益二四億五九四六万円余、その三分の一相当額は八億一九八二万円、当初畜産振興費は六億一三一一万円であったから、これで競馬法改正による義務的な畜産振興費を上回って履行したという立場を政府はとったが、その内容には疑問が残るものであった(128)。また昭和二五年度予算に関しても、国営競馬収益金三分の一相当額を畜産振興とすることは実現しなかった(129)。

このように見ると、五月の国会での大蔵省の完敗は、表面的なものであり、結局、議会、そして農林省も大蔵省にあしらわれた格好となった。だがこの競馬の収益を一定の比率で畜産振興に充当することを競馬法に規定したことが、戦後の競馬のあり方を規定する決定的な意味をもったことが明らかになるまで、そう時間はかからなかった。しかもそのときにはこの昭和二四年の議員たちが追求した以上のことが、実現してしまっていた。昭和二九年国営競馬を引き継いだ日本中央競馬会（ＪＲＡ）は、売上総額の一一％（昭和三一年から一〇％）、剰余金の二分の一を国庫に納付することになったが（日本中央競馬会法第二七条）、その合計額の四分の三という莫大な金額を畜産振興費に充当することが、つぎのように法的（日本中央競馬会法第三六条）に規定されたからである(130)。

政府は、第二七条の規定による国庫納付金の額に相当する金額を、畜産振興事業等に必要な経費及び民間の社会福祉事業（公の支配に属しないものを除く）の振興のために必要な経費に充てなければならない、後者にはおおむね四分の一に相当する金額とする。

この結果、様々な、それも莫大な利権、権益が生み出されていくが、その形態は地方競馬にも及んでいった。昭和三七年競馬法改正により「第二三条の三　都道府県は、その行う競馬の収益をもって、畜産の振興、社会福祉の増進、医療の普及、教育文化の発展、スポーツの及び災害の復旧のための施策を行うのに必要な経費の財源に充てるように努めるものとする」と明記されるとともに、同年設立された地方競馬全国協会に対する各地方競馬の納付金は、同協会を通して競馬が開催されていない県に対しても畜産振興費が配分されることになった(131)。そして当然現在も、JRAも地方競馬もその「義務」のなかに存在しており、その体制に手を加えることは非常に困難である。それは農林省が、畜産振興を競馬の目的と謳う政治家（河野一郎が代表的存在）とともに戦後の競馬の主導権を握り、利権化した結果であった。

話をもとにもどそう。政府は、この昭和二四年の競馬法の改正案とともに、特殊勝馬投票券の法律案も提議していた。先にもふれたように、この新たな馬券は、国営競馬の大レースを指定して（年間東西各二つ、春秋天皇賞、ダービー、菊花賞の年間四レースを予定）、一ヶ月前から馬券を発売、的中者のみを対象として抽せんで当せん番号を決め、上限を一〇万倍として払い戻すという馬券と宝くじをあわせたようなものだった。一レース予定発売総額一億円、控除率五五％、払戻金四五〇〇万円、したがって売上総額四億円、収益一億六〇〇〇万円を見込んでいた。

五月一三日の衆議院農林委員会の審議の際、井上良二（大阪三区、社会党）は、大蔵省が国営競馬の収益の三分の一を畜産振興に充当することを拒否し続けるのに対して、国営競馬の収益全般でなくこの特殊馬券に限定して特定財源化することを求めていたが、大蔵省は明確に拒否の姿勢を貫いた。そして議員たちは、国営競馬の収益の三分の一を畜産の振興に充当するという修正案を提出した五月一九日、あわせて政府提案の特殊勝馬投票券法案に対する修正案も提出していた。坂本実（山口一区、国民協同党）の提案趣旨説明によれば、修正案の主な目的は二つであった。一つは、競馬法の修正案と同じく、収益の三分の一を畜産振興費に充当することを義務付けるものであった。もう一つが、畜産関係団体等に新特殊馬券の発売権を付与するということであった。そして後者こそがこの修正案の眼目だった。元の中央馬事会や各県馬連などによる逆襲だった。地方競馬の公営化によって既得権益を奪われ、さらには解体に追い込まれた中央馬事会などの後継組織がその権益の回復をはかろうとしていたのである。

この修正案も、先の競馬法改正案の直後に、討論が省略されて直ちに可決、翌五月二〇日の衆議院本会議も通過した。ところが、五月二二日の参議院農林委員会で審議予定にあげられていたもののこの新馬券の修正案に関する質疑がまったく行われず、また翌二三日同農林委員会、二六日の本会議でも政府原案も含めて取り上げられることはなかった。つまり国会の手続きを無視して、唐突に事実上廃案になってしまったのである。このようなことはGHQの力が働かなければありえなかった。

ここでも繰り返せば、日本競馬会、中央馬事会及び各県馬連が解体され、競馬が国営化、公営化されたのは、特定の団体が特権を専有していることに対するGHQの「民主化要求」が発端となっていた。それが限定された形とはいえ、再び中央馬事会などの後継である特定の団体（おそらく日本馬事協会）に新たな特権を付与することは、GHQにとって容認できるものではなかった。もしこれが大蔵省の働きかけの結果だったとすれば、大蔵省の見事な勝利だった。

2　四大都市の開催日数の増加など

昭和二四年一一月三〇日の衆議院農林委員会に、同会委員長小笠原八十美外他一五名による競馬法の一部を改正する法律案が提出された。横浜、名古屋、大阪、神戸四大都市の地方競馬の開催日数を増加する法案だった。都道府県の場合、一回六日間以内で年四回以内、指定市が年二回以内の規定だったが、それを四都市に限って、四回以内と改定するものだった。四都市ともに空襲で市民の四割以上が戦災者という大きな被害を受け、復興には多額の財源を要していた(132)。またこの年ドッジ・ラインによるデフレ不況が一気に進み、また地方交付金も減っていた。そして新税の導入も、地方税の増収も見込めなかった。そのような困難な「財政の拡充の一助」するというのが、改正の目的だった。新興の競輪に押されてはいたが、この四大都市近くの地方競馬の売上高は大きかった。たとえば千葉、埼玉、東京、神奈川の地方競馬を合わせると、売上高、出走頭数ともに国営競馬を上回っていた(133)。横浜市は、完成間近の川崎競馬場（昭和二五年一月竣工）で開催を予定していたが、かなりの確率で大きな収益があがることが見込まれていた。その他の三市が開催を予定していた各競馬場は、名古屋市が土古（昭和二四年五月竣工、現在地）、大阪市が長居（昭和二三年七月竣工、昭和三四年廃止）、神戸市が園田（昭和五年一二月竣工、現在地）だった。

衆議院農林委員会は、趣旨説明を受けて直ちに可決、一二月一日同院本会議もすんなり通過した。一二月二日参議院農林委員会では、質疑が展開され、審議打ち切りが提案されてもさらに質問を重ねる議員も出たが、結局、この四都市の開催日数増加は可決され、三日同院本会議を通過した。

この法案は、思わぬ意味をもつことにもなった。というのは、先の六月、競馬法の改廃措置は、昭和二五年三月三一日までにとらなければならないとの競馬法の改正がなされていたが、その審議は行われていなかった(134)。千葉検察庁は、これを問題として、昭和二五年に入り、四月一日からの中山競馬開催禁止を命じてきた。結局、農林省は、東京高等検察庁の同意を得て、この四大都市の開催日数増加の改正を、競馬法の改廃措置をとったものとすることで、禁止命令を撤回させた。つまり、この横浜、名古屋、大阪、神戸四都市の地方競馬の開催日数を増加する法案は、目的以外のところで、役立ったということになった。

その後も、地方競馬の開催日数は増加されていった。昭和二五年五月には、開催権が付与されている競馬場所在地市町村の開催日数（年二回から四回へ）の増加、ついで昭和二六年五月には、開催権が付与されていない競馬場所在地市町村に年二回以内の開催権を付与する改正案がそれぞれ成立、施行された(135)。

昭和二五年以降、富山を含め、廃止あるいは廃止に追い込まれようとしている競馬場も続出していたが、開催権の拡大、日数の増加がこのように引き続きはかられていったことは、その一方で公営競馬が地方財政の打ち出の小槌の存在として考えられていた時代でもあったことを端的に示していた。

それは国営競馬側が、「さらに地方競馬の主催者が多元化することが競馬ボスの活躍を容易にし、地方競馬の公正を疑わしめる基因になる危険性を孕んでいる」と強い懸念を表明するほどだった(136)。

4　昭和二五年一二月——控除率の引き下げ

ここまで繰り返してきたように、日本競馬会発足時の昭和一一（一九三六）年時点での控除率は一五％（政府納付金一〇％、競馬会五％）だったが、日中戦争の長期化に伴い昭和一四年一八％（一一・五％、六・五％）と引き上げられた。そして太平洋戦争の勃発を受けて、昭和一七年には馬券税が導入され、日本競馬会が約三四％、鍛錬馬競走（地方競馬）が約三一％となった。戦費調達のための戦時税としての意味をもっていたからこそ可能となった異常な高さだった。闇競馬時代の二〇％を除いて、この数字が、戦後、日本競馬会、地方競馬双方ともにそのままに受け継がれていた。

昭和二二年に入り、赤字に陥っていた日本競馬会は、大蔵省、農林省に対して、馬券税廃止、控除率の引き下げを強く働きかけていた(137)。長期的に見れば、ファンの興味、購買意欲を刺激して、売上を増加させ、当面の国庫納付金の減収を上回るという「正論」だった。

先にもふれたように、この日本競馬会の運動が功を奏した格好で、国営化直前の昭和二三年、ダービー・デーを含んだ五月二九、三〇日、六月五日、六日の四日間、控除率を二二・五％に引き下げての「実験」が行われたが、期待をはるかに下回る一・二九倍の増加に終わり、農林省は失敗と判断、当初八日間の予定だったものを半分の四日間で中止を命じた(138)。昭和二三年七月施行の新競馬法での控除率は、国営が約三八％前後、地方競馬が約三六％前後へとさらに引き上げられたが、この控除率引き下げの「実験」が中止された本当の理由は、おそらくこの数字がすでに政府部内で決定されていたことだった。それにしても国、各自治体の収入を増加させるという財政的観点が優先されたものとはいえ、太平洋戦争期をも上回る異常な高さだった。

これはノミ屋にどうぞ繁盛してくださいというような数字であったが、実際、ノミ屋はかなりの広がりを見せていた。たとえば昭和二四年五月一三日衆議院農林委員会の席上でも、農林省競馬部長井上綱雄がノミ屋の売上は国営競馬の総売上高の二、三割に及ぶ、また同委員会委員長小笠原八十美は、ノミ屋は国営競馬の特別席でも堂々と「営業」、総売上高に匹敵している額を左右している、とその隆盛ぶりを証言していた。

政府がとった対抗措置は罰則の強化であった。競馬法第三一条は、ノミ行為を不正薬品・薬剤の使用と同一の違法行為として、「三年以下の懲役若しくは五万円以下の罰金」としていた（本章第一節）。政府は昭和二四年五月、ノミ行為をこの第三一条から、国、地方自治体以外に開催した場合の罰則を規定していた第三〇条「五年以下の懲役若しくは一〇万円以下」の対象に組み込み、さらに罰金も三〇万円以下に引き上げた(139)。もちろんこんなことで効果があがるはずもなかった。ちなみに現在は「五年以下の懲役又は五〇〇万円以下の罰金」である(140)。

ことノミ屋対策に限っても、控除率の引き下げが必要であることは明らかだった。衆参農林委員会の委員に限っても、それは共通認識であったし、農林省もそれを望んでいた。

井上競馬部長は、昭和二四年五月一三日、衆議院農林委員会でノミ行為対策に対する質問に対してつぎのように答弁していた。

……今の通称のみ屋の取締りにつきましては、私ども関係者といたしましてまことに困難をきわめているということを正直に申し上げます。この根本の原因は、戦争中において控除率が漸次高まって参ったことに起因すると実は考えております。（昭和一一年日本競馬会発足）当初一割五分の控除率でございましたものが、近ごろ連勝式が非常に売れますために漸次ふえまして、大体三割五、六分というような控除率になっております。従って政府経営の馬券を買うよりも、私設馬券屋から買う方が、われわれうすうす聞いているところでは、二割ぐらいは払戻しを還元している。こういうことから、馬券を買う人は自然そちらの方に気をとられるというような根本的な問題があると思いますが、これらの点につきましては、国家財政の点をにらみ合せて、かつまた馬券を真実理解してもらえば、漸次緩和する方向に、いわゆる世論がきめてもらえるような時代が来るのではないかと考えております。

「馬券を真実理解してもらえれば」というのは、かねて日本競馬会が主張していたような馬券の「薄利多売主義」を意味していた(141)。同日の審議の席で委員長小笠原八十美は、大蔵省を追及するなかで、つぎのように直接そのことを述べていた。

……実際に競馬収入を上げようとするならば、この三割六分という課税を二割にした方が、かえって多くのファンが集って、競馬の馬券も売れ、娯樂機関としてもほんとうに健全に発達し、また収入も今より相当に多くなる現状であると思います。ことに馬の方もこれがために発達して、競馬が盛んになり、従って収入も増加されるという観点につきましては、農林当局といいまた大蔵当局といい、実際の問題についてよく御相談になっておらぬというような面が、われわれには見られるのでありますが、その点御相談がよくできておるかどうかということを、率直に、ほんとうのそのままのことを御答弁願いたいのであります。

このような観点からの控除率引き下げの要求も、衆参両院の農林委員会委員の共通認識だった。これに大蔵省主税局国税第一課長は、「農林省と研究したい」と、いかにも官僚的な答弁を行っていた。このような答弁は引き下げを行うことは考えていないということと同義だったが、実際のところも大蔵省には、収入減をもたらす結果になると検討する気はまったくなかった。先の答弁で井上競馬部長が、「世論がきめてもらえるような時代」といっていたのは、このような大蔵省の壁を壊すには、世論の力が必要だという認識を示したものだった。いいかえればこの時点で、控除率引き下げは困難であるという考えだった。

この昭和二四年一一月下旬からは、調教師や騎手、馬主団体が中心となって、東京、中山、京都の各競馬場で控除率引き下げの署名運動を展開、一二月には、二万数千名の署名を添えて、国会に請願書を提出した(142)。日本競馬会も、井上競馬部長を中心として、GHQなど関係方面と折衝を重ねていった。これが功を奏した格好で、昭和二五年二月頃には、一旦、引き下げが実現する見込みと報じられるようにもなっていた。だが結局このときは、GHQの同意が得られず、失敗に終わってしまった。

だが期待されていた世論ではなかったが、引き下げに向かわせる力が大きく働き始めていた。昭和二三年一一月、小倉で始まり、瞬く間に全国に広がった競輪だった。ここまで度々ふれてきたように競輪の控除率は二五％。昭和二五年一二月五日衆議院農林委員会で、熊本県の獣医師会会長原田雪松（熊本三区、民主自由党）は、競馬の控除率を二五％に引き下げる改正案の趣旨について、競輪の影響による売上低下の具体的な数字をあげながら、つぎのような説明を行っていた。

ただいま議題と相なりました小笠原八十美君外二八名提出にかかります競馬法の一部を改正する法律案の提案理由を説明申し上げます。

最近における競馬の実施状況を見まするに、国営競馬におきましては、昭和二四年度四月から九月に至る開催回数一二回を、昭和二五年度の同期と比較しまするに、発売金額二六億四千万円余に対して、一四億八千五百万円余に低下し、減少率四割三分を示しており、地方競馬におきましても、昭和二四年度において赤字を示しているものが七県八市町村に及び、他の県または市町村においてもかろうじて収支償っている程度のものが多く、昭和二四年度一月から一〇月までを本年度同期に比較して、二割九分の売上減となっておるのであります。

競馬の現状は以上のごとくでありまして、これをこのままに放任しますならば、国及び地方公共団体の財源としては逐次その意義を失い、赤字の競馬においてはかえって負担を加重する結果ともなり、競馬自体の存続さえ危ぶまれる実情にあります。よってわれわれはこれが改善策を考究して参ったのでありますが、現行競馬法における控除率の過大がその最大の原因であると考えるのであります。すなわち国営競馬におきましては、勝馬投票券購買金額に対して百分の二五、配当金額に対して百分の二〇の控除が行われ、両者を合計して大体百分の三三ないし三七の平均率であります。

次に地方競馬におきましては、同じ勝馬投票券購買金額に対し百分の二九、配当金額に対し百分の一〇の控除が行われ、両者の合計は大体百分三四ないし三六・五の平均率を示しております。要するに馬券を買えばその三分の一以上が常に控除せられ、競馬愛好者の興味を削減し、ひいては競馬不振の一大原因をなしているのでありあます。自転車競技及び小型自動車競走に比較しまするとº(競輪とオートレース、小型自動車競技法は昭和二五年五月二七日施行)、それらはいずれも百分の二五以内または百分の二五と相なっており、今日まで競馬が著しく不利な取扱いを受けていることは明らかでありまして、すみやかにこの点を是正し、釣合いのとれた公平な制度とすることが急務と存ずるのであります。

以上の理由に基きまして、競馬の控除率を国営、地方を通じ、購買金額に対しては百分の一五から百分の二〇までの範囲内で農林大臣の定める率とし、配当金額に対しては百分の一〇といたさんとするものでありまして、その場合農林大臣が購買金額に対する控除率を百分の一八と定めたと仮定しますと、配当金に対する控除百分の一〇を加算して全控除率はおよそ百分の二四、五程度となる見通しを持っているのであります。かような控除率の引下げが財政収入に与える影響を考えまするのに、馬券の売上げ金額の増大となり、むしろ収入は全体として向上し、好結果をもたらすものと確信している次第でございます。以上が本改正法律案を提出した理由でありま す。何とぞ慎重御審議の上、すみやかに御可決あらんことを切に希望いたします。

昭和二三年一一月に開始された競輪の売上は、その年内で小倉と大阪の二場で二億四二五〇万円、昭和二四年度二一競輪場で一三五〇億円、昭和二五年度新たに三五場が加わった計五六場で三三一〇億円と驚異的な伸びを見せていた(143)。昭和二五年度は死者一名を出した兵庫鳴尾競輪の騒擾事件を受けて、九月一六日から二ヶ月間の開催自粛があっての数字だった。これに反比例して減少に歯止めがかからなくなっていたのが競馬の売上高だった。競輪は、競馬よりも控除率が一〇%も低い二五%であり、そのうえ、競輪場も競馬場に比べれば交通の便にも恵まれたところに立地しており、競馬の売上が影響を受けない方が不思議だった。競輪という新興ギャンブルの育成策、そして地方自治体財源の確保策として、競馬との控除率の格差が決定されたのだろうが、競馬への打撃は想像を超えたものだった。原田のここでの趣旨説明によれば、国営競馬の四月から九月の売上高は前年比五七%、地方競馬の一月から一〇月までが七一%となっていた。

この状況のなかで、九月一六日から二ヶ月間競輪開催がなくなるが、その間、国営、地方競馬ともに売上を伸ばした。その結果、昭和二五年度を終えて国営競馬の売上は三五億七七二万円となり、前年度五〇億七四三八万円の六九%と回復の兆しを見せ、地方競馬の方は前年度の五六億七四三八万円余から一二五%増の七〇億九一四一万円余と上昇に転じた。だがこれも控除率の格差が一〇%を超える状態で競輪が再開されれば、再び競馬から競輪にファンが流れ、売上に大きな影響を及ぼすことは目に見えていた。

この議員提案による競馬法改正案が提出されたのは、このタイミングだった。政府提案でなかったところに、官僚たちが必ずしも積極的でなかったことが示されているが、大蔵省にしても、このまま放置すれば競馬全体の売上が再び減少に転じ、赤字が恒常化する可能性が大であることを否定できないような状況であった。したがって今回は大蔵省も反対しなかった。

衆議院農林委員会は、原田の趣旨説明を受けて、直ちに競馬法改正案を可決、本会議に送った。翌一二月六日、同院本会議で、農林委員長千賀康治（愛知四区、民主自由党）はつぎのような趣旨説明と委員会での審議の報告を行った。

ただいま議題となりました、小笠原八十美君外二八名提出にかかる競馬法の一部を改正する法律案に関しまして、農林委員会におきまする審議の経過並びに結果の概要を御報告申し上げます。ご承知のごとく、最近の競馬は、国営、地方ともに、かなりその業績が低下いたしておりまするが、その主要な原因は、他の競技に比較して控除率が高いという点にあるのでございます。すなわち平均三三ないし三七%の控除と相なっており、いささか公平を欠くうらみがございます。それがゆえに、競馬愛好者の興味は減退し、財政収入にも非常なる悪影響を与えておるのでございます。

以上の理由に基づいて、控除率を、国営、地方を通じて、購買金額に対しては百分の一五から百分の二〇までの範囲内で農林大臣の定める率として、配当金額に対しては百分の一〇とし、さしあたって全控除率をおよそ百分の二五程度に落ちつけ、払いもどし金の総額を一〇%程度高めようというのが、本改正法律案のねらいでございます。

この法律案は、一二月五日農林委員会付託と相なりましたので、ただちに審議いたしましたるところ、畜産の振興に不可分の宿命を有するのみならず、男性的にして壮快、特殊の持味ある健全娯楽としての競馬の発展に寄興し、あわせて国家財政収入を増加、恒久化し、地方財政に好結果を与えるという理由で、質疑・討論を省略して表決に付しましたが、共産党を除く全員の賛成を得、本案はこれを可決すべきものと議決した次第でございます。

以上御報告申し上げます。

この本会議でも、また七日参議院農林委員会、九日同本会議でも質疑は行われずに、同案は通過成立した。

後から考えれば、この控除率引き下げのタイミングは絶好のものだった。昭和二六年に入ると、朝鮮特需で好況となって人々の収入も増え、それが前年度比国営競馬二一六%の七五億六〇五八万円、地方競馬二六九%の一九〇億七六三八万円と、急激な売上の伸びをもたらしたからである。競輪は、前年度比一六三%の五三八億八六九四万円だった。

だが考えてみれば、この二五%という控除率でも高かった。もう一度繰り返すと、元々日本の競馬の控除率は一〇%から始まって一五%となり、それが日中戦争の軍費調達が加わって一八%、さらに太平洋戦争の勃発を受けて馬券税が導入され、日本競馬会が約三四%、鍛練馬競走（地方競馬）が約三一%と引き上げられたが、それらは戦争終了後の翌年の一二月三一日までという条件付のものであった。先にもふれたように日本競馬会が控除率引き下げを大蔵省、農林省に働きかけ始めたときは、一五%への復帰が妥当と考えていた。たとえば理事長安田伊左衛門はつぎのように語っていた(144)。

……控除の金の率は一割どまりといいたいが、せめて一割五分で止むべきであろう。勝馬投票券を買えば、個々の人については固より得したり、損したりすることはあるが、公算的にいえば控除金だけ損をするに決ったものである。そこでその損は結局臨時に馬主になったような気分になって競馬に没入するその楽しみ料とでもいうべきものだろう。この控除金は楽しみ料の範囲を逸脱する高額であってはならない。

明治以来、競馬を牽引してきた安田にふさわしい主張であった。二五%という数字が浮動購買力の吸収、戦後の地方自治体の経済復興への寄与という緊急措置の数字だったことを考えれば、現在にいたるまでこの二五%の控除率が維持されていることは、政治家、官僚たちの怠慢以外のなにものでもない。それでも、もう一度繰り返せば、昭和二五年末からの二五%への引き下げは、地方、国営競馬双方の売上に対して劇的な力を発揮した。

だが、あらかじめ先にいっておけば、富山はこの引き下げと無縁だった。そのもたらす効果に関して論議された形跡もなく、したがって競馬廃止の流れに影響を及ぼすこともまったくなかった。

7　県営移管

1　富山県地方競馬施行条例

昭和二三（一九四八）年七月一九日新競馬法施行を受けて、高岡競馬場の施設及び預貯金（あるいは現金）三三万五四六二円を含む富山県馬匹組合連合会（以下、「県馬連」と記す）の全資産の県への引き継ぎが終わったのは七月三〇日(1)。各地区馬匹組合、県馬連の組織も、七月一五日法律第一六六号馬匹組合の整理に関する法律、八月一三日政令第二三〇号及び農林省令第七〇号同施行規則により馬匹組合方施行規則が廃止となり、法的に解体された(2)。この後、県は、県営競馬の実施に向けて、条例制定などの準備を進めなければならなかったが、富山市への新競馬場設置問題にはまだ決着がついていなかった。五福練兵場跡地も、その代替の扶桑金属工場跡地も現地調査後は進展が見られないまま、雪で開催が困難となる冬が近づこうとしていた。したがって県は、高岡競馬場を指定競馬場として、以下のような県地方競馬施行条例を作成、一〇月一八日県議会に上程した(3)。農林省の規範に従った形で施行細則も作成されていた(4)。

図1　富山県地方競馬施行条例、同施行規則を掲載した『富山県報』

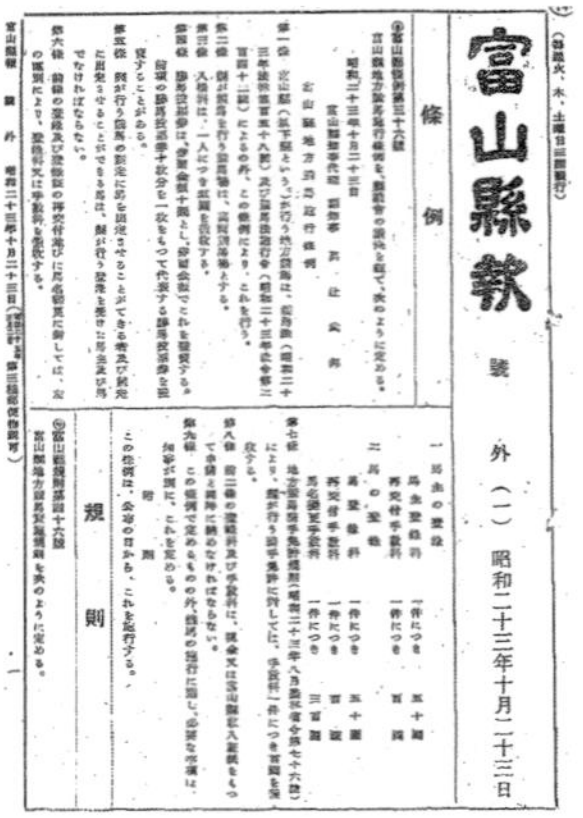

（富山県立図書館蔵）

富山県地方競馬施行条例を次のように定める

富山県地方競馬施行条例

第一条　富山県（以下県という。）が行う地方競馬は、競馬法（昭和二三年法律第一五八号）及び競馬法施行令（昭和二三年政令第二四二号）によるの外、この条例により、これを行う。

第二条　県が競馬を行う競馬場は、高岡競馬場とする。

第三条　入場料は、一人につき五円を徴収する。

第四条　勝馬投票券は、券面金額十円とし、券面金額で之を発売する。

　前項の勝馬投票券十枚分を一枚をもって代表する勝馬投票券を発売することがある。

第五条　県が行う競馬の競走に馬を出走させることができる者及び競走に出走させることができる馬は、県が行う登録を受けた馬主及び馬でなければならない。

第六条　前条の登録に対しては、左の区別により、登録料または手数料を徴収する。

一　馬主の登録

馬主登録料	一件につき	五十円
再交付手数料	一件につき	百　円

二　馬の登録

馬登録料	一件につき	五十円
再交付手数料	一件につき	百　円

馬名変更手数料　一件につき　三百円

第七条　地方競馬騎手免許規則（昭和二三年八月農林省令第七六号）により、県が行う騎手免許に対しては、手数料一件につき百円を徴収する。

第八条　前二条の登録料または手数料は、申請と同時に納めなければならない。前項の登録料又は手数料は、現金又は富山県収入証紙をもって納めなければならない。

第九条　この条例で定めるものの外、競馬の施行に関し、必要な事項は、知事が別に、これを定める。

附則　この条例は、公布の日から、これを施行する。

すでに本会議での可決は確定的であったが、社会党議員上坂仙次は県営競馬に対する強い反対意見を、つぎのように述べていた(5)。

　この前も申したように庭園税、蓄妾税、書画骨董税、闇利得税、なまくら税等、徹底的にこれらの税を徴って貰いたい。先日新聞を見ると、蓄妾税なんかは徴りにくいということでありましたが、私の考えでは幾らでも徴り得るのであります。働く者から税金をうんと徴り立てて、壁に足を掛けて遊んでおるような輩から税金を徴らないという税金のかけ方には、社会党議員団は反対するものであります。先ず働く者にゆとりを付けて、なまくら者から徹底的に、それこそ足でも手でも舌でも抜くという程にまで税金を徴る手段に出ない限り、日本の再建は疑わしいと思います。……次は競馬の問題であります。議案を見ますといろいろのことが書いてありますが、こんなことで、日本の農耕馬や輓馬の改良はできるもんでない。帝国主義、強盗戦争の時代であったならば、多少競馬も必要であったかは知れないが、今日の民主主義時代において、博打の親分よりまだ悪い世界一の賭博である競馬で県債を求めるということはなんとしても承服できない。それよりむしろ庭園税、蓄妾税、なまくら税等を徴って、もっと県政を明るくやって貰いたいと思いますが、これに対する副知事の答弁を求めるものであります。

地方議会で、議員や知事が国会の議論に制約されなければならないということはないが、国会、競馬法のレベルで承認された戦後の地方競馬の目的は、農耕馬、輓馬の改良に資するためだった。それを否定したうえで、地方競馬という賭博を財源とするのではなく新税で対応すべきだというのが、上坂の県営競馬反対のポイントだった。ちなみに当時の社会党は政府与党であり、党としては競馬法案に全面的に賛成だった。競馬が博打の親分より悪い世界一の賭博で、庭園税、畜妾税、なまくら税の徴収が明るい県政だという考えが、当時として一般的であったわけでも広く受け入れられたわけでもなかったが、それらの新税の導入は、富山県議会レベルで社会党などが大真面目に提案していたものであった。広大な庭園や妾をもつ有産階級などに対する社会的反感を活用しようとするものだった。ちなみに県は、これらの蓄妾税、なまくら税などの徴収に関する調査を行っており、それをふまえて実施困難という見解を表明していた(6)。今の私には、これらよりも馬券の方がはるかに健全だとは思うが。競馬が博打の親分より悪い世界一の賭博云々は、馬券（博打）の胴元をやって大衆の懐から金を巻き上げるのは大犯罪であるといったことだろう。

これに対して、知事代理高辻武邦副知事（直後の一一月に知事当選）はつぎのように答弁していた。

今回競馬法が改正になりまして、県でも競馬を施行し得ることになったわけであり、まず、そこでこれは勿論県で是非やらなければならん義務があるわけでないのでありますが、併し競馬法がかく改正になりましたことについては相当の理由があったのでありまして、私はやはり競馬を施行した方がいいと考えておるのであります。但しこれによって生ずる弊害というものはこれは努めて避けなければならんと思うのでありまして、成るべく健全にこの競馬が行われるように、今後十分注意をして参りたいと思うのであります。

競馬法の改正で、県の財政収入とすることができるようになったので県営競馬施行を決定した、弊害を避けて健全な競馬を行っていくことに努めたいということだった。裏を返せば、財政上のメリットがなければ、また弊害を生じていると判断されれば、県営競馬の運命も危うくなるということだった。なお富山においても、ここでの高辻副知事の発言のように、県営競馬は、馬事・畜産振興といったことよりも地方財政の補填策として受け取られていたが、全国的にもそれが一般的であった。

これと同様の論議が、先に国会の場でも展開されていた（第6章）。七月二日、競馬法を審議した衆議院農林委員会。サラブレッドやアラブの馬産が盛んになることは農耕用など必要な馬匹改良を逆に妨げる、財政寄与といってもたいしたことがない、そのような競馬で健全な勤労精神（人心）を破壊することは許されない、といった田口助太郎（民主自由党、当時は野党）の質問と、それに対する農林大臣永江一夫の答弁だった。繰り返しになるが、ここでも永江農相の答弁を紹介しておく。

競馬のもっております短所についていろいろ御指摘がございました。この短所は全然否定するわけにはいかないだろうと私は思っております。しかし今日本の置かれております立場からいいましても、財政的に見ましても、また別の長所をもっておるのであります。また競馬が心身に及ぼします影響についても、これまた心配すればきりのないことでありますが、この程度のものが日本の人心攪乱の最も大きなものだと考えておらぬのであります。また実際に必要であります馬匹の改良等につきましても、今御議論のような極端な結論は私どもはもっておらぬのでありまして、いずれにいたしましても長所と短所とを対比いたしますならば、政府としてはさらに本法でねらっておりますような大きな長所をねらいまして、本法による利益を国家的に得たいと考えております。

これに比べれば、高辻副知事の答弁は及び腰そのものであった。後に明らかとなるが、高辻副知事個人としては、競馬に積極的ではなかった。高辻副知事のこの県営競馬に対するスタンスは、その後の議会の答弁で否定的な形で明確に現れることになる（第8章）。

またこの高辻副知事がもっていた競馬に対する消極的な態度が、五福練兵場跡地、また扶桑金属工場跡地への競馬場新設案が進まない要因ともなっていた。そしてその富山市への競馬場新設問題もあって、県馬連時代の高岡競馬場は、闇競馬の昭和二一年のときからほとんど手が加えられないままに開催が続けられていた。県馬連はこの新設問題が決着するまで高岡競馬場への投資を差し控える方針をとっていたが、それに加えて県営移管が先に決定してしまったのであるから、施設改善に取り組まなくても当然だった。もしその段階で、県と県馬連がともに協力して富山の競馬のヴィジョンを描くことができていたならば事情は異なっていただろうが、現実にはそうならなかった。

2　競馬事業歳入歳出予算

県は富山県競馬施行条例とともに、昭和二三年度は一回の開催とする「富山県競馬事業費歳入歳出予算」、そして「剰余金が出た場合は一般会計に繰り入れ、赤字の場合は予算額の三分の一以内で一般会計から借り入れる」といった内容からなる「競馬事業特別会計規則」を作成していた(7)。これも農林省の規範に従ったものだった。この予算と規則案は、一〇月一二日経済委員会で審議、異議なく承認され、一八日の本会議に施行条例とあわせて上程されていた。

富山県競馬事業に関する収支につき特別会計を設定し、その特別会計規則を、次のように定める。

富山県競馬事業特別会計規則

第一条　富山県競馬事業執行に関する収支は、これを特別会計とし、その歳入をもって歳出に充てる。
第二条　この会計の歳入をもって歳出を支弁し、剰余あるときは、これを一般会計に繰り入れる。
第三条　予算内の支出に充てるため、必要あるときは、予算額の三分の一額の範囲内において、一般会計から一時借入れをなすことができる。
　附則　この規則は、昭和二三年度から、これを施行する。

昭和二三年度富山県競馬事業費歳入歳出予算案は表1の通りであった(8)。競馬事業収入予算額二九〇万六九六二円、内馬券売上額二五〇万円、入場料二万円は一人五円であったから、四〇〇〇人の有料入場者を見込んでいたことになる。売上、入場者数は、これまでの県馬連時代の実績から見て妥当な数字であった。

支出予算額の内訳は競馬施設（人件）費二五万八九一六円（八・九％）、開催費八一万三六〇〇円（二八・〇％）、その内の奨励費一九万八〇〇〇円（六・八％）と賞典費二〇万七二〇〇円（七・一％）、払戻金一六六万九〇七一円（売上予想額二五〇万円の六六・八％）等であった。突出しているのは、県営に伴う県関係者の人件費である競馬施設費と開催費の増大だった。施設費は、その表面的な名称とは異なり、競馬担当者の年間給与を売上のなかから支出するものだった。開催費の内の奨励費と賞典費で計四〇万五二〇〇円、支出総額の四九・八％であったから、県馬連時代の最後の大判振る舞いの数字に近かった。またその他の経費も膨らんでいた。

前年昭和二二年度の全国の地方競馬の馬券売上金額に対する平均支出別内訳(9)と、富山県競馬事業費歳出案の各項目を百分費で示すと表2のような割合だった。

全国平均と富山県を比較すると賞金額は一・一倍とほぼ同比率であるが、奨励費一・五倍以上、人件費は二倍以上と平均を大きく上回っていた。県馬連時代よりも、総じて高コストになっていたと思われる。馬主や旧県馬連関係者

表１　昭和二三年度富山県競馬事業費歳入歳出予算案

〈歳入〉

（単位：円）

科　目	予算額	科　目	予算額
入場料	20,000	過誤収入	1,000
勝馬投票券発売金額	2,500,000	番組売却代	30,000
雑収入	51,500	手数料	18,500
払戻返還不能収入	1,000	繰入金　一般会計繰入金	335,462
勝馬投票過誤収入	1,000	計	2,906,962

〈歳出〉

科　目	予算額	科　目	予算額
競馬施設費	258,916	運搬費	15,000
内訳　二級給	39,520	広告料	40,000
三級給	93,600	借家及損料	6,000
嘱託給	20,800	諸費	200
雇員給	19,280	事業用器具費	25,000
勤務地手当	20,520	奨励費	198,000
家族手当	32,000	飼料費補助	156,000
超過勤務手当	5,196	厩舎費補助	30,000
普通旅費	28,000	騎手会補助	12,000
委員会費	33,900	賞典費	207,200
内訳　委員手当	15,500	賞賜金	207,200
委員旅費	8,400	雑費	2,000
食糧費	10,000	外傷手当	2,000
競馬場費	56,000	返還金	1,000
内訳　借家及損料	2,000	税外収入払戻金	1,000
修繕料	50,000	払戻金	1,669,071
嘱託手当	4,000	報償金	1,669,071
開催費	813,600	調査研究費	9,000
内訳　人夫賃	107,000	内訳　旅費	8,000
執務員旅費	50,400	印刷製本費	1,000
文具費	13,000	補償金及補填金	4,000
燃料費	2,000	補填金	4,000
消耗器機費	1,000	予備費	61,475
食糧費	40,000	予備費	61,475
印刷製本費	100,000	計	2,906,962
通信費	5,000		

註：数値は原資料通り。

からの要求を受けてのものだったろうが、収支を圧迫する要因となるものであった。

富山県農林部長は、一〇月一二日の経済委員会で、赤字の場合も考慮しないではないが、かなりの成績を収めるものと期待しており、三五万円余の黒字を見込んでいると述べていた(10)。これより先の七月二日衆議院農林委員会、競馬法審議の際、農林省畜産局長遠藤三郎は、公営競馬の収支の見通しについて、地方競馬場六三ばかりのうちで黒字は一六、七くらいだが、「馬券税、馬券拂戻税、入場税、それから中央馬事会への納付金」がすべて県の収入になるので、赤字を出すようなことはほとんどなくなるだろうと答弁していた。これに見合うかのように各県でも楽観的な見込みが語られており、富山だけというわけではなかったが(11)、その後の軌跡の相違を決定づけたのは、人口、ファンの数に照応した売上であり、またコストであり、そしてそれに加えて、当たり前のようではあるが主催者側の競馬そのものに寄せる熱意の差であった。

表2　富山県競馬事業費歳出案項目

	払戻金	人件費	需用費	奨励費	賞与費	繰入金
全国平均	69.0%	4.3%	5.4%	4.5%	6.5%	10.4%
富山	57.4%	8.9%	—	6.8%	7.1%	—

開催を前に売上に関しては、先にふれたように二五〇万円という現実的な数字があげられていたが、新競馬法が施行される前後までは、県はもっとバラ色の夢を語っていた。

たとえば四月の県馬連の春季開催を前にした三月の段階では、七〇〇万円の純収入というのが県の皮算用だった(12)。高岡と富山の二競馬場で、一開催六日間、計八開催、一開催五〇〇万円の売上で総計四〇〇〇万円、馬券税、中央馬事会への納付金も廃止されるので、その売上の一割五分を収益として六〇〇万円、一日一〇〇〇名の入場者を見込んで全開催四八日間で入場料収入四八万円（入場料一〇円）、その内半分をプログラムの印刷料に振り向けるとしても、県税である入場税収入が七二万円（税率一五〇％）、それでおおよそ七〇〇万円という計算だった。

同じ時期、県は総額二一二五万八〇〇〇円に上る一〇個の新税導入計画案を検討していた(13)。木材取引税一五〇万円、ミシン税三八万五〇〇〇円、機械税（キャンデー機、パーマネント機）七六万円、電気ガス税四六三万三〇〇〇円、自動車路線税六九万八〇〇〇円、セリ市税一五〇万円、余裕住宅税七八〇万六〇〇〇円、果実税一六〇万円、家畜税二一六万五〇〇〇円、娯楽施設税二一万一〇〇〇円、といったものだったが、県営競馬による七〇〇万円という額は、この一〇個の新税案のなかで最大の余裕住宅税七八〇万六〇〇〇円にほぼ匹敵する額だった。

また県馬連から資産を承継した七月末の段階では、県は県営競馬からの収益として年間約一〇〇〇万円という数字をあげていた(14)。馬券税と中央納付金が廃止されて控除率が三四・五%と引き上げられ、収入がすべて県の取り分になるという皮算用だった。県馬連主催時は、国庫に対する納付金は馬券税として売得金の七・五%と入場料の五分の三(15)、また中央馬事会への納付金が売得金の平均八%だったが、公営化に伴って、地方財政確立の観点から、それまでのこれら馬券税、中央馬事会納付金等がすべて都道府県の収入に回された。高岡、富山二競馬場で総売上六〇〇〇万円以上に上るということだったが、強気の見込みというより、根拠のない単なる願望に過ぎない数字だった。

県では、先にあげたような新税とともに様々な公営事業が検討されてもいた。前年昭和二二年九月、窮迫した県財政を立て直し、県民の福利増進を図ることを謳って富山県公営事業調査会を設置、調査会が最重点としたのは県の悲願でもあった電気事業の県営化(元県営電気復元問題)であったが(16)、その他にも収益をもたらす事業が調査、研究されていた。

同調査会が立ち上がる直前、思いつきの領域にとどまるものではあったが、予定メンバーが持ち合わせていた構想のなかには、キャバレー、映画館、百貨店などと並んで競馬も、つぎのようにそのなかに入っていた(17)。

私はお役所仕事だからといってお上品ぶってもうからぬ仕事や遠大すぎる計画ではダメ、要はここ数年間と思われるインフレ財政を救うにあるのだ、県営の競馬場、キャバレー、ダンスホール、映画館、百貨店など大いに結構、お役所だけでやるというせまい了見を捨てて民間人とタイアップしていくらでもうまくやる方法はあると思う。

今から振り返ると悪い冗談としか思えないかも知れないが、当時の風潮であったアプレゲールのなんでもありの雰囲気のなかでの「本気のアイデア」だった。

地方自治法、地方財政法の施行で、地方自治体の行政権が制度的に確立されたが、それに伴う財政負担の増加が自治体に圧し掛かっていた。各自治体は、新たな財源を文字通り必死に求めていた。富山の公営事業のこういったエピソードも、そのことを端的に示すものであった。

新競馬法の制定、地方競馬の公営化は、戦後の新たな地方自治に付随していた財源不足を少しでも補うことも目的だった。ここでも繰り返せば、当初大蔵省が要求していた地方競馬に対する国庫納付金八・五%を取り下げ、中央馬事会への納付金と馬券税に相当するものとあわせた分（売上の約一一%）が主催者たる県などの収入に振り向けられたのもそのためだった（第6章）。農林大臣の許認可権もはずされた。

財源であれば藁にもすがりたい県が、県営競馬に対して過剰ともいえる期待をしたのは仕方がなかった。だが七〇〇万円、あるいは一〇〇〇万円という収益は、インフレと競馬熱を反映して売上が大きな伸びを見せるということが前提だった。これまでの高岡競馬場の売上のレコードは三一〇万円、それが平均五〇〇万円を売り上げるというのはよほどのことがなければ達成不可能な数字だった。四月の県馬連の春季開催も二二六万円、これが現実だった。おそらく富山の新競馬場では高岡の二倍以上の売上があげられるとの期待が込められていただろうが、その富山の新競馬場は、先の見通しがまったく立っていなかった（第5章）。

このような甘い見込みに比較すると、先に紹介した「昭和二三年度富山県競馬事業費歳入歳出予算」の売上二五〇万円という数字はこれまでの実績に基づいた現実的なものだった。開催日も、富山の競走馬数から考えると六日間というのは不可能であり、これまで通りの四日間とされた。

当初夢見られていた数字からほぼ半額という売上のなかから、できるだけの収益をあげるためには、経費の削減が必要だった。だがそれに取り組まれたというよりは、実際は、逆に旧県馬連などの既得権益に影響され、経費が膨らみ収益を圧迫する構造が予算案の段階から作られていた。借地料もその一例だった。

一〇月一九日、県議会は、昭和二三年度富山県競馬事業費歳入歳出予算、富山県地方競馬施行条例、富山県競馬事業特別会計規則の競馬関連案件を、他の案件と一括して承認した(18)。公布、施行は二三日だった。

3　借地料

昭和一二（一九三七）年設置の高岡競馬場の敷地一万九八八坪（高岡市二塚下黒田）は、地元農民からの借地だった(19)。借地料は、昭和一二年の契約では一坪一五銭、計一六四八円二〇銭、昭和一五年以降の鍛錬馬競走の時代に入って一坪一七銭五厘、計一九二二円九〇銭と値上げされていた(20)。戦後になっての闇競馬、また地方競馬法下の県馬連主催の時期、新たな借地契約の締結ということではなく、暫定的なものだったようだが、坪五〇銭、計五四九四円の借地料に加えて、開催毎の使用料が支払われるようになっていた(21)。そして県営移管が決定したのを機として、昭和二三年二月、地権者たちが土地の返還を要求してきたが、三月、県馬連がその前に折れた形で、地権者たちとの協定を締結、県馬連は、地権者たち三名の開催役員への任命などの新たな利権を供与するとともに、一開催分の使用料も、それまでの年間借地料の約一〇倍に相当する破格の五万円を支払うこととした（第4章）。

一一月の第一回県営競馬開催を前にして、高岡競馬場の地権者たちは、県馬連が最後の開催で支払った五万円の使用料を根拠にして、県に対して、それを上回る額を要求していた(22)。体制が十分できないままに開催を急ぐ県の弱みを見越してのものだった。この要求に困惑した県は、地元高岡市役所で競馬の担当部局である農林課につぎのように斡旋を依頼していた(23)。

……すなわち県側では、競馬四日間の売上は少なくとも二五〇万円以上にならねば採算がとれないという旧県馬連の申し伝えを基礎にしてこれが予算をくんでいるが、馬券が売れるか否かはやってみなければならず、従来県馬連がやって来た経過からみると、それだけの売上を出すのは容易ではないとされるので、県でやるとすれば県議会の承認を必要とし、赤字を見込んだ事業計画も出来ないので今度の回だけは借用料三万五〇〇〇円でなんとかしてもらいたいと競馬場所有主の二塚下黒田耕地整理組合へ交渉中であるが、これに対し所有者側では、この春まで県馬匹組合連合会が使用していたときは一回期五万円を出していたのだから当時よりも安くなるとは理に合わないとがんばり、これより出せないのなら競馬場をつぶして農耕に使用するのだとの態度を示し容易にまとまらないので、県は（高岡）市農林課を通してこれが折衝の労をとるよう依頼した、これに対し山内市農林課長は、所有者側代表者畑博氏や宗玄源之助氏らと折衝の労をとっているが、はじめての県営競馬だけに県側もあれやこれやで頭を悩ましている。

一〇月一八日、県議会で可決、承認された競馬事業予算案には、借地料あるいは使用料の項目が存在していなかった。支出内訳から判断すると、借家及損料二〇〇〇円、修繕料五万円、嘱託手当四〇〇〇円からなっていた競馬場費五万六〇〇〇円が、それに相当していたと推測される。法的にいえば、競馬事業は県馬連からの承継であり、当該年度分の借地料は支払済であった。ところが三月、開催を急ぐ県馬連と地権者等との交渉の結果、成立した協定のなかには、県が開催するときには「地元へ協力費交付」との一項が含まれていた（第4章）。おそらくこの交渉に参加していた県は、この一項の履行を迫られ、そこで選択したのが前述の方法だった。それにしても競馬場費は高額だった。

これまでも度々述べてきたように、高岡競馬場は、酷い施設であった。昭和二五年、県議会で県営競馬の存続問題を検討する委員会が設置されることになるが、その委員会は高岡競馬場の状態について、「建物工作物は相当年数を経過し常駐管理人なきため腐朽甚しく数回に及ぶ倒壊と補修に次ぐ補修で現存建物も危険状態にあり、剰え厩舎観覧席を欠き馬場の状態も荒廃甚しく排水不良のため泥濘と化して公正なる競走ができない状況」、と報告していた(24)。昭和二五年の段階でこのような状態であった競馬場の修繕に五万円の金額が投じられたはずがなかった。県馬連が最後の開催で支払ったという使用料五万円と同額というのが、実際の使途をうかがわせていた。また嘱託手当というのも地権者や旧県馬連、また地元関係者への利権の供与であった可能性が高い。つまりこの競馬場費は、当事者意識や経営感覚を欠如し、強硬な要求や圧力の前に事勿れ主義で臨むといった公営事業の脇の甘さを示したものだったと考えられる。

どういうカラクリかは不明だが、県のメンツを保つこともあったのだろう、第一回県営競馬開催の競馬場使用料は三万五〇〇〇円とされたが、この使用料も、翌昭和二四年春のシーズンを前に一回五万円、年間二〇万円と引き上げられることになる(25)。借地料と開催毎の使用料が、地主たちに対して支払われていた。

そして、従来地元側と直接県当局が契約していたものが、昭和二四年度からは高岡市と地元の契約により、高岡市の責任のもとに県と折衝することに変更され(26)、四月一〇日付で、つぎのような覚書が県知事と高岡市長の間で締結された(27)。賃借料六万一八六二円（四回の分割払い、一回一万五四六五円五〇銭）、一開催毎の厩舎補助二万五〇〇〇円、あわせると一開催に計四万四六五円五〇銭が支払われるということだった。

覚　書

県は高岡競馬の開催について地元高岡市長との間に本覚書を交換する

覚書事項

一、県は高岡競馬場敷地の貸借その他地元利害関係者の委任を受けた高岡市長との間にこの覚書を交換する

二、県は高岡競馬場関係者に対し高岡市長を通じ左の通りに賃借料を支払い且つ補助金を交付するものとする

㈠　競馬場土地賃借料一ヶ年（年四回に分割払い）六万一八六二円

㈡　厩舎補助　　競馬開催一回毎に　　　二万五〇〇〇円

三、本覚書を改訂する事情が発生すれば、双方協議の上毎年一月三一日までに改訂する。本覚書を改訂しない場合は自動的に継続するものとする。本覚書を証するため本証書二通を作り各署名捺印の上各一通を保持する

昭和二四年四月一〇日　　富山県知事　高辻武邦

高岡市長　南慎一郎

この借地料にも示されていたように、売上の伸びがほとんど期待できないなかで、経費だけが増加していくという悪循環が始まっていた。

4　放談会、県営競馬について

「県営競馬三一日から四日間開く。もうけるためなら、トバクまがいも、堂々県営でやる時代でござる」と揶揄されてもいたが(28)、県営競馬の明るい将来も語られていた。

図2　県営競馬放談会

縣營競馬放談會
よい施設がほしい
馬券の穴ですか・素人に限るネ

（『富山新聞』昭23・11・6）

県営第一回の開催を前に、高岡市に本社のある『富山新聞』が、県経済委員会、畜産課、馬主会の人間たちを招いて開いた放談会だった(29)。参加者は、宮本巳之吉（県議会経済委員長、社会党）、松岡新三（同経済委員、民主自由党、土建業）、高柳正三（県馬主会副会長）、森安延（馬術馬練習所長）、大角、佐々木両県

畜産課員、富山新聞社から三名の計九名。放談は、それぞれの立場や意見、また当時の富山の競馬の実情をよく伝えるものとなっていた。口火を切ったテーマは「健全スポーツ化へ」、まとめのテーマは「楽しんで県の復興」。この二つのテーマをめぐるやりとりは、つぎのようなものであった。

健全スポーツ化へ

大角　こんど県でやるのは地方競馬法にもとづいて開くので、一つには競馬の一般化、二つには富山県復興資金の財源としようとするにある、議会と県とが最初から金もうけ主義をあてこむことは競馬の発展性を阻害、ひいては家庭悲話を醸す原因にもなるから慎重を要する

宮本、松岡　もちろん県および議会側としても十分注意し、県民全体の優等レースにたいする興味と合せて馬に興味をもち、スリルを満喫して国民の健全なる娯楽機関としたいと願っている、馬券も大体一枚一〇円で二五〇万円を見込んでいる

高柳　高岡競馬場は施設がよくない、健全にするには競馬場に附属した招客施設が必要だ

松岡　富山競馬場問題もでているが、岩瀬とか、浜黒崎では施設が貧弱ではないか、やはり将来性を思えば旧練兵場とか、不二越の堀川工場敷地跡の方がよいと思う

佐々木　県民全体が競馬によって一日を楽しく過ごすには公園的な設備を整えることである

森　いままでよくあったような親父や息子が競馬に熱中し家の生活も忘れるというのでは困る

楽しんで県の復興

宮本　いずれにせよ、県営競馬の目的を明示し大衆の娯楽としての競馬であってほしい

高柳　だれもが買ったら、みんなのお金で富山県が復興するんだから

主催者　騎手あるいはファンも明朗を欠くことは一番いけない、厳粛公正にやることが大切だ
大角　県営になって赤字になったからといって問題を起こすということになると面白くない
宮本　その点はよくわかっている、初回から黒字にしようとは思っていない
松岡　自然にもうける、そして自然にもうけさせてもらうようにしなければならない
大角　こんどの高岡競馬のレースはまだはっきりしていないが、大体一日に四ないし五レースやる予定の優勝馬の最高賞金は一万五〇〇〇円です、とにかく天候さえよければ赤字にならないと思っている

畜産課員大角、佐々木の発言が明らかにしているように、県側は県営競馬の目的として、県民（国民）の健全なる娯楽機関として競馬を普及させ、人気を高めて復興資金の財源を得るといったことを掲げていた。全国の地方競馬の公営化がめざすとされたものに従った型通りのものだった。

一方県馬主会副会長の高柳は、高岡競馬場の施設が劣悪なことを指摘し、競馬の健全化のためにも改善して招客施設にふさわしくして欲しいということを訴えていた。闇競馬、県馬連時代の応急的な馬場、施設のままでは、時間がたつに連れ、その酷さが目立ち、集客、売上にも影響を及ぼすようになってきていたからである。

これに対して、畜産課員は、県営競馬が健全な娯楽機関を謳っていることもあり、富山市五福の練兵場跡地への移転が望ましいこと、また親子で一日を楽しく過ごすことができるような公園的な設備を整える必要がある、と答えている。これは、売上の伸びが見出せない高岡競馬場よりも、投資をするなら富山市の新競馬場、というかねてからの畜産課の主張をこの場で改めて表明したものだった。だがその最有力候補地だった五福練兵場跡地の可能性はなくなろうとしていた（第5章）。

そして畜産課員が、県営になって赤字になったからといってすぐに問題としないでほしいと訴えて、初回から黒字にしようとは思っていない、という回答を県議会経済委員会委員長宮本から引き出していたことが目につく。この場

でこういった要望を行ったこと自体、競馬の担当、推進部局であった畜産課が、この時点ですでに県議会、あるいは県側の態度に懸念をもっていたことが示されている。

冒頭の「最初から金もうけ主義をあてこむことは競馬の発展性を阻害、ひいては家庭悲話を醸す原因にもなる」、という畜産課員大角の発言は理解しずらいが、施設改善にも手をつけず馬券さえ売れればよいといった姿勢では、競馬場は単なる博奕場、鉄火場となって家庭崩壊をもたらすことになりかねない、といったようなことだろう。馬術練習所主宰者の森が、「親父や息子が競馬に熱中し家の生活も忘れるという」ことがよくあったと述べていることから見て、少なくともそのようなイメージが富山の競馬にも付着していたことがうかがえる。そして富山の競馬でも、ボス（暴力団）が睨みを利かせている可能性もあった（第8章）。

そのような鉄火場的な競馬のイメージの象徴が八百長だったとするならば、富山もその例外ではなかった。この座談会でも「インチキなどない」、「穴はどこにある」というテーマでつぎのようなやりとりが行われていた。

インチキなどない

大角　地方競馬が〝八百長〟競馬とか〝インチキ〟競馬などといわれるが、昔から競馬はそんな子供だましではないですヨ

松岡　素人がみると〝八百長〟にみえるかもしれないが、あれは騎手や馬主の作戦だ、馬を有効に永く使うためにネ

宮本　しかしぼくたちがみると午前のレースでは一番になった馬が、午後のレースでは一番の馬と三、四〇〇メートルも離れるとか、これによく似たレースをみる

松岡　それは馬を殺さないようにするためだ

高柳　たとえば四日間開かれるとすると、どれか一つのレースの優勝を目指すからだ

大角　レースごとに全力で馬を使うと五年間使われる馬が三年間しかもたない

（中略）

穴はどこにあるか

宮本　いま穴の話が出たが、その穴は玄人のファンよりも素人のファンによく当るね

高柳　玄人は過去の記録などをみてA馬ならば当るということになる、ところが素人は一見して気に入ったF馬に投票する、そこへ先にいったような番狂わせがあって穴をつかむのは玄人より素人に多いわけだ、それから見方の問題だが、あの騎手は引っぱっているということはみればすぐわかる、しりを持ち上げて背中を丸くしている

松岡　スタートを切るとき落ち着きのない馬は必ず騎手が引っぱっている

森　なかにはなはだしいものになると最初から出足が悪いと最後まで力を入れずゴールインするときは四〇〇メートルも五〇〇メートルも遅れているときがある、これはファンをがっかりさせてよくない

宮本　騎手は少なくともファンを大切にしなければだめだ

大角　力の似通った馬がそのレースに四、五頭いると馬券がよく売れるが、反対に一、二頭だけがずばぬけているとその馬だけに馬券が集中されて配当も少ない

八百長、インチキではないとの説明がなされているが、ここでのやりとりからは速歩か駈歩か不明ではあるが、とにかく勝った馬が、つぎのレースでは数百メートルも引き離されるというレースが繰り返され、馬を抑えることも日常茶飯事であった実態が浮かび上がってくる。それを八百長、インチキではなく、馬の消耗を避け永く走らせるため、あるいは勝ちにいくレースは一開催一つに絞っている騎手や馬主の作戦だと、県議会経済委員会委員の松岡や県馬主

会副会長の高柳、そして畜産課課員が説明しているといった構図になる。なお松岡は県会議員だが、発言の内容から見て馬主でもあったようである。

しりを持ち上げて背中を丸くしているから引っ張っているのはすぐわかる、スタートを切るとき落ち着きのない馬は必ず騎手が引っ張っている、といった説明も、それを批判しているわけでは決してなく、事情通が単に説明しているといった趣きである。現在の感覚からすれば、このように馬に能力を発揮させない、あるいは馬を押えることは不正以外のなにものでもないが、馬主や畜産課員は、そういった「作戦」、つまりは「八百長」を含んでいるのが地方競馬だと考えていたことをここでの発言は明らかにしている。

もちろんこのような例は富山に限ったものではなく、たとえば佐賀の速歩でも、「馬により勝負をかけた日とそうでない日があり、勝負をかけた日には一〇〇〇メートル後方から一気に矢の如く先頭を奪う。あれが昨日のボロ馬かと思わせる場面」もあったという(30)。

県馬主会副会長の高柳が、「素人」の方が、過去の実績にとらわれないから穴をつかむことが多いといっているが、レースの疲労や輸送の影響だけでなく、馬主などの「作戦」を読むということは、やはり「玄人」の方に分がある。鉄火場では「素人」はよい「カモ」にしか過ぎない。戦前の地方競馬、そして闇競馬の象徴が八百長だったとするならば、このように富山もその例外ではなかった。これに対して県議会経済委員会委員長の宮本や馬術馬練習所を主宰していた森が、ファンを大切にしなければならないと訴えているのは、現在の感覚からいえば当然といえば当然だったが、繰り返せば、それも含めて競馬というのが当時の感覚だった。

このように富山の競馬の現状と将来が語られていた。富山の競馬のめざすものは、高岡競馬場の施設の改善、あるいは競馬場を新設し、県民の健全なる娯楽機関として競馬を普及させること、この放談会の言葉を基に私なりにキャッチコピーにすれば、「県営競馬、みんなのお金で富山の復興」だった。

関係者であるから県営競馬に期待していたのも当然だったが、明るい将来が語られていた。このような楽観論は富山だけではなかったが、現実がそうならならなかったのも富山だけではなかった。

たとえば富山よりも、売上高が低く、昭和二六年で終焉を迎えることになる青森県でも、県営化を前に関係者による座談会が開かれていたが、その最後に司会者の新聞記者もつぎのように語っていた(31)。

何とか県財政を助ける意味で県営競馬を黒字にしたいし、一般県民の協力を仰ぐことに大いに努力したいという結論をもって（この座談会を）閉会したい。

なおこの放談会の紹介で、中略として省略した部分は以下の通り。

富山に発展性あり

松岡　富山県競馬は他府県のどこよりも正しい、だから県下で行われる競馬には関西からの流れ込みが少ない

森　富山県は馬の数も石川、福井に比べると多いし馬も騎手も一番充実している、上田、橋場、岡野、森らの騎手は一流どころですからネ

高柳　現役騎手で六〇歳ほどの人が活躍しているが、この人は日本でも最高齢の方でしょう、また富山県でやる競馬には福井石川の馬が来ません

大角　県内馬の方が強いからレース優勝もできないからだ、また向うの馬主にいわせると福井や石川の競馬には富山県から来てもらいたくないといっている

興味もたせるには

大角　こんどの出場馬は大体一二〇、三〇頭になると予想している、すでに申込が一〇〇頭ほどあり、他にいま

福井へ遠征にいっているのが帰ってくるから相当面白いレースが期待できる

森　速歩馬の方は高柳さんが詳しいが、往年の「大玉号」などは実に強かった、そのため「大玉号」の走るレースは全く興味がない

大角　こんどからは古馬と新馬とを分けるからそんなことはない、新馬だけでなお四〇頭の申込があり三歳馬もほぼ同数、両方とも未知数だ

高柳　番組の編成ほどむずかしいものはない、現在やっている福井の番組などは見たことのない番組です

宮本　で、競馬ファンのために特別にサーヴィスするレースなどを設けたらいいんじゃないか、たとえば初日あたりに馬名を発表して人気馬投票などどうかね

大角　競馬は初日とか二日目などはその馬の性能がわからないが、三日目ごろからファンの胸をワキ立たせる、四日目は特ハンレースを考えている

松岡　希望レースでもよいな、これはファンの希望する馬ばかりで特設するお好み番組だ

大角　余興としては森少年の障碍飛越もどうかね

高柳　今度は相当番狂わせがあると思う、福井、石川両県下で場数を重ねたのとコンディションが落ちるのと汽車輸送からすぐ出場だから必ず穴があると思う

5　県営競馬第一回開催

一〇月一九日、県議会での富山県地方競馬施行条例等の成立を受けて、一一月七日（木）、八日（金）、九日（土）、一〇日（日）と県営競馬の第一回開催が決定された(32)。四月の県馬連開催以来、約七ヶ月ぶりの競馬だった。先にふれたように初回の売上目標は二五〇〇万円。これまでの実績、そして農民が湯治に出かけている時期の一一月の開催

の売上が伸びない傾向があったことも見越しての数字だった。振興策として知事賞一万五千円、県議会議長賞一万二千円、高岡市長賞一万二千円が提供された(33)。それまで八五〇〇円（中央馬事会会長賞）が最高という富山の水準からいえば高額な賞金だった。だが県の競馬事業予算のなかに施設費には二五万八九一六円、開催費八一万三六〇〇円という額が計上されてはいたが、常設の観覧席（スタンド）もまともなトイレもない、排水設備もなく少しの雨でコースは泥濘となる、厩舎もないから競走馬は付近農家に分宿という草競馬状態はまったく改善されていなかった(34)。

そして富山でも戦後の復興が進展していた分、その劣悪さが目立ち始めていた。県営化後に、当局者自らが、「新設競馬場ならまず農林省が絶対認可しないしろもの、大体元をかけないでもうけようなどとは太い考えだ」と語っていたほどだった(35)。それでも、少なくとも県営競馬第一回から、国鉄高岡駅から競馬場までの約二キロのバス運行の便宜が図られるようになっていたが（図３）、そのほかのファンサービスは遅れていて、雨天となれば中止か決行かも、競馬場に行ってみなければわからなかった。県馬連の開催時にも明らかになっていたように、このような劣悪な環境で売上が伸びる時代は終わりを迎えていた。人々は草競馬並みの競馬、あるいは八百長が公然と行われる競馬に魅力をあまり感じなくなっていた。

役人が管理、運営にあたる事業で、コストが下がったりサービスが向上したりすることがまず考えられないが、県営競馬もその例にもれなかった。

競馬の県営化でもたらされた唯一といってよい利点は、それまでの一〇〇倍の配当制限が撤廃されたことだった。だがそれと引き換えに、地方競馬法では平均約三一・五％であった控除率が約三四・五％に引き上げられていた。地方競馬の公営化は、より多くの収益を地方自治体にもたらすことを目的としていたが、配当制限の撤廃のメリットを消して余りあるものだった（第６章）。後に売上不振の要因として、富山の新聞もつぎのように書いていた(36)。

図３　県営第一回開催広告

（『北陸夕刊』昭23・11・9）

控除率が三割四分というのではファンの払戻しが七割を欠けるから人気がわいて来ず、いつも常連で一日二〇〇〇円から三〇〇〇円がせいぜいだ。

富山の競馬ファンの主力であった農家の不況も深まり、金詰りの様相をおびていた。前年までの敗戦景気が下降カーブを描き始めたことを誰もが実感するようになっていた。農家にとって、昭和二三、二四年の状況は厳しかった。戦後のインフレによる農業資材や生活物資の高騰、低米価政策と農業所得に対する高い課税率などで農家経済が悪化していっていた(37)。富山、高岡両市の商店の売上の八割は農村客によるものだったが、この頃にはそれも半減、劇場も赤字続きで、映画館も客の減少が目に付くようになっていたという(38)。また戦後全国首位のナベ、カマの生産高を誇った高岡市のアルミ産業も転業、廃業相次ぐ状況となっていた(39)。

このような不況のなかで県営競馬第一回を迎えた(40)。当時、売上は天候にも左右されていたが、この開催、晴天に恵まれたのは三日目だけだった。先にもふれたが、この季節の富山は、弁当忘れても傘忘れるな、という言葉があるほど天候不順なのが常だった。

図４　県営第一回開催の番組と賞金

高岡競馬
県営
番組・賞金決る

（『北陸夕刊』昭23・10・27）

一一月七日の初日の様子は、つぎのように描写されている(41)。

春以来久しく途絶えていたのと地方競馬法による配当無制限が競馬ファンのえさとなってか、悪天候にもかかわらず観衆はドット押し寄せ、第四レースまでに三〇万円の馬券売上高を示し、第一日早々馬券狂想曲を奏でている。

実際の売上は、この記事とは異なって、伸びてはいなかった。やはり悪天候は天敵だった。結局初日の売上は五七万五〇七〇円。目立ったのは、馬券発売等の運営の不慣れ、不手際だった。その結果、予定の一二レースのうち実施できたのは一〇レース。地元女子中学生に手伝わせていたこともあって馬券発売、配当金の支払いなどに手間取ったことが原因だった(42)。そしてこの女子中学生の手伝いはスキャンダル化した。

図5　初日第4レース2000メートル速歩

（『北日本新聞』昭23・11・8）

図6　双眼鏡を覗く女性

（『北陸夕刊』昭23・11・9）

図7　高岡市立第二高女生の馬券売を伝える記事

馬券賣に女生借用
授業を休み労基違反の九時間
父兄も學校側も立腹

（『富山新聞』昭23・11・11）

かねて富山では、昭和二一年一一月の復興富山競馬（闇競馬）の際に市立富山女子商業生が、また富山県馬連の第一回開催の際（昭和二二年四月）にも高岡市立第二高女生が同様の手伝いを行っていたから（第4章）、今回が初めてというわけではなかった。戦前、国策の一環であった鍛錬馬競走に勤労奉仕として行われていたことを、戦後も踏襲したのだろう。全国各地でも同様の例が多かったが、石川や福井でも新制高校生を手伝わせ(43)、また徳島でも馬券売場、払戻場で地元女子学生二〇〇名を手伝わせていたことで、父兄や労働基準局から追及を受けていた(44)。県営化にあたり、今回は、県畜産課が高岡市農林課、同学務課を通じて依頼していたというから、公的な性格を帯びていた。しかも無報酬だった。公営事業への協力、社会経験を謳って、体のいい経費節減をねらったものだったろうが、無報酬というところに役人的発想が現れていた。ちなみに徳島では、生徒への謝礼が支払われ、学校備品の購入、学校の建設資金などにあてられていた(45)。この女子中学生の手伝いは父兄らの激しい批判を招き、二日目から中止された。また労働基準法違反ということで労働基準局が調査に着手したが、基準局は県の立場を配慮して不問に付した。

二日目八日の売上は七四万四九四〇円と初日の約一・三倍、三日目は雨天となり一〇日に順延、日曜日だったこともあってこの日も二日目とほぼ同じ七四万二九〇円を売り上げたが、優勝戦が組まれていた一一日は、初日を下回る五五万一八四〇円に終わった。配当無制限の効果が出たのは、三日目第二レース、速歩一八〇〇メートル。単勝発売五一六枚の内的中は一枚、配当金は三二九八円、ちなみに購入者は馬主ではなく、この馬を開催中に預かっていた農家の主人だったという。もっとも一〇〇倍を超えた配当は、このレースのみだった。

四日間の馬券売上は二六一万二一四〇円。県馬連の最後となった四月の開催は二三一万円余。当初見込高二五〇万円を少し上回ったことは、準備不足、運営のまずさ、劣悪な施設、ファンサービスの欠如、天候不順、そして物価高と金詰り、ファンの主力であった農村の不況、また多くの農民が湯治に出かけていることなどに鑑みると健闘した数字ということもできた。だが、先にもあげた対前年比物価指数二・九倍というこの年のインフレ率を考えると、実質は県馬連最後の開催を上回っていたとはいえなかった。県にとっては、目論見がはずれたのが実際だったろう。

第一回開催後の一一月二二日の経済委員会で、県農林部長も、「予算二五〇万円に対して収入二六〇万円余になり一一万円余収入増になった」と報告(46)、翌昭和二四年三月、県議会に提出された決算（競馬事業歳入歳出追加更正予算）でも、一〇万六〇〇〇円の黒字が計上されていた(47)。

しかし農林省競馬局に提出されていた昭和二三年度富山県の競馬事業の決算によれば第一回県営競馬開催は、二六万七六六七円の欠損だった(48)。またこの他に第一回開催の欠損額として、昭和二五年三月、富山県議会で明らかにされた一二万六四一四円という数字もあった(49)。要するに実際は、第一回開催は赤字ということだった。

昭和二四年三月、県議会に提出された一〇万六〇〇〇円という黒字決算のトリックは、県馬連から承継した資産の会計上の処理にあった。昭和二五年三月、県議会で、ある議員はこの点をつぎのように追及していた(50)。

競馬事業は二三年度におきましては、収入支出をさておきまして、赤字が一二万六四一四円で欠損しておるのであります。これを何処から出したかと申しますと畜産組合から引継いだ三三万五四六四円という金があったが、その中から食い込んでいっておるのであります。

昭和二三年一〇月県議会で承認された予算案の総支出額は、予備費六万一四七五円を含んで二九〇万六九六二円、農林省畜産局競馬部の調査では二九三万二一七三円の支出であるから(51)、額面上の支出増は二六〇〇〇円余り。売得金が当初見込高を一〇万円上回ったのであるから、計算上は、この支出増はそれで補えるはずであった。だが実は、予算案には、元々県馬連から承継した三三万五四六二円が収入として組み込まれており、支出がほぼ予算案の枠内に収まったにしても、その承継金を除外すれば、第一回開催の収支は赤字だった。この県議会答弁は、会計処理上問題があるその点を突いたものであった。

農林省に提出された「収支実績調査表」が欠損だったのは、県の決算とは異なり、富山県馬連からの承継資産をそこから除外していた結果だった。この調査表によると、売得金から払戻金を引いた粗収入は八七万二六九六円、支出の内訳は、競馬場費(借地料)三万一四四三円、賞典費二〇万六三〇六円、開催費四三万二八三四円、(出走)奨励費二四万四二五〇円、諸支出金二八万四八〇六円。賞金と出走奨励費四五万五五六円は粗収入の五一・六%、売上の一七・二%、開催費がそれぞれ四九・六%、一六・六%。これだけで馬券の売上から得られる粗収入を上回ってしまっていた。経常的経費及び補助金、寄付金、負担金、審査研究費等を費目とする諸支出金も一〇・六九%と、北陸三県二・一%、全国平均一・九九%から見て突出していた。地権者への支払いなどに金をばらまいた結果だったろう。これが響いて、富山の赤字額、その収入との比率も、北陸の他の開催よりも高かった（表3、表4参照）。

　とはいえ石川の県営競馬もそれほど順調な出足ではなかった。

　石川の県営第一回は、九月二三、二四、二六、二七日金沢競馬場で開催されていたが、売上は二三一万二二五〇円、県馬連時代より大幅に落ちていた(52)。五月の四日間、七月の五日間開催のそれぞれの売上は三三一万一七五〇円、三一〇万九〇八〇円(53)。ちなみに昭和二二年一〇月開催が五日間で五八〇万一五一〇円、一一月開催が四日間で三三九万九七三〇円(54)。金沢競馬場新設第一回だった一〇月開催を例外とすれば、平均三〇〇万円強だった。小松競馬は、もっと悲惨であり、入場総数一八七〇名、売上一〇三万七六二〇円という例年の半分にも満たない成績で、賞金、出馬手当、人件費などの支出で約四〇万円の赤字を出していた(55)。これに役人競馬の非難の声があがり、放棄論も出たほどだった(56)。だが県は、消極的な姿勢をとるのではなく、たとえば市内から金沢競馬場までのバス運行などの売上振興策に積極的に取り組み、それが功を奏したのか、一〇月一五、一六、一七、一八日の第二回開催、計三三五万一九四〇円と県馬連時代の最後の開催の数字程度に盛り返していた(57)。

　一方福井では県営、福井市営ともにわずかではあるが黒字を計上していた。県営第一回は一一月七日から四日間、大野競馬場で開催され、売上一四四万九〇七〇円、二万五二五円の黒字(58)、また福井市営も、一〇月二二日からと三一日から各四日間の二回の開催を実施、計七二〇万一二〇〇円を売り上げ、三万一二四円の黒字だった(59)。

　私が調べた範囲では、滋賀草津、京都長岡、奈良、和歌山と軒並みに下がった関西が代表的だったが、全国的にも、県営化後、馬連時代よりも売上が低下するのが一般的傾向だった（第5章）。旧馬連からの協力の強弱、あるいは地

（単位：円）

			計
奨励費	諸支出金	計	差引損益
244,250	284,806	2,932,173	△267,667
678,000	0	6,907,103	△5,463
144,400	3,820	1,473,233	20,525
707,035	0	7,341,204	30,124

用料、番組発売等による収入、諸支出金は経常的経費
馬収支実績調査表」昭和二五年四月一日農林省畜産局

表３　昭和二三年度北陸地区公営競馬総収入、総支出、差引損益表

	収　入			支　出			
県	売得金	諸収入	計	払戻金	競馬場費	賞典費	開催費
富山	2,605,230	59,276	2,664,506	1,732,534	31,443	206,306	432,834
石川	6,601,810	254,830	6,856,640	4,363,213	198,054	754,100	913,236
福井	1,449,070	44,688	1,493,758	953,923	11,620	124,530	234,941
福井市	7,201,200	170,123	7,371,323	4,769,216	22,969	797,322	1,044,662

註：売得金とは馬券売上から発走除外馬の返還金を差し引いたもの。諸収入は入場料、諸手数料、使
及び補助金、寄付金、負担金、審査研究費等。数値は原資料通り（「昭和二三年度都道府県地方競
競馬部『地方競馬史』第二巻、所収より作成）。

表４　昭和二三年度北陸地区公営競馬各種経費百分比

（％）

	競馬場費	賞典費	開催費	奨励費	諸支出金	払戻金	支出／収入
富山	1.18	7.74	16.24	9.17	10.69	65.02	110.05
石川	2.89	11.00	13.32	9.89	0	63.63	100.73
福井	0.78	8.34	15.73	9.67	0.26	63.86	101.67
福井市	0.32	10.82	14.17	9.59	0.00	64.70	99.59
北陸地区	2.19	9.86	14.36	9.68	2.61	64.01	102.71
全国	1.99	7.06	12.89	4.87	1.99	64.22	93.02

元暴力団等との関係などに加えて、何よりも役人の非効率な運営、コスト高が影響していたものだったと考えられる。

話を富山にもどすと、県営第一回開催の黒字の粉飾決算は、県営競馬に消極的な知事、また県議会内などの反対論を意識したところから生み出されたものだったろう。しかしそのような粉飾ではなく、実際に赤字を回避しようとするならば、県営競馬の高コストの体質改善に取り組むことが求められていた。先にふれたように、全国平均と比較すると賞金額は一・一倍とほぼ同比率であったが、奨励費一・五倍以上、人件費は二倍以上と平均を大きく上回っていたからである（表2）。売上増が期待できないなかで高コストが続けば、赤字が出ることは自明の理であった。だがその改善は非常に困難な課題であった。

開催前の県側の表明とは異なり、第一回開催直後から、県側の姿勢は腰が引けたものとなり、その廃止も含めて、県営競馬のあり方について論議を呼ぶことになった。廃止派と

推進派の攻防となり、時間がたつにつれ、廃止派が勢いを増してくることになる。劣勢気味の推進派の主張のポイントは、一刻も早い施設の改善、富山市への移転、協力団体を結成して経営面にも参加させる実質的な民営論だった(第8章)。

富山県営競馬に残されている時間は、そう長くはなかった。

6　第二回県宝くじ

県営競馬第一回に続いて、県が一一月一〇日から発売した第二回県復興宝くじも、金詰りの様相が強まっているなかで、苦戦していた。なお第二回といっても、前回が富山市の委託を受けてのものだったので、県主導としては今回が実質的には第一回目だった。

この昭和二三(一九四八)年の水害は記録的で、大小あわせて四回の災害を受け、同年中の被害総額は一五億六九八一万三〇〇〇円に達していが、特に七月二五日県下一帯を襲った豪雨は、農耕地冠水六〇三四町歩、流失二〇一四町歩、家屋の被害富山市、婦中町など一万六七〇八戸、死傷者一一二人、被災者八万五〇〇〇人という大災害をもたらしていた(60)。大正三(一九一四)年以来の豪雨で、測候所観測史上第一位の雨量だったという(61)。県宝くじは、この甚大な被害を受けた水害の災害復興費の捻出が目的だった(62)。復旧費は二一億二〇〇〇万円、内県費負担五億八八〇〇万円、土木復興費は四億一九四四万円(63)。発売期間一一月一〇日から一二月九日、一枚二〇円、計一〇〇万枚総額二〇〇〇万円、収益八〇〇万円が目標。当初一五〇万枚、総額三〇〇〇万円の計画だったが、実情にあわせて三分の二に縮小されたものだった。前年第一回一等一万円五本から一等一〇万円一〇本と賞金は一〇倍となっていたが、政府の宝くじが一〇〇万円だったから、やはり大きく見劣っていた。購入者には復興アメ一個、残りの賞金は、二等一万円一〇本、三等一〇〇〇円一〇〇本、四等一〇〇円一〇〇〇本、五等一〇円四〇万本、賞品特等自転車一〇本、一等レインコート五〇本、二等婦人用絹洋傘一〇〇本、三等ゴム長二〇〇本、四等地下タビ五〇〇本、五等手拭二万本だった。

この発売案は、一〇月一九日県議会で可決され、二一日内閣総理大臣の認可を受けて、二五日告示された。各市町村の消化目標は、上新川郡八〇万円、中新川郡二二〇万円、下新川郡二八〇万円、婦負郡一八〇万円、射水郡一二〇万円、氷見一四〇万円、東砺波二二〇万円、西砺波二〇〇万円、富山、高岡両市二八〇万円。第一回に続き、ここも官民あげて販売に取り組まれ、発売最終日の一二月九日を前に、上新川・婦負及び射水の各地方事務所管内はすでに目標額を消化、ほかの郡市も九日までには消化できる見通しがついていたという。

一二月一六日富山大劇で抽選会が開かれ、高辻知事、県議会議長、日本勧業銀行富山支店長があいさつ、一一人のミス県庁が抽せんにあたり、ＮＨＫが中継放送を行った。会場は超満員、場外にも宝くじファンがあふれる盛況だったという。収益見込みは八八〇万円(64)。

この復興宝くじに続いて、大学設置（富山大学）の教育宝くじ発売も考慮されていたが(65)、

図８

（『北陸夕刊』昭23・11・9）

図９　上が宝くじ見本、下がポスター

（『富山新聞』昭23・11・10）

図10　抽せん会を伝える記事

（『北日本新聞』昭23・12・17）

県の宝くじはその後発売されることなく、この二回で終わることになった。富山の人口、購入規模では、政府宝くじの魅力に勝つことは困難であり、県の事業としても労力に見合わず、また議会にも射倖心を煽るとの批判があったので(66)、そのことも考えるならば当然の選択だった。富山に限らず、地方の自治体が発行する宝くじは全国的にも姿を消していくことになる(67)。

振り返ってみれば、前年の第一回県復興宝くじ（富山市が県に委託）の発売総額が一〇〇〇万円、それに近接していた県馬連の七月、八月の開催の売上がそれぞれ三二五万三三〇一円、八月が二八三万四五六五円。これが今回、第二回宝くじはまがりなりにも二倍の二〇〇〇万円を消化したのに対して、県営競馬第一回の売上は二六〇万円に終わっていた。競馬熱の後退を端的に示す数字であった。役人の非効率な運営、コスト高、そこに加えて経済不況が、今後の県営競馬を待ち受けていた。

いずれにしろ、この昭和二三年一一、一二月、富山県では、県営競馬も宝くじも大きな収益を見込めるものではないことが明らかになっていた。

8 廃止、富山における競馬の終焉

1 継続の是非、昭和二四年の開催

全国的に見れば、売上は最下位グループであったが、それでも富山では、競馬の影響でつぎのように競走馬の価格も上がっていた(1)。

(四月)三日午後一時から富山市根塚馬種付場、農繁期を目前にひかえているだけにおしかけた農家の人達で市場は大にぎわい、セリ馬のうち一八頭は三日朝はるばる鹿児島から、五歳から八歳までの古馬が多かった、六頭の競走馬はいずれも高値をよび最高六万三〇〇〇円で引取られた。

富山の競馬の春の開催は、雪の心配もなくなり春耕時期にはあたるが田植え前の農作業が一息つく四月中旬という戦前からの通例に則って、この昭和二四年も一四日(木)、一五日(金)、一六日(土)、一七日(日)と決定された。

図1　富山市で戦後初の馬セリ市

（『北日本新聞』昭24・4・4）

富山県議会で承認、可決された昭和二四年度の競馬事業費予算額は計四回の開催で一三二三万五九五四円、馬券売上は一回約二五〇万円という計算だった(2)。前年一一月の県営第一回売上二六〇万円余から見れば妥当な数字だった。

県畜産課の係員は、昨秋の経験を活かして、苦しい県の台所へ大いに繰り入れようとはりきっていたという(3)。その一つの表れが、一、二着の組み合わせを当てる連勝単式馬券（フォーカス）の導入(4)、高配当が期待できるというのが売りだった。石川金沢競馬と軌を一にしていた(5)。ただ試行ということで全レースではなく、両県ともに発売レースを限定、全レースでの発売は、富山が七月の第二回、金沢が同月の第三回開催からのことになる(6)。戦前にはこの連勝単式馬券は存在せず、昭和二一年一〇月愛媛県馬匹組合主催の三津浜競馬、ついで一一月の東京都馬匹組合連合会主催の八王子競馬で発売されて人気を呼んだものだった（第2章）。なお日本競馬会は昭和二二年七月の札幌開催から導入していた(7)。

富山でも競馬人気回復、馬券発売増の起爆剤として、つぎのように期待されたものだった(8)。

> ……レースの良否は勝馬予想の難易にあり、予想が困難であればある程、馬券の興味は比例する。最近連勝式勝馬投票法（フォーカス）が採用され、最も妙味ある投票法として各地の競馬で盛んに行なわれるようになった。連勝式勝馬投票法は一着と二着をその着順に従って同時に当てる方法であるから予想も中々困難で見事的中したときの味は忘れ得ぬものとなろう。本県でも従来の単勝式複勝式投票法に次回から全レースにこの連勝式勝馬投票法が採用されるとのことだから興味深く今から期待しているものである。

四月一四日の初日、前夜に雨が降ったうえに朝から冷たい風が吹き、ファンの出足は悪かった(9)。結局五～六〇〇人ほどに終わったという。一五、一六日の両日も曇天が続いて肌寒く、売上も低迷した。ようやく最終日の一七日が好天気となった。折から高岡市は市制六〇周年で記念行事を展開しており、桜はまだ三分から五分咲きであったが、日曜日ともあって多くの人々が花見を兼ねて高岡を訪れていた。その人出は一〇～一二万人に及んだという。競馬場も、初めて活況を呈した。

この入場者増に照応して四日目の馬券売上が約一〇〇万円に上ったことで、売上も二七一万八四七〇円となり、ようやく昨秋一一月の第一回開催並みとなった。だが収まりつつあったとはいえインフレのことを考えると売上減であり、打開策が必要な数字だった。

馬券売上の式別内訳は単勝式八三万八五三〇円(約三〇・八%)、複勝式一六九万九二三〇円(約六二・五%)、連勝単式(フォーカス)一八万七一〇円(約六・六%)。この数字を見ても一目瞭然、連勝単式(フォーカス)発売の効果は上がっていなかった(10)。配当支払後の粗収入の内訳は、控除金七八万八三六一円九〇銭、その他配当端数切捨額五万一〇八九円七六銭、入場料一万七二二五円(一人五円)、番組売上二万五八二一円五〇銭、小計九万四一二六円二六銭、計八八万二四八八円一六銭。会計処理上は約一一万円の黒字を計上した(11)。

図2　高岡競馬の第一日

(『富山新聞』昭24・4・15)

当時、遊興施設への入場税は有力な地方財源の一つであり、競馬場も当然その対象であった。富山県の場合、地元高岡市が一〇割、県が五割を入場税として課していたから、ファンが支払う実際の入場料は一二円五〇銭だった。したがってこの開催、高岡市、県の収入となった入場税額はそれぞれ一万七二一五円、八〇六七円五〇銭。県の公式記録によれば有料入場者数は三四四三人、昨秋三〇六九人よりも四〇〇人弱の増加だった(12)。

なお先の入場料収入からは入場税分が差し引かれている。
このように黒字を計上し、入場税収入を上げていたが、両方合わせても僅かな額であった。ここまでの二回の開催を終わって、県の財政への寄与など取らぬ狸の皮算用、夢物語に過ぎないことが明らかになっていた。

県は競馬への積極性を失い、及び腰になり始めていた。四月の開催より先の三月一六日、富山県競馬振興会（おそらく旧県馬匹組合連合会の関係者が中心となったもの）が、現状を打開するためにと県議会に対して、「新競馬場富山市に設置実現方に関する件」を陳情していた(13)。だが県が、新競馬場建設あるいは施設の改善などに投資することなど期待できなくなっていた。そうであれば、たとえば民間資金を導入して、新競馬場を設置し、県がそれを借用するといった方策もあったが、旧県馬匹組合連合会（以下、「県馬連」と記す）にその力はなく、競馬に関与しようとする富山の有力者も企業も見当たらなかった。富山市は競馬への意欲を失い、競輪に乗り換えようとしていた。振興会の県議会への陳情は、この富山市の姿勢に対する危機感からも行われたものだったろう。

四月の開催後、富山県地方競馬委員会委員で当時の馬主会副会長は、富山の競馬についてつぎのように語っていた(14)。

……競馬公営のねらいは第一に公正明朗な競馬の施行と第二は国家地方財源を目標としているのである。本県の場合第一の問題はともかくとして、第二の問題については昨今の高岡競馬における馬券の発売高から見て何等期待できない縁遠いことのようである。勿論高岡競馬場でも施設を改善し、出走馬やファンの誘致につとめるならば馬券の発売成績は向上するであろうが、逼迫した県財政で公益性のない競馬事業に投資する程県当局に積極性がないようである。

劣悪な施設で能力差が大きく低調なレース、しかも低配当が繰り返されればファンは離れていく。また県内の有力馬主たちにとっても、賞金の安い富山の競馬の魅力は小さくなり、すでに富山の県営競馬に見切りをつけて他県へ馬を引き連れ、出稼ぎに行くようになっていた。福井、石川、新潟だけでなく、富山県内の優秀馬は賞金の高い関西、東海の各府県へ流れていっていた。翌昭和二五年初めの段階で登録済の富山県競走馬一八〇頭の内約五〇頭が、その地区に三ヶ月以上飼養されていなければならないという制限があっても、賞金の高い関西、名古屋方面で走っているという実情にあったという(15)。

この昭和二四年県営競馬は計三回開催されたが、後から振り返ってみれば、この第一回開催の売上が最高だった。昭和二四年度政府予算は、GHQの強い圧力を受けて超均衡・緊縮財政の断行を余儀なくされていたが（ドッジ・ライン）、その結果、デフレ・不況が急激に進行、富山もその大きな影響を受け、官民ともに人員整理のあらしが吹き荒れ、中小企業が続々倒産していっていた(16)。また富山の競馬の観客の主力であった農民も、前年昭和二三年にはすでに経済的苦境に陥っていたが、この年さらにその度が深まっていた(17)。つまりこの昭和二四年、時間が経過するにつれて、富山の競馬を取り巻く経済環境は悪化していった。競輪の影響も大きかったが、全国的に見ても、国営競馬、地方競馬ともに、劇的にその売上を減らしていた（第6章）。

七月九日（土）、一〇日（日）、一一日（月）、一二日（火）、県営通算三回目、昭和二四年第二回開催を迎えた(18)。レースの質の向上は望むべくもなかったが、少しでも売上を伸ばすためにはファン・サービス、施設の改善に何らかの取り組みが必要であることは当然自覚されていたはずだった。だが公営事業一般に該当するように、あらかじめ予算が編成されていなければならず、富山の県営競馬も動こうにもすぐ動くことができなかった。それに何らかの手を打つにしても、ドッジ・ラインによる地方財政の悪化はその選択肢を少なくしてもいた。そのなかで今回、ともかくテントの休憩所が設置されただけでもましだった(19)。最大の目玉は連勝単式馬券（フォーカス）を全レースで発売することだった。だがこれも四月の第一回開催の部分導入の結果を見れば、あまり期待できるものではなかった。

それでも県は、売上目標を前回四月の二七〇万円を上回る三〇〇万円においた。戦前に引き続いて闇競馬及び県馬

図３　競馬テンヤワンヤ

「①第三駈歩競技（右廻り）、②乗馬型ニュースタイル？とでも申しましようか、③きよう一日の日当を差引してもこれだけあればヘツヘツ……、④勝つてくるぞと誓つてお家を出てきたが、アアソレナノニソレナノニ……まただめか、お山の神のタタリがコワイ、⑤オトウチヤンハチンケンダガボクチヨトモオモチユロクナイ、寝チヤオ、⑥イツツ？？？、ケイバ、ケイバ」（『北日本新聞』昭24・7・10）。

連時代も、七月の新盆前後の時期の開催の売上は伸びを見せていたからそれをふまえてのものだった。だがこの年の七月の状況はこれまでとは異なっていた。

初日四七万四二一〇円、二日目六〇万七九九〇円、と書入れ時の土、日曜日にもかかわらず売上は伸びなかった。さらに三日目の一一日は、富山の競馬の天敵である雨にたたられ、一二日に順延、やはりその日の売上は五〇万一〇〇〇円に終わった。連勝単式馬券（フォーカス）の大穴が初日第二レース六五・五倍、三日目第六レース一四四倍と出ていたが、その効果もなく、三日目までの総計一五八万三二〇〇円と目標の三〇〇万円には程遠い数字だった。

そして四日目一三日、第九レースで八百長騒ぎが起こった。本命馬がクビ差で二着となったのに対して、ファンが「故意に遅らせた」、「八百長だ」と激昂、審判員の首を締めたり殴ったり、騎手を追いかけるなどして場内騒然、険悪な空気におおわれた状態となった。結局本部が「騎手が能力を発揮しなかったと、当日騎乗停止処分」を発表したが、ファンはおさまらず、「金をもどせ」「もっと明朗な競馬をヤレ」との怒号が場内には飛び交ったという。それでも三〇分で治まったというからそれほどの騒動ではなかったが、県に与えたショックは大きかった。

記録に残されている限り、八百長をめぐる騒ぎは、これが戦後初めてのものだった。

先に紹介した県営競馬開催を前にした放談会でふれられていたが（第7章）、富山の競馬でも、あるレースの勝馬が、つぎのレースでは引っ張られて数百メートルも引き離されるというレースが繰り返されていた。県の係員が、これらを馬の消耗を避けて永く走らせるため、あるいは勝ちにいくレースは一開催一つに絞っている騎手や馬主の作戦であり、八百長、インチキではないと語っていたほどだから、それが日常的にしかも当然のこととして行われていたことは明らかだった。

また先にも引いたが、この開催の直前に行われたつぎのような発言に鑑みると、以前から騒ぎの火種があったことをうかがうことができる(20)。

……今年の第二回県営競馬も来る七月九日から四日間高岡競馬場で行なわれることに決った。私も馬主であり、ファンであり、高岡競馬では番組編成にも関与して見たが常に思うことは、競馬に紛糾はつきものとされていることがある。競馬は主催者、馬主、騎手、ファンの四者で構成されているものであり、夫々の立場、利害関係によって多少のトラブルはまぬがれぬとしても公正明朗な競馬をモットーとして小規模ながらもファンに一日の清遊を愉しんで貰う競馬にしたいことである。

高岡競馬 八百長騒ぎ 審判員を殴り、騎手を追う

図4　八百長騒ぎを伝える記事

取り扱いは小さい。他の地元二紙は報じなかった（『北日本新聞』昭24・7・14）。

馬を「引っ張る」ような「不正」が繰り返されていて、人々がそれまで騒がなかったこと自体が不思議だった。富山の人たちがそれほどのお人好しであれば別だが、もし実際に騒ぎが起きていなかったとしたら、それを抑え込むような力が働いていたはずであった。また富山に「騒ぎ屋」が存在しなかったというのも考えにくいことであった。「騒ぎ屋」とは、なにかに事寄せて、騒ぎを扇動、騒ぎを起こし、つぎはその騒ぎを鎮める役割を演じる、そしてファン代表として主催者と交渉、買戻しの要求、またはなにがしかの金を得るといったことを行うグループだが、彼らが出現していなかったとしたら、ここでもよほどの力が働いていたはずであった。たとえば富山の競馬は、顔役、ボスというか、暴力団に利益を供与したうえで、「場内整理委員」に任命して彼らの力で秩序を保っていた、とかである。

それが四日目になって、騒ぎが起こった。このような騒ぎとしては珍しく三〇分という短い時間で収まったのは、その「場内整理委員」が話をつけた結果だったという可能性もあった。もしそうだったとするなら、県はさらに彼らに依存しなければならなくなっただろう。「不正」と鉄火場的な殺伐とした雰囲気、おそらくこれらも、富山における競馬人気が低落してきた要因となっていた。

なお団体等規制令（政令六四号、四月四日公布）を受けて、各都道府県が公安条例（多衆運動に関する条例）の制定に取り組み、それをめぐって全国で反対運動が展開されていたが、富山では、ちょうど競馬の開催期間中に議会に上程されていた(21)。三日目が順延となった七月一一日、県議会は一日の審議で県公安条例を可決したが、その後も混乱が続いていた。このなかで、議会で攻撃材料となるのを避けるためにも、八百長騒ぎをできるだけ穏便に解決しておく必要もあっただろう。

ともあれこの八百長騒ぎの影響が大きく出て四日目の売上は、三一万三〇五〇円という悲惨な数字になった。四日間計一八九万六二五〇円、春の開催の約二七〇万円より八〇万円以上の減だった。闇競馬時代の昭和二一年八月県馬連主催第一回の三日間開催の一七二万八五八〇円、一一月の富山市後援の闇競馬一八一万円を少し上回る程度で、この間のインフレ率、先にもふれた小売物価指数対前年比昭和二二年二・七倍、昭和二三年二・九倍の上昇率を考えに入れると、絶望的な数字であった。

そして当然というべきか、この第二回開催は、県営移管後、決算上初めて一七万九五〇〇円の赤字を計上した(22)。公的にはこの数字だったが、実際は一〇〇万円以上の赤字であったという証言が残されている(23)。騒ぎとこの赤字が県に与えたショックは大きかった。県の公式記録によれば、それまでの県営競馬開催は昭和二三年一一月が六万八〇〇〇円、昭和二四年四月が一一万円の黒字決算だった。ちなみに県営に移る前の県馬連開催でも、五回のうち三回

（昭和二二年第一回、第四回、昭和二三年第一回）は赤字だった。

昭和二四年七月の県営競馬第二回（通算三回目）の開催の結果は、このままの状態で継続して行くならば、赤字の一層の拡大、ひいては廃止が待ち構えていることを示していた。

当初九月一日からと予定されていた第三回開催が、県内に馬の伝染病である炭ソ病が発生したことを理由にして中止された(24)。当時は全国的にも毎年のように発生しており、各地の地方競馬がその影響で延期や中止になったりしていた。富山では、昭和二一年、昭和二三年は炭ソ病の発生があっても開催していたが、この昭和二四年は中止を決定した。炭ソ病対策もあっただろうが、延期して開催を重ねて赤字を増大させるより開催数を減らし、また県営競馬建て直しへの時間を確保するためにも、中止の決断が下されたようである。

富山の競馬の問題点は、すでに充分過ぎるほど明らかになっていた。長期的ヴィジョンをもって手を打たなかったことのツケが回ってきていた。まず施設だった(25)。常設の観覧席（スタンド）もなく、まともなトイレもなかった。また感じのよい売店もなかった。コースは排水設備がなく少しの雨で泥濘となってしまう。厩舎もなく出走馬は付近農家に分宿。また売上が少ないから賞金も安く、優秀な馬が集まらない(26)。こうして賞金が低い水準にとどまれば、馬の質も上がらず、低調なレースが続き、馬の能力差も大きく人気になる馬が決っていて、高配当をもたらす波乱も起こらない。その結果、競馬の魅力が薄れ、観客が集まらず、売上も伸びない。そして売上増につながる他県からの「地方のドル箱ファン」も寄り付かないという悪循環に陥っていた。戦前の日本競馬会、地方競馬では、各開催をめぐるツアーが組まれ、また転戦するグループも存在していた。富山のような購買力の小さな競馬で売上を伸ばすなら、他県からの競馬好きのファンを吸引することが必要であったが、このような富山競馬ではそれは望むべくもなかった。またファン・サービスもほとんど考えられていなかった。アクセスが不便であるにもかかわらず、雨天となれば中止か決行かわからない。県当局内部にさえも、「まず新設競馬場なら絶対農林省が許可しないしろもの、大体元をかけないでもうけようなどとは太い考えだ」、という声があるほどであった(27)。

これらに加えて「役所仕事」の非効率だった。公営事業ということで、その売上、コストに応じてというのではなく、万事お役所式の前例主義で、現場には決定権がなく、予算、運営に必要な判断を下せなかった。圧力に弱く、特定の人物、団体に利益供与を行う、人件費、開催費（賞金、諸手当など）、運営費などの支出がルーズになり、経費が増大する（第7章）。

とはいっても、もちろん県当局も売上拡大につながる何らかの手を打つ必要を認識していないわけではなかった。まず手っ取り早いのはファン・サービスを拡大、というより富山の場合は、それまで何も行われていなかったに等しかったので、まずサービスを始めることだった。

隣の石川県の金沢競馬では、ファン・サービスとして昭和二三年一〇月、県営第二回から国鉄金沢駅から無料バスを運行（昭和二四年七月県営第二回開催から三〇分毎）、また花火による開催通知などを実施していた(28)。ちなみに現在も金沢競馬の無料バスは、市内からだけでなく富山、輪島、山中温泉などの遠隔地も含めて多数運行されている。それに金沢競馬では、県馬連が主催した最後の昭和二三年四月（四日間）、七月（五日間）の二回の開催の売上がそれぞれ三三一万一七五〇円、三一〇万九〇八〇円だったのに対して(29)、県営化後の二開催、九月、一〇月それぞれ四日間で二三一万二二五〇円、三二五万一九四〇円(30)と低迷したのを受けて、「宣伝不足や要領ののみこめない役人競馬のこの不手際に猛然と自覚した県当局」が、この昭和二四年四月九日からの第一回開催四日間、「五〇万円の赤字覚悟で関西地方からの優秀馬勧誘費に二〇万円のほか宣伝、花火やファン招待バスの特売などようやく前だれかけの方法をとっ」ていた(31)。関西などから強豪馬や騎手を招待して番組面での強化をはかり、白熱したレースを提供しようというものであった。だがそれでも売上三六三万九四二〇円に終わると(32)、さらに七月二日の第二回開催から、新たな振興策に取り組んだ(33)。地元北国新聞社とタイアップしたレースの新設だった。

開催四日間ともに第一〇レースをファン・ダービーと銘打ち、候補馬一二頭を指定してファン投票で出走馬六頭を選出、一、二、三着の投票者に、抽せんでそれぞれ北国新聞社提供の掛時計、簾屏風、勉強机が当たるというもの

表１　昭和二四年石川県営金沢競馬売上

（単位：円）

開催月日	第１回 ４月９、10、11、12日	第２回 ７月２、３、４、５日	第３回 ７月15、16、17、19、20日	第４回 ８月10、11、12、14、15、16日	第５回 10月15、16、17、18日	計
総売上	3,639,420	4,017,620	6,911,630	6,873,930	6,515,400	27,958,000
一日平均	909,855	1,004,405	1,382,326	1,145,655	1,628,850	1,214,218

（『北国毎日新聞』昭24・７・６、７・21、８・17、10・19より作成）

だった。賞金も一着五〇〇〇円、二着二〇〇〇円、三着一〇〇〇円と高額に設定、勝馬の馬主には北国新聞社賞（旗と賞状）も提供された。『北国新聞』は、当日の朝刊にファン・ダービー出走候補馬の一二頭の馬名、調教のハロン記録、負担重量、年齢、性別、毛色を掲載したが、それによって売上拡大も期待できた。

八月一〇日からの第四回開催時には、このファン・ダービーに加えて、各日を青少年幸運の日、男子幸運の日、婦人幸運の日、紳士淑女の日、大穴幸運の日と銘打った企画も始めた(34)。各日、その名にふさわしい賞品が提供され、それぞれグローブ・バット・ボール、ビール・カッターシャツ・靴下、高級服地・上等パラソル・フェルトぞうり、旅行用洗面用具・ナイロン・ハンドバッグ・喫煙具、ダイナミック・ラジオ受信機が当るというものだった。敗戦直後の状況からはましになったとはいえ、まだ物不足の時代、人々を引き付けるに十分な賞品だった。

一〇月一五日からの第五回開催時には、勝ちタイムの的中者に賞品を提供するという新企画も実施された(35)。

そして困難であったボス支配、八百長の横行に対しても、かなりの抵抗にあいながらもその排除、解消へと取り組み始めていた(36)。

新企画を始めた七月一日からの第二回開催（四日間）の売上は四〇一万七六二〇円(37)と、四月第一回の三六四万円からあまり伸びてはいなかったが、七月一五日からの第三回開催（五日間）では六九一万一六三〇円と大幅な売上増を記録した(38)。その後の開催の売上も、八月一〇日からの第四回（六日間）が六八七万円(39)、一〇月一五日からの第五回開催（四日間）が六五一万円(40)と高く推移し、純益も昭和二三年がわずか二〇〇円だったのに対してこの昭和二四年は七〇万円となっていた(41)。特に第五回開催の四日目は、北陸三県で初めて一日二〇〇万円を超える売上を上げていた。

それに石川県は、小松競馬の売上が伸びず、赤字と判断すると、小松競馬協会の存在があっても、県営通算二回目の昭和二四年七月開催で中止（廃止）を決断していた(42)。お手本は近くにあった。

一一月の富山県営競馬を前にして、『富山新聞』は、富山の競馬の現状と当面の改善策に関するつぎのような投書を掲載した(43)。

もうやらぬのかと思っていた県営高岡競馬もどうやら本年度第三回を一一月三日から六日までやることにきまって、過去の不振を何とか取返そうと宣伝に乗りだした、競馬場の排水設備が悪いため雨天順延は従来通りだが、今度はやっているのか延期になっているのか全然わからないという不評を買わないように開催の朝富山、高岡両市で花火を打ちあげるが、さてどれだけのお客が集まるか？

元来馬は呉東に多いのに競馬場は呉西にあることが大きな障害となっており、今度も開催前に御意見拝聴の懇談会がさる二〇日富山で開かれたが関係者が呉東に多いためまず議題にのぼるのは競馬場の呉東移転であり競輪場と併設すればよいとか何とか勝手な熱を吹いているだけで現在の高岡競馬場の施設改善はさっぱり話題にのぼらない有様であった、加えて地元の高岡市二塚下黒田部落では直接競馬場と関係ある部落民と関係のない部落民が利害問題で対立しあって競馬場貸与で収入のある部落民はもうすこし部落の公共事業に金を出せ、いやこれ以上出せないといがみあい今次競馬開催に暗影を投じており、さなきだにやる気のない県当局をしてますます施設に金をかけないようにさせている。

結局現在のあまりにもお役人式な県一本の経営では実効があがらないことはだれもが認めるところであり、このさい強力な協力団体を結成して経営面にも参加させ融通性のある運営が望まれている、この表面は県営であるが実質的には民間の手が加わっているやり方はすでに他県で実行に移しているところもあり、こうした行きかたが大勢のおもむくところとなっているが、当面の問題としては今次競馬では場内の排水完備、高岡駅前からのバス運転、感じのよい売店の開設などを実行し、これとともにファンや地元も協力的に出て前回のような八百長騒ぎをおこさないようお互いに手をとりあって明朗な県営競馬の生まれることにつとめるべきであろう。

繰り返せば、常設のスタンドもトイレもなく、少しでも雨が降れば、コースも場内もぬかるんでしまうといった高岡競馬場の施設の改善には、ここでふれられているように、競馬場の利権をめぐる地元民の対立や富山市への移転問題もあって、まったくといってよいほど取り組むことができていなかった。

「民営論」は別としても、ドッジ・ラインで財政的な困難をかかえてはいたが、県は、ここで提言されているようにファン・サービスに可能な限り取り組んで、昭和二四年度県営競馬第三回開催を迎えることを決断していた。まず開催の有無を花火で知らせることが始められることになった(44)。雨で決行してもファンは中止と判断して競馬場に足を運ばず、あるいは逆に開催と判断して来場しても無駄足となることを防ごうとするものだった。これまで行われなかったことの方が怠慢といわざるをえないものだった。花火は、高岡市と富山市で八時半に打ち上げられた。また国鉄高岡駅から競馬場までの無料バスも引き続き運行された。そして各新聞の開催広告や各地にポスターの掲示などの宣伝活動にもこれまで以上の力が入れられた。

そして今回の新たなファン・サービス、集客策の目玉が、一等一〇〇〇円、二等三〇〇円、三等一〇〇円の当せん金が当たる福引付入場券の導入だった(45)。賞金総額は不明だが、仮に一等一枚、二等五枚、三等一〇枚として三五〇〇円としたら、一〇〇〇〇円を超える売上の伸びがあればその支出額をカバーできる計算だった。これらは金沢競馬では、とっくに取り組まれていたものであり、遅ればせながら追随したものに過ぎなかったが、やらないよりはましだった。だが闇競馬や県馬連時代には受けていた地元新聞各紙の後援もなく、ましてや金沢競馬のようなタイアップも不可能だった。

さらには駈歩、速歩ともに四組の能力別編成にしたことだった。当時、競走馬と呼べるような馬が不足していた状況を考えれば、これまで導入されなかったのが不思議なくらいだった。駈歩にはサラブレッドやアラブの軽種は少なく、多くがアングロノルマンなどの中間種だったが、軽種と中間種を同一のレースに走らせるのは能力が異なり過ぎて無茶だった。また速歩（騎乗）では、日頃は農耕、輓曳に使われている馬がかき集められていて、こちらも能力の差が大きかった。要するに、駈歩、速歩ともに馬券の興味を引くようなレースを提供するには必要な措置だった。

また、それまで一〇円券と一〇〇円券の二種類だった馬券が一〇〇円券のみの発売とされた。経費削減も目的であったが、当時の発売窓口は、馬券の馬番毎に設けられており、同じ窓口数なら単価をあげた方が売上増につながると考えられていた。発売、票数、配当の計算が迅速になり、レースの遅延が少なくなるという意味ではファン・サービスの側面をもっていた。この一〇月から同様に一本化していた金沢競馬と足並を揃えたものだった(46)。一〇円の方がファンのニーズにあっているように思えるが、当時、売上の高い県、たとえば福井県ではこの方式をとって売上がさらに伸びていた(47)。だがデフレで金詰りの状況を考えれば、この一本化は賭けだった。同じ昭和二四年から一〇〇円券一本の発売とした新潟県は、「一般ファンは馬券が一挙に一〇倍になると購入意欲を失うのではないかと心配しながら実施した」という(48)。

宣伝活動も、これまでの各新聞の開催公告や各地のポスター掲示などに加えて新たな取り組みがなされていた。

こうして一一月三日（祝）、四日（金）、五日（土）、六日（日）、県営競馬第三回開催を迎えた(49)。売上目標三二〇万円、最低採算ライン三〇〇万円(50)。農民が一年の農作業の疲れを癒すために長湯治に出かけ、またドッジ・ラインによる不況の金詰りといった悪条件を織り込み済みの数字ではあっただろうが、積極的に振興策に取り組んでいたので、何が何でも達成しなければならないものであった。正念場だった。

前日の雨があがって好天で迎えた初日、祝日ということもあって八三万九一〇〇円を売り上げた。悪化した馬場の影響もあっただろうが、能力別編成をとったことで接戦が続き、馬券も連勝単式（フォーカス）で第一レース二五五〇円、第四レース四八〇〇円、第五レース三八〇〇円という穴が出て、景気を煽ったことも売上増につながったという。金曜の二日目は、五〇万九五〇〇円と落ちたが、ここまで計一三四万八六〇〇円、土、日を順調に迎えれば、福引付入場券もあり、目標であった三二〇万円の売上も達成できそうであった。

だが土曜日の三日目以降、天敵、雨にたたられた。土曜日は順延を余儀なくされ、翌六日も雨模様だったが、ドル箱の日曜とあって開催を強行。だがそれが裏目に出て、売上は三八万五七〇〇円と落ち込んだ。七日は天候が回復したが、月曜日とあって売上は前日同様の三八万八〇〇〇円に終わった。開催の総売上二一一万五一〇〇円。七月の開催に続く絶望的な数字だった。闇競馬時代の昭和二一年九月の第二回開催の二二八万五七六〇円さえも若干とはいえ下回っていた。一日二〇〇〇人が採算ラインと考えられていた有料入場者数(51)もそれに遠く及ばない一五〇九人、宣伝に力を入れたにもかかわらず、これまでの最低だった前回七月の二四三九人を九七〇人も下回っていた(52)。七月の第二回開催は一八九万円の売上で赤字一七万九五〇〇円、今回の売上はその第二回を三〇万円近く上回っていたが、振興策に経費を振り向けたために、赤字は公式発表で四万円近く増えて二一万七四三一円だった。なお翌昭和二五年二月、県議会に提出された決算報告によれば、昭和二四年度の競馬事業費予算額一三二三万五九五四円に対して、四回の予定が三回に終わってはいたが、収入六九八万六〇〇〇円、支出七七四万円で七五万四〇〇〇円の欠損だった(53)。新たなファン・サービス、一〇〇円券の導入、広報活動、すべてが失敗という結果だった。

繰り返せば、この年ドッジ・ラインの影響によって、時間が下るにつれて県下の不況は深刻化し、県の財政も悪化の一途をたどっていた。

図5　県営競馬第三回開催広告

福引入場券は告知されていない（『富山新聞』昭24・11・2）。

バスの便、花火、100円券の発売が告知されている（『朝日　富山版』昭24・11・2）。

表２　県営競馬第一回～第四回総収入と有料入場者数　（回数は通算）

開催月日	第１回 昭23年11月７、 ８、９、10日	第２回 昭24年４月14、 15、16、17日	第３回 昭24年７月９、 10、12、13日	第４回 昭24年11月３、 ４、６、７日
総売上（円）	2,682,079	2,812,577	1,928,538	2,156,400
同一日平均（円）	670,520	703,144	482,135	539,100
有料入場者数（人）	3,069	3,443	2,439	1,509
同一日平均（人）	768	861	610	377

（「最近に於ける高岡競馬の開催収支並びに入場人員成績表」『富山県地方競馬参考資料』）

ドッジ・ラインが実施に移されたのは三月上旬だったが、早くも四月末には、県下各会社、工場では工場閉鎖や人員整理の旋風が吹き荒れ[54]、九月末までの企業整理人員五五九七名、六月から九月までの行政整理人員一三〇四名、引揚者も合せると顕在失業者が一万六〇〇〇名以上、約一万三〇〇〇名が潜在失業者と推計される状況となっていた[55]。夏頃には農村の不況も極に達し、生活費のやりくりに四苦八苦の状態と報じられていたが[56]、さらに不作がそれに追い討ちをかけ、この昭和二四年度の農家所得は一六万九一〇〇円（内農業所得一一万八九〇〇円）、支出は一八万六三〇〇円、赤字一万七二〇〇円となっていた[57]。商業も不振で商店の転廃業が目立ち、繁盛するのはパチンコ屋だけだったという[58]。

一〇月末の県予算累計は三六億二八〇〇万円、当初予算より七億円増、四億九千万

図６　県営競馬第一回～第四回総収入の推移

（単位：千円）

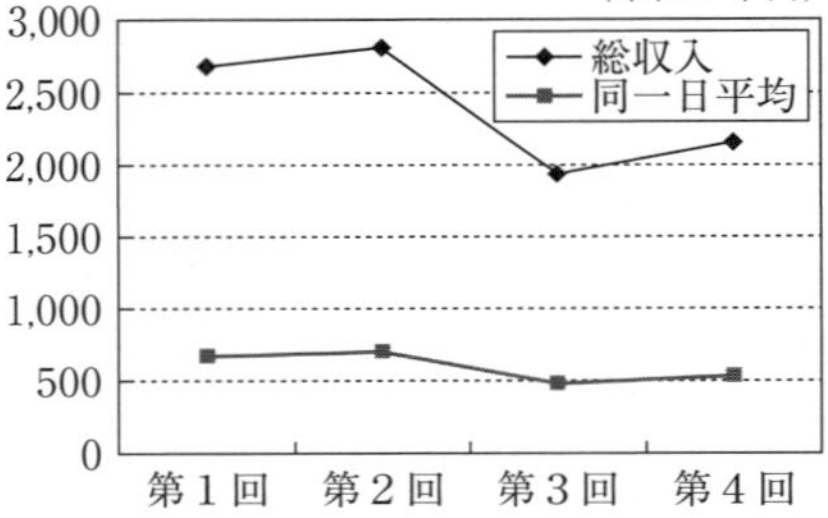

図７　有料入場者数の推移

（単位：人）

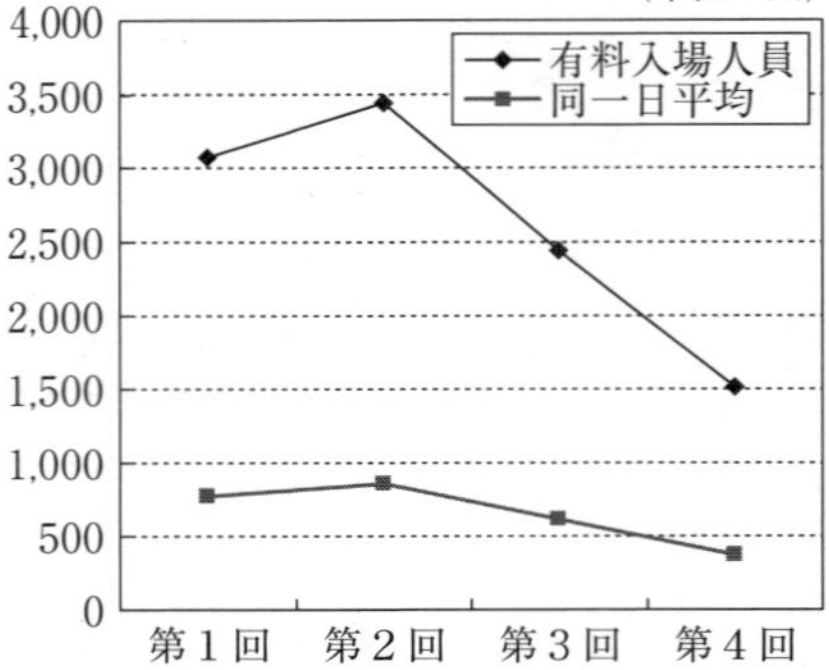

円の赤字(59)、歳出の四〇％近くを占めていた人件費の節減をめざして、行政職、教育職の大幅な減員を行っていた(60)。したがって不況のなかで黒字を出しているならまだしも、県は、わずかといえども赤字を出している県営競馬をそのまま抱え込むことはできなかった。

当時若手の官僚として自治体に出向していた元内閣官房副長官・石原信雄は、ドッジ・ラインが地方に与えた打撃について、昭和二七年茨城に赴任した当時のこととして、つぎのように回想している(61)。

ドッジ・ラインのことは、学生時代、一橋大学から東大に出向いて財政学を教えていた井藤半弥先生から聞いていたのですが、地方の現場に行ってみると、経済界からの評価とは逆で、知事も市町村長も、それこそ怨嗟《えんさ》の的でした。歳出を劇的に切って超均衡財政にしたので、当時の地方配付税が何の議論もなく半分に減らされたのです。

しかも、そんなことにはお構いなしに、ＧＨＱは義務教育の六・三制の施行を指令して、市町村に新制中学をつくるよう義務づけました。

地方にすれば、校舎を作るにもほとんど財源措置はない。物価が高いのに財源は逆に減らされる。給与も払えず、どうにもならずに首をくくった市町村長たちがいました。

戦後の日本経済復興のきっかけになったドッジ・ラインという政策は、県や市町村の犠牲の上に成り立っていたことを、役人になって初めて知ったのです。ドッジ・ラインの最大の犠牲者が地方財政、地方自治体だったとは、最近の人はほとんど知らないのではないでしょうか。国の政策の遂行手段に地方が使われ、その犠牲になって苦しんだということです。

昭和二七年といえば、朝鮮特需の影響で経済は好転していたが、それでもこのように回想される状況であったことから考えれば、昭和二四、五年頃の地方の苦しみぶりが想像できるだろう。

県営競馬の赤字の主要因は、売上が闇競馬時代と同程度の額だったことだったが、さらに県営化後の高コストの体質に手がつけられていなかったことがそれに拍車をかけていた。たとえ逆に黒字を出していても、改善しなければならないものだった。たとえば賞金と牽付（出走）手当だった。なお牽付手当は飼養地区で分けられており、高岡市の馬は駈歩馬で八〇〇円、速歩馬六〇〇円、高岡市を除く県内地域は駈歩馬一八〇〇円、速歩馬一六〇〇円、県外は駈歩馬二〇〇〇円、速歩馬一六〇〇円だった(62)。これまでの売上を考えるならば、賞金も牽付手当も減額をするのが当然の措置であるが、それぞれ約二六万円（四八レースとして一レース平均五四〇〇円余）と二二万円（一三〇頭として約一七〇〇円）、双方あわせて売上予定額三二〇万円の約一五％、すべての経費を賄う三三・五％強の控除予定額の約四五％に相当する額が振り向けられていた(63)。富山の競馬の規模からいえば、かなりの支出だったが、それでも絶対額は安く、遠征費用を要する他県の馬主はいうまでもなく、富山の馬主にとっても魅力的というわけではなかった。その結果、先にふれたように他県に遠征する馬が多かった。

（単位：円）

		計
諸支出金	計	差引損益
0	7,211,136	△393,147
0	28,753,401	1,674,713
70,092	15,059,103	138,740

都道府県営競馬収支実績並科目別百分

有力馬が集まらず売上が伸びなければ、その背丈以上の賞金と牽付手当は単に経費を拡大して財政構造を悪化させる元凶に過ぎない。かつて昭和二一年八月、戦後の第一回闇競馬の三日間開催では、賞金、牽付手当あわせて約三万円で馬券売上約一七二万八五八〇円だったから（はじめに）、売上が伸びないままに賞金、牽付手当が約一六倍になっている計算だった。

この富山の県営競馬の高コスト体質は、石川と福井と比較するとより一層鮮明になった。

昭和二四年度の富山、石川、福井の各県営競馬の総収入は、それぞれ六八一万八八八九円、三〇四二万八一一四円、一五一九万七八四三円(64)。支出のなかで、賞典費が占める割合は、富山が一一・一％（七五万九八六五円）であるのに対して、石川七・

表３　昭和二四年度北陸地区収支実績

	収　入			支　出			
県	売得金	諸収入	計	払戻金	賞典費	開催費	奨励費
富山	6,750,670	68,319	6,818,989	4,442,527	759,865	1,266,494	742,250
石川	29,584,250	843,864	30,428,114	19,325,281	2,345,380	4,844,890	2,237,850
福井	14,927,410	270,433	15,197,843	9,748,407	1,315,145	2,526,569	1,398,890

註：支出には競馬場費の項目があるが、三県ともに〇円であるので表からは省いた（「昭和二四年度率調べ」昭和二五年六月一日農林部競馬部、『地方競馬史』第二巻所収）。

表４　昭和二四年度北陸地区公営競馬各種経費百分比　（%）

	賞典費	開催費	奨励費	諸支出金	払戻金	収入／支出
富山	11.1	18.6	10.4	0	65.1	94.56
石川	7.7	15.9	7.4	0	63.5	105.82
福井	8.7	16.6	9.1	0.5	64.2	100.92

図８　同賞典費、開催費、奨励費比率

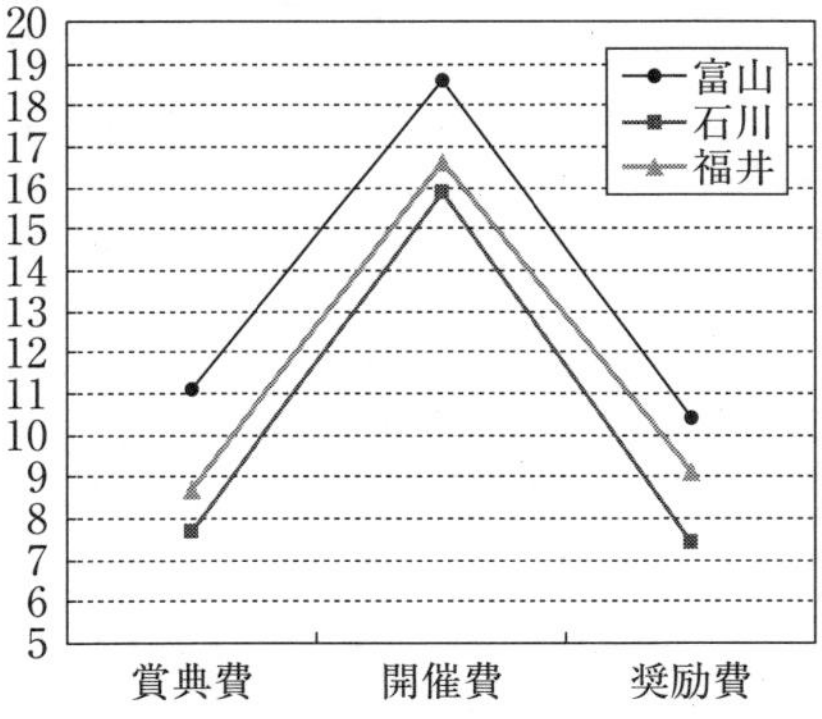

七％（二三四万五三八〇円）、福井八・七％（一三一万五一四五円）、開催費が富山一八・六％（一二六万六四九四円）、石川一五・九％（四八四万四八九〇円）、福井一六・六％（二五二万六五六九円）、奨励費が富山一〇・四％（七四万二二五〇円）、石川七・四％（二二三万七八五〇円）、福井九・一％（一三九万八八九〇円）、といずれも富山が高かった。また売得金に対する諸収入の割合も、富山が一・〇％（六万八三一九円）に対して、石川二・九％（八四万三八六四円）、福井一・八％（二七万四三三円）と富山が少なかった。

総収入に対して払戻金の占める割合は富山六五・一％、石川六三・五％、福井六四・二％。富山だけが赤字だった。前年昭和二三年度の賞典費、奨励費の比率が、石川が一一・〇〇、九・八九、福井が八・三四、九・六七だったところから引き下げてコスト削減を行っていたのに対して、富山は七・七四、九・一七から逆に引き上げられていた。

このような富山の県営競馬の数字は、高いコスト、低い売上という公営事業によくある典型的な赤字体質を如実に示すものだった。人件費の抑制など業務の効率化が必要だった。賞典、奨励費の引き下げは、さらに出走馬の質を落とすことにつながるが、それも必要だった。

振興策は、この昭和二四年に入りすでに議論になっていたが、先に紹介した『富山新聞』への投書もそうであったが、在野ではその結論がほぼ出ていた。まず高岡競馬場での開催を続けるのであるならば、施設の改修・改善が不可欠であり、そうでなければ、競馬場を富山市へ移転させる、そしていずれにしても、競馬経営に経験と意欲をもつ人々からなる外郭団体を作って、名義は県営であっても、実質的にはこの団体が運営に当たるといった形態をとって、民間委託（準公営）にするということだった(65)。だがこの委託案は、富山では実現する見込みがまずないものであった。したがって、打開策は県当局が打つより他はなかった。

だが県営競馬は、県の財政に寄与するという目標に程遠いどころか逆に持ち出し、赤字となった。ドッジ・ラインのなかで苦境に陥っている県財政のなかでは、公共性もなく許されないものだった。県議会内をはじめとして廃止論が勢いづいた。県知事も消極的姿勢を表明するなかで、振興策としてできることは限られていた。富山の競馬の運命の時間も残り少なくなりつつあった。

その富山の競馬の廃止を述べる前に、富山と相前後して廃止された鳥取、島根両県の県営競馬について述べておきたい。鳥取は富山の競馬を待ち受けている未来、一方島根は富山の競馬にも存在していたかも知れない可能性を示していたからである。

鳥取は、昭和二五年五月開催を最後として競馬を廃止し、そして島根県も県営競馬としては、出雲大社競馬を昭和二四年九月、益田競馬も昭和二五年九月の開催で放棄していた。ただ島根では、市営、町営として出雲大社、益田双方ともに一旦は復活したが、出雲大社競馬はその昭和二六年一二月の一回で廃止、また益田競馬も昭和二七年三月一回で休止となっていた。だがまた翌昭和二八年三月、島根県競馬振興会という組織のバックアップを受けて再々度町営競馬として復活することになる。

2　鳥取県、戦後二番目の廃止

鳥取県の県営競馬は昭和二五年五月が最後となり、戦後、山梨についで全国で二番目に地方競馬が開催されない県となった。三番目が富山となるが、昭和二四年度、全国の地方競馬のなかで売上順位の最下位が鳥取の二五〇万円（計一回四日間）、ブービーが富山の六八一万円（計三回一二日間）だった(66)。

鳥取の場合、戦後再開第一回の昭和二二年六月の開催の売上は四〇〇万円を超え、順調以上の滑り出しだった。だがその後がいけなかった。第二回の七月が二三〇万四四八〇円、第三回一〇月が一九六万一八三〇円と半減させてしまっていた（以上第2章）。それでも県馬匹組合最後のものとなった昭和二三年五月の開催では、当初見込みよりも一〇〇万円下回ってはいたが、三九一万六六〇〇円余を売り上げた(67)。インフレ率（対前年比小売物価指数二・九）を考慮すると、前年の第二回、第三回を上回ったとは必ずしもいえなかったが、回復基調にあることは確かだった。ファンサービスとして米子駅からのバスの増発もはかられていた。

またこの開催では、それまで「バクチ的な空気におおわれ街頭バクチやケンカ出入りが横行したが、今回はこうした色はほぼ一掃されて明朗な楽しむための競馬といったほがらかさで家族づれの競馬ファンの姿も多」くなっていたという(68)。なお鳥取の開催日数は四日間だった。

ちなみに隣県の島根でも、県営化前の昭和二三年、益田競馬第一回三月二一日からの開催（以下出雲大社競馬も含めて五日間）が七五六万、第二回五月五日から六五一万、出雲大社競馬第一回三月一九日から三六〇万円、第二回五月一五日から四一四万円であったから(69)、鳥取の復調もそれとともにあった。富山の四月の開催の売上が二二六万五八五〇円であったことと比較すると、その復調ぶりがより明らかだった。だが後から振り返れば、鳥取、島根両県ともに、県営化後がいけなかった。

県営化に備えて、鳥取馬匹組合の五月の開催初日には、西尾愛治知事、県会議長、最終日には県会議員団が視察を行っていたが、七月下旬までに資産を引き継ぎ、八月中に関連条例の制定を終え、九月上旬の開催がめざされていた(70)。脳炎の流行で、結局県営第一回は一〇月七日からの開催となったが、鳥取県当局はこの開催に意欲的に取り組んでいた(71)。

まず日程を一日増加させて五日間とし、賞金も三〇万と、富山の県営第一回の二〇万円の一・五倍だった。馬券も、三頭立と四頭立の場合に限定されていたが、連勝単式(フォーカス)の発売が決められた。入場券も抽せん券付とされ、賞品は一等自転車一台(一名)、二等銘仙一反(三名)、三等は置時計一個(五名)だった。また一等一〇〇〇円(一名)、二等五〇〇円(一名)、三等一〇〇円(五名)という、馬券総売上を的中させる懸賞も実施された。なおこの懸賞の的中者はなく、二等以下が支払われた。県の売上目標は四〇〇万円(予算四五五万円)、今までの因習、ボス支配を破り競馬の明朗化をはかることが謳われた。

初日七日、西尾知事、畜産課長等県首脳部も姿を現したが、有料入場者四五〇名、売上も予定の半分の四五万円。警備のバイトに雇われた米子医専学生も手持ち無沙汰、県畜産課が開催中、場内で直営バザーを開いていたがこちらもさっぱり売れていなかった。好天に恵まれた二日目以降も売上が伸びず、総売上二三八万八一九〇円、諸収入七万三五二一円をあわせて総収入二四六万一七一一円、結局七五万五〇〇〇円の赤字に終わってしまった(72)。今までの因習、ボス支配を破ることができなかったことも、その要因になっていたに違いなかった。鳥取県は、この一回の開催だけで、県営競馬の開催に及び腰になってしまった。県畜産課は一応、昭和二四年春季開催に向けて、準備を進めてはいたが、県議会の農林部常任委員会等で春季開催中止の判断が下され、三月二四日、知事がその旨を公表、今後の開催については競馬委員会での検討に委ねると表明した(73)。

ところがこの中止の発表に、地元米子市、皆生温泉は巻き返しに打って出た(74)。応分の負担にも合意、その結果、赤字の際の競馬場の修理、事務員給与等などの地元負担を条件に、四月一八日の県会で五月の開催が決定された。これより先、各派代表県会議員が四月一三日から五日間の出雲大社競馬を視察していたが、それも米子競馬再開の後押しの材料となっていた。四月二六日、米子市役所での競馬運営委員会で具体的な段取りが決められ(75)、五月の県会で開催予算三一八万円余が承認された(76)。

米子市及び県競馬当局者は、今回赤字を出せば廃止決定と、出走馬の確保、宣伝、集客策などに背水の陣で臨んだという(77)。馬券も、連勝単式（フォーカス）を三、四頭立のレース限定をはずして、全レースで発売。出走予定馬も、最初の計画八〇頭をはるかに上回り、県内から四〇頭、島根県三〇頭、山口県一〇頭、広島県二四頭、岡山県一〇頭、四国地方二頭、計一一二頭。なお実際の出走馬は一〇三頭となった(78)。

そして五月一八日から二二日の開催を迎えた(79)。だが二日目は雨にたたられ、三日目は雨天順延と天候にも見放され、総売上も二四四万円余に終ってしまった。低めに見積もった目標三〇〇万円の八割、前年一〇月の県営第一回とほぼ同じだった。経費の削減にも取り組まれていたが、赤字を計上、地元負担でカバーできない部分も出て、それについては県の畜産事業費で補填された(80)。廃止の決断は下されなかったが、これで当面の県営競馬開催は困難となった。

ところが競馬存続派にもう一度のチャンスがめぐってきた。

それは米子市が総額一億円の予算で、昭和二五年四月五日から四一日間の会期で開催する博覧会だった。昭和二三年三月三一日からの宇治山田（会期六二日間）を皮切りに全国各地で、戦後の地域振興策の一環として博覧会が開催されていったが、米子市もその一つに加わっていた。この人出をあてこんで、会期中に県営競馬の開催しようというものだった(81)。県もこれに呼応、一月、県会農林部常任委員会の了解を得て、五月のゴールデンウイーク中に春季県営競馬を開催する計画を進めていった。前年度の売上にあわせた二三八万円の開催予算額も、三月下旬、県会農林部常任委員会で承認され、五月三日から七日までの開催が正式決定された。名称は博覧会記念競馬、知事賞、米子市長賞、博覧会長賞も提供された。赤字県営競馬の汚名返上、これが合言葉だった。

しかし博覧会も、連休も、競馬人気復活の起爆剤とはならなかった。有料入場者は一日平均約二〇〇〇名、五日間延べ一万人以上にのぼってはいたが、売上がまったく伸びなかった(82)。そして三日目の五日、出遅れた本命馬の馬券の払戻し、レースのやり直しを求めて、観衆が一時間半も騒ぐという事件も起っていた。結局、売上は一六九万九二三〇円、予定の二三八万円をざっと七〇万円下回り、その分の赤字となっていた。鳥取の競馬が復活した昭和二二年五月の県馬匹組合の主催以来、ここまで計七回の開催が行われたが、そのなかで最低の記録、好転の兆しどころか逆に絶望的な数字だった。

前年からのドッジ・ラインによる不況は、鳥取でも深刻だったが、それを示すかのように売上金のなかに一〇〇円札が非常に少なかったという。これに加えて、ボス支配が続き、馬券購入を忌避させるような雰囲気が非常に強かったに違いなかった。

万事休す、これで鳥取の競馬も命運もつきることになった。そして鳥取県は、戦後、山梨についで地方競馬が開催されなくなった二番目の県となった。

また島根の競馬も存亡の危機を迎えていた。

3　島根県、県営競馬の廃止

売上ということから見れば、島根の地方競馬は、昭和二三年、県営化前の計四回の開催は順調だった(第2章)。だが県営化後、その売上は低迷していくことになる。

昭和二三年の県営競馬は、出雲大社が一〇月一四日から一回、益田が第一回一〇月二二日から、第二回一二月一六日から各五日間開催を行い、三開催の馬券売上は計一二三一万五七五〇円(83)、昭和二三年馬匹組合主催時代の益田競馬第一回七五六万五一六〇円、第二回六五一万一八〇円の二開催分一四〇七万五三四〇円よりも(84)、その売上を約一七六万減らしていた。また翌昭和二四年度第一回三月三一日から、第二回四月二三日からの各五日間開催の馬券売上は、第一回約五五〇万円、第二回四六六万五九五〇円と(85)、こちらも昭和二三年馬匹組合主催の二開催の合計から約二九〇万円減らしていた。

この低落を受けて、県当局は、益田競馬の夏季開催の中止を余儀なくされていた(86)。またこの中止には、益田競馬の運営を事実上行っていた島根県馬事振興会が、職員給与の中間搾取（ピンハネ）を行っているとの疑惑を生じ、事務所などが家宅捜索を受けていたことも影響していたようである(87)。だが秋には何とか開催したいという地元の強い意欲を受けて、体制が立て直され、秋季競馬は一一月一九日から五日間開催されたが(88)、売上等は不明。

一方昭和二四年度第一回、第二回県営出雲大社競馬は四月九日、及び五月一二日から五日間開催、第一回の売上は目標四五〇万円に対し三三二万四五八〇円、第二回は二六三万三七二〇円とさらに七〇万円近くを減らしていた(89)。県は早くも、「この調子では地方財政の一助どころか経費倒れになるのではないかと見て県営競馬のあり方に頭を悩ま」すようになっていたという(90)。

鳥取の米子競馬も、先にふれたようにこの直後の五月一八日から二二日まで五日間開催されていたが、その売上もほぼ出雲大社競馬と同じ二五〇万円余に終わっていた。鳥取県当局は、この年の米子競馬の中止を表明していたが、地元の開催への強い意欲、また出雲大社競馬からの出走馬の転戦が期待できることもあって、開催に踏み切ったものだった(91)。鳥取県は、この結果を受けて一旦、その後の米子競馬の中止を決定する。

出雲大社競馬第三回は、九月三〇日から五日間の予定で開催された(92)。五日目の一〇月四日から雨が続いたことで順延したのを受けて、一日日程を追加して八、九日の計六日間となったが、総売上は一六四万九八四〇円、絶望的な数字だった。島根県はあっさりと、ここで出雲大社競馬場での開催を放棄した。

一方益田競馬は、昭和二五年からは会期を六日間として、まず一月一七日から、ついで四月一日から開催されていった(93)。一月の開催では、有力馬の誘致策として賞金も増額され、日程も売上拡大策として「正月開催」とされたが、逆に売上は対前年比五〇%と大幅に減って、大きな赤字を計上していた(94)。ただしこの両開催の売上は不明。

そして迎えた九月二二、二三、二四、二九、三〇、一〇月一日の第三回開催(95)。売上が判明する二二、二三日、二九日の売上が九万一四八〇円、三二万四六七〇円、二二万六四五〇円だったから、総計で二〇〇万円を超えてはいなかったであろう。昭和二三年馬匹組合時代のピーク時の四分の一近くにまで落ち込んでいた。この事態に、県当局は益田競馬開催の放棄も決断した。

先にもふれたように米子競馬は、折からの米子博覧会人気を当て込んで、昭和二五年五月三日から七日の五日間再開されていたが、売上は一六九万九二三〇円という絶望的な数字に終わり、ここで鳥取県から地方競馬が姿を消すことになった。したがって、山陰地方からは、この昭和二五年で地方競馬が消滅しようとしていた。

ところが昭和二六年五月競馬法の改正(競馬場所在地にも開催権を付与)を受けて、開催権を得た出雲市が昭和二六年一一月、出雲大社競馬の再開を決定した(96)。各地の競馬熱の再興に刺激された出雲大社競馬協会が準備を進め、交渉を受けた出雲市が、市制一〇周年行事の一環もかねて決断したものだった。約二年ぶりの開催だった。開催日程は、一二月二、三、四、七、八、九日の六日間、目玉は六名の女性騎手の招聘と抽せん券の配布(97)。だが売上は、目標の三〇〇万円に遠く及ばない一七〇万円。おそらく県営競馬を終わらせることになった昭和二四年一〇月と並んで昭和二二年以来最低のものだったに違いなかった。開催直後から、同競馬場の建物などの身売り話がうわさされ、次期開催など到底望まれないと報じられていたが、その通り出雲市の開催も結局この一回の開催に終わった。

昭和二七年六月以降、保安隊(自衛隊)出雲駐屯地用地の一部として買収交渉が進められ、その他の用地とともに一二月には交渉が成立(98)、同駐屯地は翌昭和二八年一〇月一〇日開設、競馬場用地は、保安隊の演習場と姿を変えた(99)。

一方昭和二五年九月二二日からの県営第三回を最後に、県が開催を放棄していた益田競馬に関しても、益田町が、昭和二六年一〇月町営競馬としての復活を決定した(100)。競馬場を所有する島根競馬振興会への委託経営で、収益が出た場合は一定割合を市に納入する、赤字の場合は、振興会の責任で整理し、市は補填しないという覚書が取り交わされていた(101)。この赤字でも町への負担がないということが、再開の決め手となった。

そして益田競馬は、昭和二七年三月二九、三〇日、四月三、四、五、六日、町営競馬として復活をとげた(102)。昭和二五年に比較すると売上は三・一倍に伸びていたという(103)。だが「会計的には苦しく」、開催の際、県側から借りていた五〇万円の返済を、入場税等から行ったことで、関係者は「公金横領の汚名が着せられ」、地区の有志からの融資を受けて補填したが、その返済が行えず、関係者の全財産が差し押さえられたという。このこともあってか、町営競馬は、この一回で休止となった。

ところが、昭和二八年三月二九、三〇、三一日、四月三、四、五日益田市営競馬として再度復活をとげた(104)。馬主会も、建物、馬場の整備等に積極的な支援を行っていた。売上は五一四万円と県馬匹組合主催時代の昭和二三年四、五月の七五六万五一六〇円、六五一万一八〇円にも及ばなかったが、以後、開催は二〇〇二年八月まで継続されていくことになる。ともかく、島根県競馬振興会の存在が、出雲大社が廃止、益田が存続という差異を生んでいた。

出雲市と益田町というこの島根の事例を見ると、富山でも昭和二六年以降、たとえば高岡市が開催への強い意欲があれば、何年続くかは別としても、とりあえずは競馬を再開できることを示していた。

なお山陰地方の競輪に関していえば、昭和二五年五月から松江市営競輪が開催されていた(105)。

各年の売上は、昭和二五年七回四〇日間、一億六三二万二三〇〇円、一日平均二六五万八〇五八円、昭和二六年一〇回五九日間、一億五九一五万二八〇〇円、一日平均二六九万七五〇五円、昭和二七年一〇回六〇日間、一億二九九〇万五一〇〇円、一日平均二一六万五〇八五円と、昭和二六年で廃止された松本競輪場を除けば、全国最下位であった。

これに競輪場の開設、開催運営にあたっていた島根県自転車振興会は、第一回開催直後から手を引くために松江市との協議に入り、市も妥協を重ねていたが、ついに昭和二七年三月からは松江市単独での運営となっていた(106)。

だが松江市も、米子、出雲からの無料バス、二〇円の車券の導入、米子への場外車券場の設置などの振興策をはかったが、持ちこたえることができず、昭和二八年七月の開催を最後に競輪事業から撤退することになった(107)。この年の開催は五回二八日間、四五七一万二七二〇円を売り上げていたが、一日平均一六三万二五九七円とさらに低落していたことを考えれば(108)、傷が浅い内にとの決断だったに違いなかった。それでも松江市に残された負債は二五〇〇万円だったという(109)。

益田競馬が低調だったのは、松江も山口県の防府も地理的に遠かったので、競輪の影響とは考えられなかった。また鳥取県が米子競馬、島根県が出雲大社競馬から撤退したのも、松江競輪が開始される前で、その影響ではなかった。ただし昭和二六年一二月の出雲市営競馬の売上が二〇〇万円以下と低迷したのには、後半の三日間が松江競輪と重なり、全国的には最下位とはいえ、それでも一日二六〇万円前後を売り上げていたその開催の影響もあっただろうが、松江競輪が出雲市営競馬廃止の決め手ではなかった。要するに山陰の競馬の低迷は競輪の影響とはいえなかった。

ともあれ、競馬場そのものが建設されなかった山梨を除けば、昭和二四年一〇月七日の茨城取手競馬場についで、一〇月九日が最後となった出雲大社競馬場は、僅かの差ではあるが全国で二番目に県営競馬が開催されない競馬場となった。

4　廃止、富山における競馬の終焉

昭和二三年一一月から翌昭和二四年一一月まで計四回開催された富山の県営競馬の売上は、県側の期待を大きく裏切るものだった。各開催の売上は、昭和二三年一一月二六一万二二四〇円、昭和二四年四月二七一万八四七〇円、七月一八九万六二五〇円、一一月二一一万五一〇〇円に終わり、最低採算ライン（目標）の三〇〇万円に達したことは一度もなかった（第7章）。その売上は、この間のインフレがありながらも、前の二回が昭和二二年の県馬連主催時代、後の二回が昭和二一年の闇競馬時代の額に相当するという低迷ぶりだった。有料入場人員も減少傾向に歯止めがかかっていなかった。

昭和二三年度は一〇万円の黒字という決算だったが実際は約二七万円の赤字、そして昭和二四年度の三回で計七五万四〇〇〇円という欠損、昭和二四年度競馬事業費予算額での総収入見込みは一三二三万五九五四円だったが、実際の競馬事業収入は六九八万六八四四円、第三回開催が中止を余儀なくされたうえに売上も伸びていなかった結果だった（本章1）。

県営競馬出発の際には、県民に健全な娯楽を提供し、財政的な面に関しては、長い目で見るというのが、県の当局者が少なくとも公にした考えであった（第7章）。だが第一回開催から低迷状態が続いて、県側の態度も明らかに変化していた。県議会でも、昭和二五年に入ると廃止論が勢いづいていた。たとえば三月四日、昭和二五年度予算案審議を前に開かれた予算説明会の席上、県側が「競馬委員会で目下研究中で本年度は何とか黒字を出すようつとめたい」と述べたことに対して、ある社会党議員が「論議抜きで廃止だ」と詰め寄っていた(110)。

また三月九日の県議会で、前議長の前田治吉（農本党）が、公営事業に関する質問のなかで、競馬が馬匹改良という目的をもっているにしても、公営事業である限り収益をあげて財政を少しでも潤さなければならないとして、昭和二四年度の収支について、つぎのように追及していた(111)。

……収入は六九八万六八四四円で（予算の）五〇％しか入っておらない。支出はどうかと申しますと七六二万一三八四円で（予算の）六五％を支出しておる。収入はあろうとなかろうと出すものを出している。その結果でみますと畜産組合から引継いだところの一〇万九四八八円という残った金を食い込んでしまって、なおかつ六三万四五四〇円という赤字を出しておるのであります。

図９　昭和二一年～二四年馬券売上等の推移

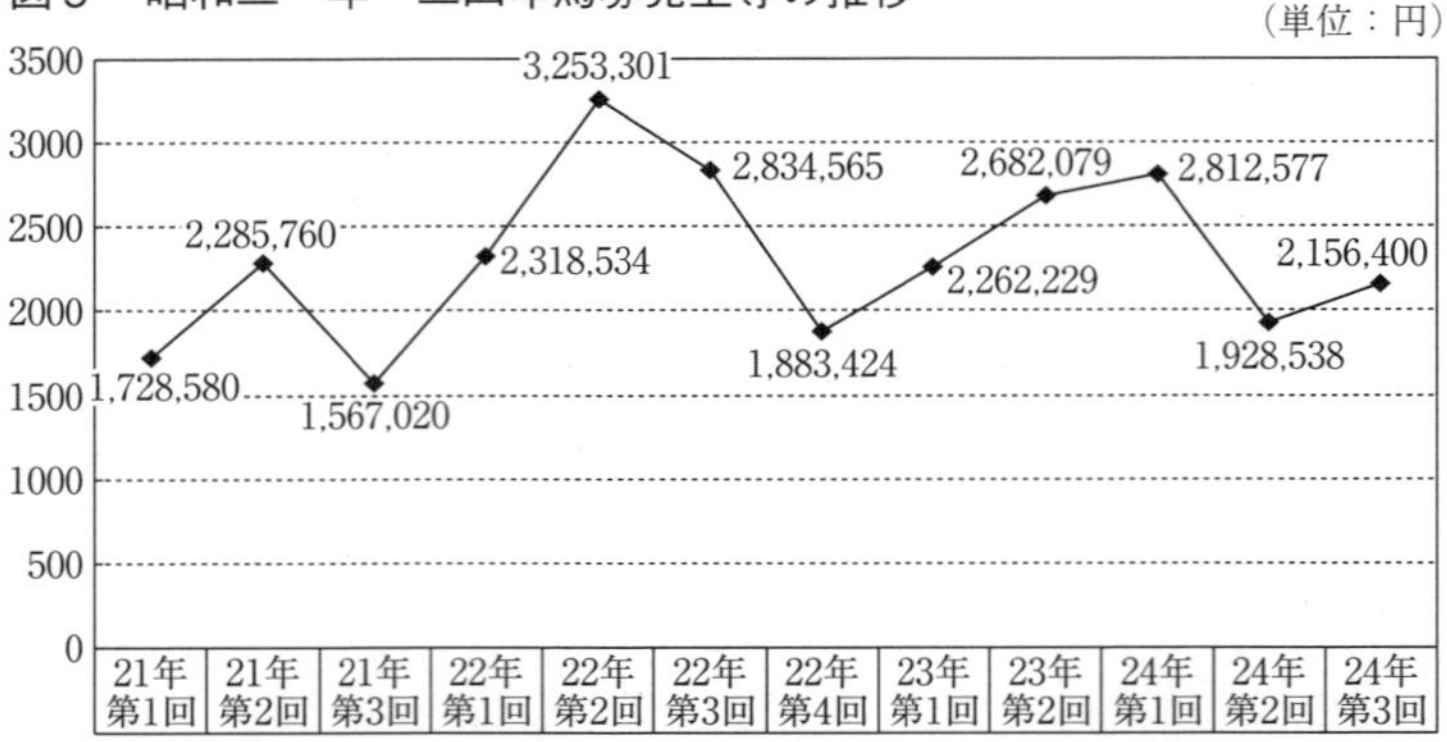

註：昭和21年は３日間開催の馬券売上、昭和22年以降は４日間開催の総収入（『北陸夕刊』昭21・８・20、９・10、10・30、「最近に於ける高岡競馬の開催費収支並びに入場人員成績表」『富山県地方競馬参考資料』）。

なお農本党は、富山県の地方政党で、農業会を母体として昭和二〇年一二月一六日の結成(112)。「一、国体を護持し、民本政治の確立を期す。二、農本立后を国是とする産業の再編成を期す。三、国民生活の安定を図り、国民道義の高揚を期す。」を綱領とし、昭和二二年四月三〇日の県議会議員選挙で、一四名が当選（定数四四）、第一党となっていた。

九月の開催の中止があり、七月の八百長騒動もあっての三開催分の数字だったが、確かに当初予算額からみれば、前田議員の発言の通りだった。承継時、七〇万円近くあった県馬連の資産も使い切っていた(113)。それに先にもふれたように、開催コストも高かった。赤字を防止するには、業務の効率化、売上に応じた賞金、手当などの削減が必要だった。県は昭和二五年度競馬事業費を計上するに当たり、人件費約四三万円（五名分）を削減するなど前年度一三二三万五〇〇〇円から約一〇二万円減額した一二二一万七〇〇〇円を提案していた(114)。前年度赤字額が三九万円であるから、計算上では収支が償うものであった。

昭和二四年度以降、超均衡、超緊縮のドッジ予算で、全国の地方財政は悪化していたが、もちろん富山県も例外ではなかった。そのなかで、赤字額は小さいとはいえ、県営競馬は非効率な公営事業のあり方を問う象徴的な意味も帯びていた。机上の計算だけでは、議会を納得させることは困難になっていた。「損をするような競馬ならやめてしまえ」ということであった(115)。これに対して、高辻武邦知事は、つぎのように答弁した(116)。

> ……競馬に関する問題でありますが、競馬事業そのものについては私は根本的に疑問をもっておるのであります。これはさらに各位のご意見を拝聴して競馬事業そのものの根本について考えなおしてみたいと考えております。競馬が新時代においていかなる意義をもっておるかということにつきましては、私自身が今申上げましたように疑問をもっております。随いまして各位の御意見も十分拝聴したいと考えておる次第であります。

図10　昭和二二年〜二四年有料入場者数の推移

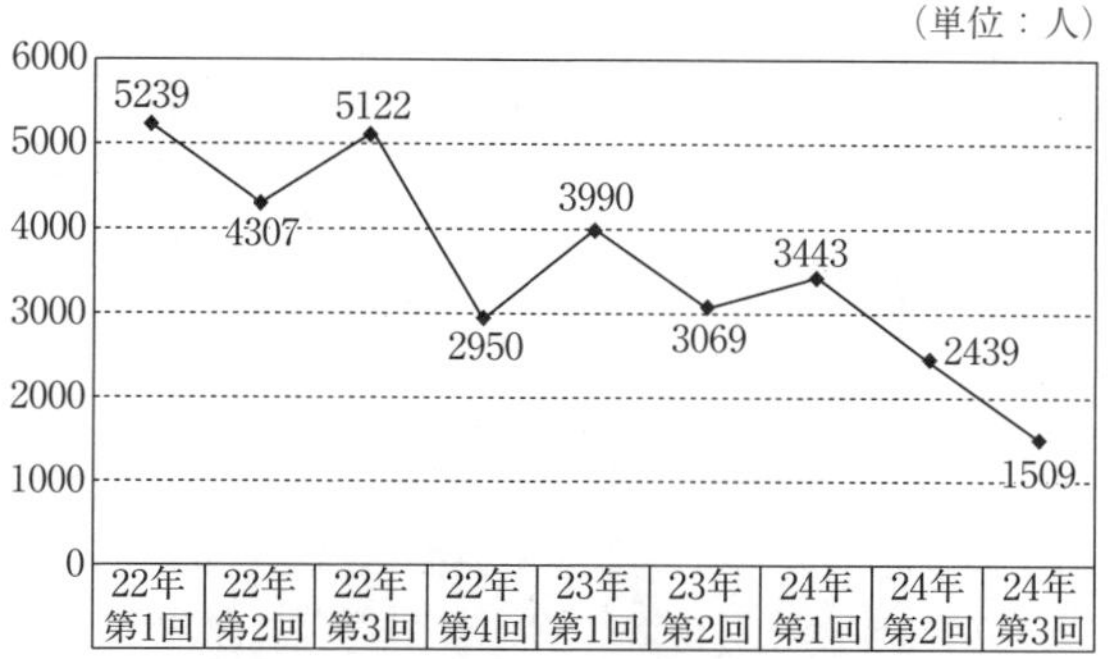

（「最近に於ける高岡競馬の開催費収支並びに入場人員成績表」『富山県地方競馬参考資料』）

昭和二三年一〇月、県営競馬に関する法令の審議に際して、当時の高辻副知事は、義務ということではないが、競馬法の改正で、県の財政収入とすることができるようになったので県営競馬施行を決定した、私も施行したほうがいいと考えている、といった旨の答弁を行っていた（第4章）。ここでの答弁は、その大幅な変更、一八〇度転換したともいえるものだった。知事が、県営競馬存続に否定的な見解を示し、今後の検討に委ねるとの態度を表明したことは、廃止の結論を要請していることに他ならなかった。導入決定とその後の経営責任は棚上げされていたが、高辻知事の姿勢は、財政的観点からだけ見れば当然の判断だった。財政難に直面して情況のなかで、効果が上がるかも不明な競馬再建策に取り組んで傷を深めるよりは、それが浅い内に撤退するということだったからである。財源にならなければ、戦後の地方競馬の前にどのような運命が待ち受けているか、それが端的に示されていた。

図11　県議会での廃止論を報じる記事

赤字の縣營競馬
縣議會に廢止論、知事も思案顔

（『北陸夕刊』昭25・3・11）

この知事の表明を受けて、競馬事業予算案は凍結された(117)。そしてかねて県営化に際して、県議会内に設置されていた競馬委員会が存廃に関する答申案をまとめ、それを受けて公営事業調査会で結論が出されることになった。四月八日開催された競馬委員会が打ち出したのは、存続の方向だった。その内容は、畜産振興のために必要として、まず高岡競馬場の施設の「完備」に向けて、一五〇万円で一五〇頭を収容できる厩舎を新設、腐朽している観覧席を修理する、そして四月の春競馬は取りやめ、七月、八月、一一月の三回挙行する、さらに将来の問題として婦負郡呉羽村富山総合運動場跡地（現・富山市茶屋町）への新競馬場設置を検討する、というものであった。なお呉羽村の村民も、地域振興策として、同運動場跡地への競馬場設置を早くから望んでいた(118)。

五月一〇日、県議会農林委員会の席上、県当局は、「最小限度の施設を整備して客を呼ぶため」には、一九二万円の特別会計予算が必要であるとの説明を行っていたが(119)、これは競馬委員会の存続の方向の答申を受けてのものだった。これに対して、「もうからない競馬なら廃止した方がよい」との反論が加えられ、この日の農林委員会は結論を出すことができなかった。

五月一六日、競馬委員会の答申を検討する公営事業調査会が開かれた(120)。この一六日の日付で、この競馬委員会が作成、参考資料を添付して調査会に提出した答申が『富山県地方競馬参考資料』（富山県立図書館蔵）だった(121)。答申は、まず高岡競馬場の現況をつぎのように述べていた。

　建物工作物は相当年数を経過し、常駐管理人なきため腐朽甚しく、数回に及ぶ倒壊と補修に次ぐ補修で現存建物も危険状態にあり、剰え厩舎観覧席を欠き馬場の状態も荒廃甚しく排水不良のため泥濘と化して、公正なる競走ができない状況であるから観客、優秀馬の誘致が困難である。

高岡競馬場施設の悲惨な状態が、不振の要因であるということであった。敗戦後、富山市への競馬場移転案が常に存在していた事情があったにしても、ここまで繰り返してきたように、高岡競馬場の施設改善には手が付けられていなかった。昭和二一年八月闇競馬を実施するにあたって急造された建物は、ここでの説明を受ければ、もはや建物と呼べる状態ではないほどに危険で、馬場も公正な競走ができない状況となっていた。

ついで現況は、収支の均衡には、一回の開催で開催費用が一〇〇万を要するので、最低限三〇〇万円の売上が必要とされるが、現状は二百数十万円できわめて不安定な状態である、と述べたうえで、馬券売上が伸びない要因として、㈠富山の競馬ファンの大半が農村人で、最近の経済状況のなかで特に農村の金詰りが著しいこと、㈡雨天の場合の影響が大きいこと、の二つをあげていた。そして全国的に見て、特に都市部において、競馬は金詰りと競輪の影響で売上が落ちているが、競輪二五％、競馬が約三三％という控除率の格差があるなかで、富山でも競輪が始まればその影響を大きく受けることが必至であり、楽観を許されないとして、つぎのような「今後の見通し」を答申していた。

本県高岡競馬は最近不振の一路を巡って居り、競馬委員会に於てもこれが振興策として施設拡充につき強く要望されるところがあった。消極的ではあるが最小限度の施設を整備し、農閑期で且つ最も天候に恵まれた七、八月に開催せば収支均衡の保てる競馬が開催されるものと考えられる。

ここで「最小限度」と言及されている整備案がこの答申には

図12　『富山県地方競馬参考資料』表紙・目次

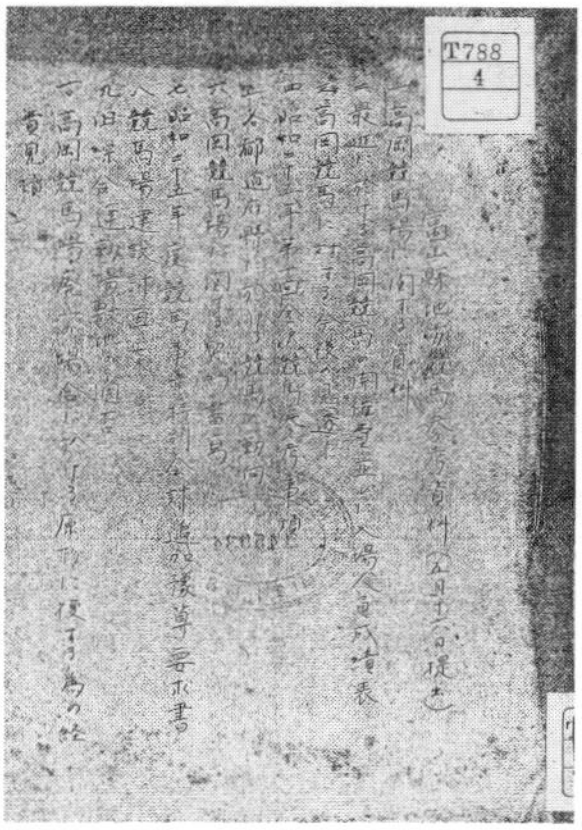

ガリ版で刷られている（富山県立図書館蔵）。

図13　新設競馬場見取図

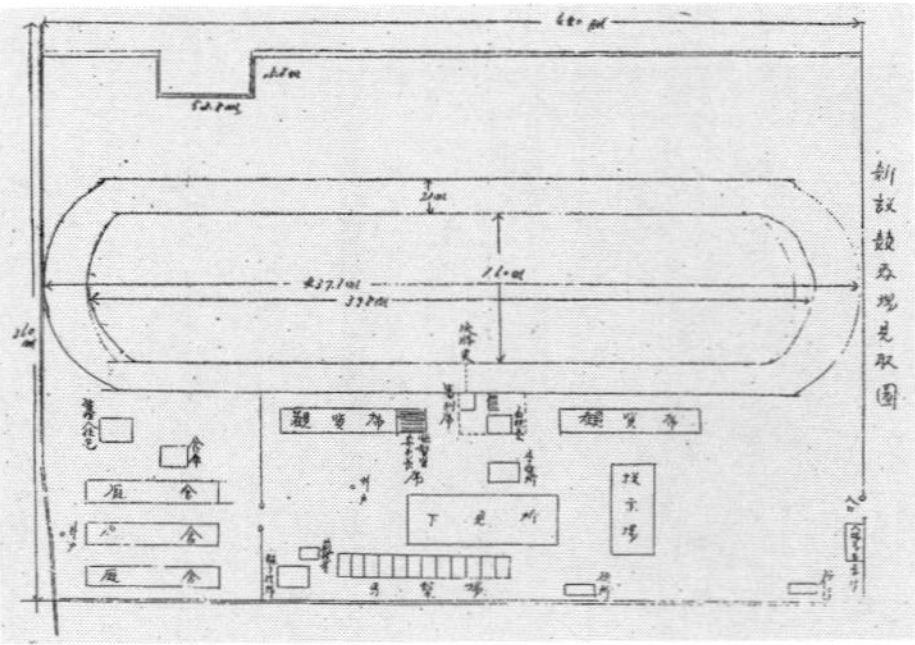

(『富山県地方競馬参考資料』)

添付されており、その主要なものは五〇頭収容の厩舎（一三五万円）、四間（七・三メートル）×二五間（四五・五メートル）、六段、収容人員七五〇名の観覧席（四〇万円）の設置、他に電気、電話、井戸の施設などあわせて総工費一九一万九八六〇円のものだった。このように答申は、存続を前提としたものだった。

そしてこの答申には、四月八日の際の合意に従って、新競馬場二案が添付されていた。競馬存続派の熱意が示されていた。

まず交通至便であることを第一条件として、適切な用地を選定、新競馬場を建設する案だった。所要広地三万七〇〇〇坪（最小限幅四七〇メートル）、所要面積二万坪でその内馬場八〇〇〇坪、建物用地其他一万二〇〇〇坪、一周一〇〇〇メートル、幅員二〇メートル、建物一〇八四・五坪、総経費一五八一万五〇〇〇円という本格的なものだった。第一候補地は、閉鎖された軍需工場、扶桑金属工場跡地（現・富山市岩瀬スポーツ公園一帯）だったが、工場誘致案とかちあっていて、この答申の時点ですでに現実性がなくなっていた(122)。

そこで競馬委員会が有力候補地としたのが、先にもふれた婦負郡呉羽村元富山総合運動場跡地（現・富山市茶屋町）だった。この元運動場は、皇紀二六〇〇年（昭和一五年）記念として造成され、陸上競技場、相撲場、弓道場などが設けられていたが、太平洋戦争勃発後に陸軍演習場として接収された(123)。戦後、国から地元に返還され、一部は畑地となり、残りは放置されたままとなっていた。

この跡地は、西側が道路、北側が低地、東側が呉羽丘陵、南側が畑地と現状では競馬場用地としては狭小であったから、拡張することが必要だった。答申には、東北部分の呉羽丘陵の約一〇〇〇坪を切り取って整地するか、あるいは南側部分の畑地八〇〇歩を転換するとして二つの設計図が添えられていた（図14）。いずれも総工費は一六〇〇万円だった。なおこの運動場跡地は現在、県立図書館、県立公文書館、弓道場、住宅地となっている。

先にふれたように呉羽村の村民も、地域振興策として昭和二二年、高岡競馬場の移転が浮上したとき以来、競馬場設置を望んでいたから、経費の問題さえクリアできれば実現の可能性があった。だがこの時点で、その肝心の経費の目途がまったく立っていなかった。それに富山市の競輪場設置をめぐる汚職問題は富山市議会議員も巻き込んでスキャンダル化しており、県内各紙は、この昭和二四年一二月から翌昭和二五年四月にかけては連日のように、それを追及（第5章）、県議会議員も新たな競馬場（ギャンブル場）の設置を積極的に訴えることが難しい雰囲気が富山には醸し出されていた。

図14　元富山総合運動場跡地競馬場設置図

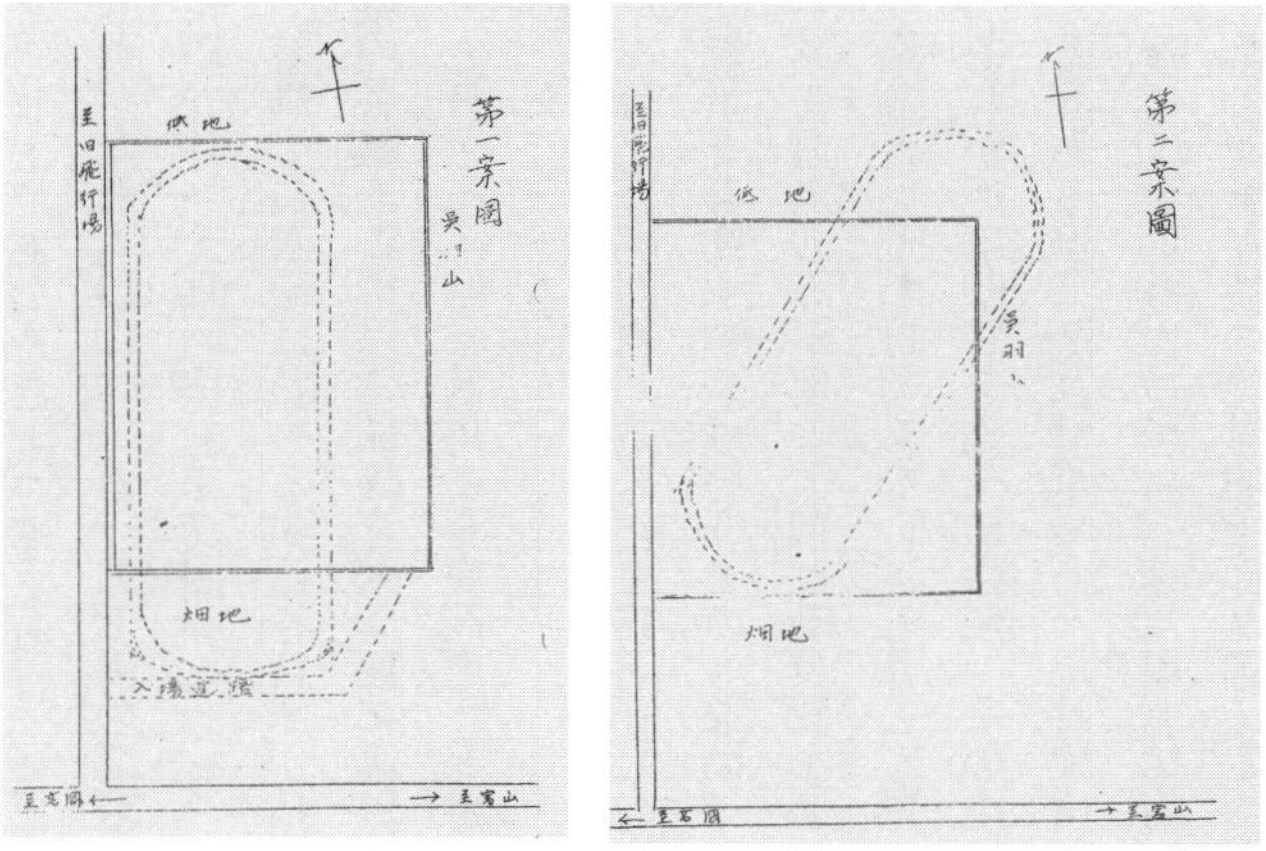

（『富山県地方競馬参考資料』）

また富山市への移転が決定しない要因には、翌昭和二六年四月からの高岡産業博覧会に競馬人気を当て込みたいという思惑のあった高岡市の拒否の姿勢も加わっていた(124)。高辻県知事は高岡市に競馬場を残す場合、その条件として約二〇〇〇万円の排水、厩舎など施設改善を確約させることも考えていたという。

以上の諸事情を勘案して競馬委員会が出した結論が、高岡競馬場の「最小限度の施設を整備」し、農閑期の七、八月に開催することだった。

この情報が伝えられていたかどうかは不明だが、先にふれたように、この五月の連休中、折から開催されていた米子博覧会の人出を当て込んで、その存廃をかけて、鳥取県営競馬が開催されていたが、大失敗に終わっていた。この一例だけで判断はできないとはいえ、鳥取の競馬の売上規模は富山と同程度で、鳥取が全国最下位、富山がブービーであったことを考えれば、富山でも、博覧会人気に便乗しての競馬開催に期待をかけることには無理があった。ただ人口は六〇万一七七人の鳥取よりも富山の方が四〇万人多かったが(125)。結局五月一六日の公営事業調査会でも、結論を出すことができなかった(126)。県知事の意向も後ろ盾とする廃止派と、競馬委員会をはじめとする存続派が拮抗していた。

県内各紙もこの県営競馬存続問題に高い関心を示した。たとえば、富山県の有力紙であった『北日本新聞』は、五月一九日号に「県営競馬の存廃問題」と題するつぎのような社説を掲載した。

目下存廃問題、県公営事業調査会の審査に付されている。これについて結論的にいうならば、まず一県存続の対策を考究すべきはいうまでもない。しかし確たる赤字対策が見出されないならば、廃止の断あるのみである。県営競馬の昨年度の欠損は職員費をふくめて約七、八〇万円に上るといわれる。この赤字そのものは別に大した金額というわけでもない。しかし、県営競馬はもともと県が財源を得ることを主目的とした事業である。だのにそれが逆に県費を食うにいたったのでは、当然これが存続は問題であらねばならぬ。もっとも馬匹改良ということもあるが、それは軍のあった時代ほどに重視されず、今日では競馬はむしろ娯楽の面が大きい。だから単に畜産奨励というだけでは、競馬県営の意義は成り立つものでない。この見地から少なくとも赤字を出さぬことが、県営競馬存続の絶対的条件と考えるのが妥当であろう。そこで県営競馬の存続について現在の高岡競馬場の施設を改善する案と、競馬場を移転新設する案とがあるのでそれについて考えてみよう。まず高岡競馬場施設改善に二〇〇万円を投ずる案であるが、果たしてこれによって問題の赤字を解消出来るであろうか。この確算が立たないならば二〇〇万円を投じても、それは無意味というべきである。一方競馬場を移転新設する場合はどうか。それは、赤字を出さぬという程度ではむろん問題にならずやがて競馬の収益で建設費が償われるようになることが必要である。かように考えるとこの両案はいずれも見通しとしては難かしいのでなかろうか。大体競馬事業は県内のファンだけを対象にしたのでは経営難を免れぬのではないかと考えられる。全国からファンを集めることは地理的に困難としても、少なくとも北陸地方のファンぐらいは集めねば経営はうまくゆくまい。とすればそれだけの競馬場の規模と施設を持たねばならぬことになるが、今日県にそれまでの事業度胸を望むのは無理であろうし、また望むべきであるまい。かくて、いずれにしても県営競馬の存続は難問題である。かりに明春高岡で博覧会をやるので競馬場の施設改善費を高岡市が負担してくれるとしても、その後の存続がやはり問題であろう。ただ、ここに一つ考えられることは県営競馬の民間委託である。もし引受け手があれば、県は赤字の責任を負わず、利益があった場合にそのうちの何割かをとる条件で民間に委託するのが最も上策ではないだろうか。本来、この種の事業は民間にやらした方がうまくゆく場合が多いことは常識といってよいだろう。民間で委託経営の引受け手がないが、まずあたってみて引受け手がないようであれば県営競馬の事業として成立たないことがそれによっても裏書されることになる。その場合はもとより廃止の断を下すべきである。確たる赤字対策もないのに、ズルズルと県営競馬を存続することには、強く反対したい。

要約すると、「馬匹改良という軍事的要請が消えた今日、娯楽の側面が大きい競馬は、赤字を出さないことが存続の絶対条件である。収益改善のために既存の高岡競馬場の施設改善（二〇〇万円）と、富山市への移転新設（一六〇〇万円）の両案があるが、前者は、その程度の改善で赤字を解消するとは考えられず、後者は収益で建設費が償われるようになることが必要であるから、双方とも現実的な案ではない。収益をあげるには、少なくとも北陸のファンを集めることが不可欠だが、それにはそれだけの競馬場の規模と施設を持たねばならない。だが、県にそれまでの事業意欲を望むことは無理であるだろうし、また望むべきでない。県が赤字の責任を負わず、利益があった場合にそのうちの何割かをとる条件で民間に委託するのが最も上策だと考えられる。したがって民間委託を模索して、それが不可能であれば、廃止の断を下すべきである」、簡単にいえば、県には競馬の経営能力がなく財源獲得という目的を達成でき

図15　県営競馬の存廃問題に関する新聞二社の社説

論説

県営競馬の存廃問題

（『北日本新聞』昭25・5・19）

社説

県営競馬をどうするか

（『富山新聞』昭25・5・29）

ないので、民間委託を模索してその引き受け手がなければ、廃止の断を下すべきである、ということだった。県競馬委員会の答申は全面的に否定されていた。国会審議のレベルでは、確認されていた畜産振興が競馬の目的であるということもあっさり切り捨てられていた。

この『北日本新聞』の競馬運営の民間委託の主張は、当時、国営、公営競馬の民営化が双方ともに近いという雰囲気を受けてのものだったが[127]、その時点では競馬法が禁じているところであり、実現不可能なものであった。その競馬法下、各地で行われていた「民間委託」は、隣の石川県も含めて、競馬場の施設を「民間会社」が建設、維持管理し、それを県などの主催者が賃借するという形であった（第5章）。だがこの形態をとろうにも富山には、その新競馬場建設を引き受けことのできる受け皿がなかった。それにその後昭和二六年以降、地方競馬の売上が伸びていくなかで、民営化を要求する声がさらに高まったとき、県など各地の施行者は、絶対反対、公営の維持を強く主張して、それに成功していたから[128]、仮に富山の競馬が存続していても民営化は実現の可能性がなかった。

これに対して、『北日本新聞』とならぶ地元の有力紙であった『富山新聞』は、五月二九日号の社説「県営競馬をどうするか」で、つぎのように論じていた。

赤字つづきの県営高岡競馬はさきの富山県公営事業調査会でその存続が問題になり、富山市付近へ移転した方がよいという意見と、いっそのこと止めたらどうかという意見が対立したと伝えられている。戦前および戦後直後あれ程隆盛を極めていた競馬が最近急激に凋落して赤字を続出しているのは競輪に圧倒されたことによるらしいが、しかし富山県のように競輪に影響されないところで何故に赤字に悩まねばならないのだろうか。それにはいろんな理由があるようだが、専門家の一致した見解としては、競馬場の位置が悪く交通は不便なこと、厩舎の設置がなく、馬を預けるため近県に比し馬主の負担が重く、県は優秀な馬が集まらないこと、したがって出場馬が限定され、人気馬は決っているので大穴が出ず高配当のないこと、また開催の度に県庁の役人が高岡市に臨時事務所を設けるので事務費が高くつくと同時にはなはだしく非能率なこと、などがあげられている。さらに雨が降ると馬場がひどいぬかるみになって開催できないことも挙げられている。以上の理由のどの一つをとってみても要するにこの競馬場は競馬場としては全くゼロであるということを意味する。したがってこの無価値な競馬場で黒字をあげようというのは少し無理ではあるまいか。もっとも過去の成績をみると戦後第一回目の二二年のみは約一六万円の利益をあげているが、二三年には約六万八千円、二四年には約二八万円の赤字をだしている。二二年は馬匹組合連合会の主催だったから、結果のみからいえば、県の主催となってから競馬は赤字になったといえないことはない。しかし天候の関係、経済界の事情などを考慮にいれなければならないから早急にこの結論を引出すのは、むろん早計であるが、役人商売の非能率と不手際もまた重大な原因をなしていることは争えないと思う。だからもし今年も開催するならば専門家の援助と助言が絶対に必要だとは思う。しかし今はその存続が問題になっているのである。県公営事業調査会の富山市付近移転説は一六〇〇万円の巨費を投じて新設することになるが、これは確実に減価償却をしてかつ剰余金をあげうる見通しのない限り無謀ではないだろうか。しかも現実には利益をあげる見通しは極めてとぼしい。まして富山市に近く競輪場が新設されるにおいては問題にならないと思う。これだけの費用があればもっと外に有効につかう道はいくらもあると思われる。それではむしろ中止した方がよいという一方の説はどうか。これははなはだ消極的ではあるが、全国府県営の競馬がほとんどすべて赤字を出しており、最近には大阪府のような大都市が中止した例もあって、競馬界の不振は全国的趨勢となっているようだからあるいは賢明の策かも知れない。しかし去る四月におこなわれた金沢競馬は四日間で一五〇万円の利益をあげている事実を見逃してはならない。この事実は北陸ではやりようによっては競馬で利益をあげ県民の税負担を軽減できるということを証明している。したがって、われわれとしては、最小必要限度に高岡競馬場を整備して専門家の十分な指導のもとに続行することを望みたい。もしこれが不可能ならば中止するにしくはないと考える。

要約すると、「高岡競馬場は、競馬場としては全くゼロの施設であり、それに非能率、不手際の役人商売が加われば、これで黒字を出そうというのは土台無理な話しである、富山市への新設移転説は、総工費一六〇〇万円を減価償却して且つ剰余金をあげる見通しがあってのものでなければならないから無謀である、だが石川県のように、やりようによっては競馬で利益をあげ、県民の税負担を軽減できる可能性があるので、最小必要限度に高岡競馬場を整備して専門家の十分な指導のもとに続行することを望みたい、もしこの整備と専門家の指導を得ることが不可能であるならば中止すべきである」、ということだった。

このように『富山新聞』は、『北日本新聞』と比較すれば、競馬委員会の答申の方向を受けとめて、競馬存続の可能性を残したものであった。専門家の指導というのは、旧県馬連関係者を念頭においていたと思われる。だがこれは県営化にあたって、県側が拒絶したものであった。ともかく県内有力二紙に共通していたのは、お役所仕事では競馬の赤字は解消されないということだった。

ちなみに石川の県営金沢競馬は、昭和二五年に入り売上が、五月開設の福井競輪の影響も受けて、前年比六九・

八％と落ち込むが(129)、廃止論は起こらず、翌昭和二六年には、岐阜県から六名の女性騎手を招待するなど振興策に積極的に取り組んでいた(130)。朝鮮特需による好景気の影響が主ではあったといえ、四月五日からの第一回は二九八万四七〇〇円と低迷したが、振興策も功を奏した格好で、第二回六月一四日からが五三九万四二〇〇円と伸びを見せ、そして第三回七月七日から一一七五万二三〇〇円、第四回九月二九日から一一五六万二二〇〇円と売上が一〇〇〇万を超えた(131)。なお売上の伸びを受けて、第三回からそれまでの四日間から六日間開催に拡大されていた。

六月の参議院選挙も一因となって、五月一六日以降富山県の公営事業調査会は開かれていなかった。その動向がつぎに伝えられたのは、六月三〇日県議会で、県営競馬の存廃問題を問われた副知事成田政次が、同調査会で、近々再検討、結論を出したいとの答弁を行ったときであった(132)。

七月に入り（日付不明）、公営事業調査会は、八月に「現状のまま試験的にいま一度開催し、その結果を検討して廃止か、あるいは設備をととのえて継続するのかいずれかを選ぶこと」、といった結論を出した(133)。存続、廃止派双方が妥協した折衷案だった。競馬委員会が「客を呼ぶために」と求めていた「最小限度の施設」の整備は棚上げを余儀なくされたが、存続派にとっては、ともかくも八月に一回開催できることになった。一方廃止派にとっても、その八月開催で再び赤字が繰り返されるならば、明確に廃止に向けて道をつける言質を手に入れたものであった。そしてこの存続の論議の背後には、先の競馬委員会の「今後の見通し」も述べていたように、競輪の影が忍び寄っていた。用地選定やその買収をめぐる市議などの汚職事件、二つの競輪会社の対立などがスキャンダル化して、昭和二五年春開催という当初予定よりはかなりの時間を要していたが、その開催も遠い将来のことではなかった（第5章）。当時国営競馬、大都市圏の地方競馬も競輪の影響を受け、売上減が続いており（第6章）、富山の競馬の売上がさらに減ることは目に見えていた。存続派にとって、八月開催では、この競輪の影も振り払うような大きな売上が欲しかった。

開催は、八月二四日から二七日の四日間と決った(134)。存続の運命をかけて、背水の陣で開催準備を進めなければならないはずであった。だが競馬委員会の答申のなかで集客策の目玉として想定されていた施設の改善は棚上げになったこともあり、畜産課などの存続派が出来ることは、現実的には限られていた。起死回生策はなかった。『富山新聞』は、存廃をかけた開催に関してつぎのように報じた(135)。

廃止か継続か岐路に立つ富山県営競馬は二四日から二七日までの四日間高岡馬場でカギを秘めて最後のレースをこころみることになり、廃止論者がその成行きを凝視すれば、継続論者はいままでの不成績挽回のため必死の努力を払っている。

二三年七月新競馬法が定められ、同年一一月から県営に移されて以来いままでに四回実施したが、一一月の第一回目は六万八千円、二四年の第二回目は一一万円の収益をあげたが、七月の第三回目一一七万九千円、一一月の第四回目一二一万七千円の赤字を出し、しかも県営に移る前の民営当時でさえも五回のうち三回は赤字となっている、廃止論の説は欠損してまで実施する必要はないというにあり、新競馬法によれば収益を目的として地方財源をうるおすことをねらいとしているだけにゆるがせにできない根拠となっている、これに対して継続論者は赤字発生の理由として、㈠物価高騰によって開催費がかさみ馬券売上がこれにともなわない、㈡法規改正によって中央馬事会から交付金が与えられない、㈢馬場の設備が悪く、しかもこれらが原因とも結果ともなって経費節約の関係上賞金が小さいことなどをあげている。

高岡競馬は馬舎もなければ観覧席もなく、競走馬は付近農家に分宿、県営とはいうものの実質は草競馬に等しい状況で、したがって他府県から優秀馬が集まらず、地方のドル箱ファンが寄りつかないことに不振の最大原因がある。これらの欠点を補うため県は二〇〇万円を投じて馬舎と観覧席を設備しようと計画したが、公営事業調査会では現状のまま試験的にいま一度開催し、その結果を検討して廃止か、あるいは設備をととのえて継続するのかいずれかを選ぶことになったもので今回は客寄せに最大の努力をそそぎ、招待券を多数発行し、かつレース賞金も一着最高一万円として全般に一〇〇〇円程度引上げ、しかもファンの興味をそそるためファン・ダービーの特別レースを行うことになっている、ファン・ダービーとはファンの投票で競走馬を決定し一着の馬をあてた投票者には抽選のうえ別に最高五〇〇〇円の賞金を贈呈するもので競馬を真に好まぬものでも一日を楽しく遊ぶふんいきを味わい得るよう仕組んであり鳴物入りで観衆を呼んでいる。

ここで述べられている不振の原因を逆にいえば、根本的な活性策は、草競馬に等しいひどい施設を改善し、賞金を引き上げて優秀馬を誘致、他府県のドル箱ファンもやってくるようなレースを提供することだった。だが施設の改善は、最低限のものでさえ棚上げにされ、この時点ではまったく望みがなかった。赤字が出せないという追い詰められた状況で、賞金の増額に踏み切ったのは、背水の陣のなかでの賭けだった。最高賞金一万円というのは、隣の石川県に見劣りしていなかった。この開催の出走登録数は県内馬一〇〇頭、県外馬五〇頭だったから[136]、とりあえずその効果はあったことになる。

後は、ファン・サービスであった。富山県営競馬が、本格的なファン・サービスを始めたのは、先にふれたように前回の昭和二四年一一月の開催だった。ファンに無駄足を踏ませないために開催の有無を伝える富山市と高岡市での花火の打ち上げ、国鉄高岡駅から競馬場までの無料バスの運行、一等一〇〇〇円、二等三〇〇円、三等一〇〇円の当選金があたる福引付入場券の導入などであった。また馬券の売上拡大につなげようと、駆歩、速歩ともに四組の能力別編成を実施した。しかし八百長騒ぎがあった前回七月の一九二万はさすがに上回ったが、その前の二回の二六八万、二八一万には及ばない二一五万の売上に終わり、二一万円余の赤字を計上していた。つまりファン・サービスの導入も空振

図16　賞金の引き上げ、ファン・ダービー、東西対抗レースの実施計画を伝える記事

（『北陸夕刊』昭25・7・30）

図17

（『朝日新聞　富山版』昭25・8・23）

図18　運命をかけた開催を伝える記事

あすから縣營競馬
今年も赤字なら廃止

（『北日本新聞』昭25・8・23／写真は無関係）

図19　初日の低調な売り上げを伝える記事

出足悪い縣競馬
存廃かけて初日開幕

（『北日本新聞』昭25・8・25）

りに終わっていた。

今回のファン・サービスの目玉は、一着馬の投票者に抽せんで最高五〇〇〇円があたるファン投票で出走馬を決定するファン・ダービーの実施だった(137)。このような試みは、隣の石川県でも、地元新聞社の後援を受けて実施されていたように目新しいものではなかった。だがそれでも賞金五〇〇〇円というのは、前回が一〇〇〇円であり、公務員の給料二ヶ月分に相当するほどの高額であったことを考えれば、ここでも存続派は賭けていた。

多くの無料招待券の発行は、当時の入場料二五円（一五円の入場税を含む）は安い金額ではなかったから、タダならいってみようという気を起こさせる誘い水だった。だが常設のスタンドもトイレもないといった競馬場に、敗戦直後ならいざしらず、復興もかなり進んでいた昭和二五年に、これまで競馬観戦の経験のなかった人間が出かけようという気になる可能性は低かった。ファン投票の高額の賞金は、その可能性をあげようとするものでもあった。前回は入場券に抽選券、つまり有料だったが、今回は無料で当るかも知れないということであったからである。高岡駅から競馬場行の無料バスも引き続き運行された。

その他、呉東と呉西両地区から選出した代表馬による決戦、東西対抗の実施も決められた(138)。競馬に限らず地域対抗戦は盛り上がるものだが、それを馬券購入につなげようとするものだった。だがこれまでも各地区対抗戦が行われていたから、別段目新しいものではなかったが、代表馬選出というのが新機軸であった。

こうした「起死回生の策」を講じたうえで、八月二四日（木）から二七日（日）

までの四日間、高岡競馬場での県営競馬の存廃をかけた開催が行われることになった(139)。一日平均約八〇万円、計三〇〇万円以上の売上が目標だった。

八月二四日(木)、午前一一時、第一レースがスタートした。前日来の雨模様の天気が続いていた。ファンの出足は悪く、午後になってもようやく一二〇〇から一三〇〇名を数えただけだった。売上は四四万二〇〇〇円。控えめの八〇万円という目標にも遠く及ばない数字だった。

二日目の二五日(金)は、好天に恵まれた。目玉レースの一つ、東西対抗レースが行われる日であった。ファンも初日の二倍以上の四〇〇〇名を数え、景気を煽ると待ち望まれていた連勝単式(フォーカス)二万五二〇円という万馬券も飛び出した。だがそれでも売上は六九万九六〇〇円と、やはり目標に達しなかった。残り二日間で三〇〇万円という目標に達するためには、一日平均一〇〇万円以上を売り上げる必要があった。

しかし天候に恵まれた三日目の二六日(土)も、連勝単式一万一五四〇円と前日に続いて万馬券が出たにもかかわらず、二日目より一三万円ダウンした五六万二〇〇円に終わった。

残すは日曜日の最終日だけとなった。ここまでの売上総計一七〇万四〇〇〇円、目標の三〇〇万円には一三〇万円を売り上げなければならなかった。

戦後の富山の競馬の最高売上額は、県馬連時代の昭和二二年七月二四日から二七日の三二五万円だったが、すでに富山の競馬からはそういった勢いが失われていた。そして天敵の雨だった。この日、午前中に六〇〇〇名が入場したのは、最終日の目玉、一等五〇〇〇円の高額の当せん金があたるというファン・ダービーの効果だったろうが、午後一時頃第五レースから雨が振り出し、抽せんを待たずに多くのファンが引き揚げ、残るは一〇〇〇名足らずとなってしまった。こうして運命をかけた開催が終わった。

総収入は入場料の四万三七六〇円を加えて二五八万円九五六〇円、前年一一月の開催の二一一万円はさすがに上回ったが、廃止派を説得できる数字とは到底いえなかった。なお四日間の総入場者数は一万三〇〇〇人と報じられて

図20　存廃をかけた県営競馬の赤字を伝える県内三紙

（『富山新聞』昭25・8・28）　（『北陸夕刊』昭25・8・29）　（『北日本新聞』昭25・8・29）

いたが、入場料一〇円に一五〇％の入場税を加えて計算すると有料入場者は一七五〇人。県当局者の決算見込みは、払戻金の一六三万八七三〇円の他に地代、人件費、修繕費を合わせると少なくとも二六〇万円以上を要し、結局一〇万円程度の赤字が避けられないというものだった。『北陸夕刊』の風刺欄「点火」は、この開催を「背水の陣しいた高岡競馬また赤字。二万の大穴も金詰りに勝てぬ」と「総括」した(140)。

ドッジ・ラインのもとでの深刻な不況は続いていた。朝鮮戦争は開戦していたが、その特需景気もまだ始まっておらず、金詰りの度は深まっていた。

この結果を受けて、県の財政課長代理は、「一応赤字となったわけであるがこれで競馬を止めるかどうかということは今のところわからない」と述べた(141)。また県議会農林委員長も、「赤字であるからといって直に廃止することは反対だ、競馬で儲けて県財政を補うことも大切だが競馬によって本県の畜産を奨励することも重要である、他の催物に比べれば五万や一〇万の赤字は安いもので、農民の娯楽としても存続すべきである」と語っていた(142)。存続派の、あるいは存続派に配慮した発言だった。だがこれより先の七月、公営事業調査会での結論が、この開催の結果を見て判断するというものであり、知事も廃止論であったから、この赤字で事実上、帰趨が決まったといってよかった。

追い討ちをかけたのが、九月三日、富山にも被害を大きな与えたジェーン台風だった。四日目の天候が恵まれなかったのも、この台風の影響だった。この台風は、九月三日正午、淡路島南端から神戸に上陸、北陸地方を抜けて日本海沿いに北上というコースをたどった。観測史上最大の風速（最大瞬間風速三四・五メートル、平均風速二九・五メートル）を記録、富山県下の被害状況は、四日午後八時現在で、死者四名、重軽傷者一八四名、全壊一一一戸、半壊家屋一一〇四戸、非住宅全壊四四八棟、半壊一二三四棟だった(143)。

老朽化していた高岡競馬場の被害も大きかった。事務所一五〇坪、馬繋所四五坪ほか馬券発売所、審査場など三棟の合計二二三坪の建物が全壊し、損害一五〇万円(144)。再建には一〇〇〇万円以上の費用がかかるという見積りだった(145)。富山市近郊の新競馬場建設費用一六〇〇万円の半額以上を要する額だった。先にもふれたが、昭和二六年四月から開催される高岡博覧会人気をあてこんでの存続開催の話もあったが、この再建費用もあって立ち消えとなった(146)。

県が、この時点で廃止を決断していたのは確実であった。この間、存廃の検討が行われていたはずであるが、それをうかがうことができる記録は残されていない。年が明け昭和二六年を迎えて、ようやくその動きが明らかになった。

昭和二六年一月一六日、高辻武邦知事は、県議会全体委員会で行財政整理の一環として、「能率の悪い各種機関を閉鎖するか、あるいは極端に圧縮する方針」をとることを改めて言明した(147)。

富山市と石動の各愛護所（授産場）、福野町染織分場、八尾町製糸分場、出町園芸試験分場、小杉町食品工業指導所、八尾町蚕糸取締所及び蚕糸技術指導所などといった施設とともに県営競馬も俎上に乗せられていた。そのなかでも県営競馬は、合理化の目玉として、廃止がすでに規定方針となっていた。そして競馬開催に向けての特別予算は編成されず、廃止に向けての手続きが進められていった。

二月の県議会に、費目としては競馬事業収入、競馬事業費のみから編成された総額八万七七六二円の昭和二六年度競馬事業歳入歳出予算案が提出された(148)。開催がなければ、馬券の売上も、登録料等も一切がなくなり、また土地は借地、建物も倒壊しており、事業収入が生じることはなかった。八万七七六二円は廃止に向けての処理に要する費用、つまり競馬場の賃借料だった。開催の予定はなくとも、競馬場の賃借料等の契約が残っていたからである。昭和二四年四月一〇日付で、富山県知事と高岡市長の間で取り交わされていた「覚書」だった（第7章）。その「覚書」に従えば、すでに当該年度の改訂の期限一月三一日を過ぎており、県は借地料を支払わなければならなかった。期限前に提出できなかったのは、調整に時間がかかったからだろう。競馬事業歳入歳出予算八万七七六二円は借地料六万一八六二円を上回っているが、その借地料に開催一回分の厩舎補助費二万五〇〇〇円をプラスすれば、この予算額に相当する。開催は予定されていなかったが、厩舎補助費一開催相当額を上乗せすることで、高岡市長との廃止交渉をスムーズに運ぼうとしたものだったと思われる。だが高岡市長は、補償費の増額を要求したようであり、三月に入り、県は賃借料六万一八六二円と建物負担金一〇万円、計一六万一八六二円の条件で高岡市長への「覚書」破棄の申し入れることになった(149)。一〇万円は四開催、一年分の厩舎補助費に相当しているから、県は昭和二六年度に関しては「覚書」を履行する形をとって、高岡市長の同意を取りつけようとしていたようである。交渉は合意をみて、県は、この補償額を、高岡競馬場廃止条例とともに県会の六月定例会に提出した(150)。

一方、昨昭和二五年度富山県競馬事業歳入歳出予算（決算）案は、三月一六日の県議会に提出されていた(151)。更正減（欠損）額九四五万五四九六円の予算（決算）案で、昭和二五年度競馬事業の当初予算額は一二二一万七〇〇〇円だったから(152)、八月開催の決算額は計二七六万一五〇四円だったことになる。八月の総収入は二五八万円九五六〇円、赤字約一〇万円、計約二六八万円と開催直後は伝えられていたが(153)、実際の決算額は計二七六万一五〇四円だったことになる。この決算案は、一七日質疑もなく可決された。

ここでも県営競馬廃止に向けての手続きが進んだ。残るは富山県地方競馬施行条例、富山県競馬事業特別会計の廃止、そして高岡競馬場廃止条例の制定だった。

そして六月八日の県議会に、つぎの議案が提出された(154)。

議案第六九号

特別会計廃止の件

富山県競馬事業特別会計は、昭和二六年六月三〇日限りこれを廃止し、同会計の収支残金は一般会計に繰入れ、同会計に属する債券、債務は、一般会計に承継する。

議案第七三号

富山県地方競馬施行条例廃止の件

富山県地方競馬施行条例は次のように廃止する。

富山県地方競馬施行条例を廃止する条例

富山県地方競馬施行条例（昭和二三年富山県条例第三六号）は、廃止する。

附則

この条例は、公布の日から施行する。

議案第七九号

図21　県議会への高岡競馬場廃止条例提出

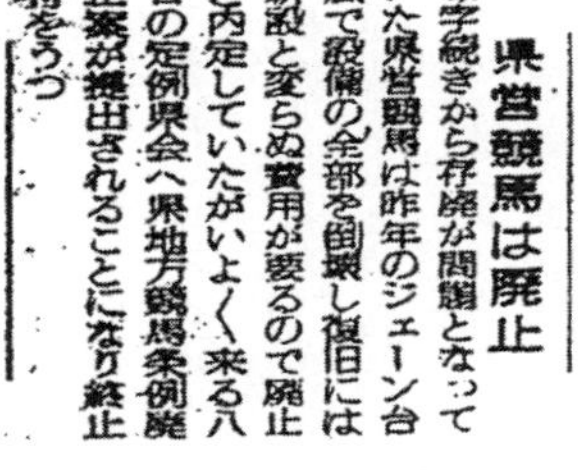

県営競馬は廃止

赤字続きから存廃が問題となっていた県営競馬は昨年のジェーン台風で設備の全部を倒壊し復旧には新設と変らぬ費用が要るので廃止と内定していたがいよく来る八日の定例県会へ県地方競馬条例廃止案が提出されることになり終止符をうつ

（『読売新聞　富山版』昭26・6・5）

赤字の高岡競馬は廃止　県議会に提案

富山県では開催毎に赤字の県営高岡競馬を廃止することに決定、六月定例県議会に関係条令廃止の議案を提出する

女流選手交え　第三回富山競輪

第三回富山競輪は来る十六、七日(第一節)と二十三、四、五日(第二節)の六日間各地優秀選手百四十四名(うち女子二十四名)の参加によって開く

高知商優勝　全国学生相撲

石動優勝

（『富山新聞』昭26・6・5）

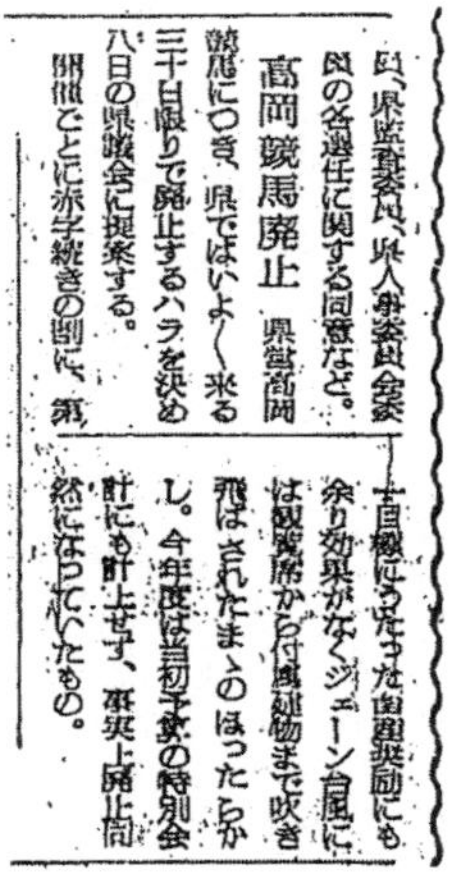

員、県監査委員、県人事委員会委員の各選任に関する同意など。

高岡競馬廃止　県営高岡競馬につき、県ではいよく来る三十日限りで廃止するハラを決め八日の県議会に提案する。開催ごとに赤字続きの倒に、第十五日制にうたった自粛奨励にも余り効果がなくジェーン台風には観覧席から付属建物まで吹き飛ばされたまゝのほったらかし。今年度は当初予算の特別会計にも計上せず、事実上廃止同然になっていたもの。

（『朝日新聞　富山版』昭26・6・7）

高岡競馬場廃止の件
富山県高岡競馬場は昭和二六年六月三〇日限り、これを廃止する。

知事の提案説明は、「第六九号は県営競馬廃止に伴う特別会計の廃止であります。……議案第七三号及び七九号は高岡競馬廃止のための条例及び事件決議の案件であります」という簡単なものであった。これに対して、質疑を求める声は一つも起こらず、全会一致で可決された。少なくとも一年前には、存続か廃止かをめぐっての攻防が繰り広げられていたのに、あっけない幕切れだった。公営化された地方競馬の唯一の存在理由となった財政的に寄与するところがなく、それどころか逆に赤字を生み出すお荷物を一刻も早く片付けたい雰囲気だった。馬券（ギャンブル）が悪なのではなく赤字を産み出しているのが悪なのであった。それが当時の富山にあっては、当然の選択であった。

最後の開催を昭和二三年に迎えていた山梨、昭和二五年だった鳥取、奈良も、開催予算を計上しないで自然休催の道を選択した(155)。再開の可能性を残すためというよりは、政治的にも問題がこじれたりするよりは棚上げ状態を続けた方が得策ということだった。それに対して富山は、正式に競馬条例廃止の手続きを踏んだ最初の県となった。

この県営競馬と鮮やかなコントラストを描いていたのが、富山市の市営競輪だった。市議などの汚職事件、二つの競輪会社の対立などがスキャンダル化して、昭和二五年春に開催という当初予定よりはかなりの時間を要したが、この昭和二六年四月、第一回開催にこぎつけていた。この年計一〇回の開催で、総売上は約二億八一〇〇万円、入場者数一二万八〇〇〇人、競輪会社への建設資金償還、競輪振興会への手数料も支払っても、六〇〇〇万円の収益をあげていた(156)。それは、県が、競馬を見放したことが適切な選択であったことを示すかのような驚異的な数字であった。

残る問題は、競馬場の跡地利用であった。地元では工場敷地、市総合運動場への転用を検討したが、工場敷地として日清紡高岡工場が希望する五万坪には不足、市総合運動場としては地理的に不便ということで、この年はとりあえず畑作することになった(157)。地権者の二〇名は、「今さら返還されても耕地の復旧に巨費を要するので、できれば笹津の県畜産試験場の分場としてでも更生させたい」と県へ要望していたという(158)。戦前昭和一二年の地方競馬開催時の畜産組合と地権者の間での契約では、用地返還の際は、原形に復する義務を負わないとの規定だったが、昭和一五年鍛錬馬競走に移管する際に、返還時には協議すると変更されていた(159)。これが戦後も引き継がれていたはずであるから、その問題も残されていた。先の競馬委員会の答申のなかでは、高岡競馬場廃止に伴う経費として、土地原形復旧費一八万四八八〇円、建物払下見積二万九〇〇〇円、差引一五万五八八〇円が見込まれていた(160)。この案に基づいたものか、また施行年も不明だが、ともかくも復旧工事が行われ、富山から、競馬の条例だけでなく、競馬場も姿を消した。

時系列でいえば、山梨、鳥取に続いて全国で三番目。昭和二三年一〇月が最後の開催となっていた山梨を別として、昭和二四年度最下位の売上が鳥取、ブービーが富山であったことから考えれば、この両県の廃止も不思議ではなかったということができる。

跡地は、現在高岡市地方卸売市場となっている。その敷地を俯瞰すると長方形であることを除けば、競馬場であったことを示すものは何も残されていない。

昭和二五年後半からは朝鮮特需が始まり、一二月には競馬の馬券の控除率が二五％に引き下げられたことを考えれば、この昭和二六年に開催すれば、売上も好転した可能性が高かった。全国の地方競馬場では、石川もそうであったように、昭和二六年の収益金の実質的内容（一日平均額）が著しく好転していたからである(161)。そうなっていれば、いずれ消滅する運命が待ち構えていたとしても、もう少し富山の競馬は続いていたはずである。また馬券売上の規模に見合って経費を削減し、県当局（知事）が存続の意志をもってバックアップし、仮に競馬組合などを作って実際の運営を委託していれば、現在まで続く金沢競馬とまではいかなくても、昭和三七年まで開催した福井の市営競馬のように、競馬あるいは馬とともにある生活が意外と長く富山にも存在していたかも知れなかった。

だが、富山の馬事文化は、県の財政的観点を押し返すほどの歴史も厚みもなかった。

戦後の富山の競馬が明らかにしたのは、公営化後の地方競馬は単なるギャンブルの道具でしかなく、赤字を出せば、存在価値がないということだった。軍部という重石が消え、馬匹改良、馬事思想の涵養は国策ではなくなっていた。また実役馬の育成、畜産振興も建前に過ぎなかった。そして廃止しても、県側がその経営責任を問われることはなく、県側にもその当事者意識はなかった。

競馬に関していえば、これが富山の戦後であった。何か新しいものを求めようとする戦後は終わっていた。

その後、相次いだ地方競馬の廃止も、これと同じ図式で行われたに他ならなかった。この意味では、富山の競馬は、地方競馬の戦後史をあらかじめ集約して見せてくれていた。

註

はじめに

1　以下競馬法、日本競馬会の成立及びその競馬に関しては、『日本競馬史』巻五及び巻六参照。また軍馬資源保護法に基づく鍛錬馬競走及びそれ以前の地方競馬規則に基づく地方競馬に関しては、特に記さない限り、『地方競馬史』第一巻、二一〜一三七頁。

2　馬政局『馬政第二次計画摘要』昭和一二年、五二〜三頁。

3　地方競馬規則下の景品券と現金の引き換え、軍馬資源保護法下の優等馬票（馬券）に関しては、『地方競馬史』第一巻、二一〜三八、六九〜八九頁、『日本競馬史』巻六、七一〜三、九三〜一〇三頁。

4　『日本競馬史』巻六、一六〜六六、六〇九〜八八三頁。

5　『北日本新聞』昭和二二年一月三〇日（以下、「昭二二・一・三〇」と記す）。昭和二一年の富山の総頭数は一万二〇〇〇頭だったという（同）。

6　『北日本新聞』昭二二・二・一三。

7　『北の蹄音』一〇一頁。

8　昭和二一年七月四日、札幌の進駐軍競馬を開催するにあたって、その実質的な責任者であった北海道馬匹組合連合会技師高木清は、印刷所と話をつけていた（「高木清回想」）。なお札幌の進駐軍競馬に関しては第2章、また「高木清回想」に関しては第2章の註567参照。

9　東京、北海道、群馬などの例が、当時の関係者によって回想されている（『地方競馬史』第二巻、三一一〜一三、五五四、五五九～六七頁、『北の蹄音』六三～五頁)。たとえば、東京都馬匹組合連合会主催時代の話であるが、八王子競馬では一開催、一四万円で話をつけていたという(『地方競馬史』第二巻、五五九頁)。

10 浅野靖典『廃止競馬場巡礼』東邦出版、二〇〇六年、一五一頁。

11 『地方競馬史』第一巻、一三七頁、『地方競馬史』第二巻、五五四頁。

12 地方競馬規則第一条は「競馬を施行せんとする者は競馬法に依る場合を除くの外地方長官の許可を受くべし」と規定していた(『地方競馬史』第一巻、二九頁)。

13 以下この第一回開催に関しては、特に記さない限り、『北陸夕刊』昭二一・八・一八～二一、『富山新聞』昭二一・八・一八、八・二〇、『北日本新聞』昭二一・八・一八～二〇。観客数を五万人と伝えた記事もある(『富山新聞』昭二一・八・二〇)。

14 『北日本新聞』昭二〇・一〇・二二、一一・四、一一・八。

15 『北日本新聞』昭一九・八・三一、九・一～四、九・一六。なお七月二七日からの四日間の売上は一一万八八〇九円だった(『北日本新聞』昭一九・七・三一)。

16 以下控除率の変遷に関しては『地方競馬史』第二巻、三七頁、『近代競馬の軌跡』四三一～二頁、『日本競馬史』巻六、三八九～三四〇頁。

17 『北日本新聞』昭二一・一〇・二二、『北陸夕刊』昭二一・一二・四、『県史現代』一四八頁。

18 『北日本新聞』昭二三・二・一六。昭和二三年一月には、入場料三円五〇銭、税金一円五〇銭、計五円となった(『北陸夕刊』昭二三・一・七、『富山新聞』昭二三・三・一二)。ちなみに同年一二月五日から二五円(内税金一五円)となる(『富山新聞』昭二三・一二・六)。

19 『北陸夕刊』昭二三・一・七。

20 以下富山の食糧危機に関しては、特に記さない限り、『富山新聞』昭二一・四・二六、六・一九～二〇、八・六、八・八、九・四～五、『北日本新聞』昭二一・五・一四、五・二三、五・二四、六・一八、八・一、『北陸夕刊』昭二一・六・二五、八・一、九・一六、『県史現代』二九、五八、八九、二四二頁。田中敬一知事は供米不足の責任をとるかたちで、七月辞任していた(『富山新聞』昭二一・七・一二)。

21 昭和二一年一一月一六日米極東空軍撮影空中写真・国土地理院蔵(vii頁)。

22 『北日本新聞』昭二一・八・一。七月富山市の遅配は一四日にも及んでいた（同）。
23 『北日本新聞』昭二一・六・一八。
24 『北日本新聞』昭二一・六・一四。
25 『北日本新聞』昭二一・六・二〇、七・二一。
26 『県史現代』二二三頁。
27 富山市史編さん委員会『富山市史』通史〈下巻〉、富山市、昭和六二年、九三七頁。
28 吉本隆明「戦争の夏の日」『背景の記憶』平凡社ライブラリー、一九九九年、一四〇〜四頁。吉本は、八月二日未明の空襲で富山市が燃え上がるのを、魚津から眺めていた（同）。
29 以下コレラ騒ぎに関しては、『北日本新聞』昭二一・八・八〜一〇、八・二〇、八・二三、『北陸夕刊』昭二一・八・六、八・二三、『県史現代』二二一、二二一〜三頁。
30 『北日本新聞』昭二一・七・九。
31 『県史現代』一六六〜七頁。
32 『北陸夕刊』昭二二・一・七。
33 『北陸夕刊』昭二一・八・二六。
34 『北日本新聞』昭二一・五・二一、富山県編『富山県史』資料編8付録 現代・統計図表、富山県、一九八〇年、二頁。
35 『北日本新聞』昭二一・五・七。
36 『北日本新聞』昭二〇・八・三〇、一一・七、『県史現代』二三八〜九頁。確認できるところでは高岡帝劇、高岡歌舞伎座が八月三〇日から興行予定だった（『北日本新聞』昭二〇・八・三〇）。
37 『北日本新聞』昭二一・九・二、一〇・二八、一一・一四、一二・二一。
38 『北日本新聞』昭二〇・一〇・三一、一一・二四。
39 『北日本新聞』昭二一・二・二、『富山新聞』昭二一・三・二一。
40 『富山新聞』昭二一・三・二一、『県史現代』二三九頁。
41 『北日本新聞』昭二一・五・一〇、七・一一、八・八、八・一〇、九・一六、『富山新聞』昭二一・五・一四、六・二七、七・六、八・一九、八・二二。

42 『県史現代』一五五頁。
43 『富山新聞』昭二一・四・二九。一一対五で全早大が勝った（同）。観客の輸送対策として、富山発の列車が増結された（『富山新聞』昭二一・四・二六）。
44 『北日本新聞』昭二三・四・二三。
45 『富山新聞』昭二一・四・二九、五・二二、五・二七、六・二～三。呉羽丘陵を境に、富山市、魚津などの地域を呉東、高岡市、砺波などの地域を呉西と呼ぶ。富山市と高岡市に代表されるように、双方の対抗意識が強い。それだけでなく方言、料理の味付け（関東風と関西風）、地主制度なども呉東と呉西が分岐点となっていた。
46 『北日本新聞』昭二一・七・三〇、八・三、八・六、八・一一、八・二二、八・二六、九・二、『北陸夕刊』昭二一・一〇・一四。
47 『北日本新聞』昭二一・七・二三。富山県予選は六月二三日（『北日本新聞』昭二一・六・二四）。
48 『北日本新聞』昭二一・七・三一。
49 『北日本新聞』昭二一・一〇・四、一〇・一九、一一・八、『県史現代』二三〇頁。
50 『北日本新聞』昭二一・二・一五。
51 『北日本新聞』昭二一・七・一六。
52 『北日本新聞』昭二一・一〇・六、一〇・一二、一〇・一八、一一・六、一一・一一。
53 『北日本新聞』昭二一・八・一八、九・二三、一〇・一四、一〇・一九。
54 『北日本新聞』昭二一・八・一八。
55 『富山新聞』昭二一・六・二四、八・五、『北日本新聞』昭二一・六・二四、八・六、八・二六。昭和二〇年一一月には、早くも県下女子排球大会が開催されていた（『北日本新聞』昭二〇・一一・二五）。
56 『富山新聞』昭二一・六・二四、一一・一三、『北日本新聞』昭二一・六・二四。
57 『北日本新聞』昭二一・七・三〇、『富山新聞』昭二一・八・五。
58 『北日本新聞』昭二一・六・一七、『北陸夕刊』昭二一・八・二六。陸上競技大会も、昭和二〇年に県下レベルの大会が復活しており、一〇月二〇日郡市対抗陸上競技（『北日本新聞』昭二〇・一〇・二二）、一一月一八日県中等学校陸上競技選手権大会が開かれていた（『北日本新聞』昭二〇・一一・一六）。

59 『富山新聞』昭二一・一一・二四。
60 『北日本新聞』昭二一・九・一三、『北日本新聞』昭二一・一〇・二二。九月一五日は国体予選でもあった。
61 『北日本新聞』昭二一・八・八。ただし日程は八月段階での予定のもの（同）。
62 たとえば『北日本新聞』昭二一・九・一三。
63 『県史現代』二三一頁。
64 『北日本新聞』昭二一・八・一～二、八・四、『県史現代』二三一頁。
65 『富山新聞』昭二一・六・六、一〇・一三、『北日本新聞』昭二一・一〇・七、『北陸夕刊』昭二一・一〇・一一。
66 『北日本新聞』昭二一・一一・三、『北陸夕刊』昭二一・一一・四。
67 『富山新聞』昭二一・七・五、『北日本』昭二一・七・二二。
68 『県史現代』二九七頁。
69 『県史現代』三〇六～八頁。
70 『北日本新聞』昭二一・九・三、『県史現代』二三一頁。ざっと五万人とも報じられていた（『富山新聞』昭二一・九・三）。ちなみに二〇〇八年九月一日は約八万人、二日は六万五〇〇〇人、三日は五万五〇〇〇人、計二〇万人だった（『北日本新聞』二〇〇八年九月二日、三日、四日）。
71 『北日本新聞』昭二一・六・六。
72 山口瞳・赤木駿介『日本競馬論序説』新潮社、一九八六年、四一頁。
73 山本一生編／佐藤正人著「わたしの競馬研究ノート」第一七二回『もきち倶楽部』No. 439. 二〇〇三・一二・一。つぎのようなAP電の記事だった（『朝日新聞』昭五一・六・二一）。

内戦に打ちひしがれたレバノンのベイルートで、六月一九日、一年九カ月ぶりに競馬が再開され、回教徒、キリスト教徒の三千人の観衆が、この日ばかりは対立を忘れ、七つのレースに精いっぱいの声援を送った。持ち馬の「ピント・ヒンド」がめでたく優勝を飾った主催団体「アラブ馬保護改良協会」のファラオン会長は「レース再開が対立解消の一歩になれば」と感概探そう。サルキス大統領も「ギャンブルは、戦いや、すさんだ気持ちを忘れさせる」と再開を全面的に支持した。同競馬場はアラブ平和維持軍がものものしい警戒を敷き、弾丸の跡も生々しかったが、再開を喜んで、抱き合う人々の姿があちこちで見られた。

1 富山の闇競馬

1 富山の闇競馬

1 『富山新聞』昭二一・七・二三、『北日本新聞』昭二一・七・二四、七・二八。
2 『富山新聞』昭二一・七・二三、八・四、『北日本新聞』昭二一・七・二四、『北陸夕刊』昭二一・八・七。
3 『北陸夕刊』昭二一・八・七、『地方競馬史』第一巻、三八七頁。
4 『富山新聞』昭二一・八・四、『北陸夕刊』昭二一・八・七。県馬連は、この開催の収益の一部を農耕馬の改善、借馬慣行の払拭など馬事思想の改善にあてるとした(『北陸夕刊』昭二一・八・二〇)。
5 「内地馬政計画」『日本競馬史』巻六、所収、四三頁。
6 『北日本新聞』昭二一・八・三一。
7 『北陸夕刊』昭二一・八・二〇。
8 『読売新聞 富山版』昭二一・一〇・九。
9 以下コースの畑地化、施設の荒廃に関しても、『北日本新聞』昭和二一・七・二八。
10 以下高岡競馬場の劣悪な状態に関しては、『富山新聞』昭二四・一〇・二九、昭二五・五・二九、八・一六、「高岡競馬場に関する資料 現況」『富山県地方競馬参考資料』。
11 「高岡競馬場に関する契約書写」『富山県地方競馬参考資料』。借地料に関しては第7章。
12 『北日本新聞』昭二一・七・二八、『富山新聞』昭二一・八・四。
13 富山では、県馬連第一回開催前の昭和二二年四月に実施され、合格者は全国一八名、県内限定二〇名だった(『馬事会だより』第四号、昭二二・五・五)。
14 以下馬籍謄本に関しては、『北の蹄音』七七頁。
15 『北陸夕刊』昭二一・八・一六、『北日本新聞』昭二一・八・一七、九・七。
16 以下この特配に関しては、『富山新聞』昭二一・八・二六。

17　以下馬体検査までに関しては、『北日本新聞』昭二一・八・三一、『富山新聞』昭二一・九・二、『北陸夕刊』昭二一・九・六。
18　以下この開催に関しては、特に記さない限り、『北陸夕刊』昭二一・九・八〜一〇、『北日本新聞』昭二一・九・八〜一一、『富山新聞』昭二一・九・九。
19　『北陸夕刊』昭二一・九・八。
20　『北陸夕刊』昭二一・一一・一七。
21　『北陸夕刊』昭二四・七・一一。
22　『読売新聞 富山版』昭二一・一〇・九。
23　以下この開催に関しては、『富山新聞』昭二一・一〇・二六、『北日本新聞』昭二一・一〇・二六〜二七、一〇・二九、『北陸夕刊』昭二一・一〇・二七〜二八、一〇・三〇。三日目は、三二万九五〇円と報じられてもいたが（『北陸夕刊』昭二一・一〇・三〇）、総売上から計算すると三六万五二三五円だった。
24　新潟の地方競馬関係者の回想（『地方競馬史』第二巻、二九四頁）。
25　『北陸夕刊』昭二一・一一・二三。
26　『北日本新聞』昭二一・一〇・九。

2　高岡市も富山市も闇競馬

27　以下利田の旗競馬に関しても、立山町利田自治振興会史跡文化調査委員会『ふるさと利田の今昔』立山町利田自治振興会、一九九五年、七八頁。
28　旗競馬に関しては、たとえば田辺一夫『埼玉県競馬史』埼玉県競馬主催者協議会、一九六五年、三四、一三〇頁、「南関の熱きホースマンたち」〈川崎〉武井栄一厩舎『The Winners』vol. 15. 二〇〇三年八月一日。
29　『北日本新聞』昭二〇・一一・四。
30　『北日本新聞』昭二〇・一一・八。
31　以下この開催に関しては、『富山新聞』昭二一・一〇・一〇、『北陸夕刊』昭二一・一〇・一二、『北日本新聞』昭二一・一〇・一四。

32 『北陸夕刊』昭二一・一〇・一二。
33 『北日本新聞』昭二一・一〇・一四。
34 以下この開催に関しては、『北日本新聞』昭二一・一一・七。
35 『富山新聞』昭二一・一〇・三一、『北陸夕刊』昭二一・一〇・三一、『北日本新聞』昭二一・一一・一。
36 『富山新聞』昭二一・一〇・三一、『北陸夕刊』昭二一・一〇・三一。
37 『北日本新聞』昭二一・一一・一。
38 『北陸夕刊』昭二一・一一・五。
39 『富山新聞』昭二一・一一・二。
40 『北日本新聞』昭二一・一一・四。
41 『県史現代』二〇頁。
42 『県史現代』二四頁。
43 以下この開催に関しては、『北日本新聞』昭二一・一一・四、一一・六、『富山新聞』昭二一・一一・五、『北陸夕刊』昭二一・一一・七。五日は、一レース増加されて計一三レースが実施された。
44 『北陸夕刊』昭二三・一・七。
45 『北日本新聞』昭二一・一一・六。
46 以下この開催に関しては、特に記さない限り、『北日本新聞』昭二一・一一・四、一一・六、一一・一四、一一・一七、『北陸夕刊』昭二一・一一・六、一一・一七〜一九、『富山新聞』昭二一・一一・七、一一・一七。
47 たとえば『北陸タイムス』昭三・四・三。
48 『読売新聞 富山版』昭二一・一一・六。
49 『北陸夕刊』昭二一・一一・一七。
50 『北陸夕刊』昭二一・一一・一八。
51 『地方競馬史』第一巻、二六六頁。
52 『北日本新聞』昭二一・一一・二三。
53 『北日本新聞』昭二二・三・四、『富山新聞』昭二二・三・一〇。

54　『北日本新聞』昭二一・一一・二一。
55　『富山新聞』昭二一・一一・二二、『北陸夕刊』昭二一・一一・二二。

2　全国の闇競馬――競馬の復活、競馬熱

1　全国の闇競馬概観

1　大石倫治、昭二一・九・一一、貴族院地方競馬法案特別委員会。
2　同。
3　『読売新聞　千葉版A』昭二一・六・一二。
4　高木清「札幌競馬進駐軍競馬のこと（上）」『優駿』昭和四二年一一月号。
5　たとえば『富山新聞』や『福井新聞』が七月一四日、『北海道新聞』が七月一五日にその骨子を掲載していた。
6　以下愛知の条例制定をめぐる動向に関しては『地方競馬史』第一巻、一三五～六頁、第二巻、四〇九～一〇頁。
7　『読売新聞　静岡版』昭二一・五・二二、『静岡新聞』昭二一・五・二八。
8　『岐阜タイムス』昭二一・七・一四。
9　『神奈川新聞』昭二一・七・二三。
10　松村眞一郎、昭二一・九・一七、貴族院地方競馬法案特別委員会。
11　『読売新聞　茨城版』昭二一・九・八。

2　各地の闇競馬

12　『地方競馬史』第一巻、一三五頁。
13　『静岡新聞』昭二一・二・五、二一・二三、二一・二五。
14　『読売新聞　静岡版』昭二一・五・二二、『静岡新聞』昭二一・五・二八。
15　『読売新聞　静岡版』昭二一・五・二九。
16　『静岡新聞』昭二一・五・二八。

17 『読売新聞　静岡版』昭二一・五・三一。
18 『静岡新聞』昭二一・五・二八。
19 『静岡新聞』昭二一・五・二五、五・二八、六・一三、『読売新聞　静岡版』昭二一・六・一六。
20 『毎日新聞　静岡版』昭二一・九・一九。
21 『静岡新聞』昭二一・一〇・一六。
22 『日本競馬史』巻六、六八頁。
23 『馬事会だより』第二号、昭二三・三・五。
24 たとえば『静岡新聞』昭二三・六・一五、七・一七〜一八、昭二三・一二・八、一二・二〇。
25 『地方競馬史』第一巻、一三五〜六頁。
26 以下豊明市内での祭典競馬までに関しては、『地方競馬史』第二巻、四〇九〜一〇頁。
27 以下愛知の第一回、第二回闇競馬に関しては、『地方競馬史』第二巻、四一〇〜一一頁。
28 『馬事会だより』第二号、昭二三・三・五。
29 『岐阜合同新聞』昭二〇・一一・一〇、一一・一九。
30 『岐阜合同新聞』昭二〇・一一・三〇。鍛錬馬場は昭和一四年以降各地域に設置されていた。
31 『岐阜合同新聞』昭二〇・一二・二七。
32 『岐阜タイムス』昭二一・二・七。
33 松村眞一郎、昭二二・九・一七、貴族院地方競馬法案特別委員会。
34 『岐阜タイムス』昭二一・七・一四、八・七。
35 岐阜県町村競馬組合編『岐阜県競馬沿革史』一九七〇年、三三頁。
36 以下この開催に関しては、特に記さない限り、『岐阜タイムス』昭二一・八・二〜六。
37 『岐阜タイムス』昭二一・八・六。
38 『岐阜タイムス』昭二一・七・一四。
39 『岐阜タイムス』昭二一・九・二六。
40 以下九月一〇日の馬主連盟大会に関してまでは、特に記さない限り、『岐阜タイムス』昭二一・九・一、九・四〜五、九・八、九・一二。
41 『岐阜タイムス』昭二一・九・一二。
42 同。
43 以下この開催に関しては、『岐阜タイムス』昭二一・九・二二〜二六。
44 『岐阜タイムス』昭二一・九・二六。
45 『岐阜タイムス』昭二一・九・三〇。
46 『岐阜タイムス』昭二一・一〇・二、一〇・五〜七。
47 『岐阜タイムス』昭二一・一一・一三。
48 『岐阜タイムス』昭二一・一〇・二。
49 以下この開催に関しては、特に記さない限り、『岐阜タイムス』昭二一・一〇・一二〜一三、一〇・一七。
50 『岐阜タイムス』昭二一・一一・一三、一二・四。
51 『岐阜タイムス』昭二一・一〇・一九。
52 『岐阜タイムス』昭二一・一〇・二二。
53 『岐阜タイムス』昭二一・一〇・二八。
54 『岐阜タイムス』昭二一・一一・一。二七〇〇万円という記録もある（『岐阜タイムス』昭二一・一一・一三）。
55 『岐阜タイムス』昭二一・一二・四。
56 以下この開催に関しては、特に記さない限り、『伊勢新聞』昭二一・八・二三、八・二六。
57 『地方競馬史』第一巻、二九一〜二頁。
58 『日本競馬史』巻七、一四九頁。
59 『伊勢新聞』昭二一・八・二六。
60 『伊勢新聞』昭二一・一〇・一一。
61 『日本競馬史』巻七、一四九頁。
62 以下この開催に関しては、『伊勢新聞』昭二一・九・二六、一〇・六〜八、一〇・一一。
63 『伊勢新聞』昭二一・一〇・一一。

64 『伊勢新聞』昭二二・一二・一〇、『馬事会だより』第二号、昭二三・三・五。
65 『伊勢新聞』昭二六・一一・一七、昭二七・一・二一、一・二七。
66 以下この第一回開催に関しては、『北国毎日新聞』昭二二・七・二七、七・二九。
67 『地方競馬史』第一巻、二六九〜七二頁。
68 以下この第二回開催に関しては、特に記さない限り、『北国毎日新聞』昭二二・八・一八、八・二四、八・二六〜二七。
昭和二三年の公営競馬の発足当時においても、特に競走馬の資源が乏しかったので、開催のたびに、その七〇%以上の競走馬を他県（福井、富山、新潟、大阪、和歌山、北関東）から勧誘しなければならなかったという（『地方競馬史』第二巻、四〇二頁）。新馬並びに三歳馬を除き、四歳以上の競走馬については、各馬の成績により、級別に混合レースが編成されていた（同）。
69 以下第三回開催に関しては、『北国毎日新聞』昭二二・一〇・一七、一〇・一九〜二一。
70 『北国毎日新聞』昭二二・一一・一七、一一・一九。
71 以下第一回に関しては、『福井新聞』昭二二・一〇・二〇、一〇・二四、一〇・二七。
72 以下大野競馬場での鍛練馬競走に関してまでは、『地方競馬史』第一巻、二七三〜五頁。
73 『福井新聞』昭二二・七・一三。
74 同。
75 『三条新聞』昭二二・八・一一。
76 以下戦前の三条競馬場に関しては、『地方競馬史』第一巻、二六〇、二六二頁。
77 以下県知事として岡田が地方競馬の発展に尽くしたことに関しても、長岡市編纂『新潟県地方競馬の変遷』長岡市、一九七七年、二九三頁。
78 『三条新聞』昭二二・八・一一。
79 以下この開催に関しては、『毎日新聞　新潟版』昭二二・八・二九。
80 以下この開催に関しては、特に記さない限り、『新潟日報』昭二二・一一・四、一一・七、『読売新聞　新潟版』昭二一・一一・一〇、前掲『新潟県地方競馬の変遷』二九三頁。
81 『毎日新聞　新潟版』昭二二・一〇・二五、一一・七。

82 前掲『新潟県地方競馬の変遷』二九三頁。
83 以下昭和二四年の新潟、三条の売上に関しては、「競馬成績累年概況」前掲『新潟県地方競馬の変遷』所収。なお新潟県の地方競馬に関しては、新潟県競馬組合『新潟県の競馬の歩み』新潟県競馬組合、一九八〇年がある。
84 『神奈川新聞』昭二一・七・二三。
85 『読売新聞 千葉版』昭二一・六・二。
86 『山梨日日新聞』昭二三・一二・七。
87 以下この要綱に関しては、松村眞一郎、昭二一・九・一七、貴族院地方競馬法案特別委員会。
88 『日本競馬史』巻七、一四七頁。
89 八月一七日からの神奈川県馬連主催の第一回戸塚競馬の展望を行っている「競馬専門紙」の『競馬研究の情報』第一号（昭和二一年八月一七日付）と『競馬速報』第一号（昭和二一年八月一七日付）によれば、この第一回開催の前に春の戸塚開催が実施されており、『競馬研究の情報』ではその時期が一月と数回にわたって明記されているところからみて、一月開催の可能性が高いと思われる。
90 以下この開催に関しては、『神奈川新聞』昭二一・七・二三、七・三一、八・三、『競馬速報』第一号、昭二一・八・一七。
91 小串は、明治九（一八七六）年神奈川県鎌倉郡上倉田（現・横浜市戸塚区）で代々続く豪農の長男として生まれた。戦前、鎌倉郡及び神奈川県農会長、神奈川県畜産組合長を歴任するとともに、県会議員を長くつとめ、県会議長にも就任、昭和一二（一九三七）年には衆議院議員となった（政友会、昭和一七年まで）。昭和二年の地方競馬規則制定以前の景品券競馬の時代から、神奈川の地方競馬の中心的な存在だった。昭和一四年七月軍用馬保護馬鍛錬中央会幹事、昭和一八年八月神奈川県馬匹組合連合会長、昭和二一年一二月中央馬事会発足とともに理事、昭和二二年四月参議院議員（自由党、神奈川地方区、昭和二八年まで）。昭和三六年没。小串に関しては、白土秀次『評伝小串清一』発行者小串靖夫、一九七九年参照。
92 以下初代戸塚競馬場に関しても、『地方競馬史』第一巻、二四九頁。
93 『神奈川新聞』昭二一・八・一、八・八。
94 『読売新聞 神奈川版』昭二一・八・二。
95 『競馬研究の情報』第一号、昭和二一年八月一七日。
96 以下この開催に関しては、『神奈川新聞』昭二一・八・八、八・一七〜一八、八・二一、八・二七、『東京新聞』昭二一・

八・一七、八・一九、『競馬研究の情報』第一号、昭二一・八・一七、『競馬速報』第一号、昭二一・八・一七。
97 以下この二つの開催に関しては、『神奈川新聞』昭二一・一〇・四、一〇・一〇、一一・三、一一・五、一一・一四。
98 『神奈川新聞』昭二一・一〇・五。
99 『神奈川新聞』昭二一・一〇・二一〜二二。
100 以上『㋖競馬新聞　東京号付録』昭二一・一〇・一六。
101 『競馬速報』第三号、昭和二一・一〇・四。
102 『神奈川新聞』昭二一・一二・二九。なお売上三三八六万七二七〇円という記録もあるが（『馬事会だより』第二号、昭二二・三・五）、そうだとすれば闇競馬を上回っていた。
103 松村眞一郎、昭二一・九・一七、貴族院地方競馬法案特別委員会。
104 『埼玉新聞』昭二一・五・一一、五・一三、五・一六。
105 『埼玉新聞』昭二一・五・一六。ただし開催の有無は不明。
106 『毎日新聞　埼玉版』昭二一・八・三一。
107 以下この春日部での開催準備に関しては、『埼玉新聞』昭二一・七・七、八・五、八・一〇、八・一四、『読売新聞　埼玉版』昭二一・八・二〇。
108 以下浦和に関しても、『埼玉新聞』昭二一・八・二二〜二三、八・二七、九・一四。
109 前掲田辺『埼玉県競馬史』一二三〜六〇頁、『地方競馬史』第一巻、二三三〜八頁。
110 『埼玉新聞』昭二一・八・五。
111 『地方競馬史』第二巻、三三二頁。
112 以下この開催に関しては、『埼玉新聞』昭二一・九・二、九・一三、九・一五〜一八、『読売新聞　埼玉版』昭二一・九・一七、『毎日新聞　埼玉版』昭二一・九・一八。売上に関しては、八七七万五〇九〇円という記録もある（『毎日新聞　埼玉版』昭二一・九・一八）。
113 以下この要求と県馬連に関しては、『埼玉新聞』昭二一・九・一七、『毎日新聞　埼玉版』昭二一・九・一八。
114 『埼玉新聞』昭二一・一一・八、一一・一二。

115 『埼玉新聞』昭二一・一二・一六。

116 以下この開催に関しては、特に記さない限り、『埼玉新聞』昭二一・九・二三〜二六、『読売新聞　埼玉版』昭二一・九・二四、九・二七。

117 『埼玉新聞』昭二二・一・一。

118 以下この開催に関しては、『埼玉新聞』昭二一・九・二八、一〇・二〜五、一〇・七、『読売新聞　埼玉版』昭二一・一〇・三。

119 『埼玉新聞』昭二一・一一・二一。

120 以下この開催に関しては、特に記さない限り、『埼玉新聞』昭二一・一〇・二〜三、一〇・九〜一七、一〇・一九、『毎日新聞　埼玉版』昭二一・一〇・二、一〇・九、『読売新聞　埼玉版』昭二一・一〇・八。

121 「熊谷市における戦災の状況（埼玉県）」http://www.sensai.soumu.go.jp/state/html/11202-kumagaishi.htm（二〇〇九年五月一五日確認）。

122 以下この競馬くじに関しては、『埼玉新聞』昭二一・一〇・一二。

123 『夢は世につれ…宝くじ30年のあゆみ』第一勧業銀行宝くじ部、一九七五年、四六〜九頁。

124 以下この県馬連と熊谷市の交渉に関しては、『埼玉新聞』昭二一・一〇・一九、一一・五、一一・一三、一一・一五、『読売新聞　埼玉版』昭二一・一一・九、一一・一五。

125 『埼玉新聞』昭二一・一〇・二三。

126 前掲田辺『埼玉県競馬史』一四七頁。

127 『埼玉新聞』昭二一・一一・一六。

128 『埼玉新聞』昭二一・一二・一二〜一九。日程は、一二月一一、一二、一三、一四、一六、一七日。

129 『埼玉新聞』昭二一・一二・二七〜二八、昭二二・一・一。日程は、一二月二六、二八、二九、三〇日。

130 『埼玉新聞』昭二二・一・一。

131 『埼玉新聞』昭二一・一二・三〇。

132 以下浦和移転後の売上に関しても、前掲田辺『埼玉県競馬史』一六二〜三、一六九〜七〇頁。

133 『茨城新聞』昭二一・八・二七。

134 『読売新聞　茨木版』昭二一・九・八。
135 以下戦前の茨城の地方競馬に関しては、『地方競馬史』第一巻、二二九〜三三二頁。
136 以下この開催に関しては、『茨木新聞』昭二一・九・一五〜一六、九・二三〜二四、九・二六。
137 『茨城新聞』昭二一・九・二四。
138 以下この開催に関しては、『茨城新聞』昭二一・一〇・三〇、一一・六、一一・一二、一一・一五、『読売新聞　茨木版』昭二一・一一・二。
139 以下この開催に関しては、『茨木新聞』昭二一・一一・三〇、一二・五、一二・一〇〜一二。
140 『茨城新聞』昭二一・一二・一二。
141 以下神奈川県の開催の回想に関しても、『地方競馬史』第二巻、五五四頁。
142 『毎日新聞　都下版』昭二一・一〇・五、『東京新聞』昭二一・一一・九。
143 以下この開催に関しては、『東京新聞』昭二一・一〇・四〜五、『毎日新聞　都下版』昭二一・一〇・五、『読売新聞　三多摩版』昭二一・一〇・六。
144 以下この開催に関しては、『東京新聞』昭二一・一一・九。
145 『地方競馬史』第二巻、五五五頁。
146 たとえば『日本競馬史』巻七、三一八頁。
147 『馬事会だより』第二号、昭二二・三・五。
148 『上毛新聞』昭二一・九・六。
149 以下戦前の群馬の競馬場に関しては、『地方競馬史』第一巻、二二四〜八頁、第二巻、三〇三〜九頁。
150 『上毛新聞』昭二一・九・八、九・一七。
151 以下日程の前倒しに関しても、『上毛新聞』昭二一・九・二七。
152 以下この開催に関しては、特に記さない限り、『上毛新聞』昭二一・一〇・五、一〇・一二、一〇・一四〜一五、一〇・一七〜一八、一〇・二〇。
153 『上毛新聞』昭二一・一〇・二〇。
154 『上毛新聞』昭二一・一〇・一八、一〇・二〇、一〇・二二、一〇・二四。

155　以下この開催に関しては、特に記さない限り、『上毛新聞』昭二一・一〇・三〇〜三一、一一・二〜六、一一・九〜一〇、一一・一二〜一三。
156　以下前橋競馬場に建設に関しては、『上毛新聞』昭二一・八・一九、九・七、一〇・三〇、一一・二、『毎日新聞　群馬版』昭二一・九・一三。
157　『上毛新聞』昭二三・三・九。
158　『上毛新聞』昭二一・一一・二。
159　『上毛新聞』昭二一・一一・二三。
160　『上毛新聞』昭二一・一二・一九。
161　以下この開催に関しては、特に記さない限り、『上毛新聞』昭二一・一二・一、一二・三、一二・五〜一〇。
162　売上は七九九万一四九〇円という記録もある（『馬事会だより』第二号、昭二二・三・五）。
163　『上毛新聞』昭二二・一・二七〜二九、二・一〜四。
164　『上毛新聞』昭二二・二・四。
165　以下この回想に関しては、「『シンシン号』刃傷事件顛末記」『地方競馬史』第二巻、三二一〜三二頁。
166　『読売新聞　千葉版A』昭二一・一〇・四、『千葉新聞』昭二一・一〇・五。馬匹検定委員会の統制下に開催するというものだった（同）。
167　『読売新聞　千葉版A』昭二一・一〇・四。
168　以下この申出への日本競馬会の対応に関しては、『日本競馬史』巻七、二五九頁。
169　『読売新聞　千葉版A』昭二一・一〇・九、『千葉新聞』昭二一・一〇・二〇。
170　『千葉新聞』昭二一・四・二三。
171　『千葉新聞』昭二一・九・一三。
172　以下この開催に関しては、『千葉新聞』昭二一・一〇・九、一〇・一六、一〇・二二。
173　以下戦前の柏競馬に関しては、『地方競馬史』第一巻、二三九〜四〇頁、柏市編さん委員会『柏市史　近代編』柏市教育委員会、二〇〇〇年、七四九〜六一、九五四〜六三頁。
174　『読売新聞　千葉版A』昭二一・一〇・一七。

175 『千葉新聞』昭二一・一一・一五、一一・二五。
176 『千葉新聞』昭二一・一〇・二七。同紙は、馬匹能力検定協励会と報じているが、競励会の誤りである可能性が高いので訂正しておいた。
177 『地方競馬史』第一巻、二四一頁。
178 『千葉新聞』昭二一・一一・一七。
179 『読売新聞 千葉版A』昭二一・一〇・四、『千葉新聞』昭二二・三・二九。
180 『茨城新聞』昭二一・一〇・三〇。
181 『地方競馬史』第二巻、三三八頁。
182 『地方競馬史』第二巻、三一九頁。
183 『下野新聞』昭二一・九・二一。
184 栃木県の要綱を受けて建前は景品となっているが、実際は現金での払戻が行われたのが確実である。なお「はじめに」で述べたように、戦前の地方競馬規則時代は、馬券は禁止され、現在のパチンコのように景品を現金化する方式がとられていたが、鍛錬馬競走時代に、「地方競馬」にも「馬券（優等馬票）」発売が公認された。
185 『地方競馬史』第一巻、二一八、二二〇頁。ちなみにこの宇都宮競馬場で二〇〇五年三月まで開催が続けられていた。
186 以下足利の競馬場に関しては、『地方競馬史』第二巻、三二六頁。
187 以下この開催に関しては、『下野新聞』昭二一・一〇・一九、一〇・二一〜二二、一〇・二七、一〇・二九、『毎日新聞 栃木版』昭二一・一〇・二四。
188 以下この決定に関しては、『下野新聞』昭二一・一〇・二二。
189 『岐阜タイムス』昭二一・一〇・二三。
190 『下野新聞』昭二一・一〇・二九。
191 『下野新聞』昭二一・一〇・二、一二・九、『毎日新聞 栃木版』昭二一・一一・一三、『読売新聞 栃木版』昭二一・一一・一五。
192 『下野新聞』昭二一・一二・二〇〜二一、『馬事会だより』第二号、昭二二・三・五。
193 以下この開催に関しては、『毎日新聞 山梨版』昭二一・八・二四、九・一五、『山梨日日新聞』昭二一・八・二五、九・

一二、九・一五、九・一八、『読売新聞　山梨版』昭二一・八・二九。

194 以下富士吉田競馬場に関しては、『横浜貿易新報』昭六・八・六～七、『地方競馬史』第一巻、二五五頁、山梨県編『山梨県史』通史編六　近現代二、山梨日日新聞社、一九九六年、一三六頁、「富士競馬場―瑞穂通信」http://www.fujigoko.tv/mizuho/fjkeiba.htm（二〇〇七年九月四日確認）。

195 以下玉幡競馬場に関しては、『地方競馬史』第一巻、二五四頁、『山梨日日新聞』昭二一・一〇・四。

196 『山梨日日新聞』昭二一・八・二五。

197 以下この開催に関しては、『山梨日日新聞』昭二一・一〇・二〇、一〇・二二。

198 『山梨日日新聞』昭二一・一〇・二〇。

199 『馬事会だより』第二号、昭二二・三・五。

200 『馬事会だより』第三号、昭二二・四・五。日程は、四月一〇、一一、一二、一四、一五、一六日。

201 『馬事会だより』第九号、昭二二・一〇・五。

202 『山梨日日新聞』昭二二・九・一六、九・二八、『馬事会』だより』第一一号、昭二二・一二・八。日程は、九月三〇日、一〇月一、二、四、五、七日。

203 『山梨日日新聞』昭二四・三・二六。

204 以下この開催に関しては、『信濃毎日新聞』昭二一・一〇・三、一一・三～四、一一・六～七、『毎日新聞 長野版』昭二一・一一・五、『読売新聞　北信版』昭二一・一一・七。

205 以下戦前の上諏訪競馬に関しては、『地方競馬史』第一巻、二五九頁、諏訪市博物館「第三二回　企画展「馬が語る」展示解説一一、上諏訪温泉競馬」http://www.city.suwa.lg.jp/www/info/detail.jsp?id=1884（二〇〇九年五月一〇日確認）。

206 『信濃毎日新聞』昭二一・一一・六、『読売新聞　北信版』昭二一・一一・七。

207 以下この開催に関しては、『信濃毎日新聞』昭二一・一一・一九、一一・二三～二六、『毎日新聞 長野版』昭二一・一一・二〇、一一・二七、『読売新聞　北信版』昭二一・一一・二三、一一・二七。

208 『信濃毎日新聞』昭二一・一一・一〇～一一。

209 全国各地での控除率は二〇％であったが、記録がある滋賀の控除率が二五％、県への納付金はその内の三％であった（『京都新聞　滋賀版』昭二一・一〇・一六）。闇競馬の開催に関して、関西では協議がなされていたことを考えれば、他府県も滋賀と同様であった可能性が高い。
210 『読売新聞　関西版』昭二一・九・一二。
211 『日本競馬史』巻七、一七八～九、二〇五頁。
212 『日本競馬史』巻七、一九三、二一一頁。
213 以下この開催に関しては、『夕刊京都』昭二一・九・一二、『京都新聞』昭二一・九・一三、九・一五～一六、九・一八、『毎日新聞　大阪版』昭二一・九・一五。
214 『地方競馬史』第一巻、二九六～七頁。
215 たとえば『夕刊京都』昭二一・九・一二。
216 『毎日新聞　大阪版』昭二一・九・一五。
217 『京都新聞』昭二一・一〇・一五。
218 以下この開催に関しては、『京都新聞』昭二一・一一・一四、一一・一九～二〇、『夕刊京都』昭二一・一一・一五。
219 『京都新聞』昭二一・一一・二〇。
220 『馬事会だより』第二号、昭二二・三・五。
221 以下この開催に関しては、『滋賀新聞』昭二一・九・一七、九・二三～二四、『京都新聞　滋賀版』昭二一・一〇・一六。
222 『地方競馬史』第一巻、二九四～五頁。
223 『地方競馬史』第一巻、二九四、二九六頁。
224 『京都新聞　滋賀版』昭二一・一〇・一六。
225 以下この開催に関しては、『滋賀新聞』昭二一・一〇・一九～二三、『京都新聞』昭二一・一〇・二二。
226 以下この開催に関しては、特に記さない限り、『滋賀新聞』昭二一・一一・二四、一二・一四、『京都新聞　滋賀版』昭二一・一二・五。
227 『滋賀新聞』昭二一・一一・二四。
228 『滋賀新聞』昭二一・一二・一四。
229 『馬事会だより』第二号、昭二二・三・五。
230 以下この開催に関しては、『朝日新聞　奈良版』昭二一・九・二六、九・二八、一〇・一、『夕刊京都』昭二一・九・二六、

231 『京都新聞』昭二一・九・二八～二九。
232 中本宏明編『奈良の近代史年表』一九八一年、奈良市史編集審議会編『奈良市史 通史四』奈良市、一九九五年、四七九～八〇頁、『地方競馬史』第一巻、三〇二～三頁。
233 『地方競馬史』第一巻、二九五、二九七、三〇三頁。
234 以下この開催に関しては『朝日新聞 奈良版』昭二一・一〇・四～六、一〇・九。
235 『京都新聞』昭二一・一一・五～八、『毎日新聞 大阪版』昭二一・一一・七。
236 『馬事会だより』第三号、昭二二・四・五。
『馬事会だより』第四号、昭二二・五・五、第七号、昭二二・八・五、第一二号、昭二三・一・八、第一五号、昭二三・四・七、第一八号、昭二三・七・六。各日程は、第一回二月九、一〇、一一、一四、一五、一六日、第二回四月一七、一八、一九、二二、二三、二四日、第三回九月二四、二五、二七、二八、三〇日、一〇月一日、昭和二三年第一回一月一五、一六、一七、一八、一九、二〇日、第二回三月二八、二九、三〇日、四月一、五、六日。
237 以下この開催に関しては、『朝日新聞 奈良版』昭二一・一〇・二〇、一〇・二七。
238 『地方競馬史』第一巻、二九八、三〇〇～一頁。
239 『地方競馬史』第二巻、四六三頁。
240 『地方競馬史』第二巻、四七〇頁。
241 『大阪新聞』昭二一・一一・四、一一・一四。
242 『朝日新聞 奈良版』昭二二・二・一。
243 『地方競馬史』第一巻、一三六～七頁。
244 『地方競馬史』第二巻、四六四頁。
245 『地方競馬史』第一巻、一三六～七頁、『地方競馬史』第二巻、四六四頁。
246 『地方競馬史』第一巻、三〇一頁。
247 『神戸新聞』昭二一・一一・一七、『地方競馬史』第一巻、三〇四頁。
248 『読売新聞 関西版』昭二一・九・一二。
249 『地方競馬史』第一巻、三〇四、三〇六～七頁。

250 『神戸新聞』昭二一・一〇・一七。
251 『神戸新聞』昭二一・一二・一、一二・六〜七。
252 『馬事会だより』第二号、昭二二・三・五、第三号、昭二二・四・五。
253 『神戸新聞』昭二一・一一・七。
254 『神戸新聞』昭二一・一一・一七。
255 『地方競馬史』第一巻、三〇四、三一〇頁。
256 『地方競馬史』第一巻、三〇四、三〇八、三一〇頁。
257 『地方競馬史』第一巻、三一一〜三頁。
258 『地方競馬史』第二巻、四七七頁。
259 『地方競馬史』第二巻、四八三頁。
260 『朝日新聞　和歌山版』昭二一・一〇・三一、『和歌山日日新聞』昭二一・一一・七。
261 『和歌山新聞』昭二一・一一・五〜六、一一・一四〜一五、一一・二六、『和歌山日日新聞』昭二一・一一・七、一一・一四。
262 『和歌山新聞』昭二一・一一・一四。
263 『和歌山新聞』昭二一・一一・二五。
264 『和歌山新聞』昭二一・一二・一四。
265 以下この撤回に関しては、『和歌山新聞』昭二一・一一・一四、昭二二・一・二五。
266 以下この松江案の経緯に関しては、『和歌山新聞』昭二二・一・二五、三・二九、五・九、六・二八、『朝日新聞　和歌山版』昭二二・三・二三。
267 以下新役員と元役員の争いまでに関しては、『和歌山新聞』昭二二・五・九。
268 『和歌山新聞』昭二二・五・二五、六・二八、七・九。
269 『和歌山新聞』昭二二・六・二八。
270 『和歌山日日新聞』昭二二・八・三。
271 『和歌山日日新聞』昭二二・七・一九。

272 『和歌山新聞』昭二二・三・一〇、八・六、八・九。
273 『和歌山日日新聞』昭二二・六・一一、七・一九、『和歌山新聞』昭二二・六・二八、八・一七。
274 『和歌山新聞』昭二二・六・二八、七・九。
275 『和歌山日日新聞』昭二二・七・一九。
276 『和歌山新聞』昭二二・七・一一。
277 以下調査、検討の経緯に関しては、『和歌山新聞』昭二二・七・二三、八・六、八・九、八・一三、八・一七、八・二〇、八・二二、九・六、『和歌山日日新聞』昭二二・八・三、八・二八、『朝日新聞 和歌山版』昭二二・八・二七。
278 『和歌山新聞』昭二二・八・五。
279 『和歌山新聞』昭二二・一・二五。
280 以下八月七日の集会までに関しては、『和歌山新聞』昭二二・八・五～六、八・九、八・一七。
281 『和歌山新聞』昭二二・九・三、一一・一八～二〇。
282 『和歌山新聞』昭二二・九・六。
283 『和歌山新聞』昭二二・一一・一八。
284 『和歌山新聞』昭二二・九・一九、九・二三。
285 『朝日新聞 和歌山版』昭二二・九・四。
286 『和歌山新聞』昭二二・九・二三。
287 『和歌山日日新聞』昭二二・一〇・一五。
288 以下同社に関しては、『和歌山日日新聞』昭二二・一〇・一五、一一・一三、『地方競馬史』第二巻、四八三頁。
289 『和歌山日日新聞』昭二三・一〇・一五。
290 『和歌山新聞』昭二三・一〇・一四。
291 この問題に関しては、拙稿「富山の競馬（戦後編）」第一六七回『もきち倶楽部』No. 962. 二〇〇九・三・三〇。
292 『和歌山日日新聞』昭二二・一二・一八。全一四万株、内六万株三〇〇万円は一〇人の重役と馬匹組合が引き受け、残りを地元及び大阪で各四万株ずつ公募するという計画であった（同）。
293 『和歌山日日新聞』昭二二・一二・一八、一二・二六、昭二三・二・一一。

294 『和歌山日日新聞』昭二三・四・二七。
295 以下竣工までに関しては、『和歌山新聞』昭二二・一〇・二二、昭二三・二・二八。
296 『和歌山日日新聞』昭二二・一〇・一五、一一・三〇、『和歌山新聞』昭二二・一一・一八。
297 以下この経緯に関しては、『朝日新聞　和歌山版』昭二二・一一・一五、『和歌山新聞』昭二二・一一・一七〜二〇。
298 以下告発の見合わせまでに関しては、『朝日新聞　和歌山版』昭二三・一一・二六、『和歌山新聞』昭二二・一一・二七、一一・二九、『和歌山日日新聞』昭二二・一一・三〇。
299 以下工事と第一回開催日程に関しては、『和歌山新聞』昭二二・一一・二九、一二・二九、昭二三・一・一四、二・二八、『和歌山日日新聞』昭二二・一二・九、一二・二六、昭二三・二・一一、二・一八、『朝日新聞　和歌山版』昭二二・一二・一一。
300 『和歌山日日新聞』昭二三・二・一一。
301 『和歌山日日新聞』昭二三・二・一八、『和歌山新聞』昭二三・二・二八。
302 以下この開催に関しては、特に記さない限り、『和歌山日日新聞』昭二三・二・一一、二・一八、三・四、三・一〇、『和歌山新聞』昭二三・二・二八〜二九、三・四、三・七、三・一一。
303 『地方競馬史』第二巻、四七八頁。
304 以下この開催に関しては、『和歌山新聞』昭二三・五・一六、五・二九、六・六。
305 『和歌山新聞』昭二三・一〇・二六、一二・一一。
306 「富山の競馬（戦後編）」第一六八回『もきち倶楽部』No. 964. 二〇〇九・四・八。
307 以下この開催に関しては、『高知新聞』昭二一・六・二九、七・一。
308 『地方競馬史』第一巻、三四五頁。
309 『朝日新聞　高知版』昭二一・七・三。
310 以下高知で引揚者救護を謳っての開催、土佐山田でのヤミ競馬開催までに関しては、『地方競馬史』第二巻、五一四頁。
311 『高知新聞』昭二一・一〇・二、一〇・二一。
312 『高知新聞』昭二一・一一・二七、『馬事会だより』第二号、昭二二・三・五、『地方競馬史』第一巻、三四五頁。
313 『高知新聞』昭二一・一二・一六。

314 『高知新聞』昭二一・一・二三。なお地方競馬法下の開催で最高の売上は、昭和二二年五月開催（六日間）の三七七万だった（『地方競馬史』第二巻、五一六頁）。
315 以下この開催に関しては、特に記さない限り、『四国新聞』昭二一・九・二〇、九・二二。
316 高松百年史編集室『高松百年史』下、高松市、一九八九年、三七頁。
317 『四国新聞』昭二一・一二・一〇。
318 以下昭和二三年一月までの元愛国飛行場コースの常設化までの詳しい経緯に関しては、拙稿「富山の競馬（戦後編）」第一六二～三回『もきち倶楽部』No. 952. 二〇〇九・二・二四、No. 954. 二〇〇九・三・二。
319 この開催に関しては、『四国新聞』昭二二・一二・一六、一二・一八～二二、『地方競馬史』第一巻、三四〇頁。
320 以下この開催に関しては、特に記さない限り、『愛媛新聞』昭二一・九・二九、一〇・三～五、一〇・七。
321 『地方競馬史』第一巻、三四二頁。
322 『愛媛新聞』昭二一・九・二九。
323 『地方競馬史』第一巻、三四二頁。
324 『地方競馬史』第二巻、五一六頁。
325 『徳島新聞』昭二二・八・九、一〇・二九。
326 以下鳴門競馬倶楽部、用地決定に関する鳴門市長のバックアップまでに関しては、『徳島新聞』昭二二・一一・三、一一・六、一二・二二。
327 『徳島新聞』昭二二・一二・二九。
328 『徳島新聞』昭二三・一・一〇。
329 『徳島新聞』昭二二・一一・二一、一二・二九、昭二三・二・一〇、二・二七。
330 『徳島新聞』昭二三・二・一〇、二・一四、二・二七。
331 『徳島新聞』昭二三・二・二九。
332 『徳島新聞』昭二三・二・二七。
333 『徳島新聞』昭二三・三・一～四、三・六～九。
334 『徳島新聞』昭二三・四・二四、五・六。

335 『徳島新聞』昭二三・四・二四、五・六、六・一三。
336 以下謝礼の使途に関しても、『徳島新聞』昭二三・六・一三。
337 『徳島新聞』昭二三・一二・二〇。
338 以下小松島競輪場選定に関しても、拙稿「富山の競馬（戦後編）」一五八回『もきち倶楽部』No. 942. 二〇〇八・一二・一五。
339 『地方競馬史』第一巻、二二〇、二二四頁。
340 以下この開催に関しては、『読売新聞　青森版』昭二一・九・二五、『東奥日報』昭二一・九・三〇。
341 『地方競馬史』第一巻、一八八、一九一頁、「青森・八戸競馬場跡巡り」http://www5d.biglobe.ne.jp/˜rna/cont/10/hachinohe1.htm（二〇〇九年三月二四日確認）。
342 『東奥日報』昭二一・一〇・一六、一〇・二二。
343 『東奥日報』昭二三・一〇・一四。
344 六郎田雅嘉（太平牧場）の証言（『東奥日報』昭二三・一〇・一四）。
345 たとえば大江志乃夫『明治馬券始末』紀伊国屋書店、二〇〇五年、五七～八、一六五～八頁、帝国馬匹協会編『日本馬政史』第四巻、一九二八年、復刻版、原書房、一九八二年。
346 『東奥日報』昭二一・九・三〇。
347 たとえば『東奥日報』昭二一・一・二七、二・九、六・一七、九・八、一〇・三〇。
348 『東奥日報』昭二一・八・六。
349 同。
350 以下この開催に関しては、『東奥日報』昭二一・九・二七、九・二九、一〇・二、一〇・七～八、一〇・一二、『読売新聞　青森版』昭二一・一〇・九。
351 『地方競馬史』第一巻、一八八～九頁。
352 『地方競馬史』第一巻、一八八、一九一頁。
353 以下昭和二四年六月青森競馬倶楽部による青森競馬場建設、昭和二六年九月で最後となった青森競馬に関しては、拙稿「富山の競馬（戦後編）」第一二八回『もきち倶楽部』No. 865. 二〇〇八・四・七。

354 『東奥日報』昭二四・一〇・二〇。各日程は、八戸第一回が五月二〇、二一、二二、二三日、第二回が九月一一、一二、一三、一四日、青森第一回が六月二五、二六、二七日、七月一、二、三日、第二回が七月一六、一七、一八、二二、二三、二四日、第三回が九月三、四、五、六日、第四回が九月一八、二一、二二、二三、二四、二五日。

355 『読売新聞　岩手版』昭二一・九・五、『毎日新聞　岩手版』昭二一・一〇・二。

356 以下盛岡振興競馬倶楽部に関しては、『新岩手日報』昭二一・九・四、九・七。

357 神翁顕彰会編『続日本馬政史』三、神翁顕彰会、昭和三八年、一四〇～一頁、『岩手人名大鑑』岩手日報社、一九七六年、四九八頁。

358 『新岩手日報』昭二一・九・四、一〇・三。

359 『新岩手日報』昭二一・一〇・一四。

360 『新岩手日報』昭二一・九・四、九・七。

361 『新岩手日報』昭二一・一〇・一四。

362 『新岩手日報』昭二一・一〇・三、一〇・五。

363 以下この開催に関しては、特に記さない限り、『新岩手日報』昭二一・一〇・三、一〇・八。

364 『新岩手日報』昭二一・一〇・一四。

365 同。

366 『新岩手日報』昭二一・一〇・八、一〇・一四。

367 『新岩手日報』昭二一・一〇・二六。

368 『新岩手日報』昭二一・一〇・二七～二九。

369 『新岩手日報』昭二一・一〇・一四。

370 『新岩手日報』昭二一・一〇・二七～二九。

371 『新岩手日報』昭二一・一〇・三一。

372 以下一着賞金五〇〇〇円のレースに関してまでは、『新岩手日報』昭二一・一〇・三一。

373 『新岩手日報』昭二一・一一・三。

374 『岩手新報』昭二一・一一・二四。

375 『毎日新聞　岩手版』昭二一・一一・二一。
376 以下岩手競馬倶楽部に関しては、『新岩手日報』昭二三・四・二〇。
377 『新岩手日報』昭二一・二一・一〇、『岩手新報』昭二二・三・一四、『岩手自由新聞』昭二二・六・二八。
378 『新岩手日報』昭二二・六・一六。
379 『岩手新報』昭二二・五・二〇、七・八、『新岩手日報』昭二二・一〇・六。日程は、第一回五月一〇、一一、一二、一六、一七、一八日、第二回六月二八、二九、三〇、七月四、五、六日、第三回一〇月二四、二五、二六、二七日。
380 『岩手新報』昭二二・九・一三。日程は、九月一三、一四、一五、一九、二〇、二一日。
381 以下この開催計画に関しては、『秋田魁新報』昭二一・九・二七。なお秋田の競馬の通史に関しては、佐藤清一郎『秋田県競馬史』北方風土社、一九九〇年がある。
382 『地方競馬史』第一巻、二〇二～三頁。
383 『読売新聞　秋田版』昭二一・八・八。
384 『毎日新聞　秋田版』昭二一・一〇・一七。
385 土田荘助に関しては、前掲『続日本馬政史』三、一六二頁、『秋田人名大辞典』秋田魁新報社、二〇〇〇年、三九一頁。
386 『読売新聞　秋田版』昭二一・一一・九。
387 『秋田魁新報』昭二一・一〇・三一。
388 以下両クラブの結成、競馬場建設に関しては、『秋田魁新報』昭二二・九・一六、一一・二三、一二・七、昭二三・二・一三、二・二三、四・一一、一一・二。
389 『秋田魁新報』昭二三・五・二一～二三。日程は、昭和二三年一〇月二九、三〇、三一、一一月一日。
390 『秋田魁新報』昭二三・一一・七～一〇。日程は、一一月六、七、八、九日。
391 以下この開催に関しては、特に記さない限り、『毎日新聞 宮城版』昭二一・一一・二、一一・一七、『河北新報』昭二一・一一・一五、一一・一七～一八、一一・二〇。
392 『地方競馬史』第一巻、二〇一頁。
393 『河北新報』昭二一・一〇・一〇。
394 『毎日新聞　宮城版』昭二一・一一・二。大石倫治に関しては、前掲『続日本馬政史』三、一六一～二頁。

395 『毎日新聞　宮城版』昭二一・一一・一七。
396 『河北新報』昭二一・一一・二〇。
397 なお昭和二四年から昭和三五年まで、仙台競馬場では仙台市が主催する開催が続けられたが、その歴史に関しては『仙台市地方競馬誌』仙台市、一九六〇年がある。
398 『読売新聞　山形版』昭二一・一〇・一六。
399 『毎日新聞　宮城版』昭二一・一一・一七。
400 『地方競馬史』第一巻、二〇七、二一〇頁。
401 『山形新聞』昭二一・一〇・一、一一・一二。
402 『山形新聞』昭二一・二・一一、二・一五、二・二八。
403 『地方競馬史』第一巻、二一二頁。
404 『山形新聞』昭二三・八・二三、八・二四～二五、八・三一、九・三。
405 『山形新聞』昭二三・九・二一～二六。
406 『山形新聞』昭二三・四・二三、九・二二。
407 『福島民友新聞』昭二一・一〇・四、『福島民報』昭二一・一〇・八。
408 『福島民報』昭二一・八・一〇、『福島民友新聞』昭二一・一〇・四。
409 以下期成会に関しては、『福島民報』昭二一・一〇・一、『福島民友新聞』昭二一・一〇・四。
410 以下協賛会の資金募集までに関しては、『福島民友新聞』昭二一・九・二七、『読売新聞　福島版』昭二一・一〇・二。
411 『福島民報』昭二一・一二・一七。
412 『福島民報』昭二一・一〇・八。
413 『福島民報』昭二一・一二・一七。
414 『福島民報』昭二一・一〇・八。
415 『福島民友新聞』昭二一・一〇・四。
416 『福島民友新聞』昭二一・九・一八。
417 『福島民報』昭二一・一〇・一三。

418 以下開催目的、事務所所在に関しても、『福島民報』昭二一・一〇・二一。
419 『福島民報』昭二一・一一・一。
420 以下売上金、純益に関する県の皮算用に関しても、『福島民報』昭二一・一〇・二四。
421 『福島民報』昭二一・一一・一。
422 『福島民報』昭二一・一一・四。
423 『福島民友新聞』昭二一・一一・七。
424 『福島民報』昭二一・一一・一。
425 『福島民友新聞』昭二一・一二・一六。
426 『地方競馬史』第一巻、二二五頁。
427 『福島民報』昭二一・一一・四。
428 同。
429 『福島民友新聞』昭二一・一一・二三。
430 『福島民報』昭二一・一一・二四。
431 『福島民友新聞』昭二一・一一・二三。
432 以下中止勧告書、進駐軍当局の了解までに関しては、『福島民報』昭二一・一一・二八。
433 『福島民友新聞』昭二一・一二・二二。
434 『福島民友新聞』昭二一・一一・二七。
435 『福島民報』昭二一・一二・八。
436 以下原町代替開催案の却下、郡山の新競馬場建設計画の承認までの経緯に関しては、『福島民報』昭二一・一二・一〇、一二・一七、『福島民友新聞』昭二一・一二・二二。
437 『福島民報』昭二一・一二・二二、『福島民友新聞』昭二二・一二・二二。
438 『福島民報』昭二一・一二・二三。
439 『福島民友新聞』昭二一・一二・二二。
440 以下開催の内定、福島競馬協会の事務所設置計画までに関しては、特に記さない限り、『福島民友新聞』昭二一・一一・一、

一一・八、一一・一三、『福島民報』昭二一・一一・一、一一・九、一一・一六。

441 『福島民報』昭二一・一一・二八。

442 同。

443 福島競馬場での地方競馬の開催、また原町競馬場での昭和二三年一〇月、一一月、翌年三月の開催に関しては、拙稿「富山の競馬（戦後編）」一二六〜一二七回『もきち倶楽部』No. 860. 二〇〇八・三・二四、No. 863. 二〇〇八・三・三一。

444 第5章で詳しく述べるが、『地方競馬史』第一巻（三二五頁）が、原町競馬場は昭和一三年以降休場となり、そのまま廃止になったと記しているのは誤り。

445 以下各県の開催日程に関しては、『佐賀新聞』昭二一・一〇・四、佐賀競馬史編さん委員会『佐賀競馬史』佐賀県競馬組合、一九七五年、三九頁。

446 『地方競馬史』第一巻、三六二、三六四〜五頁、『地方競馬史』第二巻、五三四頁。

447 『熊本日日新聞』昭二一・九・五。

448 『地方競馬史』第二巻、五三四頁。三善に関しては、前掲『続日本馬政史』三、一七一頁。

449 『熊本日日新聞』昭二一・九・五。

450 以下レース編成に関しても、『地方競馬史』第二巻、五三三頁。その後の出走馬も、「馬は鍛錬馬のほか、ほとんど百姓さんの馬だったので、無事でしたね。故障馬はほとんどおりませんでした。山鹿あたりから馬車を引いてきて、食糧、馬糧を持ってきて、競馬をして、またその馬を引いて帰っていっていました」という状態だったという（『地方競馬史』第二巻、五三五頁）。

451 『熊本日日新聞』昭二一・一二・一六〜一八、一二・二〇。なお売上は三一〇万五七三〇円という記録もある（『地方競馬史』第一巻、三六五頁、『馬事会だより』第二号、昭二二・三・五）。

452 『地方競馬史』第一巻、三六五頁。

453 『地方競馬史』第一巻、三七七、三八〇頁。

454 以下受け入れ態勢、県内外からの馬の鹿屋入りに関しても、『朝日新聞　鹿児島版』昭二一・九・二七、『南日本新聞』昭二一・一〇・八。

455 『南日本新聞』昭二一・一〇・二一。

456 『南日本新聞』昭二一・一〇・一九、一〇・二三、『朝日新聞　鹿児島版』昭二一・一〇・一九、一〇・二三。
457 『地方競馬史』第一巻、三五六、三六四、三八〇頁。
458 以下この開催に関しては、『南日本新聞』昭二一・一一・一、一一・一三、『朝日新聞　鹿児島版』昭二一・一一・一二。
459 『南日本新聞』昭二一・一一・一四。
460 以下出水競馬に関しては、『南日本新聞』昭二一・一一・六、一一・一二。
461 『南日本新聞』昭二一・一一・二、一一・一四。
462 以下この開催に関しては、特に記さない限り、『南日本新聞』昭二一・一一・六、一一・一六、一一・二二〜二五、『馬事会だより』第二号、昭二二・三・五。なお『地方競馬史』第一巻が、これを鹿児島競馬場での開催とし（三七八頁）、南薩競馬場を昭和一三年で廃場と記している（三七九頁）のは誤り。各日の売上に関しては、日曜日二四日の四日目だけが判明していて五七万八六四〇円（『南日本新聞』昭二一・一一・二五）。
463 『南日本新聞』昭二一・一一・二六、『馬事会だより』第三号、昭二二・四・五。日程は、一二月一九、二〇、二一、二二日。
464 『南日本新聞』昭二三・一・三一。
465 『南日本新聞』昭二三・三・一三、三・一八。
466 『南日本新聞』昭二二・一二・一一、一二・二〇、一二・二三〜二六。
467 『佐賀新聞』昭二一・一〇・四。
468 『佐賀新聞』昭二一・一〇・一〇。
469 『地方競馬史』第一巻、三五三、三五六〜七頁。
470 『佐賀新聞』昭二一・九・一一。
471 『朝日新聞　佐賀版』昭二一・一〇・一〇。
472 『佐賀新聞』昭二一・一〇・一〇、『西日本新聞　北九州版』昭二一・一〇・一三。
473 以下この開催に関しては、『佐賀新聞』昭二一・一〇・一七、一〇・一九、一〇・二二、『朝日新聞　佐賀版』昭二一・一〇・一九〜二〇、一〇・二二。
474 前掲『佐賀競馬史』三九頁。

475 以下この開催に関しては、『佐賀新聞』昭二一・一二・三、一二・二一、一二・二四、一二・二七、『馬事会だより』第二号、昭二二・三・五、前掲『佐賀競馬史』四四頁。
476 前掲『佐賀競馬史』四六頁。
477 前掲『佐賀競馬史』二八七頁。
478 同。
479 『地方競馬史』第一巻、三六八、三七二頁。
480 以下この開催に関しては、『大分合同新聞』昭二一・八・二一。
481 松村眞一郎、昭二一・九・一七、貴族院地方競馬法案特別委員会。
482 『大分合同新聞』昭二一・一〇・二七。
483 『朝日新聞　大分版』昭二一・一〇・一六。
484 『大分合同新聞』昭二一・一一・一。
485 『朝日新聞　大分版』昭二一・一一・一、一一・五、『大分合同新聞』昭二一・一一・二、一一・四、一一・一三。
486 『大分合同新聞』昭二一・一〇・二、一二・七。
487 『大分合同新聞』昭二一・一一・二三。
488 『大分合同新聞』昭二一・一二・七。
489 『大分合同新聞』昭二一・一二・一四、『朝日新聞　大分版』昭二一・一二・二一。
490 『大分合同新聞』昭二一・一二・一四。
491 たとえば『静岡新聞』昭二三・七・二二、昭二三・三・二二、五・三一。
492 以下この開催に関しては、『大分合同新聞』昭二一・一二・一四、一二・一六～一八、『朝日新聞　大分版』昭二一・一二・一七、一二・一九、『馬事会だより』第二号、昭二二・三・五。なお売上に関しては、他に五一七万円（『朝日新聞　大分版』昭二一・一二・一七）、五一七万一二二〇円（『馬事会だより』第二号、昭二二・三・五）という二つの記録がある。
493 『地方競馬史』第一巻、三七二頁。
494 『馬事会だより』第一六号、昭二三・五・一〇、『地方競馬史』第一巻、三七一頁。ちなみに中津競馬第二回、五月一、二、三、四日開催の売上は四六八万一七四〇円（『馬事会だより』第一八号、昭二三・七・六）。

495 以下この開催に関しては、『西日本新聞　福岡版』昭二一・一二・六～八、『地方競馬史』第一巻、三五二頁。
496 『地方競馬史』第一巻、三四八、三五二頁。
497 戦前の激しい地域対立や競馬場運営をめぐる主導権争いに関しては、『地方競馬史』第一巻、三四八頁。
498 『西日本新聞　宮崎版』昭二一・一〇・一三。
499 『地方競馬史』第一巻、三七三、三七六頁。
500 以下この開催に関しては、『朝日新聞　宮崎版』昭二一・一一・一五、『西日本新聞　宮崎版』昭二一・一〇・一三、一二・一四、一二・一七。なお売上は二六七万二二二〇円という記録もある（『馬事会だより』第二号、昭二二・三・五）。
501 『地方競馬史』第一巻、三五八、三六一頁。
502 以下この開催に関しては、『長崎日日新聞』昭二一・一二・一二～一六、『馬事会だより』第二号、昭二二・三・五。
503 以下出走馬、払い戻しに関しても、『岡山県畜産史』http://okayama.lin.gr.jp/history（二〇一〇年三月一八日確認）。なお出走馬、いい加減な払い戻しなどの典拠としてこの『畜産史』は『岡山県政史（昭和戦後編）』（岡山県、一九六九年）をあげているが、同書にはこれに該当する記述がない。
504 前掲『岡山県政史（昭和戦後編）』三七～九頁
505 以下この開催に関しては、『合同新聞』昭二一・八・五、八・一一。
506 以下この開催に関しては、『合同新聞』昭二一・九・一七、九・二二。
507 『合同新聞』昭二一・一二・三～四、一二・九、一二・一一、一二・一四、一二・一六、『馬事会だより』第二号、昭二二・三・五。
508 以下この開催に関しては、『中国新聞』昭二一・一〇・一〇、一〇・二六。
509 『地方競馬史』第一巻、三三五～六頁。
510 以下この開催に関しては、『中国新聞』昭二一・一二・五、『地方競馬史』第一巻、三三七頁。
511 以下五日市競馬場の廃場に関しても、『地方競馬史』第一巻、三三七頁。
512 『地方競馬史』第一巻、三三八頁、『地方競馬史』第二巻、五〇五～八頁。
513 『防長新聞』昭二一・一〇・五。
514 『防長新聞』昭二一・一〇・一二。

515 『地方競馬史』第一巻、三三二頁。
516 以下この開催に関しては、下関市市史編集委員会『下関市史・終戦—現在』下関市、一九八九年、一〇五〇頁。
517 『防長新聞』昭二一・四・二七。
518 『防長新聞』昭二一・五・一六。
519 『防長新聞』昭二一・一一・二。
520 『防長新聞』昭二一・一一・八。以下当時の山口での呼称にしたがって、進駐軍ではなく占領軍とする。
521 『朝日新聞　山口版』昭二一・九・一九、副官は所有馬をメルボルン・カップに出走させたこともあったという（同）。
522 『防長新聞』昭二一・一一・八。
523 『防長新聞』昭二一・一一・八〜九。
524 『防長新聞』昭二一・一一・一〇。
525 『馬事会だより』第二号、昭二二・三・五、『地方競馬史』第一巻、三三二頁。
526 『防長新聞』昭二一・一二・一六。
527 以下後援団体までに関しても、『防長新聞』昭二一・一〇・三一。
528 以下仙崎引揚に関しては、「抑留者引揚　仙崎」http://www.asahi-net.or.jp/~UN3K-MN/hikiage-senzaki.htm（二〇〇八年九月二八日確認）。
529 以下見物人数に関しても、『長門時事』昭二一・一一・一〇。
530 『防長新聞』昭二一・一一・一六、一一・一九。
531 『防長新聞』昭二一・一一・一三。
532 『防長新聞』昭二一・一一・一九。
533 『防長新聞』昭二一・一一・二一。
534 『朝日新聞　山口版』昭二二・三・七、三・一七、『馬事会だより』第四号、昭二二・五・五。
535 前掲『下関市史』一〇五一頁。
536 以下この競馬場設置の争奪戦に関しては、前掲『下関市史』一〇五一頁、『防長新聞』昭二二・六・一一、七・一一、七・一七、八・五、八・一三、八・二八、九・三、一〇・二、一〇・一七、一一・二五、一二・六、一二・二一、『朝日新聞山口版』昭二二・六・一〇、八・一、八・二〇、八・三〇、一〇・二。
537 『朝日新聞 山口版』昭二二・六・一〇、『防長新聞』昭二二・七・二、八・一三、九・一三。
538 前掲『下関市史』一〇五一〜二頁、『地方競馬史』第一巻、三三三頁。
539 以下戦前の皆生競馬に関しては、『地方競馬史』第一巻、三一五頁。
540 以下皆生温泉の競馬による振興策に関しては、皆生温泉観光株式会社『五十年のあゆみ』皆生温泉観光株式会社、一九七四年、五九〜六一頁。
541 『日本海新聞』昭二二・一・二六。
542 以下株式募集、競馬場の規模に関しても、『島根新聞』昭二二・一・一九、『日本海新聞』昭二二・一・二六、『山陰日日新聞』昭二二・五・三〇。
543 『日本海新聞』昭二二・一・二六。
544 『山陰日日新聞』昭二三・三・二四。県にも総売上の二%が納付された（同）。
545 以下この開催に関しては、『日本海新聞』昭二二・六・一〜二、六・四〜五、『島根新聞』昭二二・六・一〜五。
546 『山陰日日新聞』昭二二・五・二八。
547 「鳥取県統計課時系列データ第1表男女別人口及び人口性比―鳥取県市町村（大正九年〜平成一七年）」http://www.pref.tottori.lg.jp/secure/129290/02010119209901.xls（二〇〇九年五月九日確認）。
548 『山陰日日新聞』昭二二・六・一五、『日本海新聞』昭二二・六・二八。
549 『山陰日日新聞』昭二二・七・二六〜三〇、『島根新聞』昭二二・七・二六〜三〇。
550 以下この開催に関しては、『日本海新聞』昭二二・一〇・四〜五、一〇・七〜八、『島根新聞』昭二二・一〇・五〜八。
551 『日本海新聞』昭二二・一〇・八。
552 『地方競馬史』第一巻、三一六〜八頁。
553 『島根新聞』昭二一・一〇・七。
554 『地方競馬史』第二巻、四九九頁。
555 以下地元名士などの支援に関しても、『島根新聞』昭二三・五・一三。
556 『島根新聞』昭二二・五・一三、五・一六、五・二四、七・二。

557 『山陰日日新聞』昭二二・七・二。
558 『島根新聞』昭二三・五・二四。
559 以下借地での建設に関しても、『地方競馬史』第二巻、四九九頁。
560 『島根新聞』昭二二・七・三一。
561 以下益田競馬場施設の所有権に関しても、『地方競馬史』第一巻、三二〇頁、『地方競馬史』第二巻、四九九頁。
562 『地方競馬史』第二巻、五〇〇〜一頁
563 『島根新聞』昭二二・七・二。
564 『地方競馬史』第二巻、四九九頁。
565 以下この開催に関しては、『馬事会だより』第一二号、昭二三・一・八。
566 以下中央馬事会理事らの視察までに関しては、『島根新聞』昭二二・五・一三。
567 以下用地決定に関しても、『山陰日日新聞』昭二二・六・二八、『島根新聞』昭二二・七・二。
568 『島根新聞』昭二二・一一・一九。
569 『島根新聞』昭二二・七・二。
570 『島根新聞』昭二二・一一・二二。
571 『島根新聞』昭二二・七・二。
572 『島根新聞』昭二二・八・二〇。
573 『島根新聞』昭二二・一〇・五。
574 以下この開催に関しては、特に記さない限り、『島根新聞』昭二二・一一・一八、一一・二四〜二七。
575 『島根新聞』昭二二・一一・二四。
576 『島根新聞』昭二三・三・二六、四・七、五・一一、五・二二。各日程は、出雲大社競馬第一回三月一九、二〇、二二、二三、二四日、同第二回五月一五、一六、一七、一八、一九日、益田競馬第一回三月三一日、四月一、二、三、四日、同第二回五月五、六、七、八、九日。
577 北海道編『新北海道史』第六巻通説五、北海道、一九七七年、三二一頁。
578 高木清に関しては、高木清「高木清回想」*、前掲高木「札幌進駐軍競馬のこと（上）（下）」、江面弘也『活字競馬に挑ん

だ二人の男』ミデアム出版社、二〇〇五年、六六頁、『北の蹄音』三三一～四七頁。

＊「高木清回想」について

北海道レースクラブのマネージャーだった高木清が進駐軍競馬に関してまとめた回想が残されている（一九六七年八月脱稿、以下、「高木清回想」と記す）。私は、山本一生さんを通じて、高木清の親族である白井透さんが所蔵する原本をコピーしたものを閲覧することができた。この「高木清回想」は、これまでつぎのように、全文ではないが、その一部が紹介されたことがあり、また資料として活用されてきた。

時系列でいえば、まず高木清「札幌進駐軍競馬のこと（上）（下）」（『優駿』昭和四二年一一、一二月号）である。この論稿は、おそらくこの「高木清回想」を基に、『優駿』編集者が調査を加え、それをふまえて高木自身かあるいは編集者が高木の許可をえて大幅に修正、圧縮して、まとめられたものと考えられる。本人の論稿であるから基本的には同じ趣旨のものであるが、いくつかの点で異同がある。

現在までのところ、札幌の進駐軍競馬、北海道レースクラブについては、『日本競馬史』巻七が最も詳しいが、編集者は、その基本資料の一つとしてこの「札幌進駐軍競馬のこと（上）（下）」を活用している。

それから「高木清回想」原稿の四九頁から最終の九五頁までが、『月刊さっぽろ』（昭和四五年一一月号、一二月号、四六年一月号）に「進駐軍のおもい出――故高木清氏の遺稿より（上）（中）（下）」として、掲載されている。ただし原文の趣旨は失われていないとはいえ、簡略化や省略、あるいは表現の変更など大幅に編集者の手が入れられている。

この「おもい出」を資料の一つとして進駐軍競馬、北海道レースクラブの競馬にふれているのが、札幌競馬場馬主協会『北ぐにの競馬』一九八三年である。その内容から見て『北ぐにの競馬』の編集者が、「高木清回想」を見た可能性はほとんどないと思う。

そして『北の蹄音』である。『日本競馬史』巻七や『北ぐにの競馬』からの引用という形ではあるが、間接的に「高木清回想」が利用されている。なおこの『北の蹄音』は、進駐軍競馬当時の北海道馬連や北海道庁の関係者の証言も参照してまとめられている。

さらには「高木清回想」を参考文献にあげている江面弘也『活字競馬に挑んだ二人の男』（ミデアム出版社、二〇〇五年）がある。著作の直接の対象となってはいないので当然といえば当然だが、進駐軍競馬に関する叙述は「高木清回想」

の内容が充分に活かされているとはいいがたい。

「高木清回想」の全文に関しては、拙稿「富山の競馬（戦後編）」第九九回～第一一五回『もきち倶楽部』No. 797. 二〇〇七・八・六～No. 835. 二〇〇七・一一・二六に解説を付して紹介した。

579 「幸い彼には鍛錬競馬時代の高沢法行氏その他の同僚がおり、同族にはかつて阪神競馬場職員だった元調教師滝脩氏や、経理に明るい母堂や実弟がいて、この人達で高木ファミリーを固めた。」（前掲『北ぐにの競馬』二二二頁）

580 以下七月四日の開催に至るまでの経緯については、特に記さない限り、「高木清回想」、前掲高木「札幌進駐軍競馬のこと（上）（下）」、『日本競馬史』巻七、五四～八頁、『北ぐにの競馬』二二〇～一頁、『北の蹄音』二九～三四、四〇～四七頁、前掲『活字競馬に挑んだ二人の男』六六～九頁。

581 高木はこのことを知らないままに六月七日から東京で農林省が主催する協議（「地方競馬実施規程」の審議）に出席しており、そうだとすれば高木が札幌を出発した五日頃から後のことになる（前掲高木「札幌進駐軍競馬のこと（上）」）。また一六日高木が開催の有無を尋ねられた際に関連して、「一〇日間もことわり続けた申入れが」、といった記述もあるので、六日前後の可能性が高い（同）。

582 以下この札幌競馬場の貸与に関しては、「高木清回想」、前掲高木「札幌進駐軍競馬のこと（上）」、『日本競馬史』七、五六～七頁。その経緯及び北海道レースクラブの札幌競馬場使用をめぐる状況は、つぎのようなものだった。

日本競馬会は、当初、札幌競馬場の貸与、というよりその交渉にすら応じる考えはまったくなかったが、農林省がそうでなかったことが幸いした。高木は、まず畜政課長と面談したが、この問題は、一課長が指令できる権限をもっているような話ではなかったので、その課長は、少なくとも局長クラスの判断を仰いだはずである。当時の畜産局長は難波理平だったが、おそらく畜政課長を通じて話を聞いた難波が日本競馬会に働きかけた可能性が大きいと思う。

また仮に畜産局長がそう判断したのであれば、それは農林省の姿勢でもあったはずである。おそらく進駐軍からの開催要請があったことが、何らかの形で農林省に伝えられたことがその背景となっていたのではないかと思う。

また高木は上京の時点では、進駐軍の要請に関しては知らなかったと考えてよいが、上京中にそのことを知り、それを切り札として農林省に日本競馬会への「指導」を要請した可能性はなくもないと思う。高木によれば、札幌に帰った後、はじめて知ったということにはなっているが、これほど重要な案件を北海道馬連が連絡しなかったとは考えにくい。ともあれ何らかの農林省の働きかけがあって、日本競馬会は、「我々日本競馬会が札幌競馬を開催する前に地方競馬が実施されることになったら」という条件付ながら、札幌競馬場の借用に関する交渉に応ずることを高木に対して約束した。

文字通りにいえば、この高木と日本競馬会との約束は、根拠法制定を受けての地方競馬の再開時点ということであったが、そこには進駐軍競馬も含まれることになった。あるいは当初から含まれていた可能性もなくもない。したがって七月四日の進駐軍競馬の開催の際にも、日本競馬会は貸与を「承諾」していたと思われるが、その後の定期的な開催をにらんで、北海道馬連会長奥野小四郎は、七月九日付で日本競馬会理事長安田伊左衛門宛に、先の高木との約束をふまえて、札幌競馬場借用の正式契約を締結するように依頼する書簡を送っていた（「七月九日付北海道馬匹組合連合会長奥野小四郎から日本競馬会理事長安田伊左衛門宛書簡」『日本競馬史』巻七、六五～六頁）。その際、借用契約を締結しない場合には占領軍による札幌競馬場接収の可能性をちらつかせていた。

そして結局、日本競馬会は、八月二六日付で七月一日にさかのぼって「賃貸契約書」を締結することに同意、農林省も、九月一三日付で北海道馬連が使用、管理することを条件に認可した（『日本競馬史』巻七、七〇～一頁）。なおこれより先、札幌競馬場の主要な建物を貸与されていた運輸省札幌地方施設部は、日本競馬会から進駐軍競馬の定期的な開催を理由に返還要請を受けていたが、七月三一日付での返還に同意していた（『日本競馬史』巻七、六六頁）。

しかし「賃貸契約」が締結、認可された時点で、高木は北海道馬連とは絶縁して、北海道レースクラブを主宰、八月一七、一八日以降の土日に進駐軍競馬の開催を積み重ねていっていた。これに北海道馬連も日本競馬会も、北海道レースクラブに対して使用停止、返還を要求していくことになる。九月二八日付で安田伊左衛門は奥野会長に対して契約違反を警告、一〇月上旬、北海道レースクラブからの奪還を決断（『日本競馬史』巻七、七二～三頁）、実質的には賃貸状態にはなかったが、一〇月一九日付で、北海道馬連は日本競馬会に対して一〇月三一日付での契約の解除、返還の通告を行った（『日本競馬史』巻七、七四頁）。だが当然その実効性はなく、高木は、一一月二〇日の地方競馬法施行までの間は、札幌競馬場で進駐軍競馬の開催を継続していった。

583 「七月二五日付北海道馬匹組合連合会長奥野小四郎から日本競馬会理事長安田伊左衛門宛書簡」『日本競馬史』巻七、六七頁。

584 『日本競馬史』巻七、五九〜六〇頁。
585 『日本競馬史』巻七、七八、九五頁。
586 「高木清回想」
587 『北海道新聞』昭二一・七・三。
588 たとえば『北海道新聞』昭二一・七・一九。
589 以下この日の開催に関しては、第一レースの誤配当事件も含めて、特に記さない限り、『北海道新聞』昭二一・七・五、「高木清回想」、前掲高木「札幌進駐軍競馬のこと（上）（下）」、『日本競馬史』巻七、五八〜六五頁、前掲『北ぐにの競馬』二二一〜六頁、『北の蹄音』三五〜七頁。
590 『北海道新聞』昭二一・七・五。
591 なお『日本競馬史』巻七（六一〜二頁）は、配当金一一円を一一〇円と誤ったとしているが、ここでは高木の回想にしたがって配当金一五円を一五〇円と誤配当したと考えておく。
592 「高木清回想」。
593 同。
594 『北の蹄音』三四頁。
595 以下高木の辞表の取消しまで、「高木清回想」、前掲高木「札幌進駐軍競馬のこと（上）」。
596 『北海道新聞』昭二一・七・一〇。「昭和二一年七月八日付日本競馬会札幌競馬場出張所長東海林英士から日本競馬会理事長安田伊左衛門宛報告」（『日本競馬史』巻七、六〇〜一頁）では二〇、二一日あるいは二七、二八日の開催と報告されているから、八日段階でまだ決定していなかったか、あるいは東海林が決定を知らなかったかである。
597 「昭和二一年七月九日付北海道馬匹組合連合会長奥野小四郎から日本競馬会理事長安田伊左衛門宛書簡」『日本競馬史』巻七、六六頁。
598 前掲高木「札幌進駐軍競馬のこと（上）」。なおこの回顧で第一一空挺師団長をスウィングと記しているが、スイングと改めた。以下同。
599 以下この開催に関しては、特に記さない限り、『北海道新聞』昭二一・七・一〇、七・二〇〜二三、「七月二五日付北海道馬匹組合連合会長奥野小四郎から日本競馬会理事長安田伊左衛門宛書簡」『日本競馬史』巻七、六八頁。

600 「高木清回想」。
601 前掲「七月九日付北海道馬匹組合連合会長奥野小四郎から日本競馬会理事長安田伊左衛門宛書簡」。
602 前掲「七月二五日付北海道馬匹組合連合会長奥野小四郎から日本競馬会理事長安田伊左衛門宛書簡」。
603 「高木清回想」。
604 前掲「七月二五日付北海道馬匹組合連合会長奥野小四郎から日本競馬会理事長安田伊左衛門宛書簡」。
605 前掲高木「札幌進駐軍競馬のこと（上）」。
606 「秋季札幌競馬、開催日八月一七日、一八日、主催第一一空挺師団司令部、賞金一五万円」の広告が、北海道新聞に掲載されたのは八月五日号、そしてこの広告に賛助・北海道レースクラブの名が加わったのが八月九日号であるので、結成はこの間の可能性が高い。北海道新聞がクラブの結成を報じたのは八月一〇日付のことだった（『北海道新聞　函館版』昭二一・八・一〇）。
607 『北海道新聞　函館版』昭二一・八・一〇、『日本競馬史』巻七、七〇頁。
608 『北海道新聞　函館版』昭二一・八・一〇。
609 「高木清回想」。
610 『北海道新聞　函館版』昭二一・八・一〇。
611 『北海道新聞』昭二一・八・三一。高木清が求める戦後の新たな競馬像、「民主的傾向」をアピールする象徴的な事例が他にもあった。進駐軍競馬の最後の第一四次開催の「敢闘騎手賞」の授与だった。北海道レースクラブと北海タイムス社が協賛、初日一五日、「競馬の大衆化を図るため」にファンによる人気投票を実施したのを受けて、二日目一六日表彰式を行ったものだった。「真剣騎乗」していると思われる騎手を一位、二位、三位に分けてそれぞれ投票する方式だった。不正騎乗対策の一環、騎手の意識向上をはかろうとするものであった。この騎手表彰に関して、高木清は、つぎのように語っていた（『週刊北海タイムス』昭二一・一一・一七）。

元来騎手表彰というのは余り行われなかったように記憶しています、私は蔭に黙々と努力されるこれらの人々は常に同情の眼を以て見守っており、兎角非難の的にのみなり勝ちなこれらの人々を何とかしてファンの皆様の正確な鑑識の裡に入れたいと念願していたところ、今回北海タイムス社の絶大な御力添えを得全国初のファンに手による表彰を行うことを得たのは誠に画期的な試みで、競馬場における民主的傾向の大きな現れであると私は衷心から喜んでいる次第です、騎手諸君も喜んでいることと思いますし、さらにまた大きな励みになることと固く信じています。

612 『北海道新聞』昭二一・八・三一。

613 以下この開催に関しては、『北海道新聞』昭二一・八・一七～一九。

614 『北海道新聞』昭二一・八・二五～二六、八・二八、『毎日新聞　北海道版』昭二一・八・二七、八・二九。

615 『日本競馬史』巻七、七六頁。

616 以下これに対する高木の対抗手段に関しては、『日本競馬史』巻七、六九～七〇頁、前掲高木「札幌進駐軍競馬のこと（上）」。

617 以下一〇月の返還要求に関しても註582。

618 「オーダー」の原文は以下の通り（前掲高木「札幌進駐軍競馬のこと（上）」）。

HEADQUATERS 11TH AIRBORNE DIVISION
SPECIAL SERVICE OFFICE
APO 468

26 Aug 1946

TO; The manager of The Hokkaido Horse Race Club

1. The Hokkaido Horse Race Club has been selected to conduct races under the auspices of the 11th Airborne Division. Kiyoshi Takagi the manager of this club is to handle the business matters in staging these horse races.
2. It is requested that all other clubs and agencies cooperate with manager Takagi to insure good and successful horse racing programs.

PAUL G WOLSLAYER
Major Inf

619 この「由来」に関しては、その公告の原因となった不正騎乗も含めて、拙稿「富山の競馬（戦後編）」第九二回『もきち倶楽部』No. 778. 二〇〇七・五・七。
620 『北海道新聞』昭二一・九・二三、『週刊北海タイムス』昭二一・九・二三。
621 『北海道新聞』昭二一・九・二六、『週刊北海タイムス』昭二一・九・二七。
622 佐伯才一「戦後わたしの履歴書」『晴耕』昭和四七年五月。この回想は、一部が省略されているが、『北の蹄音』五三～六頁に掲載されている。
623 覚書はスイングの口頭の談話を事務局長がまとめたもの。覚書の全文は以下の通りであった（前掲高木「札幌進駐軍競馬のこと（上）」）。

昭和二一年九月七日　終戦連絡札幌事務局長　大使館参事官　工藤忠夫

札幌競馬に関する件

本日午前一〇時半から一一時半迄の一時間に亘り第一一空挺師団司令部で「スイング」少将閣下と札幌競馬の問題について会談した司令官の意見の要旨は次の如くであった。

余は七月四日独立記念日以後部下将兵慰問の為競馬の開催を希望したが目下競馬法が停止されていて日本側に適当な機関がないから、自分自ら主催者たるの責任を取り道庁を通じて馬匹組合連合会に実際上の仕事を委任した訳である。然し之は部下慰問の為に止むを得ず取った方便に過ぎないのであって「ポツダム」宣言に示してある通り連合軍側が日本政府をしてあらゆる施策を行わしめる原則を破る意思は毫頭ない。道庁は政府機関として競馬が最も公正に行はるる為一切の有効的なる監督をなすべきであると思う。

㈠　仍て道庁は札幌競馬に対し其の入場料は勿論売上高の調査を行うと共に適法なる税金を課すべきである。競馬が占領軍の独占で他の干渉を許さないという様なことは自分の意思をしらないものの言である。

㈡　次に開催機関が何れなるやも余は関知せざる処である。要は道庁の斡旋によって競馬関係のあらゆるエレメントを網羅した公正且有力なる団体が早く出来競馬に有終の美を完うして貰い度いことである。自分は日本側の内部のいざこざは聞き度くない。夫れは日本政府の全責任に於て民主的方法により解決さるべき問題である。

624 以下立ち入り調査も含めて、特に記さない限り、前掲佐伯「戦後わたしの履歴書」、『日本競馬史』巻七、七四～五頁。

625 つぎのような記録がある（前掲『北ぐにの競馬』二二七頁）。

しかし馬連はレース倶楽部に対してほとんど無力であった。業を煮やした馬連は八月末馬連の会員である全道の馬匹組合長を、札幌競馬場に集めて緊急会議を開いたが、冒頭から議場後方に陣取った暴力団S等の野次怒号で議事は妨害され、途中退席する者も多く、空知の早川副会長の発言により流会となった。

626 前掲佐伯「戦後わたしの履歴書」。

627 戦前の三歳馬競走の沿革、三歳酷使論に関しては、とりあえず『日本競馬史』巻七、二一七～二三頁、『北ぐにの競馬』二四六～七頁。

628 『北海道新聞』昭二一・七・二三、『日本競馬史』巻七、六六頁。

629 『北海道新聞』昭二一・八・一七。

630 前掲「七月二五日付北海道馬匹組合連合会長奥野小四郎から日本競馬会理事長安田伊左衛門宛書簡」。

631 『北海道新聞』昭二一・八・九。

632 以下このレースに関しては、『日本競馬史』巻七、七九～八〇頁。拙稿「富山の競馬（戦後編）」第九四回『もきち倶楽部』No. 784. 二〇〇七・五・二一。

633 『日本競馬史』巻七、二七五、二八〇頁。

634 以下三歳馬の購入問題に関しては、特に記さない限り、『日本競馬史』巻七、八一～九一頁、「高木清回想」、前掲高木「札幌進駐軍競馬のこと（下）」。

635 「高木清回想」。前掲高木「進駐軍競馬のこと（下）」では三〇〇〇円と記されているが、ここでは「高木清回想」によった。

636 前掲高木「札幌進駐軍競馬のこと（下）」。

637　「高木清回想」では、生産者が、「レース倶楽部には金がある。我々は協力しているんだから一五〇万円ぐらいは貰っても良いではないか」と考えて、契約破棄を通告、引渡しを拒否したと述べられている。だが少なくとも一〇月末までは、生産者たちがクラブへの売却を考えていたことと照らし合わせれば（『日本競馬史』巻七、八九頁）、北海道レースクラブの昭和二二年の開催の見込みがまったくなくなってしまったことで、クラブ側も生産者側も引き渡しの無意味さを了解しあって、契約を解消、その際、「レース倶楽部には金がある。我々は協力しているんだから一五〇万円ぐらいは貰っても良いではないか」ということになったのではないかと思う。いうまでもなく一五〇万円はクラブに返却された。

638　以下日本競馬会の三歳馬レースの実施に関しては、『日本競馬史』巻七、二一七〜二一九頁、『優駿』昭和二二年一・二月合併号。

639　『北の蹄音』三九〜四〇頁。

640　判明分は以下の通りである。北海道社会事業連盟二万五〇〇〇円、北海道方面委員連盟二万五〇〇〇円、北海道社会事業協会五万円（『北海道新聞』昭二一・八・二三）、アイヌ協会一万円、札幌婦人協力団体一万円、引揚者連盟札幌支部一〇万円、札幌市四〇万円（『北海道新聞』昭二一・九・六）、在外父兄救出学生同盟一万円（『北海道新聞』昭二一・九・七）、一〇月六日付北海道体育会・国体派遣費七万円（『北海道新聞』昭二一・一〇・六）、札幌軟式庭球連盟三万円（『週刊北海タイムス』昭二一・一〇・四）。なお札幌市へ寄付された四〇万円の内、二五万円を外地引揚者案内所経営に充てる、その内訳は医師その他係員への給与費六万三九〇〇円、石炭薪、薬品などの三万八九八円、引揚者への給食費五万六〇〇〇円、案内所の増築費八万五〇〇〇円、その他予備費一万四二〇〇円、残りの一五万円は体育施設費に充てる、その内訳はスキー、スケート競技界のため三万八五〇〇円、大通り七丁目にスケートリンクを新設、一般に開放するためその費用の三万円の内の二万円、その他大通り軟式庭球場の復旧、運動場の脱衣場などの施設費だったという（『週刊北海タイムス』昭二一・一二・二二）。高木によれば、引揚者の越冬、厚生資金及び住宅建設費、病院建設資金や授産所などへの補助、札幌警察署留置場改増築費にも寄付をしていたという（前掲高木「札幌進駐軍競馬のこと（下）」）。

641　「高木清回想」。

642　『日本競馬史』巻七、九七頁。

643　『日本競馬史』巻七、九二〜三頁。

644　『北海道新聞』昭二一・一一・九、『日本競馬史』巻七、九二〜三頁。

645 以下その却下、札幌競馬場の返還通知までの経過に関しては、『日本競馬史』巻七、九三〜七頁。
646 以下この貸与の申出に関しては、『日本競馬会』巻七、九六頁。
647 昭二三・三・二五、衆議院治安及び地方制度委員会。
648 『東京新聞』昭二一・一二・六、『神奈川新聞』昭二一・一二・二〇。
649 『日本競馬史』巻七、九六頁。
650 『日本競馬史』巻七、九六〜七頁。
651 前掲高木「札幌進駐軍競馬のこと（下）」。
652 前掲高木「札幌進駐軍競馬のこと（上）」。
653 淺川義一「競馬の疎開と進駐軍競馬」『優駿』昭和四二年一〇月号。
654 以下、函館の進駐軍競馬開催までに関しては、特に記さない限り、前掲『日本競馬史』巻七、九七〜一〇六頁、前掲『北ぐにの競馬』三〇九〜一二頁。
655 中央競馬ピーアール・センター編『函館競馬場100年史』日本中央競馬会函館競馬場、一九九六年、八〇、一四二頁、木村幸治『調教師物語』洋泉社、一九九七年、八六五頁。
656 『北海道新聞　函館版』昭二一・七・二三。なお昭和一八年九月の日本競馬会の開催が、戦前最後の開催だった（前掲『函館競馬場100年史』一三九〜四〇頁）。
657 第一回開催執務委員は以下のような顔ぶれだった（『日本競馬史』巻七、一〇一頁）。
後援会長上野金吾（渡島馬匹組合長、獣医）、執行委員長武芳彦（渡島馬匹組合副組合長）、馬場取締内藤松平（渡島家畜商業協同組合）、発走和田勇雄、場内取締信田実、着順審判田中好道（渡島支所）、園田実彦、騎手係鮫川由五郎（生産牧場経営、馬主）、西塚十勝、見上恒芳、番組編成加藤憲一、投票所主任高井虎雄（馬匹組合書記長あるいは幹事）
658 以下高木の協力申出に関しては、『日本競馬史』巻七、九九〜一〇〇頁。
659 以下この開催に関しては、特に記さない限り、『北海道新聞　函館版』昭二一・七・二三〜二四、七・二六〜二九、『日本競馬史』巻七、一〇〇〜一頁。

660 『北海道新聞　函館版』昭二一・七・二八。
661 前掲『北ぐにの競馬』三〇八頁。
662 武は、七月、八月の渡島馬匹組合と函館競馬倶楽部の共催時代の控除率は一五%という証言を残している（『日本競馬史』巻七、九九頁）。だが売上四三〇万円で賞金一五万円、復旧工事費二六万円を支出して剰余金三一万円ということから控除率は二〇%だったと考えた方が妥当である。
663 前掲『北ぐにの競馬』三一二頁。
664 以下この経緯に関しては、『日本競馬史』、巻七、一〇一～五頁。
665 以下振興会に関しては、前掲『函館競馬場100年史』一三六頁。
666 それぞれの判明分の役員歴は、田辺顕夫が大正一三（一九二四）年来賓接待係、大正一四～一五年速力検定係、昭和二（一九二七）～昭和三、昭和四～昭和七年場内取締、昭和八年審判、昭和一〇～一二年検量係、松岡陸三は初代函館競馬振興会常務理事、小西誠一は昭和九～一一年監事、宮崎信太郎は馬主で厩舎経営（中島時夫が管理）、渡辺鉄太郎が大正一二～大正一五年救護係（医員）、大正一三年ハンデキャップ作成係、大正一五年速力検定係、大正一四年監視係、昭和二～昭和一二年審判係、昭和八～一二年監事、平野与次右衛門は不明、山崎松次郎が大正一四～昭和一二年函館競馬倶楽部常務理事、初代函館競馬場長、日本競馬会理事、昭和一二年秋の日本競馬会開催の執務委員は、委員長山崎松次郎、検量渡辺鉄太郎、場内取締田辺顕夫、勝馬投票小西誠一だった（前掲『函館競馬場100年史』一三六～七、二一六～七頁）。
667 前掲『函館競馬場100年史』一三七頁、『日本競馬史』巻七、一〇五頁。
668 『北海道新聞　函館版』昭二一・八・一〇～一二。
669 以下新倶楽部が主導権を握り、函館駐屯部隊司令部から秋季開催の単独賛助を命ぜられるまでに関しては、特に記さない限り、『北海道新聞　函館版』昭二一・八・二八、『日本競馬史』巻七、一〇一～六頁、前掲『北ぐにの競馬』三一一頁、前掲『函館競馬場100年史』一四五～六頁、「函館競馬70年の歩み」『優駿』昭和四二年一一月号。
670 「昭和二一年九月一〇日頃日本競馬会理事山崎松次郎より日本競馬会宛報告」『日本競馬史』巻七、一〇五頁。
671 以下この抽せん馬に関しては、『北海道新聞』昭二一・九・二六。
672 以下売上高に関しても、『北海道新聞』昭二一・九・二九～三〇。
673 『北海道新聞　函館版』昭二一・一〇・三、一〇・一一、一一・九。

674 『北海道新聞　函館版』昭二一・一〇・二九、一〇・三一、一一・一、一一・三～四。勝馬の馬主、騎手にも記念品を贈呈（同）。
675 『北海道新聞　函館版』昭二一・一一・一五。
676 以下この開催決定に関しては、『北海道新聞　函館版』昭二一・一一・二三。
677 以下函館市役所への寄付まで、『日本競馬史』巻七、一〇六頁。秋季第一次競馬までの一三五万円の剰余金の五〇万円がアイヌ協会、渡島家畜商業協同組合などに寄付された（同）。
678 前掲「函館競馬70年の歩み」。
679 『函館新聞』昭二二・三・六。
680 『日本競馬史』巻七、一〇五～六頁。
681 『函館新聞』昭二二・三・六。
682 『日本競馬史』巻七、一〇五頁。
683 『北海道新聞　函館版』昭二一・一一・二四。
684 『日本競馬史』巻七、一〇六頁。
685 室蘭市史編さん委員会編『新室蘭市史』第四巻、一九八七年、四三三～四頁。
686 『室蘭民報』昭二一・八・一八。
687 『室蘭民報』昭二一・八・三〇、九・一一。
688 以下クラブ、その目的、役員に関しては、『室蘭民報』昭二一・九・一五、九・一八、一一・八。
689 室蘭市史編さん委員会編『新室蘭市史』第三巻、一九八五年、三七五頁。
690 『室蘭民報』昭二一・九・一五
691 前掲『新室蘭市史』第三巻、三六九～七四頁。昭和七年からの誘致運動が続けられ、苫小牧からの移転に焦点を絞られたが、実現しないままに、昭和一四年軍馬資源保護法施行となり、鍛錬馬場誘致に転換したが、結局これも失敗に終わっていた（同）。
692 以下この開催に関しては、『室蘭民報』昭二一・九・二七～三〇、一〇・一、前掲『新室蘭市史』第三巻、三七四～五頁。
693 前掲『新室蘭市史』第三巻、三七五頁。

694 『室蘭民報』昭二二・一一・九。
695 『室蘭民報』昭二二・一一・六。
696 以下この開催に関しては、『室蘭民報』昭二二・一一・二〇、一一・二二、一一・二四～二六、一一・二九、一二・一。
697 『室蘭民報』昭二二・九・二一、一〇・一五、一一・八、一一・三〇。
698 『室蘭民報』昭二二・一一・一一。
699 『室蘭民報』昭二二・一一・二四、『週刊北海タイムス』昭二二・一一・三〇。
700 『室蘭民報』昭二二・一一・二一、一一・二四、一一・二九、昭二三・四・一七。
701 『室蘭民報』昭二二・一一・二四、一二・九。
702 『室蘭民報』昭二二・一二・九。
703 『室蘭民報』昭二三・一・二三。
704 『室蘭民報』昭二三・三・四、三・七、三・二一、四・二。
705 『室蘭民報』昭二三・四・一七、四・二三、『北海道新聞　函館版』昭二三・五・二〇、五・三〇。
706 『室蘭民報』昭二三・五・七。
707 『室蘭民報』昭二三・七・二八。
708 『室蘭民報』昭二三・五・七。
709 『室蘭民報』昭二三・七・二八。
710 前掲『新室蘭市史』第三巻、三七五頁。
711 『室蘭民報』昭二三・九・一二。
712 『室蘭民報』昭二三・九・九、九・一二。
713 『室蘭民報』昭二三・九・一二。
714 『室蘭民報』昭二三・九・三〇、一〇・二～七、一〇・一〇、一〇・二三～二八、一〇・三一、一一・七、一一・九～一一、一一・一三、一一・一五～一八、一一・二九。各日程は、第一回一〇月二、三、四、五日、第二回一〇月二三、二四、二五、二六日、第三回一一月八、九、一〇、一四、一五、一六日。
715 『室蘭民報』昭二三・一一・一二。

716 同。

717 『室蘭民報』昭二二・一二・三一。

[3] 地方競馬法の制定

1 議員主導、大きな権益

1 地方競馬規則下の景品券と現金の引き換え、軍馬資源保護法の優等馬票（馬券）に関しては、『地方競馬史』第一巻、二一～三八、六九～八九頁、『日本競馬史』巻六、七一～三、九三～一〇三頁。

2 以下競馬課の設置までに関しては、『日本競馬史』巻七、一〇九頁。

3 以下八月二九日衆議院上程、共同提案者に関しても、『地方競馬史』第一巻、一三九頁。

4 たとえば『富山新聞』、『福井新聞』が七月一四日、『北海道新聞』が七月一五日にその骨子を掲載していた。

5 『毎日新聞』昭二一・八・七。

6 たとえば天川晃「『民主化過程』と官僚の対応」『新装版　戦後日本　占領と改革』岩波書店、二〇〇五年、二六一頁。

7 『馬事会だより』第三号、昭二二・四・五。

8 昭二一・八・二九・衆議院本会議。

9 『日本競馬史』巻七、三八九～四〇〇頁、大蔵大臣賀屋興宣・昭一七・一・二二、衆議院本会議、松村眞一郎・昭二一・九・一七、貴族院地方競馬法案特別委員会。

10 以下控除率の変遷に関しては、『地方競馬史』第二巻、三七頁、『近代競馬の軌跡』四三一～二頁、『日本競馬史』巻六、三八九～四〇頁。

11 『日本競馬史』巻六、七五頁。

12 小笠原八十美、昭二一・九・二、衆議院地方競馬法案委員会。

13 競馬界も例外ではなかった。たとえば昭和二一年二月五日、日本競走馬生産者協会日高支部（支部長鎌田三郎）では、反官僚、民主化運動に向けて、つぎのような決議をあげていた（『日本競馬史』巻七、一六〇～一頁）。

当支部昭和二一年定時総会を去る一月二〇日開催いたし候ところ、右席上において競馬民主化に関する動議提案これあり、種々論議の結果別紙之通り決議せられ、これが民主化運動展開することに相なり候条、何分の御賛同御援助賜りたく、この段貴意を得候也。

決議

客年八月終戦に伴う連合軍の進駐に及ぶや、封建的思想打開の声澎湃として起こり、今や軍国主義的官僚の圧政下より脱皮すべく、自主的民主化運動いよいよ熾烈化しつつあり。しかして過般の臨時議会における政府当局の言明によれば、本年より競馬再開するの情勢必須と思料せらるるに至れり。

しかれども、これが復活すべき競馬の目的、使命ともに従来の軍国主義的官僚競馬とは自ずからその趣を異にするをもって、再開に当りては誤れる過去を清算し、新生日本建設の一端として明朗なる民主的競馬の実現を要望するものなり。

(一) 競馬法を徹底的に改正すること。

(二) 日本競馬会を民主化し、競馬組織を日本競馬会および生産者、馬主、調教師、騎手等により決定し、施行は競馬会これを行うものとす。

右決議す。

14 たとえば食糧メーデに関しても、五百旗頭真『日本の近代6　戦争・占領・講和　一九四一〜一九五五』中央公論新社、二〇〇一年、二九一〜三頁。

15 たとえば『図説　昭和の歴史』第八巻、集英社、一九七九年、一五二頁。

16 『県史現代』九六頁。

17 たとえば小川原政信、昭二一・九・二、衆議院地方競馬法委員会。

18 『県史現代』一〇五、一三二頁。

19 小笠原八十美、昭二一・八・二九、衆議院本会議、『県史現代』九九頁。

20 以下富山の借馬慣行に関しては、たとえば松村眞一郎、昭二一・九・十七、貴族院地方競馬法特別委員会、『富山新聞』昭二一・三・二六〜二七、五・一一、五・二五、七・三一、『馬事会だより』第二号、昭二二・三・五。

21 神崎宣武編『馬と日本史　4』馬の文化叢書5　近代、一九九四年、五一〇〜一頁。

22 『日本競馬史』巻六、八八三〜九一八頁。

23 以下この移動に関しては、『日本競馬史』巻六、一四五〜六頁。

24 西尾に関しては、前掲『続日本馬政史』三、一五七頁。

25 以下昭和二一年の生産頭数に関するまでは、特に記さない限り、大石倫治、昭二一・九・一一、九・一三、九・一四、貴族院地方競馬法案特別委員会／井上綱雄、昭二一・九・一四、貴族院地方競馬法案特別委員会／西尾忠方、昭二二・三・三〇、貴族院地方競馬法の一部を改正する法律案特別委員会。昭和二〇年に関しては一一〇〜一二〇万頭という証言もあった（大石倫治、昭二一・九・二、衆議院地方競馬法案委員会）。

26 大石は、「今迄政府は多額の補助助成を致して生産或は飼育の奨励を致して居りましたものが、御承知の通り終戦後其の筋の注文もあり、全然此の助成費と云うものは削られまして、昭和二一年度に於きましては、一文もなくなったのでありますそれでありまするから」と述べていた（大石倫治、昭二一・九・一一、貴族院地方競馬法案特別委員会）。

27 前掲『馬政第二次計画摘要』、『日本競馬史』巻六、三〇〜四九頁。

28 たとえば中央競馬ピーアール・センター編／中村勝五郎『親子三代　馬主八〇年』中央競馬ピーアール・センター、一九八四年、二〇二頁。ただ馬政官（馬役人）は、馬が好きで馬のことをよく知っていたという（同）。

29 以下要綱の冒頭、「用途別飼養頭数目標判定事由」に関しても、『馬事会だより』第一号、昭二二・二・一〇。要項は、ほぼ原案のままで了承されたようである。また一月二三日中央馬事会第二回定時総会でも、つぎのような「馬緊急大増産」の決議が行われていた（同）。

現下の食糧難を克服して国民生活の安定を図ることは国家再建上喫緊の要事であって、これが為めには農業生産力の飛躍的増強とこれに伴う輸送の完璧を期することが肝要である。

時局下馬は肥料及び労力の大給源としてこの重要目的達成のため絶対不可欠の要素であるに拘らず現在保有馬数の極端なる激減は甚だ遺憾とするところである。吾等馬事関係者は時局の重大なるに鑑み馬事を通じて国家の危機突破に全幅の協力を為すためここに全国挙げて馬の緊急大増産を図ることを期する右決議する。

30 『馬事会だより』第二号、昭二二・三・五。

31　小笠原八十美、昭二一・九・二、衆議院地方競馬法案委員会。
32　『馬事会だより』第一号、昭二二・二・一〇。
33　小笠原八十美、昭二二・九・二、衆議院地方競馬法案委員会。

2　衆議院地方競馬法案委員会

34　小笠原に関しては、三星せつ『父と私』発行者小笠原太一、一九八九年、熊谷啓子編『近代青森県の一〇〇人を語る（中）「NHKラジオ人物伝」より』八戸地域社会研究会、一九八四年、一六〇～三頁、本多浩治「小笠原八十美伝」『北方春秋』第一六号、昭和四〇年一一月、秋田義信編集『われ何故に　米内山義一郎――農民の中で六〇年』一九九三年、四九～五〇、六一～四頁。
35　『馬事会だより』第三号、昭二二・四・五。
36　『馬事会だより』第七号、昭二二・八・五。
37　『ふくしまの歴史4　近・現代』福島市教育委員会、二〇〇七年、二四七頁。
38　競馬法も軍馬資源保護法も第一条でその目的を謳っていた（『日本競馬史』巻四、一五一頁、『地方競馬史』第一巻、七二頁）。
39　昭二四・五・一二、参議院内閣農林委員会連合審議会。また昭和二四年五月二二日参議院農林委員会で池田恒雄が「ところが今日におけるところの畜産の振興というものは、ただ単に、馬だけを振興するという意味ではない、そうして馬よりもむしろ牛とか或いは大蔵大臣御承知かと思うのでありますが、大蔵大臣が盛んに熱を入れておる輸出の振興であります」と述べていた。
40　『馬事会だより』第一五号、昭二三・四・七。
41　松村眞一郎、昭二二・九・一七、貴族院地方競馬法案特別委員会。
42　『馬事会だより』第一号、昭二二・二・一〇。
43　同。
44　『室蘭民報』昭二二・九・一九。
45　北海道競馬の八百長、場内取締に関しては、『北の蹄音』六二～五、一六九～七四、一八〇～二〇〇頁。

46 『地方競馬史』第一巻、一四四頁。
47 『日本競馬史』巻六、七三頁。
48 以下交流禁止の省令までに関しては、『日本競馬史』巻七、七一八～二一、七二五～八頁。

3 貴族院地方競馬法案特別委員会

49 前掲大江『明治馬券始末』、一三三～四頁。
50 昭二一・一〇・四、衆議院本会議、昭二一・一〇・六、貴族院本会議。
51 佐藤正人は、同書をサラブレッドを研究しようとする人にとっての必読文献であると評価している（山本一生編／佐藤正人「私の競馬研究ノート　第41回　競馬雑録（3）」『もきち倶楽部』No. 298. 二〇〇二年九月五日）。
52 昭一四・三・一五、三・一六、三・一八、三・一九、貴族院軍馬資源保護法案特別委員会。
53 馬券をめぐる論議に関しては、とりあえず拙稿「失われた競馬場を訪ねて　馬券黙許時代①」『書斎の競馬』八、飛鳥新社、一九九九年一一月、「失われた競馬場を訪ねて　馬券黙許時代②」『書斎の競馬』九、飛鳥新社、一九九九年一二月。
54 たとえば『富山新聞』昭二三・一二・二二。
55 宮川隆義編『歴代国会議員経歴要覧』政治広報センター、一九九〇年、一六三一頁、「東京大学総合図書館の漢籍とその旧蔵者たち　渡辺文庫」、http://www.lib.u-tokyo.ac.jp/tenjikai/tenjikai95/bnk/watabe.html（二〇〇九年五月一四日確認）、「nakano bunko　旧勲一等瑞宝章受賞者一覧（戦前の部）」http://www.geocities.jp/nakanolib/giten/zuiho2.htm（二〇〇九年五月一四日確認）。
56 たとえば『日本競馬史』巻七、七四五～五〇頁、『北の蹄音』九八～一一九頁、前掲『新潟県の競馬の歩み』七五、九九、一九四頁
57 『地方競馬史』第一巻、四六頁。
58 『昭和二三年版　地方競馬関係法規』中央馬事会。
59 たとえば小原謙太郎、昭二一・九・一七、貴族院地方競馬法案特別委員会、あるいは鈴木周次郎、昭二二・三・二四、衆議院地方競馬法の一部を改正する法律委員会。
60 たとえば井上綱雄、昭二三・七・二、衆議院農林委員会。

61　同年一二月には、英人婦人が、伊勢佐木町に日本ドッグレース協会を創立、内務省、神奈川県当局の了解をえて、横浜市子安公園内の八〇〇〇坪を敷地と決定、総工費四〇〇万円、清水組の手で着工、翌昭和二二年三月レースを開始、純益の一部を横浜市の社会事業費として納付、他は民間の財団法人厚生同胞協力会その他団体の資金に全部寄付、といった計画が伝えられることになる（『東京新聞』昭二一・一二・六、『神奈川新聞』昭二一・一二・二〇）。札幌に関しては、北海道レースクラブが計画していた（第2章）。

62　各会議録には審議時間が記されている。

63　有馬の質問は、一六条の「又はこれに類似の行為をなした者」の解釈であったが、大石が、認可を取り消された組織が開催した場合もノミ行為として取り締まるといった答弁を行ったことで、議事が混乱、結局、闇取引的のノミ屋行為は第一六条の三、「職業として、多数の者に対して財物を以て賭けごとをなした者」によって取締ることに確定していた。

64　以下松村眞一郎に関しては、『松村眞一郎笑子記念録』松村眞一郎笑子記念刊行会、一九七一年、前掲『続日本馬政史』三、一六六頁。

65　『日本競馬史』巻六、七五頁。

66　前掲『松村眞一郎笑子記念録』年譜。

67　小山知一「馬事に尽した松村さん」前掲『松村眞一郎笑子記念録』所収、二五五頁。

68　小原がここで念頭においているのは、大正一二（一九二三）年の競馬法制定が、折からの軍縮で軍馬改良の予算も削減されることを背景に、陸軍の強力な圧力で実現したことであったと思われる。

69　二つの国策とは、「日満に亙る馬政国策」「内地馬政計画」、一つの法律とは国家総動員法に基づく種馬統制法（昭和一四年）のことを指している。日中戦争の本格化を受けて、昭和一三年馬政第二次計画が打ち切られ、大陸戦に適した軍馬の生産、育成を目的として「日満に亙る馬政国策」、「内地馬政計画」が作成された（『日本競馬会史』巻六、三〇〜四九頁）。この馬政計画の中で、日本競馬会の競馬の目的は、その軍馬改良の原々種となる軽種馬（サラブレッド、アラブ）の能力検定、種馬選択と明確に位置づけられた。日本競馬会も、この馬政計画に従って、競馬は社交や娯楽ではなく国策である、と繰り返し謳い、戦時体制下における軍事機関の役割を果たしていることを自らの存在理由としていた。

70　昭和一五年七月、日本競馬会及び競馬振興会（各民間倶楽部が解散するにあたって馬主たちが設立したもの）は、外国人の役員たちを解任した（以下「敵性外国人」の資産の没収、落札までに関しても、『日本競馬史』巻六、三八三〜九頁）。だが振興会員（馬主）の資格は奪っていなかった。しかし、太平洋戦争勃発後の昭和一六年一二月二四日、日本競馬会は各振興会に対して「敵性外国人」の除名を指示、各振興会はその除名を実行、そして彼らの競走馬、繁殖牝馬、牧場等の資産を、事実上没収、落札処理した。

71 確かに衆議院、参議院の地方競馬法案の委員会では、このような声はあがっていなかったが、これより先の八月二三日衆議院建議委員会で寺島隆太郎（千葉全県区、無所属）が「日本競馬界民主化に関する建議案」を提出、実質的には日本競馬会の戦時の軍国的残滓の一掃、民主化の必要を訴えていた。

72 たとえば『日本競馬史』巻六、一七二頁、『近代競馬の軌跡』一九五～八頁。註69も参照。

73 以下軍事協力専門機関としての地方競馬に関しては、『地方競馬史』第一巻、六九～一三四頁、『日本競馬史』巻六、九四～一一〇頁。

74 『地方競馬史』第一巻、一三八～九頁、『日本競馬史』巻六、三八二頁。

75 前掲小山「馬事に尽した松村さん」『松村眞一郎笑子記念録』所収、二五五～六頁。

76 『日本競馬史』巻六、一〇一～三頁。

77 『地方競馬史』第一巻、三九～四五頁。

78 『日本競馬史』巻六、一〇三頁。

79 『馬事会だより』第一号、昭二二・二・一〇。

80 『昭和二三年版　地方競馬関係法規』中央馬事会、『地方競馬史』第一巻、一五〇頁。

81 『日本競馬史』巻六、七四～五頁。

82 『馬事会だより』第一号、昭二二・二・一〇、第三号、昭二二・四・五、第八号、昭二二・九・五。

4　地方競馬法の改正――競馬場の倍増

83 『馬事会だより』第一号、昭二二・二・一〇。

84 『岩手新報』昭二二・三・一四。

85 昭二二・三・二二、衆議院本会議。

86 『馬事会だより』第三号、昭二二・四・五。

87 『馬事会だより』第一号、昭二一・二・一〇。
88 同。
89 森が、登録頭数が少ない所の競馬場の増設を許可しないという農林省の方針を明らかにしたことに対して、それは、「馬は居《ママ》らないが相当経済的に豊かである都会地に於て競馬をして、其の売上を馬産地に廻」して馬産地を補助するという中央馬事会の方針に反することになるのではないかという、いかにも四條らしい質問だった。これに森は、収益性も考えて柔軟に対応する、と答弁していた。
90 以下この選挙結果に関しては、『読売新聞』昭二一・五・二、『馬事会だより』第四号、昭二一・五・五。

5 戦災都市へ地方競馬の開催権を

91 『神戸新聞』昭二三・一・一九〜二〇。
92 昭二二・三・二五、衆議院建議委員会。
93 昭二二・三・六、衆議院予算委員会、昭二二・三・二五、衆議院建議委員会。
94 『神戸新聞』昭二三・一・二〇。
95 昭二二・三・二五、衆議院建議委員会。
96 大石倫治、昭二一・九・一一、貴族院地方競馬法案特別委員会。
97 森幸太郎、昭二二・三・二五、衆議院建議委員会。
98 佐竹新市、昭二三・七・四、衆議院農林委員会。

4 富山県馬匹組合連合会主催

1 以下この大会に関しては、『北日本新聞』昭和二二・三・二二、四・二。
2 この競技会に関しては、『読売新聞　富山版』昭二五・三・二五。
3 以下控除率の変遷に関しては『地方競馬史』第二巻、三七頁、『近代競馬の軌跡』四三一〜二頁、『日本競馬史』巻六、三四〇〜八九頁。

4　「地方競馬法施行規則」前掲『昭和二二年版地方競馬関係法規』所収。
5　以下中央馬事会長賞に関しては、『馬事会だより』第一号、昭二二・二・一〇。
6　「最近に於ける高岡競馬の開催費収支並びに入場人員成績表」『富山県地方競馬参考資料』。
7　敗戦後のインフレ率については、消費者物価指数、卸売物価指数、あるいは米価（これについても公定価格か闇価格かがある）など何をもって確たる数字と考えるかは議論があるだろう。まして地域差もある。ここでは、その目安として、卸売物価、小売物価指数の対前年比上昇率によっておくことにする。その上昇率は、「卸売物価は一九四五年が五一・一％、一九四六年が三六四・五％（四・七倍）、一九四七年が一九五・九％（三倍）、一九四八年が一六五・六％（二・七倍）となっている。他方、小売物価は一九四五年が四七％（一・四七倍）、一九四六年が五一三・八％（六・一倍）、一九四七年が一六九・四％（二・七倍）、一九四八年が一九三・四％（二・九倍）となっている。一九四六年の物価上昇がもっとも激しく、小売物価は一年間で六倍という速さであった。一九四七～四八年も、毎年、対前年比三倍に近い上昇を記録した」（正村公宏『図説戦後史』ちくま学芸文庫、筑摩書房、一九九三年、九三頁）。

1　第一回開催

8　たとえば『北日本新聞』昭二二・三・二六。
9　『富山新聞』昭二二・三・一〇。
10　『北日本新聞』昭二二・三・二六。
11　『北日本新聞』昭二二・四・一二。
12　以下ブロック間の出走を可能とする法改正の要求に関しても、『馬事会だより』第九号、昭二二・一〇・一〇。石川、福井の馬主は、勝鞍をさらわれると富山からの遠征を嫌っていたという（『富山新聞』昭二三・一一・六）。
13　『馬事会だより』第四号　昭二二・五・五。出願人員四三、受験人員四一、合格者は条件ナシ（全国）一八、県内二〇、計三八名だった（同）。
14　以下この開催に関しては、特に記さない限り、『北日本新聞』昭二二・四・一二、四・一五、『富山新聞』昭二二・四・一二、『北陸夕刊』昭二二・四・一三～一六。
15　『北陸夕刊』昭二二・四・五。

16　『富山新聞』昭二二・三・一。
17　『北陸夕刊』昭二三・三・二六。
18　『富山新聞』昭二三・二・五。

2　第二回開催

19　以下この開催に関しては、特に記さない限り、『北日本新聞』昭二三・七・二三、七・二五～二八、『富山新聞』昭二三・七・二四～二五、七・二八、『北陸夕刊』昭二三・七・二六～二九。
20　『馬事会だより』第一号、昭二三・二・一〇。
21　たとえば『北日本新聞』昭二三・七・一一、『富山新聞』昭二三・七・一一。
22　『北日本新聞』昭二三・七・二六。
23　『北国毎日新聞』昭二三・七・一七、九・一五、昭二三・七・二一。
24　「最近に於ける高岡競馬の開催費収支並びに入場人員成績表」『富山県地方競馬参考資料』。ただし馬券税に関しては、立川が算出。
25　『北国毎日新聞』昭二三・七・九。
26　『富山新聞』昭二三・七・二四。
27　『県史現代』三二頁。
28　『県史現代』一〇四頁、『北陸夕刊』昭二二・一二・二四。
29　前掲『富山県史』資料編8付録　現代・統計図表、九一頁。
30　高井進編『明治・大正・昭和の郷土史　富山県』昌平社、一九八二年、一六一頁。
31　『富山新聞』昭二三・三・一。
32　『県史現代』一二五頁。
33　以下高岡の好況に関しては、特に記さない限り、『読売新聞　富山版』昭二三・八・一九。
34　『北陸夕刊』昭二三・七・二五。
35　たとえば『北日本新聞』昭二三・八・一。

36 『富山新聞』昭二二・八・六。
37 『県史現代』一五五頁。
38 『富山新聞』昭二二・七・二五。
39 たとえば『富山新聞』昭二三・七・一〇。
40 『読売新聞　富山版』昭二二・八・一七。
41 前掲「最近に於ける高岡競馬の開催費収支並びに入場人員成績表」。
42 同。

3　競馬が報道されなくなった

43 『北日本』昭二二・七・二五〜二六。
44 『富山新聞』昭二二・四・二二、七・二五。
45 たとえば五十嵐恵邦『敗戦の記憶』中央公論新社、二〇〇七年、七八頁。
46 『北陸夕刊』昭二二・七・二七。
47 以下有料入場員数に関しても、前掲「最近に於ける高岡競馬の開催費収支並びに入場人員成績表」。
48 たとえば『北日本新聞』昭二二・一一・一〜三の「天気欄」。
49 たとえば『北日本新聞』昭二二・一〇・二九〜三一、一一・一〜三、『県史現代』三一〜三三頁。
50 高柳正三「競馬の話」『実業之富山』Vol. 4　No. 6.　実業之富山社、昭二四年六月。
51 『富山新聞』昭二二・九・一四。
52 『富山新聞』昭二二・一二・二六、『日本競馬史』巻七、三六九頁。

4　地方競馬の公営化

53 『日本競馬史』巻七、四七四頁。
54 同。ただし当時、農林省畜産局員として、ＧＨＱ側との交渉にあたっていた福山芳次はつぎのように回想している（『競馬法の変遷30年史』一〇三頁）。

独占禁止法が、私の知る限りにおいて、司令部の当局者の口から出たことはない、独占するのが悪いと言われた記憶は、少なくとも私にはない。ヘンリー・ウォール（GHQ経済科学局アンチトラスト課）が口ぐせのように言ったのは、日本競馬会、馬匹組合、馬匹組合連合会は、民主的団体ではない。これらの団体の存続は、戦後の日本にとって好ましくない。これらの団体は、アメリカ占領軍にとっては、他の多くの団体と同じように日本の全体主義化の基礎となった団体であり、これらの団体の解体なくして、戦後処理はありえない、としたのである。独占の問題が提起されたのは、その次の新しい競馬体制をどうするかの次元においてであった。

55 以下農林省がGHQ経済科学局に対して、日本競馬会の国営化、地方競馬の公営化を提案、片山内閣が閣議決定するまでの過程に関しては、『日本競馬史』巻七、四七二〜九二頁。
56 『日本競馬史』巻七、五〇二〜三頁。
57 たとえば『富山新聞』昭二二・一二・二五、『北国毎日新聞』昭二二・一二・二五。
58 『日本競馬史』巻七、五〇四〜七頁。
59 『日本競馬史』巻七、四九〇〜一頁。
60 『日本競馬史』巻七、四八五頁。
61 『日本競馬史』巻七、五〇五〜七、五一八頁。
62 以下「外国人（第三国人）」の馬主資格の厳格化までに関しては、『日本競馬史』巻七、四九八頁、『競馬法の変遷30年史』一一九〜二〇、四五五頁。
63 水野直樹「『第三国人』の起源と流布についての考察」『在日朝鮮人史研究』第三〇号、二〇〇〇年一〇月、緑蔭書房。
64 『日本競馬史』巻七、五三四頁。総理庁事務官地方財政委員会事務局長荻田保は、昭和二四年五月一七日衆議院地方行政委員会で、「地方団体の有利になるように、地方競馬に対しまして、国の馬券税をやめてもらった」と答弁していた。
65 『競馬法の変遷30年史』一一八頁。
66 以下「馬匹組合の資産処分の制限に関する件」に関しても、『馬事会だより』第一四号、昭二三・三・五。
67 『日本競馬史』巻七、五一一頁。

68 前掲佐伯「戦後のわたしの履歴書」。
69 『競馬法の変遷30年史』九四頁。
70 『日本競馬史』巻七、五〇一頁。
71 『日本競馬史』巻七、四九二〜三頁。
72 以下畜産組合の単組化の追求までに関しては、『馬事会だより』第一号、昭二二・二・一〇、第三号、昭二二・四・五、第一〇号、昭二二・一一・八。

5 解体への抵抗

73 『地方競馬史』第一巻、一五五頁、『北国毎日新聞』昭二三・七・九。
74 『馬事会だより』第一七号、昭二三・六・一〇、『地方競馬史』第一巻、一五五頁。
75 以下この開催に関しては特に記さない限り、『富山新聞』昭二三・三・二一、四・一〇、『北日本新聞』昭二三・四・一〇、四・一四、『読売新聞　富山版』昭二三・四・一一、『朝日新聞　富山版』昭二三・四・一四。
76 『富山新聞』昭二三・四・一〇。
77 四日目四月一二日、速歩二四〇〇メートル、勝馬名トヤマミドリ、一着賞金、馬主に対して五〇〇〇円、騎手に対して五〇〇円、厩務員に対して二五〇円、主催者からも馬主に一〇〇〇円、馬主橋本浅吉、厩務員舘田宅次郎（『馬事会だより』第一七号、昭二三・六・一〇）。
78 以下昭和二三年春の開催の赤字に関しても、前掲「最近に於ける高岡競馬の開催費収支並びに入場人員成績表」。
79 以下この協議に関しては、『北日本新聞』昭二三・三・二一、『読売新聞　富山版』昭二三・三・四、三・一三、『富山新聞』昭二三・三・一〇。
80 『読売新聞　富山版』昭二三・三・一三。
81 「昭和二二年二月二五日付富山県畜産組合高岡常設競馬場建設契約書」『富山県地方競馬参考資料』。戦前の地方競馬時代の協定であるが、それが戦後も引継がれていたと考えられる。
82 『北陸夕刊』昭二三・一〇・一一。
83 『馬事会だより』第一六号、昭二三・五・一〇。

84 『馬事会だより』第一七号、昭二三・六・一〇、『富山新聞』昭二三・六・二六。他の北陸二県の福井、石川での七月、八月の開催予定日程はつぎのような予定だった（『馬事会だより』第一七号、昭二三・六・一〇、第一八号、昭二三・七・六）。

福井　福井　第二回　七月一四、一五、一六、一八、一九、二〇日

石川　金沢　第三回　八月一二、一三、一四、一六、一七、一八日

石川　小松　第一回　七月二四、二五、二六、二七日

八月二一、二二、二三、二四、二五日

85 『富山新聞』昭二三・六・二六。

86 『北陸夕刊』昭二三・七・六、七・一〇。

87 『馬事会だより』第一八号、昭二三・七・六。

88 『馬事会だより』第一六号、昭二三・五・一〇、『北国毎日新聞』昭二三・七・九。先の四月一、二、三、四日の開催とあわせると、計六四二万八三〇円の売上だった。

89 『馬事会だより』第一七号、昭二三・六・一〇。

90 農林大臣永江一夫、昭二三・七・二、衆議院農林委員会。

6　競馬協会

91 『馬事会だより』第一四号、昭二三・三・五。

92 以下新競馬場設置案も含めて、『読売新聞　富山版』昭二三・五・一四、『朝日新聞　富山版』昭二三・六・一一。

93 以下このプランに関しては、『三十年の歩み』東京都競馬株式会社、一九八一年、八〜一四頁。

94 以下この協会に関しては、『北国毎日新聞』昭二二・七・一五、七・一七、九・一五。

95 『地方競馬史』第二巻、一六頁。

96 『北国毎日新聞』昭二二・七・一五、『馬事会だより』第一一号、昭二二・一二・八。

97 以下この問題に関しては、『北国毎日新聞』昭二三・七・二一、七・三〇〜三一、八・三、八・七、一〇・一八、昭二四・二・一六、三・五、三・一三、『朝日新聞　石川版』昭二三・七・二八。

98 『北国毎日新聞』昭二四・一〇・五。昭和二四年一〇月、五〇〇万円を超えた場合が五％と改定された（同）。

99 『朝日新聞　石川版』昭二三・三・一二。
100 『朝日新聞　石川版』昭二三・八・五。
101 『北国毎日新聞』昭二四・七・二六、昭二五・一〇・一三、『朝日新聞　石川版』昭二五・九・二二。
102 『福井新聞』昭二二・四・二二。
103 福井市編さん委員会『新修福井市史　市政80年福井市政史』Ⅰ、福井市、一九七〇年、五〇五～六頁。
104 『福井新聞』昭二一・一二・一三。
105 『福井新聞』昭二三・一・一九、一・二三、四・一、四・七。
106 『福井新聞』昭二三・四・二一。
107 『福井新聞』昭二三・一一・二八。
108 『福井新聞』昭二三・六・三〇、七・三。
109 『福井新聞』昭二三・七・八。
110 『福井新聞』昭二三・七・三、七・二四。
111 以下この開催に関しては、『福井新聞』昭二三・一〇・三一、一一・二、一一・五。
112 『福井新聞』昭二三・九・五、一〇・三〇。
113 『福井新聞』昭二三・一一・二八。
114 『福井新聞』昭二三・五・二二、五・二八。
115 前掲『新修福井市史』Ⅰ、五三一～五三、五八一～三頁。
116 以下この開催、騎手、馬の遠征に関しても、『福井新聞』昭二三・一〇・一〇、一〇・二三～二四。
117 『福井新聞』昭二三・一〇・一五。
118 たとえば『福井新聞』昭二五・七・二八、一〇・二五、『夕刊福井』昭二五・一〇・九。
119 前掲『新修福井市史』Ⅰ、一〇〇〇、一〇一八、一〇二三～四、一〇五七頁、福井市史編さん委員会『新集福井市史』Ⅱ
福井市、一九七六年、二九頁。
120 福井県『大正昭和福井県史』下巻、一九五七年、四四六～七頁、前掲『新修福井市史』Ⅱ、二八頁。
121 農林省畜産局長遠藤三郎、昭二三・七・二、衆議院農林委員会。

122 たとえば北海道（『北の蹄音』五一～二頁）。
123 『山陰日日新聞』昭二三・九・二五。
124 振興会の設立経緯、その機能に関しては、競輪五十年史編纂委員会『競輪五十年史』日本自転車振興会、一九九九年、九～二二頁。
125 たとえば『北陸夕刊』昭二四・一〇・九、一〇・一五、『富山新聞』昭二四・一〇・一一、『北日本新聞』昭二五・八・二七。
126 富山県議会事務局編『富山県議会四ヶ年の回顧　一九四七～一九五一』一三〇頁。

7　天晴れ少年騎手

127 『北陸夕刊』昭二一・四・一一。
128 速歩一六〇〇メートル、リクトヒメが三分五三秒で勝ち、配当は、単勝一三八円、複勝三四円（『北陸夕刊』昭二一・四・一一）。
129 速歩二〇〇〇メートル、勝時計四分三九秒五分三、配当は、単勝七一円、複勝一九円（同）。
130 『馬事会だより』第一七号、昭二三・六・一〇。
131 『北の蹄音』一〇六頁。
132 競走馬専用の馬主は、富山では少数だった。日頃は、農耕馬、輓馬として飼養している馬をレースに出走させる馬主が多かった。馬主自らが騎乗することもあった。橋本豨さんの父である浅吉さんも騎手免許ももつ馬主の一人であった。
133 橋本さんによれば、富山では、審判の権威は強く、その面からも裁定に従っていたという。
134 現在も鐘紡が操業、町名も鐘紡町。かなりの高低差があるが、橋本さんによれば、そういった場所にしか競馬場を作れなかったという。
135 先にもふれたが、呉羽丘陵を境に、富山市、魚津などの地域を呉東、高岡市、砺波などの地域を呉西と呼ぶ。富山市と高岡市に代表されるように、双方の対抗意識が強い。それだけでなく方言、料理の味付け（関東風と関西風）、地主制度なども呉東と呉西が分岐点となっていた。
136 県馬連時代も県営時代も、出走手当に相当する飼料費と厩舎補助費が、それぞれ出されていた。昭和二三年一一月、第一回県営の開催では、飼料費が一五万六〇〇〇円（一五〇頭として一頭当り一〇四〇円）、厩舎補助費が三万円（同二〇〇円）だった（第7章）。したがって賞金を獲得できなくても、この金額だけは保証されていた。

5 富山市と宝くじ、競馬から競輪へ

1 『北陸夕刊』昭二一・九・二三。
2 堀家嘉郎「地方宝くじ、地方競馬、自転車競技」『自治時報』帝国地方行政学会、第二巻第五号、昭和二四年五月。

1 富山市と宝くじ、県復興宝くじ

3 以下政府の宝くじに関しては、前掲『夢は世につれ…宝くじ30年のあゆみ』一二〜三七頁。
4 『富山新聞』昭二一・三・三〇。
5 『県史現代』二三三頁。
6 『北日本新聞』昭二一・四・一七。
7 『北陸夕刊』昭二一・七・二。
8 前掲『夢は世につれ…宝くじ30年のあゆみ』四九〜五〇頁、『北陸夕刊』昭二一・七・二。
9 『北陸夕刊』昭二一・七・六、九・一〇、『富山新聞』昭二一・七・六。発売予定は一一月頃だった（『北日本新聞』昭二一・九・七）。
10 『県史現代』一七八頁。
11 『北陸夕刊』昭二一・九・一〇、『富山新聞』昭二一・九・一一。
12 以下この計画見直しに関しては、『富山新聞』昭二一・九・一三。
13 『北陸夕刊』昭二一・九・二四。
14 『富山新聞』昭二一・五・一六、九・一一。
15 『北陸夕刊』昭二一・一〇・八。
16 同。

17 以下四月上旬発売予定に関しても、『富山新聞』昭二二・二・五。
18 『北陸夕刊』昭二二・五・一四。
19 以下政府宝くじの賞品が自転車本体だったことに関しても、『富山新聞』昭二二・四・二五。
20 『北陸夕刊』昭二二・一一・三〇、一二・二、一二・八。
21 『富山新聞』昭二二・二・五、『北陸夕刊』昭二二・二・一四。
22 『北陸夕刊』昭二二・一一・二九。
23 以下抽せん会までに関しては、『北日本新聞』昭二二・六・六、六・九～一〇、七・四、七・一一、七・一八、七・二一、『富山新聞』昭二二・六・七、七・一一、七・二三、『読売新聞　富山版』昭二二・六・一一、六・一五、『北陸夕刊』昭二二・六・一二、六・一七、六・一九、七・二二。
24 以下昭和二三年四月の納付までの経緯に関しては、『北陸夕刊』昭二二・九・二九、一二・六、昭二三・四・七、『北日本新聞』昭二三・二・二八、四・六。
25 『北日本新聞』昭二二・八・一。

2　練兵場跡地問題――競馬から競輪へ

26 『北陸夕刊』昭二二・八・一五。
27 以下この練兵場での競馬に関しては、とりあえず『地方競馬史』第一巻、二六六頁。
28 富山大学年史編纂委員会編『富山大学五〇年史』上巻、富山大学、一九九九年、三六七～八頁。
29 『読売新聞　富山版』昭二二・三・四、『北陸夕刊』昭二三・二・二八。
30 『県史現代』九九頁。
31 『北日本新聞』昭二三・一・一三。
32 『北陸夕刊』昭二二・一・二五。
33 『読売新聞　富山版』昭二二・二・一二、三・五。
34 『北陸夕刊』昭二四・三・一六。
35 『富山新聞』昭二四・五・二。

36 『北日本新聞』昭二二・二・一一。
37 『読売新聞　富山版』昭二二・四・一五。
38 以下関係者相互の懇談会に関してまでは、『北日本新聞』昭二二・二・一一。
39 『北日本新聞』昭二二・二・一六、『読売新聞　富山版』昭二二・三・四。
40 『北日本新聞』昭二二・三・四。なおこの記事では一ヶ所と記されているが、県馬連は二ヶ所の指定を陳情していたと思われる（『富山新聞』昭二二・三・一〇）。
41 以下大蔵省の富山市への約束に関しても、『北陸夕刊』昭二二・八・一五。
42 『北日本新聞』昭二二・五・二九。
43 『北陸夕刊』昭二二・八・一五。
44 館知事の公職追放に関しては、『県史現代』六〇頁。
45 『読売新聞　富山版』昭二二・一一・一九。
46 以下この案に関しては、特に記さない限り、『読売新聞　富山版』昭二二・一一・一九。
47 『北日本新聞』昭二二・三・二二。
48 『北陸夕刊』昭二二・七・八、昭二三・四・一三。
49 以下警察による払い下げの要求までに関しては、『北日本新聞』昭二三・二・一〇。
50 『北日本新聞』昭二三・一・一三。
51 『北日本新聞』昭二三・二・一〇。
52 『読売新聞　富山版』昭二三・二・一一。
53 『富山新聞』昭二三・二・四、『北日本新聞』昭二三・八・八。
54 『富山新聞』昭二三・二・四。
55 『北日本新聞』昭二三・二・一〇。
56 『読売新聞　富山版』昭二三・二・一一、『北日本新聞』昭二三・八・八。
57 『北日本新聞』昭二三・二・一〇。
58 以下競馬の収益と新税に関しては、『北陸夕刊』昭二三・二・一五、三・二〇。

59 以下この計画案に関しては、『富山新聞』昭二三・四・一三。
60 『富山新聞』昭二三・五・二一。
61 「昭和二三年度富山県議会教育委員会会議録」。
62 『北日本新聞』昭二三・七・三一。
63 『富山新聞』昭二三・七・二三。
64 『北日本新聞』昭二三・七・三一、『朝日新聞　富山版』昭二三・八・一四。
65 『北日本新聞』昭二三・八・八、一二・一四。
66 以下この岩瀬への競馬場設置案に関しては、『北日本新聞』昭二三・八・一〇、『読売新聞　富山版』昭二三・八・一〇、『富山新聞』昭二三・八・一二。
67 前掲『富山県議会四ヶ年の回顧　一九四七―一九五一』一三〇頁。
68 『富山新聞』昭二四・九・一八、九・三〇、一〇・一一、一〇・一六、『北陸夕刊』昭二四・一〇・九、『北日本新聞』昭二四・一〇・一一、一〇・二二。
69 『北陸夕刊』昭二四・一二・八。
70 「尾山市長春宵談　市政の抱負について　語る人　尾山三郎　聴く人　北野本社代表」『月刊富山』昭和二五年四月号。
71 以下競輪場設置をめぐる問題、第一回開催までに関しては、とりあえず『県史現代』二三四頁。富山市北部工業地帯の一角、岩瀬池田地内に約一〇万平方メートルの敷地を確保し、昭和二四年一一月一九日、富山競輪起工式を行っていたが、その後、この設置をめぐって市議会議員の汚職事件が表面化、また二つの競輪会社（団体）が並立して競輪場建設工事の争奪戦を演じるなどの紆余曲折を経て、昭和二六年四月、一周三三三と三分の一メートルの公認競輪場が竣工、同月六日、第一回市営富山競輪が開催された（同）。
72 『県史現代』二三四頁、『北日本新聞』昭二六・一一・一六。
73 『北国新聞』昭二五・一〇・一三。
74 『日本競馬史』巻七、五一八頁。
75 『近代競馬の軌跡』四四〇頁。
76 『富山新聞』昭二三・一二・二二。

77 『日本競馬史』巻七、五一七〜八頁。
78 だが富山市内への競馬場設置を求める動きは、別の場所に候補地を選定して続けられていく（以下この動きに関しては、たとえば『北日本新聞』昭二四・二・一六）。呉羽の旧富山市総合運動場跡地（現・富山市茶屋町、県立図書館一帯）だった。その実現の可否は、県営競馬に対する県の姿勢にかかっていた。
79 以下富山大学の五福集中に関しては、前掲『富山大学五〇年史』上巻、九〜一〇、一〇五頁。
80 以下この建設計画に関しては、『北日本新聞』昭二四・二・一六、『富山新聞』昭二四・二・一六、『朝日新聞　富山版』昭二四・二・一六、二・一九。
81 『北日本新聞』昭二四・三・二七、『読売新聞　富山版』昭二四・四・八、四・二〇。
82 以下県営富山球場に関しては、特に記さない限り、『県史現代』二九三頁。
83 『富山新聞』昭二五・八・九。
84 たとえば『北日本新聞』昭二五・七・二四。
85 たとえば『北日本新聞』昭二五・八・一五、大和球士『真説日本野球史』昭和篇その六、ベースボール・マガジン社、一九八〇年、一六三〜八頁。

3　山梨の競馬と競輪

86 以下この開催に関しては、『山梨日日新聞』昭二三・四・一六、四・三〇、五・四、『馬事会だより』第一七号、昭二三・六・一〇。
87 『山梨日日新聞』昭二四・四・二六。
88 『山梨日日新聞』昭二三・八・一〇、九・一三、九・一五、一〇・七、一〇・一〇。
89 『山梨日日新聞』昭二三・一〇・一〇。
90 『地方競馬史』第二巻、付表。
91 『山梨日日新聞』昭二四・四・二六。
92 以下この計画及びその挫折に関しては、『山梨日日新聞』昭二三・二・二三、三・三〇、七・一七、八・一八、九・一五、一一・一二、一二・九〜一〇、一二・一八。

93 『山梨日日新聞』昭二三・一二・一〇。
94 『日本競馬史』巻七、五一八頁。
95 『富山新聞』昭二三・一二・二二。
96 『地方競馬史』第一巻、二五三頁。
97 『山梨日日新聞』昭二三・一二・七。
98 以下着工の目途が立たなくなったことまでに関しても、『山梨日日新聞』昭二四・四・一九、四・二七、四・二九。
99 『山梨日日新聞』昭二四・五・三、五・九。
100 『山梨日日新聞』昭二四・三・二九。
101 『山梨日日新聞』昭二五・三・二三。
102 『山梨日日新聞』昭二五・六・二一～二三。
103 以下競輪場設置に関しては、『山梨日日新聞』昭二五・八・二七、八・二九、八・三一、九・一～二、九・六、九・九、九・一三～一四、九・一六、『甲府市史』通史編第四巻現代、一九九三年、一〇六～七頁。

4 茨城取手、奈良、滋賀草津、福島会津の各競馬場の廃止と競輪

104 『いはらき』昭二四・一〇・一〇。
105 以下競輪の認可に関しては、前掲『競輪五十年史』三三～七頁。
106 以下売上見込に関しても、『いはらき』昭二四・一〇・一〇。
107 『いはらき』昭二四・九・一四。
108 それぞれの開催日程と売上は以下のようであった。取手競馬、昭和二三年第一回が九月二一、二二、二三、二六、二七、二八日で約四〇〇万円、第二回は一〇月六、七、八、九、一〇、一一日の六日間で一六〇万円（『いはらき』昭二三・一〇・一四）。古河競馬、第一回は一一月三、四、五、七、八、九日で五九一万五六九〇円（『いはらき』昭二三・一一・一一）、第二回は一二月二四、二七、二八、二九、三〇、三一日で推定七五〇万円（古河第一回から第五回開催の総売上高から他の開催分を差し引いて推測）、第三回は昭和二四年一月二五、二六、二七、二九、三〇、三一日で一二九二万円（『いはらき』昭二四・二・二）、第四回は二月二〇、二一、二二、二三、二五、二六日で一二〇五万八〇〇〇円（『いはらき』昭二

四・三・一)、第五回は三月二八、二九、三〇日、四月一、二、三日、五日目までで八四九万円だった(『いはらき』昭二四・四・一、四・三、四・四)。
109 以下取手競馬の赤字に関してまでは、『いはらき』昭二四・四・八。
110 『いはらき』昭二三・七・二〇、八・二八。
111 『いはらき』昭二四・四・八。
112 『いはらき』昭二三・九・八。
113 『いはらき』昭二四・四・八。
114 以下この開催に関しては、『いはらき』昭二四・六・二八~二九、七・一、七・六。日程は、六月二六、二七、二九、三〇日、七月二、三日。
115 『いはらき』昭二四・一〇・五、一〇・九~一〇。日程は、一〇月三、四、五、六、七日。
116 『いはらき』昭二三・八・一四、九・一七。
117 『いはらき』昭二四・一一・一〇。日程は、一一月一、二、三、五、六、七日。
118 『いはらき』昭二四・一二・三一。日程は、一二月二三、二四、二五、二七、二八、二九日。
119 『いはらき』昭二四・二・二、三・一。日程は、第一回が一月二五、二六、二七、二九、三〇、三一日、第二回が二月二〇、二一、二三、二五、二六日。
120 『いはらき』昭二四・一〇・一二。
121 以下公営事業課の設置までに関しては、『いはらき』昭二五・一・五。
122 『いはらき』昭二五・二・五、二・二〇、二・二三。
123 『いはらき』昭二五・二・二三。
124 『いはらき』昭二五・三・二四。
125 『いはらき』昭二五・九・一七。
126 同。
127 以下各競輪場の売上、開催日数に関しても、『競輪総覧』競輪総覧刊行会、一九七〇年、二六八、二七六頁。
128 「昭和二四年度都道府県営競馬収支実績並科目別百分率調べ」『地方競馬史』第二巻所収。

129 『京都新聞』昭二三・一・二一。
130 『馬事会だより』第一八号、昭二三・七・六。日程は、三月二八、二九、三〇日、四月一、二、五、六日。
131 八五％以上と報じられていた（『大和タイムス』昭二三・一〇・二）。
132 『大和タイムス』昭二三・二一・一一、昭二四・一・二〇、九・二八、一〇・二六、『奈良日日新聞』昭二四・一・二〇、一三、一七、一八日、第二回四月九、一〇、一一、一二、四、五、六、八日、昭和二四年第一回一月一〇、一一、一二、昭二五・一・二。各日程は、昭和二三年第一回一一月一、二、一五、一六日、第三回九月三、四、五、八、九、一〇日、第四回一〇月一八、一九、二〇、二一、二三、二四日。
133 『馬事会だより』第三号、昭二二・四・五、第四号、昭二二・五・五、第七号、昭二二・八・五、第一二号、昭二三・一・八、第一五号、昭二三・四・七、第一八号、昭二三・七・六。各開催の日程は、昭和二二年第一回一二月二三、二四、二五、二八、二九日、昭和二二年第一回二月九、一〇、一一、一四、一五、一六日、同年第二回四月一七、一八、一九、二二、二三、二四日、同年第三回九月二四、二五、二七、二八、三〇日、一〇月一日、昭和二三年第一回一月一五、一六、一七、一八、一九、二〇日、第二回三月二八、二九、三〇日、四月一、五、六日。
134 『奈良日日新聞』昭二四・一・二〇。
135 『奈良日日新聞』昭二四・九・二八、『大和タイムス』昭二四・九・二八。
136 『大和タイムス』昭二四・一・二〇。
137 以下この機構縮小、経費削減に関しては、『大和タイムス』昭二四・九・二八、『奈良日日新聞』昭二四・九・二八、昭二五・一・二。
138 『奈良日日新聞』昭二五・一・二。
139 『奈良日日新聞』昭二四・三・九。
140 以下競輪の認可に関しては、前掲『競輪五十年史』三三～七頁。
141 『奈良日日新聞』昭二四・七・二九。
142 『奈良日日新聞』昭二五・一・一三。
143 『和歌山新聞』昭二五・一・九、『奈良日日新聞』昭二五・一・一三、『滋賀新聞』昭二五・四・二、『大和タイムス』昭二五・五・二一。

144 『奈良日日新聞』昭二五・三・七、三・二〇、四・二八、『大和タイムス』昭二五・五・一一。
145 『大和タイムス』昭二五・二・五、四・九。
146 同。
147 以下関西各場の売上、開催日数に関しても、前掲『競輪総覧』二六八、二七六頁。
148 『神戸新聞』昭二五・三・二六。
149 以下競馬の返上論に関しても、『大阪新聞 兵庫版』昭二五・七・二一。
150 以下この報告に関しては、『奈良日日新聞』昭二五・一・二。
151 以下この開催に関しては、『奈良日日新聞』昭二五・二・一一、二・一四、二・二一、『大阪新聞 奈良版』昭二五・二・二一。日程は、二月一一、一二、一五、一六、一七、一八日。
152 たとえば『神戸新聞』昭二五・一・三一夕刊、二・一八、二・二七、『和歌山新聞』昭二五・二・六、二・一六。
153 たとえば『神戸新聞』昭二五・一・二七、二・六夕刊、『和歌山新聞』昭二五・二・一二、『京都新聞』昭二五・二・一五。
154 以下第四回までの開催に関しては、『奈良日日新聞』昭二五・五・二七、六・一七、七・二八、八・三〇、『大和タイムス』昭二五・五・二七、七・二八、八・三〇。各日程は、第二回六月九、一〇、一一、一二、一三、一四、第三回七月二一、二二、二三、二四、二五、二六、第四回八月二三、二四、二五、二六、二七、二八日。
155 以下農林大臣賞典の実施に関しても、『奈良日日新聞』昭二五・八・一四。
156 『大和タイムス』昭二五・九・一二。
157 以下この開催に関しては、同。
158 『滋賀新聞』昭二五・一二・三一。
159 『奈良日日新聞』昭二五・九・九、九・一二。
160 以下この開催に関しては、『大和タイムス』昭二五・九・一三～一四、九・一六、九・一八、九・二〇～二二、『奈良日日新聞』昭二五・九・一五、九・二三。
161 『夕刊京都』昭二五・九・一四、九・一七、九・二〇。後節は中止、なお宝ヶ池の売上目標は六日間で九〇〇〇万円だった（『夕刊京都』昭二五・九・二〇）。
162 前掲『競輪総覧』二六八頁。

163 『大和タイムス』昭二五・一一・二三。
164 たとえば『京都新聞』昭二五・一一・二一、『大和タイムス』昭二五・一二・一〇。
165 たとえば『神戸新聞』昭二五・一一・二九、一二・三、『京都新聞』昭二五・一二・一。
166 『大和タイムス』昭二五・一二・六。
167 たとえば『京都新聞』昭二五・一二・四。
168 『大和タイムス』昭二五・一二・六。
169 『大和タイムス』昭二五・一二・二四、昭二六・三・一七、五・一。各日程は、再開第一回一二月一六、一七、一八、一九、二〇、二一日、昭和二六年第三回三月九、一〇、一一、一三、一四、一五日、同第四回四月二四、二五、二六、二七、二八、二九日。
170 『奈良日日新聞』昭二六・六・三〇。
171 『滋賀新聞』昭二五・七・一五～一六、七・二三、『京都新聞』昭二五・七・一八。
172 『滋賀新聞』昭二五・七・二二。これより前から、草津競馬は、「競輪に人気を奪われてすっかり不人気となった」（『夕刊京都』昭二五・二・二六）、「県営草津競馬は競輪熱におされ、ひっそり閑としていた」（『滋賀新聞』昭二五・六・二五）という論評も見られた。
173 『滋賀新聞』昭二五・四・二七、五・二四、六・一八、七・一〇。各日程は、県営競輪第一回四月二〇、二一、二二、二三、二四、二五日、第二回六月九、一〇、一一、一三、一四、一五日、また市営競輪第一回五月一三、一四、一五、一九、二〇、二一日、第二回七月一、二、三、七、八、九日。
174 『滋賀新聞』昭二五・八・二二、九・二二、一二・三一。日程は、県営競輪第三回八月四、五、六、八、九、一〇日、市営競輪第三回が九月二、四、五、八、九、一〇日。
175 以下びわこ競輪の売上の関西における順位に関しても、前掲『競輪総覧』二六八頁。
176 『馬事会だより』第二号、昭二二・三・五、第六号、昭二二・七・五、第九号、昭二二・一〇・一〇、第一二号、昭二三・一・八、第一四号、昭二三・三・五、第一八号、昭二三・七・六。各日程は、昭和二二年一一月三〇日、一二月一、一二、一三日、昭和二三年一月一四、一五、一六、一八、一九、二〇日、同年五月一、二、五、六、八、九日、同年七月一一、一二、一三、一五、一六、一七日、八月一〇、一一、一二、一五、一六、一七日、昭和二三年一月二五、二六、二七、三〇、三一日、二月一日、同年四月八、九、一〇、一四、一九、二〇日。

177　以下この開催に関しては、『京都新聞』昭二三・一二・二二～二四、一二・二六、一二・二八～二九。日程は一二月二一、二二、二三、二五、二七、二八日。

178　『京都新聞』昭二四・二・二三、四・二七、七・二九、『滋賀新聞』昭二四・一〇・一三。各日程は、第一回二月一三、一四、一五、一八、一九、二〇日、第二回四月二〇、二一、二二、二四、二五、二六日、第三回七月二二、二三、二四、二六、二七、二八日、第四回九月三〇日、一〇月一、二、五、九、一〇日（後半は雨天順延された）。

179　『夕刊京都』昭二五・二・二六。第三回が一〇万円、第四回が二〇万円の黒字だったという（『滋賀新聞』昭二四・一〇・一三）。

180　『滋賀新聞』昭二五・一・一〇、一・二二、『大阪新聞　京滋版』昭二五・一・二〇。日程は、一月八、九、一〇、一一、一二、一三日、

181　『滋賀新聞』昭二四・九・二一。

182　『夕刊京都』昭二五・二・二六。

183　『滋賀新聞』昭二五・六・二五。

184　以下施設の酷さに関しても、『滋賀新聞』昭二四・九・二一。

185　『京都新聞』昭二二・一・一四、九・六、一一・二四、『馬事会だより』第六号、昭二二・七・五。各日程は、第一回一月五、六、七、九、一〇、一一日、第二回四月一、二、三、五、六、七日、第三回八月三〇、三一日、九月一、三、四、五日、第四回一一月一六、一七、一八、二一、二二、二三日。

186　『京都新聞』昭二三・二・一六、五・一四。各日程は、第一回二月七、八、九、一一、一二、一三日、第二回五月一三、一四、一五、一八、一九、二〇日。

187　『京都新聞』昭二三・一〇・五、昭二四・一・二一、四・一五。各日程は、昭和二三年第一回九月二八、二九、一〇月一、二、三、四日、昭和二四年第一回一月一四、一五、一六、一八、一九、二〇日、第二回四月八、九、一〇、一二、一三、一四日。

188　『京都新聞』昭二四・八・一七、一二・二一。各日程は、第三回八月一〇、一一、一二、一四、一五、一六日、第四回一二月一二、一三、一四、一五、一九、二〇日。

189 『京都新聞』昭二五・二・二七、四・一三、七・一三、一一・六、一一・一五、昭二六・一・五。各日程は、第一回二月一九、二〇、二一、二四、二五、二六日、第二回は雨で四月三、四、五、六、七が三、四、五、七、一一、一二日と変更、第三回一〇月三〇、三一、一一月一、二、三、四日、北桑田郡地方競馬組合主催第一回七月五、六、八、九、一一、一二日、第二回一一月八，九、一〇、一一、一二、一三日。

190 『夕刊京都』昭二五・一・一〇、三・一四、九・二〇、『京都新聞』昭二五・三・二七、四・一七、五・六、六・五、七・二四、八・一八。各日程は、市営第一回一月三、四、五、六、七、八日、市営第二回三月四、五、六、一〇、一一、一二日、市営第三回三月一九、二〇、二一、二四、二五、二六日、市営第四回四月八、九、一〇、一四、一五、一六日、市営第五回五月二六、二七、二八、六月二、三、四日、市営第六回八月一二、一三、一四、一五、一六、一七日、また府営第一回四月二八、二九、三〇、五月一、四、五日、府営第二回七月一五、一六、一七、二一、二二、二三日、府営第三回は、当初九月一六、一七、一八、二二、二三、二四日の予定だった。政府から、九月一六日以降の開催中止命令が出たが、京都府は、前節三日間の開催を強行、しかし後節は中止を余儀なくされていた。

191 『京都新聞』昭二三・一一・八、一二・六、昭二四・一一・七、一一・二八、昭二五・四・二四、六・一二。

192 『京都新聞』昭二五・一一・六。

193 たとえば『京都新聞』昭二四・一二・二九、昭二五・七・五、七・九、七・一九、『大阪新聞』昭二五・一一・一一・五、一一・一〇、一一・二〇、一一・二三、七・二一、『神戸新聞』昭二五・七・四、七・一五。

194 『夕刊京都』昭二五・二・二六。

195 『夕刊京都』昭二五・一・二八。

196 『滋賀新聞』昭二五・六・二五。

197 『滋賀新聞』昭二五・七・一五。

198 『滋賀新聞』昭二五・七・二二。

199 同。

200 『京都新聞』昭二五・七・一八。

201 『滋賀新聞』昭二五・九・二七。実際の開催は一〇日が雨で以後一日順延となった。

202 たとえば『和歌山新聞』昭二五・九・二五、『神戸新聞』昭二五・九・三〇、一〇・一五、『京都新聞』昭二五・一〇・一

一、一〇・二七。
203 『滋賀新聞』昭二五・一〇・一六。
204 『滋賀新聞』昭二五・一〇・一五。
205 同。
206 『滋賀新聞』昭二五・一一・二七、一二・六。市営競輪の日程は、一二月二、三、四、五日。
207 『滋賀新聞』昭二五・一一・二七、一二・五、一二・三一。ちなみに宝ヶ池競輪の売上は四九七四万五〇〇円（『京都新聞』昭二五・一一・二七）。
208 『滋賀新聞』昭二五・一二・三一。
209 『京都新聞』昭二六・一・一九、三・一九。各日程は、県営が一月一二、一三、一四、一五、一六、一七日、市営が三月一〇、一一、一二、一六、一七、一八日。
210 以下この開催に関しては、『京都新聞』昭二六・三・六、四・四、『滋賀新聞』昭二六・三・二一、三・二五、三・二七、三・二九、四・二。
211 『京都新聞』昭二六・四・一一、四・二七。日程は、四月二〇、二一、二二、二四、二五、二六日。
212 『福島民友新聞』昭二三・一〇・二四～二五。
213 『福島民報』昭二四・三・一九、四・四、四・一六、四・二〇、一一・八。日程は、一六日に降雪があって、四月一五、一七、一八、一九日となった。
214 『福島民友新聞』昭二四・八・一、『福島民報』昭二四・一一・八。日程は初日以外不明。
215 『福島民報』昭二四・一一・八。日程は、一〇月三〇、三一日、一一月三、四、五、六日。
216 『福島民友新聞』昭二四・四・二三、『福島民報』昭二四・五・六。日程は、四月二九、三〇日、五月一、三、四、五日。三日目に八百長騒ぎがあった（『福島民報』昭二四・五・三）。
217 『福島民報』昭二四・七・五、『福島民友新聞』昭二四・八・一三。
218 『福島民報』昭二四・一〇・一一、『福島民友新聞』昭二四・一〇・一七。日程は、一〇月八、九、一〇、一四、一五、一六日。
219 『福島民報』昭二四・九・二二。一日一〇〇万円、計六〇〇万円という見込もあった（『福島民報』昭二四・一〇・四、一〇・一一)。
220 『福島民報』昭二四・五・二一。
221 以下次年度の開催を危ぶむ声に関しても、『福島民報』昭二四・九・二六。
222 たとえば『福島民報』昭二三・七・三、八・二七、九・七、九・二三、昭二四・二・六。
223 『福島民報』昭二六・一〇・三一。
224 『福島民友新聞』昭二四・六・五、『福島民報』昭二四・九・一一。
225 『福島民報』昭二四・一〇・七、一〇・二一〜二二。
226 『福島民友新聞』昭二四・一〇・一九、『福島民報』昭二七・三・二〇。
227 『福島民報』昭二四・一〇・一三。
228 『福島民報』昭二七・二・一六。
229 『福島民報』昭二五・四・九。
230 『福島民友新聞』昭二五・四・四。
231 『福島民報』昭二五・四・一八。日程は、四月八、九、一〇、一四、一五、一六日。
232 たとえば『福島民報』昭二五・三・三〇、四・二、四・八、『福島民友新聞』昭二五・四・二、四・四、四・六。
233 『福島民報』昭二五・五・八、『福島民友新聞』昭二五・五・二九。日程は、第二回四月二九、三〇日、五月一、三、四、五日、第三回五月二〇、二一、二二、二六、二七、二八日。
234 たとえば『福島民報』昭二五・一〇・一四。日程は、一〇月二八日、二九、三〇日、一一月三、四、五日。
235 以下昭和二四年の県と若松市の収益までに関しては、『福島民報』昭二五・一二・二。
236 『福島民報』昭二七・二・一六。
237 『福島民報』昭二五・九・五、九・七。
238 『福島民報』昭二五・九・二。日程は、八月二六、二七、二八、二九、三〇、三一日。
239 『福島民報』昭二六・三・二四。
240 『福島民報』昭二六・八・二五。
241 同。

242 『福島民報』昭二六・九・一四。
243 『福島民報』昭二四・四・四、昭二六・八・二五。
244 『福島民報』昭二六・九・一四。
245 『福島民友新聞』昭二四・八・三一、『地方競馬史』第一巻、二二四頁。
246 『福島民報』昭二七・三・二七。
247 『福島民友新聞』昭二五・五・一〇、『福島民報』昭二五・九・二六。日程は、五月二、三、五、六、七、八日、第二回九月二三、二四、二五、二八、二九、三〇日。
248 『福島民友新聞』昭二五・四・二五、八・二二。
249 『福島民友新聞』昭二五・七・一〇。日程は、七月一、二、五、六、八、九日。
250 『福島民報』昭二六・七・二三。日程は、七月一四、一五、一八、一九、二一、二二日。
251 『福島民報』昭二六・四・二三、一〇・三一。日程は、第一回四月一四、一五、一六、二〇、二一、二二日、第二回八月一八、一九、二〇、二四、二五、二六日、第三回九月二二、二三、二四、二八、二九、三〇日。
252 『福島民報』昭二六・一〇・三一。
253 『福島民報』昭二六・五・七。日程は、四月二八、二九日、五月三、四、五、六日。
254 『福島民報』昭二六・七・七、『福島民友新聞』昭二六・八・五。日程は、第二回八月四、五、六、一〇、一一、一二日、第三回一〇月六、七、八、一二、一三、一四日。賞金は六八万円とも伝えられた（『福島民友新聞』昭二六・八・五）。
255 『福島民友新聞』昭二六・八・六。
256 『福島民友新聞』昭二六・一〇・六、『福島民報』昭二六・一〇・九。
257 『福島民報』昭二六・一〇・三一。

6 競馬法の制定

1 『競馬法の変遷30年史』一一八頁。
2 『日本競馬史』巻七、五一九〜二二二頁。なお前年七月からの交渉でも閉鎖機関指定は通告されており、その発動が繰り延べされていただけであったという証言も残されている（『日本競馬史』巻七、四九八頁）。

3 『日本競馬史』巻七、五二一頁。

4 とりあえず山崎志郎「経済統制と配給統制機構の再編」『平成一四年度東京都立大学総長特別研究費成果報告書』http://www.metro-u.ac.jp/toku_kenkyu/2002/t/s-yamazaki.pdf#search=´山崎志郎´（二〇〇九年五月九日確認）。

5 『日本競馬史』巻六、三八二頁、『地方競馬史』第一巻、八三頁。

6 以下中央馬事会の認可、日本馬事会の解散に関しても、『地方競馬史』第一巻、一三八頁。

7 『日本競馬史』巻五、一～一二六頁。

8 たとえば『日本競馬史』巻六、一一〇頁。

9 たとえば『日本競馬史』巻六、一七二頁。

10 『日本競馬史』巻七、四三七、四八〇～三頁。

11 昭二三・六・二九、衆議院議院運営委員会。

12 昭二三・七・二、衆議院議院運営委員会。

13 『競馬法の変遷30年史』一一九～二〇頁。

1 競馬法の審議

14 六月に自転車競技法案（八月一日施行）が国会を通過していたが、その推進力となっていたのは収益を自治体の財源に振り向けるということだった。自転車競技法案第一条に、「都道府県及び人口、財政等を勘案して主務大臣が指定する市（以下特定の市）は、自転車の改良、増産、輸出の増加、国内需要の充足に寄与するとともに、地方財政の増収を図るため、この法律により自転車競技を行うことができる」と明記されていた（昭二三・六・二六、衆議院本会議）。

15 萩野寛雄『「日本型収益事業」の形成過程：日本競馬事業史を通じて』早稲田大学政治経済学術院博士論文 http://dspace.wul.waseda.ac.jp/dspace/handle/2065/2983（二〇〇九年五月一〇日確認）。

16 総収入（馬券売得金、入場料など）に対して国営競馬が三七・三％、地方競馬が八・五％の収益が見込まれている。馬券売得金に対する控除、馬券税（配当金に対するもの）は、国営競馬がそれぞれ二五％、二〇％で全体としてほぼ三三～三七％、地方競馬が二九％、一〇％でほぼ三四～三六・五％であったから、このような大きな差が出るのには疑問がある数字である。国営競馬が三七％で計算された数字であるので、同様に地方競馬を三六・五％で計算すると一〇億六四七〇万五〇〇〇円となる。

17 実際に直接の契機となっていた閉鎖機関指定という圧力だった（第4章）。

18 ここではノミ屋をさしている。

19 『競馬法の変遷30年史』一〇四頁。

20 『日本競馬史』巻七、五三〇頁。

21 永江一夫、昭二三・七・二、衆議院農林委員会。

22 『馬事会だより』第一号、昭二二・二・一〇。

23 『競馬法の変遷30年史』九七頁。

24 『競馬法の変遷30年史』一〇〇頁。

25 『競馬法の変遷30年史』一一八頁。以下のように、福山芳次は述べている（同）。

実は、我々に思いがけないことが起った。それは、都道府県側の競馬経営に対する熱意であった。今でこそ、公営競馬に対して、異議を挟む地方自治体があるが、当時、そのような空気は全くなかった。今日の地方自治体は、財源の枯渇に悩んでいるが、当時のそれは今日とは全く比較にならない程ひどいものであった。馬匹組合及び馬匹組合連合会の整理に最も熱意を示したのは、実は都道府県であった。都道府県は、馬匹組合及び馬匹組合連合会を早く始末して、競馬を開催したいとの熱意に燃えていたのであった。ここにおいて、小笠原八十美対井上綱雄の争いは、決着がつけられた。小笠原八十美氏の側は、都道府県に外堀を埋められて陥落したのである。

26 たとえば『県史現代』八〇～一頁。

27 『日本競馬史』巻七、五三四頁。

28 総理庁事務官地方財政委員会事務局長荻田保は、昭和二四年五月一七日衆議院地方行政委員会で、つぎのように答弁していた。

おっしゃいますことごもっともでありますが、ただ先般改正をいたします際にも、従前の制度よりも地方団体の有利になるように、地方競馬に対しまして、国の馬券税をやめてもらったようないきさつがありますので、これ以上に国営競馬について、地方団体が政府なり何なりの金をとるという、一方的なことを要求いたしますことは、地方財政の問題としてはけっこうでございますが、あるいは国、地方両方を見ますと、なかなかそのような意見が通ることはむずかしいのではないかというようなことも考えられますので、今のところはさしあたりそのような要求をすることを考えておりません。ただその地元に対しします入場税の収入はばかにならないのでありまして、もとおそらく寄付金等をとっておったところがあるかと思いますが、それ以上の額になっておるのではなかろうかと考えております。

29 田口は、この日の委員会で、「従来われわれも競馬に関係しておりましたが、その当時で一番苦心したものは財源と日本の馬政をどうしていくかという立場にあったのであります」、と発言していた。

30 埼玉県教育委員会『埼玉人物事典』埼玉県、一九九八年、四九五～六頁。

31 日本競馬会のことが念頭におかれている。地方競馬では、農耕馬、荷役馬などが出走した速歩（騎乗）レースが実施されていた。

32 昭和一一年からの馬政第二次計画は、翌年からの日中戦争の長期化、全面化を受けて、すべての馬匹改良（競馬を含む）を軍事目的に収斂させていくもの（「内地馬政計画及び実施要領」）となったことをさしていると思われる（第3章）。種馬資源法、軍馬資源保護法（ともに昭和一四年四月七日公布、六月二〇日施行）が、その象徴だった。

33 簡単にいうと、総ての種牡馬、種牝馬（繁殖牝馬）を国家の統制化において、軍事目的に沿った馬産を実現することを目的としたものだった（『日本競馬史』巻六、六五～六頁、『近代競馬の軌跡』一五五頁）。

34 たとえば東条英機陸軍次官が、昭和一三年六月三〇日馬政調査会第九回総会の席上、「馬政に関する陸軍の要望事項のうち⑤競馬」に関する要求のなかでそのことを述べていた（『日本競馬史』巻六、三六頁）。また軍馬資源保護法による鍛錬馬競走も、その批判から実施されたものだった（たとえば『日本競馬史』巻六、四三頁）。

35 当然、目的を掲げることは検討されていた（『競馬法の変遷30年史』四六三頁）。

36 競馬の施行主体をめぐってのＧＨＱと農林省畜産課の協議の結果、昭和二二年一一月段階で明確となったＧＨＱ「競馬係の主張」（『日本競馬史』巻七、四八八頁）。

37 『日本競馬史』巻七、四九〇頁。
38 帝国競馬協会のこと（以下帝国競馬協会に関しては、前掲『日本競馬史』巻四、二九一～三〇九頁）。大正一二（一九二三）年八月、農林省から設立を認可された。明治四一（一九〇八）年以来、馬券復活運動を展開してきた全国公認競馬倶楽部連合会が、大正一二年の競馬法制定を受けて新たに社団法人として編成換えしたもの。昭和一一（一九三六）年の競馬法の改正を受けて昭和一二年一月解散、日本競馬会に統合された。
39 たとえば『北国毎日新聞』昭二三・一・二九。
40 井上綱雄、昭二三・七・三、衆議院農林委員会。
41 ちなみに後の地方競馬では、馬、騎手、調教師を丸抱えする内厩制度を採ったことで高コストの体質となったが、この時点では、まだそのシステムではなかった。
42 野元賢一『競馬よ！』日本経済新聞社、二〇〇五年、九七頁。
43 『地方競馬史』第二巻、一八頁。
44 昭二三・五・二九、衆議院農林委員会。
45 昭二三・三・四、治安及び地方制度委員会。
46 競輪では、三月原案作成段階で五大都市への開催権付与の意見が多く、六月提出された自転車競技法原案第一条は、「都道府県及び別表の市（以下特定の市という。）は、自転車の改良、増産、輸出の増加、国内需要の充足に寄与するとともに、地方財政の増収を図るため、この法律により自転車競技を行うことができる。」という内容であった（たとえば昭二三・六・一四、六・一六、衆議院商業委員会、前掲『競輪五十年史』一五～一九頁）。別表の市とは京都、大阪、横浜、神戸、名古屋の五大都市のことをさしていた。六月二五日の衆議院商業委員会で、「別表の市（以下特定の市）」は「人口、財政等を勘案して主務大臣が指定する市（以下特定の市）」へと修正され、開催権が拡大された（昭二三・六・二五・衆議院商業委員会）。
47 昭二三・七・二、衆議院議員運営委員会。
48 以下この「実験」と中止に関しては、『日本競馬史』巻七、四四九～五五頁。
49 たとえば安田伊左衛門「競馬の再開について」『優駿』昭和二一年五・六月号。その他に、『文化国家　日本の競馬』第2集、『優駿』昭和二一年八月号。

50　第八条は以下の通り。

政府は、勝馬投票の的中者に対し、当該競走に対する勝馬投票券の売得金（勝馬投票券の発売金額から第一二条（馬券の返還に関する規定）の規定により返還すべき金額を控除したもの。以下同じ。）の額を各勝馬投票に区分した金額について、附録第二に定める第一号算式によって算出した金額から附録第二に定める第二号算式によって算出した金額を控除した残額を、当該勝馬に対する各勝馬投票券に按分した金額を払戻金として交付する。

第一号算式：（勝馬に投票された金額＋負馬に投票された金額）／勝馬の頭数×（一－R）＝T

Rは国営競馬〇・二五、地方競馬〇・二九

第二号算式：（T－勝馬に投票された金額）×R

Rは国営競馬〇・二〇、地方競馬〇・一〇

51　治安及び地方制度委員会は、地方財源の確保策として、この三月競犬法案を起草していたが（昭二三・三・二五、衆議院治安及び地方制度委員会）、GHQの承認を得られなかった。

52　片山哲内閣が、日本競馬会、地方競馬の国営化、公営化を閣議決定したのは、昭和二二年一二月二三日だった（第4章）。

53　『日本競馬史』巻七、五〇八頁。

54　昭二三・六・二五、衆議院商業委員会。

55　東京区部、横浜、名古屋、京都、大阪、神戸の六大都市の内、京都市を除いては空襲による大被害を受けていたが、条項としては、特に六大都市として規定されていたわけではなかった。東京区部を除く残りの都市は、戦災都市連盟の中に五大都市市長会議を結成していた。

56　原案第一条第一項「政府又は都道府県」を「政府、都道府県又は著しく災害を受けた市で内閣総理大臣が指定するもの（指定市という。以下同じ。）」として、以後の関係条項に指定市が付け加えられた修正が行われていた。

57　当初、有力議員らが経営に関与した民間による場外馬券を認める修正案が準備されていたが、結局、場外発売も国営との判断がくだされ、原案の第五条「政府は、入場者に対し、券面金額一〇円又は二〇円の勝馬投票券を券面金額で発売することができる」から「入場者に対し」を削除して、場外馬券発売を可能とした（『日本競馬史』巻七、五四三〜四頁）。なお国営競馬の場外勝馬投票券発売は、昭和二三年一二月四日、銀座場外ではじまった（『日本競馬史』巻七、六八五〜七頁）。
58 昭二三・二・六、三・四、衆議院治安及び地方制度委員会。
59 平工喜市、昭二三・七・三、衆議院農林委員会。
60 佐竹新市、昭二三・七・四、衆議院農林委員会。
61 『日本競馬史』巻七、五一八頁、『近代競馬の軌跡』四三九〜四〇頁、『富山新聞』昭二三・一二・二二。
62 以下騎手の相互騎乗禁止に関しても、『日本競馬史』巻六、八九頁。
63 たとえば『日本競馬史』巻七、三一〇頁。
64 井上綱雄、昭二三・七・三、農林委員会。
65 『日本競馬史』巻七、七一二〜四頁。
66 『日本競馬史』巻七、七一八〜九、七二二頁。
67 以下交流禁止の省令までに関しては、『日本競馬史』巻七、七二六〜七頁。
68 地方競馬ではボス、暴力団と手が切れないところも多く、四国三県、福岡八幡、京都長岡、岡山などはそのことが原因で潰れていたという（たとえば『地方競馬史』第二巻、五一六、五八七〜八頁）。
69 佐竹の前の田口助太郎の反対意見のこと。田口が直接述べていたのは、「従来競馬を不明朗、不健全にしたものは、決して主催者団体が悪いのではなくして、それを取巻く人々、あるいはのみ屋とか、ギャングとか、あるいはボス的存在のあったことが大きな原因であったのであります。これが国営になっても決して施行の人も変らなければ、その他の問題を抑止することも全然できないであろうと思います。従いまして競馬の根本的目的、すなわち競馬は賭博行為であるけれども、より社会的に重要なる目的があるために、例外的に許すという本質も全然認めていない法案でありまして、その本質からも反対せざるを得ないのであります」ということだったから、正確にいえば、佐竹のような意味ではなかった。
70 二日目、田中織之進（和歌山一区、社会党）が、競馬法案がノミ行為の罰則を、三年以下の懲役もしくは五万円以下の罰金と規定としているのに対して、少なくとも一レースで二〇万円以上の収益をあげているので罰金を引き上げてはどうかと質問していた。遠藤畜産局長は、法体系上難しいので、取締りで対応したいと答弁していた。
71 二日目、守田道輔（山口二区、社会党）が競馬場内外のノミ行為の取締りを尋ねたのに対して、遠藤畜産局長は、将来の可能性として鉄道公安官のような制度の創設を考えていると答弁していた。

72 『競馬法の変遷30年史』九七頁。小笠原は、衆議院の農林委員会の席上でも、井上に対して「競馬の日本一の担当官のような顔をするのではない」という言葉まで投げつけていた（昭二六・三・二三、衆議院農林委員会）。
73 競馬法案、馬匹組合の整理等に関する法律案、国営競馬特別会計法案が一括して審議されていた。
74 自転車競技法案第一条は、「都道府県及び別表の市（以下特定の市という。）は、自転車の改良、増産、輸出の増加、国内需要の充足に寄与するとともに、地方財政の増収を図るため、この法律により自転車競技を行うことができる」とその目的を謳っていた。
75 新競馬法第三一条は、「左の各号の一に該当する者は、これを三年以下の懲役若しくは五万円以下の罰金に処する。一、国営競馬又は地方競馬の競走に関し勝馬投票類似行為をさせて利を図った者。二、馬の競争能力を一時的に高め又は減ずる薬品又は薬剤を利用して馬を出走させた者」という内容だった。
76 『日本競馬史』巻七、五二八～九頁。
77 日本馬事協会「日本の馬産・戦後50年の歩み」編集委員会『日本の馬産　戦後50年の歩み』社団法人日本馬事協会、一九九九年、序、http://www.bajikyo.or.jp/umapdf/basan.pdf（二〇〇九年五月一〇日確認）、前掲『松村眞一郎笑子記念録』一四〇頁及び年譜。
78 原案は昭二三・七・二、衆議院農林委員会、修正案は昭二三・七・四、衆議院農林委員会、『日本競馬会』巻七、五五〇～六二頁。

2　閉鎖機関令の適用——千葉県馬連

79 『地方競馬史』第二巻は、県馬連主催の柏競馬の成績が芳しくなく、県に納付する馬券税の未納分があったまま、軍政部により解散させられたと記しているが（三三八頁）、実際はこの閉鎖機関令による解散だった。
80 『千葉新聞』昭二二・二・一七、三・二九。
81 『千葉新聞』昭二一・一一・二五、『千葉新報』昭二三・六・二六。
82 『千葉新聞』昭二三・二・一七。
83 『毎日新聞　千葉版』昭二一・一〇・二九。
84 『千葉新聞』昭二二・六・三〇。

85　以下昭和二三年五月までの四回の開催の売上に関しては、『馬事会だより』第一一号、昭二三・一二・八、第一二号、昭二三・一・八、第一三号、昭二三・二・八、第一五号、昭二三・四・七、第一八号、昭二三・七・六、『千葉新報』昭二三・五・一。各日程は、昭和二二年一一月二五、二六、二七日、一二月二、三、四日、昭和二三年第一回が一月三、四、五、七、八、九日、第二回が二月二七、二八、二九日、三月二、三、四日、第三回が五月三、四、五、六、一一、一二日。

86　『地方競馬史』第二巻、一六頁。

87　『千葉新聞』昭二三・七・二三。

88　『千葉新報』昭二三・六・二六、七・三一。

89　『千葉新聞』昭二三・七・二七。

90　以下県議会の承継否決まで、『千葉新報』昭二三・七・二九、八・五、『千葉新聞』昭二三・八・一。

91　『千葉新聞』昭二三・一二・一九。

92　『千葉新聞』昭二三・八・一一。

93　『千葉新報』昭二三・六・二六、七・一、七・六、七・二九、七・三一。

94　『千葉新報』昭二三・七・一、九・四、『千葉新聞』昭二三・八・二〇。

95　『千葉新聞』昭二三・六・三〇、一〇・二四、一〇・二八、『千葉新報』昭二三・七・二九、七・三一。

96　『千葉新報』昭二三・六・二六。

97　『千葉新報』昭二三・八・五。

98　以下この運動に関しては、『千葉新聞』昭二三・九・五、九・九、一〇・一六。

99　『千葉新聞』昭二三・一〇・三、一〇・五、一〇・一六、『地方競馬史』第二巻、三三七頁。

100　『千葉新報』昭二三・八・五。

101　『千葉新報』昭二三・七・六。

102　『千葉新報』昭二三・一〇・二一。

103　以下この決定に関しては、『千葉新報』昭二三・一〇・二一。

104　『千葉新報』昭二三・一一・六。

105　『千葉新報』昭二三・一一・一三、『千葉新聞』昭二三・一二・一、昭二四・六・一七。

106 『千葉新聞』昭二四・一一・二四、一二・二八、昭二五・一・一、九・一一。
107 以下この事件に関しては、『千葉新聞』昭二三・一〇・三〇、一一・一四、一一・二〇、一二・一九、『千葉新報』昭二三・一一・六、『地方競馬史』第二巻、三三七頁。
108 以下この不信任運動に関しては、『千葉新報』昭二三・一一・六、『千葉新聞』昭二三・一一・一二、一二・八。
109 『千葉新聞』昭二四・一〇・二〇、一一・五、一一・二九、一二・一五、昭二五・一・一九。
110 『千葉新聞』昭二三・一二・一九、『地方競馬史』第二巻、三三八頁。ただし一開催の賃貸料に関しては、『地方競馬史』第二巻が三〇万円とするのに対して、『千葉新聞』では一〇万円としている。
111 『地方競馬史』第二巻、三三八頁。
112 「昭和二四年度都道府県営競馬収支実績並科目別百分率調べ」『地方競馬史』第二巻所収。
113 『千葉新聞』昭二四・八・三一。
114 『千葉新聞』昭二四・八・七、八・三一。
115 『千葉新聞』昭二四・九・一四、「昭和二四年度指定市町村競馬収支実績並科目別百分率調査票」『地方競馬史』第二巻所収。
116 『千葉新聞』昭二五・二・二～三。
117 『千葉新聞』昭二五・六・一五、八・一九、八・二一、一〇・二五～二六、一一・一五、『地方競馬史』第二巻、三三九～四〇頁、船橋市史編さん委員会『船橋市史』船橋市役所、一九六五年、六一〇～一頁。

3 昭和二四年の競馬法改正

118 『競馬法の変遷30年史』一一七頁。
119 昭二四・五・九、衆議院農林委員会。
120 昭和二五年四月の第七国会に再び提案、衆議院は通過したが（昭二五・四・二一、衆議院農林委員会、昭二五・四・二二、衆議院本会議）、参議院農林委員会で審議未了となり（昭二五・四・二四、参議院農林委員会）、ついで七月第八国会でも衆議院を通過（昭二五・七・二九、衆議院本会議）、参議院農林委員会の可決はならなかったが継続審議となり（昭二五・七・三一、参議院運営委員会）、ようやく一二月第九回国会成立、中京競馬場の設置が認可された（昭二五・一二・九、参議院本会議）。昭和二八年七月竣工、八月に第一回の開催が行われた（中京競馬場設置計画から第一回開催までに関しては、

『日本競馬史』巻七、八五〇〜七一頁)。

昭和二五年一二月八日、この改正案が可決された参議院農林委員会での委員長岡田宗司の審議の報告が、この約一年半の経緯を要領よく簡潔に説明しているので引いておく。

只今議題となりました競馬法の一部を改正する法律案の農林委員会における審査の経過及び結果について御報告申上げます。

この法律案の内容は、中京地区に国営競馬場を一ヶ所新設せんとするものでありまして、すでに第五回国会におきまして、衆議院議員早稲田柳右衛門君外一五名によって、又第七回国会に同じく江崎真澄君外一五名によって提出されたものでありますが、その当時におきましては、国営競馬について努めてその権威と品格とを維持するためには、競馬場の増設はこれを抑制し、若し中京地区に競馬場の新設を有利且つ必要とするものであるならば、既設の一ヶ所の範囲内におきまして、或いは収支の償わないもの、又は休止中のものを廃止整理しまして、配置替を行うべきではないか、或いは又競走馬資源の現状が果して競馬場の増設に応ずることができるであろうか等に関しまして問題が残され、特に新設競馬場設置候補地に数ヶ所が挙げられ、その間に可なり激しい獲得運動が行われて、これをこのまま無理押しすれば、或いは好ましくない結果を惹き起すのではないかと憂慮せられ、このところ暫らく冷却して時期を待つ必要があるのではないかとの考慮等のため、結論に達せず、農林委員会におきましては審議未了となっていたのであります。ところが第八国会に三度この法律案が衆議院議員千賀康治君外二一名を以て提案せられ、会期切迫して当委員会に付託せられましたため、審議を尽す余日がなく、継続審査に付することとなったのであります。

然るにその間に競輪に関しまして不祥事件が相次いで起り、競輪及び競馬等に対する世間の批判がいよいよ厳しさを加えまして、且つ又最近競馬機構の全面的改正、特に競馬民営論さえ台頭するに至ったのであります。かような新らしい情勢の下におきまして、国営競馬場を増設するがごとき企図は、新らしい観点において検討を加えられなければならないことに相成って参りました。そこで提案者代表及び農林、文部、通商産業、検察等、政府関係、各当局から、これらの点につきまして説明を聴取し、意見を徴しましたところ、これを要約いたしますと、競馬と競輪とは、その歴史において、その性格におきまして、又その仕組において、趣きが異なっているから、競輪を以て直ちに競馬を律することは問題がある、本法案によって国営競馬場が一ヶ所増設せらるるといたしましても、必ずしも懸念されるような結果を招くものとは考えられない、又競馬機構の改正につきましては目下検討中であって、これが結論を得るまでには尚、時日を要するであろうというように窺われたのであります。かようにいたしまして、

㈠　この法律案が成立することは現行国営競馬が持続されることが前提となるわけであるから、これを確認せられたきこと。

㈡　競馬場設置場所の決定は公正な調査に基いて遅滞なくこれを行い、誘致運動が再発するような事態の発生を厳に警戒すること。

㈢　競馬場を設置するため農地の潰廃を来たさないよう注意すること。

㈣　競馬場設備の賃借に当り、設備者をして不当な利得を得せしめることなきよう、その賃借料を適正に決定すること。

㈤　競馬場の設置個所の決定及び設備借入の条件等については、遅滞なくこれを当委員会に報告すること。

等の五項目につきまして、政府の決意を確かめましたところ、各項に亘って善処したい旨の答弁がありましたので、ここに質疑を打切り、採決の結果、全員一致を以て原案通り可決すべきものと決定した次第であります。

121　苫米地英俊、昭二四・五・一三、衆議院農林委員会。

122　以下この新たな馬券に関しては、井上綱雄、昭二四・五・一六、参議院農林委員会。

123　政府提出の改正案のなかで、第八条のつぎの改正条項が第一二条だったので、その間に新たな条項を加えるということでこのような表現となっていた。

124　小笠原八十美、昭二三・五・一九、衆議院農林委員会／吉川久衛、昭二三・五・二〇、衆議院本会議。

125　吉川久衛、昭二三・五・二〇、衆議院本会議。

126　参議院農林委員会委員長楠見義男が、つぎのようにその確認を池田蔵相に求めていた（楠見義男、昭二四・五・二二、参議院農林委員会）。

併し現実の問題として見れば本年の予算はすでに決定しているのであるから、なかなか困難であろう、そこで大蔵大臣にその点について衆議院において確かめられたところ、大蔵大臣は同様に現実問題としては本年のすでに決まった予算は変えられない、併し年度内において若し更生予算を組むような場合があれば、自分としては考えたい、又明年度の予算編

成に当ってはこの修正案の趣旨を十分酌んで畜産振興のための予算増額について考えたい、こういうような御答弁があったと、こういう披露を我々は受けたのであります。第一にはその点について大蔵大臣の御意向を伺いたい。

127 たとえば昭二四・九・八、一一・二八、衆議院農林委員会。
128 たとえば昭二五・二・九、衆議院農林委員会。
129 井上良二、昭・二七・七・二七、衆議院農林委員会。
130 昭二九・五・二九、衆議院本会議。
131 昭三七・三・一六、衆議院本会議、『地方競馬史』第二巻、一四一～六、二三一～二四一頁。
132 小笠原八十美、昭二四・一一・三〇、衆議院農林委員会。
133 『日本競馬史』巻七、七一九、七二二頁。
134 以下この改廃措置に関しては、『日本競馬史』巻七、八一六～八頁。
135 『日本競馬史』巻七、八一八～九頁。
136 福山芳次「改正された競馬法」『優駿』昭和二四年六・七月号。

4 昭和二五年一二月――控除率の引き下げ

137 『日本競馬史』巻七、四〇六～一二頁。
138 『日本競馬史』巻七、四四九～五五頁。
139 昭二四・五・一三、衆議院農林委員会
140 「競馬法」http://law.e-gov.go.jp/htmldata/S23/S23HO158.html（二〇〇九年四月二日確認）。
141 『文化国家　日本の競馬』第1集はつぎのように主張していた。

競馬をもっと大衆的に面白くさせ、馬券の売上をまし、政府収入をふやす途は唯一つ、高率馬券税の撤廃乃至引下げである。国庫収入を増す方法は薄利多売主義で、税率を低くすることである。

144 以下引き下げの失敗までに関しては、『日本競馬史』巻七、八二三～四頁。
143 以下昭和二六年度までの競輪、国営競馬、公営競馬の売上高に関しては、『日本競馬史』巻七、八二二頁。
142 安田伊左衛門「競馬の再開について」『優駿』昭和二一年五・六月号。

7 県営移管

1 富山県地方競馬施行条例

1 『北日本新聞』昭二三・七・三一、「昭和二五年二月定例富山県議会議事速記録」『富山県議会会議録』。
2 前掲『続日本馬政史』三、二九一頁
3 以下県営競馬の審議に関しては、「昭和二三年一〇月定例富山県議会議事速記録」『富山県議会会議録』、「昭和二三年一〇月一二日富山県議会経済委員会会議録」。
4 『富山県報』号外（一）昭和二三年一〇月二三日。
5 以下この日の審議に関しては、前掲「昭和二三年一〇月定例富山県議会議事速記録」。
6 『北陸夕刊』昭二三・一〇・一六。

2 競馬事業歳入歳出予算

7 以下県営競馬の審議に関しては、前掲「昭和二三年一〇月定例富山県議会議事速記録」、「昭和二三年一〇月一二日富山県経済委員会会議録」。
8 「昭和二三年一〇月一二日富山県経済委員会会議録」。
9 前掲堀家「地方宝くじ、地方競馬、自転車競技」。
10 「昭和二三年一〇月一二日富山県経済委員会会議録」。
11 たとえば青森（『東奥日報』昭二三・一〇・一三）、石川（『北国毎日新聞』昭二四・七・一二）。
12 『北陸夕刊』昭二三・三・二〇。
13 以下新税案に関しては、『富山新聞』昭二三・二・一四、『北陸夕刊』昭二三・二・一五。

14 『北日本新聞』昭二三・七・三一。
15 『北陸夕刊』昭二三・六・二八。
16 『県史現代』一三八頁。
17 『読売新聞　富山版』昭二二・九・五。
18 前掲「昭和二三年一〇月定例富山県議会議事速記録」。

3　借地料

19 「昭和一二年二月二五日付富山県畜産組合高岡常設競馬場建設契約書」『富山県地方競馬参考資料』。
20 「昭和一五年三月一〇日付富山県畜産組合軍用保護馬鍛錬馬場建設契約書」『富山県地方競馬参考資料』。
21 『北日本新聞』昭二三・三・二。
22 『北陸夕刊』昭二三・一〇・一一。
23 同。
24 「高岡競馬場に関する資料　現況」『富山県地方競馬参考資料』。
25 『北日本新聞』昭二四・四・九、『北陸夕刊』昭二四・四・一一。
26 『北陸夕刊』昭二四・四・一一。
27 『富山県地方競馬参考資料』所収。

4　放談会、県営競馬について

28 『北陸夕刊』昭二三・一〇・八。
29 以下この放談会に関しては『富山新聞』昭二三・一一・六。
30 前掲『佐賀競馬史』一三九頁。
31 『東奥日報』昭二三・一〇・一四。

5　県営競馬第一回開催

32 『北陸夕刊』昭二三・一〇・二四。当初は一〇月三一日から一一月三日までの予定だった（『北日本新聞』昭二三・一〇・二九）。
33 『北陸夕刊』昭二三・一〇・二七、『富山新聞』昭二三・一一・七。
34 『富山新聞』昭二四・一〇・二九、昭二五・五・二九、八・一六、前掲「高岡競馬場に関する資料　現況」。
35 『北陸夕刊』昭二五・三・一一。
36 『北陸夕刊』昭二四・七・一一。
37 『県史現代』一一四頁。
38 『富山新聞』昭二三・五・一八、六・二四、『北陸夕刊』昭二三・五・二五。
39 『北陸夕刊』昭二三・七・六、一一・二。
40 以下この開催に関しては特に記さない限り、『北日本新聞』昭二三・一一・七～八、一一・一二、『富山新聞』昭二三・一一・八、一一・一一～一二、『北陸夕刊』昭二三・一一・九～一〇、一一・一二～一三。
41 『北日本新聞』昭二三・一一・八。
42 以下この女子中学生の手伝いに関しては、特に記さない限り、『富山新聞』昭二三・一一・一一、一一・一三～一四、『読売新聞　富山版』昭二三・一一・一一、『北日本新聞』昭二三・一一・一二。
43 『富山新聞』昭二三・一一・一四。
44 『徳島新聞』昭二三・六・一三。
45 同。
46 「昭和二三年一一月二二日富山県経済委員会会議録」。
47 「昭和二四年三月定例富山県議会議事速記録」『富山県議会会議録』。
48 『地方競馬史』第二巻、付表。
49 「昭和二五年二月定例富山県議会議事速記録」『富山県議会会議録』。
50 同。但し、議員発言の三三万五四六四円は三三万五四六二円の誤り。
51 以下この調査に関しては、「昭和二三年度都道府県地方競馬収支実績調査表」昭和二五年四月一日農林省畜産局競馬部『地方競馬史』第二巻、付表。

52 『北国毎日新聞』昭二三・九・二八、『地方競馬史』第二巻、付表。
53 『北国毎日新聞』昭二三・七・九、『地方競馬史』第一巻、一五五頁。
54 『北国毎日新聞』昭二三・一〇・一三、『馬事会だより』第一三号、昭二三・二・八。
55 『北国毎日新聞』昭二三・一〇・八、「地方競馬場別開催成績」『地方競馬史』第三巻、一〇三頁。
56 『北国毎日新聞』昭二四・七・一二。
57 『北国毎日新聞』昭二三・一〇・一九。
58 『福井新聞』昭二三・一一・九、前掲「昭和二三年度都道府県地方競馬収支実績調査表」。
59 『福井新聞』昭二三・一〇・一五、「昭和二三年度指定市地方競馬収支実績調査表」『地方競馬史』第二巻、付表。

6　第二回県宝くじ

60 『県史現代』二一七～九頁。
61 『北日本新聞』昭二三・七・二七。
62 以下第二回復興宝くじに関しては、『北日本新聞』昭二三・八・一一、一〇・一四、一〇・二四、一二・一六～一七、『北陸夕刊』昭二三・九・一九、一〇・四、一〇・一五、『富山新聞』昭二三・一一・一〇、一一・一二、一二・七、一二・一七。
63 『北日本新聞』昭二三・九・一九、一〇・一九。
64 『北日本新聞』昭二三・一二・二九。
65 『北日本新聞』昭二三・九・一九。
66 昭和二三年一〇月一八日提出された「富山県当せん金附証票発売に関する件」をめぐって県議会で、上野興仁（民主党）と知事代理高辻副知事の間でつぎのような質疑と答弁が行われていた（「昭和二三年一〇月定例富山県議会議事速記録」『富山県議会会議録』）。

上野興仁　私は今度提案の宝くじの問題についてお尋ね申上げたいと思います。この宝くじを御発行になることは止むを得ないと思いますが、どうしても県民の射幸心を挑発することは否むことができないと思います。この射幸心が昂って参りますと結局真面目な勤労というものが否定され、或いは賭博に従事したり、ついには帝銀事件にまで発展するという虞もあるのであります。併し健全なる道徳さえ培われておれば必ずそれらのものを克服し得る力がある筈であります。宝くじの発行は県財政の立場から実に止むを得ないといたしましても、本案を提案するに当って果してさようなことを意中に置いておられるや否や、私はそうした精神的なものを非常に案じておるのであります。……

知事代理　（かつては政府も内務省も反対の方針）ところが近年インフレがだんだん増進して参りまして通貨が非常に膨脹して参りましてから、これらの浮動購買力、通貨を吸収する一つの手段をいたしまして、宝くじというものが広く行われるように相成って参ったように承知いたしております。すべて只今上野議員のお尋ねになりました社会道徳というようなものは、経済によって非常な影響を受けるものと思います。……

……宝くじそのものを取って考えましても私はこれは大いに考慮を要する問題であると存じますけれども、今日の県の財政、経済の状況からいたしましてこの宝くじというものを施行することにいたした次第であります。これは道義の上から判断いたしまして必ずしも喜ぶべき方法とは考えておりませんけれども、他日日本の国の、国民経済が正常な状態に服しました際、尚且かくの如き事柄が行われるかどうかということは、これは私余程疑問を持つのでありますが、今日の状況といたしましては努めてその弊害を避けるような方法によって、これを行って参るより外ないと思うのであります。以上お答えを申上げて置きます。

67　前掲『夢は世につれ…宝くじ30年のあゆみ』九五、一二四頁。

8　廃止、富山における競馬の終焉

1　継続の是非、昭和二四年の開催

1　『北日本新聞』昭二四・四・四。
2　「昭和二四年三月富山県議会議事速記録」『富山県議会議事録』。
3　『朝日新聞　富山版』昭二四・四・一二。

4　『北日本新聞』昭二四・四・二〇。
5　『北国毎日新聞』昭二四・三・二、四・二。新潟県も昭和二四年から導入した（『地方競馬史』第二巻、二九八頁）。
6　『富山新聞』昭二四・七・一〇、『北国毎日新聞』昭二四・七・一二。
7　『日本競馬史』巻七、三一七～二三頁。
8　前掲高柳「競馬の話」。
9　以下この開催に関しては、『北陸夕刊』昭二四・四・一〇、四・一五～一八、四・二〇、『朝日新聞　富山版』昭二四・四・一二、四・一九、『富山新聞』昭二四・四・一五、四・一八、『北日本新聞』昭二四・四・一六、四・一八、四・二〇。
10　以下粗収入の内訳に関しても、『北日本新聞』昭二四・四・二〇。控除金七八万八三六一円九〇銭は売上の約二九％となり、平均三三％であるはずの額より少ないが、同紙に従っておく。
11　「最近に於ける高岡競馬の開催費収支並びに入場人員成績表」『富山県地方競馬参考資料』。
12　同。
13　「昭和二四年三月一六日付新競馬場富山市に設置実現方に関する件（富山県競馬振興会代表者池内佐次）」前掲『富山県議会　四ヵ年の回顧　一九四七―一九五一』一三〇頁。
14　前掲高柳「競馬の話」。
15　『北陸夕刊』昭二五・三・一一。
16　『県史現代』一三三頁。
17　『県史現代』一〇五頁。
18　以下この開催に関しては、『北日本新聞』昭二四・七・一〇、七・一二、七・一四～一五『北陸夕刊』昭二四・七・一〇～一一、『富山新聞』昭二四・七・一〇。
19　以下連勝単式馬券（フォーカス）の発売に関しても、『富山新聞』昭二四・七・一〇。
20　前掲高柳「競馬の話」。
21　以下この条例に関しては、『県史現代』六四～六六頁。
22　以下県営各開催の収支に関しては県馬連時代も含めて、前掲「最近に於ける高岡競馬の開催費収支並びに入場人員成績表」、『富山新聞』昭二五・八・一六。

23 『富山新聞』昭二五・八・一六。
24 『北日本新聞』昭二四・八・一九。
25 以下高岡競馬場の劣悪な施設に関しては、『富山新聞』昭二四・一〇・二九、昭二五・五・二九、八・一六、前掲「高岡競馬場に関する資料　現況」。
26 以下低調なレース、他県のファンの吸引に関しては、『富山新聞』昭二五・五・二九、八・一六。
27 『北陸夕刊』昭二五・三・一一。
28 『北国毎日新聞』昭二三・一〇・一五、昭二四・六・一九。
29 『馬事会だより』第一八号、昭二三・七・六、『北国毎日新聞』昭二三・七・九。
30 『地方競馬史』第二巻、付表、『北国新聞』昭二三・九・二八、一〇・一九。
31 『北国新聞』昭二五・一〇・一三。日程は、四月九、一〇、一一、一二日。
32 『北国毎日新聞』昭二四・四・一三。
33 以下振興策に関しては、『北国毎日新聞』昭二四・六・一九、六・二九、七・一～六。日程は、七月一、二、三、四日。
34 以下この開催の企画に関しては、『北国毎日新聞』昭二四・八・一一～一六。日程は、八月一〇、一一、一二、一四、一五、一六日。
35 『北国毎日新聞』昭二四・一〇・一四。日程は、一〇月一四、一五、一六、一七。
36 『北国毎日新聞』昭二四・七・一二、一〇・五、『朝日新聞　石川版』昭二四・九・二二。
37 『北国毎日新聞』昭二四・七・六。
38 『北国毎日新聞』昭二四・七・二一。
39 『北国毎日新聞』昭二四・八・一七。
40 以下第五回開催の売上に関しては、『北国毎日新聞』昭二四・一〇・一九。
41 『北国新聞』昭二五・一〇・一三。
42 『北国毎日新聞』昭二四・七・一二、七・二六、昭二五・一〇・一三。
43 E・M「県営競馬に物申す」『富山新聞』昭二四・一〇・二九。
44 以下ファン・サービスに関しては、『北陸夕刊』昭二四・七・一一、一〇・三一、『富山新聞』昭二四・一〇・二九、『朝

日新聞　富山版』昭二四・一一・一。
45　以下能力別編成、一〇〇円券発売に関しても、『北陸夕刊』昭二四・一〇・三一。
46　『北国毎日新聞』昭二四・一〇・一四。
47　『福井新聞』昭二四・一一・二〇。
48　『地方競馬史』第二巻、二九六頁。
49　以下この開催に関しては、特に記さない限り、『北陸夕刊』昭二四・一一・五、『富山新聞』昭二四・一一・九。
50　「高岡競馬に対する今後の見通し」『富山県地方競馬参考資料』。
51　『北陸夕刊』昭二四・一〇・三一。
52　以下この第三回の赤字額までに関しては、前掲「最近に於ける高岡競馬の開催費収支並びに入場人員成績表」。
53　「昭和二五年二月定例富山県議会議事速記録」『富山県議会議事録』。
54　『北陸夕刊』昭二四・四・二八。
55　『北陸夕刊』昭二四・一二・三。
56　『富山新聞』昭二四・八・一三。
57　『富山県史』一〇五頁、『富山県史現代』統計図表編、一三八頁。
58　『朝日新聞　富山版』昭二五・二・二五。
59　『朝日新聞　富山版』昭二四・一一・八。
60　『富山県史』七四頁。
61　「時代の証言者　国と地方・石原信雄（4）『ドッジ・ライン』で自治体悲鳴」『読売新聞』二〇〇六・三・九。
62　『北陸夕刊』昭二四・一〇・一四。
63　『北陸夕刊』昭二四・一〇・三一。
64　以下各県営競馬の収入、支出に関しては、農林省農林部競馬部「昭和二四年度都道府県営競馬収支実績並科目別百分率調べ」『地方競馬史』第二巻、付表。
65　『富山新聞』昭二四・一一・九。

66　前掲「昭和二四年度都道府県営競馬収支実績並科目別百分率調べ」。

2　鳥取県、戦後二番目の廃止

67　以下この開催に関しては、『山陰日日新聞』昭二三・五・二七～三一、『島根新聞』昭二三・五・二八～二九、五・三一、六・一、『日本海新聞』昭二三・五・二九～三〇、六・一。日程は、五月二六、二七、二八、二九日。

68　『山陰日日新聞』昭二三・五・二九。

69　『島根新聞』昭二三・二六、四・七、五・一一～二一。

70　『山陰日日新聞』昭二三・五・二九、『日本海新聞』昭二三・八・二〇。

71　以下この開催に関しては、特に記さない限り、『日本海新聞』昭二三・八・二〇、一〇・五、一〇・七～八、一〇・一〇～一三、一〇・二五、『山陰日日新聞』昭二三・九・二二、一〇・五、一〇・八、一〇・一〇、一〇・一三、『島根新聞』昭二三・一〇・八～一三。

72　前掲「昭和二三年度都道府県地方競馬収支実績調査表」。新聞では八〇万円の欠損と報じられていた（『山陰日日新聞』昭二四・三・一九、四・一〇）。

73　『日本海新聞』昭二四・二・二七、三・二五。

74　以下開催決定から県会議員の出雲大社競馬視察までに関しては、『山陰日日新聞』昭二四・四・一〇、四・一四、四・一八、四・二一、四・二三、『日本海新聞』昭二四・四・一七、四・一九。

75　『山陰日日新聞』昭二四・四・二八。

76　『日本海新聞』昭二四・五・一四。

77　以下出走予定頭数までに関しては、『山陰日日新聞』昭二四・五・八、『日本海新聞』昭二四・五・九、五・一四。

78　『日本海新聞』昭二四・五・二〇。

79　以下この開催に関しては、『日本海新聞』昭二四・五・一九～二〇、五・二二～二三、五・二五、『山陰日日新聞』昭二四・五・一九～二〇、五・二二、五・二六。

80　『日本海新聞』昭二五・三・二〇。

81　以下開催までに関しては、『日本海新聞』昭二五・三・二〇、三・二三、四・二〇、五・二、『山陰日日新聞』昭二五・三・二〇、四・八、五・三。

82　以下この開催に関しては、『日本海新聞』昭二五・五・四、五・六〜七、五・九、『山陰日日新聞』昭二四・五・四〜六、五・八〜九。

3　島根、県営競馬の廃止

83　『島根新聞』昭二三・一〇・一六、一〇・二二、一一・一〇、前掲「昭和二三年度都道府県地方競馬収支実績調査表」。各日程は、出雲大社競馬が一〇月一四、一五、一六、一七、一八日、益田競馬が第一回一〇月二二、二三、二四、二五、二六日、第二回一二月一六、一七、一八、一九、二〇日。

84　『島根新聞』昭二三・四・七、五・一一。日程は、第一回が三月三一、四月一、二、三、四日、第二回が五月四、五、六、七、八日。

85　『島根新聞　西部版』昭二四・四・七、四・三〇。

86　『島根新聞』昭二四・一〇・一五。

87　『島根新聞』昭二四・四・二七。

88　『島根新聞』昭二四・一〇・一五、一〇・二七、一一・一六。一旦は一〇月二六日から三〇日まで五日間と決定されていたが延期された（『島根新聞』昭二四・一〇・一五）。

89　『島根新聞』昭二四・四・一五、五・一八。第一回の売上に関しては三三一万四六三〇円（『山陰日日新聞』昭二四・四・一五）、第二回の売上に関しては、予想を五〇万以上も下回る二五〇万円という記録もある（『山陰日日新聞』昭二四・五・一八）。

90　『島根新聞』昭二四・五・一八。

91　『山陰日日新聞』昭二四・五・八。

92　以下この開催に関しては、『島根新聞』昭二四・一〇・二一〜五、一〇・七、一〇・一〇〜一一。

93　『島根新聞』昭二五・一・一五、三・二〇。日程は、一月一七、一八、一九、二一、二三日と四月一、二、三、四、八、九日。

94　『地方競馬史』第二巻、五〇〇頁。

95　以下この開催に関しては、『島根新聞』昭二五・九・二一、九・二四〜二五、一〇・一。

96 以下この再開決定に関しては、『島根新聞』昭二六・一一・一六。
97 以下この開催に関しては、『島根新聞』昭二六・一二・三、一二・六、『山陰日日新聞』昭二六・一二・一三。
98 『山陰新報』昭二七・一二・一〇。
99 『地方競馬史』第一巻、三一九頁。
100 『島根新聞』昭二六・一〇・一〇。
101 『地方競馬史』第二巻、五〇〇〜一頁。
102 『山陰新報』昭二七・三・一七、三・三〇。
103 以下開催の際、県側から借りた五〇万円をめぐる問題に関しては、『地方競馬史』第二巻、五〇〇頁。
104 以下この開催に関しては、『山陰新報』昭二八・二・一一、四・一三。
105 以下各年の売上に関しては、前掲『競輪総覧』二六八、二七六頁。
106 『島根新聞』昭二五・一二・一四、昭二六・一・九、二・四、八・一七、昭二七・三・二一。
107 『山陰新報』昭二八・一・二五、二・一五、七・一〇、七・二〇。
108 前掲『競輪総覧』二六九、二七七頁。
109 『山陰新報』昭二八・八・六。

4　廃止、富山における競馬の終焉

110 『富山新聞』昭二五・三・五。
111 「昭和二五年二月定例富山県議会議事速記録」『富山県議会会議録』。
112 以下農本党に関しては、『県史現代』三九〜四〇頁。
113 前掲「昭和二五年二月定例富山県議会議事速記録」。
114 『北陸夕刊』昭二五・三・一一。
115 同。
116 前掲「昭和二五年二月定例富山県議会議事速記録」。
117 以下競馬委員会の富山総合運動場跡地に富山競馬場新設の検討までに関しては、『朝日新聞　富山版』昭二五・三・一四、四・一一、『読売新聞　富山版』昭二五・四・九。県は、移転先として、一応富山市の扶桑金属工場跡地（現・富山市岩瀬スポーツ公園一帯）を用意したが、同地付近は工場誘致とかち合うので見合わせ、呉羽山の西にある元運動場を種畜場と兼ねて競馬場にしてはどうかとの案が出たという（『朝日新聞　富山版』昭二五・四・一一）。

118 「わが町わが村　呉羽村の巻」『月刊富山』昭和二二年九月号。

119 以下この日の農林委員会に関しては、『北日本新聞』昭二五・五・一二。

120 『北日本新聞』昭二五・五・一八。

121 以下この答申に関しては、特に記さない限り、『富山県地方競馬参考資料』。

122 『朝日新聞　富山版』昭二五・四・一一。

123 前掲「わが町わが村　呉羽村の巻」、『県史現代』二九二頁、『北陸夕刊』昭二五・二・五。

124 以下この博覧会と競馬場移転問題に関しては、『北日本新聞』昭二五・五・一八〜一九。

125 「鳥取県統計課時系列データ第1表男女別人口及び人口性比―鳥取県市町村（大正九年〜平成一七年）」http://www.pref.tottori.lg.jp/secure/129290/02010119209901.xls（二〇〇九年五月九日確認）、『県史現代』一七八頁。

126 『北日本新聞』昭二五・五・一八。

127 国会でもその雰囲気が強かった（たとえば小笠原八十美、昭二五・一〇・四、衆議院農村委員会／岡田宗司、昭二五・三・四、参議院農村委員会）。昭和二七年三月には、小笠原を委員長とする自民党内の競馬小委員会が競馬民営案を立案（『地方競馬史』第二巻、三八〜九頁、『近代競馬の軌跡』三〇八頁）、同年六月には、農林大臣の諮問機関として競馬制度審議委員会の設置、審議となる（『日本競馬史』巻七、九四七〜五六頁）。

128 『地方競馬史』第二巻、四三〜八頁、『競馬法の変遷30年史』四一九〜二〇頁。

129 『北国新聞』昭二五・一〇・一九。

130 『北国新聞』昭二六・六・一三、六・一九、九・一四、九・二九。

131 『北国新聞』昭二六・四・一〇、六・一九、七・一九、一〇・八。各日程は、第一回四月五、六、八、九日、第二回六月一四、一六、一七、一八日、第三回七月七、八、九、一四、一五、一六日、第四回九月二九、三〇日、一〇月一、五、六、七日。

132 「昭和二五年六月定例富山県議会議事速記録」『富山県議会会議録』。

133 以下公営事業調査課の答申に関しては、『富山新聞』昭二五・八・一六。
134 『北陸夕刊』昭二五・七・三〇、『富山新聞』昭二五・八・一六。
135 『富山新聞』昭二五・八・一六。
136 『北日本新聞』昭二五・八・二三。
137 以下ファン・サービスに関しては、『北陸夕刊』昭二五・七・三〇、『富山新聞』昭二五・八・一六、『北日本』昭二五・八・二三。
138 『北陸夕刊』昭二五・七・三〇、『朝日新聞　富山版』昭二五・八・三。
139 以下この開催に関しては、『北日本新聞』昭二五・八・二五、八・二八〜二九、『富山新聞』昭二五・八・二六、八・二八、『北陸夕刊』昭二五・八・二九。
140 『北陸夕刊』昭二五・八・三〇。
141 『北陸夕刊』昭二五・八・二九。
142 『読売新聞　富山版』昭二五・九・二。
143 『北日本新聞』昭二五・九・五〜六。
144 『北日本新聞』昭二五・九・七。
145 『読売新聞　富山版』昭二六・六・七。
146 『富山新聞』昭二五・五・二九、『朝日新聞　富山版』昭二六・三・七。なお会期五〇日間、四月四日〜五月二六日の日程で、高岡古城公園を中心に開催された「高岡産業博覧会」は、その目玉として電気化学館やテレビジョン館を設け、人々のテレビや新しい技術への関心を引いたこともあって、入場者約六二万人を記録して成功裡に終わっていた（『県史現代』五〇七頁）。
147 以下県営施設の廃止に関しては、『富山新聞』昭二六・一・二一。
148 「昭和二六年二月定例富山県議会議事速記録」『富山県議会会議録』。
149 『朝日新聞　富山版』昭二六・三・七。同紙は賃借料を六万一六六二円と報じているが、「覚書」の六万一八六二円に訂正した。
150 『読売新聞　富山版』昭二六・六・七。

151 以下この予算（決算）案に関しては、前掲「昭和二六年二月定例富山県議会議事速記録」。
152 前掲「昭和二五年二月定例富山県議会議事速記録」。
153 『北日本』昭二五・八・二九。
154 以下この議案に関しては、「昭和二六年六月定例富山県議会速記録」『富山県議会会議録』。
155 各地元紙、『山梨日日新聞』、『奈良日日新聞』、『大和タイムス』、『日本海新聞』、『山陰日日新聞』には、競馬条例廃止の動きは掲載されていない。また『競馬法の変遷30年史』二三〇頁。
156 『県史現代』二三四頁、『北日本新聞』昭二六・一一・一六。
157 『北日本新聞』昭二六・五・三〇。
158 『読売新聞　富山版』昭二六・六・七。
159 『富山県地方競馬参考資料』。鍛錬馬競走に移管の際、富山県畜産組合連合会、その改組に伴い昭和一八年から富山県馬匹組合連合会が引き続き競馬場を借地していた（同）。
160 『富山県地方競馬参考資料』。
161 『地方競馬史』第二巻、三八頁。

資料・参考文献一覧

＊本書で基本資料とした各新聞に関しては、章別ではなく先に一括して掲げる。
＊各章の参考文献は、原則として題名の五十音順で掲げる。なおここで掲げる参考文献は、本文のなかで直接に言及あるいは執筆にあたって主に参考にしたものに限定する。二つ以上の章に及ぶものに関しては、重複して掲げる。
＊拙稿「富山の競馬（戦後編）」『もきち倶楽部』http://www.bunkamura.ne.jp/mokichi-club/index.html に関しては、この一覧には掲げない。回数、発行年月日を記した各章の註を参照のこと。
＊帝国議会、国会の本会議、各種委員会の会議録については、すべて「国会会議録検索システム」http://kokkai.ndl.go.jp/cgi-bin/KENSAKU/swk_srch.cgi?SESSION=29377&MODE=2.「帝国議会会議録検索システム」http://teikokugikai-i.ndl.go.jp/ を利用したが、そのＵＲＬ名を略して、年月院別委員会名等で表記し、衆議院、貴族院・参議院の順に時系列で掲げた。
＊刊行、発行年については、原則として、新聞・雑誌は元号、書籍等は西暦で表記する。

●新聞資料

富山関連の新聞をはじめに示し、その他は北海道、東北、関東甲信、北陸、東海、関西、中国、四国、九州という順番で示す。なお富山以外の『朝日新聞』、『読売新聞』、『毎日新聞』、『京都新聞』、『大阪新聞』、『西日本新聞』の各地方版についても、原則として昭和二一年から昭和二二年分を閲覧したが、その間の地元紙が閲覧できない奈良を除いては、ここには掲げなかった。なおその各地方版に関しては、第２章註を参照。

『北日本新聞』昭和二〇年八月〜昭和二八年一二月
『富山新聞』昭和二一年三月〜昭和二八年一二月
『北陸タイムス』昭和二一年三月〜昭和二八年一二月
『朝日新聞　富山版』昭和二一年一月〜昭和二六年一二月
『読売新聞　富山版』昭和二一年一月〜昭和二六年一二月
『北海道新聞』昭和二一年一月〜昭和二二年一二月
『北海道新聞　函館版』昭和二一年一月〜昭和二二年一二月
『函館新聞』昭和二一年一二月〜昭和二二年一二月
『室蘭新報』昭和二〇年一二月〜昭和二五年一二月
『週刊北海タイムス』昭和二一年六月〜昭和二二年一〇月
『東奥日報』昭和二一年一月〜昭和二六年一二月
『新岩手日報』昭和二一年一月〜昭和二三年一二月
『岩手新報』昭和二一年四月〜昭和二三年一二月
『岩手自由新聞』昭和二二年四月〜昭和二三年一〇月
『秋田魁新報』昭和二一年一月〜昭和二三年一二月
『河北新報』昭和二一年一月〜昭和二三年一二月
『山形新聞』昭和二一年一月〜昭和二三年一二月
『福島民友新聞』昭和二一年一月〜昭和二六年一二月
『福島民報』昭和二一年一月〜昭和二六年一二月
『下野新聞』昭和二一年一月〜昭和二一年一二月
『上毛新聞』昭和二一年一月〜昭和二二年四月
『埼玉新聞』昭和二一年一月〜昭和二二年四月
『茨城新聞』昭和二一年一月〜昭和二五年一二月（昭和二二年七月五日からは『いはらき』）

『千葉新聞』昭和二一年一月～昭和二五年一二月
『千葉新報』昭和二三年二月～昭和二四年五月
『東京新聞』昭和二〇年八月～昭和二二年六月
『神奈川新聞』昭和二〇年八月～昭和二五年一二月
『山梨日日新聞』昭和二一年一月～昭和二六年一二月
『信濃毎日新聞』昭和二一年一月～昭和二三年一二月
『新潟日報』昭和二一年一月～昭和二五年一二月
『三条新聞』昭和二一年七月～昭和二四年一二月
『北国毎日新聞』昭和二一年一月～昭和二六年一二月（昭和二五年一月一日からは『北国新聞』）
『福井新聞』昭和二一年一月～昭和二六年一二月
『静岡新聞』昭和二〇年八月～昭和二三年一二月
『中部日本新聞』昭和二一年一月～昭和二五年一二月
『岐阜タイムス』昭和二〇年八月～昭和二六年一二月（昭和二一年二月一〇日まで『岐阜合同新聞』）
『伊勢新聞』昭和二一年一月～昭和二七年一二月
『滋賀新聞』昭和二一年一月～昭和二七年一二月
『京都新聞』昭和二一年一月～昭和二六年四月
『夕刊京都』昭和二一年五月～昭和二一年一二月、昭和二五年一月～昭和二五年一二月
『朝日新聞／大阪』昭和二一年一月～昭和二一年一二月
『大阪新聞』昭和二一年一月～昭和二一年一二月、昭和二五年一月～昭和二五年一二月
『朝日新聞　奈良版』昭和二一年一月～昭和二一年一二月
『大和タイムス』昭和二二年一月～昭和二六年一二月
『奈良日日新聞』昭和二四年一月～昭和二六年一二月
『和歌山新聞』昭和二一年一月～昭和二五年一二月
『和歌山日日新聞』昭和二一年一月～昭和二五年一二月

『神戸新聞』昭和二一年一月〜昭和二五年一二月
『合同新聞』昭和二一年一月〜昭和二一年一二月
『中国新聞』昭和二一年一月〜昭和二一年一二月
『日本海新聞』昭和二一年一月〜昭和二五年一二月
『山陰日日新聞』昭和二一年九月〜昭和二五年一二月
『島根新聞』昭和二一年一月〜昭和二八年一二月
『防長新聞』昭和二一年一月〜昭和二二年一二月
『長門時事』昭和二一年一一月〜昭和二二年一二月
『徳島新聞』昭和二一年一月〜昭和二三年一二月
『四国新聞』昭和二一年一月〜昭和二三年七月
『愛媛新聞』昭和二一年一月〜昭和二一年一二月
『高知新聞』昭和二一年一月〜昭和二二年三月
『西日本新聞』昭和二一年一月〜昭和二二年一二月
『佐賀新聞』昭和二一年一月〜昭和二一年一二月
『長崎新聞』昭和二一年一月〜昭和二一年一二月（昭和二一年一二月一〇日から『長崎日日新聞』他三紙に分離）
『大分合同新聞』昭和二一年一月〜昭和二一年一二月
『日向日日新聞』昭和二一年一月〜昭和二二年三月
『熊本日日新聞』昭和二一年一月〜昭和二一年一二月
『南日本新聞』昭和二一年一月〜昭和二三年七月
"Pacific Stars and Stripes" 1945.10〜1948.12

●参考文献・資料

はじめに

道新スポーツ編『北の蹄音　ホッカイドウ競馬四十年史』道新スポーツ、一九八九年

中央競馬ピーアール・センター編集『近代競馬の軌跡――昭和史の歩みとともに――』日本中央競馬会、一九八八年

中央競馬ピーアール・センター編『競馬法の変遷30年史』中央競馬振興会、一九九二年

『図説　昭和の歴史　9　占領時代』集英社、一九八〇年

高岡市史編纂委員会／編『高岡市史』下巻、青林書院新社、一九六九年

高木清「高木清回想」一九六七年

鴨下信一『誰も「戦後」を覚えていない』文春新書、二〇〇五年

地方競馬全国協会編纂『地方競馬史』第一巻、全国地方競馬全国協会、一九七二年

地方競馬全国協会編纂『地方競馬史』第二巻、全国地方競馬全国協会、一九七四年

地方競馬全国協会編纂『地方競馬史』第三巻、全国地方競馬全国協会、一九七二年

富山県編『富山県史』通史編Ⅶ、現代、富山県、一九八三年

富山県編『富山県史』資料編8、付録、現代・統計図表、富山県、一九八〇年

富山市史編さん委員会『富山市史』通史〈下巻〉、富山市、一九八七年

日本中央競馬会総務部調査課編纂『日本競馬史』巻六、日本中央競馬会、一九七二年

日本中央競馬会総務部調査課編纂『日本競馬史』巻七、日本中央競馬会、一九七五年

山口瞳　赤木駿介『日本競馬論序説』新潮社、一九八六年

吉本隆明『背景の記憶』平凡社ライブラリー、一九九九年

浅野靖典『廃止競馬場巡礼』東邦出版、二〇〇六年

馬政局『馬政第二次計画摘要』一九三七年

山本一生編／佐藤正人著「わたしの競馬研究ノート」第一七二回『もきち倶楽部』No. 439. 二〇〇三・一二・一

1　富山の闇競馬

前掲『北の蹄音』
神田文人『昭和の歴史8　占領と民主主義』小学館ライブラリー、一九九四年
『全国地方競馬場写真帖』帝国馬匹協会、一九三八年頃
田辺一夫『埼玉県競馬史』埼玉県競馬主催者協議会、一九六五年
『The Winners』vol. 15. 二〇〇三年八月一日、vol. 30. 二〇〇六年二月一日
前掲『図説　昭和の歴史　9　占領時代』
正村公宏『図説戦後史』ちくま学芸文庫、筑摩書房、一九九三年
正村公宏『戦後史』上、筑摩書房、一九八五年
前掲『高岡市史』下巻
前掲鴨下『誰も「戦後」を覚えていない』
富山県議会事務局編『富山県議会 四ヶ年の回顧 一九四七―一九五一』富山県議会、一九五二年
立山町利田自治振興会史跡文化調査委員会『ふるさと利田の今昔』立山町利田自治振興会、一九九五年
前掲『地方競馬史』第一巻
前掲『地方競馬史』第二巻
三十年史編纂委員会『東京馬主協会三十年史』東京馬主協会、一九七八年
『富山県地方競馬参考資料』昭和二五年（富山県立図書館蔵）
前掲『日本競馬史』巻六
『馬事会だより』中央馬事会、第一号、昭和二二年二月一〇日~第四号、昭二二年五月五日
五百旗頭真『日本の近代6　戦争・占領・講和　一九四一~一九五五』中央公論新社、二〇〇一年
小熊英二『〈民主〉と〈愛国〉』新曜社、二〇〇二年

2 全国の闇競馬――競馬の復活、競馬熱

佐藤清一郎『秋田県競馬史』北方風土社、一九九〇年
『秋田人名大辞典』秋田魁新報社、二〇〇〇年
『岩手人名大鑑』岩手日報社、一九七六年
岩手県競馬組合『いわての競馬史』一九八三年
山口富郎『馬と宮崎と二十世紀』鉱脈社、一九九七年
愛媛県『愛媛県史概説』下巻、愛媛県、一九六〇年
特別区競馬組合編纂『大井競馬組合の歩み：特別区競馬組合50年史』特別区競馬組合、二〇〇一年
岡山県史編纂委員会『岡山県史』第一三巻、現代Ⅰ、岡山県、一九八四年
『岡山県政史（昭和戦後編）』岡山県、一九六九年
『岡山県畜産史』http://okayama.lin.gr.jp/history（二〇一〇年三月一八日確認）
香川県『香川県史』第七巻、通史編現代、香川県一九八九年
柏市編さん委員会『柏市史　近代編』柏市教育委員会、二〇〇〇年
浦久淳子『柏の歴史　よもやま話』崙書房ふるさと文庫、一九九八年
江面弘也『活字競馬に挑んだ二人の男』ミデアム出版社、二〇〇五年
札幌競馬場馬主協会『北ぐにの競馬』一九八三年
前掲『北の蹄音』
岐阜県町村競馬組合編『岐阜県競馬沿革史』一九七〇年
草津市史編さん委員会『草津市史』第四巻、草津市役所、一九八八年
草津市史編さん室『草津市史のひろば』草津市役所、一九八七年
熊谷市史編纂委員会編『熊谷市史』後編、熊谷市、一九六四年一月
「熊谷市における戦災の状況（埼玉県）」http://www.sensai.soumu.go.jp/state/html/11202--kumagaishi.htm（二〇〇九年五月一五日確認）

『競馬研究の情報』第一号、昭和二一年八月一七日～第二〇四号、昭和二三年二月一九日（ただし欠号が多い）
『㊖競馬新聞　東京号付録』昭二一年一〇月一六日
『競馬速報』第一号、昭和二一年八月一七日～第八号、昭和二一年一一月三日
淺川義一「競馬の疎開と進駐軍競馬」『優駿』昭和四二年一〇月号
稲葉八州士『競馬の底流』実業之日本社、一九七四年
皆生温泉観光株式会社『五十年のあゆみ』皆生温泉観光株式会社、一九七四年
前掲田辺『埼玉県競馬史』
佐賀競馬史編さん委員会『佐賀競馬史』佐賀県競馬組合、一九七五年
高木清「札幌競馬進駐軍競馬のこと（上）（下）」『優駿』昭和四二年一一月号、一二月号
『三十年の歩み』東京都競馬株式会社、一九八一年
稲葉八州士『実録・競馬裏街道五十年　侠骨二代の紋章』経済往来社、一九七四年
下関市市史編集委員会『下関市史・終戦―現在』下関市、一九八九年
下関市市史編集委員会『下関市史・別巻（写真集）　しものせきなつかしの写真集』下関市、一九九五年
「昭和二一年九月貴族院地方競馬法案特別委員会会議録」
神翁顕彰会編『続日本馬政史』三、神翁顕彰会、一九六三年
日本中央競馬会福島競馬場／編『人馬一体　福島競馬六十年』日本中央競馬会福島競馬場、一九七八年
高崎市市史編さん委員会『新編高崎市史』通史編4、近代現代、高崎市、二〇〇四年
北海道編『新北海道史』第六巻、通説五、北海道、一九七七年
室蘭市史編さん委員会編『新室蘭市史』第三巻、一九八五年
室蘭市史編さん委員会編『新室蘭市史』第四巻、一九八七年
佐伯才一「戦後わたしの履歴書」『晴耕』昭和四七年五月
『仙台市地方競馬誌』仙台市、一九六〇年
諏訪市博物館「第三二回　企画展『馬が語る』展示解説11.　上諏訪温泉競馬」http://www.city.suwa.lg.jp/www/info/detail.jsp?id=1884（二〇〇九年五月一〇日確認）

前掲「高木清回想」
高松百年史編集室『高松百年史』下、高松市、一九八九年
高松百年史編集室『高松百年史』資料編、高松市、一九九一年
前掲『地方競馬史』第一巻
前掲『地方競馬史』第二巻
前掲『地方競馬史』第三巻
木村幸治『調教師物語』洋泉社、一九九七年
群馬県競馬組合『蹄跡TAKASAKI　群馬県競馬組合設立30周年史』群馬県競馬組合、一九九一年
「鳥取県統計課時系列データ第1表男女別人口及び人口性比―鳥取県市町村（大正九年～平成一七年）」http://www.pref.tottori.lg.jp/secure/129290/02010119209901.xls（二〇〇九年五月九日確認）。
奈良市史編集審議会編『奈良市史　通史四』奈良市、一九九五年
中本宏明編『奈良の近代史年表』一九八一年
長岡市編纂『新潟県地方競馬の変遷』長岡市、一九七七年
新潟県競馬組合『新潟県の競馬の歩み』新潟県競馬組合、一九八〇年
前掲『日本競馬史』巻七
帝国馬匹協会編『日本馬政史』第四巻、一九二八年、復刻版、原書房、一九八二年
前掲浅野『廃止競馬場巡礼』
「廃場探訪記」http://www5d.biglobe.ne.jp/~ma/cont/10/hajo.htm（二〇〇九年三月二四日確認）。
中央競馬ピーアール・センター編『函館競馬場100年史』日本中央競馬会函館競馬場、一九九六年
「函館競馬70年の歩み」『優駿』昭和四二年一一月号
前掲『馬事会だより』第一号、昭二二年二月一〇日～第一八号、昭二三年七月六日
白土秀次『評伝小串清一』発行者小串靖夫、一九七九年
志田三木編『福島競馬の足跡』日本中央競馬会広報室、一九九七年
「富士競馬場―瑞穂通信」http://www.fujigoko.tv/mizuho/fjkeiba.htm（二〇〇七年九月四日確認）

富士吉田市史編さん委員会『富士吉田市史』通史編第三巻、近・現代、富士吉田市、一九九九年
宮崎県『宮崎県史』通史編、近・現代2、宮崎県、二〇〇〇年
大江志乃夫『明治馬券始末』紀伊国屋書店、二〇〇五年
山梨県編『山梨県史』通史編六、近現代二、山梨日日新聞社、一九九六年
『優駿』昭和二二年一・二月合併号〜昭和二三年一二月号
『夢は世につれ…宝くじ30年のあゆみ』第一勧業銀行宝くじ部、一九七五年
「抑留者引揚　仙崎」http://www.asahi-net.or.jp/~UN3K-MN/hikiage-senzaki.htm（二〇〇八年九月二八日確認）

3　地方競馬法の制定

拙稿「失われた競馬場を訪ねて　馬券黙許時代①②」『書斎の競馬』八、九、飛鳥新社、一九九九年一一月、一二月
本多浩治「小笠原八十美伝」『北方春秋』第一六号、昭和四〇年一一月
中央競馬ピーアール・センター編／中村勝五郎『親子三代　馬主八〇年』中央競馬ピーアール・センター、一九八四年
上田章『議員立法五十五年』信山社、二〇〇五年
前掲『北の蹄音』
熊谷啓子編『近代青森県の一〇〇人を語る（中）「NHKラジオ人物伝」より』八戸地域社会研究会、一九八四年
前掲『近代競馬の軌跡』
楢原義男『競馬の制度及犯罪』帝国競馬協会、一九三六年
「昭和二二年八月衆議院本会議会議録」
「昭和二二年九月衆議院本会議会議録」
「昭和二二年一〇月衆議院本会議会議録」
「昭和二二年八月衆議院建議委員会会議録」
「昭和二二年九月衆議院地方競馬法案委員会会議録」
「昭和二三年三月衆議院本会議会議録」

「昭和二二年三月衆院地方競馬法の一部を改正する法律委員会会議録」
「昭和二三年三月衆議院予算委員会会議録」
「昭和二三年三月衆議院建議委員会会議録」
「昭和二三年七月衆議院農林委員会会議録」
「昭和一四年三月貴族院軍馬資源保護法案特別委員会会議録」
「昭和二一年九月貴族院本会議会議録」
「昭和二一年一〇月貴族院本会議会議録」
「昭和二一年九月貴族院地方競馬法案特別委員会会議録」
「昭和二四年五月参議院内閣農林委員会連合審議会会議録」
「昭和二四年五月参議院農林委員会会議録」
『昭和二三年版　地方競馬関係法規』中央馬事会
前掲神田『昭和の歴史8　占領と民主主義』
『図説　昭和の歴史　8　戦争と国民』集英社、一九七九年
山森芳郎編『図説日本の馬と人の生活誌』原書房、一九九三年
戦後日本の食料・農業・農村編集委員会『戦時体制期』戦後日本の食糧・農業・農村、第1巻、農林統計協会、二〇〇三年
星せつ『父と私』発行者小笠原太一、一九八九年
前掲『地方競馬史』第一巻
前掲『地方競馬史』第二巻
前掲『地方競馬史』第三巻
「東京大学総合図書館の漢籍とその旧蔵者たち　渡辺文庫」http://www.lib.u-tokyo.ac.jp/tenjikai/tenjikai95/bnk/watabe.html（二〇〇九年五月一四日確認）
前掲『富山県史』通史編Ⅶ、現代
「nakano bunko　旧勲一等瑞宝章受賞者一覧（戦前の部）」http://www.geocities.jp/nakanolib/giten/zuiho2.htm（二〇〇九年五月一四日確認）

日本中央競馬会総務部調査会編纂『日本競馬史』巻四、日本中央競馬会、一九六九年
日本中央競馬会総務部調査課編纂『日本競馬史』巻五、日本中央競馬会、一九七〇年
前掲『日本競馬史』巻六
前掲『日本競馬史』巻七
前掲五百旗頭『日本の近代6　戦争・占領・講和　一九四一〜一九五五』
前掲『馬事会だより』第一号、昭二二年二月一〇日〜第八号、昭二二年九月五日、第一五号、昭二三年四月七日
前掲『馬政第二次計画摘要』
『ふくしまの歴史4　近・現代』福島市教育委員会、二〇〇七年
『松村眞一郎笑子記念録』松村眞一郎笑子記念刊行会、一九七一年
天川晃「『民主化過程』と官僚の対応」『新装版　戦後日本　占領と改革』岩波書店、二〇〇五年
前掲小熊『〈民主〉と〈愛国〉』
前掲大江『明治馬券始末』
宮川隆義編『歴代国会議員経歴要覧』政治広報センター、一九九〇年
秋田義信編集『われ何故に　米内山義一郎―農民の中で六〇年』一九九三年

4　富山県馬匹組合連合会主催

『芦田均日記』第一巻、第二巻、岩波書店、一九八六年
前掲『大井競馬組合の歩み：特別区競馬組合50年史』
片山哲『回顧と展望』福村出版、一九六七年
片山内閣記録刊行会編『片山内閣　片山哲と戦後の政治』片山内閣記録刊行会、一九八〇年
木下威『片山内閣史論――連立政権問題を中心に――』法律文化社、一九八二年
前掲『北の蹄音』
前掲『近代競馬の軌跡』

高柳正三「競馬の話」『実業之富山』実業之富山社、Vol. 4, No. 6. 昭和二四年六月
中央競馬ピーアール・センター編『競馬法の変遷30年史』中央競馬振興会、一九九二年
競輪五十年史編纂委員会『競輪五十年史』日本自転車振興会、一九九九年
前掲『三十年の歩み』
合田公計解説・訳『GHQ日本占領史　34　農業協同組合』日本図書センター、一九九八年
「昭和二三年七月衆議院農林委員会会議録」
「昭和二四年五月衆議院地方行政委員会会議録」
前掲『昭和二二年版地方競馬関係法規』
福井市編さん委員会『新修福井市史　市政80年福井市政史』I、福井市、一九七〇年
福井市史編さん委員会『新集福井市史』II、福井市、一九七六年
前掲佐伯「戦後の私の履歴書」
前掲正村『図説戦後史』
前掲正村『戦後史』上
升味準之助『戦後政治　一九四五―五五年』上・下、東京大学出版会、一九八三年
水野直樹「「第三国人」の起源と流布についての考察」『在日朝鮮人史研究』第三〇号、二〇〇〇年一〇月、緑蔭書房
福井県『大正昭和福井県史』下巻、一九五七年
内海愛子・梶村秀樹・鈴木啓介編『朝鮮人差別とことば』明石書店、一九八六年
前掲『地方競馬史』第一巻
前掲『地方競馬史』第二巻
前掲『富山県議会四ヶ年の回顧　一九四七〜一九五一』
前掲『富山県史』通史編Ⅶ、現代
前掲『富山県史』資料編8、付録、現代・統計図表
前掲『富山県地方競馬参考資料』
前掲『日本競馬史』巻六

前掲『日本競馬史』巻七
五十嵐恵邦『敗戦の記憶』中央公論新社、二〇〇七年
前掲『馬事会だより』第一号　昭二二年二月一〇日、第三号、昭二二年四月五日、第九号、昭二二年一〇月一〇日、第一〇号
昭二二年一一月八日、第一四号、昭二三年三月五日、第一六号、昭二三年五月一〇日～第一八号、昭二三年七月六日
立川健治「橋本貎インタビュー」二〇〇七年二月二六日
高井進編『明治・大正・昭和の郷土史　富山県』昌平社、一九八二年

5　富山と宝くじ、競馬から競輪へ

『月刊富山』月刊富山社、昭和二二年一月号～昭和二五年一二月号
前掲『近代競馬の軌跡』
前掲『草津市史のひろば』
前掲『草津市史』第四巻
前掲『競輪五十年史』
『競輪総覧』競輪総覧刊行会、一九七〇年
『甲府市史』通史編、第四巻、現代、一九九三年
「昭和二二年三月衆議院建議委員会会議録」
「昭和二二年三月衆議院予算委員会会議録」
「昭和二三年七月衆議院農林委員会会議録」
「昭和二三年度富山県議会教育委員会会議録」（富山県県議会図書室蔵）
大和球士『真説日本野球史』昭和篇その六、ベースボール・マガジン社、一九八〇年
前掲『人馬一体　福島競馬六十年』
前掲『地方競馬史』第一巻
前掲『地方競馬史』第二巻

堀家嘉郎「地方宝くじ、地方競馬、自転車競技」『自治時報』帝国地方行政学会、第二巻第五号、昭和二四年五月
前掲『富山県史』通史編Ⅶ、現代
前掲『富山県議会四ヶ年の回顧　一九四七―一九五一』
富山大学年史編纂委員会編『富山大学五〇年史』上・下巻、富山大学、一九九九年
前掲『日本競馬史』巻七
前掲『馬事会だより』第一七号、昭二三年六月一日～第一八号、昭二三年七月六日
前掲『福島競馬の足跡』
片岡一久編『目で見る宝くじ30年史』総販企画、昭和五〇年
『夢半世紀――写真が語る宝くじ五十年史』全国都道府県および12指定都市、一九九五年
前掲『夢は世につれ…宝くじ30年のあゆみ』

6　競馬法の制定

福山芳次「改正された競馬法」『優駿』昭和二四年六・七月号
白井新平『官僚！中央競馬はこれでよいのか』長崎出版、一九八一年
前掲『近代競馬の軌跡』
山崎志郎「経済統制と配給統制機構の再編」『平成一四年度東京都立大学総長特別研究費成果報告書』http://www.metro-u.ac.jp/toku_kenkyu/2002/t/s-yamazaki.pdf#search=´山崎志郎´（二〇〇九年五月九日確認）
『競馬制度審議委員会速記録』農林省畜産局、一九五二年六月
白井新平『競馬と革命と古代史をあるく』現代評論社、一九八二年
「競馬の公営如何を推進した大坪藤市氏」農林弘済会／農林統計協会編『農林省広報 aff』昭和四八年五月号
安田伊左衛門「競馬の再開について」『優駿』昭和二一年五・六月号
「競馬法」http://law.e-gov.go.jp/htmldata/S23/S23HO158.html（二〇〇九年四月二日確認）
畜産局競馬部事務官福山芳次「競馬法解説」『農林時報』第七巻第一〇号、昭和二三年一〇月

前掲『競馬法の変遷30年史』

野元賢一『競馬よ!』日本経済新聞社、二〇〇五年
埼玉県教育委員会『埼玉人物事典』埼玉県、一九九八年
前掲『GHQ日本占領史　34　農業協同組合』

永廣顕解説・訳『GHQ日本占領史　38　地方自治体財政』日本図書センター、一九九七年
「昭和二三年二月治安及び地方制度委員会会議録」

「昭和二三年三月治安及び地方制度委員会会議録」

「昭和二三年五月衆議院本会議会議録」

「昭和二三年五月衆議院農林委員会会議録」

「昭和二三年六月衆議院本会議会議録」

「昭和二三年六月衆議院商業委員会会議録」

「昭和二三年六月衆議院議院運営委員会会議録」

「昭和二三年七月衆議院本会議会議録」

「昭和二三年七月衆議院議院運営委員会会議録」

「昭和二三年七月衆議院農林委員会会議録」

「昭和二四年四月衆議院農林委員会会議録」

「昭和二四年五月衆議院農林委員会会議録」

「昭和二四年五月衆議院地方行政委員会会議録」

「昭和二四年五月参議院農林委員会会議録」

「昭和二四年九月衆議院農林委員会会議録」

「昭和二四年一一月衆議院農林委員会会議録」

「昭和二五年二月衆議院農林委員会会議録」

「昭和二五年四月衆議院本会議会議録」

「昭和二五年四月参議院農林委員会会議録」

「昭和二五年七月衆議院本会議会議録」
「昭和二五年七月参議院運営委員会会議録」
「昭和二五年一二月参議院本会議会議録」
「昭和二六年三月衆議院農林委員会会議録」
「昭和二五年一二月参議院農林委員会会議録」
「昭和二七年七月衆議院農林委員会会議録」
「昭和二九年五月衆議院本会議会議録」
「昭和三七年三月衆議院本会議会議録」
前掲『地方競馬史』第一巻
前掲『地方競馬史』第二巻
前掲『東京馬主協会三十年史』
前掲『富山県史』通史編Ⅶ現代
萩野寛雄『「日本型収益事業」の形成過程：日本競馬事業史を通じて』早稲田大学政治経済学術院博士論文 http://dspace.wul.waseda.ac.jp/dspace/handle/2065/2983（二〇〇九年五月一〇日確認）
前掲『日本競馬史』巻四
前掲『日本競馬史』巻五
前掲『日本競馬史』巻六
前掲『日本競馬史』巻七
日本馬事協会「日本の馬産・戦後50年の歩み」編集委員会『日本の馬産　戦後50年の歩み』社団法人日本馬事協会、一九九九年、序、http://www.bajikyo.or.jp/umapdf/basan.pdf（二〇〇九年五月一〇日確認）
三好円『バクチと自治体』集英社新書、二〇〇九年
前掲『馬事会だより』第一号、昭二二年二月一〇日、第一一号、昭二二年一二月八日～第一八号、昭二三年七月六日
船橋市史編さん委員会『船橋市史』船橋市役所、一九六五年
『文化国家　日本の競馬』第1集～第3集、昭和二二年頃

前掲『松村眞一郎笑子記念録』
『優駿』昭和二一年一・二月号～昭和二五年一二月号

7　県営移管

前掲『佐賀競馬史』
「昭和二三年七月衆議院農林委員会会議録」
「昭和二三年一〇月定例富山県議会議事速記録」『富山県議会会議録』（富山県議会図書館蔵）
「昭和二三年度富山県議会経済委員会会議録」（富山県議会図書館蔵）
「昭和二四年三月定例富山県議会議事速記録」『富山県議会会議録』（富山県議会図書館蔵）
「昭和二五年二月定例富山県議会議事速記録」『富山県議会会議録』（富山県議会図書館蔵）
前掲『続日本馬政史』三
前掲『地方競馬史』第二巻
前掲『地方競馬史』第三巻
前掲堀家「地方宝くじ、地方競馬、自転車競技」
前掲『富山県史』通史編Ⅶ、現代
昭和二二年度『富山県報』
前掲『富山県地方競馬参考資料』
前掲『夢は世につれ…宝くじ30年のあゆみ』

8　廃止、富山における競馬の終焉

前掲『競輪総覧』
前掲高柳「競馬の話」

前掲『競馬法の変遷30年史』
前掲野元『競馬よ！』
「時代の証言者　国と地方・石原信雄」（1）～（23）『読売新聞』二〇〇六年三月六日～四月五日
「昭和二四年三月富山県議会議事速記録」『富山県議会議事録』（富山県議会図書館蔵）
「昭和二五年二月定例富山県議会議事速記録」『富山県議会議事録』（富山県議会図書館蔵）
「昭和二五年六月定例富山県議会議事速記録」『富山県議会会議録』（富山県議会図書館蔵）
「昭和二六年二月定例富山県議会議事速記録」『富山県議会会議録』（富山県議会図書館蔵）
「昭和二六年六月定例富山県議会速記録」『富山県議会会議録』（富山県議会図書館蔵）
前掲『高岡市史』下巻
前掲『地方競馬史』第二巻
前掲「鳥取県統計課時系列データ第1表男女別人口及び人口性比―鳥取県市町村（大正九年～平成一七年）」
前掲『富山県史』通史編Ⅶ、現代
前掲『富山県史』資料編8、付録、現代・統計図表
前掲『富山県地方競馬参考資料』
前掲『富山県議会　四ヵ年の回顧　一九四七―一九五一』
前掲『日本競馬史』巻七
「わが町わが村　呉羽村の巻」『月刊富山』昭和二二年九月号

あとがき

本書は、メールマガジン『もきち倶楽部』（山本一生編集、http://www.bunkamura.ne.jp/mokichi-club/）に、二〇〇四年一二月から二〇〇九年五月まで一七三回にわたって連載した「富山の競馬（戦後編）」に手を入れてまとめたものである。この著作も前作『文明開化に馬券は舞う——日本競馬の誕生』に続いて、山本さんの尽力の賜物である。

振り返ると、富山の地方競馬に関して、文字通り一から調べ始めたのは、二〇〇三年五月のことだった。当初は昭和戦前期からと考えていたが、その関連資料の閲覧が制限されたことなどもあって、敗戦後の調査から始めることになった。まずは新聞からと考え、その閲覧から開始した。

まったく見通しが立たないなかでの作業だったが、そこで最初に出会ったのが、「地方競馬復活　来月一七、八、九日高岡で」と題するつぎの記事だった（『北日本新聞』昭和二一年七月二四日）。

過去一年間（二年間の誤り）禁止されていた地方競馬が復活して八月一七、八、九の三日間県馬匹組合連合会が主催となり、高岡市二塚の競馬場で馬匹協議会が華々しく催される、出場する馬は県内馬一〇〇頭で毎日駈足七競技、速歩四競技で初日と第二日の予選は一着一五〇円から三〇〇円、二着は一〇〇円、三着五〇円の賞金を与え、本競技の第三日目は初日、二日目の優勝馬で覇を争うがその賞金は一着五〇〇円、二着二〇〇円、三着一〇〇円である、なお馬券は従来の三円を一〇円に引き上げられた。

『北日本新聞』には、この日以降も、続々と闇競馬、地方競馬関連の記事が出てきた。また他の地元紙『富山新聞』、『北陸夕刊』も同様だった。これら新聞だけでもかなりの資料がそろうことになり、なんとか戦後の富山の競馬の歩みに関して、その輪郭をほぼ一年半でとりまとめることができた。

そこでそれをもとにして『もきち倶楽部』への連載を開始することになった。連載当初は、戦後の富山の競馬に限定するつもりだったが、二〇〇五年三月から、富山との比較をしようと、まず隣の石川のことを調べ始めた。ついで近隣ということで、福井、岐阜、愛知、新潟、長野に関しても、現地に出かけて新聞資料を中心に調査を進め、年内にそれを済ませた。その作業を進めていくなかで、全国の闇競馬を網羅的に調べなくては中途半端ではないか、と思うようになった。とにかく昭和二一年分だけでも全国各地の地元紙を見ようと思い立ち、二〇〇六年九月から、その調査に着手した。

昭和二一年分の各地の地元紙のほとんどは、国立国会図書館新聞資料室、国立国会図書館憲政資料室（プランゲ文庫）、新聞ライブラリー（横浜・新聞博物館内）を活用すると閲覧することができるが、千葉、茨城、群馬、埼玉、福島、函館、滋賀、和歌山、鳥取など、現地に行かなければ閲覧することができないいくつかの地元紙があった。時間を見つけて出かけることにしたが、その結果、水戸、前橋、近江八幡、鳥取、米子、松江などの町を生れて初めて訪れることになったので、この調査は、面倒というよりは、楽しい小旅行となった。このいくつかにつきあってくれた、また国会図書館などでの閲覧にも協力してくれた家人には感謝している。

地元紙とともに、県史、市町村史の類もあわせて閲覧したが、そこには闇競馬、そして地方競馬に関する記述が少なく、また記述されている場合も伝聞の類が多く、ほとんど役に立たなかった。結局、地元紙が唯一の頼りとなり、開催に至るまでの経緯、及びその開催の様子などの記述の濃淡に関しては、地元紙の記事の中身に比例せざるをえなくなった。

富山の事例に鑑みると、地方議会、自治体関係の資料、また地元発行の雑誌などを調べると、かなりの確率で、地元紙を補完できるようなものに出会えると思うが、時間の関係で、その作業は行うことができなかった。それでも全国の闇競馬に関しては、表面的なものに過ぎないとはいえ網羅的に記載できたのではないかと思う。また闇競馬後の各県の地方競馬の展開を見たいと思い、いくつかの県に関してはその資料の収集も行ったが、私一人の手には余る作業であり、本書では、山梨、滋賀、奈良、鳥取など富山と相前後して地方競馬が廃止された県に限定してその廃止までの経緯をたどることにした。

これ以外にもいくつかの心残りがある。

その一つは、富山の地方競馬関係の資料が眠っていると考えられる、県の公文書を調べることができなかったこと。私が調べた範囲でも、戦後、競馬場新設、競馬振興などの陳情書が県宛にも提出されており、それが残されているのはほぼ確実なのだが、公文書の閲覧に関して、資料名を特定して議会宛に申請するという、事実上閲覧をシャットアウトする規定があり、まったく調査できていない。戦後の公文書の目録が作成されておらず、競馬関係の資料名など、実際に調査しない限り、分かるはずもないので、その調査も含めて調べさせてほしいと要請したのだが、却下されてしまい、現段階では打つ手がない。

そしてGHQの圧力がもたらした日本競馬会の国営化、地方競馬の公営化に関する資料の調査が不十分であるということである。おそらく国立国会図書館憲政資料室には、GHQの競馬関連資料が眠っていると思うが、今回は見つけ出すことができなかった。また『日本競馬史』巻七を見ても、相当な資料がどこかに所蔵されている可能性が高いと思う。さらにはこれとも関連するが、昭和二一年地方競馬法、昭和二三年競馬法に関して、国会での審議に限定して論じてしまったことである。GHQ、政府、農林省、大蔵省、国会議員や競馬関係者などへの目配りがもっと必要だったと考えている。

それでも一つの区切りとして、このような形でまとめることにした。
本書が、各地の地方競馬史研究の刺激となり、そして「はじめに」でも書いたが、地方競馬の戦後史、そして戦後の日本競馬の位相の一端を明らかにするものになっていればと思う。

二〇一〇年八月二三日

立川健治

立川健治（たちかわ・けんじ）プロフィール

一九五〇年佐賀県生まれ。京都大学文学部卒業。現在、富山大学人文学部教授。専攻は日本近代史。著書に『競馬の社会史Ⅰ　文明開化に馬券は舞う　日本競馬の誕生』（二〇〇九年度ＪＲＡ賞馬事文化賞受賞、世織書房）、主な論文には「片山潜」（『史林』）、「明治後半期の渡米熱」（『史林』）、共同執筆に『大阪地方社会労働運動史』第一巻・第二巻（有斐閣）、編訳書に『図説世界文化地理大百科　日本』（朝倉書店）などがある。

●競馬及び競馬史に関する略歴●

一九五二年頃　佐賀競馬場（佐賀市神野）に始めて出かける、もちろん覚えていない。
一九六〇年四月　廃止直後の大阪長居競馬場近くに七回目の転居、騎手一家と同敷地内に住む、その縁で春木競馬場に行く。
一九七三年一一月　初めてレース（菊花賞）検討、的中（一着タケホープ、二着ハイセイコー）。
一九七四年三月　大阪難波場外で初めて馬券を自分で購入、その後現在にいたるまで、毎週買い続けている。
一九七四年四月　京都競馬場に始めて行く。ＪＲＡ（日本中央競馬会）の競馬場の初体験。同年ダービー五着のエクセルラナーの「追っかけ」となる。
一九七五年二月　川崎競馬場に初めて行く。思い起こせば川崎記念（マルイチダイオー）、オッズ板はバスの車体だった。
一九八六年四月　大井競馬場に初めて行く。帝王賞（トムカウント）で万馬券（枠連一一八倍）を初めて的中。嬉しくて、ステーキ肉を買って帰った。
一九八八年一〇月　ロジータと出会う。新馬戦を除いて、引退式も含めて全レースを競馬場で観戦。
筑波大学で、「日本生活史」の講義を行うのが契機になって日本競馬史の勉強を開始する。
一九九〇年一二月　風呂に入っているときに、日本競馬史の研究を論文にしようと思いつき、新聞等の資料を調べ始めるようになる。
一九九五年一〇月　ベルモントパークで開催のブリダーズカップ初観戦。
二〇〇〇年八月　メールマガジン『もきち倶楽部』（http://www.bunkamura.ne.jp/mokichi-club/）に競馬史関係の資料の紹介、解説の連載開始（継続中）。
二〇〇三年一二月　全日本二歳優駿で、三連単三八三二倍を的中（現在までの最高配当）。
二〇〇四年五月　地方競馬の馬主資格取得（二〇一〇年八月までに六頭を共有、計五三戦一五勝）

二〇〇八年九月　『競馬の社会史Ⅰ　文明開化に馬券は舞う　日本競馬の誕生』（世織書房）刊行。
二〇〇八年一二月　東京二歳優駿牝馬に共有馬が出走する夢が実現、結果は二番人気で七着。
二〇一〇年一月　二〇〇九年度ＪＲＡ賞馬事文化賞受賞。

競馬の社会史・別巻1

地方競馬の戦後史——始まりは闇・富山を中心に——

2012年7月24日　第1刷発行©

著　者｜立川健治
装　幀｜M. 冠着
発行者｜伊藤晶宣
発行所｜(株)世織書房
印刷所｜三協印刷(株)
製本所｜協栄製本(株)

〒220-0042 神奈川県横浜市西区戸部町7丁目240番地 文教堂ビル
電話045(317)3176　振替00250-2-18694

落丁本・乱丁本はお取替いたします　Printed in Japan
ISBN978-4-902163-62-9

立川健治「競馬の社会史」案内

1 文明開化に馬券は舞う——日本競馬の誕生 8000円

別巻1 地方競馬の戦後史——始まりは闇・富山を中心に 7500円

2 馬券黙許時代：日露戦争後の競馬（仮題・次回配本）

ジェイ・ルービン（今井・大木・木股・河野・鈴木訳）

風俗壊乱——明治国家と文芸の検閲 5000円

舘かおる編

女性とたばこの文化誌——ジェンダー規範と表象 5800円

平岩俊司

朝鮮民主主義人民共和国と中華人民共和国——「唇歯の関係」の構造と変容 4000円

金 富子

継続する植民地主義とジェンダー——「国民」概念・女性の身体・記憶と責任 2400円

屋嘉比収

沖縄戦、米軍占領史を学びなおす——記憶をいかに継承するか 3800円

世織書房

〈価格は税別〉